성경강해시리즈

민수기

Numbers

유동근

IMC

BIBLE EXPOSITION SERIES

STUDY ON

NUMBERS

Yu Dong Keun (Th. M., D. D)

Korean Edition

151-808, Bongcheon 3 Dong 16-45, Seoul, Korea

민수기 강해

Numbers

차례 · contents

민수기
Numbers

서문

나는 이 강해서를 내면서 무엇보다도 먼저 이 부족한 사람에게 귀한 하나님의 말씀을 사경할 수 있는 기회를 주시고 민수기 말씀의 깊이와 풍성 안으로 인도해 주신 것을 인해 하나님께 감사드린다. 레위기가 하나님의 백성들이 하나님을 섬기고 경배하는 예법을 가르치는 책이라면 민수기는 그분의 백성들이 광야의 노정을 거쳐 어떻게 가나안 땅에 들어가는지를 보여주는 책이다. 이 책을 통하여 우리는 광야에서 엎드러진 이스라엘 백성들처럼 믿음의 노정에서 패배하지 않기 위해 주의하고 경계해야 할 필수적인 항목들을 배울 수 있다. 나는 이 민수기 사경회에 참석한 분들이 은혜를 얻은 만큼 이 강해서의 말씀 또한 진실로 하나님의 자녀들에게 도움이 되기를 기도한다.

지금까지 거의 모든 신약의 말씀을 강해하고 구약의 말씀도 여러 권 강해했지만, 이번 민수기를 통해서 얻은 은혜는 매우 특별하게 느껴지며 어느 때보다도 깊고 강하게 우리 마음에 새겨졌다. 나는 이 말씀을 강해하는 동안 많은 시련을 겪었으며, 마치 내가 당한 시련들과 민수기 한 장 한 장의 사경의 진도는 병행하여 나가는 듯했다. 어떤 사건이 일어나 심한 고통을 겪은 뒤에 주님은 한 부분의 말씀을 깨닫도록 도와주시곤 했는데, 그러한 일은 이 사경회가 끝날 때까지 계속되었다. 비록 내 몸과 마음은 지치고 힘들 때가 많았지만 이 부족하고 자격 없는 사람에게 하나님의 백성을 말씀으로 섬길 수 있는 긍휼을 주신 것에 감사드릴 뿐이며 우리가 당한 모든 어려움이 도리어 축복이 되게 하심을 인해 감사드린다.

또한 8개월 가까이 민수기 사경회를 하는 동안 멀리서도 꾸준히 참석해 주신 성도님들께 깊은 감사를 드린다. 만일 그 신실한 성도님들이 함께하지 않았다면 이런 귀한 사경회는 갖기가 어려웠을 것이다. 또 이 사경회의 녹음 테잎을 받아 적느라고 수고하신 자매님들에게 감사드리며, 특히 구두로 전한 말씀을 교열하여 책으로 나오도록 도움을 준 내 아내에게도 감사의 마음을 표하지 않을 수 없다. 모두 피곤하고 연약한 몸을 이끌고 수고한 것이기에 더욱 소중하고 감사하다. 또한 말씀드리고자 하는 것은 초판을 출간한 지 5년 후 2008년 IMC 신학원 모세5경 강의시에 다시 한 번 교정보완을 거쳤음을 알려드리는 바이다. 따라서 초판보다 부족한 부분을 다소 보완하고 강화하였다.

이 강해서의 특징은 한 절 한 절의 말씀을 이해하고 적용하고 체험하는 데 있다. 사실적이고 신학적인 면에 관해서는 이미 좋은 강해서들이 많이 나와 있기 때문에 그러한 강해서들을 참고하시면 좋을 것이다. 다만 나는 이 강해서를 통해 구약의 모세 오경을 신약의 계시에 비추어 성도들의 생활과 체험 안으로 이끌어올 수 있기를 원했고 그러한 면에서 성도님들에게 도움이 되었으면 한다. 이 책을 읽음으로써 성도님들이 주님을 더 친밀하게 따르며 그 나라를 향해 가는 발걸음이 더 힘 있게 된다면 더 이상 바랄 것이 없다.

참고한 성경은 한글 개역성경, KJV 영문판, NASB 영문판 등이며, 참고한 서적은 C.H. 맥킨토시의 모세오경 중 민수기 강해와 매튜 헨리의 주석, 그리고 박윤선 박사의 민수기 주석 등이다. 원문과 사실의 확인은 기독지혜사의 호크마를 참고했다. 그리고 가장 도움을 주신 분은 부족한 자에게 말씀을 한 구절 한 구절 이해하도록 그때그때 빛을 주시고 눈을 열어 주시고 기운을 북돋워주시며 말씀을 더욱 사랑하게 해주신 주님이시다. 그분께 영세무궁토록 찬양과 영광과 감사를 드리기 원한다.

이 강해서를 읽는 분들에게 미리 양해를 구하고 싶은 것은 어떤 부분에서 부족함이 있을 수 있다는 것이다. 다만 말씀드릴 수 있는 것은 나의 형편과 분량대로 최선을 다했다는 것뿐이다. 그러니 혹 정확하지 않거나 미흡한 것이 있더라도 양해하시고 애정을 가지고 읽어주시기 바란다.

이 책이 이제 독자 여러분에게 넘겨진다. 주님께서 오병이어처럼 축사하여 떼어주시기를 기도한다. 아무쪼록 하나님의 백성들이 이 책을 통해 더욱 하나님의 말씀을 이해하고 영적인 유익을 얻으실 수 있기를 바란다. 하나님! 이 책을 읽는 모든 분들을 축복해 주소서. 그분께 존귀와 영광과 찬미를 돌리며…

2003년 4월 11일 저녁
청원 남이에서 유동근

2008년 6월 3일 교정보완

민수기 1장

“하나님께서는 사람을 지으시고 또 하나님을 멀리 떠난 사람을 구속하시기 위해 독생자를 보내셨습니다. 하나님께서는 그 구속의 역사를 이루사 죄인인 우리를 영광 안으로 이끌기 원하셨습니다. 하나님 아버지, 당신은 선택한 백성들에게, 당신의 자녀들에게 말씀하시려고 입을 여시어 당신의 종 모세를 통해 이 귀한 오경의 말씀을 주심을 인하여 감사드립니다. 저희는 지난 시간 동안 귀한 레위기 말씀을 보았습니다. 이제 당신의 백성이 어떻게 대적에 맞서 싸우고 하나님의 군대로서 전진해야 하는지를 알 수 있도록 말씀해 주신 민수기를 보고자 합니다. 첫 시간부터 끝까지 모든 말씀과 모든 집회를 축복해 주시옵소서. 이 집회를 거룩하신 하나님께 온전히 맡깁니다.

모세 시대에 말씀하신 하나님, 이 시대는 이제 예표의 시대가 아니라 실제의 시대이오니 이때에 이러한 하나님의 말씀이 참된 당신의 백성에게 어떻게 역사되고 반영되고 또 적용되어야 하는지, 또 어떻게 순종해야 하는지 알려 주시옵소서. 지혜와 계시의 영을 주시고 기름을 부어 주시옵소서. 또한 하나님은 말씀을 이루시는 하나님이시오니 말씀하실 뿐 아니라 이러한 계시에 따른 교회 곧 당신의 백성을 이 땅에서 얻으사 하나님 나라의 모습 그대로 이 땅에 나타나고 건축되고 실행될 수 있게 하옵소서.

하나님 아버지의 뜻이 하늘에서 이룬 것같이 땅에서도 이루어지게 하옵소서. 원수 마귀가 이러한 집회와 말씀 전파를 방해치 못하게 하시고 오늘 첫 시간부터 이 민수기를 마치는 시간까지 주의 성령께서 시종 지켜주시며 홀로 역사하시고 빛 비추시고 말씀하옵소서. 이 부족한 사람을 주님 손에 부탁하오니 성령으로 옷 입혀 주시고 말씀을 계시해 주시옵소서. 당신의 도구로만 사용하시고 말씀하신 영과 합하여 말하게 하옵소서.

하나님 아버지께 참으로 긍휼을 구합니다. 마지막 시대이니 보류하지 마시고 하나님의 뜻을 마음껏 나타내시고 당신의 성령을 충만히 부어 주시옵소서. 주님께서 축복해 주실 것을 믿고 주 예수 그리스도의 이름으로 감사드리며 기도했습니다. 아멘."

창세기가 하나님의 창조의 역사와 선택한 것을 말하는 책이고, 출애굽기가 타락한 인간을 구속하시는 하나님의 역사를 보여 주며, 레위기가 하나님께 대한 경배와 섬기는 예법을 말하는 것이라면, 민수기는 하나님의 백성들이 광야의 노정을 어떻게 걸어가며 어떻게 시험을 이기며 하나님과 함께 전진하여 그분의 약속하신 땅에 들어갈 수 있는가를 말하는 책이다.

우선 민수기라는 책명은 원래 히브리인들이 '와예다베르' 라고 부르던 것이었는데, A.D. 6,7세기에 완성된 맛소라 사본은 그 책명을 '베미드바라' (광야에서)라고 붙였다. 그 후 히브리어 성경을 헬라어로 번역한 70인역은 이스라엘 백성을 계수하는 책이라 해서 수를 셈하다(to number)는 뜻으로 '아리드모이' (arithmoi)라고 부르던 것을 라틴어 번역본 벌게이트 성경은 그것을 그대로 이어받아 '셈하는 책' (Liber Numeri)이라고 이름 붙이게 되었다. 그러므로 영어로는 'Numbers' 라는 이름이 나온 것이며 한글 성경은 민수기(民數記)라고 이름 붙이게 된 것이다.

이스라엘 백성들은 애굽에서 나온 지 두 달 만에 시내 산에 도착했으며(출 19:1), 시내 산에서 성막에 대한 이상과 십계명과 많은 규례들을 지시받았다. 그리고 그들은 제2년 1월 1일에 성막 건립을 완성했는데(출 40:17), 성막 건립 후 1개월 20일 동안 레위기의 많은 규례들을 지시받았다. 민수기의 시점은 출애굽 제2년 2월 1일 이스라엘 백성들을 계수하는 시점부터 시작하여 출애굽 제40년 모압 광야에 이르기까지의 역사를 포함한다.

출애굽한 이스라엘 백성들에게 하나님은 먼저 그들이 어떻게 그분을 경배하고 섬기며 어떻게 제물을 드리며 어떻게 거룩하게 되며 어떻게 절기를 지키는가, 다시 말하면 어떻게 하나님의 백성들로서 다른 모든 열국 사람과 구별되어 거룩하게 되며 하나님을 영화롭게 하는가를 말씀하셨다. 그것이 레위기의 내용이다. 그런 다음 민수기에서 하나님께서는 어떻게 그분의 백성이 진을 편성해서 대적에 맞서 싸울 수 있는가를 말씀하시기 시작한다. 그것이 바로 민수기의 내용이다.

군대 편성

1절, 이스라엘 자손이 애굽 땅에서 나온 후 제 이년 이월 일일에 여호와께서 시내 광야 회막에서 모세에게 일러 가라사대

애굽 땅에서 나온 후 제 이년 이월 일일에 말씀하셨다. 즉 1개월에 걸쳐 레위기의 모든 말씀을 주시고, 이제 이월 일일에 시내 광야 회막에서 이스라엘 백성들이 진군하기 위해 인수를 계수하도록 모세에게 말씀하시기 시작한 것이다. 즉 레위기의 말씀을 받고 인수를 계수하여 군대를 편성하고, 그들은 곧 시내 산을 떠나게 된 것이다. 그 기간은 한 달 20일이 걸렸다(민 10:11).

2절, 너희는 이스라엘 자손의 모든 회중 각 남자의 수를 그들의 가족과 종족을 따라 그 명수대로 계수할지니

이제 민수기 시작에서 하나님께서는 어떤 예법을 가르치시는 것이 아니라 그 회중들을 계수하라고 말씀하신다. 그들을 하나님의 군대로 편성하기 위한 것이다. 여기의 '회중' 이란 말은 히브리어로 '야드' 인데, 야드라는 말은 '약속' 이라는 뜻이다. 즉 이 회중은 단지 어떤 무리를 일컫는 말이 아니고 '약속의 회중', '약속의 무리', '언약된 백성' 을 뜻한다. 이것은 또한 신약의 교회를 예표한다.

"모든 회중 각 남자의 수를 그들의 가족과 종족을 따라". 회중에서 여자와 아이는 빼고 남자만을 그들의 가족과 종족에 따라 그 명수대로 계수하라고 하셨다. 우리는 레위기 27장에서 서원하는 사람들에 대해서 값을 정할 때 20세부터 60세까지의 남자가 성소의 세겔대로 은 오십 세겔로서 가장 많은 가치를 가지고 있다는 것을 보았다. 왜 20세부터 60세까지의 남자들이 가장 가치가 있는가? 그것은 그들이 하나님을 섬기는 일에 가장 유용하기 때문이고 또 대적을 상대해서 싸우는 일에서는 가장 힘이 있기 때문이다.

3절, 이스라엘 중 이십 세 이상으로 싸움에 나갈만한 모든 자를 너와 아론은 그 군대대로 계수하되

여기서 '군대' 라는 말이 나온다. 하나님께서는 그분의 백성이 다만 거룩한 무리일 뿐 아니라 군대라고 말씀하신다. 이것은 오늘날 신약의 교회에도 적용되어야 하는데, 신약의 교회는 하나님의 군대이다. 출애굽기에서도 몇 번이나 이스라엘 백성을 군대(출 12:17)라고 했다. 레위기는 교회가 하나님께 제물을 드리며 경배하기 위한 무리임을 계시하지만 민수기는 대적을 향하여 전쟁을 해야만 하는 군대임을 계시한다. 에베소서 1-5장까지에는 교회가 그리스도의 몸이며 하나님의 거처이며 그리스도의 신부임을 계시하고 있지만 마지막 6장에서 교회는 정사와 권세와 하늘의 악의 영들에게 대한 군대임을 계시한다. 하나님은 특별히 대적에 맞서 싸우는 교회에 관하여는 계수를 해야 한다고 말씀하신다. 이는 한 사람도 일단 군대로 편성된 후에는 그 임무와 소임을 회피할 수 없음을 암시한다. 이는 그 임무의 중대성을 암시하는 것이다.

4절, 매 지파의 각기 종족의 두령 한 사람씩 너희와 함께 하라

여기의 두령은 인도자이다. 하나님께서는 함께할 두령들의 이름을 말씀해 주셨다. 교회가 군대가 되어 대적을 향하여 전투를 벌이려면 인도자들과의 좋은 질서가 절대 필요함을 암시한다. 하나님의 교회가 혼란한 상태에 있어서는 대적을 이길 수 없다. 오늘날도 어느 교회든지 하나님이 세우신 권위자들과 좋은 질서 안에 있을 때 강한 역사를 수행할 수 있음을 본다.

**5-16절, 너희와 함께 설 사람들의 이름은 이러하니 르우벤에게서는 스
데울의 아들 엘리술이요 6 시므온에게서는 수리삿대의 아들 슬루미엘이
요 7 유다에게서는 암미나답의 아들 나손이요 8 잇사갈에게서는 수리알
의 아들 느다넬이요 9 스불론에게서는 헬론의 아들 엘리압이요 10 요셉
자손에게서는 에브라임에 암미훗의 아들 엘리사마와 므낫세에 브다술의
아들 가말리엘이요 11 베냐민에게서는 기드오니의 아들 아비단이요 12
단에게서는 암미삿대의 아들 아히에셀이요 13 아셀에게서는 오그란의 아
들 바기엘이요 14 갓에게서는 드우엘의 아들 엘리아삽이요 15 납달리에
게서는 에난의 아들 아히라니라 하시니 16 그들은 회중에서 부름을 받은
자요 그 조상 지파의 족장으로서 이스라엘 천만 인의 두령이라**

열두 지파 중에서 여기에 기록되어 있는 지파는 모두 몇 지파인가? 르우벤, 시므온, 유다, 잇사갈, 스불론, 요셉, 베냐민, 단, 아셀, 갓, 납달리, 열한 지파이다. 여기에 레위 지파가 빠졌다. 레위에 대해서는 다음에 나온다. 여기서 특징적인 것은 첫째, 족장들의 이름이 모두 하나님과 관계 된다는 것이다. 히브리어 '엘' 은 하나님을 의미한다. 르우벤 지파의 스데울의 아들 엘리술, 시므온 지파의 수리삿대의 아들 슬루미엘 등이다. 여기서 아버지의 이름에는 '엘' 이 많지 않고 아들의 이름에 '엘' 이 많다. 아버지의 이름은 세상적이고 애굽적이지만 아들들의 이름은 다 하나님과 관계가 있다. 여기 뽑힌 두령들의 이름은 다 하나님과 관계있다. '엘리술' 은 '하나님은 반석이시다' 라는 뜻이고, '슬루미엘' 은 '하나님과 평화롭게' 라는 뜻이며, '나손' 은 '하나님께 예물을 드린다' , '느다넬' 은 '하나님께서 주셨다' , '엘리압' 은 '하나님께서 아버지시다' , '엘리사마' 는 '하나님께서 들으신다' , '가말리엘' 은 '하나님은 상급이시다' , '아비단' 은 '하나님은 심판관이시다' 라는 뜻이다.

두 번째 특징적인 것은 하나님께서 이름을 부르실 때 꼭 '아무개의 아들' 이라고 하신다는 것이다. 예수님께서도 이 땅에 오셨을 때 시몬을 '요한의 아들 시몬아' 라고 부르셨다. 이렇게 부르신 경우가 종종 있다. 이렇게 하나님께서는 그가 누구의 아들인가를 굉장히 중요시하신다. 근본을 중요시하시는 것이다.

세 번째로 특징적인 것은 지도자인 두령들을 하나님께서 직접 세우신다는 것이다. 모세와 아론더러 두령들을 세우라고 하지 않으시고 하나님께서 '매 지파에서 너희와 함께할 족장들은 누구누구' 라고 말씀해 주셨다.

17절, 모세와 아론이 지명된 이 사람들을 데리고

'지명된' 이란 '하나님께서 지정해 주신' 이라는 뜻이다. 그러므로 오늘날 우리가 한 가지 기억해야 할 것은 하나님의 백성들의 인도자는 하나님께서 직접 세우신다는 것이다. 하나님께서 세우셔서 함께하게 하신다. 여러분이 만일 디모데나 디도나 아볼로 등이 일으켜진 것을 본다면, 처음부터 사도 바울이 그들을 일으킨 것이 아니고 하나님께서 이미 그들을 일으키셔서 때가 될 때 바울과 만나게 하신 것을 알 것이다. 그것은 구약의 선지자들도 마찬가지이다. 이사야, 예레미야, 에스겔 등 많은 사람들을 하나님께서 직접 세우셨다. 그리고 신약의 열두 제자들도 주님이 한 사람 한 사람 직접 세우셨다. 사도 바울도 하나님께서 직접 세우셨다. 이것을 통해 우리는 하나님의 백성들을 인도하는 사람들, 즉 지도자들을 세우시는 분은 하나님이시라는 것을 볼 수 있다.

18절, 이월 일일에 온 회중을 모으니 그들이 각기 가족과 종족을 따라 이십 세 이상으로 그 명수를 의지하여 자기 계통을 말하매

모여서 군대가 되려면 반드시 자기 계통을 말해야 한다. 오늘날 우리에게 이 말씀을 적용하면, 신약의 교회가 하나님의 군대가 되려면 조상, 곧 족보를 확실히 댈 수 있어야 한다. 당신은 어디서부터 온 사람이며, 선조가 누구이며, 족보가 어떠한가? 이것을 확실하게 댈 수 있어야 당신은 여호와의 군대의 일원이 될 수 있다. 이 문제가 첫 번째로 중요한 것이다. 에스라 2장 62절을 보자. '이 사람들이 보계 중에서 자기 이름을 찾아도 얻지 못한고로 저희를 부정하게 여겨 제사장의 직분을 행치 못하게 하고'. 여기서 '보계'란 '계통'을 말한다. 자기의 계통을 확실하게 대지 못하는 사람은 제사장 노릇을 할 수 없을 뿐 아니라 부정한 사람들로 여겨진다.

고린도 전서 6장 1절에는 두 종류의 사람이 있다. 하나는 불의한 자이고 또 하나는 성도이다. 하나님의 백성이 아닌 사람들은 다 부정한 자들이다. 하나님의 백성의 특징은 '보계'를 분명히 갖고 있는 것이다.

오늘날 하나님의 군대의 일원이 되려면 반드시 그 족보가 분명해야 한다. 신약에서 우리의 족보를 가장 분명하게 알려 주는 성경이 있는데, 그것은 로마서이다. 우리의 근원은 결국 하나님이신데 그 족보를 분명히 밝히려면 우리가 어떻게 구원을 받았는가를 말해야 한다. 구원의 문제가 분명하지 않으면 족보가 분명하지 않다. 그것을 가장 정확하고 자세하게 알려 주는 책이 바로 로마서이다. 어떻게 죄 사함을 받았는가를 알려면 로마서 1장에서 5장까지를 잘 읽어야 한다. 거기에 근원이 있다. 그런데 이 구원의 문제, 즉 죄 사함과 거듭남의 문제를 분명하게 말할 수 없는 사람들이 있다. 이들은 이름뿐인 그리스도인으로서 실상은 거듭나지 않은 사람들이다. 그런 사람들은 이 군대에 포함될 수 없다. 계통을 말하는 것이 이렇게 중요하다.

그런데 죄 사함만 받는다고 해서 족보가 분명하고 좋은 것은 아니다. 로마서는 우리가 죄 사함 받고 의롭다 함을 얻는 것만 말하지 않고 그리스도와 연합해 죽고 또 함께 부활한 것을 말해 주고 있다. 또한 새 생명을 얻고 생명의 성령의 법에 의해 죄와 사망의 법에서 해방되었음을 말해 주고 있다. 이러한 계보를 갖고 있지 않은 사람은 영적 전쟁을 할 수 없다. 오늘날 많은 사람들이 뚜렷하지 않은 족보를 갖고 있기 때문에 영적 전쟁에 나설 수 없는 것이다. 다시 말하지만, 하나님의 자녀로서 올바른 계통을 가지려면 적어도 로마서 4,5장의 죄 사함과 의롭다 함을 얻고 6,7,8장의 그리스도와 연합하여 죽고 부활함으로 죄와 율법에서 해방되어 성령의 인도를 받아 사는 데에 이르러야 한다. 죄 사함을 얻었을지라도 그리스도와 연합하여 새 생명으로 살지 않으면 그 사람은 아직 죄에 이끌리고 육체를 따라 사는 사람이기 때문에 영적 전쟁에 참여할 수 없다.

우리의 근원은 하나님께 있고 우리는 하나님께로서 났다. "영접하는 자 곧 그 이름을 믿는 자들에게는 하나님의 자녀가 되는 권세를 주셨으니 이는 혈통으로나 육정으로나 사람의 뜻으로 나지 아니하고 오직 하나님께로서 난 자들이니라"(요 1:12-13). 이렇게 하나님께로부터 출생해야 족보가 옳다. 또한 진리의 말씀에 굳건한 믿음의 근원을 가지고 있어야 한다. 만일 여러분이 말씀에 굳건한 믿음을 갖고 있지 못하다면 계통이 있는 사람이라고 말할 수 없다. 또한 그러한 믿음의 계통을 분명히 소유한 사람들은 이 땅에서도 그렇게 정당한 믿음의 노선의 사람들과 좋은 교제와 질서를 갖게 된다. 보이지 않는 것은 보이는 것으로 실제화 될 때 입증될 수 있다. 보이지 않는 계보를 갖고 있지만 보이는 성도들 가운데 어떤 계통의 질서를 갖지 못한다면 그 사람은 분명한 계통을 갖고 있다고 말할 수 없다.

우리는 이를 신약 성경에서도 볼 수 있다. 바울과 디모데, 디도, 에바브라, 마가, 누가, 브리스가와 아굴라 등 많은 사람들이 보이지 않는 분명한 보계가 있을 뿐 아니라 당시의 하나님의 사역자들과 좋은 계통을 유지하고 있었다. 그러나 어떤 사람들은 함께하다가 떠나기도 했고 그들 가운데 가만히 들어온 거짓 형제들도 있었는데 이들은 계통을 갖지 않은 사람들로서 전쟁에 참여할 수 없다.

**19-27절, 여호와께서 모세에게 명하신 대로 그가 시내 광야에서 그들을
계수하였더라 20 이스라엘의 장자 르우벤의 아들들에게서 난 자를 그들의
가족과 종족을 따라 이십 세 이상으로 싸움에 나갈만한 각 남자를 그 명수
대로 다 계수하니 21 르우벤 지파의 계수함을 입은 자가 사만 육천오백 명
이었더라 22 시므온의 아들들에게서 난 자를 그들의 가족과 종족을 따라
이십 세 이상으로 싸움에 나갈만한 각 남자를 그 명수대로 다 계수하니 23
시므온 지파의 계수함을 입은 자가 오만 구천삼백 명이었더라 24 갓의 아
들에게서 난 자를 그들의 가족과 종족을 따라 이십 세 이상으로 싸움에 나
갈만한 자를 그 명수대로 다 계수하니 25 갓 지파의 계수함을 입은 자가 사
만 오천육백오십 명이었더라 26 유다의 아들들에게서 난 자를 그들의 가
족과 종족을 따라 이십 세 이상으로 싸움에 나갈만한 자를 그 명수대로 다**

계수하니 27 유다 지파의 계수함을 입은자가 칠만 사천육백 명이었더라

여기서 특기할 만한 것은 유다 지파 군사의 수가 가장 많다는 것이다.

28-43절, 잇사갈의 아들들에게서 난 자를 그들의 가족과 종족을 따라
이십 세 이상으로 싸움에 나갈만한 자를 그 명수대로 다 계수하니 29 잇
사갈 지파의 계수함을 입은자가 오만 사천사백 명이었더라 30 스불론의
아들들에게서 난 자를 그들의 가족과 종족을 따라 이십 세 이상으로 싸움
에 나갈만한 자를 그 명수대로 다 계수하니 31 스불론 지파의 계수함을 입
은 자가 오만 칠천사백 명이었더라 32 요셉의 아들 에브라임의 아들들에
게서 난 자를 그들의 가족과 종족을 따라 이십 세 이상으로 싸움에 나갈만
한 자를 그 명수대로 다 계수하니 33 에브라임 지파의 계수함을 입은 자
가 사만 오백 명이었더라 34 므낫세의 아들들에게서 난 자를 그들의 가족
과 종족을 따라 이십 세 이상으로 싸움에 나갈만한 자를 그 명수대로 다
계수하니 35 므낫세 지파의 계수함을 입은 자가 삼만 이천이백 명이었더
라 36 베냐민의 아들들에게서 난 자를 그들의 가족과 종족을 따라 이십
세 이상으로 싸움에 나갈만한 자를 그 명수대로 다 계수하니 37 베냐민
지파의 계수함을 입은 자가 삼만 오천사백 명이었더라 38 단의 아들들에
게서 난 자를 그들의 가족과 종족을 따라 이십 세 이상으로 싸움에 나갈만
한 자를 그 명수대로 다 계수하니 39 단 지파의 계수함을 입은 자가 육만
이천칠백 명이었더라 40 아셀의 아들들에게서 난 자를 그들의 가족과 종
족을 따라 이십 세 이상으로 싸움에 나갈만한 자를 그 명수대로 다 계수하
니 41 아셀 지파의 계수함을 입은 자가 사만 일천오백 명이었더라 42 납
달리의 아들들에게서 난 자를 그들의 가족과 종족을 따라 이십 세 이상으
로 싸움에 나갈만한 자를 그 명수대로 다 계수하니 43 납달리 지파의 계
수함을 입은 자가 오만 삼천사백 명이었더라

이렇게 하나님의 말씀 중에 어떤 부분들은 똑같은 말씀을 반복하고 있는데 그것은 하나님의 성품이 정확하고, 또 하나하나를 차이 두지 않고 그 가치를 균등하게 인정해 주신다는 것을 보여 준다.

44-49절, 이 계수함을 입은 자는 모세와 아론과 각기 이스라엘 종족을 대표한 족장 십이 인이 계수한 자라 45 이같이 이스라엘 자손의 그 종족을 따라 이십 세 이상으로 싸움에 나갈 만한 자가 이스라엘 중에서 다 계수함을 입었으니 46 계수함을 입은 자의 총계가 육십만 삼천오백오십 명이었더라 47 오직 레위인은 그 조상의 지파대로 그 계수에 들지 아니하였으니 48 이는 여호와께서 모세에게 일러 가라사대 49 레위 지파만은 너는 계수치 말며 그들을 이스라엘 자손 계수 중에 넣지 말고

여기서 레위 지파만을 계수치 않은 이유는 레위 지파가 이미 하나님께 드려져서 하나님의 것이고 하나님께 분별되었기 때문이다. 하나님께서 이미 그들을 그분의 계수에 넣으신 것이다. 레위 지파는 군대 계수에는 들어가지 않았지만 후에 성막의 기구들을 섬기기 위해 따로 계수하게 된다(3장). 그들은 이십 세 이상이 아니라 일 개월 이상부터 계수에 들어갔다. 이는 하나님을 섬기는 사람들은 매우 어리다 하더라도 가치가 있다는 것을 말해준다.

50절, 그들을 증거막과 그 모든 기구와 그 모든 부속품을 관리하게 하라

여기서 '증거막'은 '간증의 장막'이라는 뜻으로서 신약으로 말하면 교회이다. 교회는 그리스도의 증거이다. 하나님의 사람들이 이 땅에서 중점적으로 해야 할 일은 바로 하나님의 증거를 감당하는 일이다. 이 땅에서 하나님의 증거를 유지하고 그 증거를 남아 있게 하며, 책임지는 일을 하는 사람들이 바로 레위 지파이다. 그들은 하나님의 사람들이다.

오늘날 교회가 하나님의 증거를 짊어지는 책임을 갖고 있다는 것을 아는 사람들은 얼마나 될 것인가! 그들은 하나님의 말씀의 부패치 않음과 그 교훈의 아름다움을 증거하는 삶을 살아야 하며 그분의 신실하심과 살아계심을 증거하는 방식으로 살아야 한다. 오늘날 신약의 교회는 한 면으로 이스라엘 열두 지파를 모두 포함하여 나타내며 또 한 면으로는 레위 지파를 나타낸다. 즉 교회는 하나님의 군대이며 또한 레위 지파처럼 제사장들이다. 신약의 성도들은 다 군대인 동시에 왕 같은 제사장들, 곧 레위인들이다.

51-52절, 그들은 그 장막과 그 모든 기구를 운반하며 거기서 봉사하며 장막 사면에 진을 칠지며 52 장막을 운반할 때에는 레위인이 그것을 걷고 장막을 세울 때에는 레위인이 그것을 세울 것이요 외인이 가까이 오면 죽일지며

하나님의 간증을 유지하는 일은 전적으로 하나님을 위해서 분별된 사람들이 아니면 결코 함께할 수 없다. 그러므로 하나님의 사람들인 레위인들은 반드시 분별 있게 행동해야 한다. 하나님의 일을 할 때에 아무하고나 함께하는 것이 아니라는 것을 알아야 한다. 특히 이 시대에도 하나님을 섬기기 위해 전적으로 분별된 사람들은 주의 깊게 행하여 육체적인 사람들과 분별을 가져야 한다. 세속적인 사람들과 함께 많은 것들을 하다 보면 순수하게 하나님의 말씀을 증거할 수 없게 된다. 그러므로 여기서 레위인들에게 하나님께서 말씀하신다. "외인이 가까이 오면 죽일지며". 분별은 하나님의 자녀의 표시이다. 신약에서 교회라는 용어는 그 자체가 부르심을 받아 나온 무리라는 뜻이니 분별된 자들이라는 것이다.

53절, 레위인은 증거막 사면에 진을 쳐서 이스라엘 자손의 회중에게 진

노가 임하지 않게 할 것이라 레위인은 증거막에 대한 책임을 지킬지니라 하셨음이라

레위인은 반드시 증거막을 중심으로 해서 진을 쳐야 하고 증거막에 대한 책임을 지켜야 한다. 이것이 레위인들이 할 일이다. 오늘날 하나님의 교회 안에서 참된 레위인들은 무엇을 하는 사람들인가? 하나님의 증거, 하나님의 간증을 책임지고 주의하는 사람들이다. 그것이 바로 영적인 레위인들이다. 그들은 함부로 다른 사람들과 함께하지 않는다.

하나님을 섬기는 사람들은 반드시 성별된 위치에 서 있어야 한다. 그러므로 구약의 예표에서 외인이 가까이 오면 죽이라고 하신 것이다. 하나님께서는 그분의 증거를 아무나 가까이 하기를 원치 않으신다. 그 증거의 부속품까지도 하나님을 위해서 완전히 분별된 사람들만이 만지기를 원하신다. 하나님께서는 그분의 증거가 그러한 자들에 의해 둘러싸여져서 지켜지기를 원하신다. 그러므로 사면에 진을 치고 그 증거를 책임지게 하신 것이다.

54절, 이스라엘 자손이 그대로 행하되 여호와께서 모세에게 명하신 대로 행하였더라

여기의 '그대로 행하되' 라는 말은 아주 중요하다. 하나님의 증거를 가지려면 그대로 행하는 실제가 있어야 한다. 하나님이 이르신 말씀 그대로 행할 때 거기에 하나님의 증거가 있게 된다. 사실 구약의 이스라엘 백성은 신약의 교회의 예표이다. 교회가 하나님의 모든 말씀을 그대로 지키는 방식으로 생활하는 것은 하나님께 어떠한 영광이 될 것인가!

하나님께서는 신약의 교회가 인수와 관계없이 오합지졸로 이루어져 있는 것을 기뻐하시지 않으신다. 하나님의 교회는 질서정연하게 계수되어야 하고 생명의 조직으로서 아주 정교해야 한다. 교회에는 하나님의 창조의 어떠함 같은 정교한 조직이 있다. 즉 하나님의 새 창조인 교회는 말할 수 없이 정교한 생명의 조직으로 이루어져 있다. 우리는 민수기 1장에서 이것을 느낄 수 있다.

민수기 2장

머무를 때 이스라엘의 진영 배치

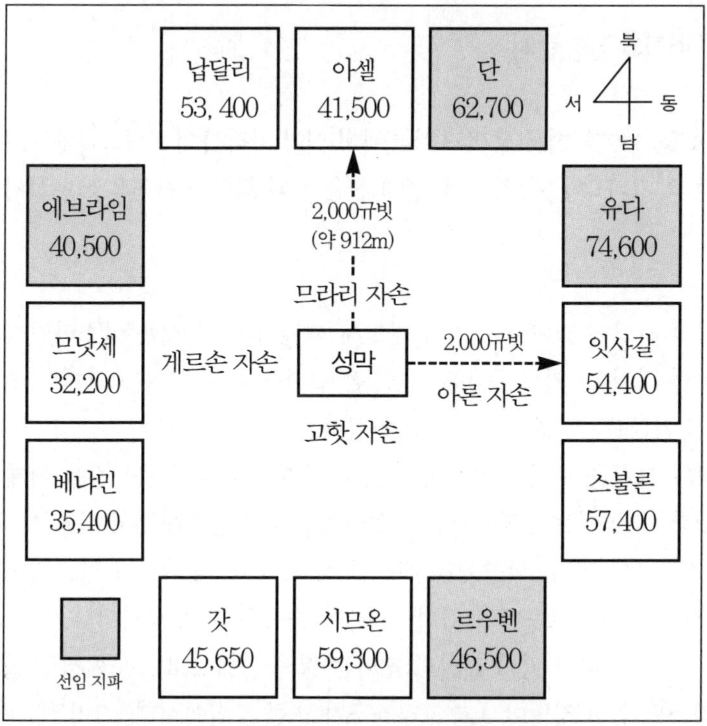

진행할 때 이스라엘의 진영 배치

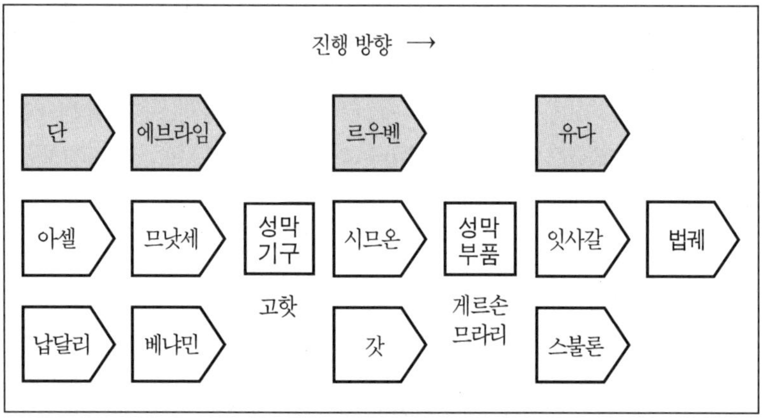

진 배치와 진행 순서

1-2절, 여호와께서 모세와 아론에게 일러 가라사대 2 이스라엘 자손은 각각 그 기와 그 종족의 기호 곁에 진을 치되 회막을 사면으로 대하여 치라

영적 전쟁에 있어서 우리가 반드시 깨달아야 할 것은 이스라엘 백성들처럼 각각 그 기와 종족의 기호 곁에 진을 쳐야 한다는 것이다. 여기서 그 기(旗)는 '그리스도'를 의미한다.

위의 그림을 보면 회막을 동서남북 사면으로 둘러싸고 진을 치게 되어있다. 북쪽에는 단과 아셀과 납달리가 있고 동쪽에는 유다와 잇사갈과 스불론이 있다. 서쪽에는 에브라임, 므낫세, 베냐민이 있고 남쪽에는 갓, 시므온, 르우벤이 있다. 여기서 중심은 바로 성막이다. 위 그림이 예표하는 바와 같이 신약의 교회는 그 중심에 그리스도께서 계신다. 그리스도가 그 깃발이시고 그리스도가 또한 중심이시다. 그리스도께서 그 안에 거하시는 것이다. 왜 이스라엘 백성들은 증거막을 중심으로 모여야 하는가? 그것은 그들이 이 땅에서 하나님을 모시는 사람이 되기 위해서이다. 하나님의 거처가 되기 위해서이며 하나님의 증거가 되기 위해서이다. 오늘 우리가 이 땅에 존재하고 그리스도의 이름으로 모이는 이유는 그리스도를 우리 가운데 모시기 위해서, 그리스도께서 우리 가운데 거처를 갖게 하기 위해서이다. 이것은 매우 중요하다.

그리고 그리스도께서 우리 가운데 계시게 하려면 우리는 먼저 어떤 깃발 아래 모여야 하는데, 그 깃발은 바로 그리스도이다. 마태복음 18장 20절에서 주님은 "두세 사람이 내 이름으로 모인 곳에는 나도 그들 중에 있느니라"고 하셨다. 그리스도의 이름만이 우리가 내걸 수 있는 깃발이고 그 깃발 아래 모여야 하나님께서 그 가운데 거하신다. 우리는 오늘 여기서 오직 그리스도의 깃발 아래 모였다. 그럴 때 우리는 그리스도의 임재를 가질 수 있다. 그분을 중심으로 사면에 모이고 그분만을 깃발로 내걸어야 하나님의 백성이 될 수 있다.

"이스라엘 자손은 각각". 여기서 '각각' 이라는 말을 주의하라. 영적 전쟁을 할 때에 모든 그리스도인들은 다 각각 하나님 앞에 서 있어야 한다. 단체적으로 싸우는 것이지만 각각 하나님 앞에 서야 싸울 수 있다. 각 개인이 스스로 믿음을 갖고 있지 않고 스스로 대적을 대항할 마음을 갖고 있지 않으면 안 된다. 어떤 그리스도인들은 개인주의적인 위험을 벗어나 교회의 단체를 주의하는 것은 좋았지만 그것이 지나쳐 각 개인의 믿음을 소홀히 하는 데 빠지는데 이는 치우친 것이다. 단체적으로 모이는 것이 있지만 여전히 '각각' 이라는 것이 있음을 명심해야 한다. 우리가 영적 전쟁을 하려면 교회를 알아야 하고 단체적인 성질을 갖고 싸워야 하되 한 사람 한 사람이 또한 중요하다는 것을 망각해서는 안 된다. 무조건 단체만 의뢰하는 것은 일종의 우상숭배요 하나님을 신뢰하는 것이 아니다. 자신이 하나님 앞에 서서 담대히 나아가는 것을 소홀히 하고 다만 단체를 신뢰하는 것은 옳지 않은 영성인 것이다.

3절, 동방 해 돋는 편에 진 칠 자는 그 군대대로 유다의 진 기에 속한 자라 유다 자손의 족장은 암미나답의 아들 나손이요

그리스도는 유다 지파에서 나오셨다. 그리스도는 태양이시다. 그러므로 해 돋는 편인 동쪽에 유다 지파가 진을 치게 되어 있었다.

**4-9절, 그 군대는 계수함을 입은 자가 칠만 사천육백 명이며
5 그 곁에 진 칠 자는 잇사갈 지파라 잇사갈 자손의 족장은 수알의 아들 느다넬이요
6 그 군대는 계수함을 입은 자 오만 사천사백 명이며
7 또 스불론 지파라 스불론 자손의 족장은 헬론의 아들 엘리압이요
8 그 군대는 계수함을 입은 자 오만 칠천사백 명이니
9 유다 진에 속한 군대의 계수함을 입은 군대의 총계가 십팔만 육천사백 명이라 그들은 제일대로 진행할지니라**

유다와 잇사갈과 스불론이 법궤를 메고 제 일대로 진행하게 되어 있었다. 그런데 왜 유다가 맨 앞에서 가는가? 그것은 창세기의 예언을 볼 때 유다에게서 홀이 그치지 않기 때문이며 유다는 사자 새끼이기 때문이다. 유다에게서 결국 그리스도가 나오시며 유다 지파가 가장 강하고 용맹하고 담대하기 때문이다. 영적 전쟁에서 가장 앞장서는 사람들은 바로 유다 지파 같은 사람들이다. 갈렙은 유다 지파의 남자로서 80세가 되어서도 조금도 기력이 약해지지 않았다. 이렇게 승리자들은 다 유다 지파 같은 사람들이다. 뒤로 물러서지 않고 앞장서서 나아가는 사람들이 유다 지파이다. 전쟁터에서 용기가 없으면 앞으로 못 나가고 뒤로 물러난다. 싸울 때 강하고 담대하게 앞으로 나아가는 사람들이 제 일대이다. 하나님께서는 그들을 가장 귀하게 여기신다.

신약 성경에서 볼 때 사도 바울과 같은 사람이 당시의 영적 전쟁에서 제 일대에 있는 사람이다. 유다 사람들처럼 어떤 것도 두려워하지 않고 강하게 앞으로 나아가서 싸웠다. 그는 모든 싸움을 다 싸웠다. 이런 특

징이 있는 지파가 유다이다. 유다는 사자 새끼이며 웅크린 사자와 같다 고 했다. 이들은 왕이신 예수를 닮은 자들이다. 우리가 오늘날 하나님의 백성 가운데 제 일대가 되려면 강해야 하고 싸우는 영을 가진 그리스도인이 되어야 한다. 과감히 사탄의 진지에 들어가 그의 세간을 늑탈할 수 있는 자들이야 말로 제 일대에 해당한다. 당시 바울은 유대교로 찌들어 있는 이스라엘 백성들과 하나님을 전혀 알지도 듣지도 못한 우상으로 가득한 이방 세계에 복음을 가지고 들어가서 싸운 제 일대의 사람이었다.

10-17절, 남편에는 르우벤 군대의 진 기가 있을 것이라 르우벤 자손의 족장은 스데울의 아들 엘리술이요 11 그 군대는 계수함을 입은 자 사만 육천오백 명이며 12 그 곁에 진 칠 자는 시므온 지파라 시므온 자손의 족장은 수리삿대의 아들 슬루미엘이요 13 그 군대는 계수함을 입은 자 오만 구천삼백 명이며 14 또 갓 지파라 갓 자손의 족장은 르우엘의 아들 엘리아삽이요 15 그 군대는 계수함을 입은 자 사만 오천육백오십 명이니 16 르우벤 진에 속한 계수함을 입은 군대의 총계가 십오만 일천사백오십 명이라 그들은 제이대로 진행할지니라 17 그 다음에 회막이 레위인의 진과 함께 모든 진의 중앙에 있어 진행하되 그들의 진 친 순서대로 각 사람은 그 위치에서 그 기를 따라 앞으로 행할지니라

"그 위치에서"(17절). 이 말은 매우 중요하다. 영적 전쟁에서 이기려면 모든 성도들은 각각 자기 위치에 있어야 한다. '성도들아 다 각기 제 위치에 서라! 지금은 전쟁의 날이다!' 라는 가사의 찬송이 있다. 전쟁의 날에 그리스도인들이 해야 할 일은 바로 각 사람이 하나님께서 정하신 위치에 서 있는 것이다. 그럴 때 이길 수 있다. 하나님께서 당신을 현재 그 위치에 두신 것은 그 위치에서 싸우라는 것이다. 이것은 매우 중요하다. 아무도 당신을 대치할 수 없다. 당신이 뚫리면 전체가 뚫린다. 혹여 앞장서서 일하는 몇몇 성도만 중요하고 여러분같이 작은 사람은 중요하지 않다고 생각해서는 안 된다. 성도라면 누구든지 자신이 처해 있는 위치에 서서 반드시 그 위치를 지키며 싸워야 한다.

18-31절, 서편에는 에브라임의 군대의 진 기가 있을 것이라 에브라임
자손의 족장은 암미훗의 아들 엘리사마요 19 그 군대는 계수함을 입은 자
사만 오백명이며 20 그 곁에는 므낫세 지파가 있을 것이라 므낫세 자손의
족장은 브다술의 아들 가말리엘이요 21 그 군대는 계수함을 입은 자 삼만
이천이백 명이며 22 또 베냐민 지파라 베냐민 자손의 족장은 기드오니의
아들 아비단이요 23 그 군대는 계수함을 입은 자 삼만 오천사백 명이니
24 에브라임 진에 속한 계수함을 입은 군대의 총계가 십만 팔천일백 명이
라 그들은 제삼대로 진행할지니라 25 북편에는 단 군대의 진 기가 있을
것이라 단 자손의 족장은 암미삿대의 아들 아히에셀이요 26 그 군대는 계
수함을 입은 자 육만 이천칠백 명이며 27 그 곁에 진 칠 자는 아셀 지파라
아셀 자손의 족장은 오그란의 아들 바기엘이요 28 그 군대는 계수함을 입
은 자 사만 일천오백 명이며 29 또 납달리 지파라 납달리 자손의 족장은
에난의 아들 아히라요 30 그 군대는 계수함을 입은 자 오만 삼천사백 명
이니 31 단의 진에 속한 계수함을 입은 군대의 총계가 십오만 칠천육백 명
이라 그들은 기를 따라 후대로 진행할지니라 하시니라

이스라엘 자손의 행진 모습을 보면 진 가운데 성막의 기구를 두었다. 성막의 기구는 고핫 자손이 지고 나르게 되어 있었으며 성막의 부품은 게르손, 므라리 자손이 나르게 되어 있었다. 이렇게 그들은 질서정연하고 일사분란하게 전진하게 되어 있었다. 하나님께서는 하나님의 백성이 싸우고 전진할 때 질서가 있기를 원하시며 진을 칠 때에도 질서 있기를 원하신다는 것이다. 하나님께서 진의 위치를 직접 지정해 주셨으며 또 깃발 아래 모이게 하셨다.

그러므로 여기서 우리가 두드러지게 볼 수 있는 것은 질서의 문제이다. 신약의 교회의 모습도 마찬가지이다. 고린도 전서 14장 33절의 "하나님은 어지러움의 하나님이 아니시요 오직 화평의 하나님이시니라"는 말씀에서 볼 수 있듯이 하나님의 역사에는 질서가 있다. 또 40절에서는 "모든 것을 적당하게 하고 질서대로 하라"고 했다. 하나님께서는 그분의 백성이 혼란되어 있는 것을 원치 않으시고 질서가 있기를 원하신다. 아름다운 교회의 모습은 질서가 있는 것이다.

두 번째로 생각해 보아야 할 것은 하나님께서 이스라엘 백성을 질서있게 네 개의 진으로 나누시고 그 중앙에 성막이 있게 하셨는데, 이 모형이 신약의 새 예루살렘과 비슷하다는 것이다. 이 새 예루살렘은 하늘에 있는 실체이다. 새 예루살렘에는 중앙에 하나님의 보좌가 있고 사면에 열두 문이 있는데 동서남북에 각각 세 개의 문이 있다. 이로써 볼 수 있는 것은 하나님께서 그분의 백성을 애굽 땅에서 불러내어 광야로 인도하신 것은 하늘에 있는 무리와 똑같은 무리가 이 땅에 있게 하시려는 것이었다는 점이다. 하나님께서는 이 땅에서 그분의 백성을 하늘에 있는 실체와 똑같게 만들려고 이처럼 군대의 진을 편성하고 계셨다. 그러므로 이스라엘 백성은 이 땅에 있지만 사실은 하늘의 백성이 되도록 부르심받은 것이다. 마태복음 6장에서 주 예수님은 우리에게 '하나님의 뜻이 하늘에서 이룬 것같이 이 땅에서도 이루어지며 하나님의 나라가 이 땅에 임하기를' 기도하라고 하셨다. 결국 이 땅의 교회는 하늘에 있는 것의 모형이다. 새 예루살렘의 모형이다.

세 번째로, 동쪽 유다 지파의 깃발은 사자의 모습을 가졌고 그 색깔이 녹색이며, 르우벤 지파의 깃발에는 사람의 얼굴이 있고(르우벤은 야곱의 첫째 아들이다) 홍색이다. 그리고 북쪽 단 지파의 깃발은 독수리이다. 원래 단은 뱀인데 뱀을 깃발로 내걸 수 없기 때문에 뱀의 천적인 독수리를 내걸은 것이다. 그리고 그 색깔이 황색이다. 서쪽의 에브라임 깃발에는 송아지를 그렸고 그 색깔은 벽옥이다. 여기서 색깔이나 깃발의 문양을 볼 때 네 생물의 모습이다. 그러므로 이스라엘 백성의 이 땅에서의 모습은 하늘에 있는 피조된 네 생물의 모습과 같다.

오늘날 실제의 교회는 하늘 보좌 앞에 있는 네 생물과 같은 모습이어야 한다. 이것은 에스겔 1장에도 잘 나타나있다. 또한 그 색깔이 하늘에 있는 새 예루살렘의 색깔과 같다. 이렇게 볼 때 이 땅에서 하나님께서 얻고자 하시는 이스라엘 백성은 결국 하늘의 백성이다. 그러면 오늘날 교회는 어떤가? 교회가 바로 참 이스라엘이기 때문에 교회는 하나님께서 건축하려고 하셨던 이러한 모습을 그대로 지니고 있어야 한다. 이 땅의 교회의 모습은 하늘의 새 예루살렘과 모습이 같아야 한다는 사상이 여기에 있다. 그저 이 세상의 어떤 조직과 흡사할 뿐 하늘의 예루살렘의 모습을 닮지 못한 교회는 무슨 소용이 있는가!

하늘의 모습을 닮은 교회는 어떠한 교회여야 하는가? 첫째로 교회는 하나님의 보좌를 그 중심에 모시고 있어야 하고 둘째로 하나님의 충만한 임재를 가지고 있어야 하고 셋째로 하나님의 거처가 되어야 하고 넷째로 유기적이며 정연한 조직이 있어야 한다. 그러한 무리가 바로 교회이다. 또 다섯째로는 권위와 순종이 충만해야 한다. 수천수만의 보좌의 음성에 절대 순종하는 천군 천사들이 있는 곳이 하늘의 광경이기 때문이다. 이것이 바로 교회의 참 모습이다.

또 하나님께서는 그분의 교회가 화평하기를 원하신다. 앞의 그림을 볼 때 유다와 잇사갈과 스불론은 모두 레아의 자식이요, 남쪽의 갓, 시므온, 르우벤은 레아와 그녀의 종 실바가 낳은 아들들이다. 서쪽에 있는 에브라임, 므낫세, 베냐민은 다 라헬의 자녀이다. 그리고 북쪽의 단, 아셀, 납달리는 빌하와 실바가 낳은 자녀들이다. 이렇게 같은 배경을 갖고 있는 사람들끼리 한 대를 이루었다. 이것은 하나님의 교회에는 화목이 있어야 함을 보여 준다. 즉 모세는 그들을 편성할 때 서로의 배경을 고려하여 협력하기 쉽게 도와주었다. 교회를 인도하는 사람들은 할 수 있는 대로 서로 화목할 수 있는 길을 모색해 주어야 하며 사람들을 획일적으로 똑같게 만들려고 해서는 안 된다.

또 다른 면에서, 오늘날 어떤 사람들은 민수기의 하나님의 백성들의 편성을 말할 때 이것을 잘못 이해하여 인간적인 조직화를 정당화하는 데에 적용할지 모른다. 그러나 우리는 오늘날 이 시대의 교회가 영적인 유기체라는 것을 분명히 알아야 한다. 교회는 인간적인 조직체가 아니다. 교회는 전적으로 영적인 단체이다. 인간적인 깃발을 내걸 때 그것은 종파가 되어 버린다. 인간적인 족보를 내걸 때 인간 단체가 되어 버린다. 오늘날 우리는 이런 것들은 상당히 경계해야 한다.

교회 안에서 우리가 지켜야 할 것들은 다 영적인 것이다. 교회는 영적인 유기체이다. 교회 안에는 영적인 자유와 영적인 분위기가 있어야 한다. 성령께서 다스리셔서 일치시켜야 한다. 교회는 질서가 있지만 그 질서는 인간적인 관념으로 통일시킨 것이 아니다. 성령의 운행하심과 역사 가운데서, 성령께서 세우신 권위와 질서 가운데서 아름다운 유기체적인 질서가 확립되어야 한다. 이것이 바로 교회이다. 여기에는 어떤 조직적인 속박이나 규제가 없고 다만 사랑과 생명 안에서의 아름다운 질서가 있다. 구약의 이러한 그림들이 신약에서 실제로 이루어질 때는 모두 영 안에서 이루어진다. 바로 하나님 아버지와 예수 그리스도와 성령의 통치 아래서 이루어지는 것이다. 그러한 모습이 바로 신약의 교회이다.

32-34절, 이상은 이스라엘 자손이 그 종족을 따라 계수함을 입은 자니 모든 진의 군대 곧 계수함을 입은 자의 총계가 육십만 삼천오백오십 명이었으며 33 레위인은 이스라엘 자손과 함께 계수되지 아니하였으니 여호와께서 모세에게 명하심과 같았느니라 34 이스라엘 자손이 여호와께서 모세에게 명하신 대로 다 준행하여 각기 가족과 종족을 따르며 그 기를 따라 진치기도 하며 진행하기도 하였더라

민수기 3장

레위인들의 직무

**1-3절, 여호와께서 시내 산에서 모세와 말씀하실 때에 아론과 모세의
낳은 자가 이러하니라 2 아론의 아들들의 이름은 장자는 나답이요 다음은
아비후와 엘르아살과 이다말이니 3 이는 아론의 아들들의 이름이며 그들
은 기름을 발리우고 거룩히 구별되어 제사장 직분을 위임받은 제사장들
이라**

먼저 아론의 가족에 대해서 말씀하고 계신다. 민수기 1장부터 4장까지에는 크게 나누어 세 종류의 무리가 있다. 첫째는 아론의 가족이고, 둘째는 레위 지파이고 셋째는 이스라엘 전체 회중이다. 레위인들은 하나님을 섬기는 일에 관련된 모든 직무를 감당했는데, 즉 성막의 많은 기구들을 운반하거나 관리하고 또 제물 드리는 것을 돕는 일을 한 것이다. 그리고 아론과 그 가족은 제물을 드려 예배하는 가장 중요한 일을 감당했다. 그 일을 위해 아론의 아들들은 기름을 바름으로 거룩하게 구별되었다. 오늘 신약의 믿는이들인 우리는 모두가 다 제사장들이다. '너희는 왕 같은 제사장' 이라고 했다(벧전 2:9). 신약의 우리는 다 기름부음을 받았고 다 거룩하게 구별되었다. 다 제사장 직분을 위임받은

것이다. 이것은 너무나 놀라운 일이다. 구약에서는 한 가문에 국한되었던 특권을 오늘 신약의 믿는이들인 우리가 다 부여받았다는 것을 생각할 때 참으로 감사드리지 않을 수 없다. 그러나 이렇게 귀한 제사장 직분을 신분상으로는 갖고 있지만 실제적으로 그렇게 섬기며 그 직분을 이행하는가는 별개의 문제이다.

4절, 나답과 아비후는 시내 광야에서 다른 불을 여호와 앞에 드리다가 여호와 앞에서 죽었고 무자하였고 엘리아살과 이다말이 그 아비 아론 앞에서 제사장의 직분을 행하였더라

나답과 아비후는 죽었다. 여기서 다시 한 번 이것을 기록한 이유는 제사장 직무를 수행하는 사람들은 반드시 하나님의 명령을 순종하는 가운데서 행해야 한다는 엄중한 경고를 하기 위해서라고 생각된다. 그리고 이렇게 불순종하는 방식으로 다른 불을 드리다가 죽은 이들은 자녀가 없었다. 그러나 당시에 그러한 불법적인 제사에 동참하지 아니한 엘르아살과 이다말에게는 아들들이 있었다. 그들이 그 아비 대신 아론 앞에서 제사장 직분을 행하게 되었다.

5-9절, 여호와께서 또 모세에게 일러 가라사대 6 레위 지파로 나아와 제사장 아론 앞에 서서 그에게 시종하게 하라 7 그들이 회막 앞에서 아론의 직무와 온 회중의 직무를 위하여 회막에서 시무하되 8 곧 회막의 모든 기구를 수직하며 이스라엘 자손의 직무를 위하여 장막에서 시무할지니 9 너는 레위인을 아론과 그 아들들에게 주라 그들은 이스라엘 자손 중에서 아론에게 온전히 돌리운 자니라

여기서는 레위 지파의 임무에 대해서 기록하고 있다. 우리 믿는이들은 한 면으로는 제사장이고 또 한 면으로는 레위인이다. 구약에는 이렇게 레위인, 제사장, 이스라엘 백성이 나뉘어져 있지만, 신약에 올 때 우리는 한 면으로는 왕 같은 제사장이고 또 한 면으로는 레위인이며 또 거룩한 나라인 이스라엘이다. 이 모든 것이 다 신약의 우리를 예표하고 있다.

10절, 너는 아론과 그 아들들을 세워 제사장 직분을 행하게 하라 외인이 가까이 하면 죽임을 당할 것이니라

제사장 직분은 거룩한 것이기 때문에 외인이 가까이하면 안 된다. 거룩하게 하나님의 일을 섬기는 사람일수록 하나님께 지극히 거룩하고 또 절대적으로 분별되어야 하기 때문이다. "외인이 가까이 하면 반드시 죽일지니라". 이 말씀은 계속해서 반복된다. 하나님께서는 그분 존전에 가까이 나아오는 사람이 외인과 함께 있는 것을 결코 원치 않으시며 외인이 거룩한 지경을 범하는 것을 절대로 허락지 않으신다. 그러므로 하나님의 일에 깊이 참여하는 사람들은 한 가지 알아야 할 것이 있다. 그것은 곧 어떤 불의한 사람들, 특히 양심의 감각이 둔한 사람들은 접해서는 안 된다는 것이다. 하나님께 깊이 나아갈수록 더욱 이것을 느끼게 된다.

신분적으로는 우리가 이스라엘 회중이요 레위 지파요 아론의 제사장 가문으로서 그 모두를 포함하여 가지고 있지만 체험적으로는 이것이 우리에게서도 나뉘어져 있다. 체험적으로는 신약의 교회도 나뉘어져 있다. 그러므로 더욱 거룩하게 될수록 그들은 아론의 제사장 직분과 같은 가장 거룩한 일을 담당하게 되고 거룩한 간증을 지키게 되는데, 이러한 자들은 외인과 가까이할 수 없다. 하나님께서는 외인이 그들 가까이에 범접하는 것을 원치 않으신다. 우리는 반드시 이것을 기억해야 한다. 하나님께서는 이것을 엄금하신다. "외인이 가까이하면 죽일지니라". 우리가 하나님을 깊이 섬기면 섬길수록 느끼는 것이 있는데, 그것은 곧 오늘날 하나님을 섬기는 우리들도 어떤 사람들은 결코 가까이할 수 없다는 것이다.

11-12절, 여호와께서 모세에게 일러 가라사대 12 보라 내가 이스라엘 자손 중에서 레위인을 택하여 이스라엘 자손 중 모든 첫 태에 처음 난 자를 대신케 하였은즉 레위인은 내 것이라

여기서 우리는 왜 하나님께서 레위인을 택하셨는가에 대해 조금 살펴보겠다. 첫째로 레위인은 야곱의 열두 지파 중에서 천성적으로 하나님을 섬기기에 합당한 사람이 아니었다. 창세기 49장의 야곱의 예언적인 기도를 보면 레위에 대해서 그렇게 좋게 말하지 않았다. "시므온과 레위는 형제요 그들의 칼은 잔해하는 기계로다"(5절). 야곱이 시므온과 레위에 대해서 예언한 것은 야곱의 딸 디나가 세겜 족장의 아들에 의해 더럽혀졌을 때 그들이 칼을 차고 나선 장면을 떠올린 것이다. 그러면서 6절에서 "내 혼아 그들의 모의에 상관하지 말지어다 내 영광아 그들의 집회에 참여하지 말지어다 그들이 그 분노대로 사람을 죽이고 그 혈기대로 소의 발목 힘줄을 끊었음이로다"고 했다. 그 누이 디나를 더럽힌 연고로 세겜에 가서 세겜 족장과 그 아들들과 족속들을 다 쳐죽인 것이다. 그리고 7절에서는 "그 노염이 혹독하니 저주를 받을 것이요 분기가 맹렬하니 저주를 받을 것이라 내가 그들을 야곱 중에서 나누며 이스라엘 중에서 흩으리로다"고 말한다. 그런데 그들을 "이스라엘 중에서 흩으리"라는 말은 결국 레위 자손에게 적극적으로 성취되었다. 그들은 이스라엘 지파 중에 적극적인 의미에서 흩어져 가나안 땅에 들어가서 제사장 노릇을 하게 되었다.

이들은 원래 이렇게 혈기가 있고 분노가 있고 노여움이 혹독하고 분기가 맹렬한 사람들이었다. 그런데 이들이 어떻게 해서 하나님을 섬기는 지파로 선정되었는가? 우리는 그 이유를 출애굽기 32장에서 볼 수 있다. "모세가 본즉 백성이 방자하니 이는 아론이 그들로 방자하게 하여 원수에게 조롱거리가 되게 하였음이라 이에 모세가 진문에 서서 가로되 누구든지 여호와의 편에 있는 자는 내게로 나아오라 하매 레위 자손이 다 모여 그에게로 오는지라 모세가 그들에게 이르되 이스라엘의 하나님 여호와께서 이같이 말씀하시기를 너희는 각각 허리에 칼을 차고 진 이 문에서 저 문까지 왕래하며 각 사람이 그 형제를, 각 사람이 그 친구를, 각 사람이 그 이웃을 도륙하라 하셨느니라 레위 자손이 모세의 말대로 행하매 이 날에 백성 중에 삼천 명 가량이 죽인 바 된지라"(출 32:25-28). 이들이 디나의 사건 때에는 그들의 혈기로 사람을 쳐죽이는 일을 했지만 이때에는 여호와의 편에 서서 우상숭배를 한 그 형제와 친구와 이웃을 도륙함으로써 그 명령에 순종하였다.

모세가 산에 올라간 뒤에 이스라엘 사람들은 아론과 더불어 금송아지를 만들어 숭배하였다. 그때 모세가 산에서 내려와서 말했다. "누구든지 여호와의 편에 있는 자는 내게로 나아오라". 그래서 레위 자손이 나아온 것이다. 모세는 그들에게 "너희는 각각 허리에 칼을 차고 진 이 문에서 저 문까지 왕래하며 각 사람이 그 형제를, 각 사람이 그 친구를, 각 사람이 그 이웃을 도륙하라"고 했으며 레위 지파는 이 말에 순종하였다. 이때 이들은 하나님을 섬길 수 있는 축복을 얻게 된 것이다. "모세가 이르되 각 사람이 그 아들과 그 형제를 쳤으니 오늘날 여호와께 헌신하게 되었느니라 그가 오늘날 너희에게 복을 내리시리라"(29절). 그들은 여호와의 편에 섬으로써 이러한 축복을 얻은 것이다.

오늘날 참 레위인은 절대적으로 여호와의 편에 서는 자들이다. 우리에게는 가족의 일도 있고 친척의 일도 있고 부모님의 일도 있고 자녀의 일도 있고 많은 일들이 있다. 그런데 누가 과연 하나님께서 기뻐하시는 바 하나님을 섬기는 자들로 선택되는가? 그러한 모든 것에서 자기를 분별하여 여호와의 편에 서는 자들이다. 중대한 시점에서 어떤 사람이 여호와의 편에 서는가를 보고서 그가 과연 레위인인지 아닌지를 구별하게 된다. 여러분 스스로도 자신이 레위인인지 아니면 일반 백성인지를 점검해 볼 수 있다. 그것은 가장 중요한 순간에 여러분이 무엇을 선택하는지를 보는 것이다. 하나님 편에 서느냐, 아니면 가족이나 친척 편에 서느냐에 따라서 여러분이 과연 하나님을 섬기는 사람들인지, 즉 하나님의 종의 지파인지 아니면 일반 백성인지가 결정된다.

이렇게 하나님 편에 서기만 하면 하나님께서는 그들의 천연적인 육체, 혈기를 처리할 방법을 갖고 계신다. 민수기 8장 5절부터 보겠다. "여호와께서 모세에게 일러 가라사대 이스라엘 자손 중에서 레위인을 취하여 정결케 하라 너는 이같이 하여 그들을 정결케 하되 곧 속죄의 물로 그들에게 뿌리고 그들로 그 전신을 삭도로 밀게 하고 그 의복을 빨게 하여 몸을 정결케 하고 또 그들로 수송아지 하나를 번제물로, 기름 섞은 고운 가루를 그 소제물로 취하게 하고 그 외에 너는 또 수송아지 하나를 속죄제물로 취하고 레위인을 회막 앞에 나오게 하고 이스라엘 자손의 온 회중을 모으고 레위인을 여호와 앞에 나오게 하고 이스라엘 자손으로 그들에게 안수케 한 후에 아론이 이스라엘 자손을 위하여 레위인을 요제로 여호와 앞에 드릴지니 이는 그들로 여호와를 봉사케 하기 위함이라" (5-11절). 그들이 만일 절대적으로 여호와의 편에 선다면 주님께는 그들을 다루실 길이 있다. 문제는 우리가 하나님께 전적으로 드려지지 않기 때문에 하나님께서 우리를 처리하실 길이 없는 것이다.

레위인들은 주님께 완전히 헌신되었기 때문에 그들을 정결케 할 수 있는데, 첫째는 속죄의 물을 뿌리고 다음에는 전신을 삭도로 밀게 하고 또 의복을 빨게 하여 몸을 정결케 한다.

여기에 물이 있고 삭도가 있다. 물을 그들에게 뿌릴 때 그들은 씻을 수 있고 의복을 빨 수 있다. 그리고 삭도로 그들의 천연적인 혈기, 노여움, 분노 등을 다 제거할 수 있다. 하나님을 섬기는 사람들은 결코 자신의 혈기와 분노로 하나님을 섬길 수 없다. 레위가 그러한 것들을 처리하지 않았다면 결코 성막 가까이에서 제사장을 도와 섬길 수 없었을 것이다. 이는 반드시 처리되어야 한다. 하나님을 섬기는 데 가장 방해가 되는 것들이 바로 이러한 것들이다.

사실 우리 모두는 원래 그러한 것들을 속에 가지고 있다. 그러나 그렇다고 해서 제사장이 될 수 없는 것은 아니다. 왜냐하면 레위가 바로 그러한 사람이었기 때문이다. 그러한 사람들일지라도 (속죄의) 물이 있고 삭도가 있으면 씻고 빨고 제한 뒤에 하나님을 섬길 수 있게 된다. 그런데 그렇게 되기 위해서 가장 중요한 것은 곧 그 마음이 절대적으로 여호와 편에 서는 것이다. 자기의 가족, 친척, 부모, 자녀, 모든 것보다 여호와를 으뜸 삼는 정신, 그것이 바로 레위의 정신이다. 그것이 있으면 그 사람은 깨끗해질 수 있는 길이 있다. 그리고 삭도로 모든 천연적인 털을 다 밀 수 있다. 즉 혈기를 제할 수 있다. 그러나 그러한 헌신이 없으면 길이 없다. 여기서 우리는 레위 지파가 어떻게 해서 영광스러운 하나님을 섬길 수 있는 지파가 되었는가를 잠시 살펴보았다. 다시 민수기 3장으로 가겠다.

13절, 처음 난 자는 다 내 것임은 내가 애굽 땅에서 그 처음 난 자를 다 죽이던 날에 이스라엘의 처음 난 자는 사람이나 짐승을 다 거룩히 구별하였음이니 그들은 내 것이 될 것임이니라

이것은 유월절 때 있었던 일이다. 유월절 때 이스라엘 백성은 문 좌우 설주와 인방에 어린 양의 피를 발라서 마지막 재앙인 모든 장자가 죽임당하는 재앙을 면했다. 그때 애굽의 장자는 짐승의 초태생으로부터 왕의 아들까지 다 죽임을 당했다. 그러나 이스라엘의 장자들은 어린 양의 피—그리스도의 피를 예표하는—로 죽음을 면했기 때문에 그들은 다 주님이 피로 사신 바 되었다. 다 주님의 것이다. 여기서 이 레위인은 이스라엘의 처음 난 자들을 대신하는 자들이다. 이것이 오늘날의 우리이다. 우리는 다 주님의 피로 구속받은 자들이다. 멸망 가운데서 구속

받은 자들이기 때문에 우리는 법적으로 완전히 그리스도의 것이다. 그분께 속했다. 하나님은 45절에서 '레위인은 내 것' 이라고 말씀하셨다. 우리가 만일 어린 양의 피로 구속된 자들이라면 우리는 당연히 그분의 것이다. 우리가 하나님의 것임을 아는 것은 매우 중요하다.

14-16절, 여호와께서 시내 광야에서 모세에게 일러 가라사대 15 레위 자손을 그들의 종족과 가족을 따라 계수하되 일 개월 이상의 남자를 다 계수하라 16 모세가 여호와의 말씀을 좇아 그 명하신 대로 계수하니라

우리는 1장과 2장에서 레위인은 계수하지 말라는 말씀을 들었다. "레위 지파만은 너는 계수치 말며 그들을 이스라엘 자손 계수 중에 넣지 말고"(1:49). 그들은 이스라엘 전체 계수 중에 넣어서는 안 되었다. 왜냐하면 그들은 특별한 임무를 맡고 있기 때문이다.

그들은 이스라엘 전체 회중과 구분된 자들이다. 그래서 전체 군대를 편성할 때 레위인은 빠진 것이다. 그런데 이제 여기서 주님은 특별히 레위인을 계수할 때는 일 개월 이상부터 계수하라고 하신다. 이스라엘 백성 전체를 계수할 때는 20세 이상이다. "이스라엘 중 이십 세 이상으로 싸움에 나갈 만한 모든 자를 너와 아론은 그 군대대로 계수하되"(1:3). 그러나 하나님을 섬기는 지파는 일 개월 이상이면 다 유용하다. 그래서 일 개월 이상부터 다 계수하는 것이다. 레위 지파는 귀한 지파이며 어떤 의미에서 모든 사람이 다 쓸모가 있다. 하나님을 섬기는 데에 역량이 있고 갈망이 있고 헌신이 있는 사람은 구원 받은 지 일 개월밖에 안 되는 어린 형제라 하더라도 다 유용하고 계수에 들어온다. 섬길 마음이 있고 갈망이 있는 자는 아무리 어리더라도 계수가 된다니 섬기는 자의 영광이 큰 것이다.

17절, 레위의 아들들의 이름은 이러하니 게르손과 고핫과 므라리요

우리는 레위의 세 아들의 이름은 반드시 외워두어야 한다. 게르손이 장자이고, 고핫이 차남이고, 막내가 므라리이다.

18-22절, 게르손의 아들들의 이름은 그 가족대로 이러하니 립니와 시므이요 19 고핫의 아들들은 그 가족대로 이러하니 아므람과 이스할과 헤브론과 웃시엘이요 20 므라리의 아들들은 그 가족대로 말리와 무시니 이는 그 종족대로 된 레위인의 가족들이니라 21 게르손에게서는 립니 가족과 시므이 가족이 났으니 이들이 곧 게르손의 가족들이라 22 계수함을 입은 자의 수효 곧 일 개월 이상 남자의 수효 합계가 칠천오백 명이며

레위의 가족들에 대해서는 레위의 세 아들과 손자들까지 기록했다. 섬기는 자들의 귀함은 어떠한 것인지!

23절, 게르손 가족들은 장막 뒤 곧 서편에 진을 칠 것이요

앞에 나온 이스라엘의 진 배치도를 보면 게르손 가족들은 서편이다. 거기는 에브라임, 므낫세, 베냐민 지파가 진을 치는 곳이다. 게르손 가족은 성막 가까이 서편에 진을 치게 된다.

24절, 라엘의 아들 엘리아삽은 게르손 사람의 종족의 족장이 될 것이며

여기에 게르손 자손의 종족의 족장이 있다. 그는 라엘의 아들 엘리아삽이다.

25-26절, 게르손 자손의 회막에 대하여 맡을 것은 성막과 장막과 그 덮개와 회막 문장과 26 뜰의 휘장과 및 성막과 단 사면에 있는 뜰의 문장과 그 모든 것에 쓰는 줄들이니라

오늘날로 말하면 섬유에 해당하는 기구들은 다 게르손 자손이 담당했다. "성막과 장막과 그 덮개와 회막 문장과 뜰의 휘장과 및 성막과 단 사면에 있는 뜰의 문장과 그 모든 것에 쓰는 줄들". 여기서 '줄들'이란 가령 해달의 가죽이나 수염소 가죽 등을 말뚝에 잡아매는 줄들을 말하는 것이다.

27-29절, 고핫에게서는 아므람 가족과 이스할 가족과 헤브론 가족과 웃시엘 가족이 났으니 이들이 곧 고핫 가족들이라 28 계수함을 입은 일 개월 이상 모든 남자의 수효가 팔천육백 명인데 성소를 맡을 것이며 29 고핫 자손의 가족들은 성막 남편에 진을 칠 것이요

고핫 자손의 가족은 갓, 시므온, 르우벤이 진을 치는 남편의 성막 가까이에 진을 치게 되었다.

30절, 웃시엘의 아들 엘리사반은 고핫 사람의 가족과 종족의 족장이 될 것이며

여기에 고핫 자손의 족장이 있다. 레위 지파에게도 족장이 있고 인도자가 있다. 하나님의 일은 반드시 이렇게 질서가 있다. 무질서하게 아무렇게나 하는 것은 결코 하나님의 일이 아니다.

31절, 그들의 맡을 것은 증거궤와 상과 등대와 단들과 성소에서 봉사하는데 쓰는 기구들과 휘장과 그것에 쓰는 모든 것이며

고핫 자손이 맡은 것들은 가장 중요한 것들이다. 가장 중요한 품목들을 장남이 아닌 차남이 맡았다. 이렇게 하나님께서 사람들에게 일을 맡기실 때 반드시 연장한 사람, 오래 된 사람이라고 해서 중요한 일을 맡기시는 것은 아니다. 여기서 고핫은 증거궤와 떡상과 등대와 단들과 성소에서 봉사하는 데 쓰는 기구들과 휘장과 그것에 쓰는 모든 것을 맡았다.

32절, 제사장 아론의 아들 엘리아살은 레위인의 족장들의 어른이 되고 또 성소를 맡을 자를 통할할 것이니라

엘르아살은 아론의 아들이다. 아론의 아들로 레위인 족장들의 어른이 되게 하셨다. 레위인의 족장들은 게르손 자손의 족장, 고핫 가족의 족장, 므라리 가족의 족장 등이다. 그 족장들이 나름대로 하는 것이 아니고 그들을 통할하는 대표가 있다. 그가 바로 아론의 아들 엘르아살이다. 나답과 아비후가 죽었기 때문에 사실상 아론의 장남은 엘르아살이다. 엘르아살이 레위의 족장들을 통할하게 되어 있었다. 이처럼 레위지파의 모든 일들은 다 질서가 있고 그들은 반드시 제사장의 지휘 아래에서 봉사하게 된다. 그래서 올바른 하나님의 백성의 봉사는 반드시 합당한 인도 직분 아래에서 섬기는 것이어야 한다. 자기들 나름대로 봉사하는 것이 없다.

우리는 여기서 신약의 교회가 어떻게 나아가야 하는지를 보는데, 거기에는 반드시 질서가 있다. 그리고 중요한 일이 있고 보다 중요한 일이 있다. 고핫 가족이 맡은 일은 '보다 중요한 일'이다. 고핫 자손의 일을 말할 때 특히 엘르아살의 직분을 말해 주었다. 하나님의 교회에서 봉사를 배우는 사람들은 순종부터 배워야 한다. 처음 배우는 사람들은 자기 고집을 내세우지 말고 또 자기 방법을 내세울 것이 아니라 항상 배우는 자세로 임해야 한다. 늘 앞선 형제나 인도자에게 '제가 이렇게 하는 것이 합당합니까?' 라고 물어야 한다. 또한 앞서서 배운 사람에게 '말씀하십시오. 순종하겠습니다' 하는 태도를 가져야 한다.

통상적으로 므라리까지 다 말한 다음에 언급하든지 아니면 게르손을 말하기 시작할 때 언급할 내용을 고핫 자손의 직무를 말한 다음에 언급하는 것으로 보아 고핫의 일은 매우 중요한 것임에 분명하다.

33-37절, 므라리에게서는 말리 가족과 무시 가족이 났으니 이들이 곧 므라리 가족들이라 34 그 계수함을 입은 자 곧 일 개월 이상 남자의 수효 총계가 육천이백 명이며 35 아비하일의 아들 수리엘이 므라리 가족과 종족의 족장이 될 것이요 이 가족은 장막 북편에 진을 칠 것이며 36 므라리 자손의 맡을 것은 성막의 널판과 그 띠와 그 기둥과 그 받침과 그 모든 기구와 그것에 쓰는 모든 것이며 37 뜰 사면 기둥과 그 받침과 그 말뚝과 그 줄들이니라

므라리는 주로 목재를 담당했다. 널판과 말뚝 등이 므라리의 몫이었다. 게르손은 섬유에 관련된 것을 짊어졌고, 고핫은 가장 중요한 언약궤, 등대, 떡상 등을 담당했으며, 나무 제품은 말뚝까지 포함하여 다 므라리가 담당했다. 마찬가지로 신약에서도 하나님께서 그분의 종들에게 위임하시는 바가 다양하고 각각 다르다. 다 똑같지 않다. 바울은 주로 터를 닦는 일을 했고 또 심는 일을 했다. 그러나 그 위에 건축하고 물을 주는 일은 또 다른 사람들이 했다. "나는 심었고 아볼로는 물을 주었으되"(고전 3:6). 하나님께서는 어떤 사람에게는 복음 전하는 일을 하게 하시고 어떤 사람에게는 목양하는 일을 하게 하신다. 이렇게 하나님께서는 믿는이들에게 각양 은사를 나누어주신다. 그런데 이 모든 은사들은 다 한 몸을 위한 것이므로 반드시 일치가 있어야 한다. 반드시 하나의 인도가 있어야 한다. 제멋대로 하는 것이 아니다. 족장이 있고 전체를 통괄하는 사람이 있다. 그럴 때 이 모든 일들이 다 하나로 조화 있게 이루어질 수 있다.

우리는 여기서 이러한 그림을 볼 수 있다. 어떤 사람의 일은 조금 덜 중요하게 보이지만 사실은 다 중요하다. 말뚝을 취급하는 사람이 "왜 나는 말뚝만 가지고 다녀야 하는가! 말뚝을 나르는 것은 재미없다. 나도 증거궤를 짊어지게 해달라"고 한다 하자. 그러나 말뚝이 없으면 휘장을 칠 수 없다. 모든 것이 다 중요하다. 자신이 하는 일이 다른 사람의 일과 같지 않다고 불평해서는 안 된다. 다 서로 다른 직분을 갖고 있는 것이다. 여러분이 만일 레위인이라면 여러분은 다 직분이 있다. 성막에는 레위 지파의 할 일이 다양하게 있다. 자기가 맡은 그 일을 충성되게 하면 그것이 주님을 섬기는 것이다.

38절, 장막 앞 동편 곧 회막 앞 해 돋는 편에는 모세와 아론과 아론의 아들들이 진을 치고 이스라엘 자손의 직무를 대신하여 성소의 직무를 지킬 것이며 외인이 가까이 하면 죽일지니라

"장막 앞 동편 곧 회막 앞 해 돋는 편". 그곳은 유다, 잇사갈, 스불론이 진을 친 곳이다. 이스라엘 자손의 진은 사면에 있는데 레위의 아들들은 셋이다. 게르손 자손과 고핫 자손과 므라리 자손이다. 한 면이 남지 않는가? 그 나머지 한 면에는 모세와 아론과 아론의 아들들이 진을 치게 되어 있었다. 이곳이 동편이다. 이렇게 다 조직적으로 짜여져 있고 허술한 곳이 한 군데도 없다. 그런데 여기서 주님은 다시 한 번 "외인이 가까이하면 죽일지니라"고 말씀하신다. 이는 그들이 극히 중요한 직무를 맡은 제사장들이기 때문이다. 하나님을 위해 가장 거룩한 직무를 담당하는 곳에는 결코 외인들이 가까이 할 수 없게 되어 있다.

39절, 모세와 아론이 여호와의 명을 좇아 레위인을 각 가족대로 계수한 즉 일 개월 이상 남자의 수효가 이만 이천 명이었더라

레위인의 일 개월 이상 된 남자의 수효는 이만 이천 명이다. 우리는 여기서 다시 한 번 하나님을 가장 가까이서 섬기는 아론의 가문 사람들은 절대로 외인들과 함께할 수 없으며 그들은 더욱더 철저하게 자신을 분별해야 한다는 것을 기억하기 바란다.

40-41절, 여호와께서 또 모세에게 이르시되 이스라엘 자손의 처음 난 남자를 일 개월 이상으로 다 계수하여 그 명수를 기록하라 41 나는 여호와라 이스라엘 자손 중 모든 처음 난 자의 대신에 레위인을 내게 돌리고 또 이스라엘 자손의 가축 중 모든 처음 난 것의 대신에 레위인의 가축을 내게 돌리라

하나님께서는 반드시 그분의 소유에 대하여 소유권을 주장하신다. 이스라엘의 일 개월 이상 된 처음 난 남자를 다 계수하여 명수를 기록하라고 하시고 처음 난 자 대신에 레위인을 그분께 돌리라고 하셨다. 그리고 이스라엘 자손의 처음 난 가축 대신에 레위인의 가축을 그분께 돌리라고 하셨다. 왜냐하면 유월절 당시 가축도 처음 난 것은 다 죽었기 때문이다. 그래서 이스라엘 자손들은 어린 양의 피로 구속함을 얻은 모든 처음 난 것을 다 여호와께 돌려야 했다. 사실 우리는 어린 양이신 그리스도의 피로 구속함을 얻는 자들이므로 마땅히 우리 자신을 그분께 돌려야 한다.

42-43절, 모세가 여호와께서 자기에게 명하신 대로 이스라엘 자손 중 모든 처음 난 자를 계수하니 43 일 개월 이상으로 계수함을 입은 처음 난 남자의 명수의 총계가 이만 이천이백칠십삼 명이었더라

레위인의 수와 다소 차이가 있다. 레위인은 모두 이만 이천 명이었다. 273명이 더 많다.

44-45절, 여호와께서 모세에게 일러 가라사대 45 이스라엘 자손 중 모

든 처음 난 자의 대신에 레위인을 취하고 또 그들의 가축 대신에 레위인의 가축을 취하라 레위인은 내 것이라 나는 여호와니라

우리는 처음 난 자이다. 우리는 그리스도의 보혈로 유월절을 통하여 구속함을 얻었기 때문에 당연히 처음 난 자이고 또 레위인이다. 그러므로 우리는 반드시 그분께 돌려져야 한다.

46-50절, 이스라엘 자손의 처음 난 자가 레위인보다 이백칠십삼 인이 더한즉 속하기 위하여 47 매명에 오 세겔씩 취하되 성소의 세겔대로 취하라 한 세겔은 이십 게라니라 48 그 더한 자의 속전을 아론과 그 아들들에게 줄 것이니라 49 모세가 레위인으로 대속한 이외의 사람들에게서 속전을 받았으니 50 곧 이스라엘 자손의 처음 난 자에게서 받은 돈이 성소의 세겔대로 일천삼백육십오 세겔이라

이것은 처음 난 사람의 수효가 레위인의 수효보다 많으니까 273명만큼은 5세겔씩 계산하여 더 내라는 것이다. 주님은 그분이 취하신 것, 그분께 속한 것은 철저하게 계산하여 다 그분께로 돌리려고 하신다. 그러므로 주님은 우리도 반드시 취하신다. 그분이 그만큼 대가를 지불해서 우리를 사셨기 때문에 우리는 반드시 그분께 돌려져야 한다.

51절, 이 속전을 여호와의 말씀대로 아론과 그 아들들에게 주었으니 여호와께서 모세에게 명하심과 같았느니라

이것은 하나님께서 속전을 지불하고 우리를 사셨다는 것을 보여 준다. 그분이 속전을 주고 사셔서 그분의 것으로 삼으실 만큼 우리가 가치 있는 귀한 존재임을 보여 주는 것이다. 하나님께서는 한 사람도 거저 소유하지 않으셨다. 그래서 나머지 사람들에 대해서도 그만큼의 돈을 내라고 하시는 것이다. 사실 구원을 받고도 하나님께 완전히 드리지 않는 사람은 돈을 떼어먹은 사람이다. 하나님께서 상당한 값을 치루고 그를 사셨는데 자신을 하나님께 돌려드리지 않는 것은 정당하지 않다. 그런 사람은 계산이 없는 사람이다. 로마서 12장에서 사도 바울은 우리에게 자기의 몸을 산 제사로 드리는 영적인 예배를 드리라고 권면했다(1절). '영적인 예배' 란 원래 '합리적인, 이치에 맞는 봉사' 라는 말이다. 그래야 계산이 맞다는 것이다.

민수기 4장

레위인의 직무 분담

1절, 여호와께서 또 모세와 아론에게 일러 가라사대

여호와께서는 계속 말씀하신다. 말씀하시는 여호와를 찬미한다!

2절, 레위 자손 중에서 고핫 자손을 그들의 가족과 종족을 따라 총계할 지니

아론의 세 아들 중 첫째는 게르손이고 둘째는 고핫이고 셋째는 므라리이다. 앞에서 말했듯이 고핫은 두 번째지만 그들의 임무는 가장 중요하다. 그래서 4장에는 3장의 순서와 좀 다르게 나와 있다. 3장에는 태어난 순서대로 게르손, 고핫, 므라리로 기록되어 있지만, 4장에 와서 그 임무를 말할 때에는 가장 중요한 임무를 맡은 고핫이 첫 번째로 기록되어 있다. 우리는 신약의 사역에서도 이러한 상황을 볼 수 있다. 사도행전 13장에서 안디옥 교회에서 하나님께서 사도들을 일으켜 보내실 때 첫 번째가 바나바이고 다음이 사울이었다. 그러나 그들이 나아가서 사역할 때 먼저 된 자는 바나바였지만 점차적으로 사울 곧 바울이 앞장서게 된다. 분명히 바나바가 먼저 사역 안으로 이끌림을 받았고 사울은 바나바에 의해서 인도되었다. 그리고 바나바는 안디옥 교회의 선지자와 교사 중에 있었다. 그러나 점차 사역을 하면서 바울의 임무가 더 중요해지자 이제는 바나바와 사울이 아닌 바울(사울)과 바나바로 바뀌었다.

이와 같이 하나님을 섬기는 사람들은 그들의 임무에 따라서, 그들의 충성에 따라서, 그들의 영적 성장에 따라서 순서가 바뀔 수 있다. 하나님의 교회 안에 고정적인 인도 직분이 있는 것이 아니다. 성경에서 이름을 첫 번째로 언급하는 것은 의미가 있다. '브리스가와 아굴라' 는 아굴라가 남편이지만 아내가 더 충성되게 섬기다 보니 남편의 이름이 뒤에 나오게 된 것이다. 물론 '아굴라와 브리스가' 라고 쓰인 곳도 있다. 이런 모든 것들은 다 영적인 기능에 있어서의 중요성을 시사해 준다.

하나님의 일에 있어서는 기능이 중요한 것이다. 이는 군대의 특징이기도 하다. 형이라고 해서 군대에서 명령을 복종치 않아서는 안 된다. 육신의 아버지라고 해도 군대는 계급이 있고 직책이 중요한 것이다. 이러한 질서가 지켜지지 않는 상태로는 군대가 될 수 없고 영적인 전투를 할 수 없다. 우리는 여기서 영적인 전투가 교회와 관련된 것임도 알 수 있다. 홀로 싸우려고 하는 자마다 패할 것이다. 우리는 개인적으로 싸우는 것이 아니라 단체적으로 군대가 되어 싸운다는 것을 알아야 한다. 복음전파가 영적인 전투요, 죄와 사탄에 붙잡혀 있는 형제들을 구출해 내는 것, 교리와 이념과 사상에 사로잡혀 있는 자들을 풀어내는 것이 전투이다. 하나님은 이러한 전투를 효과적으로 하는 길을 교회에 주신 것이다. 바울은 이 몸의 원리를 알았기에 자신의 모든 사역에 대하여 교회의 기도를 요청한 것이다. 아무리 경험이 많고 역량이 있다 해도 홀로는 약하다. 강력한 사탄의 군대를 대항하지 못한다. 우리에게는 교회와 함께함이 너무나 필요한 것이다.

3절, 곧 삼십 세 이상으로 오십 세까지 회막의 일을 하기 위하여 그 역사에 참가할 만한 모든 자를 계수하라

레위 자손들을 부르시는 목적은 회막의 일을 하기 위해서이다. 회막이란 오늘날로 말하면 교회이다. 하나님을 섬기는 데 있어서 그 중심은 교회이다. 하나님의 백성 가운데서 섬길 때 그 중심이 교회를 벗어날 수 없는 것이다. 오늘날 우리가 제사장이라면 또 레위인이라면 우리의 봉사는 교회를 떠날 수 없다. 그런데 섬기려면 반드시 어느 정도의 역량이 있어야 한다. 그것이 바로 30세에서 50세까지이다. 여러분이 하나님을 섬기고자 한다면 자라야 한다. 여러분이 교회에 유익한 지체가 되려면 자라야 한다. 하나님께서는 결코 어린아이로 하여금 회막을 섬기게 하지 않으신다. 30세부터 50세까지의 사람들을 불러 섬기게 하신다. 우리는 이 말씀을 읽을 때 이러한 반응을 가져야 한다. '하나님, 저는 섬기고 싶습니다. 저는 당신의 교회를 섬기기 위해서 자라기 원합니다. 30세에서 50세 사이의 영적인 분량을 갖기까지 자라게 하소서.'

4절, 고핫 자손의 회막 안 지성물에 대하여 할 일은 이러하니라

모든 섬기는 자들은 반드시 할 일이 있어야 한다. 회막 안 지성물에 대하여 할 일이 있어야 한다. 지성물이란 영어로 'the most holy things', 즉 가장 거룩한 일들이다. 우리 하나님을 섬기는 제사장들은 가장 거룩한 일들을 맡아서 섬기는 것이다.

5절, 행진할 때에 아론과 그 아들들이 들어가서 간 막는 장을 걷어 증거궤를 덮고

3장은 평상시의 일이다. 그런데 4장에서는 행진할 때에 어떻게 섬기는지를 말한다. 우리는 하나님을 섬기는 자들로서 고정된 봉사만이 아니라 반드시 주님의 움직이심 가운데서 봉사하기를 배워야 한다. 민수기 4장에서는 이렇게 주님의 움직이심 가운데서 제사장들이 어떻게 봉사하는지를 말하고 있다. 그래서 '행진할 때에' 라는 말은 4장의 열쇠와 같다.

"아론과 그 아들들이 들어가서 간 막는 장을 걷어 증거궤를 덮고". 먼저 증거궤부터 관리한다. 그런데 이러한 거룩한 것들을 다룰 때에는 아론과 그 아들들이 들어가야 했다. 그리고 간 막는 휘장을 걷어 증거궤를 덮는 것이다. 이 증거궤는 하나님의 임재가 있는 곳, 하나님의 영광이 머무시는 곳이다. 그리고 휘장에는 그룹이 수놓아져 있었다.

6절, 그 위에 해달의 가죽으로 덮고 그 위에 순청색 보자기를 덮은 후에 그 채를 꿰고

세 겹으로 덮는다. 해달이란 물소 종류인데 그 가죽은 보기에 아름답지 않고 굉장히 두껍고 질기다. 그래서 그 안의 내용물을 외부의 햇빛이나 또는 해충 등으로부터 보호할 수 있다. 그리고 그 위에 또 순청색 보자기를 덮었다. '순청색' 이란 'pure blue', 즉 하늘색이다. 사람들이 볼 때 그 증거궤는 하늘색으로 보였을 것이다. 그런데 그 하늘색 안에는 해달의 가죽이 있고 또 그 안에는 휘장이 있고 그 안에 증거궤가 있다. 이것은 다 의미가 깊다. 그리스도의 성육신의 비밀을 우리에게 알려 주는 것이다. 그분이 어떠한 분이신지를 보여 주는 것이다.

증거궤는 그분의 임재, 그분의 영광이 머무는 곳으로서 그분의 인격, 그분 자신을 나타낸다. 그런데 그분이 말하자면 피조물을 입으신 것이다. 그것은 휘장에 수놓아진 피조물로 예표된다. 육신을 입으심으로 피조물이 되신 것이다. 그런데 육신을 입으신 그분의 모습은 해달의 가죽처럼 아름답지는 않지만 사탄에 대해서, 악에 대해서, 시험에 대해서 아주 강하다. 그분을 온전히 보호했다. 그러면서도 그분은 육신의 휘장을 통해서 하나님의 영광을 나타내셨다. 하늘을 나타내신 것이다. 그것이 순청색 보자기이다. 우리는 이 한 가지 사실만 보아도 구약의 이 모든 말씀이 결국 그리스도의 어떠하심을 나타낸다는 것을 볼 수 있다.

그러면 제사장들이 하는 일은 무엇인가? "그 채를 꿰고". 이는 증거궤를 짊어지는 것이다. 그리스도의 사역자, 주님을 섬기는 자의 일은 결국 그리스도, 곧 신성과 인성을 지니신 그리스도의 인격을 짊어지고 행진하는 것이다. 오늘 우리의 움직임 또한 그리스도의 인격을 짊어지고 나아가는 것이다.

7-8절, 또 진설병의 상에 청색 보자기를 펴고 대접들과 숟가락들과 주발들과 붓는 잔들을 그 위에 두고 또 항상 진설하는 떡을 그 위에 두고 8 홍색 보자기를 그 위에 펴고 그것을 해달의 가죽 덮개로 덮은 후에 그 채를 꿰고

진설병 상은 이스라엘 열두 지파를 상징하는 열두 개의 떡을 두 줄로 진설해 놓는 곳이다. 그것은 우리의 양식이 되시는 그리스도를 예표한다. 진설병 상은 어떻게 운반하는가? 먼저 청색 보자기를 펴고 대접들과 숟가락들과 주발들과 붓는 잔들을 그 위에 두고 그 위에 홍색 보자기를 덮는 것이다. 이것들은 다 먹는 것과 관계되는 도구들이다. 그것은 증거궤를 운반하는 방식과 다르다. 증거궤를 덮을 때에는 맨 먼저 휘장이 있고 그 다음에 해달의 가죽이 있고 맨 마지막이 순청색 보자기인데, 이 진설병 상은 맨 먼저가 청색 보자기이고 그 다음이 홍색 보자기이다. 홍색 보자기는 구속하시는 그리스도를 예표한다. 그리스도의 보혈이 홍색이기 때문이다. 그리고 해달의 가죽이 맨 나중이다. 이것은 인성 안에 감추이신 그리스도를 보여 준다.

사람들에게는 그리스도의 영광이 보이지 않는다. 순청색이 가장 속에 들어 있기 때문이다. 그래서 사람들은 우리에게 양식으로 오신 주님을 알지 못했다. 그분의 영광과 신성이 육신 안에 감춰어 있었으므로 사람들이 그분을 오해한 것이다. 이것은 우리로 요한복음 6장을 생각나게 한다. 사람들은 누가 그분의 살을 먹을 수 있겠느냐고 수군거렸다. 그러나 사실 그분 안에는 순청색의 생명이 있었다. 겉은 해달의 가죽이었을지라도 그분은 참 양식이 되기 위해 오신 하나님이셨던 것이다.

9-10절, 또 청색 보자기를 취하여 등대와 그 등잔들과 그 불집게들과 불똥 그릇들과 그 쓰는바 모든 기름 그릇을 덮고 10 등대와 그 모든 기구를 해달의 가죽 덮개 안에 넣어 메는 틀 위에 두고

다음은 무엇인가? 등대와 등잔들과 불집게와 불똥 그릇들 등이다. 이것은 빛이신 그리스도를 예표한다. 첫째로 증거궤는 그리스도 자신의 인격을 의미하고 또 그리스도의 성육신의 원칙을 보여 준다. 그 다음 진설병 상은 우리의 생명 양식이 되기 위해 오신 주님을 말하고, 이제 등대는 세상의 빛으로 오신 주님을 말한다. 주님이 빛으로 세상에 오셨어도 사람들은 그 빛을 알지 못했다. 이것은 요한복음 1장을 생각나게 한다. 참 빛이 세상에 비취었지만 세상은 그분을 알지 못하고 영접하지 않았다. 왜냐하면 그분은 안에는 청색 보자기가 있지만 밖은 해달의 가죽이기 때문이다.

11절, 또 금단 위에 청색 보자기를 펴고 해달의 가죽 덮개로 덮고 그 채를 꿰고

이 금단은 무엇인가? 바로 분향단이다. 기도하시는 주님, 하나님께 향기로운 제물을 드리시는 주님, 향기이신 주님, 그것이 바로 금단이다. 금단도 청색 보자기를 펴고 해달의 가죽 덮개로 덮는다. 원칙상 다른 것과 동일하다. 속에 청색 보자기가 있고 겉에 해달의 가죽이 있다. 그래서 사람들은 하나님께 향기가 되신, 향기로운 제물로 오신 주님을 알아보지 못했다.

12절, 또 성소에서 봉사하는데 쓰는 모든 기명을 취하여 청색 보자기에 싸서 해달의 가죽 덮개로 덮어 메는 틀 위에 두고

모든 기명들을 다 같은 원칙으로 싸라고 하셨다.

13절, 또 단의 재를 버리고 그 단 위에 자색 보자기를 펴고

13절의 단은 제물을 드리는 제단이다. 이것은 그리스도의 십자가의 모형이다. 십자가에서 죽으신 주님, 그곳에서 우리의 제물이 되신 주님을 예표하는 것이다. 이 제단에 대해서는 재를 버리고 그 단 위에 자색 보자기를 펴라고 했다. 이 자색은 왕의 색으로서 왕권을 의미한다. 예수님은 십자가에서 죽으시기 전 심문을 당하실 때 홍포를 입으셨다. 그분은 참으로 위엄을 갖추신 영광의 왕이셨지만 우리의 구속을 위해 십자가에 달리셨다. 이 모든 것이 지금 여기에 나타나 있다.

14절, 봉사하는 데 쓰는 모든 기구 곧 불 옮기는 그릇들과 고기 갈고리들과 부삽들과 대야들과 단의 모든 기구를 두고 해달의 가죽 덮개를 그 위에 덮고 그 채를 꿸 것이며

여기서도 자색은 감춰어져 있다. 그리고 이 모든 기구들은 무엇을 뜻하는가? 제단에서 사용되는 기구들로서 주님을 십자가에 못 박고 그분을 박해하는 데에 쓰인 기구들이라고 볼 수 있다. 이러한 모든 기구들을 다 해달의 가죽 덮개로 덮으라고 했다.

15절, 행진할 때에 아론과 그 아들들이 성소와 성소의 모든 기구 덮기를 필하거든 고핫 자손이 와서 멜 것이니라 그러나 성물은 만지지 말지니 죽을까 하노라 회막 물건 중에서 이것들은 고핫 자손이 멜 것이며

이제까지의 일은 아론과 그 아들들이 했다. 고핫 자손은 다만 레위 지파일 뿐이며 성소의 거룩한 기명들을 다루는 것은 제사장의 몫이기 때문이다. 제사장 아론과 그 자손들이 이 일을 다 한 후에 고핫 자손은 다만 와서 그것들을 메게 되어 있었다.

"행진할 때에 아론과 그 아들들이 성소와 성소의 모든 기구 덮기를 필하거든". 지금까지 증거궤, 진설병 상, 분향단, 금촛대, 제단을 말했는데, 한 가지 빠진 것이 있다. 그것은 물두멍이다. 물두멍에 관해서는 여기에 어떻게 덮으라는 말씀이 없다. 이것은 참 이해하기 어렵다. "모든 기구 덮기를 필하거든"이라고 했기 때문에 물두멍도 덮어야 할 것 중에 하나일 텐데 여기서는 그것을 언급하지 않았다. 성경에서는 언급하지 않아도 되는 것은 언급하지 않는다. 다만 우리가 생각해 볼 수 있는 것은 다른 모든 항목들은 인자이신 그리스도를 여러 방면으로 예표하지만 물두멍은 제사장들이 하나님을 섬기기 위해서 들어갈 때 씻기 위한 것이므로 적합하게 그리스도를 예표하는 항목이라고 볼 수 없는 것이다. 따라서 그것에 대한 언급은 생략한 듯하다.

"고핫 자손이 와서 멜 것이니라 그러나 성물은 만지지 말지니 죽을까 하노라". 고핫 자손은 성물을 만지면 안 된다. 물론 고핫 자손은 회막의 가장 중요한 것들을 짊어지는 일을 하지만 아론과 그 아들들, 곧 제사장들보다 주님께 가까이 있지는 않다. 그래도 어쨌든 거룩한 일의 어떤 부분을 감당하고 있다. 오늘 이 시대에는 제사장과 레위 지파가 구별되어 있지 않다. 그러므로 우리는 다 이러한 신분을 갖고 있다. 그리면 왜 구약 시대에는 이렇게 나누어서 우리에게 그림을 보여주는가? 그것은 하나님의 거룩한 일은 우리가 그만큼 거룩하지 않으면 만질 수 없다는 것을 알려 주기 위해서이다. 그렇게 두려움으로 거룩함 안에서 하나님을 섬기지 않으면 안 된다는 것을 보여주는 것이다.

16절, 제사장 아론의 아들 엘르아살의 맡을 것은 등유와 분향할 향품과 항상 드리는 소제물과 관유며 또 장막의 전체와 그 중에 있는 모든 것과 성소와 그 모든 기구니라

그 중에서도 더 중요한 것이있다. 등유, 분향할 향품, 소제물, 관유 등이다. 이런 것들은 제사장 아론의 후계자인 엘르아살이 맡으라고 했다. 이 부분을 읽을 때 생각나는 신약의 말씀은 고린도 후서 2장과 4장이다. 사도 바울은 그의 사역의 움직임을 전쟁의 승리의 행진에 비유했다. 그는 자신이 예수 그리스도의 포로로서 승리하신 그리스도의 향기를 운반하는 자로 여겼다. 나는 바울이 고린도 후서 2장의 부분을 쓸 때에 그의 사역의 움직임에 관하여 민수기 4장을 생각하지 않았나 싶다. 그는 그의 사역의 모든 움직임을 그리스도의 각 항목을 메고 운반하는 것으로 여겼던 것 같다. 그 중에서 특히 그가 메었던 것은 바로 제단이었다. 십자가의 죽음, 예수 죽인 것을 몸에 짊어졌다고 했다. 바울은 고핫이기도 하고 아론이기도 하고 또 엘르아살이기도 하다.

그러면서 그는 고린도 후서 2장에서 자기가 하나님 앞에서 그리스도의 향기라고 했다. 그는 향기를 운반하는 자였다. '분향할 향품'이란 원문에서 '냄새가 좋은 향' (fragrance incense)이라는 뜻이다. 이 모든 것들이 이렇게 신약과 연결된다. 바울이 제단을 짊어질 때, 즉 십자가의 죽이는 것을 자기 몸에 짊어질 때 그리스도의 향기가 나올 수 있었던 것이다.

17-20절, 여호와께서 또 모세와 아론에게 일러 가라사대 18 너희는 고핫 족속의 지파를 레위인 중에서 끊어지게 말지니 19 그들이 지성물에 접근할 때에 그 생명을 보존하고 죽지 않게 하기 위하여 너희는 이같이 하여 아론과 그 아들들이 들어가서 각 사람에게 그 할 일과 그 멜 것을 지휘할지니라 20 그들은 잠시라도 들어가서 성소를 보지 말 것은 죽을까 함이니라

하나님께서는 그분을 섬기는 자들이 섬기면서 해를 당하지 않기를 원하신다. 섬기다가 죽는 수가 있다는 것이다. 여기서 고핫 자손이 위험하다. 뒤에 나오는 게르손과 므라리에 대해서는 이 말씀을 하지 않으신다. 그러나 고핫에게는 이 말씀을 하시는데 그것은 그들이 가장 중요한 것을 다루는 그러한 위치에 있기 때문이고 또 그들을 아끼시기 때문이다. 가장 중요한 것을 만질 때 자칫 범할 수가 있다. 볼 수 있다고 해서 들어가서 보다가 죽게 된다. 잘못하면 자기의 위치를 벗어나서 만지지 말아야 할 것을 만질 수 있다. 가까이 있기 때문이다.

내가 이것을 신약에 대입하면, 하나님의 거룩한 일 가까이에 있는 사람들은 매우 조심해야 한다. 그들은 중요한 직책을 맡은 영예도 있지만 매우 주의해야 할 필요도 있다. 그것들을 잘못 다루다가 죽는다. 아나니아와 삽비라를 보라. 그때 하나님의 역사는 정말 거룩하고도 신속히 진행되고 있었다. 신약이 개시되고 있었던 것이다. 그런데 아나니아와 삽비라는 거기서 함부로 그 간증을 범했고, 즉사했다. 호세아 선지자는 '내 백성이 지식이 없어 망한다' 고 말했다. 하나님의 자녀들이 하나님의 엄중한 일들을 함부로 보고 다루다가 죽을 정도로 위험하다는 것을 말해 주고 있다. 그러므로 하나님께서는 고핫 자손이 지성물에 접근할 때 그 생명을 보존하고 죽지 않게 하여 고핫 족속이 레위인 중에서 끊어지지 않게 하라고 하신 것이다.

그래서 이런 일들을 할 때 아론과 그 아들들이 들어가서 각 사람의 그 할 일과 멜 것을 지휘하라고 하셨다. 여기서 여러분이 알 수 있는 것은 죽지 않기 위해서는 영적인 지도자들의 지휘를 잘 들어야 한다는 것이다. 경거망동하고 함부로 만지다가 죽게 되는 것이다. 고핫 자손에게는 이렇게 특별히 생명을 보존하도록 경계하는 말씀을 주시고 있다.

21-23절, 여호와께서 또 모세에게 일러 가라사대 22 게르손 자손도 그 종족과 가족을 따라 총계하되 23 삼십 세 이상으로 오십 세까지 회막 봉사에 입참하여 일할 만한 모든 자를 계수하라

앞에서 말했듯이 그리스도인의 모든 봉사의 중심은 회막이다. 우리가 섬긴다고 할 때 그 대상은 결국 교회이다. 우리의 섬김의 중심이 바로 교회인 것이다. 그러면 교회를 섬김에 있어서 중점이 되는 것은 무엇인가? 그리스도를 위에서 말한 각 항목으로 운반하는 것, 즉 그것을 메고 짊어지는 것이다. 그것이 바로 그리스도의 간증을 짊어지는 것이다.

여러분은 오늘 하루도 이것저것 많은 일을 했을 것이다. 또 근래에 여러분은 이런 봉사 저런 봉사를 하고 이 사람 저 사람을 만났다. 그럴 때 여러분의 봉사는 과연 어떤 것인가? 여러분의 움직임은 어떤 것인가? 또 나는 며칠 뒤에 몽골에 가게 된다. 몽골에 가서 사역을 할 때 나의 움직임은 어떤 것인가? 바로 그리스도를 짊어지고 증거하는 것이다. 그럴 때 사람들은 우리에게서 그리스도를 위에서 말한 각 항목으로 보게 된다. 이것이 레위인이고 고핫 자손이다. 이것이 바로 교회 봉사이다. 교회 봉사란 다른 게 아니라 그리스도를 증거하는 것이다. 그리스도를 간증하는 것 또는 그 간증을 짊어지는 것이 바로 교회를 섬기는 것이다. 여러분은 교회를 섬긴다고 할 때 마루바닥을 닦고 화분을 진열하고 꽃꽂이를 하는 것 등을 생각할지 모르겠다. 물론 그런 일들이 필요하지만 교회를 섬기는 것의 중심에는 마땅히 그리스도를 각 항목으로 짊어지고 전시하는 것이 있어야 한다.

24-26절, 게르손 가족의 할 일과 멜 것은 이러하니 25 곧 그들은 성막의 앙장들과 회막과 그 덮개와 그 위의 해달의 가죽 덮개와 회막 문장을 메이며 26 뜰의 휘장과 및 성막과 단 사면에 있는 뜰의 문장과 그 줄들과 그것에 사용하는 모든 기구를 메이며 이 모든 것을 어떻게 맡아 처리할 것이라

게르손은 섬유 계통의 기구를 맡게 된다. 성막 안의 휘장과 뜰의 문장과 줄들과 같은 것이다. 이것을 볼 때 우리는 하나님의 백성, 하나님의 종들이 맡은 임무가 각기 다르다는 것을 알 수 있다. 고핫과 게르손이 다르듯이 여러분 각자도 다르다. 바울이 맡은 것이 다르고 베드로가 맡은 것이 다르고 요한이 맡은 것이 다르다. 하나님께서는 이렇게 각양 은사를 주신다. 그리고 각양 다른 위임을 주신다.

27-28절, 게르손 자손은 그 모든 일 곧 멜 것과 처리할 것에 아론과 그 아들들의 명대로 할 것이니 너희는 그들의 멜 짐을 그들에게 맡길 것이니라 28 게르손 자손의 가족들이 회막에서 할 일이 이러하며 그들의 직무는 제사장 아론의 아들 이다말이 감독할지니라

이 말씀에는 맡는다, 멘다는 말이 많이 나온다. 섬기는 자들이 반드시 알아야 할 것이 있는데, 그것은 반드시 주님을 섬기는 자들은 이렇게 맡은 것이 있고 메는 것이 있어야 한다는 것이다. 26절에는 맡아 처리한다는 말이 있고, 23절에는 봉사에 입참한다는 말이 있다(30,35절). 즉 '들어가 참여한다'는 말이다. 영어로는 'perform'(수행하다, 임무를 다하다)이다. 여러분도 봉사하려면 들어가서 참여해야 한다. 나는 이 자리에 아직도 하나님의 봉사에 입참하지 않은 사람이 있을까 염려된다. 오늘 이 말씀을 듣고 봉사에 입참하기를 바란다. 그리고 각 사람이 맡아 처리할 것을 갖도록 구하라. 또 27절에서는 "그들의 멜 짐을 그들에게 맡길 것이니라"고 했다. 여러분에게는 다 주님 앞에서 멜 짐이 있어야 한다.

그리고 28절에서는 그렇게 봉사하는 사람들은 감독 아래 있어야 함을 말해 준다. 마음대로 봉사해서는 안 된다. 신약에서도 장로는 곧 감독(overseers)이다(행 20:17,28 참조). 감독이란 문자 그대로 성도들의 섬김을 감독한다는 기능이 들어있다. 그러므로 주님을 섬기는 자들은 반드시 감독의 지휘 아래서 섬기기를 배워야 한다. 경기하는 자가 법대로 경기하지 않으면 면류관을 얻지 못한다고 했다(딤후 2:5).

29-33절, 너는 므라리 자손도 그 가족과 종족을 따라 계수하되 30 삼십 세 이상으로 오십 세까지 회막 봉사에 입참하여 일할 만한 모든 자를 계수하라 31 그들이 직무를 따라 회막에서 할 모든 일 곧 그 멜 것이 이러하니 곧 장막의 널판들과 그 띠들과 그 기둥들과 그 받침들과 32 뜰 사면 기둥들과 그 받침들과 그 말뚝들과 그 줄들과 그 모든 기구들과 무릇 그것에 쓰는 것이라 너희는 그들의 맡아 멜 모든 기구의 명목을 지정하라 33 이는 제사장 아론의 아들 이다말의 수하에 있을 므라리 자손의 가족들이 그 모든 사무대로 회막에서 행할 일이니라

므라리는 막내로서 목재 기구들을 담당한다. 널판, 기둥, 받침, 띠 등이다. 이러한 것들을 다 지정해 주어서 맡아 메도록 하는 것이다. 봉사하는 자들은 주님으로부터 봉사할 명목을 지정받을 줄 알아야 한다. 아무 일이나 마음대로 하는 것이 아니다. 이렇게 해서 세 가족 지파의 할 일이 나누어졌다.

34-37절, 모세와 아론과 회중의 족장들이 고핫 자손들을 그 가족과 종

족대로 계수하니 35 삼십 세 이상으로 오십 세까지 회막 봉사에 입참하여
일할 만한 모든 자 36 곧 그 가족대로 계수함을 입은 자가 이천칠백오십
이니 37 이는 모세와 아론이 여호와께서 모세로 명하신 대로 회막에서 종
사하는 고핫인의 모든 가족 중 계수한 자니라

이제 세 가족 지파 중에서 30세 이상으로 50세까지의 일할 만한 사람을 계수하는 것이다. 3장에서는 일 개월 된 남자부터 계수했다. 그런데 4장에서는 30세부터 50세까지 회막 봉사에 입참하여 일할 만한 자를 따로 계산하는 것이다. 우리가 여기서 알 수 있는 것은 하나님께서는 모든 그리스도인을 계수하시고 다 중요하게 여기시지만 특별히 30세부터 50세까지, 즉 하나님의 회막 봉사를 위해서 섬기러 들어오는 사람들을 따로 계수하시고 구별하신다는 것이다. 여기서 첫 번째가 고핫으로 이천 칠백 오십 명이다. 이들의 총 인수가 팔천 육백 명이니까 삼분의 일이 되는 것이다.

38-41절, 게르손 자손의 그 가족과 종족을 따라 계수함을 입은 자는 39
삼십 세 이상으로 오십 세까지 회막 봉사에 입참하여 일할 만한 모든 자라
40 그 가족과 종족을 따라 계수함을 입은 자가 이천육백삼십 명이니 41
이는 모세와 아론이 여호와의 명대로 회막에서 종사하는 게르손 자손의
모든 가족 중 계수한 자니라

게르손 자손의 일할 만한 자는 이천 육백 삼십 명이다. 이들의 총 인수가 칠천 오백 명이니까 삼분의 일이 조금 넘는다.

42-45절, 므라리 자손의 가족 중 그 가족과 종족을 따라 계수함을 입은
자는 43 삼십 세 이상으로 오십 세까지 회막 봉사에 입참하여 일할 만한
모든 자라 44 그 가족을 따라 계수함을 입은 자가 삼천이백 명이니 45 이

는 모세와 아론이 여호와께서 모세로 명하신 대로 므라리 자손들의 가족 중 계수한 자니라

므라리 자손 중 일할 만한 자는 삼천 이백 명이다. 앞 장에서 므라리 자손의 총계를 보면 육천 이백 명이다. 육천 이백 명 중 삼천 이백 명이라는 수는 절반이 넘는다. 여기서 재미있는 말을 하자면 육체 노동하는 사람들이 건강하다는 것이다. 그리고 자식도 많이 낳고 건장하게 기른다.

사실 섬기는 자들을 가장 많이 배출한 지파는 므라리이다. 그것은 므라리 지파가 맡은 일이 가장 고되기 때문일 것이다. 목재는 무겁다. 그리고 그 널판과 말뚝이 얼마나 많겠는가? 하나님은 참으로 공의의 하나님이시다. 어려운 일을 맡은 지파의 인수를 많게 해주셨다. 여기서 우리가 알 수 있는 것은 많이 위임을 받은 사람에게는 하나님께서 감당할 수 있는 능력을 더 많이 주신다는 것이다. 그러므로 므라리 자손들은 불평할 필요가 없다. 하나님께서 이미 봉사할 많은 사람을 예비하셨기 때문이다.

46-49절, 모세와 아론과 이스라엘 족장들이 레위인을 그 가족과 종족대로 다 계수하니 47 삼십 세 이상으로 오십 세까지 회막 봉사와 메는 일에 입참하여 일할 만한 모든 자 48 곧 그 계수함을 입은 자가 팔천오백팔십 명이라 49 그들이 그 할 일과 멜 일을 따라 모세에게 계수함을 입었으되 여호와께서 모세에게 명하신 대로 그들이 계수함을 입었더라

"하나님, 감사합니다. 우리는 구약 시대의 이 말씀을 통하여 참으로 신약의 믿는이들인 우리가 어떻게 걸어가야 할 것인가에 대해 그림을 보았습니다. 하나님 아버지, 우리가 이러한 모형과 다르게 봉사하지 않게 하시고 참으로 이 말씀을 오늘 우리에게 주신 말씀으로 알아 이러한 말씀의 계시에 따라 섬기기 원합니다. 아버지여! 우리를 축복해 주시고 우리의 맡은바 일을 충실히 섬기게 하소서. 주님께 감사와 찬양을 드립니다. 아멘."

민수기 5장

진(陣)이 거룩케 되도록

**1-4절, 여호와께서 모세에게 일러 가라사대 2 이스라엘 자손에게 명하
여 모든 문둥병 환자와 유출병이 있는 자와 주검으로 부정케 된 자를 다
진 밖으로 내어 보내되 3 무론 남녀하고 다 진 밖으로 내어 보내어 그들로
진을 더럽히게 말라 내가 그 진 가운데 거하느니라 하시매 4 이스라엘 자
손이 그같이 행하여 그들을 진 밖으로 내어 보내었으니 곧 여호와께서 모
세에게 이르신 대로 이스라엘 자손이 행하였더라**

1절부터 4절까지의 말씀은 문둥병 환자나 유출병 환자, 주검으로 부정케 된 자를 진 밖으로 내어 보내되 무론 남녀하고 다 내어 보내어 그들로 진을 더럽히게 하지 말라는 것이다. 왜 하나님은 이렇게 하시는가? 하나님은 거룩하신 하나님이시고 따라서 거룩한 회중 가운데 거하시기 때문이다. 그러므로 그 가운데 이러한 부정한 병자가 있을 때 하나님은 그들을 분리시키라고 하셨다. 이스라엘 회중이 거룩해야만 하나님께서 그 회중 가운데 거하실 수 있으시다.

여기서 민수기의 차례를 한 번 고찰해보는 것이 필요하다. 왜 1-4장까지 군대를 편성하고 나서 5장에서는 진을 깨끗케 하는 문제를 다루

는가? 민수기는 교회가 전투 대열을 갖추기 위한 책이다. 즉 가나안 전투를 말하는 것이다. 이 전투에 승리하기 위해서는 먼저 좋은 군대 편성이 필요하다. 그리고 레위 자손들의 성막을 잘 관리하는 안배가 필요하다. 이 모든 것은 이스라엘이 싸우는 군대로 편성되기 위해 매우 긴요한 것들이다. 그러므로 우리가 알아야 하는 것은 하나님의 대적을 패배시키기 위한 군대로 편성되기 위해서 이 땅의 교회는 지파별로 좋은 배열이 있어야 할 뿐 아니라, 제사장적인 섬김의 좋은 질서가 있어야 한다는 것이다. 그런데 5장의 말씀은 여기서 그치지 않고 그 진 가운데 하나님이 거하시는 것이 중요함을 계시한다. 하나님이 계시지 않는 군대는 싸워서 이길 수 없다. 우리는 이를 여호수아의 아이 성 전투에서 볼 수 있다. 하나님이 함께 나아가시지 않으면 전쟁은 이길 수가 없다. 전쟁은 하나님께 속하였으며 그분은 이스라엘과 함께하여 대적을 섬멸시키시는 분이다. 그러한 선결조건은 그 진 가운데 죄가 없어야 하는 것이다.

오늘날 교회는 하나님의 거처이다. 마태복음 18장에서 주님은 "두세 사람이 내 이름으로 모인 곳에는 나도 그들 중에 있느니라"고 하셨다. 우리가 두세 사람이라도 주님의 이름으로 모이면 주님이 우리 가운데 거하신다는 말씀이다. 그런데 어떤 상태에 있을 때 주님이 그들과 함께하실 수 없는가? 회중 가운데 이러한 병자들이 있을 때이다. 이들은 죄가 있는 사람들을 나타내는데—우리는 이미 세세한 것들을 레위기에서 보았다—문둥병 환자는 특히 거역하는 사람을 가리킨다. 이러한 문둥병은 퍼지는 것이 특징이다.

거역의 질병이 있을 때 이것은 반드시 회중 가운데 퍼진다. 또 유출병은 더러운 것이 새어나와 오염시키는 것으로서 사람 속에 있는 것, 사람에게서 나오는 것이 다 부정한 것임을 보여 준다. 우리는 이에 대하여 레위기에서 자세히 보았다. 이러한 부정한 것들을 교회 안에서 성도들 가운데 그냥 흘려 내보냄으로써 사람들을 더럽히는 것이다. 사실 문둥병이나 유출병이나 다 죄이지만 문둥병은 보다 외적인 것, 외부로 표출된 것으로서 거역을 의미하며 교회 가운데서 급속도로 퍼지게 된다. 그리고 유출병은 사람 속에 원래 들어 있는 것이 다 더러운 것인데 그것이 분비되어 사람들을 더럽히는 것을 보여 준다. 이러한 질병, 죄를 갖고 있는 사람들을 회중 가운데 방치해 둘 때 하나님께서는 그러한 회중 가운데 거하실 수 없다.

그리고 또 한 종류는 주검으로 부정케 된 자이다. 이 사망도 퍼져 나온다. 생명이 전혀 없는 사람, 영이 없이 죽어 있는 사람들은 곁에 있는 사람들에게 사망을 퍼뜨려 더럽힌다. 사망 또한 가장 더러운 죄이다. 하나님께서는 이러한 사람들이 있을 때 그들을 다 진 밖으로 내어 보내라고 하셨다. 이스라엘 백성은 그같이 행하여 여호와께서 모세로 하신 말씀을 준행했다(4절).

그러면 이것을 신약에 대입해서 신약의 이스라엘인 교회에게 적용해 보자. 신약의 교회 안에 문둥병 같은 죄가 있고 유출병 같은 죄가 있을 때 사도는 어떻게 하라고 가르쳤는가? 그들을 내어 쫓으라고 했다. 고린도 전서 5장을 보겠다. 여러분은 이 장에 있는 죄악이 어떤 것인지 안다. 어떤 사람이 그 아비의 아내를 취하는 끔찍한 음행을 저질렀던 것이다. "그리하고도 너희가 오히려 교만하여져서 어찌하여 통한히 여기지 아니하고 그 일 행한 자를 너희 중에서 물리치지 아니하였느냐"(2절). 이와 같이 더러운 문둥병—이러한 간음죄도 하나의 문둥병이다—을 지닌 사람이 있을 때에 사도는 그러한 자를 물리치라고 말했다. "내가 실로 몸으로는 떠나 있으나 영으로는 함께 있어서 거기 있는 것 같이 이 일 행한 자를 이미 판단하였노라"(3절). 여기서 '판단'이라는 말은 '심판'이라는 뜻이다. 이러한 죄악은 반드시 심판되어야 한다. 그러면서 사도가 염려하는 것은 무엇인가? "너희의 자랑하는 것이 옳지 아니하도다 적은 누룩이 온 덩어리에 퍼지는 것을 알지 못하느냐"(6절). 이러한 죄악을 그냥 놓아두면 전체에 퍼지게 되어 있다. 사도는 이것을 염려하며 경고하는 것이다. 그래서 성도들이 반드시 알아야 할 것은 교회 가운데 이러한 누룩, 문둥병과 같은 죄악이 생겼을 때 교회는 반드시 그것을 심판해야 한다는 것이다.

그것은 그 회중 가운데 하나님이 거하셔야 하기 때문이다. 하나님은 거룩하시므로 그 회중 가운데 죄악이 그대로 있으면 거기 거하실 수가 없다. 그렇기 때문에 그러한 사람을 심판하고 내어 쫓으라고 말씀하시는 것이다. "외인들을 판단하는 데 내게 무슨 상관이 있으리요마는 교중 사람들이야 너희가 판단(심판)치 아니하랴"(12절). 교회 안에 그러한 사람들이 있을 때에는 마땅히 그들이 심판해야 한다.

여호수아 7장을 보겠다. "이스라엘이 범죄하여 내가 그들에게 명한 나의 언약을 어기었나니 곧 그들이 바친 물건을 취하고 도적하고 사기하여 자기 기구 가운데 두었느니라 그러므로 이스라엘 자손들이 자기 대적을 능히 당치 못하고 그 앞에서 돌아섰나니 이는 자기도 바친 것이 됨이라 그 바친 것을 너희 중에서 멸하지 아니하면 내가 다시는 너희와 함께 있지 아니하리라 너는 일어나서 백성을 성결케 하여 이르기를 너희는 스스로 성결케 하여 내일을 기다리라 이스라엘의 하나님 여호와의 말씀에 이스라엘아 너의 중에 바친 물건이 있나니 네가 그 바친 물건을 너의 중에서 제하기 전에는 너의 대적을 당치 못하리라"(11-13절).

이 말씀은 이스라엘 백성이 가나안에 들어와서 아이 전투 때에 패한 원인을 보여 준다. 그것은 주로 이스라엘 백성 가운데 아간이라는 사람이 시날 외투와 몇 가지 품목을 감추어 두었기 때문이다. 그러한 죄악과 부정함이 있었기 때문에 여호와께서는 그들 가운데 거하실 수 없었고 그들과 함께 싸우시지 않았다. 그렇기 때문에 그들은 아이 성 전투에서 패한 것이다. 그러자 여호수아는 이 아간을 색출해 내서 그를 심판했다. 그럴 때 다시금 하나님께서는 그들과 함께 계실 수 있게 되었다. 이를 통해 우리는 하나님의 회중 가운데 이러한 엄숙한 법도가 있다는 것을 배울 수 있다.

오늘날 많은 사람들이 교회 중에 있는 어떤 죄악들을 용납한다. 우리는 다 죄인이기 때문에 어지간한 죄인은 다 용납해야 한다고 말한다. 그리고 시간이 지나다 보면 다 좋아질 거라고 말한다. 그 죄가 여기에 있는 유출병이나 문둥병에 해당하는 죄이고 사망으로 부정케 된 그러한 죄인데도 그러한 죄를 심판하지 않으려 하고 그냥 두어도 신진대사의 역사로 시간이 지날 때 저절로 사라지게 된다고 말한다. 그러한 죄악을 그들 무리 중에서 처리하지 않으려 하는 것이다. 그 결과는 무엇인가? 하나님의 임재를 잃어버리는 것이다. 하나님께서 그들 가운데 거하시지 않으신다. 이것은 다 엄숙한 진리의 문제인 것이다.

오래 전에 어떤 사람들이 나에게 이런 질문을 해왔다. '죄인이나 연약한 자나 많은 면에 문제가 있는 사람들도 교회 안에 다 받아야 하지 않습니까? 당신은 그러한 사람들을 다 거절하고 완전하고 영적인 형제자매들로만 교회의 구성원으로 삼으려 합니까? 성경의 교회는 마땅히 연약한 자나 죄인이나 다 받는 것이 아닙니까?' 이에 대해 여러분은 어떻게 대답하겠는가? 그 말이 맞는가, 틀리는가? 맞는다. 교회는 연약한 자들을 받아야 하고 죄인도 받아야 한다. 모든 부족한 사람들, 병든 사람들을 받아야 하고 그러한 사람들도 다 주님 앞에 올 수 있다. 주님이 이러한 자들을 사랑하시고 이러한 죄인을 부르러 오셨으니 교회는 마땅히 이러한 자들을 받아야 하고 사랑해야 한다. 교회에는 어떤 죄인이든지 와서 회개할 수 있고 주님의 은혜를 얻을 수 있다. 그렇다면 오늘 읽은 말씀과 이 말은 상치(相馳)되는가? 어떤 죄도 다 심판해야 한다고 하는 말씀과 어떤 죄인도 다 받을 수 있다는 말씀이 어떻게 양립(兩立)할 수 있는가? 그것은 모든 죄인이 다 올 수 있지만 그들의 죄는 반드시 사함을 받고 깨끗하게 되고 씻음을 받아야 한다는 것이다.

교회는 마치 병원과 같다. 어떤 병자든지 자기 병을 스스로 치료하고서 병원에 오는 사람은 없다. 병이 들었기 때문에 치료하러 오는 것이다. 그리고 병원에 온 목적은 병을 치료받는 것이지 그 질병을 가지고 병원에서 살려는 것이 아니다. 모든 죄인이나 연약한 자는 다 교회에 올 수 있지만 일단 교회에 오면 그 죄의 질병을 치료받고 깨끗케 되어야 한다. 치료되지 않으면 그것이 다른 사람들에게 퍼진다. 주님은 그의 백성들 가운데 악한 죄악들이 퍼지기를 원치 않으신다. 이것이 첫 번째이다.

둘째로는 그리스도인은 죄의 질병을 완전히 치료받지 못했다 하더라도 자신의 죄악을 심판하는 자세를 가져야 한다. 다시 말하면 자기의 죄악과 연약함을 그리스도의 보혈 아래 두고 십자가 아래 두는 것이다. 주님은 사람의 연약함과 무지함을 용납하실 수 있다. 이에 대해 맥킨토시(Macintosh)는 이렇게 말했다. "고의적인 악, 공공연하게 악이 허용되고 죄가 허용되는 곳에는 하나님께서 거주하시지 않으신다. 그러나 하나님은 인간의 연약함과 무지함은 참으실 수 있다." 참으로 어떤 사람들에게 악함이 있고 또 연약함과 무지함이 있을 수 있지만 하나님의 긍휼을 구하고 용서를 구하며 그분의 보혈과 십자가의 심판 아래 그것들을 두어야 한다. 그렇지 않고 여전히 자신의 죄악을 변명하면서 공공연히 인정하려 한다면 이러한 사람은 교회 중에 용납될 수 없다. 이 차이를 알겠는가? 이것은 아주 중요한 진리이다. 성도 여러분은 분명히 이것을 깨달아야 한다.

오늘날 얼마나 많은 사람들이 자기의 죄악을 합리화하면서 교회 안에서조차 그것들을 버리려 하지 않는지! 이렇게 말하면 어떤 사람들은 '당신들 교회는 그렇게 완전한 사람만 모이는가?' 라고 물을 것이다. 그럴 때 여러분은 뭐라고 대답하겠는가? 우리는 완전한가? 물론 완전하지 않다. 그러면 그들은 '당신들이 완전하지 않은 것과 내가 죄를 가지고 있는 것이 무엇이 다른가?' 라고 할 것이다. 우리의 답변은 이렇다. '우리의 불완전함과 무지함과 연약함은 십자가의 심판 아래 있다. 우리는 그것을 합리화하지 않고 정당화하지 않는다. 오직 주님께서 그

것들을 심판하시고 제거해 주시기를 구하며 그러한 죄악이 고개를 들지 못하게 하신다.'

우리에게 부족함이 없다는 것이 아니고 죄가 없다는 것이 아니다. 또한 약함이 없다는 것이 아니다. 또 하나님은 우리 믿는이들의 그러한 연약함을 용납하실 수 있다. 그러나 하나님께서는 공공연하고도 고의적인 죄악은 절대 용납하시지 않으신다. 그러한 죄악은 반드시 회중에서 제해야 한다. 그래서 주님은 문둥병 환자, 유출병 환자, 그리고 주검으로 부정케 된 자는 다 진 밖으로 내어 보내라고 말씀하신 것이다. 다시 말하지만 하나님은 거룩하시기 때문에 우리가 거룩해야만 우리 가운데 거하실 수 있다. 그러한 악을 내어 버리지 않으면 하나님께서는 결코 그러한 무리 가운데 거하실 수 없는 것이다. 이것은 엄중한 문제이다.

교회의 참된 하나는 육체와 죄악을 심판하는 데에서 온다. 이것은 아주 중요한 진리이다. 오늘 이렇게 교회가 혼란되었는데 어떻게 우리가 참된 하나를 얻을 수 있겠는가? 과연 우리는 하나를 지켜야 하는가, 지키지 말아야 하는가? 물론 하나를 지키는 것은 주님의 명령이므로 지켜야 한다. 그러면 이러한 상황에서 우리는 어떻게 하나를 지키는가? 지금 우리는 매우 중요한 주제를 다루고 있다. 하나를 지키는 것도 주님의 명령인데 어떻게 하나를 지키느냐는 것이다.

과거 워치만 니에 의해 시작된 지방 교회에서는 지방이라는 입장에서 있으면 하나를 지키는 것이라고 했다. 그러나 성경 그 어느 곳에도 지방 입장을 지키면 하나를 지키는 것이라는 구절이 없다. 나는 그런 말씀을 보지 못했다. 성경에는 물론 한 지방에 하나의 교회가 있었다는 본(本)이 있다. 우리는 그것이 성경에서 초대의 교회의 실행임을 발견할 수 있다. 그러나 하나를 지키는 문제에 있어서 성령의 하나 되게 하신 것을 힘써 지키라는 말씀은 발견할 수 있지만 지방적인 입장을 지킴으로 하나가 된다는 구절은 발견하지 못했다. 외형적인 것이라 하더라도 우리가 성경의 본을 따르는 문제를 소홀히 해서는 안 됨을 시인하지만, 이러한 외적인 본을 따름을 통해 영적인 세계의 하나를 지키는 것에 대단한 효과를 줄 것이라는 생각은 내적인 생명의 본질을 놓치게 하는 위험이 있다.

고린도 교회에 분열이 있을 때(고전 1장), 바울은 어떻게 해서 하나를 회복하려고 했는가? 십자가를 통해서이다. 그는 1장부터 십자가를 말했다. 십자가가 무엇인가? 자아와 육체와 죄를 끝내는 것이다. 결국 분열은 육체가 있기 때문에 생기는 것이고 죄가 있기 때문에 생기는 것이며 불순종이 있으므로 생기는 것이다. 편당, 분쟁, 시기 등은 다 육체이며 이것들은 심판되어야 한다. 또 5장에 나온 간음의 일에 대해서도 사도 바울은 그것을 심판하라고 말한다. "교중 사람들이야 너희가 판단(judge, 심판)치 아니하랴…내가 너희와 함께 있어서 그 범죄한 사람을 이미 판단(심판)하였노라"(고전 5:12). 교회는 죄악이 있을 때 반드시 심판해야 한다. 우리는 외인의 죄악에 대해서는 하나님의 심판에 맡기지만 교회 중에 있는 사람의 죄악에 대해서는 심판을 해야 한다.

구약 성경에서 문둥병자, 유출병자, 사망으로 부정케 된 자들이 진중에 있을 때 내어 쫓으라고 했을 뿐 아니라 신약의 교회에서도 회중 가운데 그러한 부정한 자들이 있을 때 그것을 심판했다. 그러므로 심판을 받는 사람들은 '당신들이 나를 이렇게 심판하는 것은 몸을 나누는 것이다' 라고 말할 수 없다. 누군가 죄를 범했으면 심판을 받는 것이 당연하다. 그것은 분열이 아니다. 죄악을 심판하는 것이다. 다시 말하지만 교회는 연약한 자, 죄인을 다 받을 수 있지만 교회 안에 들어와서도 여전히 죄의 질병을 갖고 있는 것은 안 된다. 반드시 치료를 받아야 한다. 이것은 내 말이 아니고 성경의 사상이다. 나는 이 한 가지 진리라도 분명해진다면 기쁘겠다. 오늘날 하나님의 자녀들 가운데의 문제는 진리의 결핍이다. 그래서 참된 하나를 얻지 못하는 것이다. 참된 하나는 죄악을 심판하는 데 있다. 그래서 그리스도인들은 두 단계를 한꺼번에 거칠 수 없다. 먼저 악을 그치고 심판해야 다음으로 선을 행할 수 있다. 먼저 육체를 심판해야 성령 안에서의 하나를 얻을 수 있는 것이다.

고린도 전서 11장 30-31절을 보자. "이러므로 너희 중에 약한 자와 병든 자가 많고 잠자는 자도 적지 아니하니 우리가 우리를 살폈으면 판단을 받지 아니하려니와". 여기서 '우리를 살폈으면' 이라는 말은 원문에서 '우리를 심판하였다면' 이라는 뜻이다. 흠정역은 "만일 우리가 우리 자신을 판단한다면 판단받지 않으리라" 고 번역했다. 우리가 자신을 심판하였다면 심판을 받지 않게 된다는 말이다. 교회 안에 약한 자, 병든 자, 잠자는 자가 있다는 것은 죄로 인한 것이므로 성도들은 스스로를 심판해야 한다. 그렇지 않으면 주님께 심판을 받게 된다. 다시 말하지만 하나님께서는 교회 안에 어떤 죄악들이 있을 때 그냥 두기를 원치 않고 심판하기를 원하신다.

이제 다시 돌아가서, 그렇다면 오늘 우리가 하나를 지키기 위해서 해야 할 일은 무엇인가? 우리는 그리스도의 몸이 하나라는 것을 믿는다. 또 성령의 하나 되게 하신 것을 힘써 지키는 것이 주님의 명령임을 믿는다. 그렇다면 이 말씀을 어떻게 지키는가? 이렇게 교회가 하락하고 부패되고 죄악이 많고 분열되고 어지러운 이러한 때에 우리는 어떻게 하나를 지키는가? 그래서 과거 1800년대에 주 안의 신실한 형제들은 육체와 죄악을 심판하는 것이 하나를 지키는 길이라고 했다. 우리는 오늘 고린도 전서를 통해서 분열된 교회를 하나로 이끄는 길은 역시 십자가로 육체와 죄악들을 처리하는 것임을 보게 된다. 오늘 우리는 분열적인 요소들, 즉 육체에 속한 것들을 심판하고 제거해야 한다. 악행을 그쳐야 선을 좇을 수 있다. 육체를 처리해야 성령을 좇을 수 있다. 거기에 바로 지극히 선한 일인 성도들 간의 하나가 있다.

맥킨토시는 이렇게 말했다. "그리스도인 독자여, 진리는 지극히 간단하다. 하나님의 회중은 회중 가운데 들어오는 모든 사람의 가르침과 도덕을 판단해야 할 책임이 있다…동기를 판단해서는 안 되지만 행실은 판단해야 한다." 오늘 우리가 보는 소위 많은 참된 교회들은 교회의 심판 기능을 완전히 상실했다. 그렇기 때문에 하나님께서 그 가운데 거하실 가능성이 상실된 것이다. 오늘 이 말씀을 듣는 여러분은 반드시 이것을 기억하기 바란다. 하나님을 여러분 회중 가운데 모시려면 반드시 악을 제거해야 한다. 죄가 나타날 때 반드시 심판해야 한다.

맥킨토시는 또 이렇게 말했다. "우리는 영감받은 사도(바울)에 의해 고린도 전서 5장에서 회중 안에 있는 모든 사람을 판단해야 한다고 직접적으로 가르침을 받고 있다…그리고 우리는 한편으로는 (하나의 문제는) 로마 카톨릭의 오만한 통일성을 보는가 하면 다른 한편으로는 개신교의 한탄할 만한 분열을 본다. 로마 카톨릭은 의기양양하게 개신교의 무수한 종파를 지적하는가 하면 개신교는 로마 교회의 무수한 과오와 부패와 악용을 지적한다. 그러므로 열심히 진리를 추구하는 자들은 어디로 가야 할지, 무엇을 생각해야 할지 모르게 된다." 이 말은 로마 카톨릭 사람들이 스스로 하나를 지키고 있다고 자랑하면서 개신교를 정죄하고 개신교는 카톨릭이 부패와 죄악으로 가득하다고 정죄한다는 것이다. 그럴 때 진실한 성도들은 어디로 가야 하는가?

그는 이에 대한 답변을 해나가는 과정에서 이렇게 말했다. "이런 문제에 대해서 많은 그리스도인들 마음속에 상당히 혼란이 있는 것 같다. 혹자는 그리스도인이기만 하면 주님의 만찬상에서 거절당할 이유가 없다고 생각한다. 고린도 전서 5장의 경우가 이 문제를 아주 만족스럽게 해결해 준다. 분명히 그 사람은 그리스도인이 아니라는 이유 때문에 축출당한 것이 아니라는 것이다. 그가 그러한 실패와 죄를 가지고 있음에도 그(고린도 전서 5장의 죄 지은 사람)는 하나님의 자녀이다. 그렇지만 고린도의 회중은 그를 내어 쫓으라는 명령을 받았다. 만약 그들이 그렇게 하지 않았더라면 온 회중에게 하나님의 심판이 내려졌을 것이다." 한 사람의 죄악을 심판하지 않으면 온 회중에게 심판이 떨어지게 된다는 것이다. 그러므로 어떤 형제나 자매가 문둥병에 걸리거나 유출병이 있거나 어떤 사망을 접하는 죄를 지었을 때 교회는 그것을 그냥 두면 안 된다. 반드시 그것을 심판해야 한다.

맥킨토시는 또 이렇게 말한다. "그런즉 민수기 5장을 보든지 고린도전서 5장을 보든지 엄숙한 진리를 배울 수 있는데, 그것은 하나님의 집은 영원히 거룩해야 한다는 사실이다. 더 나아가서 징계가 시행되어야 하는 대상은 하나님의 친 백성이지 외인이 아니라는 사실이다. 그러면 독자는 다음과 같은 질문을 할지도 모른다. "순수하고 완전한 교회를 발견할 수 있을까? 목회자가 아무리 경건하고 또 진실성을 총 동원해도 회중 안에 있는 다수의 악이 존재하고 앞으로도 존재할 텐데 이렇게 수준 높은 순수성을 어떻게 유지할 수 있다는 말인가?" 분명히 회중 가운데에는 악이 있다. 회중의 각 사람에게 죄악이 있기 때문에 악이 있다. 그러나 그 악을 허용해서는 안 된다. 인정해서도 안 된다. 눈감아 버려서도 안 된다. 그것은 반드시 심판을 받고 처리되어야 한다. 회중을 더럽게 하는 것은 심판받은 악이 아니라 악을 심판하지 않고 그대로 둔 채 허용하고 인정하는 것이다." 회중을 더럽게 하는 것은 심판받지 않은 악이다. 이러한 악은 한 사람의 악으로 끝나지 않는다. 그 악을 그냥 두면 온 회중이 더러워진다. 그래서 하나님께서 모세에게 그러한 병자가 있으면 진 밖으로 내치라고 하신 것이다. 그래야 그 진이 더러워지지 않고 하나님께서 그들 가운데 거하실 수 있다. 이것은 지극히 중요한 진리이다.

여기서 그는 또 한 가지 매우 중요한 진리를 말한다. "우리가 우리를 살폈으면 판단을 받지 아니하려니와—그런즉 하나님의 교회로부터 어떤 사람을 분리시키는 것은 악(惡)의 양이나 죄(罪)의 양이 아니다. 그러나 만약 어떤 회중이 교리와 도덕 양자에 있어서 엄연히 나타난 악을 심판해야 하는 회중 자체의 엄숙한 책임을 부인하고 나선다면 그런 회중은 전혀 하나님의 교회의 기초 위에 서 있는 것이 아니다." 회중 가운데 죄와 악이 나타났는데 그것을 보고도 처리하려 들지 않고 그 책임을 수용하려 들지 않는 단체는 전혀 하나님의 교회의 기초 위에 서 있는 것이 아니며 따라서 거기서 분리되는 것이 믿는이의 필수적인 의무라고 했다. 그러한 단체에 있다면 여러분은 반드시 거기서 분리되어야 한다. 그러나 그 회중이 아무리 연약하고 아무리 수가 적다 하더라도 하나님의 교회의 기초 위에 서 있는 한 그런 회중에게서 당신이 분리해 나오는 것은 분열이다. 다시 말하자면 아무리 수가 적어도 그 무리 가운데 있는 죄악을 심판하고 교회의 기초 위에 서 있다면, 그러한 무리 가운데서 자기를 분리시키는 것은 그야말로 분열이라는 것이다. 반면에 회중이 하나님의 교회의 기초 위에 서 있지 않을 때(악을 심판하는 회중 자체의 의무를 거절할 때), 그러한 회중과 관계를 지속하는 것이야말로 진정한 분열이다. 이것이 1800년대에 형제회가 말한 진리들이다.

맥킨토시는 "그러나 그렇게 하다 보면 분열이 더 생기고 그것이 더 영구화되지 않겠는가?"하고 자문해 보기도 한다. 그렇게 죄 지은 사람을 잘라내고 잘라내다 보면 분열이 더 많이 생기지 않겠느냐는 것이다. 그러면서 스스로 답하기를 결코 그렇지 않다고 했다. 그것은 단지 인간적인 관계를 끊는 것이지 분열이 아니라는 것이다. 그것은 분열이 아니고 오히려 하나를 지키는 것이라고 했다. "왜냐하면 아무리 크고 능력이 있으며 현저하게 유용해 보이는 그 모든 인간관계라 할지라도 그것들은 그리스도의 몸, 곧 하나님의 교회의 통일성에 대해 적극적으로 적이 되기 때문이다. 그러나 이 교회는 어디서 발견할 수 있는가? 우리 주변의 파멸과 혼탁 속에서 그러한 교회를 찾으려는 것은 소망 없는 시도가 아닌가? 그렇지 않다. 하나님께 감사하리니 우리는 교회의 모든 구성원이 다 함께 모인 것은 혹 보지 못할지 모르나, 교회의 모든 그리스도인이 다 함께 모이지는 못할지 모르나, 하나님의 교회의 기초를 알고 또 우리가 그것을 소유할 수 있다는 것은 우리의 특권이고 우리의 거룩한 의무이다. 이렇게 할 수 있는 것, 죄악을 심판하고 교회의 기초 위에 설 수 있는 것은 우리의 거룩한 위임이다."

그러면 이 기초를 어떻게 식별할 수 있는가? "하나님의 교회의 진정한 기초를 식별하는 방향으로 나아가는 그 첫걸음은 하나님의 교회와 모순되는 모든 것들로부터 떨어져 나오는 일이라고 생각한다. 하나님의 교회와 모순되는 모든 비진리, 거짓된 것들, 분열적인 것들, 죄, 악, 이런 모든 것들로부터 분별되는 것이 진정한 교회의 기초를 갖는 길이다. 우리의 마음이 거짓된 것에 의해 구름처럼 어둡게 싸여 있는 한 참된 것을 발견하기를 기대할 수 없다." 거짓된 것들로 겹겹이 싸여 있는데 어떻게 참된 것들을 기대할 수 있겠는가? 거짓된 것으로 싸여져 있는 채 하나를 추구할 수는 없는 것이다. 그것은 불가능하다. 그러면서 "악을 행하기를 그치고 선을 행하기를 배우라. 하나님은 결코 한꺼번에 두 단계의 빛을 주시지 않는다. 우리가 잘못된 기초 위에 서 있다면 그것을 발견하는 즉시 그것을 버리라. 그럴 때 하나님은 분명히 더 전진된 빛을 주실 것이다"라고 했다.

이것은 참으로 진리이다. 우리가 어둠과 혼란 속에 있을 때 그 안의 비진리와 거짓된 것을 속히 떨쳐 버리고 거기서 떠나야 그 다음에 더 전진된 빛을 주신다. 그것들을 떨쳐 버리지 않은 채 다 보여 주시기 전에는 행동하지 않겠다고 하면 길이 없다. 주님은 이렇게 말씀하시는 듯하다. '네가 한 단계를 해결하면, 네가 순종하고 거기서 분별되면 그 다음 단계를 내가 네게 보여 주겠다. 네가 지금 죄악 가운데 있는데 그것을 처리하면 그 다음에 어떻게 선을 행하는지, 어떻게 교회의 위치에 서는지, 어떻게 교회의 기초를 갖는지, 어떻게 하나가 되는지를 보여 주겠다.' 그래서 진리는 순종하는 자의 것이다. 오늘날 많은 사람들이 '하나님, 전부 보여 주시면 순종할 터이니 한 번에 다 보여 주십시오' 라고 말하며 그렇게 해주시기를 기대한다. 그러나 하나님께서는 그렇게 하지 않으신다. 한 가지를 순종하면 그 다음 단계를 알려 주신다. 이것은 실로 우리의 체험이 증명한다.

5-6절, 여호와께서 또 모세에게 일러 가라사대 6 이스라엘 자손에게 이르라 남자나 여자나 사람들이 범하는 죄를 범하여 여호와께 패역하여 그 몸에 죄를 얻거든

이 말씀은 사람이 범하는 죄를 다루고 있다. 죄를 범한다는 것은 여호와께 신실하지 않게 행하는 것이다. 여기서는 "여호와께 패역하여"라고 번역했다. 그것은 곧 그 몸에 죄를 얻은 것, 즉 그 인격에 죄가 있게 된 것이다. 사람이 죄를 지었다는 것은 죄를 지은 사람이 죄 있는 인격이 되었다는 뜻이다. 어떤 사람이 죄를 범하게 되면 하나님 앞에서 그 사람의 인격은 유죄가 된다. 이것이 매우 심각한 것이다.

7절, 그 지은 죄를 자복하고 그 죄 값을 온전히 갚되 오분지 일을 더하여 그가 죄를 얻었던 그 본주에게 돌려 줄 것이요

이럴 때 하나님의 말씀은 그 사람에게 지은 죄를 자복하라고 하신다. 죄를 지은 사람은 반드시 자복해야 한다. 그것은 자기 죄를 시인하고 회개해야 하며 자기가 지은 죄에 대해 아주 뼈아프게 생각하고 심판하는 것이다. 자복이란 자기가 잘못한 것을 입으로만 가볍게 "내가 무엇 무엇을 잘못했다"고 말하는 것을 의미하지 않는다. 합당한 자복이란 자신의 죄를 미워하고 스스로를 심판하는 것이다.

또 자기가 그 죄의 편에 서지 않고 하나님 편에 서는 것을 의미한다. 자기는 여전히 그 죄를 가지고 있고 또 그 죄의 편에 서서 죄와 하나이면서 하나님 말씀에 자백하라고 했으니까 입으로만 '하나님 제가 이것 이것을 잘못했습니다' 라고 말하는 것이 아니다. 성경에 있는 죄의 자복은 내가 그 죄를 죄로 인정하고 또 하나님 편에 서서 하나님과 함께 그 죄를 심판하며 그 죄와 따로 서 있으면서 죄 지은 상대방에게 용서를 비는 것이다.

"그 죄 값을 온전히 갚되 오분지 일을 더하여 그가 죄를 얻었던 그 본주에게 돌려 줄 것이요". 죄는 언제든지 우리가 죄를 지은 대상에게 손해를 끼치게 된다. 그것은 재물상의 손해일 수도 있고 또는 그 사람의 인격이나 삶의 어떤 부분에 손상을 주는 것일 수도 있다. 그럴 때 죄를 자복하는 사람은 자기의 죄를 자백할 뿐 아니라 그 죄 값을 온전히 갚되 오분지 일을 더하여 그 죄를 얻었던 본주에게 되돌려 주어야 한다. 가령 어떤 사람이 100만큼의 죄를 지었는데 배상할 때 10만큼만 해서는 안 된다는 것이다. 사람을 거의 죽도록 때려 놓고서는 자백할 때 그냥 한 마디로 "미안해" 해서는 안 된다는 것이다. 자기가 지은 죄의 분량에다 오분지 일을 더해서 자복할 때만이 하나님께서 그 자복을 인정하신다는 것을 알아야 한다. 만일 우리가 참되게 우리의 지은 죄에 대해 하나님 앞에서 빛 비춤을 받았다면 그 자복은 참될 것이고 거기에 마땅히 오분지 일을 더해서 배상하게 될 것이다. 오늘날 나는 어떤 사람들이 대단하게 회개하였다는 말을 들었다. 그래서 그가 어떻게 배상하였는가를 물었다. 아무 변한 것도 없고 배상도 없었다. 그런 것은 진정한 자복이 아니다. 진정 잘못했다고 회개한다면 그는 이전 생활을 청산하는 회개의 열매가 따라 와야 한다.

그런데 자기가 죄 지은 것에 대한 인식은 사람마다 다르다. 똑같은 잘못을 저지르고도 사람마다 죄에 대한 인식이 다른 이유는 각 사람의 양심의 감각이 다르기 때문이다. 얼마나 그의 양심이 민감한가에 따라서 그 사람이 죄를 인식하는 정도도 다르다. 어떤 사람이 양심이 매우 민감하다면 그는 다른 사람이 죄로 인정하지 않는 것도 스스로 죄라고 인정하게 된다. 반면에 어떤 사람은 현저하게 죄를 짓고 잘못을 저지르고서도 그것을 별반 죄로 여기지 않는다. 그리고 매우 편안함을 누리고 있다. 그것은 그 사람의 양심이 합당하게 작동하지 않기 때문이다. 그러므로 죄의 자복은 사람의 양심과 매우 관련이 있다.

사도 바울은 자기가 범사에 양심을 따라 하나님을 섬겼다고 했다. 하나님을 섬기는 사람은 반드시 양심이 민감해야 한다. 양심이 깨끗하지 않은 사람은 하나님을 섬길 수 없다. 왜냐하면 하나님과의 교제와 하나님과의 연결은 영의 문제이고, 그 영의 기능에 하나님과의 교제와 직감과 양심이 있기 때문이다. 양심에 문제가 생기면 하나님과 교제할 수 없게 된다. 그래서 양심은 깨끗하게 처리할수록 좋고 또 양심이 깨끗하게 처리될수록 하나님과의 교제는 더 원활하게 이루어진다. 그런데 여간해서는 사람들이 자기가 얼마나 죄를 지었는지를 잘 모른다. 어느 날 빛이 비칠 때 그들의 양심이 깨어나면 알게 된다.

이사야 66장 2절은 이렇게 말씀한다. "나 여호와가 말하노라 나의 손이 이 모든 것을 지어서 다 이루었느니라 무릇 마음이 가난하고 심령에 통회하며 나의 말을 인하여 떠는 자 그 사람은 내가 권고하려니와". 여기의 '나의 말을 인하여 떠는 자'가 바로 죄악을 쉽게 의식할 수 있는 자이다. 또한 '심령에 통회함을 가진 자', '영이 겸손한 자'가 그러하다. 이것은 주 예수님이 하신 말씀도 동일하다. "심령이 가난한 자는 복이 있나니". 상한 심령과 통회하는 심령을 가진 자들이 복이 있다. 주님의 말씀을 인하여 두렵고 떠는 사람들, 언제든지 하나님의 주권을 인정하는 사람들, 그러한 자들이 죄를 쉽게 인식하고 또 그 죄를 자백할 수 있다.

사도행전 23장을 보자. "바울이 공회를 주목하여 가로되 여러분 형제들아 오늘날까지 내가 범사에 양심을 따라 하나님을 섬겼노라 하거늘 대제사장 아나니아가 바울 곁에 섰는 사람들에게 그 입을 치라 명하니 바울이 가로되 회칠한 담이여 하나님이 너를 치시리로다 네가 나를 율법대로 판단한다고 앉아서 율법을 어기고 나를 치라 하느냐 하니" (1-3절). 사도 바울은 그가 양심을 따라 하나님을 섬겼다고 했다. 자신이 양심에 거리낌이 없이 하나님을 섬겼다고 자랑한 것이다.

나는 바울이 "회칠한 담이여, 하나님이 너를 치시리로다"라고 하는 3절의 말을 할 때 그렇게 부드럽게 말했다고 생각지 않는다. 최근에 내가 어느 곳에서 말한 것처럼 좀 강하게 말한 것 같다. 양심을 따라 사는 성도도 때에 따라서는 이렇게 강하게 말할 수가 있다는 것으로 나도 좀 위로를 얻었다. "곁에 선 사람들이 말하되 하나님의 대제사장을 네가 욕하느냐"(4절). 곁에 선 사람들은 바울만큼 영적이 아니다. 이것을 보면 때로 사도 바울과 같이 영적인 사람도 어떤 사람들에게 꾸중을 들을 수 있다. 말하자면 사람들은 바울 곁에 서서 보다가 '저렇게 말하는 것은 잘못된 것이다' 라고 생각하고 "하나님의 제사장을 네가 욕하느냐?" 라고 한 것이다. 그러자 5절에서 바울은 곧 이렇게 말했다. "형제들아 나는 그가 대제사장인줄 알지 못하였노라 기록하였으되 너의 백성의 관원을 비방치 말라 하였느니라". 맥킨토시는 이 구절에 대해 아주 재미있는 말을 했다. 만일 4절까지만 말하고 바울이 돌아갔으면 그날 밤에 그는 편안한 영으로 잠을 이루지 못했을 거라는 것이다. 왜냐하면 그에게서 분내는 영, 뭔가 조급한 영, 부드럽지 않은 영이 나갔기 때문이다. 아마도 바울은 돌아가서 영이 편치 않음으로 인해 합당한 안정을 취하지 못했을 거라는 말이다. 그러나 바울은 그 사람들의 말을 들었을 때 즉시 오분지 일을 더해서 배상하였다. "형제들아, 나는 그가 대제사장인줄 알지 못하였노라"고 하는 것에서 멈추지 않고 "기록하였으되 너의 백성의 관원을 비방치 말라 하였느니라"고 함으로써 그는 뭔가 더해서 배상한 것이다. 이로써 그는 다시 양심의 안정을 가질 수 있었을 것이다.

민수기 5장의 둘째 단락의 부분에서는 죄를 회개하는 문제, 처리하는 문제에 있어서의 철저성을 보여준다. 죄가 처리되려면 철저히 처리해야 한다는 것이다. "온전히 갚되", "오분지 일을 더하여"(7절)는 죄를 자복하는 사람의 철저함을 보여준다. 이렇게 철저히 죄를 자백하지 않으면 죄가 떠나가지 않는다. 아나니아와 삽비라는 죄를 철저히 자백하려는 마음이 없었다. 죄는 철저히 자백하지 않고 보류하는 만큼 그 영향력을 발휘하기 위해 남아 있게 되는 것이다. 이러한 상태로는 전투에서 이길 수 없다. 죄는 철저히 회개되어야 한다.

8절, 만일 죄 값을 받을 만한 친족이 없거든 그 죄 값을 여호와께 드려 제사장에게로 돌릴 것이니 이는 그를 위하여 속죄할 수양 외에 돌릴 것이니라

반드시 배상은 본인에게 해야 한다. 그리고 본인에게 자백하고 배상할 길이 없을 때에는 그 친족에게 해야 한다. 그런데 그 친족도 없을 때에는 여호와께 드려 제사장에게 돌리라고 했다. "제사장에게로 돌릴 것이니 이는 그를 위하여 속죄할 속죄의 수양 외에 돌릴 것이니라". 죄를 지으면 응당 속죄제를 드려야 하고(레 5장) 그 외에 배상을 해야 하는데, 그 배상은 제사장에게 돌리라고 했다.

여기서 우리가 볼 수 있는 것은 누가 어떤 사람에게 죄를 범했다 할 때 그것은 여호와께 죄를 지은 것이라는 것이다. 왜 속죄의 수양을 드려야 하는가? 그것은 그 죄가 사람에게 범한 것일지라도 하나님께 득죄한 것임을 알려 주는 것이다. 그렇기 때문에 우리는 죄를 지었을 때 죄 지은 사람과만 해결해서는 안 되고 반드시 하나님께 자백하고 회개하여 하나님의 사하심을 얻고 또한 사람에게도 자복하고 배상해야 하는 것이다. 오분지 일을 더하여 철저히 배상할 때 그 사람은 그 죄의 세력에서 벗어날 길이 있게 된다. 그래야 그 죄를 철저히 미워하게 될 수 있는 것이다.

9절, 이스라엘 자손의 거제로 제사장에게 가져오는 모든 성물은 그의 것이 될 것이라

'거제' 란 히브리어로 들어올린다는 뜻으로 '테루마' 이며. 영어로는 'heave-offering', 즉 들어올려 드리는 제물이라는 뜻이다. 그 모든 거제물들은 다 제사장의 몫이 된다고 했다.

10절, 각 사람의 구별한 물건은 그의 것이 되나니 누구든지 제사장에게 주는 것은 그의 것이 되느니라

각 사람이 배상으로 가져온 물건들은 다 제사장의 몫이 된다. 구별되었다는 것은 온전히 봉헌된 것을 뜻하며 사람이 주님께 온전히 분별하여 드린 것은 제사장의 것이 된다는 확고한 말씀이다. 제사장은 사람들을 주님께 인도하는 사람들인고로 주님을 대표한다. 오늘 우리가 우리의 소유든지 우리 자신이든지 완전히 봉헌하여 드리면 그분의 것이 된다는 말씀이다. 우리를 주님이 온전히 소유하신다는 것은 매우 큰 의미가 있다. 우리는 우리가 주님께 죄를 자복하고 처리할 때 다만 죄를 처리하는 것으로 그쳐서는 안 된다. 반드시 우리 자신을 주님께 드리는 것으로 나아가야 한다. 죄를 짓는 것은 우리의 인격에 죄를 갖는 것이며 죄의 문제를 완전히 처리하려면 우리 자신을 온전히 주님의 것으로 소유하시게 하는 데까지 나아가야 한다.

거제란 그리스도의 승천을 의미하며, 따라서 우리는 죄를 처리할 때 그리스도의 승천 안에서 자신을 완전히 봉헌 되도록 드릴 필요가 있다. 그럴 때 주님은 우리를 온전히 소유하시며 우리는 주님 안에 있는 인격으로 발견될 것이다. 다음 11절부터는 또 하나의 단락이다. 5장은 이렇게 세 단락으로 되어 있다.

11-15절, 여호와께서 모세에게 일러 가라사대 12 이스라엘 자손에게 고하여 그들에게 이르라 만일 어떤 사람의 아내가 실행하여 남편에게 범죄하여 13 타인과 정교를 하였으나 그 남편의 눈에 숨겨 드러나지 아니하였고 그 여자의 더러워진 일에 증인도 없고 그가 잡히지 아니하였어도 14 그 더러워짐을 인하여 남편이 의심이 생겨서 그 아내를 의심하든지 또는 아

내가 더럽히지 아니하였어도 그 남편이 의심이 생겨서 그 아내를 의심하거든 15 그 아내를 데리고 제사장에게로 가서 그를 위하여 보리 가루 에바 십분지 일을 예물로 드리되 그것에 기름도 붓지 말고 유향도 두지 말라 이는 의심의 소제요 생각하게 하는 소제니 곧 죄악을 생각하게 하는 것이니라

11절부터 15절까지의 말씀은 '의심의 소제'에 관한 것이다. 이 의심의 소제에 관해서 16절부터 22절까지에 자세한 설명이 나온다. 이 의심의 소제는 어떤 사람의 아내가 다른 남자와 불륜의 죄를 저지른 것 같다고 의심될 경우(그런 일이 있든 없든, 남편에 의해 의심을 받게 된 경우이다), 그녀가 실제로 그러한 간음을 행했든 행하지 않았든지 그 남편이 의심이 생겼다면 다 드려야 하는 제물이다. 즉, 남편이 의심이 생겼다면 아내에게 잘못이 없다 하더라도 남편은 그 아내를 제사장에게로 데리고 갈 권한이 있다는 것이다. 사실 이것은 육신의 남편과 아내의 이야기로만 해석할 수 없다. 만일 그렇다면 의처증이 있는 남자는 하루에 한 번씩 자기 아내를 제사장에게 데리고 가서 의심의 소제를 드려야 할 것이기 때문이다. 그러므로 이것은 남편과 아내 사이의 의심의 문제만을 다룬 말씀이라고 볼 수는 없다.

그러면 여기에 어떤 비밀이 들어있는가? 이것은 남편이신 하나님과 그의 아내인 교회와의 관계에서 발생되는 일이라고 해석을 하는 것이 옳다. 하나님은 유일한 남편이시다. 하나님은 그분의 택하신 백성을 그분의 아내로 여기신다. 그리고 그 아내는 반드시 한 남편이신 하나님께 대해 정절을 지켜야 한다. 그런데 아내가 남편 모르게 간음을 하는 경우, 즉 전체 교회가 아니라도 회중 가운데 한 형제나 자매가 은밀하게 하나님을 떠나 다른 것에 마음을 빼앗겨 죄를 범했을 경우, 혹은 그러한 의심이 있을 경우에 하나님께서는 의심의 소제를 통해 그를 시험해 보고자 하신다. 창세기에서 하나님은 아브라함도 시험하시고 그의 마음을 알고자 하셨다. '정말 네가 나만을 사랑하는지 알고 싶다'는 뜻이다. 그래서 이 의심의 소제에서 말하는 남편은 하나님이시라고 보는 것이 옳다. 그리고 그 상대자인 여인은 우리 믿는이들인 것이다.

우리는 여기서 민수기 5장의 순서를 다시 한 번 묵상해보는 것이 필요할 줄로 믿는다. 생각해보라! 첫째는 문둥병자나 유출병자 등을 진에서 떠나게 하는 일이다. 다음은 죄를 자복하여 철저히 처리하는 일이다. 이는 모두가 영적인 전투를 승리로 이끌기 위한 하나님의 안배로 보아야 한다. 죄가 있는 한 하나님은 그들 중에 거하실 수 없고 전쟁에 나아가 승리할 수 없다. 다음은 죄가 드러나지 않았을지라도 의심이 있는 경우이다. 우리는 이로써 하나님이 그분의 백성들에 대하여 얼마나 높은 수준의 정결함을 요구하시는지를 알 수 있다. 우리는 하나님께서 의심을 품으시지 않을 정도로 거룩함과 순수함에 있어서 깨끗하고 절대적이어야 한다.

갈라디아서 4장을 보겠다. "나의 자녀들아 너희 속에 그리스도의 형상이 이루기까지 다시 너희를 위하여 해산하는 수고를 하노니"(19절). 사도 바울의 사역은 성도들을 위하여 해산하는 수고를 하는 사역이었다. 그런데 20절에서 이렇게 말한다. "내가 이제라도 너희와 함께 있어 내 음성을 변하려 함은 너희를 대하여 의심이 있음이라". 사도가 성도들에 대해서 의심이 생겼다. 21절, "내게 말하라 율법 아래 있고자 하는 자들아 율법을 듣지 못하였느냐". 사도는 그들에게 은혜의 복음을 전했다. 생명을 전했다. 그러나 갈라디아 성도들은 거짓된 율법주의자들의 말을 듣고 미혹되어 은혜의 복음을 떠나 은밀하게 율법으로 행하였다. 이것이 일종의 간음이다.

하나님이 정하신 진리, 복음 진리, 은혜의 복음 진리의 말씀을 따르다가 핍박과 고난이 있고 너무 어려우니까 그 마음을 율법으로 돌린 것이다. 사도는 "그리스도의 은혜로 너희를 부르신 이를 이같이 속히 떠나 다른 복음 좇는 것을 내가 이상히 여기노라"고 말했다. 그들은 너무나 신속히 떠난 것이다. 갈라디아서 5장 7-8절, "너희가 달음질을 잘 하더니 누가 너희를 막아 진리를 순종치 않게 하더냐 그 권면이 너희를 부르신 이에게서 난 것이 아니라". 이 의심은 다른 것이 아니라 바로 진리를 순종치 않게 하는 어떠한 부패한 권면이다. 9-10절, "적은 누룩이 온 덩이에 퍼지느니라 나는 너희가 아무 다른 마음도 품지 아니할 줄을 주 안에서 확신하노라 그러나 너희를 요동케 하는 자는 누구든지 심판을 받으리라". '다른 마음을 품는 것'에 대해서 사도 바울은 의심이 있었다. 하나님께서 이렇게 교회에 대해서 의심을 가지시는 경우가 있다.

다시 민수기 5장으로 돌아가겠다. 이런 의심은 여러 가지에서 생겨난다. 우리는 하나님만 사랑한다고 하지만 많은 일 가운데 하나님을 위한 것과 다른 것이 섞여 있다. 그럴 때 하나님께서는 그러한 일을 보시면서 의심하신다. '너는 정말 나만 사랑하느냐? 거기에 나 말고 또 다른 것이 있는 것 같구나.' 이때 하나님은 우리를 시험하기 원하신다. 그리고 아내인 우리에게 의심의 소제를 드리라고 하신다.

그런데 이 의심의 소제는 좀 이상하다. 첫째는 보리 가루 에바 십분지 일을 예물로 드리라고 하신 것이다. 원래 소제의 예물은 고운 밀가루이다. 그런데 이 소제의 제물은 거친 보리 가루이다. 보리 가루는 좀 거칠다. 여기에서 의심의 소제를 드리는 사람은 어찌하든 상당히 낮고 거친 상태에 떨어져 있다는 것을 보여 준다. 그리고 거기에 "기름도 붓지 말고 유향도 두지 말라"고 하셨다. 이러한 상태에 있는 사람들의 드리는 예물은 좀 거칠고 기름부음도 별로 없고 부활의 향기—유향—도 없다. 기름부음은 의심할 여지없이 성령이요 유향은 부활을 뜻한다. 그러나 그들은 어쨌든 주님께 예물을 드려야만 한다. 이는 죄를 자복하며 드리는 속죄제도 아니며 화목제도 아니며 서원제나 낙헌제가 아니다. 이것은 바로 의심의 소제이다. 남편의 의심 문제를 해결해 드려야 하는, 어쩌면 불순한 문제가 들어 있을지 모르는 심각한 제물이다. 사실은 남편과 아내 사이에 이 문제보다 더 심각한 문제가 없다. 이러한 죄는 가장 근본적인 문제로서 가장 심각한 절차가 진행될 것이다. 이때 주님은 보리 가루를 드리라고 하시고 기름이나 유향도 사용하지 말라고 하셨다. 아마 여러분도 모르는 사이에 체험적으로 이러한 의심의 소제를 많이 드려왔을 것이다. 기름도 없고 유향도 없이 보리 가루로 드리는 그런 예물을 드렸을 것이다. 이는 의심의 상태에서 제물이 드려질 때는 성령의 기름부음이나 부활의 향기가 느껴지지 않고 오히려 거친 상황을 대하게 된다는 뜻이다.

어떤 성도들은 교회 안에서 어떤 상황을 만날 때 어찌 교회 안에 이런 일이 일어날 수 있느냐고 의아해 할 것이다. 이때는 영적인 어떤 느낌도 없는 거친 갈등의 상황인 것이다. 이런 것이 혹 당신을 시험하는 하나님의 의심의 소제일 수도 있다는 것을 기억하라! 당신이 정말 하나님에 대한 사랑이 순수하고 깨끗하다면 그 저주스럽고 깨끗지 못한 물을 마시고 당신은 오히려 정결한 사람으로 드러나게 된다. 또한 이것은 어떤 질병을 만나든지 어떤 거친 사건을 만나든지 하는 것에서도 나타날 수 있다. 물론 예기치 않은 시험의 한 가지일 것이다. 오늘 우리에게 성령 안에서 이러한 일이 있을 수 있다. 아브라함이 모리아 산에 이삭을 드리도록 한 것이 하나의 시험이 아닌가! 물론 그것이 의심의 소제를 드린 것은 아니지만 분명 하나의 시험이다. 이런 시험을 통해 아브라함이 주님을 순수하게 사랑한 것이 증명된 것이다. 벧엘에서 아브라함과 롯의 목자들이 서로 싸운 것도 그들에게 하나의 시험이 된 것이다. 우리는 그 목자들의 싸움에는 기름도 유향도 없는 것이라고 믿는다. 그들이 싸우는 바람에 아브라함의 순수한 믿음이 드러나고 롯도 그의 선택을 통해서 그가 무엇을 원하는지가 드러난 것이다. 이러한 예를 통해 의심의 소제에 대한 어느 정도의 그림을 상상해 볼 수 있을 것이다.

우리는 이러한 예물을 드릴 때 우리 속에 있는 간음의 죄악을 생각하게 된다. 하나님 외에 다른 것들을 사랑하고 하나님을 위한다고 하면서 사실은 마음속에 다른 의도가 있지 않았는가? 시편 139편을 보겠다. "하나님이여 나를 살피사 내 마음을 아시며 나를 시험하사 내 뜻을 아옵소서 내게 무슨 악한 행위가 있나 보시고 나를 영원한 길로 인도하소서"(23-24절). 여기의 '시험'이 바로 의심의 소제와 같은 것이다. 다윗은 하나님께 자신을 살펴달라고 기도했다. 우리의 의도와 깊은 속의 동기에 무슨 악한 것이 있는지 시험해달라는 것이다. 이러한 시험은 의심의 소제로서 그리 향기롭지 않은 방식으로, 영광스럽지 않은 방식으로 드려지게 된다. 그런데 그러한 예물이야말로 우리 깊은 속에 있는 드러나지 않은 의심스러운 부분을 드러내는 것이다.

16절, 제사장은 그 여인으로 가까이 오게 하여 여호와 앞에 세우고

이러한 제사를 드릴 때 그 특징은 하나님께 가까이 가게 된다는 것이다. 하나님께서는 이러한 제사를 드리는 사람들을 그분께로 가까이 이끄신다. 주님은 참으로 그분의 백성을 사랑하신다. 주님은 이와 같이 의심이 있는 사람일지라도 가까이 이끄신다.

17절, 토기에 거룩한 물을 담고 성막 바닥의 티끌을 취하여 물에 넣고

좀 기묘하다. 이 제사에 관련된 것들은 그렇게 거룩하거나 존귀하지 않다. 그냥 토기이다. 그런데 물만큼은 거룩하다. 이 물은 말씀이다. 이러한 의심의 소제를 드리는 길도 역시 말씀이 필요하다. 이렇게 의심의 소제를 드릴 때는 반드시 거기에 말씀이 있게 된다. 영과 혼을 찔러 쪼개는 말씀이 있어야 그가 드러나고 시험되어진다. 우리 속에 감추인 동기, 의도 등을 드러내서 하나님이 아닌 다른 것들을 사랑하는 것, 즉 영적인 간음이 있음을 보여 주어야 하는데, 그것이 드러나려면 거룩한 물, 곧 거룩한 말씀이 있어야 한다. 그리고 성막 바닥의 티끌을 취하여 물에 넣으라고 했다. 이 티끌이란 일종의 사망, 저주를 의미한다. 그런데 이 두 가지가 함께 있다. 하나님의 말씀도 있고 저주와 사망의 티끌도 있는 것이다. 이 티끌이 성막 바닥에 있다는 것은 이러한 의심의 소제를 드리는 사람들이 다 성막, 곧 교회와 관련되고, 즉 주님을 위한 일과 관련된 것이며 가장 낮은 위치에 있는 것들로 시험되어진다는 것이다.

어쩌면 우리를 시험하기 위해 오는 시험은 고상한 것이 아닌 매우 천박하고 유치한 어떤 사람들의 어떤 말들이나 어떤 일들에 의해서 수행되어질 것이다. 그것과 함께 말씀이 역사하는 것이다. 이 거룩한 물(말씀)에 성막 바닥의 티끌(가장 낮은 것들)을 취하여 넣어서 의심받는 여인이 마셔야 했다. 교회 안에서 때로는 이렇게 티끌 같은 것들을 타서 마시는 것 같은 시험을 받게 된다는 말이다. 이런 것은 분명 당신 속에 있는 하나님에 대한 순수한 사랑이 드러나게 되는 기회가 될 수 있다. 그러나 거짓된 믿음과 혼탁한 마음의 소유자는 이러한 때에 그러한 상태로 드러나게 된다.

18절, 여인을 여호와 앞에 세우고 그 머리를 풀게 하고 생각하게 하는 소제물 곧 의심의 소제물을 그 두 손에 두고 제사장은 저주가 되게 할 쓴 물을 자기 손에 들고

이러한 의심을 받는 여인은 그 순간에 존귀함이 없어져 버린다. '머리를 풀었다' 는 것은 그 여인의 존귀와 고상함이 다 없어져 버린 것을 말한다. 이때가 바로 그 여인이 의심의 소제를 드리고 시험을 받는 순간이다. 사실 앞에서 본 사도행전 말씀에서 바울이 "회칠한 담이여 하나님이 네 입을 치리로다" 할 때 바울도 이러한 소제를 드리고 있었다고 생각된다. 거기서 사람들에게 비친 바울의 모습은 그렇게 영화롭지 않았을 것이다. 머리를 푼 것과 비슷하다.

19-21절, 여인에게 맹세시켜 그에게 이르기를 네가 네 남편을 두고 실행하여 사람과 동침하여 더럽힌 일이 없으면 저주가 되게 하는 이 쓴 물의 해독을 면하리라 20 그러나 네가 네 남편을 두고 실행하여 더럽혀서 네 남편 아닌 사람과 동침하였으면 21 제사장이 그 여인으로 저주의 맹세를 하게 하고 그 여인에게 말할지니라 여호와께서 네 넓적다리로 떨어지고 네 배로 부어서 너로 네 백성 중에 저줏거리, 맹셋거리가 되게 하실지라

의심의 소제를 드리는 여인은 제사장의 말을 들으면서 저주의 맹세를 해야 했다.

22절, 이 저주가 되게 하는 이 물이 네 창자에 들어가서 네 배로 붓게 하고 네 넓적다리로 떨어지게 하리라 할 것이요 여인은 아멘 아멘 할지니라

당시의 일을 기록한 책을 보면 이러한 죄를 지은 사람들은 이 물을 마시지 않으려고 도망가는 사태도 발생했으리라고 추측할 수 있다.

23-24절, 제사장이 저주의 말을 두루마리에 써서 그 글자를 그 쓴 물에 빨아 넣고 24 여인으로 그 저주가 되게 하는 쓴 물을 마시게 할지니 그 저주가 되게 하는 물이 그 속에 들어가서 쓰리라

이러한 의심의 소제를 드리는 여인은 이 저주의 쓴 물을 마셔야 한다.

25-28절, 제사장이 먼저 그 여인의 손에서 의심의 소제물을 취하여 그 소제물을 여호와 앞에 흔들고 가지고 단으로 가서 26 그 소제물 중에서

기념으로 한 움큼을 취하여 단 위에 소화하고 그 후에 여인에게 그 물을 마시울지라 27 그 물을 마시운 후에 만일 여인이 몸을 더럽혀서 그 남편에게 범죄하였으면 그 저주가 되게 하는 물이 그의 속에 들어가서 쓰게 되어 그 배가 부으며 그 넓적다리가 떨어지리니 그 여인이 백성 중에서 저줏거리가 될 것이니라 28 그러나 여인이 더럽힌 일이 없고 정결하면 해를 받지 않고 잉태하리라

이러한 일은 이해하기가 그렇게 어렵지 않다. 그러나 좀 기이하다. 어쨌든 하나님께서는 그분의 백성이 거룩하고 순수하기를 원하신다. 거룩하고 정결한 처녀로서 하나님만 사랑하기를 원하신다. 그런데 이러한 부정한 것이 있어도 스스로는 잘 모르는 경우가 있다. 자기는 하나님만 사랑한다고 생각한다. 그런데 하나님께서 보시기에—하나님께서는 모르실 리가 없다—뭔가 다른 것이 섞여 있는 것이다. 그럴 때 하나님은 그것을 드러내어 심판하기 원하신다. 또 어떤 경우는 그에게 죄가 없고 간음한 적도 없지만 하나님께서 그를 시험해보고 싶어 하신다.

사도행전 23장에서 바울은 대제사장에게 화를 냈다. 그럴 때 그 순간은 매우 짧지만 깊이 생각해 보면 거기서 의심의 소제가 한 번 드려진 것을 볼 수 있다. 그런데 사도 바울의 경우는 어떤가? 속에 다른 것이 없다는 것을 보여 주었다. 깨끗하다. 대제사장에게 그렇게 말할 때 바울의 속은 달콤하지 않았을 것이다. 보리같이 거칠고 저주의 물처럼 썼을 것이다. 거기에 뭔가 영적이지 않은 사람들의 핀잔하고 교정하려는 말들, 즉 바닥에 있는 티끌과 같은 성분의 말들도 있다. 그러나 바울은 하나님께 대한 정결한 신앙을 가지고 있었기 때문에 그에게 그런 저주가 임하지 않았다. 그는 해를 받지 않았고 오히려 생명이 새롭게 소생되는 것이 있었다.

깨끗한 사람에게는 모든 것이 깨끗하고 모든 것이 축복이 된다. 더러운 사람은 어떻게 해도 더럽다. 만일 그 여인이 다른 남자와 정교를 하여 부정이 있다면 제사장 앞에서 의심의 소제를 드리고 저주의 맹세를 하면서 저주의 물을 마실 때 그의 넓적다리가 떨어지고 배가 붓게 된다. 그것이 바로 저주를 받는 것이다. 하나님께서는 이와 같이 그의 백성이 의심스러울 때 심판과 같은 시험을 통과케 하신다. 정말로 주님을 깨끗하게 사랑하는 사람들은 그런 과정을 거칠 때 오히려 생명이 소생하여 잉태하게 된다. 생명을 출생시킨다.

그러나 어떤 사람은 그러한 과정을 거칠 때 결과가 저주로 나타난다. 배가 붓는다는 것은 비둔해진 것이다. 그리고 넓적다리가 떨어졌다는 것은 더 이상 걸어갈 힘이 없는 것이다. 영적으로 둔해지고 나아갈 힘이 없는 것이다. 그리고 생산력이 없어 잉태할 수 없다. 사람들에게 생명을 공급할 수 없다. 주님을 위해 열심히 일할 수 없다. 하나님 보시기에 믿는이가 의심스러울 때 이 물을 마셔보면 안다. 저주와 사망의 티끌이 들어 있는 물을 똑같이 마셨는데 어떤 사람은 소생하는 힘을 얻고 어떤 사람은 저주로 끝나버린다. 그 둘의 차이는 곧 보이지 않게 다른 것들을 사랑하고 있는가 아니면 참으로 순결한가에 있다.

보이지 않게 주님 아닌 다른 것들과 짝하고 있을 때, 즉 마음이 돈이나 어떤 사람에게 붙어 있을 때 겉으로는 찬양하고 할렐루야 하기 때문에 다른 사람은 모를지라도 시험을 통과해 보면 드러난다. 진정으로 깨끗하게 하나님 한 분만을 사랑하는 사람들은 동일하게 저주의 물을 마셔도 잉태하게 된다. 그러나 그 마음이 순수하지 않고 남몰래 돈에 붙어 있는 사람은 저주를 받게 된다. 비단 돈뿐이 아니다. 갈라디아서를 보면 다른 가르침으로 향하는 것이 있다. 하나님 외에 다른 것들로 마음이 향하는 것이다. 그것 또한 일종의 영적 간음이다. 이러한 사람들은 다 이 의심의 소제를 드려야 한다. 이것을 통과할 때에 그들이 참으로 정결한지 아니면 부정한지가 드러난다.

29-30절, 이는 의심의 법이니 아내가 그 남편을 두고 실행하여 더럽힌

때나 30 또는 그 남편이 의심이 생겨서 그 아내를 의심할 때에 그 여인을 여호와 앞에 두고 제사장이 이 법대로 행할 것이라

우리의 참 남편은 하나님이시다. 그리고 여기의 이 여인은 바로 우리를 말한다.

31절, 남편은 무죄할 것이요 여인은 죄가 있으면 당하리라

이렇게 민수기 5장은 세 가지를 말하고 있다. 첫째로 단체 안에 있는 죄악, 즉 문둥병 환자나 유출병 환자, 그리고 주검으로 부정케 된 자들을 다 진 밖으로 내어 쫓아야 한다는 것이다. 단체 안에 있는 사람은 단체가 심판해야 한다. 왜냐하면 그 진 안에 하나님께서 거하시기 때문이다. 둘째로 개인이 자신의 인격에 죄를 범했을 때에는 반드시 자백을 해야 한다. 자백함으로써 깨끗케 되어야 한다. 셋째로 단체나 개인이 명백하게 어떤 죄를 범하지는 않았지만 의심이 생긴 경우이다. 단일하고 순수하게 하나님만 사랑하는지 아니면 거기에 다른 것을 사랑하는 마음이 있는지 의심이 있을 때 바로 이 의심의 소제를 드려야 한다. 보리 가루에 유향과 기름을 두지 않은 채 드려야 하고 또 머리를 풀어야 한다. 그리고 저주의 맹세를 하며 쓴 물을 마셔야 한다. 그래도 그에게 아무 해가 없다면 그는 깨끗한 사람이다. 머리를 풀고 티끌을 넣은 저주의 물을 마셨는데 이 사람이 저주를 당하는 것이 아니라 다시 소생하고 잉태한다면 그는 깨끗한 사람이다. 그런데 어떤 사람은 그렇게 의심의 소제를 드리더니 죽어버렸다. 배가 붓고 넓적다리가 떨어져서 '더 이상 나는 이 길을 가지 못하겠다. 몸이 무겁고 다리에 힘이 없다' 하는 것이다. 그런 사람은 실제로 간음을 한 사람이다. 그것이 이러한 과정을 거칠 때 드러나는 것이다.

우리는 이 민수기의 말씀을 통해서 무엇을 알 수 있는가? 참으로 하나님께서는 그분의 백성이 단체적으로나 개인적으로나 심중에까지도 죄가 없기를 원하신다는 것이다. 안과 밖이 다 거룩하고 깨끗하기를 원하신다. 그렇기 때문에 민수기 5장이 필요한 것이다. 동기에서나 의도에서나 깊은 중심에서 우리에게는 하나님 외에 다른 것을 사랑하는 마음이 없어야 한다. 다른 것을 향하는 마음이 없어야 한다. 우리 마음에는 오직 하나님만 계셔야 한다. 그러한 자들은 어떠한 환경에 떨어져도 저주를 당하지 않는다.

덧붙이는 말씀

어떻게 하면 잉태하는 축복을 더욱 얻을 수 있는가? 하나님께서 우리에 대해 의심의 심판을 하시고 점검하실 때 우리의 섬세한 동역이 필요하다고 생각된다. 영적인 일은 섬세하다. 성령이 충만한 사람은 영적인 분별력이 예리한 사람이다. 여기서 잉태하는 사람은 그 저주의 물을 마실 때 오히려 그 사람의 질병이 제하여진 경우일 것이다. 사실은 교회 회중 속에도 제해져야 할 것들이 있다. 자신이 그것을 잘 모르고 있을 뿐이다. 그러나 그 중심이 올바르기 때문에 그러한 과정을 거칠 때 그것들이 제거되는 것이다. 그럴 때 그는 오히려 질병이 치료되면서 소생되고 잉태할 힘을 얻게 되는 것이다.

그렇다면 우리는 왜 하나님의 이러한 심판하시는 역사와 섬세하게 동역해야 하는가? 그것은 이번의 의심의 소제를 거쳐서 우리에게서 떨어져 나가야 할 것이 무엇인지, 즉 제거되어야 할 것이 무엇인지를 알기 위해서이다. 이번에 주님께서 우리를 심판하실 때 우리에게서 제하기 원하시고 분별시키기를 원하시는 것이 무엇인지를 알기 위해서이다. 이러한 동역을 위해서는 빛이 필요하고 섬세한 분별력이 필요하다. 우리는 어떤 일이 영적인 것이고 주님을 위한 것이라고 해서 꼭 붙잡았지만 어쩌면 거기에는 자신의 타고난 선호가 있을 수 있다. 그렇기 때문에 그것을 위해 열을 내고 분을 내는 지나친 반응이 나오는 것이다. 그리고 두 번째는 소위 (주님의) 대적자라고 생각하는 사람에 대해 지나친 적개심을 가질 수 있다. 그것 또한 일종의 싸우는 육체이다. 적을 보면 즉시 싸우려고 하는 육체가 있는데 그것도 사람 깊은 속에 있는 것이다. 그러한 것들을 분별해내야 한다. 그럴 때 그것이 이러한 의심의 소제의 과정을 거쳐서 처리가 되는 것이다.

요한복음 15장을 보면 아버지 하나님께서는 열매를 더 맺게 하시려고 가지를 깨끗케 하신다. 다시 말하지만 저주의 물을 마셨을 때 실제로 간음을 행한 사람은 그 저주의 물이 그에게서 그 부정함을 더 증가시키는 요소가 된다. 그래서 배가 부어오르는 것이다. 그러한 죄악의 분량이 드러나고 더 커지고 몸을 무겁게 하는 것이다. 그 대신에 걸어가는 힘을 받혀주는 넓적다리는 떨어지게 된다. 반면 순결한 사람은 이러한 심판을 거쳐 잉태하는 생명의 축복, 소생되는 능력이 증가하게 된다. 실로 우리에게는 다른 아무것도 사랑하지 않고 하나님만 사랑하는 순결한 마음이 있어야 하고 또 심판을 거치는 과정에서는 하나님께서 이 과정을 통해 무엇을 나에게서 제하기 원하시는지를 볼 수 있는 영적인 분별력과 예민함과 섬세함이 있어야 한다.

민수기 6장

나실인의 서원

민수기 5장은 단체적인 죄를 처리하는 문제와 개인적인 범죄를 처리하는 것에 대해 말하며 또한 마음속에 죄를 가지고 있는 경우, 즉 남편이 아내에 대해서 의심이 생긴 경우에 대해서 말한다. 그리스도인에게는 미심쩍은 것, 하나님께서 의심스러워하실 만한 어떤 죄도 있어서는 안 된다. 이제 6장에서는 나실인의 서원에 관한 규례를 보겠다.

1-2절, 여호와께서 모세에게 일러 가라사대 2 이스라엘 자손에게 고하여 그들에게 이르라 남자나 여자가 특별한 서원 곧 나실인의 서원을 하고 자기 몸을 구별하여 여호와께 드리거든

여기에 나실인의 서원이 있다. '나실' 이라는 말은 히브리어 '나자르' (nazarite)에서 왔는데 '구별한다' 는 뜻이다. 영어로는 'set apart, separate' 로서 구별한다, 분별한다는 뜻이다. 봉헌한다는 뜻도 있다. 나실인의 헌신 기간은 최소한 30일이었고 때로는 7년에 이른 적도 있다고 한다. 또한 종신 나실인의 헌신자도 있다. 구약의 삼손(삿 13:7)과 사무엘(삼상 1:11), 신약의 시작을 가져온 세례 요한(눅 1:15)이 대표적인 나실인의 서원을 한 자들이다. 삼손은 레위 지파가 아니라 단 지파 사람이었지만 사사 시대에 온전히 헌신하여 하나님을 섬기는 나실인이 되었다. 나실인이란 하나님께 온전히 구별하여 드림으로 섬기기 위하여 세상적인 모든 누림을 끊고 하나님께만 바쳐진 사람들을 가리키는 말이다. 하나님은 나실인 제도를 통해서 출생으로 하나님을 섬기는 지파가 아닐지라도 온전히 자신을 드리면 섬길 수 있는 길을 열어 놓으셨다. 심지어 남자뿐이 아니라 여자까지도 온전히 자신을 드리면 나실인의 서원을 드릴 수 있게 하였다. 이로써 우리는 하나님께서 자격이 없는 자들로 하여금 자신을 드리기 원한다면 얼마든지 드릴 수 있도록 길을 열어 놓으셨다는 것을 알 수 있다. 이것이 바로 복음이요 은혜요 하나님의 긍휼이다. 하나님은 모든 사람이 갈망만 있으면 온전히 그분께 드릴 수 있도록 길을 열어 놓으셨던 것이다.

사도행전에서 사도 바울은 2차 전도 여행의 마지막 부분에서 머리를 깎았는데 이는 그가 일찍 나실인의 서원이 있었기 때문이다. 이것을 볼 때 사도 바울은 구약의 나실인의 규례를 자기의 섬김 안에 적용한 사람이다. 즉 그는 그의 2차 전도 여행의 한동안의 기간을 나실인의 서원의 기간으로 정했던 것이다. 그리고 겐그레아에 도착했을 때 그 서원이 만기되었다고 생각하여 머리를 깎은 것이다(행 18:18). 그는 구약의 나실인의 서원을 다만 밖의 규례로 행하지 않고 영 안에서 실제의 헌신을 통해 실행했다. 그러므로 우리는 신약의 바울도 나실인의 서원을 실행한 적이 있는 사람으로 볼 수 있다.

우리 주 예수님이 이 땅에 오셨을 때 그분은 나사렛 사람으로 불리셨는데, 물론 자라나신 곳의 지명이 나사렛이지만 나실인이라는 뜻도 그 안에 포함되어 있다. 실상은 주 예수님이 유일한 나실인이시다.

그런데 6장에는 특별한 서원, 곧 나실인의 서원이 있다. 이 나실인의 서원은 남자뿐 아니라 여자도 가능하다. "남자나 여자가 나실인의 서원을 하고 자기 몸을 구별하여 여호와께 드리거든". 이것은 자원하여 드리는 것이다. 자기 몸을 구별한다는 말씀은 4절과 6절과 8절에도 있다. 이와 같이 나실인의 서원은 자기 몸을 스스로 구별하는 것과 관계가 많다.

나실인의 서원의 특징은 자기 몸을 자원해서 구별하여 여호와께 드리는 것이다. 우리는 주님의 원하심이 다만 그분의 백성이 안팎으로 죄가 없는 것만이 아니라 그들의 몸을 산 제사로 드리는 것임을 알 수 있다. 주님은 그분의 자녀들이 다 자기 몸을 구별하여 나실인으로 그분께 드리기를 원하신다. 예수 그리스도께서는 나실인으로서 온전히 자신을 구별하여 아버지께 드리셨다. 그분은 우리 모두의 본이시다. 우리 모두는 하나님의 자녀로서 주 예수님과 같이 우리 몸을 온전히 하나님께 드려야 한다.

3절, 포도주와 독주를 멀리하며 포도주의 초나 독주의 초를 마시지 말며 포도즙도 마시지 말며 생포도나 건포도도 먹지 말지니

여기서 나실인은 포도에 관련된 것을 결코 먹어서는 안 된다는 것을 말하고 있다. 자기 몸을 분별하여 하나님께 드리는 사람들은 무엇보다 먼저 포도주나 독주를 멀리해야 하며 또한 포도주의 초나 독주의 초를 마시지 말아야 한다. 포도주나 독주는 육신의 쾌락을 위한 것이다. 포도주나 독주를 마시면 그 술의 성분이 사람의 마음에 일시적인 쾌락을 가져다준다. 나실인은 하나님을 위해 자기 몸을 완전히 구별하여 드렸기 때문에 하나님 외에 다른 육신적인 쾌락을 추구할 수 없다. 독주는 보다 강하게 사람을 취하게 만드는 것이다.

그리고 포도주의 초나 독주의 초는 마취시키는 것이다. 그리스도인은 삶이 고독하고 외롭다. 또 고난이 있다. 그것이 정상적인 그리스도인의 삶이다. 그런데 이 초는 그러한 느낌을 무디게 한다. 하나님께서는 그분의 백성이 그분의 안배하신 어려운 삶 속에서 그 모든 것을 그대로 받아들이면서 그분과 교제하기를 원하신다. 사도 바울은 '내가 그리스도와 그 부활의 권능과 그 고난에 참여함을 알기 원한다'고 말했다. 고난에 참여함은 바로 고난의 교통(the fellowship of His sufferings)이다. 이것은 우리가 주님의 고난 안에서 그분과 같은 누림을 갖는다는 의미이다. 그런데 그러한 감각을 마취시켜서 주님과의 교제를 무디게 만든다면 하나님께서는 그것을 온전히 자신의 몸을 구별하여 드린 것으로 보시지 않는다.

나실인의 길을 가는 자들은 이러한 포도주나 독주의 누림, 육신의 쾌락에 참여하지 말아야 할 뿐만 아니라 그리스도인으로서 당해야 마땅한 외로움과 고난, 환난, 핍박, 어려움이 임할 때 초로 그 감각을 무디게 해서는 안 된다. 평안할 때는 그 평안한 상태에서 주님과 교제해야 하며 어려울 때는 그 어려운 상태에서 주님과 교제해야 한다. 그리고 포도즙도 마시지 말라고 하셨다. 이것은 술이 아니고 취하게 하는 것은 아니지만 포도의 단맛이 있다. 즉 세상적인 달콤함조차도 마시지 말라는 것이다. 또 생포도가 있고 건포도도 먹지 말라고 하셨다. 그것 또한 세상의 달콤함, 그리스도 외에 즐거움을 주는 것들을 말한다. 어떤 사람에게는 세상적인 음악이 생포도가 될 수 있고 어떤 사람에게는 세속적인 영화나 오락이 포도주가 될 수 있다. 그것들은 모두 그리스도 외에 누리는 어떤 것들이다. 철학이나 예술도 세상적인 포도가 될 수 있다.

내가 들은 이야기이다. 어떤 그리스도인 목회자가 골프를 지나치게 좋아해서 주일날 말씀을 전해야 하는데 새벽부터 골프장에 가서 골프를 치다가 집회 시간에 늦게 도착했다고 한다. 어쨌든 강단에 서서 설교를 하는데 입에서 계속 골프 이야기만 나오더라는 것이다. 그러다가 결국은 그 예배당에서 쫓겨났다고 한다. 그 사람에게는 골프가 독주가 된 셈이다. 세상의 철학과 예술이 포도주라면 골프는 그에게 있어서 독주였던 것이다.

또 어떤 사람들에게는 신문이나 잡지 등이 건포도가 될 수 있고 세상 돌아가는 이야기를 서로 나누는 것이 건포도가 될 수 있다. 나실인은 이러한 세상적인 즐거움을 일체 포기한 사람이다. 자기 몸을 거룩하게 분별한 사람이다. 어떤 그리스도인들은 만일 이런 것들을 전부 누리지 말아야 한다면 인생에서 살맛이 없다고 할 것이다. 바로 이렇게 세상에 속한 어떤 맛이든지 버린 사람들이 바로 나실인이다.

4절, 자기 몸을 구별하는 모든 날 동안에는 포도나무 소산은 씨나 껍질이라도 먹지 말지며

포도나무에서 난 것은 씨나 껍질이라도 먹지 말라고 했다.

5절, 그 서원을 하고 구별하는 모든 날 동안은 삭도를 도무지 그 머리에 대지 말 것이라 자기 몸을 구별하여 여호와께 드리는 날이 차기까지 그는 거룩한즉 그 머리털을 길게 자라게 할 것이며

이제 나실인은 삭도를 머리에 대지 말아서 머리가 길게 자라게 해야 한다. 특히 남자에게서 머리는 권위를 뜻한다. 머리를 짧게 깎는 것이 남자의 본성이고 그것은 남자의 권위를 표시한다. 고린도 전서 11장을 보겠다. "만일 남자가 긴 머리가 있으면 자기에게 욕 되는 것을 본성이 너희에게 가르치지 아니하느냐"(14절). "그러나 나는 너희가 알기를 원하노니 각 남자의 머리는 그리스도요 여자의 머리는 남자요 그리스도의 머리는 하나님이시라"(3절). 그래서 남자는 본래 권위 됨의 표로서 머리를 길게 하지 않는다. 여기서 나실인이 머리털을 길게 자라게 한다는 것은 주님을 위해서 사람으로서 마땅히 주장할 수 있는 지위를 내려놓는다는 뜻이다. 즉 포도에 관련된 것들을 먹지 않는다는 것은 세상적인 누림을 포기하는 것이요, 머리를 길게 한다는 것은 주님께 복종하기 위하여 옛사람의 주장과 고집을 행사하지 않는다는 것이다. 따라서 머리를 길게 하는 것은 순종의 표시이기도 한 것이다. 여자로서 머리가 긴 것은 권위 아래 순복하는 표시이다. 여기서 나실인은 남자도 있고 여자도 있기 때문에 머리를 길게 한다는 것은 사람이 타락한 옛사람으로서 갖게 된 못난 자아와 스스로 머리 된 권위를 내려놓는다는 표시이고 (더 이상 주님 앞에 남자가 되지 않고) 여자로서 순복한다는 표시이다. 우주 가운데 유일한 남성은 주님이시고 우리는 모두 여자로서 그분의 신부이다.

우리는 이 모든 것을 주님께 비추어 봄으로써 잘 알 수 있다. 우리 주님이 참 나실인이기 때문이다. 주님은 포도주나 독주를 멀리하신 분이다. 사실 주님은 이 땅에 오셨을 때 포도주를 마셨다. 그러므로 이것은 물질적인 포도주를 마시지 않는 것을 뜻하는 것이 아니다. 구약은 예표와 그림자이다. 주님이 포도주를 마시지 않으셨다는 것은 세상적인 것을 조금도 어떤 누림으로 취하지 않으셨다는 것이다. 우리 주님은 세상이 주는 어떠한 누림도 갖지 않으셨다. 주님은 온전히 하나님의 뜻만을 추구했고 그분의 누림은 온전히 하나님 아버지께만 있었다. 이 땅에서는 어떠한 공급도, 누림도, 위로도 받지 않으셨다. 그러므로 주님은 참 나실인이시다.

또한 주님은 그분의 모든 권위를 내려놓으셨다. 그분이야말로 일생 동안 머리를 깎지 않으신 나실인이셨다. 그분은 나사렛에서 사셨고 목수의 아들로 가난한 집에서 사셨다. 어떤 지위도 취하지 않으셨다. 어떤 지위도 누리지 않으셨다. 하나님 앞에 죽기까지 순복하신 그분이야말로 참 나실인이시다. 오늘날 어떤 사람이 나실인인지를 보려면 그에게 긴 머리가 있는지를 보아야 한다. 그것은 그가 온전히 하나님의 권위에 굴복한 사람인지를 보아야 한다는 것이다. 세상적인 누림을 갖지 않고 온전히 하나님의 권위에 굴복하는 사람, 그가 바로 나실인이다. 이러한 사람은 자기를 온전히 분별해서 늘 주님과의 감추인 교제 안에서 살며 주님과 하나된 삶을 산다.

구약에서 삼손을 볼 때 삼손의 능력은 긴 머리에 있었다. 이것은 그가 온전히 하나님께만 권위를 드리고 하나님께만 순종하고 하나님의 뜻 안에서만 사는 사람이었을 때 그에게 능력이 있었다는 뜻이다. 그런데 들릴라라는 여인이 조르는 바람에 그는 결국 자신의 능력의 근원의 비밀을 말해 주었고 따라서 머리를 대적에게 깎이고 말았다. 삼손은 자기의 머리가 깎인 뒤에도 전과 같이 능력을 행하려고 했으나 이미 능력은 그에게서 떠나고 없었다.

삼손은 온전히 자신을 구별하여 하나님께 드린 사람이었으며 감추인 능력의 근원을 갖고 있던 사람이었다. 즉 아무도 모르는 비밀한 교제 안에서 주님의 마음을 알고 하나님의 이스라엘에 대한 마음을 간직하고 있었다. 그것은 모두 그가 나실인으로서 자신을 온전히 하나님께 드린 결과 얻게 된 능력과 은혜였다. 우리도 이와 같이 오늘 이 시대에 나실인으로서 능력과 비밀을 갖고 있어야 한다. 그런데 이 삼손에게는 약점이 있었는데, 그것은 여자를 좋아하는 것이었다. 결국 그 약점 때문에 시험에 빠져서 들릴라의 무릎을 베고 누워 자기의 모든 비밀을 토설했다. 악한 여인 들릴라는 삼손 편인 것처럼 가장했지만 실상 대적의 편이었다. 그녀가 대적이 왔다고 외쳤을 때에 삼손은 전과 같이 능력을 행하려고 일어났지만 대적은 그에게서 능력이 사라졌다는 것을 알았다. 그래서 그는 적에게 잡혔고 두 눈을 잃어버린 채 블레셋 사람들에 의해 연자 맷돌을 돌리게 되었다. 그는 비참하게 되었다. 모든 능력을 잃어버리고 계시(눈)를 잃어버렸다. 나실인의 모든 특징을 잃어버린 것이다.

우리는 여기서 경계할 것이 무엇인지를 보아야 한다. 우리는 원래 나실인의 표가 있는 사람이다. 참으로 주님과의 비밀스런 교제가 있고 분별이 있는 사람이다. 주님은 우리가 죄가 없는 그리스도인이 되기를 원하실 뿐만 아니라(5장) 철저히 자신을 헌신하는 나실인이 되기를 원하신다(6장). 5절에서 "그는 거룩한즉 그 머리털을 길게 자라게 할 것이며"라고 하였다. 믿는이라면 누구든지 거룩하기 때문에 그 머리털을 길게 자라게 해야 하며 그렇게 하나님께 분별하여 드리기를 원할 때 하나님은 받아주신다. 날 때부터 제사장이 아니라 하더라도 그가 정말로 하나님께 자원하여 드리고자 한다면 하나님은 그를 받아주시고 그를 거룩하게 하신다.

6-7절, 자기 몸을 구별하여 여호와께 드리는 모든 날 동안은 시체를 가까이 하지 말 것이요 7 그 부모 형제 자매가 죽은 때에라도 그로 인하여 더럽히지 말 것이니 이는 자기 몸을 구별하여 하나님께 드리는 표가 그 머리에 있음이라

시체라는 것은 사망을 의미한다. 나실인은 머리에 삭도를 대지 말아야 할 뿐 아니라 사망을 만지지 말아야 한다. 아무리 가까운 사람이라도 그의 시체를 만지지 말아야 한다. 부모의 시체라 할지라도 만지지 말아야 하며 형제나 자매의 시체도 만지지 말아야 한다. 참된 나실인은 육신적인 관계에서 생겨난 인정을 끊어버리는 것이 필요하다. 주님은 나실인이 가족의 시체라고 해서 그것을 만지는 것을 원치 않으신다. 나실인이 되는 것은 완전한 분별을 요구한다.

이것 또한 우리 주 예수님을 생각해 보면 잘 알 수 있다. 예수님이 열두 살 때 성전에 가신 사건에서 그분은 자기를 찾다가 만나 책하는 부모에게 이렇게 말씀하셨다. "내가 아버지의 집에 거하여야 할 줄을 알지 못하셨습니까". 또 가나안 혼인 잔치에서 물로 포도주를 만드신 사건에서 예수님은 그 모친에게 "여자여, 나와 무슨 상관이 있나이까"라고 하셨다. 또 말씀을 가르치고 계실 때에 가족들이 그분을 찾으러 왔다고 전하자 "누가 내 형제요 자매며 모친이냐 오직 내 아버지의 뜻을 행하는 자들이 내 형제요 자매요 모친이니라"고 하셨다. 우리 주 예수님은 모친이든 형제자매든 어떤 사람의 사망도 만지지 않으셨다. 어머니라 할지라도 육신의 관계를 가지고 나아올 때 예수님은 "여자여, 나와 무슨 상관이 있나이까?"라고 하신 것이다. 천연적인 것을 가지고 나올 때 주님은 그것을 받아주시지 않았다. 이것이 바로 나실인의 삶이다.

8-9절, 자기 몸을 구별하는 모든 날 동안 그는 여호와께 거룩한 자니라 9 누가 홀연히 그 곁에서 죽어서 스스로 구별한 자의 머리를 더럽히거든 그 몸을 정결케 하는 날에 머리를 밀 것이니 곧 제 칠일에 밀 것이며

이것은 의도하지 않았는데 어떤 사람이 죽었을 때, 그러한 경우에도 나실인은 부정하게 된다는 뜻이다. 자신의 의도와 관계없이 어떤 사람이 우연히 곁에 있다가 죽었을 때에도 나실인은 그 머리를 더럽힌 것으로 여겨서 그것을 처리해야 한다. 이것을 볼 때에 하나님께서는 그분의 자녀들이 얼마나 거룩케 되기를 원하시는지 알 수 있다. 우연이라도 옆에서 어떤 사망이 발생했을 때에는 그 머리를 더럽혀진 것으로 여겨 밀어야 한다.

10-12절, 제팔일에 산비둘기 두 마리나 집비둘기 새끼 두 마리를 가지고 회막문에 와서 제사장에게 줄 것이요 11 제사장은 그 하나를 속죄 제물로, 하나를 번제물로 드려서 그의 시체로 인하여 얻은 죄를 속하고 또 그는 당일에 그의 머리를 성결케 할 것이며 12 자기 몸을 구별하여 여호와께 드릴 날을 새로 정하고 일 년 된 수양을 가져다가 속건제로 드릴지니라 자기 몸을 구별한 때에 그 몸을 더렵혔은즉 지나간 날은 무효니라

이것을 통해 우리는 하나님께서 나실인들이 어떤 사망으로도 더럽혀지기를 원치 않으시는 것을 본다. 그렇기 때문에 우연히 어떤 사람이 곁에서 죽어 더럽혀졌을 때에라도 제 팔일에 속죄제와 번제를 드리라고 말씀하신다. 여기서 팔일이란 옛 창조에 속한 모든 것이 끝난 그 다음 날, 곧 부활의 날을 뜻한다. 즉 부활 안에서 속죄제와 번제를 드리라는 것이다.

이것은 어떻게 말하면 가장 가벼운 죄라고 할 수 있다. 그러나 이렇게 의도 없이 누군가가 곁에서 죽어 더럽혀진 경우라 하더라도 반드시 속죄제와 번제를 드려야 한다. 속죄제를 드리고 그 다음에 번제를 드려야 한다. 나실인은 예수 그리스도의 십자가의 죽으심의 모든 효능과 공로를 다 필요로 한다. 적은 더럽혀짐이라 하더라도 나실인에게는 그것이 너무나 엄중한 것이다. 그러므로 반드시 정확하게 처리해야 한다. 그리고 자기 몸을 구별하여 여호와께 드릴 날을 새로 정하고 일 년 된 수양을 가져다가 속건제로 드려야 한다.

우리는 6장의 이 부분을 읽으면서 하나님께서 나실인을 향해 세우신 표준은 매우 높은 것임을 알 수 있다. 보통 사람들의 생각으로는 이 정도의 작은 실수나 죄는 그냥 대충 넘어가도 될 것 같다. 주님이 이 정도야 이해해 주시겠지 하는 일들이다. 그런데 나실인에게는 그러한 일들이 그렇게 쉽게 적당히 넘어갈 수 있는 일이 아니다. 분명히 산비둘기 두 마리가 필요하고 집비둘기 새끼 두 마리가 필요하다. 그것을 가지고 회막 문에 와서 속죄제를 드리고 번제를 드려야 한다. 그리고 자기 몸을 구별하여 드릴 날을 새로 정하고 일 년 된 수양을 속건제로 드려야 한다.

주 예수 그리스도께서 십자가에서 흘리신 피의 공로의 모든 방면이 이 작은 한 가지 죄를 위하여 다 적용되어야 한다. 이것을 볼 때 우리는 우리의 작은 한 가지 죄라도 예수님의 십자가의 고난을 가중시켰다는 것을 알 수 있다. 우리의 작은 죄, 무의식중에 의도 없이 더럽혀진 죄 때문에도 예수님은 고난을 당하시고 피를 흘리셨다. 또 주님은 우리가 의도 없이 범한 죄일지라도 가볍게 넘어가지 않으신다는 것을 알 수 있다. 하나님께서는 죄에 대하여 매우 민감하시며 하나하나 점검하신다. 그리고 그것들을 다 정확하게 계산하여 용서받으라고 하신다.

"자기 몸을 구별한 때에 그 몸을 더럽혔은즉 지나간 날은 무효니라". 이것은 엄중한 말씀이다. 작은 한 가지 죄를 의도 없이 범했을지라도, 그것도 타인으로 인해 더럽혀진 것일지라도 이전에 나실인의 서원을 하여 자기를 구별한 날들이 다 무효로 돌아간다는 것이다. 이 작은 죄 하나가 하나님께 얼마나 심각한 것인지를 알 수 있다. 처음부터 다시 시작해야 한다. 우리는 이런 일들을 너무나 많이 반복했다.

그것은 마치 창세기 12장의 아브라함과 같다. "(아브라함이) 거기서 벧엘 동편 산으로 옮겨 장막을 치니…점점 남방으로 옮겨갔더라…아브람이 애굽에 우거하려 하여 그리로 내려갔으니"(8-10절). 그는 결국 애굽에 내려가서 실수를 했다. 거짓말도 하고 아주 위험한 과정을 거쳤다. 이제 13장에서는 그가 애굽에서 나와 "남방에서부터 발행하여 벧엘에 이르며 벧엘과 아이 사이 전에 장막 쳤던 곳에 이르니 그가 처음으로 단을 쌓은 곳이라 그가 거기서 여호와의 이름을 불렀더라"(3-4절)고 말한다. 12장에서 벧엘과 아이 사이에 단을 쌓았다. 그랬으면 아브라함은 마땅히 헤브론으로 더 전진했어야 하는데 전진하지 못하고 거기서 다시 애굽으로 물러났다가 다시 돌아와 보니 전에 있었던 그 자리이다. 실컷 주님 안에서 많이 전진하고 체험한다고 했는데 13장 3절을 보니까 다시 벧엘과 아이 사이 곧, 전에 장막 쳤던 곳에 있다. 처음부터 다시 시작하게 된 것이다.

에스겔 33장 13절을 보자. "가령 내가 의인에게 말하기를 너는 살리라 하였다 하자 그가 그 의를 스스로 믿고 죄악을 행하면 그 모든 의로운 행위가 하나도 기억되지 아니하리니 그가 그 지은 죄악 중 곧 그 중에서 죽으리라". 과거에 의로운 행동을 많이 했는데 죄를 지었다 할 때에 과거의 의로운 행동이 다 무효로 돌아간다는 말이다. 그래서 우리가 실수로 죄악을 저질렀다 할지라도 그것은 결코 작은 일이 아니라는 것을 보여 준다.

나는 어떤 믿는이들이 과거에 좋은 일을 많이 하고 하나님 앞에서 수고도 많이 한 것을 알고 있다. 참으로 칭찬할 만한 일을 한 것도 보았다. 그러나 그 후 어느 시점에 이르러 그 형제 혹은 자매가 저지른 죄악은 과거에 그가 행한 모든 의로운 행동들을 무효화하는 데에 충분했다. 그가 정말로 회개하고 주님께 자복한다면 그는 처음부터 다시 시작하는 것이 될 것이다. 여러분이 이러한 말씀을 문자적으로는 이해하기 어려울지 몰라도 체험을 생각해 보면 이해할 수 있을 것이다.

다시 말하지만 나실인으로 자신을 구별하여 하나님께 드린 사람이 잘못해서 죄악을 범했을 때 과거에 드렸던 모든 것이 무효가 된다. 나는 여기서 이런 말을 하면서 그리스도인들이 죄를 가볍게 여기는 것은 참으로 하나님을 모르기 때문이라고 말하겠다.

13-15절, 나실인의 법은 이러하니라 자기 몸을 구별한 날이 차면 그 사람을 회막문으로 데리고 갈 것이요 14 그는 여호와께 예물을 드리되 번제물로 일 년 된 흠 없는 수양 하나와 속죄 제물로 일 년 된 흠 없는 어린 암양 하나와 화목 제물로 흠 없는 수양 하나와 15 무교병 한 광주리와 고운 가루에 기름 섞은 과자들과 기름 바른 무교전병들과 그 소제물과 전제물을 드릴 것이요

"자기 몸을 구별한 날이 차면". 하나님께서는 우리가 일생 가운데 어느 한 기간을 정해서 그 기간만 나실인이 되기를 원하시는 것이 아니고 일생토록 나실인이 되기를 원하신다. 우리에게 있어서 그 날이 찼다는 것은 우리의 일생을 마치고 주님을 대할 때를 의미한다. 그런데 그때 드리는 제물은 번제물로서 흠 없는 수양 하나가 필요하고 속죄 제물로 일 년 된 흠 없는 어린 암양 하나가 필요하며 또 화목 제물로 흠 없는 수양 하나가 필요하다. 그리고 무교전병과 그 소제물과 전제물이 필요하다. 이러한 제물들은 나실인으로서 우리가 자신을 일생토록 헌신했어도 여전히 헌신이 부족하다는 것을 말해 준다. 우리는 여전히 무익하고 부족한 종이며 드려야 할 제물이 남아 있는 것이다. 우리 중에 아무리 주님을 위해 고난을 받으며 많은 헌신을 했다 하더라도, 주님께 너무나 많이 드렸다, 충분히 드렸다고 말할 수 있는 사람은 하나도 없을 것이다. 우리는 여전히 더 드려야 하고 아무리 더 드린다 하더라도 여전히 부족하다는 것을 알아야 한다.

16절, 제사장은 그것들을 여호와 앞에 가져다가 속죄제와 번제를 드리고

여기서는 속죄제가 먼저이고 번제가 나중이다. 이것은 우리가 일생토록 헌신하고 자신을 분별하여 나실인으로서 살았다 하더라도 우리에게는 여전히 허물이 있어서 드려야 할 속죄제가 있다는 것이다. 우리가 나실인으로서 성실하게 길을 걸어가는 것은 매우 좋은 일이고 필요한 일이다. 그럼에도 불구하고 우리가 염두에 두어야 할 것은 아무리 헌신했어도 우리는 온전히 다 드리지 못한 사람들이라는 것이다. 그리고 아무리 자신을 구별하여 드렸어도 여전히 속죄제를 드릴 필요가 있는 자들이라는 것이다. 우리는 어떻게 해도 자신이 온전히 깨끗하다고 말할 수 없는 자들이다.

17절, 화목 제물로 수양에 무교병 한 광주리를 아울러 여호와께 드리고 그 소제와 전제를 드릴 것이요

우리는 여전히 주님과 온전한 화목을 이루지 못하는 삶 가운데 있다. 온전한 소제로서, 즉 고운 가루인 합당한 인성으로서 살지 못하는 면이 있는 것이다. 또 우리 자신을 완전히 관제로 쏟아붓지 못한 면도 있을 것이다. 우리가 주님 앞에 갈 때에 여전히 주님께 드려야 할 것이 남아 있을 것이다. 우리는 이 시대에 이러한 의식을 가지고 나실인의 삶을 살아가야 한다. 우리가 아무리 많이 드릴지라도 우리는 여전히 부족한 사람이라는 것이다.

18절, 자기 몸을 구별한 나실인은 회막문에서 그 머리털을 밀고 그것을 화목 제물 밑에 있는 불에 둘지며

이제 나실인으로서의 기간이 끝났기 때문에 머리털을 밀고 그 머리털을 화목 제물 밑에 있는 불에 두라고 하셨다. 이것은 십자가를 의미한다. 우리가 아무리 아름다운 헌신을 했고 또 자신을 분별하여 참으로 주님께 기념될 만한 나실인의 삶을 살았다 하더라도 우리의 그 잘라낸 머리털은 주님의 십자가 아래 감춰어지고 불태워져야 한다. 드러내어 자랑할 만한 우리의 미덕은 하나도 없다. 오직 주님뿐이다.

19-20절, 자기 몸을 구별한 나실인이 그 머리털을 민 후에 제사장이 삶은 수양의 어깨와 광주리 가운데 무교병 하나와 무교전병 하나를 취하여 나실인의 두 손에 두고 20 여호와 앞에 요제로 흔들 것이며 그것과 흔든 가슴과 든 넓적다리는 성물이라 다 제사장에게 돌릴 것이니라 그 후에는 나실인이 포도주를 마실 수 있느니라

이 모든 소제물이나 제물들은 주님께 드릴 뿐만 아니라 또 어떤 것들은 제사장에게 돌려야 한다. 나실인들이 이 땅에서 온전히 자신을 구별하여 주님께 드렸을 때 결국은 그 날에 주님 앞에서 많은 성도들과 그것을 누리게 된다는 것을 예표로서 말해 주고 있다. 여기서 요제는 부활을 의미하며 흔든 가슴은 승천을 의미한다. 가슴은 사랑과 동정과 긍휼의 마음을, 넓적다리는 능력을 의미한다. 결국 나실인의 이러한 성물들은 다 제사장에게 돌아갈 것이다. 그 날에 성도들의 몫이 된다는 것이다. 한 면으로는 주님께 예물이 되고 한 면으로는 성도들에게 누림이 된다. 나실인의 이 땅에서의 이러한 구별된 삶은 결국 하나님께 커다란 예물이 되는 것이다.

그 후에는 나실인이 포도주를 마실 수 있다. 이는 왕국에서의 누림을 의미하는 것이다. 우리 주님은 최후의 만찬을 세우시면서 제자들에게 이것을 말씀하셨다. "내가 포도나무에서 난 것을 이제부터 내 아버지의 나라에서 새 것으로 너희와 함께 마시는 날까지 마시지 아니하리라"(마 26:29). 이로써 우리가 알 수 있는 것은 우리는 그 날에 주님과 함께 새로운 포도주를 누리게 된다는 것이다. 그러므로 오늘 우리는 이 땅에서 그 모든 육신적인 포도주의 누림을 제하고 오히려 그날 주님이 오실 때에 왕국에서 그 누림을 맛보기 원한다. 그것은 부활 안에서 마시며 기념하는 가장 새롭고 귀한 것이며 이 땅에서 나실인의 삶을 산 사람들에게 진정한 누림이 될 것이다.

21절, 이는 곧 서원한 나실인이 자기 몸을 구별한 일로 인하여 여호와께 예물을 드림과 행할 법이며 이 외에도 힘이 미치는 대로 하려니와 그 서원한 대로 자기 몸을 구별하는 법을 따라 할 것이니라

이것은 예물을 드림과 행할 법이라고 했다. 법이란 언제나 변치 않는 하나의 규례이다. 나실인은 이러한 사항들을 언제나 법으로 가지고 있어야 한다. "이 외에도 힘이 미치는 대로 하려니와". 이것은 나실인의 법에서 가장 중요한 말이다. 오늘날 어떤 형제들은 '주님이 나에게 무언가 헌신하라고 지시하시고 말씀하시면 하겠다. 그런데 주님이 나에게 이 정도만 원하시는 것 같다'라고 말한다. 특히 주님을 위해서 힘써야 할 어려운 일에 대해서는 아마도 주님이 여기까지만 원하고 더 이상은 원하시지 않는 것 같다고 하면서 거기서 그친다. 그러나 나실인의 경우를 볼 때 하나님께서는 네가 원한다면 힘이 미치는 대로 하라고 하신다. 얼마만큼 서원하든지 다 받으신다는 뜻이 내포되어 있다. 주님은 "할 마음만 있으면 있는 대로 받으실 터이요, 없는 것을 받지 아니하시리라"(고후 8:12)고 하셨다.

우리는 나실인의 서원 제도를 통해서 하나님의 마음을 읽을 수 있다. 그것은 하나님께서 그분의 구속된 백성들 가운데 온전히 그분을 위하여 자원함으로 분별되고 헌신된 자들을 원하신다는 것이다. 비록 어떤 사람이 아론의 가문에서 태어나지 않고 레위인도 아니며 심지어 남자가 아니라 하더라도 하나님의 나라를 위하여, 하나님의 백성들을 위하여 또는 그분의 필요를 위하여 자신을 온전히 드리기 원한다면 드릴 수 있도록 기회를 부여하신다는 것이다. 즉 출생에 의해서는 자격이 없는 위치에 있다 하더라도 갈망이 있고 드릴 마음이 있다면 하나님은 그분의 백성들에게 섬길 수 있는 길을 열어 놓으셨다는 것이다. 우리는 이러한 길을 열어 놓으신 하나님께 얼마나 감사를 드려야할지 모른다.

여기서 나는 나실인의 서원에 대하여 반드시 한 마디를 더 해야 한다고 느낀다. 그것은 나실인과 이기는 자들은 관계가 있다는 것이다. 삼손이나 사무엘이나 침례자 요한 모두가 하나님의 백성들에게 가장 어려움이 있을 때, 또는 하나님의 경륜적인 역사에서 가장 전환점이 될 때 하나님이 그들을 사용하셨다는 것이다. 이기는 자들이란 하나님의 역사에서 시대를 바꾸는 일에 사용되는 경륜적인 그릇들로 이해할 수 있다. 하나님은 시대를 바꿀 때마다 가장 헌신된 사람들을 그분의 경륜적인 그릇들로 사용해 오셨다. 사도 바울의 나실인 서원도 그와 동일한 맥락에서 이해할 수 있다. 당시의 상황도 하나님의 신약의 경륜을 열기 위해 매우 중요한 시기였기 때문이다.

나는 오늘날이 그리스도의 왕국의 도래를 위하여 가장 중요한 시점에 놓여 있다고 믿고 있다. 그러므로 이 시대에도 동일하게 나실인이 필요하다. 누가 과연 자신을 온전히 드려서 이 큰 위임을 감당할 수 있겠는가? 그러나 나실인이 되는 문제에 있어서 하나님은 매우 큰 것들만을 요청하고 계시지 않다. 포도주나 심지어 포도의 씨나 껍질까지도 먹지 말라고 하신다. 이것은 나실인이 되는 문제가 우리의 일상생활의 매우 작은 문제에 있어서 헌신하지 않으면 안 된다는 것을 보여 준다. 즉 작은 세상적인 쾌락이나 누림까지도 주님을 위해 끊어 버려야 한다는 것이다. 하나님은 매우 중요한 시점에 그분의 경륜을 성취하기 위해 이렇게 절대적인 헌신의 그릇들을 필요로 하신다. 하나님은 그러한 사람들로 하여금 시대를 바꾸게 하시고 그분의 경륜을 바꾸는 일을 하신다.

그러니 우리가 작은 세상적인 누림을 갖는 것이나 세상 술을 조금이라도 마시는 것이 얼마나 우리의 영적 생명을 해치는 것이 되겠는가? 하나님의 말씀은 나실인이 되기 위해 포도주나 독주를 멀리 할 뿐 아니라 포도주의 초나 독주의 초도 마시지 말고 심지어 포도즙도 마시지 말고 생포도나 건포도도 먹지 말아야 하며 몸을 구별하는 날 동안 포도나무 소산이나 씨나 껍질까지도 먹지 말아야 한다고 하셨다. 또한 시체를 전적으로 가까이하지 말아야 하며 부모 형제가 죽었다 하더라도 그것으로 인하여 자기를 더럽혀서는 안 된다는 것이다. 이것은 특별한 하나님의 위임을 실행하는 자들로 하여금 인간의 가장 기본적인 애정까지라도 절제해야 하며 그분께만 절대적으로 분별되고 헌신되어야 함을 말하고 있는 것이다. 이렇게 작은 것들을 한 가지 한 가지 우리의 몸에서 제해 버리는 작업은 천연적인 사람에게 있어서 간단한 일이 아니겠지만 진정으로 십자가를 사랑하며 하나님의 시대적인 필요를 보고 그분의 경륜의 성취를 갈망하여 간구하는 자들에게는 하나님의 크신 은혜와 성령의 능력이 이 일을 능히 이루게 하실 수 있다.

하나님은 이렇게 절대적으로 그분만을 위하여 헌신된 자들을 얻을 때마다 시대를 바꾸는 일을 하셨으며 그분의 경륜을 위하여 결정적인 역사들을 수행해 오셨다. 사사 시대를 끝낸 사무엘이 그러했으며 그리스도의 초림을 예비한 세례 요한이 그러하였고 신약의 경륜을 온전케 하기 위하여 사용된 그릇인 사도 바울이 그러했다. 삼손과 사무엘과 세례 요한, 이들의 부모들은 모두 그들을 날 때부터 나실인으로 키워야 했다. 그것은 하나님께서 그 시대에 하시고자 하는 막중한 일이 있었기 때문이며 그때에 하나님은 그렇게 절대적으로 헌신된 그릇들이 필요했기 때문이다. 이 모든 일들이 그러할진대 왕국의 도래를 앞두고 마지막 시대를 사는 우리가 더욱 나실인의 서원을 드려야 할 때라고 믿지 않는가? 하나님의 시대적인 필요를 위하여 이 세상의 모든 누림들을 모두 다 끊어버리고 기꺼이 그리스도의 능욕을 짊어지고자 하며 온전히 자신을 분별하고 헌신하는 삶을 사는 자들을 하나님께서는 오늘날에도 사용하실 수 있다.

이와 같이 구약의 나실인의 서원 제도는 오늘날도 하나님의 백성들 가운데 여전히 성령 안에서 적용될 수 있고 체험할 수 있음을 인하여 하나님께 감사하고 찬미한다.

22-23절, 여호와께서 모세에게 일러 가라사대 23 아론과 그 아들들에게 고하여 이르기를 너희는 이스라엘 자손을 위하여 이렇게 축복하여 이르되

이제 축복이 있다. 여기까지 말씀하신 하나님은 이제 축복하라고 하신다. 우리는 민수기 5장에서 아무런 죄도 없어야 한다는 것을 보았다. 6장에서는 온전한 헌신을 보았다. 하나님의 자녀들이 이 정도가 되기까지(죄 없는 삶, 온전한 헌신) 순종하고 따라오면 하나님께서 축복하신다. 사도 바울은 빌립보서 2장에서 "만일 너희 믿음의 제물과 봉사 위에 내가 나를 관제로 드릴지라도 나는 기뻐하고 너희 무리와 함께 기뻐하리니"(17절)라고 말했다. 믿는이들이 이 정도로 헌신하고 순종한다면 하나님은 축복하실 길밖에 없다.

24-26절, 여호와는 네게 복을 주시고 너를 지키시기를 원하며 25 여호와는 그 얼굴로 네게 비취사 은혜 베푸시기를 원하며 26 여호와는 그 얼굴을 네게로 향하여 드사 평강주시기를 원하노라 할지니라 하라

하나님 아버지 여호와, 아들 예수님 여호와, 성령 하나님 여호와이시다. 여기에 성삼위 하나님의 축복이 있다. 신약으로 말한다면 하나님 아버지의 사랑과 주 예수 그리스도의 은혜와 성령의 교통하심이다. 결국은 삼위일체 하나님의 축복이다. 여기서 하나님의 축복은 우리를 지키시고 보존하시는 것이다. 하나님은 우리를 지키신다. 참새 한 마리도 하나님 아버지께서 허락지 않으시면 땅에 떨어지지 않는다. 오늘 나는 어떤 형제로부터 전화를 받았는데 그는 너무나 어려운 일을 당한 상태였다. 그가 나한테 물었다. '저의 이러한 상황을 하나님께서 아시겠지요?' 나는 그에게 말해 주었다. '그렇습니다. 참새 한 마리도 하나님의 허락이 없이는 떨어지지 않습니다. 하나님께서는 당신의 머리털까지도 다 세셨습니다.' 그러자 그는 아주 기뻐했다. 이렇게 하나님의 명령에 순종하고 나실인의 길을 걸어가는 사람들을 하나님 아버지께서는 지켜 주심으로 축복하신다. 그분은 지켜 주시는 하나님이시다.

"그 얼굴로 네게 비취사 은혜 베푸시기를 원하며". 이것은 그리스도의 은혜이다. 그리스도의 은혜는 다른 말로 하면 주님의 얼굴을 우리에게 비취시는 것이다. 우리에게는 다른 축복이 없다. 주님의 얼굴이 우리에게 가까운 것이 우리의 축복이다. 우리가 과거에 주님을 섬긴다 했지만 주님의 얼굴이 오늘처럼 가깝지 않았다. 그러나 우리가 조금 나실인의 길을 걸어갈 때 주님은 그분의 얼굴로 우리에게 비춰주시는 축복을 주셨다. 우리는 그러한 축복을 받아왔음을 간증할 수 있다. 이것이 주님의 은혜이다.

"여호와는 그 얼굴을 네게로 향하여 드사 평강 주시기를 원하노라". 25절에서는 그분의 얼굴을 비추신다고 하였고 26절에서는 그분의 얼굴을 네게로 향하여 드신다고 했다. 하나님이 우리를 쳐다보실 때에 평강이 있다는 것이다. 다만 보시는 것만이 아니라 그 얼굴을 우리를 향하여 드시는 것은 더 관심하시고 더 축복하시는 것이다. 우리는 주님께서 우리를 보실 뿐 아니라 우리를 주목해 보시기 위해 얼굴을 드시도록 해야 한다.

오늘 우리가 누리는 평강은 그분이 우리를 향하여 얼굴을 드신 결과이다. 주님이 축복의 눈으로 우리를 바라보실 때 우리에게 있는 것은 은혜이고, 우리를 향하여 얼굴을 드실 때 우리에게 있는 것은 평강이다. 하나님의 얼굴을 비추실 때에 은혜가 있고 그분의 얼굴을 드실 때에 우리에게 평강이 있다. 사도 바울은 편지마다 항상 이렇게 말하였다. "하나님 아버지와 우리 주 예수 그리스도로부터 은혜와 평강이 너희에게 있을지어다".

이것이 그분의 이스라엘인 우리를 향한 가장 큰 축복이다. 우리에게 은혜가 있고 평강이 있다면 가장 큰 축복인 것이다.

27절, 그들은 이같이 내 이름으로 이스라엘 자손에게 축복할지니 내가 그들에게 복을 주리라

주님은 복을 주고 싶어 하신다. 주님의 눈은 축복으로 가득하다. 주님의 바라보시는 눈은 축복의 눈이다. 그리고 주님이 축복하실 때마다 그분이 주시는 것은 은혜요 평강이다. 주님은 진실로 나실인의 길을 걸어가는 자들을 이렇게 축복하기를 원하신다. 우리 모두가 이런 축복을 받는 자들이 되기 바란다.

민수기 7장

예물을 드리는 생활

민수기 5장에는 의심의 소제가 있고 민수기 6장에는 나실인의 서원이 있다. 그런 다음 이제 민수기 7장에 왔다. 민수기 7장에는 성막이 세워진 뒤에 성막과 그 기구들에 기름을 발라 거룩하게 구별하여 하나님께 예물을 드리는 장면들이 자세하게 기록되어 있다.

1절, 모세가 장막 세우기를 필하고 그것에 기름을 발라 거룩히 구별하고 또 그 모든 기구와 단과 그 모든 기구에 기름을 발라 거룩히 구별한 날에

출애굽기 40장에서 이스라엘 백성들은 모세의 인도 아래서 하나님의 성막 건축을 완성했다. 그리고 그 성막이 세워진 뒤에 그것에 기름을 발라 거룩하게 구별하였다. 성막을 다 지은 뒤에 반드시 해야 할 일은 곧 그 성막에 기름을 붓는 것이다. 이 성막은 오늘날로 말하면 교회이다. 하나님은 교회가 건축되기를 원하신다. 모세는 하나님의 종으로서 하나님의 거처인 성막을 건축했고 오늘날 우리는 동일하게 신약의 하나님의 집인 교회를 건축하고 있다.

그런데 하나님의 집이 건축될 때에 중요한 것은 그 모든 기구에, 즉 하나님의 집에 관한 것에는 한 가지도 빠짐없이 다 기름을 발라서 거룩하게 구별하는 것이다. 하나님께서는 그분의 거처에 속한 모든 것들이 다 기름이 발라져 거룩하게 구별되어야만 그분의 거처로 삼으실 수 있다. 이와 같이 오늘날 교회에 관련된 모든 일과 봉사에도 반드시 기름이 발라져야 한다. 기름이란 성령을 의미한다. 따라서 우리는 성령의 인도하심 또는 성령의 충만함이 없이는 교회에 관련된 어떠한 일도 해서는 안 된다는 것을 배울 수 있다. 나는 우리 가운데 있는 작은 일 하나도 성령의 인도하심이 있기를 바라고, 그러기 위해서는 반드시 기도가 선행되어야 한다. 교회의 모든 일들이 기도를 통해서 성령님과 함께 수행되기를 바라야 한다. 그럴 때만이 하나님께서는 교회의 모든 것을 그분의 것으로 취하신다. 모든 것이 다 하나님의 집이 되도록 준비되었어도 거기에 기름부음이 없고 거룩하게 분별됨이 없으면 하나님께서는 그것을 그분의 것으로 취하실 수 없다.

2절, 이스라엘 족장들 곧 그들의 종족의 두령들이요 그 지파의 족장으로서 그 계수함을 입은 자의 감독된 자들이 예물을 드렸으니

이 일은 출애굽하고 성막의 건축이 완성된 바로 그날 이루어진 것이 아닐 것이다. 왜냐하면 그 뒤에 몇 가지 일들이 있었기 때문이다. '민수기'란 백성을 계수한 기록이라는 뜻인데, 백성을 계수한 일과 몇 가지 일들이 진행된 뒤에 이러한 성별하는 역사가 있었다고 보여진다. 그런데 이렇게 기름을 부어서 성막을 분별하던 그날에 이스라엘 족장들 곧 종족의 인도자들이 예물을 드렸다고 했다. 이와 같이 교회의 건축과 관련하여 반드시 하나님께 예물을 드리는 일들이 있어야 한다. 성막을 건축하기 시작할 때 이스라엘 백성들은 많은 예물을 드렸고 이제 완성되고 나서도 그들은 예물을 드리고 있다.

이렇게 하나님의 건축에 관한 한 시작할 때나 마쳤을 때나 성도들은 예물을 드리는 것이 필요하다. 또한 예물을 드림이 없이는 하나님의 집의 아름다움을 누릴 수 없다. 하나님의 집은 짓기 시작할 때 드림이 필요하고 다 지어졌을 때 드림이 필요하다. 하나님의 집에 관한 한 언제나 예물의 드림이 필요하다. 그런데 이러한 예물을 드림에 있어서 누가 먼저 앞장을 섰느냐면 바로 인도자들이다. 언제든지 인도자들이 교회 안에서 드리는 일에 앞장을 서야 한다. 더 분량이 있고 더 많이 섬기는 사람들이 하나님께 더 많이 드려야 하는 것이다. 그럴 때 모든 성도들이 따라 드릴 수 있다.

3절, 그들의 여호와께 드린 예물은 덮개 있는 수레 여섯과 소 열둘이니 족장 둘에 수레가 하나씩이요 하나에 소가 하나씩이라 그것들을 장막 앞에 드린지라

그러면 여기서 족장들이 드린 예물은 무엇인가? 덮개가 있는 수레 여섯과 소 열두 마리이다. 이 수레들은 성막의 기구들을 운반하기 위한 것이고 이 수레들은 소가 끌게 된다. 여기서 족장 둘에 수레가 하나라고 했는데, 이것은 지파에 관계없이 두 지파가 한 수레를 만들어 드린 것이다. 이는 일종의 동역이다. 두 지파의 동역이 없이는 수레를 만들어 드릴 수 없게 되어 있다. 그리고 한 족장이 소 한 마리씩을 드렸다. 따라서 우리는 예물을 드린 것에서부터 동역의 원칙을 볼 수 있다.

4-5절, 여호와께서 모세에게 일러 가라사대 5 그것을 그들에게서 받아 레위인에게 주어 각기 직임대로 회막 봉사에 쓰게 할지니라

그렇게 족장들이 드리자 하나님께서는 모세에게 그것을 받아서 레위인들에게 주라고 하셨다. 그래서 회막 봉사에 쓰게 하라는 것이다.

6-7절, 모세가 수레와 소를 받아 레위인에게 주었으니 7 곧 게르손 자손들에게는 그 직임대로 수레 둘과 소 넷을 주었고

게르손 자손들은 성막에서 휘장이나 세마포 장과 같은 섬유에 관련된 것들을 맡았다. 그러므로 그들에게는 운반하기 위한 수레가 필요한데 섬유이기 때문에 많이 필요하지는 않다. 그래서 수레 둘과 소 넷을 주었다. 수레 하나를 소 두 마리가 끄는 것이다. 이것 또한 동역의 그림을 보여 준다. 두 지파에서 드린 소들이 한 수레를 끄는 것이다. 이렇게 예물을 드리는 일에서부터 이스라엘 백성들은 함께 동역하지 않으면 안 되었다.

8절, 므라리 자손들에게는 그 직임대로 수레 넷과 소 여덟을 주고 제사장 아론의 아들 이다말로 감독케 하였으나

므라리 자손에게는 게르손 자손의 배—수레 넷과 소 여덟—를 주었다. 그것은 므라리 자손이 널판이나 기둥이나 받침과 같은 무거운 목재들을 운반해야 했기 때문이다. 하나님은 더 많은 일을 맡기시는 사람에게는 그만큼 감당할 수 있는 은혜와 능력을 주신다. 므라리 자손은 게르손 자손보다 무겁고 힘든 기구들을 운반해야 하므로 더 많은 수레와 소를 주신 것이다. 그리고 제사장 이다말로 감독하게 했다. 이렇게 주님을 섬기는 봉사에는 반드시 감독이 필요하다.

9절, 고핫 자손에게는 주지 아니하였으니 그들의 성소의 직임은 그 어깨로 메는 일을 하는 까닭이었더라

필요가 없는 사람들에게는 하나님께서 주시지 않으신다. 우리는 여기서 하나님께서 선물을 나눠주시는 귀한 원칙을 볼 수 있다. 그것은 필요에 따라 공평하게 주신다는 것이다. 므라리 자손은 널판이라든가 기둥이라든가 받침과 같은 무거운 목재들을 운반해야 했기 때문에 수레를 많이 주셨다. 우리도 사역을 하다보면 은사를 사모할 때가 있다. 때로 병 고침이 필요한 상황이 있고 능력을 행해야 할 상황도 있다. 우리가 인도나 아프리카와 같은 곳을 가면 말씀을 전하고 난 후에 환자들이 기도해 달라고 열을 지어 나온다. 정말 불쌍한 환자들도 있다. 그럴 때 우리는 기도해서 하나님의 능력으로 치료해 줄 수 있다면 얼마나 좋을까 하고 생각한다. 그런데 어쨌든 나는 기도해서 사람을 벌떡 벌떡 일어나게 하는 일은 하지 못했다. 나는 때로 나에게도 이러한 은사가 있다면 하나님의 말씀이 더 효과적으로 증거될 텐데 하고 생각해 보지만 내게는 그런 역사를 주시지 않았다.

그런데 우리가 만일 주님께 '왜 우리에게는 그런 은사들을 주시지 않습니까?' 하고 기도한다면 주님은 아마도 '너희는 므라리가 아니지 않느냐? 너희는 게르손이 아니지 않느냐? 너희는 고핫이다' 라고 말씀하실지 모른다. 고핫 자손은 더 섬세한 봉사를 하도록 주님에 의해 안배되었다. 고핫 자손은 모든 것들을 다 어깨에 메어야 한다. 언약궤와 같은 지성물들을 다 어깨에 메지 않으면 안 된다. 그렇기 때문에 그들은 수레를 가질 필요가 없다.

우리가 알듯이 웃사는 반드시 어깨에 메어야 할 언약궤를 소가 모는 수레에 싣고 또 그 언약궤가 넘어지려고 할 때 손으로 잡다가 죽었다. 그래서 다윗은 그곳을 '베레스 웃사' 라 칭하고 아주 분하게 여겼다. 그리고 언약궤를 그의 곳에 가지고 오기를 기뻐하지 않았다. 그 후로 다윗은 깨달음을 갖고 언약궤는 반드시 레위인의 어깨로 메어 운반해야 한다는 것을 알았다. 여기서 우리는 이 고핫 자손의 귀한 직임에 대해서 진지하게 생각해 볼 필요가 있다.

소 열두 마리가 있고 수레 여섯 개가 있는데 고핫 자손은 아무것도 받지 못했다. 그들은 다만 성소의 중요한 기구들을 어깨로 메어 운반해야 했다. 그것은 그들이 사실상 성막에서 가장 귀한 부분을 맡은 사람들이었기 때문이다. 하나님께서는 한 사람에게 모든 은사를 다 주시지 않는다. 어떤 사람에게는 능력 행하는 은사를 주시고 어떤 사람에게는 병 고치는 은사를 주시며 어떤 사람에게는 지혜의 말씀과 지식의 말씀을 주시고 또 어떤 사람에게는 믿음의 은사를 주신다. 그렇기 때문에 믿는 이들은 다른 사람의 은사를 시기하지 말고 주님이 자기에게 주신 것을 감사하고 그 은사를 발휘하면 된다. 어쩌면 하나님은 여러분에게 다른 사람이 갖지 못한 중요한 어떤 은사를 주셨을 것이다. 그것을 사용하면 된다. 고핫 자손은 이미 중요한 것을 가지고 있다. 가장 귀한 봉사의 한 부분을 그들은 이미 부여 받았다. 그것을 수행하면 되는 것이다.

9절을 다시 읽어 보자. "고핫 자손에게는 주지 아니하였으니 그들의 성소의 직임은 그 어깨로 메는 일을 하는 까닭이었더라". 결국 필요 없으면 주시지 않는다는 뜻이다. 오늘 주님이 우리에게 이미 그분의 귀한 생명에 대한 인식과 십자가의 깊은 체험들과 진리에 대한 깊은 이해를 주셨다면 어떤 외적인 은사가 없더라도 우리는 하나님을 위해서 해야 할 일이 있는 사람들이다. 참으로 중요한 어떤 부분들을 감당해야 할 사람들이다.

또 한 가지 우리가 여기서 배울 수 있는 것은 하나님께서는 사람들의 헌신과 드림이 있을 때 비로소 그것을 가지고 움직이고 역사하신다는 것이다. 우리는 이러한 원칙을 보아야 한다. 성막이 완성되었을 때 한 일이 두 가지가 있는데, 첫째는 성막과 그 모든 기구들에 기름을 발라 거룩하게 하여 하나님께 드린 것이고, 둘째는 이 성막이 이동할 때 필요한 예물을 드린 것이다. 소와 수레는 다 성막의 이동에 관계된 것들이다. 이것을 통해 우리는 주님의 교회가 건축될 때 첫째는 성령으로 거룩하게 분별되어 하나님께 드려져야 하고 그 다음에는 이 교회가 움직일 길을 찾아야 한다는 것을 알 수 있다.

이와 같이 교회는 정적(靜的)이 되지 말고 동적(動的)이 되어야 한다. 왜냐하면 하나님은 역사하시는 하나님이시기 때문이다. 그런데 교회의 그러한 움직임과 역사에 있어서 밑받침이 되는 것은 바로 성도들의 헌신이다. 성도들이 주님과 교회를 위해서 드린 예물들이 결국은 주님의 역사에 도움이 되는 물품들로 변했다. 하나님께서는 그 드려진 것들을 레위인에게 주어 그것들로 성막을 운반하는 데에 사용하라고 지시하셨다. 이를 통해 우리는 우리가 하나님께 드리는 헌신이 얼마나 중요한가를 알게 된다. 오늘날 왜 하나님의 움직임이 부족한가? 왜 하나님의 역사가 적은가? 그것은 한 가지, 곧 성도들이 주님을 위해서 드리는 헌신이 부족하기 때문이다. 주님으로 하여금 움직이시게 하려면 반드시 성도들의 드림이 필요하다.

과거 어떤 형제들은 복음 전파에 대해 복음이 많이 전해지지 않는 이유가 헌신이 부족한 데 있다고 지적했다. 그들은 복음은 병에 들어 있는 생수와 같은데 병 마개가 막고 있어서 나오기 어렵다고 비유했다. 그 막힌 병 마개를 따는 것이 물질을 드리는 것이다. 우리의 복음 진리를 말로만 전하려 하니 전해지지 않는 것이다. 먼저 복음을 위해 우리의 물질과 우리의 소유를 드릴 때 주님이 전할 길을 열어 주시리라고 믿는다.

또 여기서 우리는 또 한 가지 흥미로운 것을 보게 된다. 하나님께서 모세에게 성막을 건축하는 식양을 보여 주실 때에는 실오라기 하나를 만드는 일에서도 하늘에서 보인 대로 하라고 하셨지만, 여기서 수레에 대해서는 어떻게 만들라고 하는 말씀이 없다. 이로써 우리가 볼 수 있는 것은 하나님의 거처, 하나님의 중심 뜻에 관계된 모든 것은 그분의 말씀과 그분의 기준과 그분의 식양대로 해야 하지만 그것을 움직이는 것에 관한 한 사람들의 드림에 맡겼으며 또 어떻게 말하면 사람들의 지혜에 맡기신 듯하다. 그래서 주님은 신약에서 제자들을 보내시면서 "너희는 비둘기처럼 순결하고 뱀같이 지혜로우라"고 하셨다. 주님의 역사에 관계된 사람들은 어떻게 해야 주님의 역사가 빨리 진행될 수 있는지를 연구해야 한다. 그것은 지혜에 관계된 것이다. 착하기만 하고 지혜가 없으면 하나님께서는 그러한 사람들과 함께 나아가실 수 없다.

사도 바울이 디모데에게 할례를 행한 것은 이에 비할 수 있다. 그가 전하는 복음 진리에 의하면 할례는 아무것도 아니요, 사람이 구원받기 위해서는 다만 믿음이 필요한 것이지 할례가 필요 없다. 그러나 반쪽 유대인인 디모데를 데리고 전도 여행에 나서려면 그가 할례를 받아 유대인들의 마음을 열게 할 필요가 있었다. 그가 만일 디모데에게 할례를 실행하지 않고 그를 데리고 나선다면 디모데의 어떠함이 바울의 여행에 도움은커녕 어려움과 장애 요인으로 작용했을 것이다. 그때 바울은 그의 지혜로 그들의 복음을 위해 가는 길에 수레를 만들어 전진한 것이다.

여기서 족장들이 어떻게 수레를 만들었는지 모르지만 그들은 반드시 이 일을 깊이 생각했을 것이다. '이제 성막이 지어졌다. 거룩하게 기름을 발라서 이것을 하나님께 드리자. 그리고 이 성막은 이동해야 할 텐데, 고핫 자손은 성소의 기구들을 메겠지만 나머지 많은 물건들—널판, 기둥, 휘장들—을 운반하기 위해서는 수레가 필요하다.' 그러한 주님의 움직임을 위한 연구와 지혜가 모아져서 두 지파의 족장들이 하나의 수레를 만들어 드리고 또 그것을 끌기 위해서는 소가 필요하니까 한 지파에 소를 하나씩 드리자고 논의했을 것이다. 이러한 상호 논의가 있었기에 그러한 예물이 나오는 것이지 아무 생각 없이 이런 예물이 나오는 것이 아니다. 이렇게 해서 하나님의 거처인 성막을 운반할 수 있는 것들이 예비된 것이다. 그것에 관한 한 하나님께서는 그들의 지혜와 헌신에 맡기신 듯하다.

오늘 우리에게는 하나님의 집에 대한 이상도 있고 복음도 있고 진리도 있고 많은 것이 있다. 그런데 이러한 것들이 주님의 역사로 화하려면 우리의 헌신과 지혜가 더해져야 한다. 그렇지 않으면 움직일 수 없다. 어떤 신실한 주님의 종은 이렇게 말했다. '우리가 오늘날 주님의 움직임을 위해 더 빠른 수레로 준비해 드렸더라면 하나님은 반드시 그러한 수레를 사용하셨을 것이다.' 오늘 우리는 주님의 움직이심에 관한 한 지혜를 사용해야 하고 또 움직임을 위하여 더욱 헌신을 해야 한다. 이렇게 헌신과 지혜가 없이는 주님의 역사가 진행할 수 없다.

10-11절, 단에 기름을 바르던 날에 족장들이 단의 봉헌을 위하여 예물을 가져다가 그 예물을 단 앞에 드리니라 11 여호와께서 모세에게 이르시기를 족장들은 하루 한 사람씩 단의 봉헌 예물을 드릴지니라 하셨더라

이 단은 제단이다. 특별히 이 제단을 봉헌하는 것에 대해서는 의미 있게 다루었다. 하나님의 집의 가장 중심 되는 항목은 바로 제단인데 그것은 주님의 십자가 곧 그리스도께서 자신을 하나님께 드리신 곳을 의미하기 때문이다. 또한 우리가 하나님의 집에 올 때마다 가장 먼저 마주치는 곳이요 또 중심 삼아야 할 곳도 제단이다. 그래서 하나님의 자녀들은 모일 때마다 하나님의 제단 앞에 모이기를 배워야 한다. 그러므로 모든 성막의 기구에 기름을 바른다고 말한 다음 이 구절에서는 특히 단에 기름을 바른다고 말한 것이다. 왜냐하면 성막의 모든 기구가 다 중하지만 우리에게 있어서 기본적으로 중요시 해야 할 자리가 바로 제단이기 때문이다. 제단을 거치지 않고는 지성소 안에 들어갈 수 없다.

이제 12절부터는 단의 봉헌을 위한 예물을 드리는 광경들을 기록했다. 이 봉헌이라는 말을 신약에서 수전절(요 10:22)이라고도 하는데, 유대인들은 그것을 '하누카'라고 했다. 이는 다 봉헌을 의미한다.

12-13절, 제 일일에 예물을 드린 자는 유다 지파 암미나답의 아들 나손이라 13 그 예물은 성소의 세겔대로 일백삼십 세겔중 은반 하나와 칠십 세겔중 은바리 하나라 이 두 그릇에는 소제물로 기름 섞은 고운 가루를 채웠고

"이 두 그릇에는 소제물로 기름 섞은 고운 가루를 채웠고". 이제 제단 봉헌을 위해서 첫째로 예물을 드린 자는 유다 지파의 나손이다. 그러므로 이것은 군대 편성 후에 일어난 일이다. 여기서 나손에 대해서는 족장이라는 말을 붙이지 않고 그냥 나손이라고 했다. 그러나 18절에서 잇사갈 지파에 대해서는 족장이라는 말을 썼다. 그리고 그 뒤로는 다 족장이라는 말을 붙였다. 왜 나손에 대해서는 족장이란 호칭을 쓰지 않았는지는 알지 못하지만 맨 먼저 거명되기 때문에 너무 교만해질까봐 족장이란 호칭을 빼지 않았나 생각한다. 가장 먼저 헌신하는 자의 영광을 얻었기 때문이다. 이 땅에서 주님 외에는 높아질 사람이 없고 높일 이름이 없다. 어쨌든 믿는이는 겸손한 것이 좋고 낮추는 것이 안전하다.

첫 번째로 드린 것은 일백 삼십 세겔중 은반 하나와 칠십 세겔중 은바리 하나이다. 은반은 은으로 된 접시이고 은바리는 은으로 된 그릇, 좀 우묵한 공기 같은 것이다. 이 두 그릇에 소제물로서 기름 섞은 고운 가루를 채웠다. 소제를 드리기 위한 그릇은 다 은으로 되어 있었고 거기에 기름 섞은 고운 가루를 채웠다. 고운 가루는 그리스도의 인성을, 기름은 그리스도의 신성을 의미한다. 그렇기 때문에 우리가 제단 앞에 나와서 드리는 예물은 다른 것이 아니라 주님의 신성과 인성, 곧 그분의 성령으로 충만케 된 것을 드리는 것이다.

14절, 또 십 세겔중 금 숟가락 하나라 그것에는 향을 채웠고

여기서 '금 숟가락'은 영어로 'gold pan', 즉 납작한 남비 같은 것이다. 이 십 세겔중 금 숟가락에는 향을 채웠다. 이것은 부활하시고 승천하신 그리스도의 향기를 드리는 것을 의미한다. 그러므로 예물은 결국 그리스도 자신이다. 인성 안에 계신 주님, 부활 안에 계신 주님, 그러한 분을 예물로 드리는 것이다.

15-17절, 또 번제물로 수송아지 하나와 수양 하나와 일 년 된 어린 수양
하나이며 16 속죄 제물로 수염소 하나이며 17 화목 제물로 소 둘과 수양
다섯과 수염소 다섯과 일 년 된 어린 수양 다섯이라 이는 암미나답의 아들
나손의 예물이었더라

또한 번제물을 드려야 한다. 수송아지 하나와 수양 하나와 일 년 된 어린 수양 하나이다 그리고 속죄 제물로는 수염소 하나이며 화목 제물로는 소 둘과 수양 다섯과 수염소 다섯과 일 년 된 어린 수양 다섯이다. 즉 소제가 있고 향을 드리는 것이 있고 번제, 속죄제, 화목제가 있다. 그런데 화목제의 예물이 가장 풍성하다. 크고 많다. 이로써 우리는 하나님께 드리는 예물 가운데서 결론적인 것이 화목제 예물임을 볼 수 있다. 번제와 속죄제를 드린 결과 하나님의 백성 가운데 큰 누림으로 다가오는 것이 화목제이다. 그래서 화목제는 이렇게 풍성한 것이다.

이 모든 것이 사실 그리스도를 예표한다. 번제는 오로지 하나님의 뜻과 영광을 위해서 자신을 십자가에서 드리신 그리스도를 예표하며, 속죄제는 우리 죄인의 죄를 속하기 위해서 십자가에서 피를 흘리신 그리스도를 예표하며, 화목제는 우리가 하나님과 원수 됨으로 중간에 막혀 있는 담을 허시고 화목케 하신 그리스도를 예표한다. 우리가 제단에 드려야 할 모든 것은 다 그리스도를 예표한다.

18-83절, 제 이일에는 잇사갈의 족장 수알의 아들 느다넬이 드렸으니
19 그 드린 예물도 성소의 세겔대로 일백삼십 세겔중 은반 하나와 칠십 세
겔중 은바리 하나라 이 두 그릇에는 소제물로 기름 섞은 고운 가루를 채웠
고 20 또 십 세겔중 금숟가락 하나라 그것에는 향을 채웠고 21 또 번제물
로 수송아지 하나와 수양 하나와 일 년 된 어린 수양 하나이며 22 속죄 제
물로 수염소 하나이며 23 화목 제물로 소 둘과 수양 다섯과 수염소 다섯
과 일 년 된 어린 수양 다섯이라 이는 수알의 아들 느다넬의 예물이었더라

24 제 삼일에는 스불론 자손의 족장 헬론의 아들 엘리압이 드렸으니 25
그 예물도 성소의 세겔대로 일백삼십 세겔중 은반 하나와 칠십 세겔중 은
바리 하나라 이 두 그릇에는 소제물로 기름 섞은 고운 가루를 채웠고 26
또 십 세겔중 금숟가락 하나라 이것에는 향을 채웠고 27 또 번제물로 수
송아지 하나와 수양 하나와 일 년 된 어린 수양 하나이며 28 속죄 제물로
수염소 하나이며 29 화목 제물로 소 둘과 수양 다섯과 수염소 다섯과 일
년 된 어린 수양 다섯이라 이는 헬론의 아들 엘리압의 예물이었더라 30
제 사일에는 르우벤 자손의 족장 스데울의 아들 엘리술이 드렸으니 31 그
예물도 성소의 세겔대로 일백삼십 세겔중 은반 하나와 칠십 세겔중 은바
리 하나라 이 두 그릇에는 소제물로 기름 섞은 고운 가루를 채웠고 32 또
십 세겔중 금숟가락 하나라 이것에는 향을 채웠고 33 또 번제물로 수송아
지 하나와 수양 하나와 일 년 된 어린 수양 하나이며 34 속죄 제물로 수염
소 하나이며 35 화목 제물로 소 둘과 수양 다섯과 수염소 다섯과 일 년 된
어린 수양 다섯이라 이는 스데울의 아들 엘리술의 예물이었더라 36 제 오
일에는 시므온 자손의 족장 수리삿대의 아들 슬루미엘이 드렸으니 37 그
예물도 성소의 세겔대로 일백삼십 세겔중 은반 하나와 칠십 세겔중 은바
리 하나라 이 두 그릇에는 소제물로 기름 섞은 고운 가루를 채웠고 38 또
십 세겔중 금숟가락 하나라 이것에는 향을 채웠고 39 또 번제물로 수송아
지 하나와 수양 하나와 일 년 된 어린 수양 하나이며 40 속죄 제물로 수염
소 하나이며 41 화목 제물로 소 둘과 수양 다섯과 수염소 다섯과 일 년 된
어린 수양 다섯이라 이는 수리삿대의 아들 슬루미엘의 예물이었더라 42
제 육일에는 갓 자손의 족장 드우엘의 아들 엘리아삽이 드렸으니 43 그
예물도 성소의 세겔대로 일백삼십 세겔중 은반 하나와 칠십 세겔중 은바
리 하나라 이 두 그릇에는 소제물로 기름 섞은 고운 가루를 채웠고 44 또
십 세겔중 금숟가락 하나라 이것에는 향을 채웠고 45 또 번제물로 수송아
지 하나와 수양 하나와 일 년 된 어린 수양 하나이며 46 속죄 제물로 수염
소 하나이며 47 화목 제물로 소 둘과 수양 다섯과 수염소 다섯과 일 년 된

어린 수양 다섯이라 이는 드우엘의 아들 엘리아삽의 예물이었더라 48 제
칠일에는 에브라임 자손의 족장 암미훗의 아들 엘리사마가 드렸으니 49
그 예물도 성소의 세겔대로 일백삼십 세겔중 은반 하나와 칠십 세겔중 은
바리 하나라 이 두 그릇에는 소제물로 기름 섞은 고운 가루를 채웠고 50
또 십 세겔중 금숟가락 하나라 이것에는 향을 채웠고 51 또 번제물로 수송
아지 하나와 수양 하나와 일 년 된 어린 수양 하나이며 52 속죄 제물로 수
염소 하나이며 53 화목 제물로 소 둘과 수양 다섯과 수염소 다섯과 일 년
된 어린 수양 다섯이라 이는 암미훗의 아들 엘리사마의 예물이었더라 54
제 팔일에는 므낫세 자손의 족장 브다술의 아들 가말리엘이 드렸으니 55
그 예물도 성소의 세겔대로 일백삼십 세겔중 은반 하나와 칠십 세겔중 은
바리 하나라 이 두 그릇에는 소제물로 기름 섞은 고운 가루를 채웠고 56
또 십 세겔중 금숟가락 하나라 이것에는 향을 채웠고 57 또 번제물로 수
송아지 하나와 수양 하나와 일년 된 어린 수양 하나이며 58 속죄 제물로
수염소 하나이며 59 화목 제물로 소 둘과 수양 다섯과 수염소 다섯과 일
년 된 어린 수양 다섯이라 이는 브다술의 아들 가말리엘의 예물이었더라
60 제 구일에는 베냐민 자손의 족장 기드오니의 아들 아비단이 드렸으니
61 그 예물도 성소의 세겔대로 일백삼십 세겔중 은반 하나와 칠십 세겔중
은바리 하나라 이 두 그릇에는 소제물로 기름 섞은 고운 가루를 채웠고
62 또 십 세겔중 금숟가락 하나라 이것에는 향을 채웠고 63 또 번제물로
수송아지 하나와 수양 하나와 일 년 된 어린 수양 하나이며 64 속죄 제물
로 수염소 하나이며 65 화목 제물로 소 둘과 수양 다섯과 수염소 다섯과
일 년 된 어린 수양 다섯이라 이는 기드오니의 아들 아비단의 예물이었더
라 66 제 십일에는 단 자손의 족장 암미삿대의 아들 아히에셀이 드렸으니
67 그 예물도 성소의 세겔대로 일백삼십 세겔중 은반 하나와 칠십 세겔중
은바리 하나라 이 두 그릇에는 소제물로 기름 섞은 고운 가루를 채웠고
68 또 십 세겔중 금숟가락 하나라 이것에는 향을 채웠고 69 또 번제물로
수송아지 하나와 수양 하나와 일 년 된 어린 수양 하나이며 70 속죄 제물

**로 수염소 하나이며 71 화목 제물로 소 둘과 수양 다섯과 수염소 다섯과
일 년 된 어린 수양 다섯이라 이는 암미삿대의 아들 아히에셀의 예물이었
더라 72 제 십일일에는 아셀 자손의 족장 오그란의 아들 바기엘이 드렸으
니 73 그 예물도 성소의 세겔대로 일백삼십 세겔중 은반 하나와 칠십 세
겔중 은바리 하나라 이 두 그릇에는 소제물로 기름 섞은 고운 가루를 채웠
고 74 또 십 세겔중 금숟가락 하나라 이것에는 향을 채웠고 75 또 번제물
로 수송아지 하나와 수양 하나와 일 년 된 어린 수양 하나이며 76 속죄 제
물로 수염소 하나이며 77 화목 제물로 소 둘과 수양 다섯과 수염소 다섯
과 일 년 된 어린 수양 다섯이라 이는 오그란의 아들 바기엘의 예물이었더
라 78 제 십이일에는 납달리 자손의 족장 에난의 아들 아히라가 드렸으니
79 그 예물도 성소의 세겔대로 일백삼십 세겔중 은반 하나와 칠십 세겔중
은바리 하나라 이 두 그릇에는 소제물로 기름 섞은 고운 가루를 채웠고
80 또 십 세겔중 금숟가락 하나라 이것에는 향을 채웠고 81 또 번제물로
수송아지 하나와 수양 하나와 일 년 된 어린 수양 하나이며 82 속죄 제물
로 수염소 하나이며 83 화목 제물로 소 둘과 수양 다섯과 수염소 다섯과
일 년 된 어린 수양 다섯이라 이는 에난의 아들 아히라의 예물이었더라**

십이 일까지 드리는 내용이 다 똑같다. 내가 처음에 민수기 7장을 읽을 때에는 처음부터 끝까지 다 읽었는데 그 다음 두 번, 세 번 읽을 때에는 앞의 한두 구절만 읽고 넘어갔다. 다 똑같기 때문이다. 우리는 그렇게 똑같은 말을 반복해서 읽으면 지루하다. 그런데 하나님은 지루하시지 않은 것 같다. 그것이 하나님의 마음과 우리 마음의 차이이다. 오늘은 내가 이 점을 알려 드리고 싶다. 우리는 한두 지파의 이야기만 읽고 나머지는 다 똑같으니까 굳이 되풀이되는 말을 읽을 필요가 없다고 생각한다. 하지만 우리 하나님은 성경에 기록하지 않아도 되는 내용을 기록하는 그런 분이 아니다. 오히려 천지를 창조하시는 이야기는 간단하다. "태초에 하나님이 천지를 창조하시니라 땅이 혼돈하고 공허하며

흑암이 깊음 위에 있고 하나님의 신은 수면에 운행하시니라 하나님이 가라사대 빛이 있으라 하시매 빛이 있었고 그 빛이 하나님의 보시기에 좋았더라"(창 1장). 하나님은 이렇게 천지가 왔다갔다 하는 중대한 일을 짧게 쓰시는 분이다. 그런데 이 부분에 와서는 각 지파의 족장의 이름과 드린 예물을 한 항목도 빠뜨리지 않고 열두 번을 반복해서 다 기록하셨다.

여러분은 하나님의 마음을 이해할 수 있겠는가? 때로 나는 형제자매들이 간증할 때 한 시간이고 두 시간이고 세 시간이고 앉아서 들을 때가 있다. 대부분의 성도들은 듣다가 거의 비슷한 말이 되풀이되기 때문에 지루하게 느낀 나머지 나가버린다. 내가 가장 열심히 듣는 것 같다. 우리가 간증 집회를 할 때 처음 오신 분들은 한두 번 참석하고 나서 다시는 오지 않으려고 한다. 왜냐면 똑같은 말을 하고 또 하는 것처럼 들리기 때문이다. 그러나 나는 반복적인 듯하더라도 그러한 말을 듣기를 좋아한다. 지루하지 않다. 아마도 우리 하나님 아버지께서 그의 택한 백성들의 헌신에 대하여 한 지파 한 지파 드릴 때마다 기뻐하시며 감상하시며 아버지 하나님과 아들 하나님과 성령 하나님 간에 만족한 대화를 나누실 것이라고 생각해본다.

우리는 여기서 하나님의 백성들의 헌신에 대하여 몇 가지를 더 생각해 보겠다. 첫째, 하나님께서는 그분의 백성들이 하나님께 드리는 한 가지 한 가지를 하나도 소홀히 여기지 않으시고 다 귀히 여기신다는 것이다. 우리는 그것을 기억해야 한다. 히브리서 6장을 보겠다. "하나님이 불의치 아니하사 너희 행위와 그의 이름을 위하여 나타낸 사랑으로 이미 성도를 섬긴 것과 이제도 섬기는 것을 잊어버리지 아니하시느니라"(10절). 하나님께서 잊어버리지 않으시는 것이 있다. 그것은 곧 '너희의 행위와 그의 이름을 위하여 나타낸 사랑으로 성도를 섬긴 것'이다. 하나님은 우리가 하나님을 위해서 행한 것들을 결코 잊어버리지 않으신다.

오늘날 하나님의 자녀들 가운데 가장 문제가 되는 것이 바로 이러한 헌신이다. 믿는이라면 실제로 하나님의 일과 하나님의 백성을 섬기는 행위가 있어야 한다. 이것이 가장 큰 문제라고 생각된다. 하나님께서 민수기 7장에서 열두 족장들이 드린 예물들을 한 가지 항목도 빠뜨리지 않고 열두 번 반복하여 열거하신 것은 우리가 하나님께 드리는 헌신과 섬긴 행위들 한 가지 한 가지를 그분은 절대로 잊어버리지 않으신다는 것을 말해 준다.

사무엘 하 23장은 다윗의 역사의 마지막 장이다. 다윗의 역사가 마무리될 때 다윗의 용사들의 업적이 기록되었다. 다윗의 왕국을 위하여 다윗과 함께 수고한 장군들의 업적을 기록한 것이다. 하나님께서는 그분의 종 다윗과 함께한 용사들의 공로와 행위를 결코 소홀히 하지 않으셨다.

"다윗의 용사들의 이름이 이러하니라 다그몬 사람 요셉밧세벳이라고도 하고 에센 사람 아디노라고도 하는 자는 군장의 두목이라 저가 한때에 팔백 인을 쳐죽였더라 그 다음은 아호아 사람 도대의 아들 엘르아살이니 다윗과 함께한 세 용사 중에 하나이라 블레셋 사람이 싸우려고 모이매 이스라엘 사람들이 물러간지라 세 용사가 싸움을 돋우고 저가 나가서 손이 피곤하여 칼에 붙기까지 블레셋 사람을 치니라 그날에 여호와께서 크게 이기게 하셨으므로 백성들은 돌아와서 저의 뒤를 따라가며 노략할 뿐이었더라 그 다음은 하랄 사람 아게의 아들 삼마라…"(8-11절). 이 세 사람—요셉밧세벳, 엘르아살, 삼마—이 대적들을 많이 쳐죽였다. 이들이 다윗의 군사 중 가장 용감한 자들이었다.

그 뒤에 다윗이 베들레헴 성채에 있을 때에 몹시 목이 말라 "베들레헴 성문 곁 우물 물을 누가 나로 마시게 할꼬" 하자 다른 세 용사가 블레셋 사람의 군대를 충돌하고 지나가서 베들레헴 성문 곁 우물물을 길어 가지고 다윗에게 온 장면이 있다. 이때 다윗은 그 물을 마시기를 기뻐하지 아니하고 여호와께 부어드리며 이렇게 말했다. "여호와여 내가 결단코 이런 일을 하지 아니 하리이다 이는 생명을 돌아보지 아니 하고 갔던 사람들의 피니이다"(17절). 그리고 이 구절 끝에 "세 용사가 이런 일을 행하였더라"는 말이 있다.

18-19절, "또 스루야의 아들 요압의 아우 아비새니 저는 그 삼 인의 두목이라 저가 창을 들어 삼백 인을 죽이고 그 삼 인 중에 이름을 얻었으니 저는 삼 인 중에 가장 존귀한 자가 아니냐 저가 저희의 두목이 되었으나 그러나 첫 삼 인에게는 미치지 못하였더라". 앞에서 말한 아디노와 엘르아살과 삼마가 가장 많은 대적을 죽인고로 가장 존귀하고, 베들레헴 성채 곁 우물에서 물을 길어온 세 사람이 그 다음 용감한데, 그 두목이 아비새이다. 그들도 굉장히 용감하기는 하지만 첫 삼 인에는 미치지 못했다고 했다.

22절에는 또 여호야다의 아들 브나야가 있는데 이 사람도 애굽 사람을 쳐 죽이고 공로를 세웠다. 그런데 성경에서는 그가 삼십 인보다 존귀하나 첫 삼 인에는 미치지 못했다고 했다. 이어서 삼십 인의 이름이 열거되었고 다 귀하지만 하나님께서는 그들 중 누가 더욱 헌신하고 충성했는지를 기억하신다. 조금 미치지 못한 사람도 기억하시고 그도 귀히 여기신다. 여기서 우리는 이러한 광경을 보면서 이왕 드리려면 첫 삼 인에 들어야겠다는 마음이 든다. 그러기 위해서는 어떻게 해야 하는가? 충성을 다해서 죽기까지 싸우고 대적을 물리쳐야 한다. 하나님께서는 그것을 기억하신다. 그래서 믿는이들이 얻는 상급이 각각 다른 것이다. 모두 충성을 했지만 더욱더 충성을 드린 사람이 있다. 하나님께서는 그러한 사람을 그대로 기억하신다.

로마서 16장을 보겠다. "내가 겐그레아 교회의 일꾼으로 있는 우리 자매 뵈뵈를 너희에게 천거하노니 너희가 주 안에서 성도들의 합당한 예절로 그를 영접하고 무엇이든지 그에게 소용되는 바를 도와줄지니 이는 그가 여러 사람과 나의 보호자가 되었음이니라"(1-2절). 뵈뵈라는 자매는 여러 사람과 사도 바울의 보호자가 되었다고 했다. 사도를 물심양면으로 보살핀 그러한 자매였다. 그것이 성경에 기록되었다. 3

절에서는 브리스가와 아굴라를 말하면서 "저희는 내 목숨을 위하여 자기의 목이라도 내어 놓았나니"(4절)라고 했다. 그렇기 때문에 사도 바울은 자기뿐 아니라 이방인의 모든 교회가 저희에게 감사한다고 했다.

또 6절에서는 "너희를 위하여 많이 수고한 마리아에게 문안하라"고 했다. 그냥 수고했다고 하지 않고 많이 수고했다고 했다. 지나치게 수고했다는 것이다. 12절, "주 안에서 수고한 드루배나와 드루보사에게 문안하라 주 안에서 많이 수고하고 사랑하는 버시에게 문안하라". 여기서 드루배나와 드루보사에 대해서는 그냥 수고했다고 말하고 버시에 대해서는 많이 수고했다고 말했다. '많이'라는 단어를 덧붙였다. 이 한 마디가 굉장히 큰 것이다. 만일 버시도 일반적으로 수고했다면 '주 안에서 수고한 드루배나와 드루보사와 버시에게 문안하라'고 했을 것이다. 그런데 사도의 기억에 두 사람은 그냥 수고했고 버시는 '많이' 수고했다. 그래서 이렇게 별도로 기록한 것이다. 이처럼 성경에는 각 사람이 행한 그대로 기록되었다.

사랑하는 성도 여러분, 하나님을 위하여 수고하고 헌신할 날이 지금 말고 또 다른 날이 있을 것 같은가? 그렇지 않다. 오늘이 바로 여러분이 자신을 드릴 때이다. 그러한 여러분의 행위는 생명책에 그대로 기록될 것이다. 민수기 7장에 기록된 열두 지파의 족장들은 그러한 예물들을 드리면서 그것이 2000년, 3000년이 지나도록 성도들의 입으로 읽혀질 것이라고 생각했겠는가? 아마 그들은 다만 드렸을 것이다. 그러나 그들의 헌신은 모세에 의해 기록되었고 구약의 성도들뿐 아니라 오늘날 신약의 성도들에게 이르기까지 계속 읽혀지고 있다.

로마서 16장에 기록된 뵈뵈, 브리스가, 아굴라, 드루배나, 드루보사, 버시, 마리아 등은 당시에 다만 교회생활을 하고 있었다. 그리고 사도 바울은 그들의 상태에 따라서 문안하는 편지를 썼다. 그것이 2000년이 지나도록 로마서를 읽는 모든 이에게 '많이 수고하고 사랑하는 버시, 내 목숨을 위해 자기의 목이라도 내어놓은 브리스가와 아굴라'로 읽혀지고 있는 것이다. 성령으로 기록된 하나님의 말씀은 또한 하늘에도 그대로 기록되었을 것이다.

그렇다면 오늘 여러분에게 어떠한 행위가 있고 어떠한 드림이 있을 때 그것은 그대로 하늘에 기록될 것이다. 만약 어떤 사람이 하나님을 섬기는 일에서 자꾸 빠지고 미루고 한다면, 즉 기회를 잃어버리는 삶을 산다면 그러한 성도들은 또 그렇게 기록될 것이다. 또 다른 날이 있다고 믿지 말라. 지금 여러분의 어떠함이 바로 하늘에 그대로 기록된다. 사도 바울의 영에 기록된 성도들의 모습과 하늘 생명책에 기록된 그들의 모습은 일치되었다.

디모데 후서 4장을 읽어보자. "데마는 이 세상을 사랑하여 나를 버리고 데살로니가로 갔고 그레스게는 갈라디아로, 디도는 달마디아로 갔고"(10절). 데마라고 하는 사람은 세상으로 갔다. 데마가 당시에 세상으로 가면서 자신의 이름이 성경 한 구절에 끼어서 이천 년 내내 그리스도인들에 읽혀질 것이라고는 생각지 못했을 것이라고 여겨진다. "그레스게는 갈라디아로, 디도는 달마디아로 갔고 누가만 나와 함께 있느니라 네가 올 때에 마가를 데리고 오라 저가 나의 일에 유익하니라"(10-11절). 마가는 이때에 참 좋게 기록되었다. 14-15절, "구리 장색 알렉산더가 내게 해를 많이 보였으매 주께서 그 행한 대로 저에게 갚으시리니 너도 저를 주의하라 저가 우리 말을 대적하였느니라". 대적한 사람은 대적한 그대로 씌어졌다.

다시 말하지만 이 말씀이 성령으로 기록된 것이고 하나님의 말씀으로 인정되었다면 하늘에도 그대로 기록된다. 오늘 영적이고 경건한 성도들 영 안에 하나님의 성령의 역사를 대적하는 일을 하고 있다고 여겨지는 사람들은 그날 분명히 하늘 생명책에도 그렇게 기록된 것을 발견할 것이다. 16절, "내가 처음 변명할 때에 나와 함께한 자가 하나도 없고 다 나를 버렸으나 저희에게 허물을 돌리지 않기를 원하노라". 사도를 버린 자들은 또 버린 자들로 기록되었다. 이와 같이 오늘 이 땅에서 믿는이들이 어떻게 행하는가에 따라서 그대로 하늘에 기록된다는 것을 기억해야 한다. 그러므로 오늘 하루하루가 엄숙한 나날들이라는 것을 알아야 한다. 우리는 함부로 행할 수 없다. 우리의 모든 행함과 일들이 하나님 눈에 어떻게 비추일지! 이것은 너무나 엄중한 일이다.

84절, 이는 곧 단에 기름 바르던 날에 이스라엘 족장들이 드린 바 단의 봉헌 예물이라 은반이 열둘이요 은바리가 열둘이요 금숟가락이 열둘이니

이렇게 하나님께 드리는 예물은 모두 귀한 것이어야 한다. 금과 은이 아니면 안 된다. 또 교회의 지체들은 다 금그릇, 은그릇이어야 한다. 여기에 나무 그릇이나 질그릇이 없다. 나무 그릇과 질그릇은 인간의 육체, 인간의 혈기, 천연적인 생명을 나타내는데, 그러한 것들은 결코 하나님께 드려질 수 없다. 결국 금과 은은 하나님의 속성을 상징한다. 하나님께서는 그분께 속한 것만 받으신다. 그러므로 우리에게는 참으로 십자가가 필요하다. 십자가로 우리 육체에 속한 것, 천연적인 것들을 모두 제해야 한다. 오직 금과 은에 속한 것만 하나님께 드려야 한다.

85-88절, 은반은 각각 일백삼십 세겔중이요 은바리는 각각 칠십 세겔중이라 성소의 세겔대로 모든 기명의 은이 도합이 이천사백 세겔이요 86 또 향을 채운 금숟가락이 열둘이니 성소의 세겔대로 각각 십 세겔중이라 그 숟가락의 금이 도합이 일백이십 세겔이요 87 또 번제물로 수송아지가 열둘이요 수양이 열둘이요 일 년 된 어린 수양이 열둘이요 그 소제물이며 속죄 제물로 수염소가 열둘이며 88 화목 제물로 수소가 이십사요 수양이 육십이요 수염소가 육십이요 일 년 된 어린 수양이 육십이라 이는 단에 기름 바른 후에 드린바 단의 봉헌 예물이었더라

하나님께서는 이 모든 것을 하나도 빼놓지 않고 드린 대로 다 숫자를 헤아려서 받으셨다.

89절, 모세가 회막에 들어가서 여호와께 말씀하려 할 때에 증거궤 위 속죄소 위의 두 그룹 사이에서 자기에게 말씀하시는 목소리를 들었으니 여호와께서 그에게 말씀하심이었더라

여호와께서는 그 예물을 다 열납하셨다는 표시로 모세에게 말씀하고 계신다. 속죄소 위의 두 그룹 사이는 시은좌로서 피가 뿌려지는 곳이다. 이것은 그리스도를 예표한다. 그곳에서만 하나님과 사람이 만날 수 있는데, 바로 거기서 여호와께서 모세에게 말씀하신 것이다. 그 모든 예물이 드려짐으로 하나님은 만족하셨고 바로 그때에 그분은 사람에게 나타나 말씀하셨다.

여기서 우리는 교회의 그림을 볼 수 있다. 교회란 무엇인가? 모든 기구들이 기름이 발라져 거룩하게 구별되는 곳이며 제단이 있고 많은 제물들이 드려지는 곳이다. 헌신과 수고와 아름다운 행위가 무한하게 드려져야 하는 곳이 교회이다. 그것이 제단의 봉헌이다. 뿐만 아니라 그렇게 드려진 결과로 지성소 안에서 하나님께서 사람에게 말씀하시는 곳이다. 우리가 교회로 모일 때마다 우리는 반드시 예물을 드려야 하고 반드시 속죄제를 드려야 한다. 우리는 죄인이므로 예수님의 보혈이 필요한 자들이기 때문에 속죄제를 드려야 한다. 그리고 화목제를 드려야 한다. 이렇게 모든 예물을 드릴 때에 지성소에 계신 여호와 하나님은 그분 자신을 열어서 그분의 뜻을 말씀하신다. 이것이 바로 민수기 7장에 있는 교회의 모형이다.

그리고 마지막으로 한 가지를 더 말한다면 수레와 소이다. 이것을 잊지 말아야 한다. 하나님의 집이 다 건축되었다 하더라도 여기에는 움직임이 필요하고 역사가 필요하다. 이 역사를 위해서는 족장들의 헌신이 있어야 했다. 여기에는 사람의 지혜와 헌신이 필요했다. 하나님의 거처는 이것에 의해서 움직일 수 있었던 것이다. 좀 더 빠르게 움직일 수 있기 위해서는 더 큰 헌신과 지혜가 필요할 것이다. 우리 가운데 민수기 7장의 말씀과 같은 교회생활이 회복되기를 원한다.

민수기 8장

아론과 레위인의 직무

민수기 7장에는 이스라엘 열두 지파의 족장들이 예물 드리는 것이 자세하게 기록되어 있다. 열두 지파의 각 족장들이 예물을 드릴 때마다 그 모든 항목들을 빼놓지 않고 다 기록하였다. 이제 8장의 내용은 레위인들의 헌신과 성별과 봉사이다. 그런데 7장의 말씀과 레위인들의 위임식에 관한 말씀 사이에 짧은 부분이 삽입되어 있는데, 그것이 바로 등대에 관한 것이다.

우리는 출애굽기 25장에서 하나님이 모세에게 성막을 지으라고 하시면서 성막에 관계된 많은 항목들을 한 가지 한 가지 상세하게 말씀하시는 것을 본다. 거기에 등대를 만드는 방식이 나오는데 이 부분에 와서 하나님께서는 다시 한 번 모세에게 등대에 관한 말씀을 하고 계신다.

1-4절, 여호와께서 또 모세에게 일러 가라사대 2 아론에게 고하여 이르라 등을 켤 때에는 일곱 등잔을 등대 앞으로 비취게 할지니라 하시매 3 아론이 그리하여 등불을 등대 앞으로 비취도록 켰으니 여호와께서 모세에게 명하심과 같았더라 4 이 등대의 제도는 이러하니 곧 금을 쳐서 만든 것

인데 밀판에서 그 꽃까지 쳐서 만든 것이라 모세가 여호와께서 자기에게 보이신 식양을 따라 이 등대를 만들었더라

우리는 등대에 등잔이 일곱 개가 있다는 것을 알고 있다. 그런데 하나님께서는 이 일곱 등잔이 등대 앞으로 비취게 하라고 하셨다. 이 일을 아론이 책임지고 하라는 것이다. 성소에서 등대의 불을 켜는 것을 대제사장에게 맡기시는 것으로 보아 성소의 봉사 중에서 등불 켜는 것이 매우 중요한 부분임을 알 수 있다.

7장에서는 족장들이 십이 일에 걸쳐 매일 한 사람씩 예물을 드렸다. 그런 다음 이제 8장에는 레위인들의 헌신에 관한 말씀이 있다. 그런데 그 사이에 등대의 불을 비취게 하는 문제가 삽입되어 있다. 7장에서 예물을 드리는 것도 좋은 것이고 8장에서 레위인들이 주님께 거룩하게 분별되고 헌신하는 것도 매우 중요한 것이지만, 그 사이에 결코 없어서는 안 될 것이 있는데 바로 등대의 불을 비취게 하는 것이다.

우리가 이것을 이 시대에 적용해 볼 때, 교회 안에서 성도들이 예물을 드리는 족장이 될 수 있고 또 제사장으로서 헌신하여 회막에서 봉사하는 자들이 될 수 있지만 그들 모두에게 없어서는 안 될 것은 곧 빛을 비추는 것이다. 만일 예물을 드리거나 회막에서 레위인들이 섬기는데 빛이 없고 캄캄하다면 문제가 있는 것이다. 그런데 하나님께서 그 빛을 비취게 하는 봉사는 대제사장 아론으로 하여금 하라고 명하셨다. 그러므로 교회 봉사에 있어서 성도들을 빛으로 이끄는 봉사처럼 고귀한 것은 없다. 그것은 곧 어둠 속에 있는 성도들에게 빛을 비추는 봉사인 것이다. 예물을 드리게도 할 수 있고 회막에서 많은 봉사를 하게 할 수도 있다. 그러나 모든 성도들이 빛 가운데서 그 일을 할 수 있도록 모든 상황을 빛으로 화하게 하는 그 일이야말로 가장 중요한 일인 것이다. 그러므로 우리는 이러한 봉사를 할 수 있기를 간절히 소망해야 한다. 우리가 있는 곳에서 성도들은 우리로 말미암아 어둠에서 빛으로 돌이킬 수 있어야 한다. 구약의 방식으로 말하면 성막 안의 모든 항목들이 다 등대의 빛 아래 있어야 한다.

등대에 관해서 잠시 살펴보자. 이 등대는 정금 한 달란트를 쳐서 만든 것이다. 그리고 그것은 밑판에서부터 다 연결되어 있다. 그 등대를 만드는 방식은 하늘에서 보이신 식양에 따른 것이다. 그런데 신약 계시록 1장에서 "일곱 교회는 일곱 촛대니라"고 했다. 이 계시록에서 말하고 있는 촛대가 바로 구약에서 말하는 등대(lampstand)이다. 구약에서는 성전 안의 성소에 유일한 한 촛대가 있었다. 그런데 신약에 올 때 계시록에는 한 교회에 하나의 촛대, 하나의 등대가 있다. 당시 아시아에는 에베소, 서머나, 버가모, 두아디라, 사데, 빌라델비아, 라오디게아의 일곱 교회가 있었는데, 하나님 존전에는 일곱 등대가 있었다. 그래서 우리는 이 등대가 구약에서는 이스라엘을 대표하고 신약에서는 교회를 대표하는 것임을 알 수 있다.

그런데 하나님께서는 왜 이스라엘을 선택하시고 신약에서는 교회를 택하셨는가? 그것은 그들이 이 세상에서 하나님의 빛이 되기를 원하셨기 때문이다. 마태복음 5장을 보겠다. "너희는 세상의 빛이라 산 위에 있는 동네가 숨기우지 못할 것이요 사람이 등불을 켜서 말 아래 두지 아니하고 등경 위에 두나니 이러므로 집안 모든 사람에게 비취느니라 이같이 너희 빛을 사람 앞에 비취게 하여 저희로 너희 착한 행실을 보고 하늘에 계신 너희 아버지께 영광을 돌리게 하라"(14-16절). 이렇게 주님은 그분의 믿는이들이 세상에서 빛이 되기를 원하셨다. "너희 빛을 사람 앞에 비춰내라"고 하셨다. 구약의 어법에 따르면 우리가 하나님 앞에서 등대가 되는 것이다. 이 등대의 모형은 스가랴서에 나와 있는데 거기에 있는 등대는 금으로 된 관(管)이 있어서 감람나무로부터 기름이 그 등대에 흘러들어온다(슥 4:12). 그래서 등대의 불이 계속 켜져 있으려면 기름이 있어야 한다. 이 기름은 성령이다. 결국 교회가 빛을 발하려면 성령이 충만해야 한다.

이 성령에 관해서 스가랴서는 한 돌에 일곱 눈이 있다고 하였다(3:9). 결국 그 돌은 어린 양을 말한다. 그러므로 성령님과 하나님의 아들 예수 그리스도는 나눌 수 없다. 어린 양의 일곱 눈이 성령이시고 어린 양과 그 눈을 나눌 수 없듯이 어린 양과 성령은 하나이시다. 구분한다면 성령님과 아들 예수님이 각각 다른 인격이시지만 내내 또 한 분이시다. 그러므로 빛을 내기 위해서 교회는 주 예수님과 완전히 하나되어야 한다. 주 예수님과 분리되어서는 결코 빛을 낼 수 없다. 빛을 발하는 교회가 되는 것은 주님과의 관계에 달려 있다. 주님만을 사랑하는 교회는 결코 빛이 꺼지지 않는다.

에베소 교회는 처음 사랑을 잃었기 때문에 그 촛대가 옮겨질 위험에 처했다. 주님과의 관계에 뭔가 문제가 생겼다. 이것은 매우 중요한 것이다. 여기서 우리가 한 가지 짚고 넘어가야 할 것은 등대가 비추는 빛, 다시 말하면 하나님께서 교회로 하여금 비추게 하시는 빛은 바로 그리스도라는 것이다. 주님은 "내가 곧 세상의 빛"이라고 하셨다. 주님 자신이 빛이시다. 교회가 비추는 빛은 주님 자신이시다. 우리는 주님 외에 다른 빛을 비추지 않는다.

아론이 금등대를 관리하여 빛을 비춰게 하는 것은 바로 하나님의 종들의 섬김으로 교회가 그리스도의 영광을 나타내는 것이다. 아론이든 모세든 사도 바울이든 모든 하나님의 종들은 예수 그리스도를 비춰 내는 일을 위해 이 땅에 존재한다. 그리스도를 나타내지 않고 높이지 않는 것은 빛이 아니다. 그것은 잘못된 것이다. 우리는 여기서 분명하게 이상을 보아야 한다. 모든 하나님의 종들의 사명은 무엇이며 교회의 사명은 무엇인가? 바로 하나님의 아들 예수 그리스도를 비춰 내는 것이다. 다시 말하지만 예수 그리스도를 나타내지 않는 것은 빛이 아니다. 교회가 비춰 내는 것은 교회 자체의 빛이 아니요 하나님의 종이 비춰 내는 것은 하나님의 종 자신의 빛이 아니다. 그 빛은 그리스도 자신이다. 이것에 대해서 분명하지 않으면 교회가 흑암에 떨어진다.

성경 몇 군데를 읽어 보겠다. 사도행전 16장이다. "우리가 기도하는 곳에 가다가 점하는 귀신 들린 여종 하나를 만나니 점으로 그 주인들을 크게 이하게 하는 자라 바울과 우리를 좇아와서 소리질러 가로되 이 사람들은 지극히 높은 하나님의 종으로 구원의 길을 너희에게 전하는 자라 하며 이같이 여러 날을 하는지라 바울이 심히 괴로워하여 돌이켜 그 귀신에게 이르되 예수 그리스도의 이름으로 내가 네게 명하노니 그에게서 나오라 하니 귀신이 즉시 나오니라"(16-18절). 바울과 실라가 마게도냐 첫 성인 빌립보에 갔을 때 기도처에 가다가 점하는 귀신 들린 여종을 만났다. 그런데 이 귀신 들린 여자가 좇아와 소리지르며 "이 사람들은 지극히 높은 하나님의 종으로 구원의 길을 너희에게 전하는 자라"고 말했다. 이렇게 여러 날을 하자 바울이 심히 괴로워하면서 돌이켜 그 귀신에게 말하기를, "예수 그리스도의 이름으로 내가 네게 명하노니 그에게서 나오라" 하니 즉시 귀신이 나왔다.

이 말씀을 읽을 때에 여러분은 이 귀신 들린 여자의 말에서 잘못된 것이 무엇이라고 하겠는가? 그 말은 옳은 말이 아닌가? 여러분은 이 성경 구절을 읽을 때에 귀신 들린 여자의 말에 틀린 것이 없는데 왜 바울이 듣고 심히 괴로워했을까 하고 궁금해한 적이 없는가? 다만 말하는 어조가 귀신 들린 어조이기 때문에, 아니면 그 눈이 귀신 들린 눈이기 때문에 바울이 괴로워했겠는가? 바울은 분명 지극히 높으신 하나님의 종이고 구원의 길을 사람들에게 전하는 사람이다. 이 귀신 들린 여자의 말을 언뜻 들으면 그 말이 바울과 실라의 사역을 도와주는 말처럼 들린다. '아, 귀신 들린 사람까지도 바울과 실라가 거룩하고 높으신 하나님의 종인 것을 아는구나!' 할 수 있다. 그리고 바울과 실라의 사역을 사람들에게 천거해 주고 있다고 생각할 수 있다. 그런데 그 말에 무엇이 문제가 되어 바울이 여러 날 이 말을 듣자 괴로워했겠는가? 많은 사람들이 이 구절을 읽을 때에 바울의 심정을 알지 못한다. 그러나 이러한 것을 잘 알지 못할 때에 어둠에 빠진다.

그러면 귀신의 말은 무엇인가? 바로 사람을 높이는 말이다. 오늘날 사람을 높이는 정신이 많은 그리스도인들 속에 은연중에 배어 있다. 그것이 귀신에 속한 성분인 줄을 모르는 것이다. 겉으로 볼 때에는 틀린 말이 하나도 없는 것 같다. 그러나 '지극히 높은' 하나님의 종으로 구원의 길을 너희에게 전하는 자라고 한 것은 결국 바울과 실라가 대단히 높은 사람이라는 것이다. 이것은 어쨌든 귀신 들린 여자가 바울과 실라를 대단한 사람으로 사람들에게 말해 주고 있는 것이다. 이 말은 듣기에 나쁜 것 같지 않다. 오늘 어떤 사람들이 나에게 와서 이런 유의 말을 한다면 나를 사랑하는 여러분은 '아멘! 아멘!' 하지 않겠는가? 이것은 분별의 느낌이 그렇게 예민하지 않은 것이다. 하나님의 종들 속에는 예수 그리스도 한 분을 높이고자 하는 영으로 가득하다. 그렇기 때문에 이런 말을 들을 때 즉시 느낌이 있다. 바울이 극도로 괴롭고 싫었던 것은 바로 이러한 이유에서였을 것이다.

정당한 하나님의 종들은 유일한 상전이신 주님을 높일 때 가장 기쁘다. 어떤 사역이든지 사람을 주목하게 하는 사역은 틀린 것이다. 주님을 향하게 하는 것이 아니라 사역을 향하도록 사람들의 마음을 끄는 것은 틀린 것이다. C.H. 맥킨토시 형제는 이에 대하여 강하게 말한 적이 있다. 어떤 사역이든지 사람을 사역에 접착시키는 사역은 거짓된 사역이라고 말했다. 우리의 모든 사역은 예수 그리스도 한 분께 집중되어야 한다. 오늘날 우리가 아무리 이렇게 말해도 사람들은 듣지 않고 깨닫지 않으려 하는 것 같다. 그리고 돌아서서 다시 사람을 높인다. 사람은 사람을 높이기를 좋아한다. 영웅주의 정신이 있다. 그것은 예수 그리스도 한 분을 높이고 그분의 빛을 세상에 비춰내는 데에 가장 적대적인 것이다. 그래서 사도 바울은 심히 괴로워서 그 귀신에게 "예수 그리스도의 이름으로 내가 네게 명하노니 그에게서 나오라" 했고 귀신은 즉시 그 여자에게서 나왔다.

사도행전 3장을 보자. "나은 사람이 베드로와 요한을 붙잡으니 모든 백성이 크게 놀라며 달려 나아가 솔로몬의 행각이라 칭하는 행각에 모이거늘 베드로가 이것을 보고 백성에게 말하되 이스라엘 사람들아 이 일을 왜 기이히 여기느냐 우리 개인의 권능과 경건으로 이 사람을 걷게 한 것처럼 왜 우리를 주목하느냐"(11-12절). 이것은 오순절 사건 이후 베드로와 요한이 성전에 올라갈 때에 미문에 앉아 구걸하던 나면서부터 앉은뱅이 된 사람을 일으킨 사건을 기록한 것이다. 베드로가 그 앉은뱅이를 보고 "은과 금은 내게 없거니와 내게 있는 것으로 네게 주노니 곧 나사렛 예수 그리스도의 이름으로 걸으라" 하자 그 앉은뱅이가 즉시 고침받고 발과 발목에 힘을 얻어 그들과 함께 성전으로 들어가면서 걷기도 하고 뛰기도 하며 하나님을 찬미하였다.

그러자 사람들이 많이 모여들었다. 백성들은 그 앉은뱅이가 걷는 것과 하나님을 찬미함을 보고 솔로몬의 행각이라는 행각에 모여 베드로와 요한을 주목했다. '야, 대단한 사람들이야. 앉은뱅이를 일어나게 했단다.' 그럴 때 베드로가 이것을 보고 백성에게 이렇게 말했다. "이스라엘 사람들아 이 일을 왜 기이히 여기느냐 우리 개인의 권능과 경건으로 이 사람을 걷게 한 것처럼 왜 우리를 주목하느냐". 진정한 하나님의 종들은 능력을 행하고 병을 고치고 말씀을 전한 후에 주목하는 자들에게 반드시 이런 말을 할 줄 알아야 한다. "왜 우리를 주목하느냐?" 내가 아니요 그리스도라고 말할 수 있는 사람, 이런 사람들을 통해서 하나님은 이 땅에 그분의 영광을 나타내신다.

한 군데 더 보겠다. 마태복음 17장이다. "말할 때에 홀연히 빛난 구름이 저희를 덮으며 구름 속에서 소리가 나서 가로되 이는 내 사랑하는 아들이요 내 기뻐하는 자니 너희는 저의 말을 들으라 하는지라"(5절). 이것은 변화산에서 베드로, 요한, 야고보가 변형되신 예수 그리스도를 보았을 때 일어난 일이다. 그때에 주 예수님과 모세와 엘리야가 나타났다. 그것을 본 베드로는 제정신이 아니었다. 그래서 정신없는 말을 하기 시작했다. "주여, 우리가 여기 있는 것이 좋사오니 주께서 만일 원하시면 내가 여기서 초막 셋을 짓되 하나는 주를 위하여, 하나는 모세를 위하여, 하나는 엘리야를 위하여 하리이다". 그러자 "홀연히 빛난 구름이 저희를 덮으며 구름 속에서 소리가 나서 가로되 이는 내 사랑하는 아들이요 내 기뻐하는 자니 너희는 저의 말을 들으라 하는지라". 베드로는 예수님과 동일 선상에 모세와 엘리야를 놓았다. 하나는 주를 위하여, 하나는 모세를 위하여, 하나는 엘리야를 위하여 초막 셋을 짓고자 한 베드로에게 하나님께서는 너희는 '저의 말' 곧 예수님의 말씀을 들으라고 하셨다.

오늘날 얼마나 많은 그리스도인들이 하나님께 이러한 제안을 하고 있는지 모른다. "하나님, 예수님만으로는 안 됩니다. 모세도 있다면 나쁠 게 없지 않습니까? 엘리야도 있다면 나쁠 게 없지 않습니까? 그들도 다 하나님의 말씀을 전해 주지 않았습니까?" 하나님의 백성들 가운데 많은 분열이 바로 이것으로 말미암는다. 오늘날 하나님의 백성 가운데 분쟁과 종파적인 다툼과 증오심이 여기에서 비롯된다. 바로 사람을 자랑하고 사람을 높이는 것이다. 오늘날 사람들은 이렇게 분명한 하나님의 말씀을 혼잡스럽게 만들어 놓았다.

하나님의 자녀들 사이에서 예수님 한 분만 높여지고 나머지는 다 감춰어진다면 그곳은 얼마나 아름답고 빛이 충만한 곳이 되겠는가! 나는 그러한 곳이 바로 주님의 왕국이라고 생각한다. 왜 사람을 높이는가? 왜 사람을 붙잡는가? 그들은 다 하나님께서 사용하시는 종들에 불과하다. 이 땅에는 어떤 사람도 높여질 사람이 없다. 다 죄인이다. 사도 바울은 '나는 죄인 중에 괴수'라고 했다. 우리는 다 진토 위에서 티끌을 쓰고 회개하고 통회하며 엎드러져야 할 죄인들이다. 누구를 높이겠는가? 누구를 자랑할 수 있겠는가? 그가 만일 지혜가 있고 능력이 있다면 하나님의 긍휼이다. 그가 말씀을 잘 증거할 수 있다면 그것도 하나님의 긍휼이다. 그것은 결코 우리 하나님의 종들의 것이 아니다. 사람에게 속한 것이 아니다. 오직 그 은사를 주신 주님이 귀하시다. 오늘날 많은 하나님의 자녀들이 어두움에 빠져 있고 육체에 떨어져 있다. 그래서 사람을 자랑하고 사람을 높이므로 끝없는 분열 가운데 있는 것이다.

하나님의 말씀은 구약에서 신약까지 다 이렇게 동일한 것을 말하고 있다. 시편 2편에서 다윗은 "그 아들에게 입맞추라"(12절)고 했다. 교회가 하락하는 요인은 결국 그 안에서 그리스도의 지위가 낮아지기 때문이다. 토저 박사(A.W. Tozer)는 오늘날 교회 가운데서 그리스도의 권위가 기울어져가고 있다고 말했다. 또 시편 기자는 "주의 우편에 있는 자(아들 그리스도를 가리킴) 곧 주를 위하여 힘 있게 하신 인자의 위에 주의 손을 얹으소서 그러하면 우리가 주에게서 물러가지 아니하오리니 우리를 소생케 하소서"(시 80:17-18)라고 고백했다. 이 모든 말씀들은 교회 안에서 그리스도의 지위가 높아질 때 교회가 소생케 될 수 있음을 지적하는 말씀들이다.

부흥의 비결은 다른 데 있지 않다. 그 무리 가운데서 그리스도 한 분이 존귀케 되고 높여지는 것이다. 어떻게 아론이 등대의 빛을 비취게 할 수 있는가? 어떻게 일곱 등불이 빛을 발하게 할 수 있는가? 그것은 오직 하나님의 백성들 가운데서 예수 그리스도를 높임으로써이다. 왕이신 그리스도가 그분의 백성 가운데 지위를 가지실 때 빛이 있게 되는 것이다(마 4:16).

5-6절, 여호와께서 모세에게 일러 가라사대 6 이스라엘 자손 중에서 레위인을 취하여 정결케 하라

레위는 이스라엘 열두 지파 중 한 지파이다. 그들은 하나님을 섬길 수 있는 특권을 부여받은 영예로운 지파이다. 원래 모든 이스라엘 백성이 하나님을 섬길 수 있도록 선택되었지만 그들이 시내 산 아래서 금송아지를 섬김으로 인해 하나님께서는 그들에게서 그 특권을 박탈하시고 오직 한 지파에게만 그 특권을 부여하셨는데, 그 지파가 바로 레위 지파이다. 그들은 백성 가운데 그 우상숭배의 사건이 있을 때 여호와의 편에 섰다. 그리고 말씀에 따라 동족을 칼로 죽임으로 하나님을 기쁘시게 했다. 그러므로 하나님께서는 모세에게 이스라엘 자손 중에서 레위인을 취하여 정결케 하라고 하셨다.

7절, 너는 이같이 하여 그들을 정결케 하되 곧 속죄의 물로 그들에게 뿌리고 그들로 그 전신을 삭도로 밀게 하고 그 의복을 빨게 하여 몸을 정결케 하고

이것은 레위기 14장 8절과 9절에 있는 문둥병자를 정결케 하는 규례와 똑같다. 이는 비단 문둥병 환자만 부정한 것이 아니고 하나님을 섬기려고 하는 레위인들, 하나님의 종들도 막상 하나님을 섬기려고 보니 다 문둥병 환자와 같이 부정하다는 것이다. 다 더럽다는 것이다. 그래서 그들에게도 문둥병 환자처럼 속죄의 물이 필요하고 그 전신을 삭도로 미는 것이 필요하다. 즉 천연적인 것들을 다 제거해야 하는 것이다. 그리고 그 의복을 빨고 몸을 정결케 하라고 했다. 전체적으로 말해서 우리 온 존재가 깨끗케 되어야 하는 것이다.

여기서 우리는 하나님을 섬기기 위해서 필요한 것들이 무엇인지를 본다. 첫째는 빛 가운데 있어야 한다. 밝은 등불이 필요하다. 둘째는 섬기려고 하는 사람은(이것은 섬기려고 하는 사람에게는 첫 번째 일이다) 깨끗케 되어야 한다. 모든 더러운 것을 씻어 내야 하는 것이다. 그래서 속죄 제물이 필요하다. 히브리서 9장 14절을 보겠다. "하물며 영원하신 성령으로 말미암아 흠 없는 자기를 하나님께 드린 그리스도의 피가 어찌 너희 양심으로 죽은 행실에서 깨끗하게 하고 살아 계신 하나님을 섬기게 못하겠느뇨". 섬기기 위해서는 우리의 양심이 예수 그리스도의 피로 깨끗하게 씻겨져야 한다. 깨끗하게 씻겨지지 않은 양심은 하나님을 섬길 수 없다.

다시 말하지만 우리 그리스도인이 하나님을 섬기려면 먼저 양심이 깨끗케 되어야 한다. 이 말은 아무리 강조해도 지나치지 않다. "사랑하는 자들아…육과 영의 온갖 더러운 것에서 자신을 깨끗케 하자"(고후 7:1). 또한 사도 바울은 자신이 범사에 양심을 따라 하나님을 섬겼노라고 했다(행 23:1). 이와 같이 하나님을 섬기는 것은 깨끗한 양심과 관계가 있다.

8절, 또 그들로 수송아지 하나를 번제물로, 기름 섞은 고운 가루를 그 소제물로 취하게 하고 그 외에 너는 또 수송아지 하나를 속죄물로 취하고

그 다음에 레위인들, 즉 하나님을 섬기는 사람들은 제물을 드려야 한다. 이들이 드려야 할 세 가지 제물이 있는데, 첫째는 번제요 둘째는 소제요 셋째는 속죄제이다. 우리 자신을 온전히 하나님께 불태워 드리는 그것이 바로 번제이다. 하나님께 자신을 온전히 드리려고 하는 사람이 아니면 하나님을 섬기는 사람이 아니다. 자신을 하나님께 완전히 불태워 드리고자 하는 마음이 없으면 레위인이 아니다. 다음으로 소제는 고운 인성을 말한다. 섬기는 자들은 고운 가루와 같은 고운 인성을 지녀야 한다. 사실은 다 주님을 가리키는 말이다. 주님이 참된 번제물이셨고 참된 소제물이셨다. 그리고 속죄제를 드려야 하는데, 이것은 자기의 죄를 자복하지 않은 사람, 회개하지 않은 사람, 씻음받지 않은 사람은 하나님을 섬길 수 없다는 것이다. 자기의 죄를 인정하지 않는 사람은 하나님을 섬길 수 없다. 하나님을 섬기는 사람은 적어도 이 세 가지 제물을 드려야 한다.

번제로는 수송아지를 드리는데, 이는 가장 큰 제물이다. 섬기는 자에게 있어서 헌신만큼은 부족해서는 안 된다는 것이다. 가장 큰 제물로 번제를 드리는 것이다. 그리고 기름 섞은 고운 가루, 즉 성령이 더해진 고운 인성이 소제물이 된다. 그 다음 속죄 제물로는 수송아지 하나를 또 드려야 한다. 더 큰 자백과 회개와 헌신이 있어야 하는 것이다.

9-10절, 레위인을 회막 앞에 나오게 하고 이스라엘 자손의 온 회중을 모으고 10 레위인을 여호와 앞에 나오게 하고 이스라엘 자손으로 그들에게 안수케 한 후에

레위인을 '회막 앞'에 나오게 하라고 하셨다. 결국 하나님을 섬기는 자들의 섬김의 대상은 교회이다. '회막 앞'에 나오는 것은 곧 하나님 앞에 나오는 것이다. 여호와 앞에 나와서 섬기려고 하는 사람은 반드시 그분의 백성을 섬기게 되어 있다. 그런데 여기서 이스라엘 자손으로 먼저 레위인에게 안수케 하라고 하셨다.

11-13절, 아론이 이스라엘 자손을 위하여 레위인을 요제로 여호와 앞에 드릴지니 이는 그들로 여호와를 봉사케 하기 위함이라 12 레위인으로 수송아지들의 머리를 안수케 하고 너는 그 하나는 속죄 제물로 하나는 번제물로 여호와께 드려 레위인을 속죄하고 13 레위인을 아론과 그 아들들 앞에 세워 여호와께 요제로 드릴지니라

여기서 레위인들이 회막 앞에 나와서 회막을 봉사하는데 그들을 '요제'(搖祭)로 드리라고 하셨다. 요제는 흔들어 드리는 것이다. 흔들어 드리는 것은 그리스도의 부활을 의미한다. 지축을 흔들면서 무덤에서 일어나신 주님, 그분이 바로 요제이시다. 그러므로 레위인들은 회막에서 여호와를 섬길 때에 요제로, 즉 부활 안에서 섬겨야 한다. 천연적인 것들이 십자가의 죽음을 거쳐 부활 안에서 하나님께 드려져야 하는 것이다.

14-15절, 너는 이같이 이스라엘 자손 중에서 레위인을 구별하라 그리하

면 그들이 내게 속할 것이라 15 네가 그들을 정결케 하여 요제로 드린 후에 그들이 회막에 들어가서 봉사할 것이니라

여기에 '구별'이라는 말이 있고 '내게 속하여'라는 말이 있다. '구별'은 영어로 'separate'이며, 사실 거룩케 하는 것은 곧 구별하는 것이다. 히브리어로 구별한다는 말은 상당히 강한 말이다. 하나님을 섬기는 사람들은 반드시 속된 것에서, 세상에서, 일반적인 것에서 따로 분별되어야 한다. 분별되지 않으면 하나님께 속할 수 없다. 고린도 후서 6장 17절과 18절을 보겠다. "그러므로 주께서 말씀하시기를 너희는 저희 중에서 나와서 따로 있고 부정한 것을 만지지 말라 내가 너희를 영접하여 너희에게 아버지가 되고 너희는 내게 자녀가 되리라 전능하신 주의 말씀이니라 하셨느니라".

부정한 것에서 나와서 따로 있을 때, 즉 분별될 때 주님이 우리를 영접하여 우리의 아버지가 되시고 우리는 그분의 자녀들이 되어 그분의 지극한 보살핌을 얻게 된다. 하나님 아닌 것에서 따로 분별되지 않으면 주님은 우리를 그분의 것이라고 하지 않으신다. 그래서 여기의 '구별'이라는 말과 '그분께 속한다'는 말은 매우 중요하다. 레위인은 반드시 구별되어 정결케 되고 요제로 드려져야 하며, 그럴 때 하나님은 그들을 그분께 속한 자들로 인정하신다. 그리고 그 후에야 회막에 들어가서 섬기라고 하신다.

16-19절, 그들은 이스라엘 자손 중에서 내게 온전히 드린바 된 자라 이스라엘 자손 중 일절 초태생 곧 모든 처음 난 자의 대신으로 내가 그들을 취하였나니 17 이스라엘 자손 중에 처음 난 것은 사람이든지 짐승이든지 다 내게 속하였음은 내가 애굽 땅에서 그 모든 처음 난 자를 치던 날에 내가 그들을 내게 구별하였음이라 18 이러므로 내가 이스라엘 자손 중 모든 처음 난 자의 대신으로 레위인을 취하였느니라 19 내가 이스라엘 자손 중

에서 레위인을 취하여 그들을 아론과 그 아들들에게 선물로 주어서 그들로 회막에서 이스라엘 자손을 대신하여 봉사하게 하며 또 이스라엘 자손을 위하여 속죄하게 하였나니 이는 이스라엘 자손이 성소에 가까이 할 때에 그들 중에 재앙이 없게 하려 하였음이니라

하나님께서 애굽에서 처음 난 것을 다 멸하실 때 이스라엘의 처음 난 것은 구속하셨다. 그런데 이스라엘의 처음 난 자 대신에 레위인을 취하셨기 때문에 레위인은 하나님의 것이라고 하신다. 하나님께서는 이렇게 그들을 취해서 아론과 그 아들들에게 선물로 주셨다. 일단 완전히 구별해서 하나님께 드리면 그분은 다시 또 선물로 주신다. 만일 여러분 가운데 하나님께서 주신 은사 있는 사람들이 있다면 그들은 반드시 하나님께 구별하여 드려졌던 사람들이다. 그런데 그 드리는 일은 이스라엘 자손이 그들에게 안수함으로(10절) 함께 수행된다. 그리고 하나님께서는 그들을 받으신 다음 다시 선물로 주신다.

에베소서 4장 8-11절, “그러므로 이르기를 그가 위로 올라가실 때에 사로잡힌 자를 사로잡고 사람들에게 선물을 주셨다 하였도다 올라가셨다 하였은즉 땅 아랫곳으로 내리셨던 것이 아니면 무엇이냐 내리셨던 그가 곧 모든 하늘 위에 오르신 자니 이는 만물을 충만케 하려 하심이니라 그가 혹은 사도로, 혹은 선지자로, 혹은 복음 전하는 자로, 혹은 목사와 교사로 주셨으니”. 이 말씀에서 볼 때 하나님께서는 은사들을 교회에게 선물로 주셨다. 그것은 하나님의 자녀들을 위하여 속죄하게 하여 하나님을 가까이할 때에 재앙이 없게 하려는 것이다(민 8:19). 다시 말해서 하나님의 자녀들이 혹 죄를 범했을 때 죄를 처리하고 사함받아 하나님을 가까이할 수 있도록 도우려는 것이다.

20-22절, 모세와 아론과 이스라엘 자손의 온 회중이 여호와께서 레위인에게 대하여 모세에게 명하신 것을 다 좇아 레위인에게 행하였으되 곧

이스라엘 자손이 그와 같이 그들에게 행하였더라 21 레위인이 이에 죄에서 스스로 깨끗케 하고 그 옷을 빨매 아론이 그들을 여호와 앞에 요제로 드리고 그가 또 그들을 위하여 속죄하여 정결케 한 22 후에 레위인이 회막에 들어가서 아론과 그 아들들의 앞에서 봉사하니라 여호와께서 레위인의 일에 대하여 모세에게 명하신 것을 좇아 그와 같이 그들에게 행하였더라

죄에 대한 것은 반드시 깨끗하게 처리해야 한다. 여러분이 만일 하나님을 섬기고 싶다면 반드시 죄를 처리해야 한다.

23-24절, 여호와께서 또 모세에게 일러 가라사대 24 레위인은 이같이 할지니 곧 이십오 세 이상으로는 회막에 들어와서 봉사하여 일할 것이요

이 말씀은 민수기 4장 3절과 다르다. 거기서는 30세부터 50세까지 회막의 일을 하게 되어 있다. 그런데 여기서는 25세부터이다. 25세부터 30세까지는 견습 기간이다. 5년 동안은 배워야 한다. 디모데 전서 3장에 집사에 대하여 먼저 시험해 보라는 말이 있는데 그것은 집사를 세우기 전에 먼저 견습을 통해 시험해 볼 수 있음을 의미한다. 주님의 교회를 섬기는 것은 중대한 것이므로 일정 기간의 견습을 통한 배움이 요구된다.

25-26절, 오십 세부터는 그 일을 쉬어 봉사하지 아니할 것이나 26 그 형제와 함께 회막에서 모시는 직무를 지킬 것이요 일하지 아니할 것이라 너는 레위인의 직무에 대하여 이같이 할지니라

하나님을 섬기는 일은 강할 때에 하는 것이다. "오십 세부터는 그 일을 쉬어 봉사하지 아니할 것이나 그 형제와 함께 회막에서 모시는 직무를 지킬 것이요". '회막에서 모시는 직무' 에 대해 흠정역에는 '형제들과 함께' (with their brethren)로 되어 있으며 NIV에는 '형제들을 조력하여' (assist their brethren)로 되어 있다. 히브리어 원어에서는 '시중드는 것' 을 뜻한다.

이렇게 50세가 지나서 힘이 약해진 사람들은 자기가 직접 하지 않고 다른 형제가 봉사할 때 시중드는 것도 매우 중요한 일이다. 사람은 사실상 육신의 연령의 제한을 받는다. 그런데 하나님께서 정하신 연령의 제한을 받지 않고 계속해서 앞장서서 섬길 때 하나님의 백성 가운데에 문제가 생긴다. 한 걸음 물러나서 강건한 주님의 종들이 섬길 수 있도록 시중드는 것을 배워야 한다. 이러한 것이 레위인의 섬기는 예법이다.

하나님의 말씀은 한 구절도 버려서는 안 된다. 나는 오늘날 교회가 구약의 말씀을 소홀히 하는 것을 본다. 그러나 구약의 말씀, 특히 모세오경의 말씀은 매우 중요하다. 반드시 공부하여 그 안에 있는 하나님의 뜻을 알아야 한다. 그럴 때에 하나님의 교회가 어렵지 않게 된다.

"하나님 아버지, 감사합니다. 오늘 우리는 당신의 말씀을 대했습니다. 참으로 우리에게는 빛을 발하는 등대의 불이 필요합니다. 일곱 등불이 언제나 앞으로 비취게 도와주시고 빛이 없이는 아무것도 하지 않게 하소서. 주님, 또한 우리는 레위인으로서 하나님을 섬기는 직분을 다하기 원합니다. 그리고 제물을 드리며 모든 것에서 분별되기 원합니다. 오, 주님! 우리를 분별하여 하나님만을 섬기는 영광을 얻게 하소서. 우리의 일생을 온전히 구별하여 영광의 주님을 섬기기 원합니다. 주님, 이 작은 무리를 축복하시어 섬기는 자들이 더 많이 일어나게 하소서. 그리하여 하나님의 자녀들이 재앙을 만나지 않도록 속죄하는 일, 섬기는 일을 잘 가르칠 수 있게 하소서. 주 예수님의 이름으로 기도합니다. 아멘."

민수기 9장

유월절의 규례와 불과 구름의 인도

1절, 애굽 땅에서 나온 다음 해 정월에 여호와께서 시내 광야에서 모세에게 일러 가라사대

민수기 9장의 말씀은 민수기 1장보다 시점이 한 달 먼저이다. 민수기 1장 1절에서는 "이스라엘 자손이 애굽 땅에서 나온 후 제 이년 이월 일일에 여호와께서 시내 광야 회막에서 모세에게 일러 가라사대"라고 했는데, 9장에서는 "애굽 땅에서 나온 다음 해 정월에"라고 했다. 민수기 1장에서는 이스라엘 백성을 가족과 종족을 따라 계수하였는데, 이 9장의 일은 그보다 먼저 있었던 일이다. 이때는 아마 회막이 지어진 다음이고 인수를 계수하기 전일 것이다.

출애굽기 40장 2절에서는 "너는 정월 초일일에 성막 곧 회막을 세우고"라고 하셨다. 이것을 볼 때 정월 초일일에 성막을 세웠고 민수기 9장 1절에서 정월에 유월절에 관계된 것을 말씀하셨다. 그러므로 이것은 회막이 세워진 후 민수기 1장의 백성을 계수하는 일이 있기 전에 하신 말씀이다.

2절, 이스라엘 자손으로 유월절을 그 정기에 지키게 하라

유월절의 정기는 정월 십사일이다. 출애굽기 12장에서 유월절의 규례가 처음으로 제정되었는데, 거기서 유월절을 지키는 날짜가 바로 정월 십사일이다. 출애굽기 12장을 보자. "이 달 십사일까지 간직하였다가 해 질 때에 이스라엘 회중이 그 양을 잡고"(6절), "너희는 이 날을 기념하여 여호와의 절기를 삼아 영원한 규례로 대대에 지킬지니라"(14절), "정월에 그 달 십사일 저녁부터 이십 일일 저녁까지 너희는 무교병을 먹을 것이요"(18일).

그렇다면 2절의 "이스라엘 자손으로 유월절을 그 정기에 지키게 하라"는 말씀은 정월에 하신 말씀이지만 십사일보다는 전에 하신 말씀이다. 우리가 이러한 사실을 자세히 살펴보는 이유는 사실을 근거로 할 때 하나님의 말씀의 뜻을 더 잘 이해할 수 있기 때문이다. 이들은 일 년 전, 즉 첫 해에는 유월절을 정기에 규례대로 잘 지켰다. 그리고 다음 해가 되어 회막이 세워졌다. 이제 십사일이 되기 전에 하나님은 모세에게 이스라엘 자손으로 유월절을 정기에 지키게 하라고 말씀하고 계신다. 사실은 하나님께서 이렇게 말씀하시지 않아도 이미 출애굽기에서 "영원한 규례로 대대에 지킬지니라"고 하셨기 때문에 당연히 지켜야 한다. 그런데 하나님께서는 혹시 이스라엘 백성이 그날을 소홀히 할까봐, 또는 잊어버릴까봐 다시 상기시키고 계시는 것이다.

여기서 우리가 한두 가지 생각할 수 있는 것은 첫째 이 유월절의 중요성이다. 유월절은 하나님의 마음에 아주 중요한 것이므로 반드시 지켜야 한다. 둘째는 하나님의 자상하심이다. 하나님께서는 한 번 더 미리 말씀해 주심으로써 그들로 하여금 유월절을 소홀히 여기지 않게 하신다. 이렇게 유월절은 하나님의 백성이 소홀히 여겨서는 안 될 아주 중요한 절기였다. 우리는 유월절을 이렇게 알아야 한다. 그 절기만큼은 소홀히 여겨서는 안 되는 것이기 때문에 하나님께서는 이것을 아예 미리 말씀하여 확고히 지키게 하시는 것이다. 마태복음 26장에서 주님은 제자들에게 우리를 위해 죽고 피 흘리시며 고난당하신 주님을 기념하도록 주님의 만찬을 지킬 것을 말씀하셨다. 주님은 분명히 말씀하셨지만 그후 교회들이 잘 지키도록 성령으로 사도들을 통하여 반복하여 말씀하셨다(고전 11:23-26).

3절, 그 정기 곧 이달 십사일 해 질 때에 너희는 그것을 지키되 그 모든 율례와 그 모든 규례대로 지킬지니라

그 모든 율례와 그 모든 규례는 출애굽기 12장에 자세히 기록되어 있다. 그러므로 유월절에 대해서 공부하려면 출애굽기 12장을 읽어 보면 된다.

4절, 모세가 이스라엘 자손에게 명하여 유월절을 지키라 하매

우리는 사역자 된 사람들이 하나님의 명령을 받아서 하나님의 백성이 지켜야 할 규례를 지키게 할 책임이 있다는 것을 알아야 한다. 조금이라도 소홀히 하지 않도록 경계시켜야 할 의무와 책임이 사역자에게 있다. 우리는 사도 바울도 고린도 전서에 성도들에게 주님의 만찬을 주의하여 대하도록 경고하는 것을 본다.(유월절은 신약에서 주님의 만찬으로 대치되었다.) 그는 만찬에 대해 말하면서 '이것은 내가 주께 받은 것' 이라고 했다. 그리고 그것을 주의하여 지키도록 가르치고 권면했다. 주님으로 받은 계명과 위임을 하나님의 백성이 지키도록 일깨우고 권면하고 가르치는 것이 사역자의 도리이자 의무이다.

5절, 그들이 정월 십사일 해 질 때에 시내 광야에서 유월절을 지켰으되 이스라엘 자손이 여호와께서 모세에게 명하신 것을 다 좇아 행하였더라

여기서 이스라엘 백성들은 두 번째 유월절을 지켰다. 첫 번째는 애굽에서 나올 그때 지켰고 이제 성막을 세운 다음 시내 광야에서 두 번째로 유월절을 지킨 것이다. 이스라엘 자손이 여호와께서 모세에게 명하신 것을 다 좇아 행하였다고 했다.

6-7절, 때에 사람의 시체로 인하여 부정케 되어서 유월절을 지킬 수 없는 사람들이 있었는데 그들이 당일에 모세와 아론 앞에 이르러 7 그에게 이르되 우리가 사람의 시체로 인하여 부정케 되었거니와 우리를 금지하여 이스라엘 자손과 함께 정기에 여호와께 예물을 드리지 못하게 하심은 어찜이니이까

이때 문제가 하나 생겼다. 그것은 정월 십사일에 유월절을 지켜야 하는데 어떤 사람들이 그때 시체로 인하여 부정케 되어 이스라엘 백성과 함께 정기에 여호와께 예물을 드리지 못하게 된 것이다. 이 문제에 관해서 출애굽기 12장에는 규정이 없다. 이것은 레위기에 있다. "만일 몸이 부정한 자가 여호와께 속한 화목제 희생의 고기를 먹으면 그 사람은 자기 백성 중에서 끊쳐질 것이요 만일 누구든지 부정한 것 곧 사람의 부정이나 부정한 짐승이나 부정하고 가증한 아무 물건이든지 만지고 여호와께 속한 화목제 희생의 고기를 먹으면 그 사람도 자기 백성 중에서 끊쳐지리라"(레 7:20-21). 출애굽기 12장의 유월절 규례가 제정된 후, 레위기에서 각종 예물을 드리는 것을 말했다. 그런데 이제 출애굽 제 이년 정월 십사일이 되어 두 번째 유월절을 지키려고 보니까 시체로 인하여 부정케 된 사람들이 생긴 것이다. 그럴 때 그러한 사람들은 어떻게 해야 하느냐는 것이다. 예물을 드릴 수 있느냐 없느냐의 문제가 숙제로 떠올랐다.

8절, 모세가 그들에게 이르되 기다리라 여호와께서 너희에게 대하여 어

떻게 명하시는지 내가 들으리라

사역자 된 사람들은 또 한 가지 배워야 할 것이 있는데, 성도들이 묻는 문제에 대하여 뭐든지 다 아는 것처럼 즉시 알려 주려고 해서는 안 된다는 것이다. 모르는 것이 있으면 그저 "내가 지금 모른다"고 해야 한다. 성도들이 묻기만 하면 모르는 것도 아는 양 말해 주려고 하는 사람은 합당한 사역자가 아니다. 사역자 된 사람들은 자신이 모르는 것을 부끄러워하지 말아야 한다. 잘 알지 못하는 것에 대해서는 사람들에게 "내가 잘 알지 못한다"고 말해 주어야 한다. 그리고 더 공부하고 주님의 가르치심을 받은 뒤에 알려드리겠다고 해야 한다. 여기서 모세는 우리에게 좋은 본을 보여 주었다.

9절, 여호와께서 모세에게 일러 가라사대

이와 같이 하나님께서는 그분의 종이 문제를 가지고 나아가 아뢰면 반드시 그것을 알려 주신다.

10절, 이스라엘 자손에게 일러 고하여 이르라 너희나 너희 후손 중에 시체로 인하여 부정케 되든지 먼 여행 중에 있든지 할지라도 다 여호와 앞에 마땅히 유월절을 지키되

시체로 인하여 부정케 된 사람이라 하더라도 유월절 지키는 것에서 제외될 수 없다. 유월절만큼은 어떤 경우라도 다 지켜야 한다. 여기서 '마땅히 지켜야 한다'는 말은 중요한 말이다.

11절, 이월 십사일 해 질 때에 그것을 지켜서 어린 양에 무교병과 쓴 나물을 아울러 먹을 것이요

도대체 어떻게 이것을 이 시대의 우리에게 실제적으로 적용할 수 있는가? 오늘 우리는 유월절을 주님의 성만찬에 적용해 볼 수 있다. 왜냐하면 우리 주 예수님은 참 유월절 양이 되신 분이기 때문이다. "유월절 양 곧 그리스도께서 희생이 되셨느니라"(고전 5:7). 그러므로 참된 유월절은 실상 주님의 만찬이다. 주님의 살이요 피인 떡과 잔을 먹고 마심으로 주님의 죽으심을 기념하는 것이다.

결국 이스라엘 백성이 어린 양을 잡아 그 피를 그들 집의 문 좌우 설주에 바른 것은 하나님의 어린 양이신 그리스도께서 우리 죄를 위해서 십자가에서 피를 흘리심으로 그 피로 인해 우리 죄가 가리우심을 받고 사함을 얻어 우리가 하나님의 심판으로부터 구속된다는 것을 보여 주는 것이다. 참 유월절은 이렇게 예수 그리스도 안에서 성취된다. 어린 양의 피는 예수 그리스도의 피를 상징하고 그 고기를 집 안에서 먹는 것은 바로 그리스도의 생명, 영원한 생명을 우리가 취하는 것을 나타낸다. 우리가 이 말씀에서 가르침받는 것은 하나님 아버지께서는 그분의 백성이 그 아들의 구속하시는 죽음, 그분의 보혈의 공로, 그리고 그분의 생명 주심을 결코 잊어버리지 않기를 원하신다는 것이다. 다시 말해서 하나님께서 우리를 사랑하심을 잊어버리지 않고 늘 기억하기를 바라신다는 것이다. 하나님께서는 그분의 자녀들이 그분의 독생자 예수 그리스도의 죽으심, 십자가에서 피 흘리심을 절대로 잊지 않기를 원하신다.

그런데 이제 정기에 지킬 수 없는 사건이 발생했을 때에는 어떻게 하는가가 문제이다. 민수기 9장의 이러한 사건, 즉 시체로 부정케 된 사건이 있기 전에는 이스라엘 백성들 간에 유월절을 지키는 것에 대해서 의문이 없었다. 출애굽기 12장의 규정만 있으면 유월절을 지킬 수 있다고 생각했다. 그런데 생각지 않게 시체로 부정케 된 일이 생기자 이런 때에는 어떻게 할 것인가 하는 문제가 제기된 것이다. 우리는 다시금 이것을 오늘날 주님의 만찬을 지키는 문제에 적용해 보겠다. 오늘날 많은 믿는이들이 "주님의 만찬을 지키는 것은 당연하다. 이 떡은 주님의 몸을 나타내고 그리스도께서 우리의 생명 공급이 되심을 나타내며 그리스도의 몸이 우주 가운데 오직 하나임을 나타낸다. 그리고 이 잔은 우리의 죄 사함을 위해서 흘리신 그리스도의 보혈을 상징한다. 그러므로 이 잔은 축복의 잔이요 우리 모두는 이 잔을 마심으로 주님의 죽으심을 기념하고 우리의 죄를 사하심을 인해 감사드린다" 하면서 만찬에 참여한다. 이럴 때 아무 문제가 없다. 그런데 이제 어떤 사건이 발생했다. 어떤 사람들이 시체를 접촉하게 된 것이다. 이럴 때 예물을 드릴 수 있는가? 드릴 수 없다.

자전거 타는 것을 배울 때 타고 가는 법만 가르쳐 주고 멈추어서 내리는 법을 가르쳐 주지 않으면 아주 곤란하게 된다. 이와 마찬가지로 어떻게 주님의 만찬을 기념하는가를 배우고 그렇게 하면 된다고 생각했는데 시체를 접촉하여 부정케 됨으로 이것을 할 수 없는 상태에 처하게 되었을 때에는 어떻게 해야 하느냐는 것이다. 이런 문제가 생길 수 있다. 이에 대해 신약에서는 답을 발견하기가 어렵다.

그러나 구약에서 그 자세한 그림을 볼 수 있다. 첫 번째 하나님의 대답은 마땅히 유월절을 지켜야 한다는 것이다. 그 대신에 날짜를 한 달 미뤘다. '이월 십사일' 해 질 때에 그것을 지키라고 하셨다. 원래는 정월 십사일에 지키는데 한 달을 연기해서 이월 십사일에 지키라고 하신 것이다. 한 번 더 기회를 주신 것이다.

그 다음 11절과 12절에서는 "(이월 십사일 해 질 때에) 그것을 지켜서 어린 양에 무교병과 쓴 나물을 아울러 먹을 것이요 아침까지 그것을 조금도 남겨 두지 말며 그 뼈를 하나도 꺾지 말아서 유월절 모든 율례대로 지킬 것이니라' 고 하셨다. 이 부분을 말할 때에는 하나님께서 더 자세하게 말씀해 주시고 있다. 9장 2-3절에서 정기에 지키는 사람들에게는 다만 "그 모든 율례와 규례대로" 지키라고 하셨다. 그런데 시체로 더럽혀져서 지키기가 어렵게 된 사람들, 그래서 나중에 지키지 않으면 안 되는 사람들에게는 보다 자세하게 말씀해 주고 계신다. "어린 양에 무교병과 쓴 나물을 아울러 먹으라".

이것은 오늘날 우리에게 어떻게 적용될 수 있겠는가? 가령 어떤 사람이 한 무리의 사람들과 함께 교제하며 만찬에 참여하고 있었는데, 어느 날 그들 가운데서 불의가 발견되고 영적인 사망과 더 이상 접촉할 수 없는 부정함이 있음을 알았을 때에 우리는 그러한 무리에서 분별될 수밖에 없다. 주님의 말씀은 그러한 자들에게서 분별되라고 하셨다. "주의 이름을 부르는 자마다 불의에서 떠날지어다"(딤후 2:19), "너희는 저희 중에서 나와서 따로 있고 부정한 것을 만지지 말라"(고후 6:17). 우리가 이렇게 그러한 부정한 것에서 나와 따로 있을 때 습관적으로 주님의 만찬을 대하던 때와는 느낌이 달라졌다. 이제 새롭게 주님의 만찬을 행하려 하니 속에서 이런 느낌이 드는 것이다. '내가 과연 이것을 지킬 수 있는가? 물론 주님의 말씀은 주님의 만찬을 행하여 기념하라고 하셨지만 이런 형편에서 과연 이것을 나는 지킬 수 있는가?' 우리는 아마 그러한 분별의 과정에서 본의 아니게 형제들을 미워했을 수도 있다. 마음이 차갑게 되었을 수도 있다. 충분히 사랑하는 마음을 갖지 못했을 수도 있다. 즉 그것은 사망을 만져서 부정하게 된 것과 같다. 그럴 때 우리도 이스라엘 백성들처럼 모세와 아론에게 나아갈 필요가 있게 되었다. '우리가 이런 상태에서 주님의 만찬을 가질 수 있는가?' 이때 하나님의 첫 번째 말씀은 '마땅히 지켜야 한다!' 이다. 얼마나 은혜롭고 사랑이 가득한 음성인지! 그분은 물론 지킬 수 있다고 하신다. 또 마땅히 지켜야 한다고 하신다. 그 대신에 한 달이라는 기간이 필요하다는 것이다. 아무래도 부정케 되면 그러한 것들이 치료되고 깨끗케 되는 데 시간이 필요하다. 그러나 그러한 기간을 거쳐 나중에 유월절을 지키는 사람들은 더 간절한 마음으로 원래에 주님이 정하신 그 표준을 생각하면서 한 항목 한 항목 지켜야 한다. 그러니까 여기서 한 구절 한 구절을 다시 말씀해 주시고 있는 것이다.

"해 질 때에 그것을 지켜서 어린 양에 무교병과 쓴 나물을 아울러 먹을 것이요". 무교병이란 누룩이 없는 떡으로서 죄가 없어야 함을 나타낸다. 이때 유월절을 지키는 사람들은 모든 육체와 혈기와 죄악이 제하여져야 한다. 그러한 상태에서만 먹을 수 있다. 그리고 쓴 나물을 아울러 먹어야 한다. 이것은 우리 자신에 대한 상당한 애통함과 자책과 통회함이 필요함을 의미한다. 우리는 아무 죄도 없는 상태가 되어야 하고 또 애통해하는 심령이 있어야 한다. 그것이 바로 무교병과 쓴 나물이 의미하는 바이다.

12절, 아침까지 그것을 조금도 남겨 두지 말며 그 뼈를 하나도 꺾지 말아서 유월절 모든 율례대로 지킬 것이니라

그러한 과정을 거쳐서 유월절을 지키는 사람들은 유월절의 의미를 온전하게 보류함 없이 다 받아들여 지켜야 한다. 여기서 우리가 볼 수 있는 것은 믿는이들에게는 때로 실패가 커다란 도움이 된다는 것이다. 은혜가 더욱 넘치게 된다. 그렇다고 해서 우리는 사람들로 하여금 실패하도록 권장하는 것이 아니다. 그러나 여기 시체로 인하여 부정케 된 사람들은 어쨌든 실패한 것이고 그렇게 잘 한 것이 아니다. 주님 앞에 허물이 있는 것이다. 그런데 그러한 사람이 다시 유월절을 지키게 될 때에는 더욱 철저하게 주님의 말씀하신 것을 새기고 또 새기면서 그 율례를 지키게 된다. 이런 말씀은 체험이 없이는 알기가 어렵다.

이것이 광야의 노정이다. 이스라엘 백성들이 출애굽을 해서 광야에 들어와 그 노정 가운데서 있는 일들이다. 그러므로 이것은 오늘 믿는이들 가운데서 온전히 체험되는 일들이다. 참으로 민수기의 이 말씀들은 다 교회를 위한 말씀이다. "그 뼈를 하나도 꺾지 말아서". 이것은 부활과 관계된 말씀이다. "유월절 모든 율례대로 지킬 것이니라". 유월절을 부활 안에서, 영 안에서 지키라는 말씀이다. 그러므로 이렇게 실패했다고 해서 하나님의 말씀의 표준은 조금도 낮아지지 않는다. 그 표준은 여전하다. 그런데 우리의 체험에서는 실패를 통과할 때 그 말씀이 더욱 절실하게 된다.

둘째로 생각 할 점은 "아침까지 그것을 조금도 남겨두지 말며 그 뼈를 하나도 꺽지 말아서"라는 말씀이 그리스도를 온전히 받아 드려야 한다는 뜻으로 이해해야 한다는 것이다. 출애굽기 12장에도 유월절 행사를 세움에 있어서 그 고기를 먹는 방식에 대하여 매우 철저하게 기록되어 있다. "그 밤에 그 고기를 불에 구워 무교병과 신나물과 함께 먹되 날로나 물에 삶아서 먹지 말고 그 머리와 정강이와 내장을 다 불에 구워 먹고 아침까지 남겨두지 말며 아침까지 남겨둔 것은 곧 소화하라"(출 12:8-10)

이 말씀에 의하면 유월절 양의 고기를 먹는 일에 있어서는 온 전체를 다 불에 구워 먹게 되어 있다. 이는 우리가 예수 그리스도를 인격적으로 온전히 영접해야 된다는 것이다. 어떤 사람들은 예수 그리스도를 날로 먹는 사람이 있는데, 이는 예수 그리스도를 어떤 선한 사람으로, 4대 성인의 한사람으로 영접하는 경우이다. 교부시대에 아리우스(Arius)라는 사람이 있었는데, 그는 그리스도를 하나님이 아니라 단순히 피조물이 선한 사람으로 영접하였다. 물론 그러한 식의 믿음은 구원받지 못한다.

또한 어떤 사람들은 예수 그리스도를 물에 삶아 먹는 경우가 있는데, 이는 그 분을 순교자의 한 사람으로 여겨 영접하는 경우이다. 그분은 결코 어떤 사상이나 이념을 위하여 순교 당한 분이 아니다. 그리스도는 죄인이 죄를 대속하기 위하여 십자가에 돌아가신 분이다. 또 어떤 사람은 그리스도를 하나님으로만 영접하는 경우가 있는데 이 또한 구원받지 못하는 경우이다. 그들은 그리스도를 믿되 죄인을 구하기 위하여 피를 흘리고 고난 당하신 십자가에 죽임을 당하신 사람으로 또 하나님으로 영접하지 않았다.

유월절 행사에서 우리에게 가르쳐 주는 것은 양면성을 띤 그리스도를 온전히 영접해야 한다는 것이다. 그분은 완전한 하나님이시요. 온전한 사람이시다. 십자가에 달려 우리 죄인을 위하여 완전히 불에 구워지신 예수 그리스도를 전체적으로 믿고 받아들이는 사람만이 온전한 유월절을 지키는 것이고, 완전하게 구원을 얻게 된다.

13절, 그러나 사람이 정결도 하고 여행 중에도 있지 아니하면서 유월절을 지키지 아니하는 자는 그 백성 중에서 끊쳐지리니 이런 사람은 그 정기에 여호와께 예물을 드리지 아니하였은즉 그 죄를 당할지며

어떤 사유가 없이 유월절을 소홀히 하는 사람, 이유 없이 정월 십사일 유월절을 지나쳐 버리는 사람은 죄를 당하게 된다. 하나님께서는 어쨌든 사람이 그분의 아들의 십자가의 고난과 죽으심을 경히 여기는 것을 기뻐하시지 않으신다. 하나님께서는 사람이 그 아들의 십자가의 죽으심을 멀리하는 것을 결코 원치 않으신다. 교회란 그리스도의 십자가의 공로를 지키는 기관이다. 세상 사람들은 그리스도의 십자가를 아랑곳하지 않는다. 심지어 주님을 믿는다고 하는 사람들까지도 지식에 빠지고 이론에 빠져 더 높고 더 깊은 지식을 추구하다 보니까 예수 그리스도의 십자가의 공로를 잊어버리고 그것을 소홀히 한다.

그러나 하나님께서는 결코 그러한 것을 원치 않으신다. 어떤 이유를 막론하고 교회는 주 예수님의 갈보리의 죽으심을 잊어서는 안 된다. 거기서 멀어지는 것을 하나님은 결코 원치 않으신다. 하나님 아버지께는 그 아들이 이 땅 골고다에서 그 몸을 찢기우고 피를 다 흘리고 죽으신 것보다 큰 일이 없다. 그러므로 교회는 이 큰 사랑을 멀리할 수 없다.

오늘날 하나님의 자녀들이 이 갈보리의 십자가를 멀리하는 것은 정상이 아니다. 그래서 이 9장에서 하나님은 이스라엘 백성에게 유월절 지키는 것을 강조하고 계시는 것이다. 시체로 부정케 되어서 지킬 수 없게 된 사람까지도 한 달을 미루어 이월 십사일을 다시 정해줄 테니 반드시 지키라고 하시면서 이유 없이 정기에 지키지 않는 사람은 백성 중에서 끊쳐질 것이라고 하신다. 주님의 죽으심의 공로와 그 가치를 인정하지 않고 기억하지 않는 사람들, 주님의 십자가를 멀리하는 사람들은 하나님의 백성의 자격이 없는 사람들이다. 그들은 그 죄를 당할 것이라고 하신다.

14절, 만일 타국인이 너희 중에 우거하여 여호와 앞에 유월절을 지키고자 하면 유월절 율례대로 그 규례를 따라서 행할지니 우거한 자에게나 본토인에게나 그 율례는 동일할 것이니라

이 말씀은 타국인에 해당하는 것인데, 타국인이라면 이방인이다. 유대인만이 아니라 이방인라도, 그 어떤 사람이든지 유월절을 지키기 원한다면 그 율례대로 그 규례를 따라서 행하라고 하셨다. 이것이 9장 전반부의 내용으로서 유월절에 관한 것이다.

15절부터 23절까지는 또 다른 내용이다.

15-17절, 성막을 세운 날에 구름이 성막 곧 증거막을 덮었고 저녁이 되면 성막 위에 불 모양 같은 것이 나타나서 아침까지 이르렀으되 16 항상 그러하여 낮에는 구름이 그것을 덮었고 밤에는 불 모양이 있었는데 17 구름이 성막에서 떠오르는 때에는 이스라엘 자손이 곧 진행하였고 구름이 머무는 곳에 이스라엘 자손이 진을 쳤으니

이제는 이스라엘 백성의 진행에 관한 것이다. 어떻게 머물러 진을 치고 또 진행하는가 하는 문제를 다루고 있다. 우리는 이 짧은 한 장에서 그리스도인 노정에 관한 모든 것을 볼 수 있다. 그리스도인 노정에서 가장 중요한 것은 첫째 우리의 기초를 십자가상의 그리스도의 보혈의 공로에 두는 것이다. 그것은 우리가 구원받을 때만 필요한 것이 아니다. 우리는 끊임없이 거기에 머물러야 한다. 하나님께서는 그 유월절을 대대로 지키라고 하셨다. 그 다음은 우리의 생활에서 구름기둥과 불기둥의 인도, 즉 성령의 인도를 따르는 것이다. 이것이 9장의 내용이다.

다시 말하지만 전반부의 내용은 그리스도인의 기초—보혈—에 관한 것이다. 우리는 유월절(신약의 주님의 만찬)을 지키라는 이 명령을 다만 명령이기 때문에 순종하여 지키는 것이 아니라 사랑으로 인해 지켜야 한다. 주님이 우리를 위해서 그분 자신을 주셨기 때문에 우리가 주님의 만찬을 기념하는 것은 주님의 사랑에 대한 우리의 사랑의 반향이어야 한다. 그리고 후반부의 내용은 주님과 우리의 관계에 있어서 우리가 주님을 인도자로 모시고 온전히 의존하며 따르는 것을 말한다. 이렇게 주님은 우리의 삶의 기초가 되실 뿐 아니라 우리의 삶을 인도하는 분이시다.

"성막을 세운 날에 구름이 성막 곧 증거막을 덮었고". 이 성막이라는 말은 하나님께서 거처를 삼고 거하시는 장막, 곧 하나님의 거룩한 처소를 의미하는 말이다. 또 증거막이라고도 하는데, 그것은 그 장막이 하나님의 증거, 또는 하나님을 증거한다는 뜻이다. 오늘날 교회는 하나님의 거처가 되어야 하고 또한 하나님을 증거해야 한다. 하나님을 증거하는 것은 그분의 진리의 표준과 관계있다. 얼마만큼 주님을 사랑하고 그분의 명령을 지키는가에 따라서 우리는 그만큼 그분의 간증이 될 수 있는 것이다. 오늘날 이 땅에 많은 그리스도인들이 있는데 그들이 왜 합당한 그리스도의 증거가 될 수 없는가? 그것은 그들이 그만큼 주님의 명령을 표준대로 지키지 못하기 때문이다.

18-23절, 이스라엘 자손이 여호와의 명을 좇아 진행하였고 여호와의 명을 좇아 진을 쳤으며 구름이 성막 위에 머무는 동안에는 그들이 유진하였고 19 구름이 장막 위에 머무는 날이 오랠 때에는 이스라엘 자손이 여호

와의 명을 지켜 진행치 아니하였으며 20 혹시 구름이 장막 위에 머무는
날이 적을 때에도 그들이 다만 여호와의 명을 좇아 유진하고 여호와의 명
을 좇아 진행하였으며 21 혹시 구름이 저녁부터 아침까지 있다가 아침에
그 구름이 떠오를 때에는 그들이 진행하였고 구름이 밤낮 있다가 떠 오르
면 곧 진행하였으며 22 이틀이든지 한 달이든지 일 년이든지 구름이 성막
위에 머물러 있을 동안에는 이스라엘 자손이 유진하고 진행치 아니하다
가 떠 오르면 진행하였으니 23 곧 그들이 여호와의 명을 좇아 진을 치며
여호와의 명을 좇아 진행하고 또 모세로 전하신 여호와의 명을 따라 여호
와의 직임을 지켰더라

이 말씀은 이스라엘 백성의 행동 원칙이다. 구름이 머물 때에는 머물러 진을 치고 구름이 떠오를 때에는 진행하는 것이다. 이처럼 그리스도인의 생활 원칙은 성령의 움직이심과 함께하는 것이다. 성령이 가만히 머물러 계시면 우리도 머무르고 성령이 움직이기 시작하시면 움직이는 것이다. 그런데 구름이 오래 머무르는 경우가 있다. 말하자면 성령께서 오래 움직이지 않으시는 경우가 있다는 말이다. 그런 때에는 이스라엘 자손도 오래 머물러야 했다. "구름이 장막 위에 머무는 날이 오랠 때에는 이스라엘 자손이 여호와의 명을 지켜 진행치 아니하였으며 혹시 구름이 장막 위에 머무는 날이 적을 때에도 그들이 다만 여호와의 명을 좇아 유진하고 여호와의 명을 좇아 진행하였으며". 이렇게 머무는 기간이 오랠 때도 있고 짧을 때도 있다.

사도 바울은 전도 여행 중에 어떤 곳에서는 하루 이틀 만에 옮겨갔다. 그러나 어느 곳에 가서는 일 년 육 개월을 머물렀다(행 18:11, 고린도에서). 그리고 에베소에서는 삼 년 이상 머물렀다(행 20:31). 사도 바울이 고린도에 있었을 때 주님은 그 성에 주님의 백성이 많으니 잠잠치 말고 증거하라고 하셨다. 그러나 어떤 곳에서는 바로 떠나야 했다. 그리스도인이 머물 때가 있고 떠날 때가 있는데 머물고 떠나는 것을 누가 지시하는가? 성령께서 하신다. 나는 과거 십여 년 동안 머물 사이가 없이 돌아다녔다. 그런데 요즘에는 오랫동안 한국에 머물고 있다. 그것은 구름이 머물러 있기 때문이다. 구름이 머물면 머무는 것이다. 때로 구름이 짧게 머물면 나도 짧게 머문다. 또 오래 머물면 나도 오래 머문다.

"혹시 구름이 저녁부터 아침까지 있다가 아침에 그 구름이 떠오를 때에는 그들이 진행하였고 구름이 밤낮 있다가 떠오르면 곧 진행하였으며"(21절). 머무는 시간이 짧든 길든 관계없이 구름과 함께 움직였다는 말이다. "이틀이든지 한 달이든지 일 년이든지 구름이 성막 위에 머물러 있을 동안에는 이스라엘 자손이 유진하고 진행치 아니하다가 떠오르면 진행하였으니"(22절). 구름이 이틀 머물면 이스라엘 자손도 이틀 머물고 구름이 한 달 머물면 이스라엘 자손도 한 달 머물며 구름이 일 년 머물면 이스라엘 자손도 일 년을 한 곳에 머물렀다는 말이다.

여기서 우리가 한 가지 알아야 할 것은 그리스도인의 행함에서 머무르고 떠나는 일에 성령을 따르는 것을 배우기가 가장 어렵다는 것이다. 원래 돌아다니기를 좋아하는 사람은 하루 만에 움직이라고 하면 아주 좋아한다. 그러나 오래 머무르라고 하면 그렇게 하기가 쉽지 않다. 예를 들어, 몽골 사람들은 가는 것을 아주 좋아한다. 그 넓은 땅에서 먼 곳을 두려워하지 않고 항상 다니며 살기 때문일 것이다. 따라서 그곳의 사람들은 가만히 있기가 어렵다. 또 한국 사람들은 대개 움직이기를 싫어한다. 정착되어 사는 민족이기 때문일 것이다.(물론 그렇지 않은 사람들도 있다.) 이런 사람들은 속히 떠나곤 하는 것을 어려워한다. 이러한 자기의 기질대로 움직이려는 사람들은 성령의 움직이심을 따르는 훈련을 받기가 쉽지 않다. 우리는 여기서 '가라' 하면 가고 '오라' 하면 오고 '머무르라' 하면 머무르는 것을 배워야 할 것이다.

"곧 그들이 여호와의 명을 좇아 진을 치며 여호와의 명을 좇아 진행하고 또 모세로 전하신 여호와의 명을 따라 여호와의 직임을 지켰더라"(23절). 이 말씀은 결론이라고 볼 수 있다. 오늘 이 시대에 여호와의 명을 잘 지키는 사람들은 누구인가? 곧 성령의 인도를 따라 움직이는 사람들이다. 그들은 여호와의 명을 좇아 진을 치기도 하고 진행하기도 하였다. 이렇게 그들은 모세로 전하신 여호와의 명을 따라 여호와의 직임을 지켰다.

여기의 직임은 영어로는 'command'(명령) 또는 'charge'(위임, 분부)로 번역되었는데, 히브리어에서는 '미쉬메레트', 즉 하나님께서 부탁하신 말씀, 부탁하신 임무라는 뜻이다. 하나님께서 그분의 백성에게 맡기신 한 가지 위임이 있는데, 그것은 바로 성령을 좇아 행하라는 것이다. 범사에 주님의 영을 따라서 행하라는 것이다. 이것이 가장 중요한 여호와의 직임(미쉬메레트)이다. 신약 갈라디아서 6장 16절에 '무릇 이 규례를 행하는 자'라는 말씀이 있는데, '이 규례'가 바로 '여호와의 직임'이다. 그것은 할례와 같은 율법을 지키는 것이 아니고 다만 성령을 좇아 행하는 것이다(갈 5:16,25). 그것이 바로 여호와의 명령을 따르는 것이다.

다시 말하거니와 하나님께서는 그분의 자녀들이 그리스도의 십자가의 고난, 골고다의 사랑을 잊지 않기를 원하시며 여호와의 직임 곧 성령의 인도하심을 좇아 행하기를 원하시며 구름이 장막을 덮듯이 성령과의 연합 안에서 모든 것을 그분과 함께하기를 원하신다. 우리는 민수기 9장을 통해 이러한 주님의 마음을 읽을 수 있다.

민수기 10장

나팔 부는 규례

이제 10장에서는 하나님께서 이스라엘 백성 전체 회중을 어떻게 소집하며 어떻게 진행하게 하시는지를 보겠다. 이 장은 주로 이스라엘 백성이 시내 광야를 떠날 때의 일을 말한다.

1-2절, 여호와께서 모세에게 일러 가라사대 2 은 나팔 둘을 만들되 쳐서 만들어서 그것으로 회중을 소집하며 진을 진행케 할 것이라

이스라엘 백성들은 회중을 소집하거나 진을 진행하게 할 때 은 나팔을 불어야 했다. 이것은 하나님께서 그분의 백성이 움직일 때에 질서 있게 움직이기 원하심을 보여 준다. 그리고 그분은 백성들이 뭔가 분명한 명령을 듣고 움직이기를 원하심을 알 수 있다. 우리는 9장 후반부에서 하나님의 백성의 움직이는 원칙을 보았다. 그것은 구름이 머물 때에는 머무르고 구름이 떠오를 때에는 움직이는 것이다. 이것이 움직임의 기본 원칙이다. 그런데 이러한 기본 원칙만 가지고는 충분치 않다. 왜냐하면 그들이 머물러 있을 때에도 때로는 소집해야 할 때가 있기 때문이다. 여기서 주님은 그럴 때에는 나팔을 불어서 소집하라고 하셨다.

그리고 구름이 떠오를 때에도 그냥 질서 없이 진행하는 것이 아니다. 나팔을 한 번 울려 불면 동편 진들이 진행하고 두 번째로 울려 불면 남편 진들이 진행하게 되어 있다. 이렇게 나팔 소리에 맞추어서 진대로 진행해야지 그렇지 않으면 어지럽게 된다. 그러므로 우리는 나팔을 만들어 불라고 하시는 주님의 말씀에서 그분의 백성의 모든 움직임이 질서 있고 조화롭기 원하심을 볼 수 있다. 다시 말하면 하나님께서는 우리의 행할 바를 세부적으로 세세하게 지시하시는 분이라는 것이다.

하나님께서는 은 나팔 둘을 만들되 쳐서 만들라고 했다. 여기서 우리가 생각해 볼 것은 하나님께서 중요한 것을 만들 때에는 금이나 은을 쳐서 만들라고 하신다는 것이다. 촛대를 만들 때에도 금 한 달란트를 쳐서 만들게 하셨고 여기 은 나팔도 은을 쳐서 만들라고 하셨다. 쳐서 만든다는 것은 망치 같은 것으로 금이나 은을 쳐서 만든다는 것이다. 그러므로 여기서 우리는 하나님의 백성이 빛을 발하기 위해서 또는 그들을 인도하는 소리가 되기 위해서는(나팔로 예표됨) 다 고난을 통과해야 한다는 것을 알 수 있다. 고난과 압력을 싫어하면서 동시에 백성들을 인도하는 소리를 내는 것은 좋지 않다. 십자가의 고난이 없이는 사람들에게 빛을 비출 수가 없다. 많은 압력 아래 기꺼이 놓여져 침을 당하기를 싫어하는 사람은 하나님의 백성을 올바르게 인도하는 소리를 낼 수가 없다.

3-4절, 두 나팔을 불 때에는 온 회중이 회막문 앞에 모여서 네게로 나아올 것이요 4 하나만 불 때에는 이스라엘 천부장된 족장들이 모여서 네게로 나아올 것이며

두 개의 나팔을 다 불 때에는 온 회중이 회막문 앞에 모여서 모세에게로 나아오고 하나만 불 때에는 이스라엘의 천부장 된 족장들이 모여서 모세에게로 나아오게 하라고 하셨다. 백성의 인도자 된 사람들은 하나님의 부르시는 음성을 모든 회중보다 더 민감하게(한 나팔만 불어도) 알아듣고 모여야 한다. 귀가 어두운 사람은 하나님의 백성 가운데 인도자가 될 수가 없다. 인도자들은 작은 신호만 보내도 즉시 반응할 수 있어야 한다. 주님이 교회를 위해서 어떤 사람을 부르기 원하시는데 반응이 느리고 동작이 굼뜨면 그런 사람은 인도자로서 자격이 없다. 인도자들은 한 번의 나팔에도 움직이고 모일 수 있어야 한다.

5절, 너희가 그것을 울려 불 때에는 동편 진들이 진행할 것이고

나팔을 울려 부는 것은 진행하기 위한 나팔이다. 그럴 때 첫 번째로 동편 진들이 진행한다. 동편 진들은 유다 지파, 잇사갈 지파, 스불론의 지파이며, 이들이 제 일대이다.

6절, 제 이차로 울려 불 때에는 남편 진들이 진행할 것이라 무릇 진행하려 할 때에는 나팔 소리를 울려 불 것이며

남편 진들은 르우벤 지파, 시므온 지파, 갓 지파로서 제 이대이다. 그리고 여기에 다 기록하지는 않았지만 제 삼차는 에브람 지파, 므낫세 지파, 베냐민 지파이며, 마지막으로 제 사차는 단 지파, 아셀 지파, 납달리 지파이다.

7절, 또 회중을 모을 때에도 나팔을 불 것이나 소리를 울려 불지 말 것이며

회중을 모을 때는 나팔을 울려 불지 말라고 하셨다. 나팔 소리에 구분을 두라는 말씀이다.

8절, 그 나팔은 아론의 자손인 제사장들이 불지니 이는 너희 대대에 영원한 율례니라

이 은 나팔은 아무나 불 수 없고 아론의 자손인 제사장들이 불도록 되어 있다. 우리는 이 문제를 신약에 적용해 볼 필요가 있다. 고린도 전서 14장 7-8절, "혹 저나 거문고와 같이 생명 없는 것이 소리를 낼 때에 그 음의 분별을 내지 아니하면 저 부는 것인지 거문고 타는 것인지 어찌 알게 되리요 만일 나팔이 분명치 못한 소리를 내면 누가 전쟁을 예비하리요". 나팔은 분명한 소리를 내야 한다. 10절, "세상에 소리의 종류가 이같이 많되 뜻 없는 소리는 없나니". 이 구절들을 통해 우리는 하나님의 백성이 움직일 때에는 나팔 소리를 듣고 움직여야 함을 알 수 있다. 즉 하나님의 명령, 신호를 따라서 하나님의 백성을 소집하거나 진행하게 하는 것이다.

그런데 나팔 소리의 종류가 많다. 어떤 때는 하나만 불고 어떤 때는 둘을 분다. 어떤 때는 울려 불고 어떤 때는 그냥 단조롭게 분다. 그리고 이 나팔은 아무나 부는 게 아니고 아론의 자손인 제사장들만 불게 되어 있다. 물론 신약의 교회는 다 제사장이지만 또 한편으로는 보다 영적인 느낌이 예민하고 하나님을 알며 하나님의 음성에 귀 기울이고 하나님과 교통이 있으며 하나님의 마음을 가지고 하나님의 뜻을 분별할 수 있는 사람들이 나팔을 불 수 있다. 교회는 이와 같이 나팔의 음성이 분명하게 울려 퍼져야 올바르게 전진할 수 있다. 여기에 하나님의 말씀의 사역자들의 중요성이 있다.

9절, 또 너희 땅에서 너희가 자기를 압박하는 대적을 치러 나갈 때에는 나팔을 울려 불지니 그리하면 너희 하나님 여호와가 너희를 기억하고 너희를 너희 대적에게서 구원하리라

대적을 치러 나갈 때, 즉 전쟁을 하러 나갈 때에는 나팔을 울려 불라고 했다. 진행할 때에 나팔을 울려 불고 싸우러 나갈 때에도 나팔을 울려 부는 것이다. 그럴 때 하나님께서 그들을 기억하시고 대적에게서 그들을 구원할 것이라고 하셨다. 이것은 나팔을 부는 문제보다는 하나님의 명령에 순종하는 문제라고 볼 수 있다. 하나님께서 나팔을 불라고 하실 때 불고, 싸우라고 하실 때 싸울 것이기 때문에 그 싸움은 여호와께 속한 싸움이 되는 것이다. 그렇게 하나님의 지시에 따라 순종하면서 전쟁을 하면 하나님께서는 그 싸움을 기억하시고 대적에게서 그들을 구원하시겠다고 하셨다. 대적을 치러 갈 때 나팔을 울려 부는 것은 다른 한편으로 그 상황을 하나님께 아뢰는 면이 있다. 즉 부르짖는 기도이다. 전쟁의 나팔은 사람이 들어야 할 뿐 아니라 하나님이 들으셔야 하기 때문이다.

사실상 나팔을 불어서 모으기도 하고 진행하게도 하는 이 모든 것은 다 이스라엘 백성들이 절대적으로 하나님의 명령에 따라서 움직이는 것과 관련된다. 오늘 신약의 교회에서도 하나님의 자녀들은 결코 어떤 행동도 임의로 할 수 없다. 그리스도인이란 절대적인 순종 가운데서 행하는 사람들임을 알아야 한다.

10절, 또 너희 희락의 날과 너희 정한 절기와 월삭에는 번제물의 위에와 화목 제물의 위에 나팔을 불라 그로 말미암아 너희 하나님이 너희를 기억하리라 나는 너희 하나님 여호와니라

희락의 날이란 어떤 특별한 절기를 말하는 것이 아니고 기쁜 날을 말한다. 뭔가 기쁜 일이 있는 날이다. 가령 법궤를 운반할 때, 성전을 봉헌할 때, 성전을 수축할 때, 에스더서에 나오는 이스라엘 백성이 구원받은 부림절, 어떤 전쟁에서 승리했을 때 등을 말한다. 이러한 희락의 날과 절기와 월삭에도 번제물 위에 나팔을 불라고 하셨다. 그러면 하나님께서 그들을 기억하시겠다고 하셨다.

이 나팔들을 다시 신약에 적용해 보겠다. 우리 주님이 이 땅에 오셔서 사역을 시작하실 때 스불론과 납달리 지경 요단 강 해변에서부터 복음을 전하셨다. "회개하라, 천국이 가까웠느니라!" 여러분은 이것이 나팔이라고 생각지 않는가? 바로 복음 전파가 나팔이다. 여기에 있는 절기들의 실제는 그리스도이시다. 유월절은 그리스도의 십자가의 죽으심을 의미하고, 초실절은 그리스도의 부활을 의미하고, 오순절은 성령의 강림하심과 성령 침례를 의미한다. 이 모든 것들이 복음의 내용이다. 이것을 전파하는 것이 나팔을 부는 것이다. 하나님께서 원하시는 것은 하나님의 백성들이 이 복음의 나팔 소리를 듣고 반응하는 것이다. 그래서 다 모이는 것이다. 그것이 바로 여기서 첫 번째로 나팔이 의미하는 바이다.

두 번째는 그들이 진리의 말씀을 깨닫고 하나님의 역사에 참여하게 되는 것이다. 그것도 다 나팔 소리를 통해 수행된다. 또 누가 나팔을 부는 사람인가? 사도들과 선지자들일 것이다. 위에서 읽은 고린도 전서 14장에서 사도 바울은 방언과 예언에 대해 말하면서 그 소리에 뜻이 없으면 소용이 없다고 했다. 나팔이 분명치 않은 소리를 내면 어떻게 전쟁을 예비하겠느냐고 했다. 따라서 하나님의 말씀을 말해 내는 사람들, 하나님의 뜻을 말해 내는 사람들이 나팔을 부는 사람들이다. 교회는 그들의 음성을 나팔 소리로 듣고 움직여야 한다.

성경 말씀을 몇 군데 보겠다. 고린도 전서 3장 18절부터 21절까지이다. "아무도 자기를 속이지 말라 너희 중에 누구든기 이 세상에서 지혜 있는 줄로 생각하거든 미련한 자가 되어라 그리하여야 지혜로운 자가 되리라 이 세상 지혜는 하나님께 미련한 것이니 기록된바 지혜 있는 자들로 하여금 자기 궤휼에 빠지게 하시는 이라 하였고 또 주께서 지혜 있는 자들의 생각을 헛것으로 아신다 하셨느니라 그런즉 누구든지 사람을 자랑하지 말라 만물이 다 너희 것임이라". 이러한 사도 바울의 말은 일종의 나팔이다. 고린도 성도들은 "나는 바울에게, 나는 게바에게, 나는 아볼로에게" 하면서 흩어질 뻔했다. 그러나 여기에 하나의 나팔 소리가 있다. 진리의 나팔 소리이다. 그러한 나팔 소리가 울려 퍼질 때 성도들은 그 나팔 소리를 듣고 하나로 합해지게 된다. "한 마음과 한 뜻으로 온전히 합하라".

또 우리는 히브리서 말씀에서 머뭇거리며 앞으로 나아가려 하지 않는 히브리 믿는이들에게 "진행하라! 앞으로 나아가라! 우리는 예수의 능욕을 지고 영문 밖으로 나아가야 한다!"는 나팔 소리를 듣게 된다. 이렇게 우리는 신약에서도 제사장적인 나팔을 부는 선지자들과 사도들을 볼 수 있다. 또 당시에 교회는 이러한 은 나팔 소리를 듣고 움직였다. 그럴 때 하나님은 그들을 기억하시고 축복하셨다.

계시록 1장 10-11절, "주의 날에 내가 성령에 감동하여 내 뒤에서 나는 나팔 소리 같은 큰 음성을 들으니 가로되 너 보는 것을 책에 써서 에베소, 서머나, 버가모, 두아디라, 사데, 빌라델비아, 라오디게아 일곱 교회에 보내라 하시기로". 여기에 나팔 소리 같은 음성이 있다. 우리는 이러한 음성이 민수기 10장에 있는 은 나팔 소리가 아닌가 생각한다. 누구를 향해 부는 나팔인가? 바로 교회이다. 구약에서는 이스라엘 회중을 향해 은 나팔을 불었지만 신약에서는 성령의 음성으로 교회에게 들려지는 것이다. 에베소 교회에게는 어떤 나팔을 불었는가? "처음 사랑을 회복하라! 네가 만일 처음 사랑을 회복하지 않으면 나는 촛대를 네 자리에서 옮기겠다!" 에베소 교회는 응당 이러한 나팔 소리를 들었어야 했다. 주님은 일곱 교회에게 각각 말씀하셨다. "귀 있는 자는 성령이 교회들에게 하시는 말씀을 들을지어다!" 사데 교회는 어떤가? 그들은 살았다 하는 이름은 가졌으나 죽은 자였다. 라오디게아 교회는 미지근한 교회, 뜨겁지도 않고 차겁지도 않은 교회였다. 그러한 교회를 향한 나팔 소리는 "네가 열심을 내라, 회개하라!"였다. 이러한 음성이 바로 은 나팔 소리이다. 그럴 때 교회들은 그 말씀에 순종하고 움직여야 한다.

결국 주님은 다시 오실 때에도 나팔 소리로 그분의 모든 백성을 그분 앞에 모으신다. 이렇게 구약의 모세 때 이스라엘 백성을 향해 부는 나팔 소리가 있었고, 신약에서 울려 퍼지는 은혜의 복음의 나팔 소리가 있으며, 또한 그분이 재림하실 때 그분의 백성을 다 모으시는 나팔 소리가 있을 것이다.

시내에서 바란으로

11절, 제 이년 이월 이십일에 구름이 증거막에서 떠오르매

이년 이월 이십일에 구름이 증거막에서 떠올랐다. 출애굽기 19장 1절을 보면 그들이 애굽을 떠나서 홍해를 건넌 때가 정월 십사일이다. 이때 유월절을 지냈다. 그런 다음 삼 개월 정도 후에 시내 산에 도착했다. 그리고 민수기 9장을 보면 사정이 있어서 유월절을 지내지 못한 사람들을 위해 2월 14일을 정해서 그들을 배려하셨다. 그런 다음 2월 20일이다. 이 날수를 계산해 볼 때 시내 산에 머물렀던 기간이 거의 일 년이 된다. 11개월 정도 된다. 11개월 동안 그곳에 있으면서 모세는 시내 산에 올라가 하나님께 율법과 성막의 식양을 받았다. 이러한 많은 일들이 시내 산에 머무는 동안에 일어났다. 그리고 그 기간에 성막을 지었다. 그런 모든 일을 마치고 2월 20일이 되니까 구름이 증거막에서 떠올랐다. 얼마 만에 떠오른 구름인지 우리는 알지 못한다. 주님은 어쨌든 9장 후반부에서 그들의 움직이는 원칙을 말씀하셨는데, 구름이 떠오를 때에는 발행하라고 하셨다.

12절, 이스라엘 자손이 시내 광야에서 출발하여 자기 길을 행하더니 바란 광야에 구름이 머무니라

결국 이들은 시내 광야를 떠나서 바란 광야에 머무른 것이다. 11절에는 구름이 떠오른 것이 있고 12절에는 구름이 머무른 것이 있다. 그러므로 이들은 9장 후반부에서 말씀하신 대로 구름이 떠오르면 가고 구름이 머무는 곳에는 머물렀다. 신약으로 말하면 성령의 움직이심에 따라 움직인 것이다.

13절, 이와 같이 그들이 여호와께서 모세로 명하신 것을 좇아 진행하기를 시작하였는데

하나님의 백성들은 이렇게 여호와의 명하신 대로 행해야 하고, 신약의 교회는 구약의 그림처럼 완전히 하나님의 명령을 따라서 움직이는 무리가 되어야 한다.

14절, 수두로 유다 자손 진 기에 속한 자들이 그 군대대로 진행하였으니 유다 군대는 암미나답의 아들 나손이 영솔하였고

첫 번째는 유다 자손 진기에 속한 자들이다. 그리고 족장은 암미나답의 아들 나손이다.

15-17절, 잇사갈 자손 지파의 군대는 수알의 아들 느다넬이 영솔하였고 16 스불론 자손 지파의 군대는 헬론의 아들 엘리압이 영솔하였더라 17 이에 성막을 걷으매 게르손 자손과 므라리 자손이 성막을 메고 발행하였으며

일대는 유다, 잇사갈, 스불론 지파로서 그들이 먼저 앞장 서고, 그 다음은 게르손과 므라리 자손이 성막의 여러 가지 기구를 메고 진행하였다.

18-21절, 다음으로 르우벤 진 기에 속한 자들이 그 군대대로 발행하였으니 르우벤의 군대는 스데울의 아들 엘리술이 영솔하였고 19 시므온 자손 지파의 군대는 수리삿대의 아들 슬루미엘이 영솔하였고 20 갓 자손 지파의 군대는 드우엘의 아들 엘리아삽이 영솔하였더라 21 고핫인은 성물을 메고 진행하였고 그들이 이르기 전에 성막을 세웠으며

고핫 자손은 르우벤, 시므온, 갓 자손 지파 뒤에 위치했다. 그들은 가장 귀한 성물을 운반하는 사람들이다.

22-28절, 다음으로 에브라임 자손 진 기에 속한 자들이 그 군대대로 진행하였으니 에브라임 군대는 암미훗의 아들 엘리사마가 영솔하였고 23 므낫세 자손 지파의 군대는 브다술의 아들 가말리엘이 영솔하였고 24 베냐민 자손 지파의 군대는 기드오니의 아들 아비단이 영솔하였더라 25 다음으로 단 자손 진 기에 속한 자들이 그 군대대로 진행하였으니 이 군대는 모든 진의 후진이었더라 단 군대는 암미삿대의 아들 아히에셀이 영솔하였고 26 아셀 자손 지파의 군대는 오그란의 아들 바기엘이 영솔하였고 27 납달리 자손 지파의 군대는 에난의 아들 아히라가 영솔하였더라 28 이스라엘 자손이 진행할 때에 이와 같이 그 군대를 따라 나아갔더라

이제 열두 지파가 다 군대가 되었다. 이와 같이 이스라엘 백성들은 한 면으로는 하나님의 선택된 백성이고 하나님을 섬기는 제사장들이며(출 19:6), 또 한 면으로 민수기에 올 때 그들은 하나님의 군대가 되었다. 그래서 여기서는 '군대대로' 라는 말을 많이 한다(14,18,22,25절 등). 이들은 하나님 보시기에 다 군대이다. 또 그들의 움직임은 다 군대의 움직임이었다. 그러면 왜 군대가 되어야 했는가? 전쟁이 있기 때문이다.

이들의 목표는 가나안이고 가나안에서는 대적이 기다리고 있다. 그렇기 때문에 하나님의 백성은 반드시 군대가 되어야 한다. 군대에서 가장 중요한 것은 명령과 순종이다. 그래서 나팔이 있는 것이다. 행군 나팔이 없이 군대가 움직이면 오합지졸이 되고 백전백패를 하게 된다. 그래서 여호와의 군대는 반드시 나팔에 따라 질서 있게 움직여야 하는 것이다.

그런데 여기서 그 순서를 보면 맨 앞에 법궤가 나아온다(33절). 그 다음에 유다 자손 진 기에 속한 자들이 일대로 온다. 그 뒤를 게르손 자손과 므라리 자손이 성막 기구를 메고 따른다. 그 다음이 르우벤, 시므온, 갓 지파이다. 그리고 그 뒤에 고핫 자손이 지성소의 중요한 것들을 메고 따른다. 이 행렬에서 언약궤가 가장 먼저 가는 것은 주님이 친히 앞장서서 하나님의 백성들을 인도하심을 보여준다. 그 다음에는 보다 강한 자들이 앞장서게 된다. 주님을 앞세우고 가장 강한 유다 지파가 앞장서는 것이다. 그 뒤를 성막의 휘장, 말뚝, 널빤지 등을 짊어진 자들이 따라온다. 언제든지 그들이 먼저 가서 성막을 세워야 하기 때문이다. 그런 다음에 르우벤, 시므온, 갓 지파가 따라가고 그 뒤를 언약궤를 제외한 지성소의 중요한 항목들을 짊어진 고핫 자손이 따라온다.

29절, 모세가 그 장인 미디안 사람 르우엘의 아들 호밥에게 이르되 여호와께서 주마 하신 곳으로 우리가 진행하나니 우리와 동행하자 그리하면 선대하리라 여호와께서 이스라엘에게 복을 내리리라 하셨느니라

"르우엘의 아들 호밥". 우리는 이것을 이해하기가 쉽지 않다. 어떤 사람은 이 호밥이 모세의 장인 이드로의 또 다른 이름이라고 한다. 사사기 4장에서 모세의 장인 이름을 호밥이라고 했기 때문이다(11절). 또 어떤 사람은 이 호밥은 이드로의 아들이라고 한다.

나의 견해로는 장인 이드로의 아들이라고 생각된다. 즉 모세의 처남이라는 말이다. 그런데 또 사사기를 보면 이 사람을 겐 사람이라고도 한다(삿 4:11). 거기서 모세의 장인을 호밥이라고 했다. 모세의 장인을 미디안 사람 혹은 겐 사람이라고 하는 이유는 미디안과 겐이 합해졌기 때문이라고 말한다. 어쨌든 모세는 이 장인의 가족 되는 사람이 그들이 통과하려는 광야 길에서 매우 유익할 거라고 생각했다. 그래서 그에게 함께 동행하자고 하면서 그리하면 그를 선대할 것이라고 했다.

30-32절, 호밥이 그에게 이르되 나는 가지 아니하고 내 고향 친족에게로 가리라 31 모세가 가로되 청컨대 우리를 떠나지 마소서 당신은 우리가 광야에서 어떻게 진 칠 것을 아나니 우리의 눈이 되리이다 32 우리와 동행하면 여호와께서 우리에게 복을 내리시는 대로 우리도 당신에게 행하리이다

성경 학자들은 이 구절에 대해서 두 가지 견해를 갖고 있다. 하나는 이 말을 적극적으로 생각하는 것이다. 주님이 인도해 주시지만 이러한 경험자도 필요하다는 것이다. 또 어떤 사람은 이 말—"당신은…우리의 눈이 되리이다"—을 한 것은 모세의 실수라고 했다. 이스라엘 백성의 눈은 주님이 되셔야지 어찌 이방 사람 호밥이 되느냐는 것이다. 당시 이스라엘 백성을 인도하는 중책을 짊어진 모세는 그 지형과 사정을 잘 아는 그가 필요했을 것이다. 그리고 이 겐 사람은 가나안을 잘 안다. 창세기 15장 19절을 보면 겐 족속은 가나안에 있는 사람들이다. 가나안에서 첫 번째로 언급되는 족속이 겐 족속이다.

그렇기 때문에 이 호밥이라는 사람은 장차 나아갈 그곳의 지형지물을 잘 알고 있다. 모세는 이러한 그가 자신들의 길에 도움이 될 것으로 생각했다. 그래서 함께 있어달라고 간곡히 요청한 것이다. 그래서 또 어떤 사람들은 하나님께서 인도하시지만 또 그러한 사람도 필요하다고 생각한다. 모세는 매우 정중하고 간절하게 그에게 요청을 했고 또 그의 능력과 은사를 인정했다는 것이다. 여기에서 배울 수 있는 것은 하나님의 일에서 경험 또한 중요한 의미를 갖는다는 것이다. 물론 우리는 영적인 일에서 경험이 있다 하여 경험을 의지하지 말아야 하지만 경험이 있는 것이 무익한 것이 아니다. 우리가 모세와 같이 어떤 때 어떤 사람에게 동역하기를 요청하려면 그 사람의 능력과 지혜를 인정하지 않으면 안 될 것이다. 그러면서 모세는 신실한 보상을 약속했다.

33절, 그들이 여호와의 산에서 떠나 삼 일 길을 행할 때에 여호와의 언약궤가 그 삼 일 길에 앞서 행하며 그들의 쉴 곳을 찾았고

32절에서 모세가 그렇게까지 말을 했지만 호밥이 남았다든가 남지 않았다든가 하는 말이 없다. 그럼 어떻게 된 것인가? 이 호밥이라는 모세의 처남이 거기에 남은 것인가, 아니면 그래도 굳이 자기 고향으로 간 것인가? 잘 모른다. 그렇게 알 필요가 없는 일이라는 뜻도 된다. 그 사람이 남든 남지 않든 별 차이가 없다는 것이다.

그러면 여호와의 산에서 떠나서 삼 일 길을 행할 때 누가 쉴 곳을 찾았는가? "여호와의 언약궤가 그 삼 일 길에 앞서 행하며 그들의 쉴 곳을 찾았고". 결국 쉴 곳을 찾아준 것은 호밥이 아니라 그리스도이시다. 이것을 통해 우리는 참으로 영적인 사람, 놀라운 하나님의 사람이라도 때로는 경험 있는 사람들, 요긴하게 생각되는 사람들을 의지할 때가 있는 것을 본다. 그러나 결국 하나님께서 그분의 백성을 인도하신다. 원래 언약궤의 위치는 중심이다. 그런데 진행할 때, 백성들을 위해서 개척 하고 인도할 때에는 맨 앞에 나온다. 그리고 그들을 위해서 쉴 곳을 찾는다. 이와 같이 그리스도는 한편으로 우리의 중심이시고 또 한편으로 우리의 으뜸이시며 앞장서서 인도하는 인도자이시다.

34절, 그들이 행진할 때에 낮에는 여호와의 구름이 그 위에 덮였었더라

주님은 언약궤로서 우리를 인도하실 뿐 아니라 구름으로 그들을 천막과 같이 덮어주었다. 햇볕을 가려주어 그늘을 드리운 것이다. 쉴 곳을 찾아 주시는 분도 주님이시고 행진할 때 뜨거운 햇볕을 가려주는 분도 주님이시다. 결국 하나님의 백성들은 하나님께서 인도하시고 보호하신다. 우리는 이러한 말씀을 통해서 때때로 우리는 우리의 필요를 위해 다른 사람을 의지하지만 그럴 때 주님이 나서서 우리의 갈 길을 인도하시고 우리의 필요를 돌보심을 본다. 우리는 참으로 위험한 곳을 지나갈 때에 피난처가 되어 주시는 주님을 체험할 수 있다.

아주 유명한 책 〈피난처〉를 지은 콜이라는 사람이 네델란드에 있을 때의 일이다. 제2차 대전 때 독일이 네델란드를 침공했는데, 당시에 그녀는 자기 집 윗층에 누워 있었다. 그런데 총소리가 나고 섬광이 번쩍이고 대포 소리가 나니까 잠을 이루지 못하고 뒤척이다가 아래층에서 언니가 덜그럭거리는 소리를 듣고 내려갔다. 언니하고 커피를 끓여 마시고 있는데 갑자기 섬광이 번쩍이면서 낮과 같이 밝아졌다. 그래서 근방에서 폭탄이 터졌나 보다 하고 방금 폭탄이 터졌으니까 잠시 동안은 괜찮겠지 하면서 이층 자기 방으로 올라가 침대에 눕는 순간 손에 뭐가 잡혔다. 보니까 폭탄 조각이었다. 그 파편에 찔려 손에 피가 나자 다시 아래층에 내려갔더니 언니가 손을 싸매 주었는데, 확인해 보니 바로 그 집 이층이 폭격을 당한 것이다. 그래서 그 콜이라는 작가가 언니에게 "내가 만일 그 시간에 이층에 있었다면 어떻게 되었을까?" 했더니 언니가 이렇게 말했다. "우리 그리스도인 세계에는 그런 일이 아주 많단다. 우리의 길은 언제나 주님이 보호해 주시지. 우리는 알지 못하지만 그분은 언제나 우리의 길에서 이처럼 피난처가 되신단다." 우리의 인생길에서 주님은 이와 같이 우리가 모르는 사이에 지켜주시는 때가 많다.

35절, 궤가 떠날 때에는 모세가 가로되 여호와여 일어나사 주의 대적들

을 흩으시고 주를 미워하는 자로 주의 앞에서 도망하게 하소서 하였고

궤가 떠날 때 모세가 드린 기도이다. 궤가 떠날 때에는 항상 모세가 이렇게 기도했다. "여호와여, 일어나사 주의 대적들을 흩으시고 주를 미워하는 자로 주의 앞에서 도망하게 하소서." 여기서 모세는 이스라엘 백성을 괴롭히고 공격하는 자들을 우리의 대적이라고 말하지 않고 주님의 대적이라고 했다. 또 이스라엘 백성을 미워하는 자들을 주를 미워하는 자들이라고 했다. 오늘 우리가 주님의 성령을 따라서 움직이는 하나님의 백성들이라면 우리의 대적이 곧 주님의 대적이다. 우리를 미워하는 자들은 주님을 미워하는 자들이다.

36절, 궤가 쉴 때에는 가로되 여호와여 이스라엘 천만 인에게로 돌아오소서 하였더라

당시에 이스라엘 백성의 숫자는 천만 인이 안 된다. 많아야 이백만 정도이다. 그런데 여기서 모세는 여호와께 이렇게 기도했다. 아마 모세의 인식 속에 여호와의 백성은 이것만이 아니라는 느낌이 있었을 것이다. 그는 먼 앞을 내다보면서 이렇게 기도했을 것이다. 오늘 여기에 모인 인수가 얼마 안 되지만 여호와 하나님은 얼마 안 되는 이 인수에 국한되시는 분이 아니다. 그분은 천만 인의 하나님이시다.

하나님의 백성들은 진행할 때에는 "주여, 대적을 물리치게 하옵소서"라고 기도해야 하고, 머물 때에는 "여호와여, 우리에게로 돌아오소서"라고 기도해야 한다. 하나님의 백성, 그리스도인들의 가장 사모할 바는 그들의 모임 가운데 하나님이 임재하시는 것이다. 주님이 계시지 않다면 우리에게 무슨 소망이 있고 무슨 기쁨이 있겠는가? 우리는 주님과 함께 머물기를 원하며 항상 주님을 모시고 있기를 원한다.

민수기 11장

식물로 인하여 원망함

민수기 1장부터 10장까지는 주로 민수기의 기본적인 진리를 확정하는 말씀이며 또 한 면에서는 군대를 편성하여 그들이 행해야 할 여러 가지 원칙들을 기록한 것이다. 이제 11장부터는 하나님의 말씀의 기본 원칙을 바탕으로 해서 편성된 이스라엘 군대가 어떻게 목표인 가나안으로 나아가는가를 말한다. 이 장은 그들의 행진과 여정의 시작이라고 볼 수 있다.

이스라엘 백성들은 길을 떠나 시내 산에 도착하여 거기서 상당 기간(약 1년가량)을 머물렀다. 그리고 이제 다시 가나안을 향하여 여행을 시작했다. 그런데 우리가 여기 11장에서 보는 것은 이 백성들이 움직이자마자 하나님을 향해 악한 말로 원망하는 일이 발생했다는 것이다. 10장까지에서 하나님은 이스라엘 백성이 어떻게 행할 것인지를 상세하게 말씀해 주셨는데 이제 11장에서 발걸음을 떼자마자 이스라엘 백성의 한 일은 원망하고 거역하여 하나님의 마음을 상하게 한 것이다. 이것이 사람이 하는 일이다. 우리가 성경에서 보는 것은 한편으로 하나님의 완벽하신 설계와 사람에 대한 배려와 관심과 가르치심이며 또 한편으로는 사람의 실패이다. 그 실패 또한 완벽하고 철저한 것이다.

인간은 에덴동산에서 타락한 후 고장난 기계와 같이 되었다. 그러나 인간 자신은 자신이 얼마나 고장났는지를 알지 못한다. 그러므로 하나님이 율법을 주셨는데 율법은 하나님이 사람더러 지키라고 주신 것이 아니라 그것을 통해 인간의 무능함과 부패성을 알게 하려는 데 그 목적이 있다. 율법을 주고 지키라고 하자마자 인간은 범죄를 시작했다. 이곳 민수기에서도 많은 원칙을 들은 직후 이스라엘 백성들이 한 일은 그것을 깨뜨리는 일이며 하나님을 실망시켜 드리는 일이었다.

창세기 1장, 2장에서 하나님은 천지를 창조하시고 사람을 지으셨는데 그 완벽한 창조와 하나님의 섬세하신 안배가 있은 후에, 3장에는 인간의 타락이 나온다. 하나님께서는 그 타락한 인간을 노아 시대에 철저히 심판하셨다. 노아와 그 가족만을 남기고 나머지 인류를 물로 심판하신 것이다. 그런데 그 심판을 거쳐 나온 노아의 가족, 하나님의 언약의 무지개를 본 그들도 얼마 되지 않아 다시 또 실패를 하게 된다. 이와 같이 우리는 성경에서 하나님의 창조와 그분의 사랑과 섬세하신 인도를 볼 수 있으며, 반면에 사람의 계속적이고 철저한 타락과 실패를 볼 수 있다.

1절, 백성이 여호와의 들으시기에 악한 말로 원망하매 여호와께서 들으시고 진노하사 여호와의 불로 그들 중에 붙어서 진 끝을 사르게 하시매

이스라엘 백성이 모세와 함께 시내 광야를 떠나 여행을 시작했는데, 여행을 시작하자마자 그들의 첫 번째 반응은 악한 말로 원망하는 것이었다. 원망의 내용을 여기에 기록하지는 않았지만 아마 길이 어려운 것에 대한 원망일 것이다. 막상 여행을 하다 보니 갈 길이 막막하고 힘들어서 어디로 가느냐, 왜 우리를 이곳으로 인도하느냐 등등 많은 불평과 원망이 생겨났을 것이다. 그런데 그러한 원망을 '여호와께서 들으셨다'고 했다. 우리가 반드시 기억해야 할 것은 하나님께서 어떤 말은 들으신다는 것이다. 소소한 일상생활에 관한 말들은 그냥 지나치실지 몰라도 이렇게 하나님의 역사에서, 하나님의 백성의 움직임 가운데서 원망의 말을 하는 것은 들으신다. 이러한 말은 아주 심각한 것이다. 하나님은 행정이 있고 역사가 있으신 분이다. 또 경륜이 있으신 분이다. 그렇기 때문에 하나님은 그분의 뜻과 목적에 따라서 백성을 인도하신다. 당시 이스라엘 사람들은 하나님의 행사를 보았지만 그분의 길을 보지 못했다(히 3:9-10). 그리고는 그분이 자신들의 원하는 대로 해주시지 않자 불만이 생긴 것이다.

그러한 인도에 불만을 품고 그 인도자나 혹은 하나님의 인도 자체에 대해서 뭔가 불평하는 말을 내뱉을 때 여호와께서 들으신다. 이는 사람이 자기의 뜻을 가지고 있기 때문이다. 사람은 다 자기가 원하는 길이 있고 그 길에 대한 뜻이 있기에 그것과 맞지 않는 일이 일어나고 벌어질 때 원망이 있게 된다. 이때 입으로 원망을 하지 않더라도 뭔가 하나님의 길과의 불일치가 생겨난다. 이는 주님을 충성되게 섬기는 사람들 가운데도 일어날 수 있는 시험이니 조심해야 한다. 자기가 생각한대로 주님을 위하려 하는데 하나님이 그 일들을 자기 뜻대로 존중하시고 함께 해주시지 않을 때 원망이 생겨날 수 있는 것이다. 이를테면 병든 사람을 위해 기도했을 때 병을 낫게 해주셔야 친구나 이웃을 전도할 수 있을 텐데, 매우 열심히 좋은 뜻을 품고 기도했는데 하나님이 들으시지 않는 경우도 있다. 그럴 때 기도자는 심한 시험에 떨어질 수 있는 것이다. 하나님은 우리의 나름대로의 선한 계획대로 일하시는 분이 아니라 그분의 거룩한 뜻과 경륜대로 일하시는 분이다.

"여호와께서 들으시고 진노하사 여호와의 불로 그들 중에 붙어서 진 끝을 사르게 하시매". 여호와께서는 그러한 악한 원망의 말을 듣고 진노하사 이스라엘 백성들의 진 끝에 불이 붙게 하셨다. 여호와는 소멸하는 불이시다. 우리는 신약 히브리서에서도 "하나님은 소멸하는 불이심이니라"는 말씀을 본다(12:29). 또 유다서에도 어떤 사람들을 불에서 끌어내어 구원하라(23절)는 말씀이 있다. 이로써 우리는 신약에서도 어떤 그리스도인은 불 가운데 있을 수 있다는 것을 본다. 그들은 하나님의 진노의 불 가운데, 심판의 불 가운데, 징계의 불 가운데 자기를 둔 사람들이다.

2절, 백성이 모세에게 부르짖으므로 모세가 여호와께 기도하니 불이 꺼졌더라

그들이 원망할 때 진 끝에서 불이 나서 진을 사르자 백성들이 모세에게 부르짖었다. 사람들은 뜨겁다는 것은 안다. 아프다는 것도 안다. 사람들은 거역하게 되면 예민한 생명의 감각이 없어지게 되므로 자신들이 무엇을 잘못하는지 알지 못한다. 원망할 때는 그것이 심각한 줄 모르다가 뜨거우니까 살려달라고 부르짖었다. 그때 모세가 여호와께 기도하니 불이 꺼졌다. 이것이 그들이 여행을 시작하자마자 첫 번째 발생한 일이다. 우리는 사도행전에서 교회가 생겨난 지 얼마 안 되어 아나니아와 삽비라의 일이 일어나고 히브리파와 헬라파 과부들 간에 구제로 인해 서로 원망하는 일이 일어난 것을 보았다. 이와 같이 사람들은 늘 하나님의 놀라운 역사가 있은 직후에 실패를 하곤 했다. 사실 이스라엘 역사 전체가 실패의 역사이고 교회의 역사도 실패의 역사이다. 하나님은 이 시대에 실패한 교회 속에서 이기는 자를 부르신다는 것을 알아야 한다.

그러므로 우리는 이 말씀을 통해서 인간의 타락과 패배, 즉 인간은 이렇게도 철저히 타락하고 패배한 존재이며 그렇기 때문에 우리 인간은 자신에게 아무것도 기대할 것이 없음을 보아야 한다. 우리는 다만 주 예수님을 믿고 그분 안에서 자신이 발견되기를 원해야 한다. 우리에게는 아무것도 없고 모든 것이 주님뿐임을 알아야 한다. 우리는 우리 자신에게 무엇이 있는 줄로 착각하지만 하나님은 우리에게 아무것도 없다고 하신다. 그러므로 우리는 그분만 바라보고 신뢰하게 된다. 주 예수님을 믿으면 그분의 모든 것이 우리의 것이 된다. 그분의 죽음이 우리의 죽음이 되고 그분의 부활이 우리의 부활이 된다. 그분의 생명이 우리의 생명이 된다. 그분의 인격이 우리의 인격이 되고, 그분의 역사, 그분의 모든 것이 우리의 것이 된다. 그분의 거룩함이 우리의 거룩함이 된다. 그분의 의로움이 우리의 의로움이 된다. 그분의 구속이 우리의 것이 된다.

참으로 우리에게는 아무런 기대할 것이 없고 우리 인간은 철저히 실패한 존재이다. 사람은 움직이면 죄를 짓는다. 그렇기 때문에 하나님께서는 성경에서 우리 자신에 대해 어떠한 소망도 갖지 말라고 하시며 다만 그분의 아들을 믿으라고 하신다. 그리스도를 믿을 때 그리스도의 모든 것이 우리의 것이 된다. 여러분은 자신이 좋은 존재라고 생각할지 모르지만 하나님은 여러분이 좋은 존재가 아니라고 하신다. 결국 이 구약의 말씀은 우리의 존재에 대한 X-ray이다. 이들과 우리의 존재를 따로 분리해서는 안 된다. 이들의 실패는 오늘 우리의 어떠함과 동일한 것이다. 때로 우리는 우리 속에 예상치 않는 원망이 있음을 보고 놀란다. 이는 우리 속에 타락의 요소가 들어 있기 때문이다. 우리가 길을 가다보면 우리라는 존재가 하나님의 뜻을 행하기에 그렇게 좋은 존재가 아님을 발견하게 된다. 그리고 우리는 많은 실패를 통해 우리 자신을 믿지 않게 된다. 고로 우리는 경계하고 주의해야 한다.

3절, 그곳 이름을 다베라라 칭하였으니 이는 여호와의 불이 그들 중에 붙은 연고였더라

불이 붙었던 곳의 지명이 다베라이다. 이 지명의 뜻이 '불이 붙었다'이다.

4절, 이스라엘 중에 섞여 사는 무리가 탐욕을 품으매 이스라엘 자손도 다시 울며 가로되 누가 우리에게 고기를 주어 먹게 할꼬

"섞여 사는 무리"란 혼잡한 사람들이라는 뜻이다. 많은 이스라엘 사람들이 애굽에서 나왔는데 그 중에는 순수한 이스라엘 백성만 있는 것이 아니고 혼잡된 사람들이 있었다. 언제든지 이와 같이 혈통이 순수하지 않은 혼잡된 사람들이 항상 문제가 되는 것이다. 그리스도인들에게는 분명한 입장을 갖고 대적하는 대적이 위험한 게 아니다. 오히려 긴가 민가 하는 사람들, 뭔지 모르게 섞여진 사람들이 위험하다. 아마도 이전까지는 이스라엘 백성 가운데 그들이 섞여진 존재인지 몰랐을 것이다. 그런데 이 지점에 이르렀을 때 이 섞여진 사람들의 정체가 드러났다.

지금까지는 이들이 일반 이스라엘 백성과 똑같이 행동했고 별 어려움이 없었다. 같이 애굽에서 나왔고 홍해를 건넜고 시내 산에서 한 일년 동안 머물면서 여러 가지 일을 함께 했다. 그때까지만 해도 큰 어려움이 없었다. 그런데 이제 군대 편성이 마쳐지고 행진을 시작하려고 하자 섞여 사는 무리가 불만 세력이 되었다. 이 구절은 이들이 탐욕을 품었다고 했다.

이 섞인 자들은 죽음까지도 각오하면서 하나님의 약속하신 땅 가나안을 향해 믿음으로 나아가려는 마음이 없었다. 그저 애굽에 머물러 있는 것보다는 과거부터 친밀하던 여러 사람들과 함께 가는 편이 나을 것 같아서 따라 나선 것뿐이다. 하나님의 행하시는 기적을 보고 또 이스라엘 백성이 많은 것(금은보화 등)을 가지고 가니까 별 계산 없이 함께하게 된 것이다. 그래서 놀라운 기적의 역사도 많이 체험했다. 시내 산에서 성막을 건축하는 일도 도왔다. 그런데 이제 멀고 먼 광야의 여정을 시작하니까 '아, 이것이 아닌데!' 하며 뭔가 생각이 달라진 것이다. 그리고 맨 먼저 떠오른 것이 먹을 게 부족하다는 것이다. 여기서는 그들이 탐욕을 품었다고 했다.

그런데 이러한 혼잡한 사람들이 문제를 일으키면 이스라엘 백성(순수한 믿는이)이 영향을 받고 거기에 전염이 된다. 왜냐하면 순수한 믿는이들이라 할지라도 다 육체가 있기 때문이다. 그렇지 않아도 뭔가 먹고 싶고 부족한 것이 있다고 느끼고 있는데 그 부분을 자극하니까 동조하는 마음이 생긴 것이다. 그래서 "이스라엘 자손도 다시 울며 가로되 누가 우리에게 고기를 주어 먹게 할꼬". 이제 고기 생각이 난 것이다. 이 혼잡한 사람들이 고기를 먹고 싶다고 하니까 이스라엘 백성도 고기 생각이 났다. 그리고서 가만히 생각을 해보니까 고기를 못 먹은 날이 일 년 이상 되는 것 같다. 그러자 지나온 세월이 한탄스럽고 앞으로 살 길이 막막하여 눈물이 난 것이다.

5절, 우리가 애굽에 있을 때에는 값 없이 생선과 외와 수박과 부추와 파와 마늘들을 먹은 것이 생각나거늘

이제 예전에 푸짐하게 먹었던 것들이 다 생각이 났다. 그런데 문제는 그 당시 애굽에 있을 때 그렇게 풍성한 먹을 것만 있었던 것이 아니라 많은 노역도 있었고 고통도 있었다는 것이다. 그들은 바로의 학정 아래서 고된 일에 시달려 탄식하며 한숨짓던 일은 다 잊어버리고, 거기서 구출해 내신 하나님의 은혜는 다 잊어버리고 이제 맛있게 먹었던 것들만 생각나는 것이다. 사람은 다 그렇다. 또 사탄 마귀는 사람을 그렇게 유혹한다. 우리가 죄인이었을 때 죄악에 이끌려 고통받았던 것은 다 잊어버리게 하고 죄악의 달콤함과 세상의 좋은 것만 생각나게 하여 자꾸 유혹하는 것이다.

내가 아는 한 여자 분이 있는데, 그녀의 남편은 몇 해 전에 병으로 죽었다. 그런데 그 남편은 살아 있을 때 너무나 그녀의 속을 썩였다. 매일 같이 술 마시고 또 아내에게 가장 상처를 주는 바람 피우는 일을 했으며 거기다 때로 폭행까지 하는 그런 사람이었다. 그러한 남편이 어느 날 죽었는데, 그후에 내가 참 놀란 것이 있다. 나는 그 여자 분이 그렇게 지긋지긋하게 살았으니까 이제는 죽은 남편에 대해 생각조차 하기 싫어할 것이라고 여겼는데, 그녀가 다른 남자와 재혼한 다음 매일같이 죽은 전 남편 이야기를 하는 것이다. 그런데 그렇게도 괴롭힌 이야기는 한 마디도 하지 않고 아주 조그만 좋은 추억들, 말하자면 어느 날 자기를 위해 장미꽃 한 송이를 사다 주었다든가, 자기가 좋아하는 음식인 냉면을 한 그릇 사주면서 먹으라고 했다든가 하는 등 몇 가지를 말하고 또 말하는 것이다. 나는 그 몇 가지를 하도 자주 들어서 다 외우고 있다. 그래서 속으로 '참, 사람이 이런 것이구나' 라는 생각이 들었다.

마찬가지로 하나님께서 우리 죄인을 죄악의 구렁텅이에서 건져내시고 죄의 고통에서 풀어 자유케 하셨는데 사람은 그 죄악의 고통은 생각지 않고 그저 일시적인 죄악의 달콤함만을 생각하며 그리워하는 것이다. "우리가 애굽에 있을 때에는 값없이…먹은 것이 생각나거늘". 하지만 '값없이' 먹었다는 것은 거짓말이다. 그렇게 죽도록 일을 하고서 조금 얻어먹었는데 값없이 먹었다고 하는 것은 예전의 애굽에서 어려웠던 시간들을 다 잊어버린 말들이다.

6절, 이제는 우리 정력이 쇠약하되 이 만나 외에는 보이는 것이 아무 것도 없도다 하니

'정력' 이라는 말은 히브리어에서 '네페쉬' 로서 생명, 영혼이라는 뜻이다(잠 23:2, 전 6:7 원문 참조). 여기서 그들은 만나 외에는 보이는 것이 아무것도 없다고 했다. 만나는 사실 신약에서 하나님의 말씀, 주님 자신을 가리킨다. 그런데 이들 눈에는 이 만나가 아무것도 아닌 것으로 보이는 것이다.

7-8절, 만나는 깟씨와 같고 모양은 진주와 같은 것이라 8 백성이 두루 다니며 그것을 거두어 맷돌에 갈기도 하며 절구에 찧기도 하고 가마에 삶기도 하여 과자를 만들었으니 그 맛이 기름 섞은 과자맛 같았더라

여기서 만나에 대해 자세하게 기록했는데, 왜 이렇게 만나에 대해서 자세하게 기록했는지 생각해 볼 때, 그것은 이 만나로도 충분히 입맛을 돋울 수 있다는 것을 말해 주려는 것 같다. 당시 그들의 모든 필요를 채울 수 있는 식품이라는 것이다. 보기에도 좋고 어떻게 요리해도 맛있는 음식이다. 입맛에 따라 삶아서도 먹고 볶아서도 먹고 찧어서도 먹고 갈아서도 먹게 되어 있다.

9절, 밤에 이슬이 진에 내릴 때에 만나도 같이 내렸더라

이들은 자기들이 어떤 노력을 하지 않고 다만 밤에 이슬과 함께 내리는 만나를 이른 아침에 거두어 먹었다. 그야말로 만나만큼은 값없이 먹은 것이다. 사실 과거에 애굽에서는 고되게 일하고 그저 조금 얻어먹었을 뿐이다.

10절, 백성의 온 가족들이 각기 장막 문에서 우는 것을 모세가 들으니라 이러므로 여호와의 진노가 심히 크고 모세도 기뻐하지 아니하여

매일 만나만 먹으니까 힘이 없어서 못 살겠으니 고기를 먹게 해달라고 우는 것이다. 사실 만나만으로도 힘이 난다. 그리스도로 인하여 활력도 있고 기쁨도 있고 용기도 있다. 그런데 어떤 사람은 항상 말씀을 읽고 기도만 해서는 삶에 힘이 없다고 느껴 뭔가 좀 다른 것을 해보려고 한다. 영화, 음악, 오락, 스포츠 등으로 활력을 얻으려 한다. 이런 사람들은 대개 혼잡된 사람들이다. 여기의 '온 가족'은 이스라엘 백성인데, 이스라엘 백성도 다 그러한 혼잡에 전염이 되어 장막문 앞에서 울었다. 그러자 여호와께서 심히 진노하시고 모세도 기뻐하지 않았다.

11절, 여호와께 여짜오되 주께서 어찌하여 종을 괴롭게 하시나이까 어찌하여 나로 주의 목전에 은혜를 입게 아니하시고 이 모든 백성을 내게 맡기사 나로 그 짐을 지게 하시나이까

모세는 자기가 짐을 지고 있다고 생각하고 있다.

12절, 이 모든 백성을 내가 잉태하였나이까 내가 어찌 그들을 생산하였기에 주께서 나더러 양육하는 아비가 젖 먹는 아이를 품듯 그들을 품에 품고 주께서 그들의 열조에게 맹세하신 땅으로 가라 하시나이까

지금 모세는 인도자로서 백성들의 이러한 불평과 원망과 요구의 말을 들을 때 하나님을 잠깐 잊어버렸다. 그리고 그들을 감당하기가 너무 무겁다고 생각했다. 모세처럼 훌륭하고 충성된 종이라도 사람이기 때문에 우리가 보기에 영성과 믿음이 부족한 말을 하고 있는 것이다.

13-14절, 이 모든 백성에게 줄 고기를 내가 어디서 얻으리이까 그들이 나를 향하여 울며 가로되 우리에게 고기를 주어 먹게 하라 하온즉 14 책임이 심히 중하여 나 혼자는 이 모든 백성을 질 수 없나이다

"책임이 심히 중하여 나 혼자는 이 모든 백성을 질 수 없나이다". 사실 모세는 모든 백성을 질 수 없는 것이 아니라 한 사람도 질 수 없다. 여기서 모세는 잠시 하나님도 잊어버리고 자기 자신도 잊어버렸다. 상황이 너무 힘들고 책임이 무겁게 느껴지다 보니까 이 모든 백성을 하나님께서 짊어지신다는 것을 잊어버린 것이다. 그리고 자신이 짊어지기에 너무 무겁다고 생각했다.

15절, 주께서 내게 이같이 행하실진대 구하옵나니 내게 은혜를 베푸사 즉시 나를 죽여 나로 나의 곤고함을 보지 않게 하옵소서

모세는 지금 심히 약한 상태에 빠져 말하고 있다. 신약 히브리서를 보면 모세는 하나님의 집에서 충성된 종이라고 했다. 그런데 성경에서는 이렇게 충성된 자들—모세, 바울, 베드로, 엘리야 등—의 약함도 기록했다. 결코 하나님께서 귀히 쓰신 종들이라고 해서 약점이나 실수한 것은 빼고 잘한 것만 기록하지 않았다. 그들의 충성된 점, 잘한 점을 기록할 뿐 아니라 그들의 연약함, 실수도 빼지 않고 다 기록한 것이다. 어떤 사람들은 '그렇게 할 때 주님이 쓰신 종들을 얕보게 되므로 그런 말을 기록하는 것은 좋지 않습니다' 할지 모른다. 또 실제로 어떤 하나님의 종들을 전혀 약점이 없는 사람으로 여겨 사람 높이기를 좋아한다. 그러나 성경은 그렇지 않다.

오늘날 많은 사람들이 하나님께서 사용하신 종들을 아무 흠이 없고 약점이 없는 사람들로 만들어 높이기 때문에 발생하는 문제가 너무 심각하다. 그러나 성경에는 그렇게 기록하지 않았다. 여기서 모세는 자신의 약점을 있는 그대로 기술했다. 또 사도 바울도 자신의 약함을 자랑한다고 했다. 그리고 "내가 약할 그때에 하나님이 강하시다"고 했다. 이렇게 성경에는 하나님께서 쓰신 종들이 조금도 약하지 않고 전혀 문제가 없고 모든 면에 훌륭해서 모든 사람이 우러러보는 위대한 존재라고 나타내려는 의도가 없다.

오히려 성경에서는 하나님을 섬긴 종들이라 할지라도 그들의 충성된 점을 기록할 뿐 아니라 때에 따라서 그들의 실패한 것, 약한 것도 그대로 기록하여 거기에 임한 하나님의 긍휼과 은혜를 나타낸다. 하나님께서 약한 자들을 위해서 참으로 크신 역사를 행하셨음을 나타낼 뿐 결코 어떤 인간의 대단함을 나타내지 않는다. 모세에게는 그의 충성됨이 귀한 것이지 그의 능력이나 지혜가 대단한 것이 아니다. 능력과 지혜는 오직 하나님께 있다. 이것에 관해 믿는이들은 적절한 이해를 가질 필요가 있다.

16-17절, 여호와께서 모세에게 이르시되 이스라엘 노인 중 백성의 장로와 유사되는 줄을 네가 아는 자 칠십 인을 모아 데리고 회막 내 앞에 이르러 거기서 너와 함께 서게 하라 17 내가 강림하여 거기서 너와 말하고 네게 임한 신을 그들에게도 임하게 하리니 그들이 너와 함께 백성의 짐을 담당하고 너 혼자 지지 아니하리라

여기는 이제 하나님께서 모세의 막중한 짐을 인해 모세를 긍휼히 여기시는 장면이다. 하나님은 모세에게 칠십 인을 데리고 회막 앞에 이르러 서면 그분이 강림해서 모세와 말하고 거기서 그에게 임한 영을 그들에게도 임하게 하실 것이라고 하신다.

18-20절, 또 백성에게 이르기를 너희 몸을 거룩히 하여 내일 고기 먹기를 기다리라 너희가 울며 이르기를 누가 우리에게 고기를 주어 먹게 할꼬 애굽에 있을 때가 우리에게 재미 있었다 하는 말이 여호와께 들렸으므로 여호와께서 너희에게 고기를 주어 먹게 하실 것이라 19 하루나 이틀이나 닷새나 열흘이나 이십 일만 먹을 뿐 아니라 20 코에서 넘쳐서 싫어하기까지 일 개월간을 먹게 하시리니 이는 너희가 너희 중에 거하시는 여호와를 멸시하고 그 앞에서 울며 이르기를 우리가 어찌하여 애굽에서 나왔던고 함이라 하라

이제 두 가지 문제를 다 해결해 주시는데, 먼저는 모세의 짐이 무겁다는 하소연을 들어주시고 그 다음에는 고기를 주어 실컷 먹게 해주시겠다고 한다. 코에서 냄새가 나서 싫어하기까지 먹게 해주시겠다는 것이다. 그리고서 하나님께서는 그들이 "우리가 어찌하여 애굽에서 나왔던고" 하며 원망했던 말을 언급하신다. 이것을 볼 때 하나님께서 가장 싫어하시는 것은 하나님의 인도, 하나님의 역사, 하나님의 움직이심에 대해서 불평하고 원망하는 것이다. 하나님께서는 뜻이 있어서 그들을 애굽에서 광야로 불러내셨다. 그런데 이스라엘 백성은 다시 애굽을 그리워하고 그 음식을 그리워하고 있는 것이다. 사실 고기를 먹는 것 자체는 큰 문제가 안 될 수도 있다. 그냥 '하나님, 저희들이 고기가 먹고 싶습니다' 하면 된다. 그런데 왜 애굽을 생각하면서 원망하고 불평하느냐는 것이다.

그러므로 우리가 다베라(불이 붙었던 곳)에서, 그리고 고기를 구하는 문제에서 배워야 할 공과는 주님의 길에서 주님이 인도하시는 대로 따르면 되고 주님이 주시는 대로 먹으면 된다는 것이다. 그것으로 만족할 줄 알아야 한다. 주님이 어디로 인도하시면 그것이 주님의 인도인줄 믿고 그냥 따라가면 된다. 주님이 우리에게 일생 만나를 먹게 하시면 다만 만나를 먹고 살면 된다. 그리고 하나님의 인도하시는 발걸음에 그저 순응하고 감사하면 된다. 그런데 힘들다고 해서, 배고프다고 해서, 힘이 안 난다고 해서 다시 돌이켜 과거를 바라보면 하나님께서는 그것을 가장 싫어하신다.

하나님의 백성들은 계속 앞으로 움직이는 사람들이다. 계속 나아가는 사람들이다. 민수기는 우리에게 그것을 보여 주고 있다. 그리스도인은 동적(動的)이기 때문에 과거도 있고 현재도 있고 미래도 있는 것이다. 그리스도인이 정상적으로 주님의 길을 가면 반드시 주님이 원치 않으시는 곳에서 주님이 원하시는 곳을 향해 이동하게 되어 있다. 이것이 그리스도인의 정상적인 노정이다. 과거에는 어두움이고 어린 상태에 있었지만 이제는 빛이고 성장한 상태로 옮겨지는 것이다. 그런데 과거에 뭔가 즐거움이 있었다고 해서 그곳으로 돌아가려고 하는 것은 하나님께서 가장 싫어하시는 것이다.

21절, 모세가 가로되 나와 함께 있는 이 백성의 보행자가 육십만 명이온데 주의 말씀이 일 개월간 고기를 주어 먹게 하겠다 하시오니

하나님의 말씀을 모세가 정확하게 듣기는 했다. 모세는 여호와께서 고기를 주어 한 달간 먹게 하겠다, 아주 코에서 냄새가 날 때까지 먹게 하겠다고 하시는 말씀을 들었는데 그가 생각할 때 육십만 명이 넘는 이 대군을 일 개월간이나 어떻게 고기를 먹이느냐는 것이다.

22절, 그들을 위하여 양떼와 소떼를 잡은들 족하오며 바다의 모든 고기를 모은들 족하오리이까

그것도 그럴 일이 어떻게 이렇게 많은 인구에게 한 달 동안 고기를 먹이겠는가? 모세는 걱정이 되었다.

23절, 여호와께서 모세에게 이르시되 여호와의 손이 짧아졌느냐 네가 이제 내 말이 네게 응하는 여부를 보리라

모세 같은 훌륭한 인도자도 믿음 면에서 문제가 생길 때가 있었다. 지금까지 모세는 여호와의 하신 일을 많이 보았다. 애굽에서 열 가지 재앙을 내리신 일, 홍해를 건너게 하신 일, 모두 다 하나님께서 하셨다. 또 지금까지 일 년여 동안 이스라엘 백성을 먹이고 살린 것도 다 하나님께서 하셨다. 모세는 믿음이 없는 사람이 아니다. 하나님께서 하신 일도 보았고 또 믿음도 있다. 그런데 여기 이 문제에서 딱 걸렸다. 그래서 하나님께 이렇게 말하는 것이다. '아무리 하나님이라고 하셔도 장정들만 육십만 명이 넘는데 한 달 동안 고기를 먹이시겠다고요? 양떼

소떼를 다 잡아 보세요. 바다의 고기를 다 모아 보세요. 그래도 이 무리는 먹이기는 어려우실 것입니다.' 여기서 모세의 믿음도 한계에 왔다. 그러자 여호와께서 모세에게 "여호와의 손이 짧아졌느냐 네가 이제 내 말이 네게 응하는 여부를 보리라"고 하셨다.

결국 하나님께서는 이렇게 모세와 이스라엘 백성을 인도하시면서 가르치시는 것은 바로 '믿음'이다. 능치 못할 것이 없으신 주님, 그분은 무한대로 하실 수 있는 분이다. 모세도 자기의 경험으로 하나님께서 이 정도는 하시지만 이것만은 안 된다고 생각하는 것이 있었다. 그런데 하나님께서는 "여호와의 손이 짧아졌느냐?" 하신다. 즉 여호와는 능치 못할 것이 없으시다는 말씀이다. 우리는 때로 기도를 하면서도 '제가 기도를 하기는 하지만 이것만은 못하실 거예요. 그렇지만 하도 답답하니까 기도를 안 할 수는 없고 그래서 기도하는 것입니다' 하는 태도를 갖고 있다. 자신의 사정이 너무 안타까우니까 입을 벌려서 기도를 하기는 하지만 속에는 '하나님, 이것은 하나님도 어쩌실 수 없을 거예요'라는 생각이 있는 것이다. 여기서 문제 되는 것이 바로 믿음이다. "여호와의 손이 짧아 졌느냐?". 우리는 이러한 말씀을 한 마디 들을 때 "아, 정말 그렇구나! 하나님은 무엇이든지 하실 수 있어. 그분에게는 불가능한 것이 없으시니까!" 하면서 믿음이 생기게 된다.

24절, 모세가 나가서 여호와의 말씀을 백성에게 고하고 백성의 장로 칠십 인을 모아 장막에 둘러 세우매

모세가 충성되다는 것은 바로 이 점에서이다. 모세는 자기의 약함도 알고 자기의 믿음이 부족하다는 것도 안다. 그는 자신의 약함과 믿음 없음을 하나님께 그대로 말씀드렸지만 또 하나님께서 말씀하실 때 즉시 믿는다. '그렇습니다. 하나님, 당신의 말씀이 옳습니다. 당신은 하실 수 있습니다. 당신의 손은 결코 짧아지지 않았습니다. 제가 어리석

었습니다' 하면서 순종하는 것이다. 이것이 충성된 것이다. 여러분은 결코 '우리는 흠이 없고 아무 실수도 없고 한 번도 믿음이 부족한 적이 없어' 라고 말하지 말라. 모세같이 우리도 때로는 '이 일만큼은 하나님도 못하실 거야' 라고 생각했다가 주님의 음성을 듣고서 돌이키기도 하고 새로운 믿음을 가지고 힘을 얻기도 하며 그 믿음을 통해서 하나님의 역사하심을 보기도 한다.

25절, 여호와께서 구름 가운데 강림하사 모세에게 말씀하시고 그에게 임한 신을 칠십 장로에게도 임하게 하시니 신이 임하신 때에 그들이 예언을 하다가 다시는 아니하였더라

여기서 우리가 배울 수 있는 것은 하나님의 백성을 섬기기 위해서는 반드시 신(영)이 임해야 한다는 것이다. 즉 성령이 없이는 하나님을 섬기는 일을 하지 못한다는 것이다. 칠십 인이 모세를 조력할 것인데, 조력하기 위해서는 하나님의 영이 부어져야 한다. 하나님의 영이 없이는 누구도 하나님을 섬길 수 없다. 우리는 다만 공부해서 하나님을 섬길 수 있다고 생각해서는 안 된다. 하나님의 영이 부어져야 한다. 구약에서나 신약에서나 하나님을 섬기는 원칙은 사람의 힘으로나 능으로 하지 않고 하나님의 영으로 하는 것이다.

26-28절, 그 녹명된 자 중 엘닷이라 하는 자와 메닷이라 하는 자 두 사람이 진에 머물고 회막에 나아가지 아니하였으나 그들에게도 신이 임하였으므로 진에서 예언한지라 27 한 소년이 달려와서 모세에게 고하여 가로되 엘닷과 메닷이 진 중에서 예언하더이다 하매 28 택한 자 중 한 사람 곧 모세를 섬기는 눈의 아들 여호수아가 말하여 가로되 내 주 모세여 금하소서

많은 사람이 함께하다 보면 이렇게 몇 사람이 문제를 일으키곤 한다. 집회에 빠지는 사람이 있는 것이다. 칠십 인이 회막 앞에 모여 하나님의 영의 감동을 받고 예언을 하는데 거기에 두 명이 빠진 것이다. 이들이 왜 빠졌는지는 알 수 없다. 무슨 사정이 있어서인지, 전달을 제대로 못 받아서인지, 아니면 일을 하다 보니 늦어져서인지 모르지만, 하여간 오지 못했다. 그런데 문제는 68명은 함께 있어 영을 받고 예언을 하는데 진에 남아 있던 두 사람, 엘닷과 메닷은 자기 진에서 영을 받고 예언을 한 것이다. 그때 한 소년이 달려와서 모세에게 엘닷과 메닷이 진 중에서 예언을 한다고 고했다. 그러자 여호수아가 모세에게 말했다. "내 주 모세여, 금하소서".

29절, 모세가 그에게 이르되 네가 나를 위하여 시기하느냐 여호와께서 그 신을 그 모든 백성에게 주사 다 선지자 되게 하시기를 원하노라

이 말씀에 대해서 세 분의 성경 교사가 글을 참 잘 썼다. 그래서 이 부분에 대해서는 세 분의 해설을 제시하려고 한다. 이 부분의 말씀은 너무나 중요하다.

1. 맥킨토시

"이것은 정말 아름답다. 모세는 자기 자신 외에는 아무도 예언할 수 없다는 악한 시기심을 지닌 자와는 거리가 먼 사람이었다. 모세는 진정한 영적 능력이기만 하다면 그것이 어디서 또는 누구를 통해서 나오든지 일체 상관하지 않고 그런 모든 능력을 은혜로 말미암아 기뻐할 수 있는 사람이었다. 모세는 하나님의 성령의 능력에 의하지 않고는 예언할 권리가 있을 수 없다는 사실을 잘 알고 있는 사람이었다. 그런데 그 능력이 어디서 나타나든 간에 그것을 소멸하거나 방해할 수 있는 자는 도대체 누구란 말인가! 이런 아름다운 정신이 보다 많이 있어야 한다.

우리 각자가 그런 정신을 계발해야 한다. 비록 견해의 차이가 있고 방식과 역량의 차이가 다양하다 하더라도 하나님의 모든 백성들의 증거와 봉사를 거짓 없이 기뻐하는 마음을 가져야 한다. 사람으로 하여금 자기 자신의 일 외에는 어떠한 일에도 관심을 갖지 못하게 만드는 지극히 편협한 시기와 질투의 정신보다 더 경멸을 받아야 할 것은 없다. 그리스도로 그 마음이 가득 찬 사람은 이렇게 말할 수 있다. '일만 잘 된다면, 그리스도께서 영광 받으시기만 한다면, 영혼들이 구원을 받기만 한다면, 주님의 양들이 보호를 받으며 배부름을 얻을 수만 있다면 누가 그 일을 하든지 나에게는 아무 상관이 없다.' 이것이 계발해야 할 한 가지 올바른 정신이다. 이것은 자신이 절대 우세한 위치를 차지하는 일에서만 즐거움을 누리는 편협성과 자기 고집과는 너무도 대조적인 정신이다".

2. 매튜 헨리

"우리는 남의 약점이나 결점을 찌르는 일에 열중해서는 안 된다." 이것은 무슨 말인가? 엘닷과 메닷이 70명의 모임 가운데 있지 않으니까 한 소년이 두 사람의 오지 않은 것을 고함으로써 그 두 사람의 자격을 박탈하고 싶은 마음이 있었다는 것이다. 그렇게 어떤 사람의 약점이나 결점을 찔러서, 또는 그러한 대중적인 모임에 오지 않았다 해서 그 사람의 자격을 박탈하려는 마음을 갖지 말라는 것이다.

"엘닷과 메닷이 규칙 위반의 죄를 저질렀다 하더라도 여호수아는 지나치게 성급하게 그들을 대한 것이다. 우리의 열심은 언제나 지혜로운 온유로 조절되어야 한다. 하나님의 의로우심은 인간의 분노를 필요로 하지 않는다. 우리는 가장 선하고 유력한 자라 하더라도 그들을 어떤 파당의 머리로 삼아서는 안 된다." 이것은 여기서 여호수아가 "저들을 금하소서"라고 한 것은 모세를 위한 말로서 모세를 파당의 머리로 삼고자 하는 말이란 뜻이다. 왜냐면 여기 70명은 그래도 모세 앞에 모여 있지 않은가? 영을 받아도 모세 앞에서 받고 예언을 해도 모세 앞에서 하는 것이다. 그런데 모세 앞에 나오지도 않고 저쪽에서 따로 예언을 하면 모세가 일괄적으로 주관을 하기가 어렵게 된다. 그러니까 여호수아는 저래서는 안 된다고 생각한 것이다.

"바울은 자기의 이름을 위하여 파벌을 옹호하려 하지 않았다(고전 1:12-13). 우리는 어떤 사람들이 우리와 함께 그를 따르지 않는다 하여 마치 그들은 그리스도를 따르고 있지 않은 것처럼 생각하여 그들을 정죄하거나 금지하려 해서는 안 된다(막 9:38). 그리스도께서 인정하신 자들을 우리가 버린다거나 남들이 우리와 똑같은 생각을 품고 있지 않다 하여 그들의 선행을 금지시켜서야 되겠는가? 모세는 그런 부류의 인물이 아니었다. 그 두 사람을 침묵시키고 그들 속에 있는 하나님의 영을 소멸시키기는커녕 오히려 여호와의 백성 모두가 예언자가 되기를 바랐다. 하나님께서 그분의 영을 모든 이스라엘 사람들에게 주시기를 원했던 것이다." 참으로 이것이 모세의 온유한 영이다. 지금 여호수아는 그 두 사람에게는 영이 임해서는 안 되고 예언을 하지 못하게 해야 한다고 생각하고 있다. 그럴 때 모세는 '아니다, 여호수아야! 너는 나를 위하여 시기하지 말아라. 나는 이스라엘 백성 모두가 다 예언하기를 바란다' 라고 말하는 것이다. 이 어떠한 차이인가? 하나님의 사람과 육신의 사람과의 차이가 얼마나 큰가?

"모세는 정당한 자격을 받지 않은 예언자들을 금지시키지 않는다거나 예언의 영이 그렇게 일반화되어 누구에게나 임하기를 기대했던 것은 아니다. 오히려 그는 여호와의 모든 백성에 대한 사랑과 존경, 다른 사람의 은사에 대한 찬사를 표명하고 또 엘닷과 메닷이 자기가 보지 않은 데에서 예언하는 것을 조금도 불쾌하게 여기지 않는다는 사실을 표명한 것이다. 바울 사도도 바로 그와 같은 정신을 가진 탁월한 지도자였다. 그는 자기의 고난을 더하게 하려는 목적으로 복음을 전하는 자들이 있었지만(빌립보서에서), 그렇게 해서라도 그리스도가 전파되는 것이라면 그는 기뻐했다."

3. 박윤선 박사

"여기서 우리는 영적인 의미를 찾아볼 것이 있다. 성령의 은혜는 일정한 장소에서만 받는 것이 아니다. 성령을 받는 것은 어떤 때 일정한 지도자의 지도 범위에 들지 않는 자들도 받는 수가 있다." 참 귀한 말씀이다. 어떤 일정한 지도자의 지도 범위에 있지 않아도 성령을 받는 수가 있다는 말이다. "이것은 하나님의 은혜의 역사에 자율성을 보여준다." 하나님의 역사는 하나님께서 하신다. 사람이 임의로 주장할 수 있는 게 아니다.

"엘닷과 메닷의 예언함을 금지하라는 여호수아의 청원에 대하여 모세는 불응했다. 이 점에 있어서 세 가지의 귀한 영적 교훈을 발견하게 되는데, 첫째 영적인 운동에 있어서 어떤 일정한 지도자를 따르지 않는 자라고 하여 그의 옳은 일을 막을 법이 없다. 만일 막는다면 그것은 당파 운동이 된다." 영적인 운동에 있어서 일정한 지도자를 따르지 않는다고 해서 그의 옳은 일을 막아서는 안 되며 만일 막는다면 오히려 당파 운동이 된다는 것이다.

"모든 백성이 선지자 되기 원하는 여호와의 소원은 신약 시대에 이루어진다." 그러므로 신약 시대에 있는 여러분은 다 하나님을 위해서 선지자 노릇을 할 수 있다. "모세는 측근자의 말에 끌리지 않고 진리대로 행한 지도자이다." 참으로 그 의미를 잘 표현했다.

위에서 본 세 분 다 참으로 좋은 해설을 했다고 생각된다. 이로부터 우리가 배워야 할 중요한 교훈들이 있다.

30절, 모세와 이스라엘 장로들이 진중으로 돌아왔더라

모세와 이스라엘 장로들은 이제 진 중으로 돌아왔다.

31절, 바람이 여호와에게로서 나와 바다에서부터 메추라기를 몰아 진 결 이편 저편 곧 진 사방으로 각기 하룻길 되는 지면 위 두 규빗쯤에 내리게 한지라

불도 여호와로부터 나올 수 있고 바람도 여호와로부터 나올 수 있다.

32절, 백성이 일어나 종일 종야와 그 이튿날 종일토록 메추라기를 모으니 적게 모은 자도 십 호멜이라 그들이 자기를 위하여 진 사면에 펴 두었더라

메추라기 고기를 주신 것이다. 메추라기는 중동 지방에서 사는 철새 종류이며, 10호멜은 1톤 가량 되는 양이다.

33-34절, 고기가 아직 잇사이에 있어 씹히기 전에 여호와께서 백성에게 대하여 진노하사 심히 큰 재앙으로 치셨으므로 34 그곳 이름을 기브롯 핫다아와라 칭하였으니 탐욕을 낸 백성을 거기 장사함이었더라

우리가 이 일을 통해 배울 것은 하나님께서 어떤 기도를 들어 주실지라도 기뻐하시지 않는 경우가 있다는 것이다. 이스라엘 백성들이 고기를 먹게 해달라고 우니까 고기를 먹게 해주기는 하셨지만 하나님께서는 그것을 주시면서도 기쁘지 않으셨다. 어떤 사람들은 기도해서 응답받았다고 무조건 좋아하는데, 때로는 그것이 그리 좋은 게 아니다. 이스라엘 백성들은 '아, 우리 하나님은 고기 달라니까 고기도 주시네' 하면서 좋아했을 것이다.

그런데 하나님은 그 고기를 주시고 기뻐하지 않으셨다. 그 먹는 모습을 보실 때 기쁘지 않으셨다. 그래서 고기가 아직 잇사이에 있어 씹히기 전에 백성에게 진노하셨다. 그리고 심히 큰 재앙으로 치셨다. 그들은 고기를 먹고 죽은 것이다. 어떤 때는 하나님께 기도를 응답받았다고 좋아할 일이 아닐 때가 있다. 어떤 기도를 하느냐가 문제이다. 하나님께서 기뻐하시는 기도를 해야지 자기의 정욕을 위해서, 자기의 욕구 충족을 위해서 기도해서는 안 된다. 그럴 때 하나님께서 혹 들어 주실지라도 우리의 영혼은 파리하게 된다(시 106:15, 여호와께서 저희의 요구한 것을 주셨을지라도 그 영혼을 파리하게 하셨도다). "그곳 이름을 기브롯 핫다아와라 칭하였으니 탐욕을 낸 백성을 거기 장사함이었더라". 기브롯 핫다아와라는 지명의 뜻은 '탐욕의 무덤' 이다.

35절, 백성이 기브롯 핫다아와에서 진행하여 하세롯에 이르러 거기 거하니라

이와 같이 다베라에서 기브롯 핫다아와로 또 하세롯으로 한 곳 한 곳 진행하면서 계속 실패하고 계속 범죄하고 계속 하나님을 거역하는 역사가 이스라엘 백성의 역사이다. 참으로 이스라엘 백성에게는 아무 소망이 없다. 우리 인간에게는 아무 소망이 없다. 우리에게는 바랄 것도 신뢰할 것도 없다. 오직 하나님의 아들 예수 그리스도만이 우리의 소망이시다. 주 예수를 믿을 때 예수 그리스도의 모든 어떠하심이 우리의 것이 된다.

민수기 12장

하나님이 세우신 인도자를 비방함

민수기 11장부터는 이스라엘 백성들이 시내 광야에서 출발하여 목적지인 가나안으로 가는 노정에서 있었던 일들을 말하고 있다. 그 중 후세에 반드시 경계할 일들을 한 가지 한 가지를 선택하여 적어놓은 것 같다. 이러한 일들은 오늘날 신약의 교회가 주님의 나라를 향해서 한 발 한 발 나아갈 때에 어떻게 이 길을 걸어가야 하는지를 잘 말해 주고 있고 이 모든 말씀을 통해서 우리는 참으로 교훈을 받을 수 있다. 고린도 전서 10장에서는 과거에 당한 모든 일은 우리의 거울이 되고 또 우리의 경계로 기록된 것이라고 말한다(11절). 디모데 후서 3장에도 "또 네가 어려서부터 성경을 알았나니 성경은 능히 너로 하여금 그리스도 예수 안에 있는 믿음으로 말미암아 구원에 이르는 지혜가 있게 하느니라 모든 성경은 하나님의 감동으로 된 것으로 교훈과 책망과 바르게 함과 의로 교육하기에 유익하니"(15-16절)라는 말씀이 있다. 그러므로 이러한 말씀들은 길을 가는 우리에게 너무나 필요하다.

우리는 11장에서 백성들이 원망하는 것을 들었다. 왜 그들은 원망했는가? 그것은 아마 길이 어렵다는 것 때문이었을 것이다. 왜 우리를 이러한 길로 인도하느냐는 것이다. 그럴 때 인도자에 대한 불신이 생겨나고 원망이 생겨난다. 그리고 그들 가운데에는 혼잡한 사람들이 있었다. 깨끗하지 않고 순전하지 않은 사람들, 영과 육이 섞여진 사람들, 그러한 사람들에게서 비롯된 육신적인 욕구로 인해 불평이 생겼다. 그럴 때 11장에는 하나님의 심판이 있고 마지막 부분에서 탐욕을 낸 백성이 죽임을 당해 그곳에 묻혔다. 그래서 그곳 지명이 기브롯 핫다아와, 곧 '탐욕의 무덤'이 되었다. 이렇게 광야 40년의 여정 가운데서 많은 이스라엘 백성들이 결국 흩뿌려지고 죽임을 당했다.

그들이 애굽에서 나올 때만 해도 홍해를 건너고서 기쁨의 찬양을 드렸으며 또 목적지를 향해 희망차게 전진하는 무리였는데 이제는 거의 다 목적지에 이르지 못하게 된 것이다. 결국 여호수아와 갈렙만 가나안에 들어가고 그때 함께 애굽에서 나왔던 세대는 다 광야에서 엎드러져 죽었다. 이것은 후세의 우리에게 거울이 되고 경계가 되어야 한다. 왜 그들은 그렇게 심판을 받고 광야에서 쓰러져 죽었으며 하나님께서 인도하기를 원하시는 약속의 땅, 그 목적지에 들어가지 못했는가? 민수기는 그 한 가지 한 가지의 사례를 우리에게 보여 주고 있다.

우리 그리스도인들은 길을 가는 사람들이다. 주님이 우리를 인도하신다. 우리를 인도하실 때 때로는 힘들 때도 있고 어려울 때도 있고 피곤할 때도 있다. 그러나 우리는 결코 원망하지 말아야 한다. '과거가 좋았는데 오늘 우리는 왜 이렇게 길을 가는가? 왜 우리를 이렇게 인도하는가? 이렇게 좁은 길을 가는 것은 너무 힘들다' 하면서 지금까지 걸어온 길을 원망하는 사람들은 곧 하나님을 진노하게 하는 사람들이고, 여호와의 불은 그런 사람들에게 임하게 된다. 탐욕도 마찬가지이다. 주님이 주신 공급을 족하게 생각해야 하는데 더 많은 공급, 더 좋은 누림을 원하는 것이다. 그들은 만나로 충분한데 고기를 원했다. 애굽에서 먹었던 그 음식의 맛을 기억했다. 뭔가 더 힘나는 음식을 먹고 싶어했다. 결국 그러한 욕심이 또 많은 사람을 죽게 했다.

이제 12장에서는 어떤 문제가 백성들이 전진하는 데 장애가 되는지를 보여 준다. 거기에는 하나님을 진노케 하는 한 가지 문제가 있었는데 바로 거역이다. 이 거역이 영적인 길을 걸어가는 데 있어서 암초처럼 작용한다는 것을 보아야 한다.

1절, 모세가 구스 여자를 취하였더니 그 구스 여자를 취하였으므로 미리암과 아론이 모세를 비방하니라

모세가 구스 여인을 취했다. 이 구스라는 나라는 지금의 에디오피아이다. 에디오피아 여자를 취한 것이다. 에디오피아인들은 흑인 중에서 가장 아름다운 용모를 지니고 있다. (이것은 나의 개인적인 견해이다.) 그리고 마음도 비교적 유순한 편이다. 그런데 모세가 이 구스 여자를 취한 것이 미리암과 아론의 비방거리가 되었다. 사실 모세가 구스 여자를 취한 것이 잘못인가 잘못이 아닌가에 대해서는 논란이 많다. 이것은 매우 알기 어려운 문제이다.

또 구스 여인이 누구인가에 대해서도 혹자는 모세의 아내 십보라라고 한다. 십보라는 원래 미디안 사람으로서 모세가 광야에서 미디안 사람의 양을 치다가 그의 딸 중 하나와 결혼을 하게 된 것인데, 바로 이 미디안 여자 십보라가 구스 사람이라는 것이다. 왜냐하면 성경에 미디안과 구스를 연결지어 말한 곳이 있기 때문이다(합 3장). 그리고 두 번째 견해는 아마 십보라가 먼저 죽어서 후처로 구스 여자를 취했을 것이라는 것이다. 그러나 이것은 성경에 기록이 없기 때문에 확실하지 않고, 두 가지 견해를 다 종합해 본다 하더라도 우리는 거기서 어떠한 현저한 잘못을 발견하기가 어렵다. 어쨌든 첫 번째 견해를 유력하게 보는 사람이 많다. 십보라가 미디안 여자인데 아마 그녀를 일컫는 말이라는 것이다. 만일 그렇지 않다면 모세에 대한 기록이 이렇게 방대한데 재혼에 관한 이야기가 왜 기록되지 않았겠느냐는 것이다. 그리고 여기에는 다만 모세가 구스 여자를 취했다는 말만 나와 있다.

그러므로 우리는 모세가 이 일을 한 것이 과연 비방받을 만큼 잘못한 일인가에 대해서는 잘 모른다. 그러나 우리가 한 가지 생각해 볼 수 있는 것은 모세가 구스 여인을 취한 것은 하나님의 인도와 관계가 있다는 것이다. 모세가 애굽 사람을 쳐서 죽이고 바로의 낯을 피해 미디안 광야로 도망갔다. 거기서 사십 년간 양을 쳤는데, 사십 년이 찰 때 호렙산 가시떨기나무 가운데서 주님이 나타나 모세를 부르셨다. 그런데 양을 치던 당시에 거기서 십보라를 만나 결혼해서 아들들을 낳은 것이다. 그가 사십 년은 바로의 궁에 있었고, 사십 년은 미디안 광야에 있었다. 이것은 하나님의 주권에 따른 것이다. 하나님의 주권 안에서 발생한 일이다. 혹 십보라가 먼저 죽고 그 다음에 후처를 취했는데 그 여자가 구스 여자라 하더라도 그를 심하게 꾸짖을 수 있는 것은 아니다.

맥킨토시는 이 부분을 이렇게 해석했다. "그가 이방 여자인 구스 여자를 취해서 결혼한 것은 하나님의 뜻에 따라서 그리스도와 교회의 예표로서, 말하자면 하나님께서 이방의 모든 사람을 구원해서 그리스도의 신부가 되게 하는 예표로서 그녀를 취하게 하신 것이다. 적어도 모세는 하나님의 백성의 인도자로서 그 사람 스스로가 범민족적으로 많은 사람들을 포함한다는 의미로 구스 여인을 취했을 가능성이 있다." 매킨토시가 이렇게 생각했을지라도 민수기의 기록자 자신인 모세가 그 일에 대해 어떤 설명을 가하지 않았기 때문에 우리는 그 내막을 확실히 알 수는 없다. 여기서 한 가지 생각해볼 문제는 있다. 하나님의 쓰임을 크게 받는 사람들은 일반적인 사람이 생각하지 못하는 파격적인 일을 하는 수도 있다는 것이다. 이런 때 그동안 뭔가 인도자에 대한 의문을 품고 있는 사람들에게 그런 것이 문제가 되는 수가 있다.

그런데 문제는 이러한 일이 벌어졌을 때 바로 옆에서 모세와 더불어 하나님을 섬기는 두 사람 속에 의구심이 생겨난 것이다. 그것은 이 두 사람, 미리암과 아론 속에 모세에 대한 시기와 질투가 있었기 때문이다. 그것이 그들 속에 없었다면 그 일은 문제가 되지 않는다. 이 두 사람에게는 모세가 혼자서 백성 위에 군림하는 것처럼 보였다. 그리고 모든 사람이 모세의 말을 듣는 것이 마음에 좋게 느껴지지 않았다. '모세만 특별한 사람인가?' 그런 생각이 들던 차에 모세의 행위 중에 현저하게 잘못된 것이 보였다.

평소에 존경하던 인도자라 하더라도 일단 그에 대하여 불신과 거역의 마음이 생겨나면 자동적으로 그의 주변에 잘못된 것들이 이것저것 생각나고 보여지는 법이다. '그 사람이 한 이것, 이것은 분명히 잘못된 것이다' 라고 느껴지는 것이다. 그러나 그러한 것들은 평상시에는 그렇게 크게 문제가 되지 않는 것들이고 실상도 큰 문제가 아닌 것들이다. 그 한 가지가 당시 미리암과 아론에게는 바로 모세가 구스 여인을 취한 일이다. 그래서 그들은 그 일을 놓고 인도자인 모세에 대하여 거역하는 말을 했다. 실상은 그것을 거역하는 이유로 내건 것이다. 그러나 그들 속에 있는 문제는 모세가 구스 여인을 취했다는 그 사실이 아니다. 성경은 그렇게 기록하지 않았다.

아론과 미리암은 모세의 형님과 누나임으로 모세는 집 안에서 응당 그들의 권위 아래 있어야 했다. 그러나 사역의 일에서 그들은 모세의 권위 하에 있어야 했다. 오늘날 많은 사역자의 가정들에서 이런 일들이 발생한다. 그것은 하나님의 권위를 잘 알지 못함으로 혼란이 있기 때문이다. 설사 모세가 구스의 여인을 취한 것이 잘못이라 하더라도 그들은 사역의 일 안에서 모세를 비방할 수 없다. 그것은 모세의 위치를 짓밟고 넘어서는 것이다. 하나님은 하나님의 역사에 있어서 미리암과 아론을 모세의 권위 아래 두셨다. 그러므로 그들이 구스 여인을 취한 문제로 모세의 사역에 관한 일을 만지는 것은 큰 잘못인 것이다. 그들이 만일 가정사 안에서 모세의 결혼 문제를 놓고 논의한 것이라면 그리 큰 문제가 아닐 수 있다. 왜냐하면 그들 간에는 가정의 질서가 있고 그 안에서는 그들에게 말할 수 있는 어느 정도의 위치가 있기 때문이다. 그러나 이때 그들은 한 가정 안의 가족으로서의 일이 아니라 하나님의 사역 안에서의 일을 만진 것이다. 그것이 그들의 큰 잘못이었다.

2절, 그들이 이르되 여호와께서 모세와만 말씀하셨느냐 우리와도 말씀하지 아니하셨느냐 하매 여호와께서 이 말을 들으셨더라

그들은 모세가 구스 여인을 취해서는 안 되고 하나님의 종이 그러한 여인과 결혼을 해서는 안 된다는 것을 말하고자 하는 것이 아니라—그 말은 밖의 구실일 뿐이다—'여호와께서 모세와만 말씀하셨느냐? 우리와는 말씀하지 아니하셨느냐?' 고 하는 말에 그 본뜻이 들어 있다. 이것이 그들 속에 있는 말이다. 그러한 마음이 있었기 때문에 모세가 구스 여인을 취한 것이 그들 눈에 비방거리로 보인 것이다. 그들은 모세가 그들—아론과 미리암—자신과 별다를 바 없는 사람이라고 여기고 싶었을 것이다. 그런데 왠지 하나님은 모세만 총애하시는 것 같고 또 모든 백성은 모세의 인도만 따르는데 그것이 이치에 맞지 않는 것같이 보인 것이다. 이런저런 일들이 속에서 풀리지 않는 상태에서 모세를 보니까 그에게 이런 면이 확실하게 잘못된 것 같이 보였던 것이다. 그럴 때 거기서 거역이 나오는 것이다.

나는 여기서 여러분에게 한 가지 알려 드리고 싶은 것이 있다. 여러분에게 어느 날 보이지 않던 인도자의 감추인 약점이 보일 때 조심해야 한다. 그것이 바로 여러분 속에 있는 거역의 본성을 시험하는 요소이다. 모세가 구스 여인을 취한 것은—모세는 사려 깊은 사람이므로—분명 어떤 연고나 의미가 있었을 것이다. 어쩌면 하나님의 뜻과 하나님의 역사에 관한 모든 것을 고려해서 그러한 결혼을 했을 수도 있다. 그러나 사람들은 그런 것을 알지 못하고 다만 겉으로 잘못된 것같이 보이는 행위만 보게 된다. 그렇기 때문에 그들은 '모세의 저 일은 잘못된 것이다' 라고 확신하고 그 잘못된 것을 구실로 삼아 그들 속에 있는 거역을 표출했다. '여호와께서 모세와만 말씀하셨느냐 우리와도 말씀하지 아니하셨느냐'. 이 말은 틀리지 않는다. 하나님께서는 아론과 미리암에게도 말씀하셨다. 그런데 이것이 어떤 종류의 말인가? 바로 거역의 말이다. 거역이란 그가 하는 말이 옳은가 그른가에 있지 않다. 그 말이 일리가 있느냐 없느냐에 있지도 않다. 오직 그 말이 하나님이 세우신 권위자를 치받고 그 권위를 전복하려는 말인가, 아니면 자신이 그 권위 아래 순복하는 위치에서 하는 말인가를 보아야 한다. 그것은 결국 영의 문제이다.

거역에는 거역의 특이한 냄새가 있다. '여호와께서 모세와만 말씀하셨느냐 우리와는 말씀하지 아니하셨느냐'. 이런 말은 분명히 거역의 냄새를 잔뜩 풍기는 말이다. 나는 과거부터 오늘날까지 이러한 종류의 말을 많이 들었다. 그런데 그 말 후에 한 마디, 아주 의미 깊은 말, 깊이 새겨야 할 말, 잘 들어야 할 말이 추가되어 있다. 그것이 바로 '여호와께서 이 말을 들으셨더라'는 말씀이다. 물론 하나님께서는 모든 사람의 말을 들으시고 또 다 아신다. 그러나 특별히 어떤 말은 하나님께서 주의해서 들으시는데, 그것은 바로 권위자를 거역하는 말이다. 하나님은 사람이 권위를 거역하는 말에 대하여는 유의하여 들으신다. 그러한 말은 본질상 사탄에 속한 말이고 하나님의 보좌와 권위에 도전하며 전복하려는 종류의 말이기 때문이다. 모든 인도자의 권위는 하나님이 주신 것이며(롬 13:1), 그들의 권위는 하나님의 대리 권위이다. 그러므로 그들의 권위를 거역하는 것은 하나님의 명을 거역함이다.

이때 모세는 그러한 비방의 말에 대하여 아무 대답도 하지 않았는데 그것은 자신이 하나님이 세우신 권위라면 사람의 보호가 필요없다는 것을 알았기 때문이며 또한 그러한 비방의 말은 사망의 균이 가득한 것임으로 만질 필요가 없는 것이기 때문이다. 때로 우리가 어떤 사람들의 거역과 비방의 말을 듣게 되는데 그것은 완전히 지옥에서 나오는 불과 같다. 우리가 만일 하나님의 세우심을 입은 사람들이라면 우리는 그러한 비방의 말이나 거역의 말에 대하여 반응하거나 변론하거나 답변할 필요가 없음을 알아야 한다. 그것은 사망을 만지는 것이요 지옥불을 만지는 것일 뿐이기 때문이다. 사람이 가장 사탄을 닮은 말을 하는 것이 거역하는 것이요 하나님은 그 옛날 화광석 산에서 있었던 루시퍼의 일과 같은 그러한 거역에 대하여는 철저히 다루시는 분이다.

우리가 반드시 기억해야 할 것은 권위를 거역하는 말을 수직으로 상승하는 성질의 말이라는 것이다. 즉 그러한 인도자를 비방하거나 거역하는 말은 여호와께서 들으신다는 것이다. 하나님의 백성들은 이 점을 매우 두려워해야 한다. 아론과 미리암이 모세를 거역한 것은 곧 하나님을 거역한 것이기 때문에 하나님이 노하신 것이다.

3절, 이 사람 모세는 온유함이 지면의 모든 사람보다 승하더라

이 민수기의 저자는 모세이다. 그런데 저자인 모세가 자기 자신을 한껏 칭찬하는 말을 했다. 그래서 어떤 신학자들, 고등 비평가들은 이 민수기를 모세가 기록한 것이 아니라고 했다. 모세가 기록했다면 이렇게 자기를 추켜세우는 말을 쓰지 않았을 거라는 것이다. 그러나 민수기의 저자는 분명 모세이다. 그리고 모세는 이러한 글을 쓸 수 있는 사람이다. 모세는 자신을 객관적으로 놓고 쓴 것이다. 이 글을 쓸 때 모세는 자신이 쓴다고 생각지 않았을 것이다. 이 책은 하나님의 영감으로 씌어진 것이지 모세 개인의 주관을 따라서 씌어진 것이 아니다. 만일 성경이 개인의 주관에 따라 기록된 것이라면 이 말씀은 성경으로서 가치가 없을 뿐 아니라 우리는 그런 책을 읽을 필요가 없을 것이다. 그러나 이 말씀은 하나님의 말씀이고 하나님께서 모세의 손을 빌어 기록하신 것이기 때문에 우리는 이 말씀을 하나님의 말씀으로 읽는 것이다. 그러므로 모세는 하나님께서 '너 모세에 대해서 이렇게 저렇게 써라' 하시면 모세가 잘한 것은 잘한 것대로 써야 하고 모세가 잘못한 것은 잘못한 것대로 혹독하게 써야 했던 것이다. 그래서 우리는 이런 말이 성경에 기록되어 있다 하더라도 저자를 의심할 수 없다.

그런데 이 '온유함' 이란 히브리어에서 '자기를 낮추다' 또는 '괴롭힘을 당하다' 라는 뜻이 있다. 말하자면 당시 모세는 지면에서 가장 괴로움을 많이 당하는 사람, 즉 하나님의 백성들로부터 가장 많은 괴로움을 당하는 사람이었다는 것이다. 그럼에도 불구하고 그는 저항하거나 원망하거나 같이 비방하지 않았다. 그렇기 때문에 그는 온유한 사람이다. 모세는 당시에 이스라엘 백성의 최고 지도자였다. 이렇게 하나님께서 가장 많은 위임을 주신 인도자는 반드시 한 가지 기억할 것이 있다. 그것은 바로 그가 가장 많이 괴롭힘을 당하게 되어 있다는 것이다. 생각해 보라. 모세의 경우는 이스라엘의 인도자로서 그들의 행로는 매우 어려웠고 목적지에 도달하지 못한 상태에서 그 백성들의 압력을 한 몸에 안고 있었다. 이와 같이 모세는 괴롭힘을 당하는 데 있어서 이스라엘 백성 중 첫 번째였다.

우리는 당시 모세의 입장에 서보지 않았기 때문에 모세의 심정을 알지 못한다. 그러나 모세가 애굽을 떠날 때 함께했던 60만 명의 장정들이 두 사람 외에는 40년 광야 생활하면서 다 죽었다. 나이든 모세는 자기보다 젊었을 많은 사람들의 시체들을 광야에 묻어야 했다. 때로는 전쟁도 함께 하고 고생도 함께 했으며 서로 먹고 마시며 즐거워했던 많은 사람들이 한 차례 한 차례 사건이 있을 때마다 죽어나간 것이다. 그는 이런 광경을 항상 보아야 했다. 그리고 슬픔과 애통을 견뎌야 했다. 많은 경우 사람들은 모세 자신을 거스르다 죽었다. 그러기에 그 아픔은 더 컸다. 그러한 썩은 가슴을 품고 그는 광야에서 끝까지 백성들을 인도했던 것이다. 그는 사람들이 자신을 거스를 때마다 엎드렸다. 누구든지 사람들이 거스를 때 엎드리는 것이 무엇인지 모르는 사람은 아직 하나님의 종의 영이 조성되지 않은 사람이다. 엎드린다는 것은 사람들이 거역하는 상황에서 진정으로 자신을 낮추는 것을 말한다. 두려워하며 자신을 최대로 낮추며 감히 왈가왈부하지 않는 것이다.

4절, 여호와께서 갑자기 모세와 아론과 미리암에게 이르시되 너희 삼인은 회막으로 나아오라 하시니 그 삼인이 나아가매

이렇게 하나님께서 민감하게 들으시고 반응하시는 사항이 하나 있는데, 그것은 바로 하나님의 백성들 가운데 있는 거역이다. 하나님께서는 어떤 죄에 대해서는 그렇게 금방 반응하시거나 징계하시는 것 같지 않은데 어떤 죄는 눈을 크게 뜨고 쳐다보신다. 그것이 바로 거역의 죄이다. 거역의 말은 하나님께서 들으신다. 거역의 상황이 생기면 즉시 하나님께서 거기에 나타나신다. 한번은 어떤 하나님의 종이 말씀을 전할 때 한 사람이 뒤에서 일어나 마구 훼방하는 말을 하는 것을 들었는데, 나는 그 자리에 하나님이 계시는 것 같았다. 하나님께서 그곳에서 그를 바라보시는 것 같았다. 그런 모든 말들은 하나님께서 들으신다. 그리고 그러한 상황에 직접 개입하신다. '여호와께서 갑자기 모세와 아론과 미리암에게 이르시되 너희 삼 인은 회막으로 나아오라'.

5절, 여호와께서 구름 기둥 가운데로서 강림하사 장막 문에 서시고 아론과 미리암을 부르시는지라 그 두 사람이 나아가매

하나님께서는 모세와 함께 아론과 미리암도 나아오라고 하셨다. 여기서 아론과 미리암은 모세와 함께 하나님 앞에 섰다. 그럴 때 아마 같이 서 있던 미리암이나 아론은 '그러면 그렇지. 우리나 모세나 차이가 없다니까. 하나님께서 지금 다같이 부르셔서 하나님 앞에 동일하게 서 있잖아' 라고 생각했을지 모른다. 그들은 이미 그들의 관념 속에 하나님의 종 모세와 동등한 위치에 서게 되었다. 거역하면 감각이 둔해지고 매우 담대해지는 것이 있다.

6-7절, 이르시되 내 말을 들으라 너희 중에 선지자가 있으면 나 여호와

가 이상으로 나를 그에게 알리기도 하고 꿈으로 그와 말하기도 하거니와
7 내 종 모세와는 그렇지 아니하니 그는 나의 온 집에 충성됨이라

미리암과 아론이 '여호와께서 모세와만 말씀하셨느냐 우리와도 말씀하지 아니하였느냐' 라고 말하자 여호와께서 이 말을 들으시고 그들에게 이렇게 말씀하셨다. "내 말을 들으라 너희 중에 선지자가 있으면 나 여호와가 이상으로 나를 그에게 알리기도 하고 꿈으로 그와 말하기도 하거니와 내 종 모세와는 그렇지 아니하니 그는 나의 온 집에 충성됨이라". 여기에 모세에 대한 하나님의 변호가 있다. 그가 세우신 종에 대한 하나님의 부축하심이 있다.

하나님께서는 모세를 '내 종' 이라고 하시며 모세에게는 꿈이나 이상으로만 말씀하시지 않고 좀 더 명백하게 말씀하신다고 하셨다. 그것은 '모세가 나의 온 집의 충성됨이라' 라고 하신 것이다. 그들 사이에 차이가 있다면 모세는 이스라엘 모든 백성을 마음에 품고 책임지는 사람이라는 것이다. 모세에게는 그러한 마음이 있다. 물론 민수기 11장에서 우리는 모세가 믿음이 약한 기도를 한 것을 본다. 그렇지만 모세는 그 연약한 기도 속에서도, 주님을 실망시키는 듯한 기도 속에서도 이스라엘 백성들을 짊어지는 영으로 충만한 것을 볼 수 있다. "이 모든 백성을 내가 잉태하였나이까 내가 어찌 그들을 생산하였기에 주께서 나더러 양육하는 아비가 젖 먹는 아이를 품듯 그들을 품에 품고 주께서 그들의 열조에게 맹세하신 땅으로 가라 하시나이까 책임이 심히 중하여 나 혼자는 이 모든 백성을 질 수 없나이다"(12,14절). 모세는 이렇게 이스라엘 모든 백성을 힘에 넘치도록 짊어진 사람이다.

그러나 아론과 미리암은 그런 사람이 아니다. 나는 아론과 미리암이 백성들이 배고프고 목말라서 외치고 원망할 때 모세처럼 걱정하거나 무거워하지 않았다고 본다. 그들은 이스라엘 모든 백성들의 상태 때문에 억눌리기도 하고 무거워하기도 하고 힘들어하기도 하는 모세와는 달랐다. 미리암과 아론은 이스라엘 온 집을 충성되게 섬기는 데 있어서 모세를 능가할 수 없었다. 그들의 짐은 모세보다 훨씬 가벼웠다. 그럼에도 불구하고 미리암과 아론은 모세에 대하여 시기와 질투가 가득했고 그 위치를 탐했다. 이것이 바로 거역이다.

하나님께서 모든 사람에게 말씀하시지만 그 위임에 있어서 다 같지는 않다. 그런데 왜 모세에게는 하나님께서 그렇게 뚜렷하게 말씀해 주셨는가? 그것은 그의 책임이 더 중하기 때문이다. 더 많은 짐을 짊어지고 백성을 인도해야 하기 때문이다. 그에게 이스라엘 모든 백성의 운명이 달려 있기 때문이다. 그래서 모세에게는 하나님께서 더 명백하게 말씀해주셔야 하는 것이다. 최종 인도자에게는 꿈이나 이상으로만 나타내셔서는 안 된다. 더 명백하게 알려주셔야 하나님의 백성을 바르게 잘 인도할 수 있는 것이다. 하나님께서 시내 산에서 율법을 주실 때 모세에게 희미하게 꿈으로 알려 주셨다면 어떻게 이스라엘 백성이 하나님의 계명의 한 구절 한 구절, 한 마디 한 마디를 분명하게 알아들을 수 있고 순종할 수 있었겠는가? 그것은 불가능하다. 성막에 대한 이상을 주실 때 한 치의 오차도 없어야 하는데 어떻게 분명치 않은 꿈으로 그것을 알려 주실 수 있겠는가? 그러므로 그만큼 막중한 책임을 짊어지고 있는 충성된 종에게는 하나님께서 더 분명하게 말씀해 주신다. 더 높은 산에 올라가면 더 많은 것이 보인다. 하나님의 백성 가운데는 하나님의 백성들에 대한 보다 더 많은 책임감을 갖고 섬김으로 더 높은 산 위의 시각으로 많은 것들을 보는 사람들이 있다는 것을 아는 것은 중요하다.

아론과 미리암은 분명 모세가 잘못된 점이 있기 때문에 하나님 앞에서 큰 문제가 되는 사람이며 그러한 문제가 있는 사람이 하나님의 백성들 앞에서 많은 일을 할 것이 아니라 회개하고 잘못된 일을 처리해야 하며 그렇게 혼자만 많은 것을 아는 것처럼 교만하지 말아야 할 것이라고 생각한 것이다. 그러나 권위는 사람이 쟁취하거나 스스로 기어 올라가서 얻는 것이 아니라 하나님이 선택하시는 것이다. 그러므로 영적인 권위는 하나님의 일에 있어서 엄중한 것이고 두려워해야 할 일이다. 이러한 문제는 세상적인 일과 전혀 다른 것이다.

8절, 그와는 내가 대면하여 명백히 말하고 은밀한 말로 아니하며 그는 또 여호와의 형상을 보겠거늘 너희가 어찌하여 내 종 모세 비방하기를 두려워 아니하느냐

만일 아론이나 미리암이 자기들에게는 전혀 계시가 없고 보여 주신 것이 없고 말씀해 주신 것이 없다면 그들은 감히 모세를 거역할 생각을 하지 않았을 것이다. 그러나 그들도 꿈으로든 이상으로든 뭔가 하늘에 속한 것을 보고 하나님의 말씀을 알고 깨달은 것이 있었기 때문에 거역의 근거를 갖게 되었고 '왜 모세만이냐? 나도 이상을 보았다' 하면서 거역을 하게 된 것이다. 그러나 계시도 계시 나름이고 빛도 빛 나름이다. 호롱불도 빛이지만 전깃불에 비할 수 없다. 전깃불을 자랑하지 말라! 태양빛도 있으며 그보다 더 밝은 빛도 있는 것이다.

9절, 여호와께서 그들을 향하여 진노하시고 떠나시매

하나님께서는 이렇게 하나님의 백성 가운데 거역이 일어날 때 진노하신다.

10절, 구름이 장막 위에서 떠나갔고 미리암은 문둥병이 들려 눈과 같더라 아론이 미리암을 본즉 문둥병이 들었는지라

구름이 장막 위에 있었다는 것은 여호와의 임재가 그 위에 머물러 있었다는 것이다. 그런데 거역이 일어날 때, 거역하는 말이 있을 때, 거역하는 상태가 있을 때, 여호와의 구름이 떠나갔다. 주님이 그들과 함께 하시지 않는 것이다. 그러나 거역하는 사람들은 시기와 질투로 가득하기 때문에 자기가 거역하고 있는 그 사람만 보이지 여호와께서 떠나시는 것을 알지 못한다.

"아론이 미리암을 본즉 문둥병이 들었는지라". 사람의 속에 있는 거역이 드러날 때 곧 문둥병이 들게 된다. 문둥병이 들 때 그는 사람을 가까이 해서는 안 된다. 사람들도 그를 가까이 해서는 안 된다. 아론이 미리암을 쳐다보니까 문둥병이 들었다. 구름이 떠나갈 때 이 여인에게 문둥병이 들린 것이다. 아론은 대제사장으로서 문둥병을 측정하는 사람이다. 그는 문둥병을 측정한 경험이 많다. 그러므로 그는 즉시 보고 '아! 이것은 문둥병이다' 했을 것이다. 이 거역의 일에서 주도자는 미리암이었을 것이다. 여자가 앞장을 섰고 아론은 주로 듣고 따르는 편이었을 것이다. 아론은 출애굽기를 보아도 성격이 약간 우유부단한 데가 있는 것 같다. 모세가 시내 산에 올라가 사십 일 동안 있을 때 그가 내려오는 것이 지연되자 백성들은 '우리를 애굽에서 인도해 낸 신을 만들자' 고 했다. 그러면서 금팔찌, 금귀고리 등을 빼서 아론에게 주었고 그는 그것을 부어서 금송아지를 만들었다. 모세가 산에서 내려와 보니까 이 백성들이 먹고 마시고 뛰놀면서 우상을 숭배하고 있는 것이다. 모세가 아론에게 이것이 어떻게 된 일이냐고 하자 그가 말하기를 '그들이 금을 주길래 불에다 던졌더니 금송아지가 나왔다' 고 했다. 아론은 이렇게 자기 주도적으로 뭔가를 하는 사람이 아닌 것 같다.

그러나 그의 잘못이 없는 것은 아니다. 어쨌든 여기서 주도적으로 거역을 도모한 미리암이 문둥병에 걸렸고 아론은 그것을 보고 즉시 자기도 잘못되었다는 것을 알았을 것이다. 하나님께서 거역한 사람을 문둥병이 걸리게 하셨다면 그 병이 자기에게도 임할 수 있음을 알았을 것이다.

오늘날 많은 사람이 아무 느낌 없이 앞선 자나 인도자를 비방하면서도 그것이 얼마나 심각한 것인 줄을 모른다. 교회가 만일 정상적이고 은혜를 입었다면 하나님의 종들을 비방하는 사람들을 만날 때 그들과 왕래하지 않고 말하려 하지 않을 것이다. 이것은 하나님의 백성 가운데 가장 엄중한 일 중의 하나이다.

11절, 아론이 이에 모세에게 이르되 슬프다 내 주여 우리가 우매한 일을 하여 죄를 얻었으나 청건대 그 허물을 우리에게 돌리지 마소서

이때 아론은 모세에게 'O my Lord!'(내 주여)라고 했다. 이렇게 심판을 거칠 때 사람은 자기 자리를 찾는다. 어떻게 말하면 아론은 미리암이 심판받는 것을 보고 즉시 자신의 잘못된 것을 깨닫고 회개할 수 있는 사람이다. 아론의 죄의 성질과 분량이 그런 정도이다. 나이로 보면 아론이 모세보다 많다. 모세의 형이다. 그러나 여기서 아론은 모세에게 '내 주여'라고 했다. "우리가 우매한 일을 하여 죄를 얻었으나". 즉 자신이 죄 지은 것을 시인하는 것이다. "청건대 그 허물을 우리에게 돌리지 마소서". 자백하며 용서를 구하는 부분이다.

12절, 그로 살이 반이나 썩고 죽어서 모태에서 나온 자 같이 되게 마옵소서

문둥병을 그냥 두면 결국 살이 반이나 썩게 된다. 미리암은 모세를 거역한 결과 살이 썩어서 죽게 되는 것이다.

13절, 모세가 여호와께 부르짖어 가로되 하나님이여 원건대 그를 고쳐 주옵소서

모세는 자기 자신을 위해서는 아무 말도 하지 않았다. 다만 아론이 미리암을 위해 기도해 달라고 하니까 그냥 기도해 주었다. 이런 사람이 온유한 사람이다. 자기 지위를 위해서 전혀 다투지 않는 것이다. 자기 지위를 유지하기 위해서 또는 다른 사람이 자기를 손상시키거나 자기를 공격한 것에 대해서 어떠한 저항이나 보복이나 비방을 하지 않고 그저 그들을 위해서 하나님께 중보기도를 드리고 있는 것이다. "모세가 여호와께 부르짖어 가로되 하나님이여 원컨대 그를 고쳐 주옵소서". 이렇게 하나님의 종들은 하나님의 심판이 있을 때 사람들의 죄악을 인해 안타까워하고 그들의 죄를 자기의 죄로 여기고 자기의 실수로 여겨 그것을 가지고 하나님께 나아가 중보기도 할 수 있는 사람이다.

14절, 여호와께서 모세에게 이르시되 그의 아비가 그의 얼굴에 침을 뱉았을지라도 그가 칠 일간 부끄러워하지 않겠느냐 그런즉 그를 진 밖에 칠 일을 가두고 그 후에 들어오게 할지니라 하시니

그렇게 중보기도를 할 때 하나님께서는 모세의 기도를 들으시고 미리암을 치료해 주셨다. 그러나 치료해 주셨다고 해서 금방 회복되는 것이 아니라 최소한 칠 일 간은 진 밖에 가두고 그 후에야 진에 들어오게 하라고 하셨다. '하나님의 심판을 받은 너는 한동안 부끄러워할 줄을 알아라.' 이것이 하나님의 처리이다.

15절, 이에 미리암이 진 밖에 칠 일 동안 갇혔고 백성은 그를 다시 들어오게 하기까지 진행치 아니하다가

결국 미리암의 거역 때문에 이스라엘 백성의 진행이 칠 일간 연기되었다. 그러므로 믿음의 길에 있어서 한 사람의 거역이 있을 때 전체 회중이 길을 가지 못하고 칠 일 동안 지체하게 된다. 이처럼 하나님의 백성 가운데서 한 사람이 거역을 해도 하나님의 백성 전체에게 영향을 주는 만큼 결코 이러한 죄를 짓지 말아야 한다. 비록 그 죄를 사함받는다 하더라도 온전히 회복되는 데에는 시간이 걸리므로 전체 하나님의 백성들의 여정에 지장을 주게 된다.

16절, 그 후에 백성이 하세롯에서 진행하여 바란 광야에 진을 치니라

12장의 말씀은 미리암과 아론이 모세를 거역한 사건을 다루고 있다. 결국 미리암은 심판을 받아 문둥병에 걸렸고 모세의 중보기도를 통해 치료되었다. 그러나 그 사건 때문에 백성들은 진행하는 것을 일주일이나 늦출 수밖에 없었다. 여기서 우리가 배워야 할 것은 그리스도인의 노정에서 매우 두려워하고 경계해야 할 것이 인도자에 대한 거역이라는 것이다. 인도자의 실수가 보일 때 또는 잘못하는 것같이 보일 때 함부로 입을 벌려 비방하지 않는 것을 배워야 한다. 거역에는 그 영이 있다. 오늘날 많은 하나님의 백성들이 왜 거역하는가? 열심 있는 사람들 가운데서는 주로 자기 자신이 주님의 일을 잘해 보려고 할 때 그런 일이 생긴다. 전염이 되는 거역도 있다. 즉 다른 사람이 주동이 되고 그에 의해 영향을 받아 거역하는 경우도 있다. 그런데 더욱 두려운 것은 미리암과 같이 거역의 주동이 되는 것이다. 그것은 자기가 인도자보다 더 낫고 더 잘할 수 있다고 생각하는 데에서 비롯된다. 그래서 사역이나 일 가운데, 또는 무리 가운데 다른 시작과 다른 근본, 또 다른 중심을 세우려는 것이다.

여기서 영적인 것에 관해 한 마디 하겠다. 원래 모세와 아론과 미리암은 서로 다 하나였다. 말하자면 행복한 교회생활을 하고 있었다. 아무런 느낌이 없이 모세는 인도하고 아론과 미리암은 그저 순종하고 따르면서 부축하고 보좌했다. 그런데 어느 날 미리암과 아론의 눈에 모세가 보였다. '이 사람은 도대체 어떤 사람이지?' 이것이 바로 거역의 시초이다. 거역이란 바로 생명을 떠나는 것이다. 팔이 몸에 붙어 있을 때에는 아무 느낌 없이 자연스럽게 움직이는데, 어느 날 잘못해서 팔이 어긋나면 거기에 느낌이 있게 된다. 자연스럽지 않게 느껴진다. 그것이 바로 거역이다. 그 이전에는 아무 느낌이 없이 그냥 붙어서 함께 움직였는데, 어느 날 어긋나서 느낌이 생긴 것이다.

거역은 그렇게 설명하기가 어려운 것이 아니다. 거기에 '네가 어떻고 내가 어떻고'가 발생하는 것이다. 그 이전에는 팔과 몸은 하나였고 자연스러운 '우리'였는데, 다 한 몸이었는데 이제는 그가 있고 내가 있으며 그의 유익이 있고 나의 유익이 있으며 그의 사람들이 있고 나의 사람들이 있게 된 것이다. 원래 한 무리였던 사람들이 따로 분리되어 계산되게 된 것이다. 원래 인도자가 하나였는데 이제는 다른 인도자가 또 하나 생기는 것이다. 그래서 결국 거역은 회중 가운데 분열을 가져오는 것이다. 거역은 곧 생명에서 이탈되는 것이기 때문이다.

오래 전에 있었던 일이다. 한 젊은 형제가 어느 날 나에게 와서 '당신은 어떻고 나는 어떻고…' 하면서 많은 이야기를 했다. 내가 그의 말을 들은 뒤에 그에게 이렇게 말했다. '내가 당신의 말을 죽 들으면서 당신이 참 변했다는 것을 느꼈습니다.' 그랬더니 그가 '제가 무엇이 변했습니까?' 하고 물었다. 그래서 나는 그전에는 형제의 입에서 '당신이 어떻고 나는 어떻고' 하는 말이 나온 적이 없고 항상 '우리, 우리' 했는데 오늘은 어떻게 해서 당신 입에서 '당신은 어떻고 나는 어떻고' 하는 말이 나오게 되었습니까? 그러면 당신과 나, 나와 당신이 지금 나누어져 있다는 말이고 서로 다른 편의 사람이라는 말이군요. 그러나 우리가 기억해야 할 것은 하나님은 우리를 그리스도 안에서 하나로 보시며 나는 지금도 당신을 나로 여기고 있습니다. 나의 분신, 나의 지체로 여기고 있습니다. 한 몸입니다'라고 말해 주었다. 후에 그는 그때 비로소 그리스도의 몸이 무엇인가를 보았다고 간증했다.

나도 어떤 사람을 나무랄 때가 있고 잘못했다고 말할 때가 있다. 그러나 나는 그를 나 자신으로 여기고 책망한다. 내가 그를 나무라고 책망하는 것은 나 자신을 심판하고 책망하는 것과 같다. 그런 마음이 없다면 나는 그런 말을 하지 못한다. 어떤 말이든지 겉으로 들었을 때 비슷하다고 해서 그것이 같은 종류의 말이 아니다. 거기에 생명의 이탈 현상이 생겼을 때, 너와 나의 편당적 구별이 생겼을 때, 한 사람을 제하고 자신을 세우려고 하는 그러한 구분이 생겨났을 때, 비록 그 사람의 말에 잘못이 없어 보여도 거기에는 이미 거역이 있는 것이다. 또 말을 하지 않는다고 해서 거역이 아닌 것이 아니다. 이미 경쟁이 있고 시기가 있으며 자신을 세우려 하는 것이 있고 다른 사람을 무너뜨리려는 게 있으면 다 거기에 거역이 있는 것이다. 하나님의 백성 가운데 이런 것이 있으면 결코 그리스도의 몸의 건축은 이루어질 수 없다. 또 성도들이 전진할 수도 없다.

내가 오늘 여러분과 함께 부른 찬송—야곱의 노래—은 나의 간증과 같다. 나는 이 찬송을 부를 때면 지금도 눈물이 난다. 나는 순복의 공과를 대가를 지불하며 배운 사람이다. 그러나 이 순복의 길은 또한 일생토록 걸어가야 한다. 이 순복에 있어서는 믿음과 같이 한 번 관문을 통과하는 것이 필요하다. 야곱은 브니엘에서 그러한 관문을 통과했다. 그 이전에 그는 결코 권위라는 것을 알지 못했다. 순복이라는 것을 알지 못했다. 그러므로 야곱은 뭐든지 자기가 추구하면 취할 수 있다고 생각했다. 에서의 장자의 명분을 취할 때도—물론 그가 장자의 명분을 귀하게 여겨 얻으려고 했던 것은 좋은 것이다— 그는 형의 권위에 대한 느낌이 전혀 없었다. 그는 그가 원하는 것을 얻으려는 것에 열심이었지 거기에 권위에 대한 느낌 같은 것은 없었다. 그러기에 그는 수단과 방법을 다하여 장자의 명분을 취득했다. 그것을 위해 그는 거짓말도 했고 나름대로 신속하게 움직이며 기회를 붙잡아 수고하기도 했다. 그때 그에게는 열심히 분투하여 장자의 명분을 취하는 것 외에 다른 생각이 없었다. 권위에 대한 순복에 대해서 그는 아무 느낌도 들지 않았다. 그러나 어쨌든 하나님께서는 야곱을 택하셨고 사랑하셨다.

그런데 그가 얍복강 나루에서 밤새 어떤 사람과 씨름을 하다가 타격을 받아 환도뼈가 위골되었다. 사실 그때 야곱은 하나님을 만난 것이다. 그날이야말로 야곱의 일생에서 분기점이 되는 날이다. 그 이전에 야곱은 권위라는 것을 몰랐다. 그냥 무엇이든지 추구하면 다 얻는다고 생각했다. 그런데 그날 밤 거기서 씨름하다가 환도뼈가 부러지고 절름발이가 되었는데 성경에는 그때 해가 돋았다고 기록되어 있다. 그때 비로소 야곱에게는 해가 돋은 것이다. 그런 다음 에서를 만났는데, 그는 에서를 보고 "내가 형님의 얼굴을 뵈온즉 하나님의 얼굴을 본 것 같사오며"라고 말했다. 전에 야곱은 에서를 보고 '당신, 왜 나보다 먼저 나와서 형님 노릇 하는 거야? 당신은 나보다 약간 먼저 나온 것 외에는 나은 게 한 가지도 없잖아. 그때도 내가 먼저 나오려고 발뒤꿈치를 잡았는데 나보다 당신이 아슬아슬하게 한 발 먼저 나온 것 가지고 늘 형 대우를 받으려고 하느냐 말이야!' 라고 했을 것이다. 아마 그때 야곱의 눈에는 에서가 멍청하고 둔하게 보였을 것이다. 그래서 차라리 자기가 형 노릇을 하면 모든 일이 잘 되고 집안이 번성할 거라고 생각했을 것이다.

야곱은 그날 밤 얍복강 나루에서 환도뼈가 위골되기까지 쉬지 않고 계획하고 연구하고 궁리하여 성공도 했다. 많은 양떼를 자기 소유로 만들어 거부가 되었다. 그리고 스스로 자부심이 대단했을 것이다. '내 역량을 보아라. 에서는 아버지 집에 있으면서 거저 다 얻었지만 나는 집을 나와 역경을 통과해서 이만큼 이루어내었다. 나야말로 부모의 어떤 도움도 없이 자수성가해서 이루어냈다. 당신도 이제는 별 수 없이 나의 역량을 인정하지 않으면 안 될 것이고 장자의 명분이 나에게 이동된 것을 받아들이지 않을 수 없다' . 이것이 야곱이다.

그런데 한 가지 문제가 있다. 에서가 그를 잡으러 오면 어떻게 하느냐는 것이다. 바로 그 밤에 하나님께서 야곱을 찾으셨다. '네가 그렇게 강하냐? 나하고 한번 겨뤄보자.' 그 밤에 야곱은 한 사람과 밤새 씨름을 했다. 야곱은 그가 누군지도 몰랐다. 그런데 야곱이 싸우다 보니까 그 사람의 힘이 보통이 아니었다. 지금까지 그가 만나본 적수 중에 이렇게 강한 사람은 처음이었다. 에서와 라반도 보통이 아니었지만 이 사람은 그들과 비교할 수 없이 강했다. 지금까지 싸운 정신력과 꾀를 다 동원해서 밤새 씨름을 했는데도 이길 수 없었다. 처음에는 야곱이 이기는 것 같았다. 그러다 그대로는 이길 수 없는 것을 아신 하나님께서 야곱을 한 번 치시니 환도뼈가 그만 위골되었다. 그때서야 야곱은 놀랐다. '이 사람 누구지? 나를 죽일 수도 있었는데 죽이지는 않았네' 하면서 그를 붙잡았다. 그리고서 '당신이 내게 축복하지 아니하면 가게 하지 아니하겠나이다' 라고 말했다. 그때가 바로 야곱이 하나님의 권위를 만난 날이다.

그 후에 야곱이 그 형 에서를 만났을 때 멍청하고 못난이같이 보였던 형의 얼굴이 하나님같이 보인 것이다. 영적인 길에서 그렇게 한 번 크게 바뀌는 날이 있다. 그럴 때 참으로 순복이 무엇인지를 안다. 그리고 일생 거역하지 않고 하나님의 길에서 전진할 수 있다. 우리는 순복의 문을 통과한 다음에도 끝까지 두려워하면서 순복의 길을 가야 한다.

민수기 13장

하나님의 약속에 대한 불신

1-3절, 여호와께서 모세에게 일러 가라사대 2 사람을 보내어 내가 이스라엘 자손에게 주는 가나안 땅을 탐지하게 하되 그 종족의 각 지파 중에서 족장 된 자 한 사람씩 보내라 3 모세가 여호와의 명을 좇아 바란 광야에서 그들을 보내었으니 그들은 다 이스라엘 자손의 두령된 사람이라

민수기 13장에는 하나님께서 먼저 가나안 땅을 정탐하도록 사람들을 보내는 것처럼 기록되어 있지만 신명기 1장을 살펴보면 정탐에 관해서 하나님께서 먼저 시작하신 것이 아니고 이스라엘 백성들에 의해서 정탐이 이루어진 것을 볼 수 있다. 하나님이 이스라엘 백성들에게 '이 땅을 이미 너희에게 두셨은즉 올라가서 얻으라' 고 말씀하셨으므로 가서 얻으면 되었다. 그들에게 만일 믿음이 충분했다면 정탐은 필요치 않은 것이다. 즉 이스라엘 백성에게 하나님의 말씀에 대하여 불신이 조금도 없었다면 그들은 정탐하러 갈 필요 없이 그대로 가나안 땅을 점령하러 가면 되었다. 그러나 그들은 믿음이 부족했다. 그들은 하나님의 말씀 외에 뭔가 보고 만질 수 있는 확신을 원했다. 그 땅을 정탐하여 뭔가 확실한 것을 보고 듣기 전에는 곧바로 나아가 점령할 만한 믿음을 갖고 있지 않았다.

신명기 1장 21절부터 25절까지 보겠다. "너희 하나님 여호와께서 이 땅을 너희 앞에 두셨은즉 너희 열조의 하나님 여호와께서 너희에게 이르신 대로 올라가서 얻으라 두려워 말라 주저하지 말라 한즉 너희가 다 내 앞으로 나아와 말하기를 우리가 사람을 우리 앞서 보내어 우리를 위하여 그 땅을 정탐하고 어느 길로 올라가야 할 것과 어느 성읍으로 들어가야 할 것을 우리에게 회보케 하자 하기에 내가 그 말을 선히 여겨 너희 중에서 매 지파에 한 사람씩 열둘을 택하매 그들이 앞으로 가서 산지에 올라 에스골 골짜기에 이르러 그곳을 정탐하고 그 땅의 과실을 손에 가지고 우리에게로 돌아와서 우리에게 회보하여 이르되 우리의 하나님 여호와께서 우리에게 주시는 땅이 좋더라 하였느니라".

민수기 13장에서 여호와께서 모세에게 사람을 보내어 가나안 땅을 탐지하게 하라고 하신 것 같지만 사실은 이스라엘 백성이 먼저 모세에게 그곳을 정탐하게 해달라고 요청한 바에 따라 하나님께서 그렇게 말씀하신 것이다.

4-16절, 그들의 이름은 이러하니라 르우벤 지파에서는 삭굴의 아들 삼
무아요 5 시므온 지파에서는 호리의 아들 사밧이요 6 유다 지파에서는 여
분네의 아들 갈렙이요 7 잇사갈 지파에서는 요셉의 아들 이갈이요 8 에브
라임 지파에서는 눈의 아들 호세아요 9 베냐민 지파에서는 라부의 아들
발디요 10 스불론 지파에서는 소디의 아들 갓디엘이요 11 요셉 지파 곧 므
낫세 지파에서는 수시의 아들 갓디요 12 단 지파에서는 그말리의 아들 암
미엘이요 13 아셀 지파에서는 미가엘의 아들 스둘이요 14 납달리 지파에
서는 웝시의 아들 나비요 15 갓 지파에서는 마기의 아들 그우엘이니 16 이
는 모세가 땅을 탐지하러 보낸 자들의 이름이라 모세가 눈의 아들 호세아
를 여호수아라 칭하였더라

이렇게 모세는 열두 두령을 정탐하러 보내게 된다.

17-20절, 모세가 가나안 땅을 탐지하러 그들을 보내며 이르되 너희는 남방길로 행하여 산지로 올라가서 18 그 땅의 어떠함을 탐지하라 곧 그 땅 거민의 강약과 다소와 19 그들의 거하는 땅의 호 불호와 거하는 성읍이 진영인지 산성인지와 20 토지의 후박과 수목의 유무니라 담대하라 또 그 땅 실과를 가져오라 하니 그 때는 포도가 처음 익을 즈음이었더라

나는 여기서 모세가 정탐을 허락한 것은 하나님의 말씀을 믿었기 때문이라고 생각한다. 그러나 이스라엘 백성들이 그 땅을 탐지하고자 했던 것은 불신이 있었기 때문이다. 모세가 정탐을 기꺼이 허락한 것은 그들이 가서 보면 하나님의 말씀대로 그 땅이 젖과 꿀이 흐르는 아주 좋은 땅이라는 것을 확증할 것이라고 믿었기 때문이다. 그러나 이스라엘 백성들은 그 땅을 보기 전에는, 하나님의 말씀을 눈으로 확인하기 전에는 그 땅을 점령할 담력과 믿음이 없었다. 하나님은 그들의 믿음이 부족한 것을 긍휼로 대한 것이다. 그것은 마치 신약에서 도마가 예수님을 만져보고 믿겠다고 말한 것에 비할 수 있다. 주님은 도마에게 그분의 못 박힌 손과 찔리신 옆구리를 만지게 해주셨고 도마는 믿을 수 있었다. 그러나 주님은 그에게 본 고로 믿느냐고 하시면서 보지 못하고 믿는 자들은 복되다고 하셨다(요 20:27-29).

21-22절, 이에 그들이 올라가서 땅을 탐지하되 신 광야에서부터 하맛 어귀 르홉에 이르렀고 22 또 남방으로 올라가서 헤브론에 이르렀으니 헤브론은 애굽 소안보다 칠 년 전에 세운 곳이라 그 곳에 아낙 자손 아히만과 세새와 달매가 있었더라

헤브론은 애굽 소안보다 칠 년 전에 세운 곳으로 그곳에 아낙 자손

아히만과 세새와 달매가 있었다. 하맛 어귀 르홉은 가나안 북단이고 헤브론은 가나안 남단이다. 그곳에 사는 사람들은 다 거인이었다.

23절, 또 에스골 골짜기에 이르러 거기서 포도 한 송이 달린 가지를 베어 둘이 막대기에 꿰어 메고 또 석류와 무화과를 취하니라

그곳은 이렇게 과일이 풍성했다. 포도송이가 얼마나 큰지 두 사람이 포도 한 송이를 막대기에 꿰어 메었다. 그리고 생명으로 충만한 석류와 무화과가 있었다.

24-25절, 이스라엘 자손이 거기서 포도송이를 벤 고로 그 곳을 에스골 골짜기라 칭하였더라 25 사십 일 동안에 땅을 탐지하기를 마치고 돌아와

이 열두 정탐꾼은 40일 동안 가나안 땅을 탐지하였다.

26-27절, 바란 광야 가데스에 이르러 모세와 아론과 이스라엘 자손의 온 회중에게 나아와 그들에게 회보하고 그 땅 실과를 보이고 27 모세에게 보고하여 가로되 당신이 우리를 보낸 땅에 간즉 과연 젖과 꿀이 그 땅에 흐르고 이것은 그 땅의 실과니이다

그들은 정탐하고 온 모든 결과와 실적들을 보여 주었다.

28-29절, 그러나 그 땅 거민은 강하고 성읍은 견고하고 심히 클 뿐 아니라 거기서 아낙 자손을 보았으며 29 아말렉인은 남방 땅에 거하고 헷인과 여부스인과 아모리인은 산지에 거하고 가나안인은 해변과 요단 가에 거하더이다

이것은 다 사실이다. 그 땅에 과일이 풍성하고 젖과 꿀이 흐르는 것, 그리고 그 땅 거민이 아주 강하고 성읍이 견고하다는 것은 다 사실이다. 거기 사는 사람들은 거인들이었고 거기에 많은 대적이 있었다. 아말렉, 헷, 여부스, 아모리 족속들은 다 이스라엘의 대적이다. 이렇게 보고했을 때 백성들이 좀 술렁였다.

30절, 갈렙이 모세 앞에서 백성을 안돈시켜 가로되 우리가 곧 올라가서 그 땅을 취하자 능히 이기리라 하나

하지만 이러한 보고를 듣고서 사람들은 혼란되었다. 그때 열두 정탐자중의 하나였던 갈렙이 하나님의 말씀을 믿고 일어나 "그 땅을 취하자, 능히 이기리라"고 말했다. 그는 여호수아와 같이 이기는 자의 영을 갖고 있던 사람이었다.

31-33절, 그와 함께 올라갔던 사람들은 가로되 우리는 능히 올라가서 그 백성을 치지 못하리라 그들은 우리보다 강하니라 하고 32 이스라엘 자손 앞에서 그 탐지한 땅을 악평하여 가로되 우리가 두루 다니며 탐지한 땅은 그 거민을 삼키는 땅이요 거기서 본 모든 백성은 신장이 장대한 자들이며 33 거기서 또 네피림 후손 아낙 자손 대장부들을 보았나니 우리는 스스로 보기에도 메뚜기 같으니 그들의 보기에도 그와 같았을 것이니라

우리가 이 말씀을 읽을 때 이스라엘 백성들은 가나안으로 가는 광야의 노정에서 계속적으로 실패하는 것을 볼 수 있다. 그들은 길이 어렵다고 원망하고 음식이 없어서 불평하고 인도자의 약점으로 보이는 것을 가지고 거역하고 비방했다. 아주 많은 문제들이 있었다. 그때마다 하나님은 진노하시고 심판하셨다.

다음 장에서 보겠지만 하나님께서는 특히 바란 광야에서 있었던 일,

즉 가나안 땅을 정탐한 자들의 보고를 들은 뒤에 분기(憤起)한 이스라엘 백성들의 반응 때문에 매우 노여워하셨다. 그것은 그들의 불신 때문이다. 여기서 문제는 불신인데 이 문제는 그들의 여러 가지 문제들 중 가장 큰 문제였다. 결국 그들은 불신으로 말미암아 가나안에 들어가지 못한 것이다. 히브리서에서도 이스라엘 백성들이 믿지 아니함으로 들어가지 못했다고 했다(히 4장 참조).

민수기 14장

불신으로 가나안에 들어가지 못함

1-10절, 온 회중이 소리를 높여 부르짖으며 밤새도록 백성이 곡하였더
라 2 이스라엘 자손이 다 모세와 아론을 원망하며 온 회중이 그들에게 이
르되 우리가 애굽 땅에서 죽었거나 이 광야에서 죽었더면 좋았을 것을 3
어찌하여 여호와가 우리를 그 땅으로 인도하여 칼에 망하게 하려 하는고
우리 처자가 사로잡히리니 애굽으로 돌아가는 것이 낫지 아니하랴 4 이에
서로 말하되 우리가 한 장관을 세우고 애굽으로 돌아가자 하매 5 모세와
아론이 이스라엘 자손의 온 회중 앞에서 엎드린지라 6 그 땅을 탐지한 자
중 눈의 아들 여호수아와 여분네의 아들 갈렙이 그 옷을 찢고 7 이스라엘
자손의 온 회중에 일러 가로되 우리가 두루 다니며 탐지한 땅은 심히 아름
다운 땅이라 8 여호와께서 우리를 기뻐하시면 우리를 그 땅으로 인도하여
들이시고 그 땅을 우리에게 주시리라 이는 과연 젖과 꿀이 흐르는 땅이니
라 9 오직 여호와를 거역하지 말라 또 그 땅 백성을 두려워하지 말라 그들
은 우리 밥이라 그들의 보호자는 그들에게서 떠났고 여호와는 우리와 함
께 하시느니라 그들을 두려워 말라 하나 10 온 회중이 그들을 돌로 치려하
는 동시에 여호와의 영광이 회막에서 이스라엘 모든 자손에게 나타나시
니라

그들은 여기서 하나님의 인도를 불신하고 하나님의 말씀을 믿지 않았다. 그리고 다시 애굽으로 돌아가자고 했다. 이 일은 결국 그 당시 광야에 있었던 모든 이스라엘 자손들이 한 사람도 가나안에 들어가지 못하게 되는 무서운 결과를 가져왔다. 이것은 바로 불신 때문이다. 하나님을 가장 마음 상하시게 하는 것이 바로 불신이다. 그러면 하나님을 가장 기쁘시게 하는 것은 무엇인가? 믿음이다. 믿음이 없이는 하나님을 기쁘시게 할 수 없다. 오늘날 어떤 사람들은 믿음을 다만 적극적인 사고방식이라고 한다. 또 어떤 사람들은 그러한 적극적인 사고방식을 믿음이라고 하는 것에 대해 상당한 비판을 가한다. 물론 신령한 믿음을 단지 적극적인 사고방식의 일환으로 해석하는 것에는 문제가 없지 않다. 그런데 사실 믿음과 적극적인 사고는 유사한 점이 많다. 소극적인 생각이 불신과 많이 닮았고 적극적인 생각이 믿음과 많이 닮은 것이 사실이다.

여호수아와 갈렙 두 사람은 나머지 열 사람과 달랐다. 여호수아와 갈렙도 네피림 후손인 아낙 자손들을 보았다. 다른 열 사람에게는 그들이 대장부같이 보이고 자기들은 메뚜기같이 보였지만 이 두 사람, 갈렙과 여호수아의 눈에는 그렇게 보이지 않았다. 이들의 눈에는 그 거인들이 대장부같이 보인 것이 아니라 자신들의 밥으로 보였다. 능히 밥 먹듯이 쉽게 이길 수 있다고 보았다.

그러면 이 갈렙과 여호수아는 어떻게 해서 동일한 사물을 다른 사람들과 다르게 볼 수 있었을까? 그것은 하나님의 말씀에 대한 믿음 때문이다. 믿음이란 하나님의 말씀을 근거로 해서 사물을 보는 것이다. 그러나 다른 열 명의 정탐꾼은 하나님의 말씀을 제쳐 두고 인간의 생각과 인간의 눈으로 사물을 판단했던 것이다. 하나님의 말씀 없이 인간의 눈에 보이는 대로 생각하고 판단하는 것은 믿음이 아니다. 여호수아와 갈렙이 그 자리에서 이렇게 담대하게 증거하여 하나님을 기쁘시게 할 수 있었던 것은 다름 아니라 하나님의 말씀을 그대로 믿었기 때문이다.

신명기 1장 21절, “너희 하나님 여호와께서 이 땅을 너희 앞에 두셨은즉 너희 열조의 하나님 여호와께서 너희에게 이르신 대로 올라가서 얻으라 두려워 말라 주저하지 말라”. 하나님께서 이렇게 말씀하시면 이스라엘 백성은 말씀대로 올라가서 얻으면 된다. 두려워하지 말고 주저하지 말라고 하셨은즉 두려워하지 말고 주저하지 않으면 된다. 왜냐하면 하나님께서 그 말씀대로 역사할 것이며 함께하실 것이기 때문이다. 그런데 그들이 탐지하러 가서 그 상황을 보니까 그만 자신이 없어진 것이다. 한 면으로 좋은 것도 있기는 하다. 포도, 무화과가 풍성하고 젖과 꿀이 흐르는 것도 사실이다. 그런데 거기에는 또 장대한 거인들이 있어서 그것을 취하려고 갔다가는 그 무서운 사람들에게 처자가 다 사로잡히고 칼에 망하겠다는 생각이 들어 그만 감히 갈 엄두가 나지 않은 것이다. 그들에게 결여된 것은 곧 하나님께서 미리 하신 말씀이다. 그리고 그 말씀에 대한 믿음이 결여된 것이다. 그들은 곧 하나님의 말씀을 믿지 않았다.

하나님의 말씀을 믿지 않는 것은 결코 작은 일이 아니다. 어떤 사람은 믿음이 있어서 하나님을 기쁘시게 하는가 하면 어떤 사람은 자기의 처지와 상황만 보고 항상 두려워하고 걱정한다. 하나님을 믿지 않는 사람은 하나님을 기쁘시게 하지 못한다. 이것은 참으로 작은 일이 아니다. 불신이 모든 이스라엘 백성들을 광야에서 엎드러져 죽게 하였다면 오늘날 불신에 대한 경고가 얼마나 우리를 일깨워야 하는지 다시 한 번 생각하게 된다. 불신은 결코 작은 일이 아니다. 하나님의 말씀을 믿지 않는 것은 결코 작은 일이 아니다. 하나님께서 하신 말씀은 다 이루어진다. 하나님의 말씀은 하나도 땅에 떨어지지 않는다. 하나님께서는 말씀 그대로 이루신다. 그러므로 우리는 말씀을 붙잡고 선포하고 그 말씀을 지키고 순종해야 한다. 예를 들어 우리 몸에 질병이나 약함이 찾아왔을 때, 건강할 때는 하나님의 돌보심과 은혜에 대하여 감사하며 믿음을 가진 것 같다가도, 그런 약함과 질병의 증세 가운데 그분의 함께하심이라든가 돌보심에 대한 약속의 말씀들이 갈대같이 약하게 되어 흔들리는 것이다. 하나님은 우리가 어느 때든 그분의 약속의 말씀을 신뢰하는 것을 기뻐하신다.

여기서 우리는 생각해 볼 것이 있다. 진리 곧 하나님의 말씀을 증거하는 사람은 언제나 그 수가 적다는 것이다. 현 상황을 중요시 하는 사람들, 자기 눈에 보이는 대로 행하는 사람들이 더 많다. 하나님의 입장에서, 하나님의 말씀의 견지에서 그 말씀의 표준을 붙잡고 그 진리를 증거하는 사람들의 수는 언제나 적고 그들의 길은 어렵고 또 외롭다. 왜냐하면 즉시 많은 사람들의 반대에 부닥치기 때문이다. 여호수아와 갈렙은 하나님의 말씀을 그대로 믿었다. 그 말씀을 현실에 따라 가감하지 않았다, 하나님께서 하신 말씀을 믿을 수 있는 것으로 여겼다. 실행할 수 있는 말씀, 순종할 수 있는 말씀으로 여겼다. 그리고 그들은 그때 많은 이스라엘 백성들 앞에서 하나님의 말씀을 그대로 말했다.

그러나 소위 현장을 자기 눈으로 목격했다고 하는, 믿음이 아닌 현실주의적인 사람들은 자기들이 본 것을 가지고 하나님의 말씀을 소홀히 했다. 그래서 그들은 한 장관을 세우고 애굽으로 돌아가자고 했다. 그들은 그러한 관점을 가지고 서로서로 상의하며 말했다. "이에 서로 말하되"(4절). 어떤 사람들은 이것을 믿는이들 간의 유익한 상호 교제라고 말할 것이다. 하지만 하나님의 말씀을 떠나 같은 느낌을 가진 사람들이 함께 모여서 논의하는 이것이야말로 불신의 교제이다. 어둠 속에서의 교제이다. 하나님의 진리가 없는 가운데서의 교제이다. 이런 교제는 하나님을 기쁘시게 하는 교제가 아니다. 이 상황에서는 순종이 필요한 것이지 교제가 필요한 것이 아니다. 하나님께서는 이미 확고하게 말씀하셨는데 그 말씀을 순종하면 되지 그 말씀을 제쳐 두고 무슨 교제를 나눈다는 말인가? 그들은 서로 상의하여 한 장관을 세우고 애굽으로 돌아가자고 했다.

그때 모세와 아론은 이스라엘 회중 앞에서 엎드렸다. 왜냐하면 이 일이 얼마나 무서운 일인가를 알았기 때문이다. 모든 악이 하나님을 기쁘시게 하지 않지만 이 일보다 하나님의 마음을 노엽게 하는 일은 없다. 하나님께서는 이스라엘 백성들을 광야를 지나 가나안으로 이끌기를 원하시며 또 지금까지 많은 기적을 베푸심으로 그들로 하나님을 신뢰하게 하시고 바란 광야로, 가데스 바네아 광야로 이끄셨다. 그런데 그곳에 도착하여 이스라엘 백성들이 가나안 땅을 탐지하고 와서 한다는 말이 하나님의 궁극적인 인도를 불신하는 말이었다. 이제 한 장관을 세워서 애굽으로 돌아가자는 것이다. 여러분, 우리 생각에 이런 일은 결코 일어날 수 없는 일 같다. 그러나 당시 이스라엘 백성들은 이렇게 형편없는 일을 했다.

오늘날 우리 믿는이들 가운데에도 이러한 일이 없다고 장담할 수 없다. 하나님께서는 우리를 그분의 말씀으로 인도하기 원하시는데 우리는 사람의 눈으로 본 것과 생각하는 것을 가지고 그 모든 말씀을 신뢰하지 못한다. 이러한 일들은 오늘도 이곳저곳에서 일어날 수 있다. 그 모든 일들이 다 하나님을 노여우시게 하는 것들이다. 예를 들어서 한두 가지만 말해 보겠다. 주님은 우리에게 공중의 새와 들의 백합화를 보라고 하셨다(마 6장). 천부께서 이들을 먹이시고 기르시는데 너희는 왜 무엇을 먹을까 무엇을 마실까 염려하느냐고 하셨다. "너희는 먼저 그의 나라와 그 의를 구하라 그리하면 이 모든 것을 너희에게 더하시리라"고 하셨다. 그러나 오늘날 많은 그리스도인들이 '아, 말씀은 그렇지만 어떻게 염려하지 않고 살 수 있습니까? 당장 먹을 것이 걱정인데 염려하지 않을 수 있나요?' 하고 말한다. 많은 사람들이 또 그렇게 염려하는 것을 마땅하게 여긴다. 그러나 그것은 불순종이다. 하나님의 말씀을 믿지 않는 것이다. 아직 그러한 상태에 이르지 못했다면 주님께 그러한 상태에 이르게 해달라고 기도할 뿐 그 말씀 자체를 멸시하거나 소홀히 해서는 안 된다.

사람들은 자신들이 염려하는 덕에 사는 줄 안다. 염려했기 때문에 그

나마 이렇게 먹고 사는 거라고 생각한다. 이러한 생각이 다 불신이다. 또 주님은 모든 것을 주님을 위해 버리지 않으면 주님의 제자가 되지 못한다고 하셨다. 그러나 사람들은 '어떻게 모든 것을 다 버리고 살 수 있다는 말입니까? 말씀이 그렇다는 거지요. 모든 것을 버리지 않고도 제자가 될 수 있습니다' 하면서 임의로 주님의 말씀을 바꾼다. 또 주님은 "일흔 번씩 일곱 번이라도 용서하라"고 하셨는데 사람들은 '그것은 예수님이나 하실 수 있는 일이지 우리 같은 범인(凡人)은 어렵습니다. 서너 번 용서했으면 많이 한 것이지요' 하면서 말씀을 바꾼다. 이처럼 오늘날 많은 사람들이 불신 가운데 살고 있다.

주님은 "여자를 보고 음욕을 품는 자마다 이미 마음에 간음하였느니라"고 하셨다. 주님의 말씀은 이렇게 단호하다. 그런데 사람들은 '어떻게 사람이 그런 작은 죄도 범하지 않고 살 수 있습니까?' 하면서 주님의 말씀을 가벼이 넘긴다. 이러한 것이 다 불신이다. 우리는 다만 '주님, 제 믿음이 아직 미치지 못함을 용서하소서. 저에게 믿음을 주사 주님의 말씀을 이루게 하소서'라고 기도할 수 있을 뿐이다. 우리는 결코 하나님의 말씀을 부정하거나 신뢰하지 않는 말을 해서는 안 된다. 또 우리 그리스도인은 다만 주님의 이름으로 모여야 한다. 그런데 사람들은 주님의 역사를 크게 하려면 그렇게 해서는 안 되고 무언가 다른 이름을 붙여 다른 이름 아래 모여야 한다고 한다. 그것도 믿음이 없는 말이다. 하여간 하나님께서 하신 말씀을 믿지 못하고 자기 생각을 보태서 하는 말은 다 불신의 말이다.

그러면 우리는 어떻게 해서 여호수아와 갈렙같이 될 수 있는가? 하나님의 말씀을 믿는 것이다. 하나님의 말씀의 관점에서 사물을 보는 것이다. 그런 사람들이 용기 있는 사람들이고 담대한 사람들이다. 여기서 두 사람 외에는 다 가나안에 들어가는 것을 반대했다. 그 수많은 사람들이 다 소극적인 보고를 한 열 명의 정탐꾼과 하나였다. 그들은 두 명의 적극적인 정탐꾼, 하나님의 말씀을 믿는 사람들, 진리를 증거하는 사람들, 진리의 표준을 제시하는 사람들의 말을 듣지 않았다. 이처럼 진리를 따르는 사람들은 그 수가 적다. 많은 사람들은 참된 진리를 사랑하지 않는다. 오히려 거짓을 진리보다 더 사랑한다. 오늘날 아마 가짜 약을 팔면 더 많이 팔리고 진짜 약을 팔면 덜 팔릴 것이다. 이 시대는 거짓의 시대이다. 거짓이 왕 노릇 한다. 편만하게 퍼져 있는 게 거짓이다. 이런 시대는 '참'이 힘을 쓰지 못한다.

여기서 두 사람이 참된 믿음의 말씀을 증거할 때 사람들은 이 두 사람을 향해 돌을 집어들었다. 돌을 들어 치려 할 때 여호와의 영광이 그들에게 나타났다고 했다. 오늘날 왜 많은 사람들이 하나님의 말씀을 진리대로 증거하지 않는가? 사람들이 좋아하지 않기 때문이다. 사람들은 진리를 좋아하지 않고 오히려 진리를 증거하는 사람을 죽이려고 한다. 그렇기 때문에 옛적부터 오늘날까지 참된 하나님의 말씀을 증거하는 선지자들은 얻어맞고 핍박을 당하고 죽임을 당했다.

이스라엘 백성들이 왜 장관을 따로 세우자고 했겠는가? 그것은 모세와 아론이 절대로 그 백성들의 말을 듣지 않기 때문이다. 쉽게 말해서 그들이 어두움 속에서 상의한 말에 따르지 않는다는 것이다. 그들은 양심에서 모세와 아론은 그들의 말을 듣지 않는다는 것을 안다. 그래서 그들이 애굽으로 돌아가려면 그들의 말대로 움직이는 새로운 장관이 필요한 것이다. 만일 그들이 그러한 장관을 뽑았다면 그 장관은 갈렙과 여호수아보다 훨씬 막강한 힘을 가지고 부와 지위를 누릴 수 있었을 것이다. 그러나 이스라엘 백성들은 그 일에 성공하지 못했다. 여기서 분명히 알 수 있는 것은 믿음의 길은 이와 같이 어렵다는 것이다. 믿음으로 선포하는 길은 어려운 길이다. 바로 곁에 있는 사람들이 말씀대로 믿음으로 가는 사람들을 반대하고 핍박하게 되어 있다. 어떤 사람들은 어떻게 그런 일이 일어날 수 있느냐고 할 것이다. 그러나 그것이 현실이다. 사람들은 다 눈에 보이는 대로 살기를 좋아하지 하나님의 믿음의 말씀에 순종하지 않는다.

나는 여러분이 이 한 가지를 깊이 새기기 바란다. 우리는 반드시 믿음의 길을 가야 한다. 우리 눈에 보이는 대로 살아서는 안 된다. 우리의 생각대로 살아서도 안 된다. 진리의 말씀, 진리의 표준을 결코 우리의 환경이나 상황 때문에 낮추거나 타협해서는 안 된다. 그분의 말씀 그대로를 지키고 순종해야 한다. 그럴 때 우리는 목적지까지 다다를 수 있고 약속의 땅인 가나안을 유업으로, 즉 하늘에 속한 기업으로 받을 수 있다.

여기서 여호수아와 갈렙은 "너희는 오직 여호와를 거역하지 말라"고 했다. 그들이 한 일은 결국 여호와를 거역하는 일이었다. 아마도 그들은 이렇게 말했을 것이다. '우리가 거역하려고 하는 것이 아니라 상황을 볼 때 갈 수 없는 게 아니냐. 가면 다 죽을 것이 뻔한데 왜 그렇게 무모한 일을 하려고 하느냐. 그들의 체격을 보고 우리를 보아라. 우리는 그들을 당해내지 못한다. 가지 말자. 패할 것이 불을 보듯 한데 하나마나 한 일을 왜 하느냐.' 이런 류의 말은 사람들 가운데 영향력이 크다. 이는 사람들로 쉽게 공감을 갖게 하는 말들이다. 그러나 믿음의 말은 어렵다. 하나님의 말씀 외에는 어떠한 가능성도 없다. 하나님의 말씀뿐이다. 우리의 생각과 다르고 우리가 보는 것과도 다르다. 그러나 우리는 우리의 상황과 우리의 처지를 믿지 않고 하나님의 말씀을 믿는다. 이러한 믿음이 하나님을 기쁘시게 하며 이러한 믿음이 결국 우리를 가나안 땅으로 인도하여 하나님께서 우리를 위해서 예비하신 유업을 얻게 할 것이다.

그럼 누가 이 길에서 낙오하는가? 그들은 모두가 처음에는 다 홍해를 건너서 광야로 들어갔다. 그들의 출발은 영광스러웠다. 그런데 왜 어떤 사람은 목적지인 가나안으로 들어가고 어떤 사람은 광야에서 쓰러져 죽었는가? 무엇이 그것을 결정짓는 요인이었는가? 바로 믿음이다. 그들이 믿었는가 믿지 않았는가, 하나님을 신뢰하였는가 신뢰하지 않았는가, 자기 눈에 보이는 대로 살았는가 아니면 말씀을 의지해서 살았는가이다. 이것이 가나안을 향한 노정을 끝까지 걸어갈 수 있느냐를 결정짓는 요인이다. 이것은 너무나 중요하다.

사랑하는 성도 여러분, 우리는 여기서 한 가지 깊은 인상을 받을 필요가 있다. 그것은 바로 하나님의 말씀을 있는 그대로 믿는 것이다. 우리의 느낌이든 우리의 상황이든 아무것도 가감하지 말고 말씀하신 그대로를 마음속으로 받고 믿고 순종하고자 하는 것이다. 아무쪼록 하나님께서 우리가 끝까지 경주를 잘 할 수 있도록, 믿음의 길에서 지켜질 수 있도록 하나님의 말씀을 믿는 마음을 주시기 바란다.

11절, 여호와께서 모세에게 이르시되 이 백성이 어느 때까지 나를 멸시하겠느냐 내가 그들 중에 모든 이적을 행한 것도 생각하지 아니하고 어느 때까지 나를 믿지 않겠느냐

13장부터 14장 전반부에 걸쳐 정탐꾼들이 가나안을 정탐하고 돌아와서 보고한 뒤에 이스라엘 백성들이 가나안 땅에 들어가기를 싫어하여 장관 하나를 세우고 애굽으로 돌아가자고 했을 때 하나님께서 그들을 꾸짖으신 내용이다. "이 백성이 어느 때까지 나를 멸시하겠느냐 내가 그들 중에 모든 이적을 행한 것도 생각하지 아니하고 어느 때까지 나를 믿지 않겠느냐". 하나님께서는 그분을 믿는 것을 기뻐하신다. 홍해를 건널 때로부터 하나님께서는 이스라엘 백성 가운데서 많은 기적을 행하셨는데 그들은 하나님을 믿지 않았다.

우리는 여기서 불신의 죄가 얼마나 큰가를 보아야 한다. "어느 때까지 나를 멸시하겠느냐?" "어느 때까지 나를 믿지 않겠느냐?" 이들은 당시 가나안 땅에 정탐꾼을 보냈으며 10명의 소극적인 정탐꾼에 의해 그들을 점령할 수 없다는 비관적인 견해를 들은 후 밤새도록 울며 부르짖으며 애굽으로 돌아가자고 말했다. 부르짖고 울면서 기도한다고 해서 다 좋은 것이 아님을 알아야 한다. 어떤 기도는 불신과 하나님에 대한 원망으로 가득하여 부르짖는 기도가 있기 때문이다. 물론 이 일에 대하여 모세의 중재 기도에 의하여 하나님은 그들을 용서 하셨지만 그 땅에 들어가지 못하게 하셨다. 우리는 여기서 하나님의 용서와 행정적인 징계가 다르다는 것을 알아야 한다. 용서했다고 해서 그들에게 원래 약속한 축복을 다 주신다는 뜻은 아니다. 이를테면 부모가 자녀에게 사탕을 먹지 말라고 하였을 때 아이가 거역하고 사탕을 많이 먹었다 하자. 그 죄에 대하여 아이가 용서를 빌면 부모는 용서해줄 수는 있지만 아이의 이가 썩어서 고생스러운 것은 감당해야 하는 것이다. 여기서 우리는 하나님의 용서하심과 행정적인 징계에 떨어지는 것의 차이를 볼 수 있다.

아마도 대다수의 이스라엘 사람들은 당시 자기들이 모세와 아론을 원망한 것이지 하나님을 거역하려 한 것은 아니라고 변명하려 했을 것이다(2절). 그러나 하나님은 그들이 자신에 대하여 원망한다고 말씀하셨다(27절). 하나님은 "어느 때까지 나를 믿지 않겠느냐?"라고 하셨다. 참된 하나님의 종이라면 비록 약점이 있을지라도 하나님이 그들을 기뻐하시며 사용하실 수 있다. 그럴 때 그들의 말을 믿지 않는 것이 하나님의 말씀을 믿지 않는 것이 된다는 것을 주의해야 한다.

또한 이 말씀을 통해서 우리는 하나님의 겸손하심과 사랑하심을 볼 수 있어야 한다. 심지어 그분이 "어느 때까지 나를 멸시 하겠느냐?"라고 하신 말씀조차 전능하신 창조주 하나님이 죄인이고 피조물인 사람들에게 하신 말씀이라는 것을 생각할 때 이것이 겸손이요 사랑이 아닌가! 그분이 하신 약속의 말씀에 대하여 믿지 않는 것은 그분에 대한 최대의 잘못이며 따라서 가장 크게 그분을 실망시켜 드리는 일이 된다.

12절, 내가 전염병으로 그들을 쳐서 멸하고 너로 그들보다 크고 강한 나라를 이루게 하리라

이스라엘 백성들이 이렇게까지 하나님을 믿지 않고 다시 애굽으로 돌아간다고 했을 때 하나님께서는 이스라엘 백성에게 노하시고 그들을 멸하려고 하셨다. 출애굽기 32장에서 금송아지를 만들었을 때도 동일한 성분의 말씀이 있다. 그때와 같이 여기서도 하나님은 극도로 진노하신 것이다. 우리는 여기서 하나님이 참으로 인격이 있는 분이심을 볼 수 있다. 하나님은 그들이 그토록 불신하자 그들을 멸하겠다고 말씀하셨다. 그리고 모세로 하여금 지금 있는 이스라엘보다 더 크고 강한 나라를 이루게 하겠다고 하셨다. 이렇게 말씀하시자 모세가 여호와께 기도했다.

여기서 잠시 생각해 볼 것이 있다. 이 일로 모세 또한 이스라엘 백성 때문에 마음이 많이 상했다. 모세를 거역하고 실망시키는 일들이 많이 있었다. 그리고 지금 이 상황에 이르러서는 돌아가겠다고 하는 것이다. 이쯤 되면 우리는 아마 먼저 '하나님, 포기하십시다. 그리고 아예 새롭게 사람들을 일으킵시다' 했을 것이다. 최소한 하나님의 말씀에 동의했을 것이다. 더군다나 모세를 통해서 강한 나라를 일으키겠다고 하셨을 때 모세는 '아, 그렇게 하면 거역하지 않고 순종하는 깨끗한 민족이 일어날 수 있지 않을까?' 하는 생각을 할 수도 있는 상황이었다.

13-16절, 모세가 여호와께 여짜오되 애굽인 중에서 주의 능력으로 이 백성을 인도하여 내셨거늘 그리하시면 그들이 듣고 14 이 땅 거민에게 고하리이다 주 여호와께서 이 백성 중에 계심을 그들도 들었으니 곧 주 여호와께서 대면하여 보이시며 주의 구름이 그들 위에 섰으며 주께서 낮에는 구름기둥 가운데서 밤에는 불기둥 가운데서 그들 앞에서 행하시는 것이니이다 15 이제 주께서 이 백성을 한 사람 같이 죽이시면 주의 명성을 들은 열국이 말하여 이르기를 16 여호와가 이 백성에게 주기로 맹세한 땅에 인도할 능이 없는 고로 광야에서 죽였다 하리이다

모세가 하나님의 말씀을 듣고 즉시 생각한 것이 하나님의 이름이다. 하나님의 명예이다. 그는 어떤 크고 성공적인 일을 위하지 않았다. 앞으로 어떻게 하면 더 잘 될 것인가 혹은 어떻게 하면 더 좋은 무리가 일어날 것인가를 생각한 것이 아니라 하나님께서 만일 이 백성을 멸하신다면 하나님의 이름에 어떠한 영향이 돌아갈 것인가를 생각한 것이다. 그러므로 모든 하나님의 종들은 모세에게서 배워야 한다. 하나님의 종들의 마음이 바로 여기 있다. 하나님의 종들의 특징이 바로 여기 있다. 하나님의 종들의 특징은 어떤 일을 당했을 때 다른 것보다 먼저 하나님의 이름과 그분의 권익(權益)을 관심한다는 것이다. 많은 사람들이 멸망했을 때 하나님의 이름에 유익이 있을 것인가 손실이 있을 것인가를 생각하는 것이다. 모세가 걱정한 것은 이 땅 거민들이 이스라엘 백성은 여호와께서 인도하는 백성이라고 알고 있는데 그들을 애굽에서 구출하여 홍해를 건너 광야로 인도하여 다 망하게 하면 여호와께서 그들을 인도할 능력이 없기 때문에 그들을 죽게 했다고 말할 것이며, 그렇게 되면 하나님의 명성에 손상이 있으리라는 것이다. 하나님은 이와 같이 이 땅에 그분의 이름을 관심하는 자들을 얻기 원하신다.

주님이 이 땅에 오셨을 때 주님은 기도를 가르치시면서 '아버지의 이름이 거룩히 여김을 받으시도록' 기도해야 한다고 하셨다. 그리고 주님은 이 땅에서 오직 아버지의 이름과 그분의 영광만을 위해 일하고 사셨다. 그분이 죽은 자를 살리신 것도 물로 포도주를 만드신 것도 다 아버지의 영광을 나타내기 위한 것이었고(요 17:4) 심지어 그분이 십자가에 나아가신 것도 결국은 아버지의 이름에 영광을 돌리기 위한 것이었다. 주님이 이 땅에서 하신 모든 일은 모두 우리를 위한 것이지만 먼저는 아버지의 기뻐하시는 뜻을 이루며 그분께 영광 돌리는 것이다.

17절, 이제 구하옵나니 이미 말씀하신 대로 주의 큰 권능을 나타내옵소서 이르시기를

여기서 모세는 '주의 큰 권능을 나타내옵소서' 라고 기도했다. 주님의 권능을 나타내시라는 것은 무엇을 의미하는가?

18-19절, 여호와는 노하기를 더디하고 인자가 많아 죄악과 과실을 사하나 형벌 받을 자는 결단코 사하지 아니하고 아비의 죄악을 자식에게 갚아 삼사대까지 이르게 하리라 하셨나이다 19 구하옵나니 주의 인자의 광대하심을 따라 이 백성의 죄악을 사하시되 애굽에서부터 지금까지 이 백성을 사하신 것 같이 사하옵소서

모세가 구한 여호와의 큰 권능은 '용서하시는 능력', 다시 말하면 노하기를 더디 하고 인자가 많아 죄악과 과실을 사하시는 능력이다. 사실 오늘 우리가 우리에게 죄 지은 사람을 용서해 주는 것은 일종의 능력이다. 우리가 만일 우리에게 해를 끼친 어떤 사람을 용서하지 못한다면 그것은 우리에게 그만큼 능력이 없다는 것이다. 기적을 베푸는 것만 능력이 아니다. 사람을 용서하고 용납하는 것도 능력에 속한 것이다. 그래서 모세는 백성의 죄악을 용서하시기를 구하기 전에 하나님께 큰 권능을 나타내 달라고 기도했다.

그는 바로 이러한 때에, 즉 여호와를 극도로 실망시킨 이러한 종류의 사람들은 더 이상 이 땅에 살아 존재할 필요가 없다고 여겨졌을 때에, 하나님께서 더 이상 참으실 수 없는 지경에 이르렀을 때에 하나님께서 그들을 용서하시려면 큰 권능이 있어야 한다고 생각했다. 그래서 여호와의 큰 권능으로 이들의 죄악을 사해 달라고 한 것이다.

여기 모세의 기도에서 두 가지 특징을 볼 수 있다. 첫째는 모세가 하나님의 이름을 관심했다는 것이다. 그는 어떠한 새로운 큰 역사보다도 하나님의 이름을 관심했고, 두 번째로는 하나님의 백성을 관심했다. 모세는 그가 인도하는 그 많은 백성들이 비록 완고하고 거역적이고 불순종하는 불신의 사람들이었지만 여전히 그들을 위했다. 그들을 사랑했다. 그렇게 가장 먼저 하나님의 이름을 생각하고 그분의 백성의 축복을 생각하는 사람이 하나님의 종이다.

20절, 여호와께서 가라사대 내가 네 말대로 사하노라

하나님은 이 땅에 이렇게 좋은 중보자가 있을 때 백성의 죄를 용서해 주신다.

21-23절, 그러나 진실로 나의 사는 것과 여호와의 영광이 온 세계에 충만할 것으로 맹세하노니 22 나의 영광과 애굽과 광야에서 행한 나의 이적을 보고도 이같이 열 번이나 나를 시험하고 내 목소리를 청종치 아니한 그 사람들은 23 내가 그 조상들에게 맹세한 땅을 결단코 보지 못할 것이요 또 나를 멸시하는 사람은 하나라도 그것을 보지 못하리라

여기서 하나님은 이스라엘 백성들을 용서하셨지만 그들의 불신에 대한 대가는 그들이 받게 하셨다. 죄를 용서해 주시는 것이 한 가지 일이고 그들의 불신에 대한 대가를 받게 하는 것은 또 다른 일이다. 오늘날 사람들이 죄를 짓고 하나님께 용서를 구할 때 그분은 용서해 주시지만 그 죄로 인한 대가는 그들이 받아야 한다. 그래서 이스라엘 백성들은 이 가데스에서 하나님의 말씀을 순종치 않고 불신하고 다시 애굽으로 돌아가고자 했던 그 시도로 인해 결국 가나안 땅에 들어가지 못하는 슬픈 결과를 가져오게 되었다.

그리고 여기서 또 한 가지 볼 수 있는 것은 이렇게 하나님을 믿지 않는 것이 곧 하나님을 멸시하는 것이라는 점이다. 오늘 어떤 사람들은 다만 믿음이 부족할 뿐 하나님을 멸시하고자 하는 뜻이 없다고 말할 것이라는 점이다. 그러나 하나님은 '너희가 내 말을 믿지 않는 것이 나를 멸시하는 것이다' 라고 하신다. "내가 그 조상들에게 맹세한 땅을 결단코 보지 못할 것이요 또 나를 멸시하는 사람은 하나라도 그것을 보지 못하리라".

24절, 오직 내 종 갈렙은 그 마음이 그들과 달라서 나를 온전히 좇았은즉 그의 갔던 땅으로 내가 그를 인도하여 들이리니 그 자손이 그 땅을 차지하리라

결국은 가나안 땅에 들어간 사람은 갈렙과 여호수아, 두 사람이다. 장정만 육십만이 넘는 그 많은 인수가 홍해를 건너서 광야로 들어왔는데 단 며칠이면 가나안으로 들어갈 그 길을 이렇게 불신함으로 인해 40년 동안 방황하다가 거의 다 죽고 그 가운데서 갈렙과 여호수아 두 사람만 가나안 땅에 들어갔다. 이것은 우리에게 무엇을 알려 주고 있는가? 바로 이기는 자는 극소수라는 것이다. 대다수의 사람들은 중도에 멸망하고 극소수의 사람들만이 가나안 땅에 들어갔다. 여기의 이 그림은 신약의 길을 걸어가는 우리에게 큰 거울이 된다. 출발을 잘 했다고 해서 목적지에 다 도달하는 것은 아니다. 끝까지 길을 잘 달려야 한다. 이 일은 우리에게 큰 경계꺼리가 된다. 그 많은 사람 중에서 여호수아와 갈렙 두 사람만 가나안에 들어갔다. 그러면 나머지 사람들은 왜 못 들어갔는가? 믿지 않고 불순종했기 때문이다. 그들은 하나님을 멸시했으며 신뢰하지 않았다. 하나님의 말씀을 믿지 않는 것은 심각한 일인데 그것은 곧 하나님을 멸시하는 것이기 때문이다. 그래서 그들은 가나안에 들어가지 못한 것이다.

25절, 아말렉인과 가나안인이 골짜기에 거하나니 너희는 내일 돌이켜 홍해 길로 하여 광야로 들어갈지니라

하나님은 그들에게 가나안으로 들어가지 말라고 하셨다. "홍해 길로 하여 광야로 들어갈지니라". 이제 하나님은 그들의 노정을 가나안을 향하게 하지 않으시고 광야로 다시 들여보내신다. 이스라엘 백성들은 불신과 거역으로 말미암아 시험과 훈련의 장소로 내몰린 것이다.

26-27절, 여호와께서 모세와 아론에게 일러 가라사대 27 나를 원망하는 이 악한 회중을 내가 어느 때까지 참으랴 이스라엘 자손이 나를 향하여 원망하는바 그 원망하는 말을 내가 들었노라

지금까지 이스라엘 백성들이 하나님께 보여 준 것은 다 불신과 거역과 원망이었다. 하나님께서는 이 악한 회중에 대하여 "어느 때까지 참으랴"고 하셨다.

28-30절, 그들에게 이르기를 여호와의 말씀에 나의 삶을 가리켜 맹세하노라 너희 말이 내 귀에 들린 대로 내가 너희에게 행하리니 29 너희 시체가 이 광야에 엎드러질 것이라 너희 이십 세 이상으로 계수함을 받은 자 곧 나를 원망한 자의 전부가 30 여분네의 아들 갈렙과 눈의 아들 여호수아 외에는 내가 맹세하여 너희로 거하게 하리라 한 땅에 결단코 들어가지 못하리라

여호수아와 갈렙 두 사람 외에는 출애굽한 모든 이스라엘 사람들이 다 광야에 엎드러져 죽을 것이다.

31-33절, 너희가 사로잡히겠다고 말하던 너희의 유아들은 내가 인도하여 들이리니 그들은 너희가 싫어하던 땅을 보려니와 32 너희 시체는 이 광야에 엎드러질 것이요 33 너희 자녀들은 너희의 패역한 죄를 지고 너희의 시체가 광야에서 소멸되기까지 사십 년을 광야에서 유리하는 자가 되리라

참으로 두려운 말씀이다. 그들은 광야에 엎드러질 것이며 그 자녀들은 그들의 패역한 죄를 지고 그들 시체가 광야에서 소멸되기까지 40년 동안을 광야에서 유리할 것이다. 불신의 죄란 이렇게 무서운 것이다. 하나님을 신뢰하지 않는 것은 무섭고 끔찍한 일이다.

34-38절, 너희가 그 땅을 탐지한 날 수 사십 일의 하루를 일 년으로 환산하여 그 사십 년간 너희가 너희의 죄악을 질지니 너희가 나의 싫어 버림을 알리라 하셨다 하라 35 나 여호와가 말하였거니와 모여 나를 거역하는 이 악한 온 회중에게 내가 단정코 이같이 행하리니 그들이 이 광야에서 소멸되어 거기서 죽으리라 36 모세의 보냄을 받고 땅을 탐지하고 돌아와서 그 땅을 악평하여 온 회중으로 모세를 원망케 한 사람 37 곧 그 땅에 대하여 악평한 자들은 여호와 앞에서 재앙으로 죽었고 38 그 땅을 탐지하러 갔던 사람들 중에 오직 눈의 아들 여호수아와 여분네의 아들 갈렙은 생존하니라

열두 정탐꾼 중에서 소극적인 보고를 한 열 명이 가장 먼저 재앙으로 죽었다. 그리고 그 중에서 여호수아와 갈렙만 남았다. 결국 하나님을 신뢰하는 것이 이렇게 중요하다는 것을 보여준다. 믿음의 길에서 가장 중요한 것은 끝까지 하나님을 신뢰함으로 경주하는 것이다. 여호수아와 갈렙은 바로 이 점에서 좋았다. "저희는 우리의 밥이라 가서 취하자". 여호수아와 갈렙은 이렇게 믿음이 있었고 싸우는 영이 있었다. 그러나 열 사람은 영이 약했고 싸우는 영이 없었다. 믿음이 없었다. 그들은 그냥 편안한 생활을 원했다. 위험스럽고 모험적인 일을 두려워하고 피하고자 했다. 그래서 가나안 거민을 보고 싸울 마음을 잃었다. 그들은 가나안 거민을 볼 때 큰 거인 같고 자신들은 메뚜기 같다고 했다. 싸우기도 전에 이미 그들은 실패했다. 왜냐하면 그들은 불신이 가득했기 때문이다. 여기의 정탐꾼 열 명은 하나님을 신뢰하지 않고 불신하는 마음으로 가득한 사람들이었다. 그리고 장정만 육십만이 넘는 백성들 또한 불신으로 가득했다. 그 중에 믿음의 사람은 단 두 사람—여호수아와 갈렙—뿐이었다. 이렇게 적극적인 믿음을 갖고 있는 사람은 하나님의 백성 중에도 희귀하다. 이것은 오늘날 우리에게 큰 경계가 되는 말씀이다.

여러분, 우리는 다 그리스도인으로서 하늘에 속한 이 경주장에 있다. 또는 영적 전장에 있다. 끝까지 이 길을 잘 달려서 면류관을 받는가 그렇지 못하는가는 오늘 우리의 믿음에 달려 있고 오늘 우리가 영적 전쟁에서 승리하는가 패배하는가에 달려 있다. 우리가 당시 여호수아와 갈렙 같이 되느냐 아니면 불신하는 이스라엘 백성같이 되어 다 광야에서 엎드러져 죽게 되느냐는 우리가 하나님을 끝까지 믿고 신뢰함으로 싸워 승리하는가의 여부에 달려 있다. 영적 전쟁에서 승리하는 길은 하나님을 신뢰하는 것에 있고 하나님이 말씀하신 것에 대해 결코 불신하는 마음을 갖지 않는 데 있다. 적어도 그리스도인은 아는 죄악에 대하여는 반드시 이겨야 된다. 믿는이들은 자신이 죄로 여기는 것에 대해서는 반드시 이겨야 한다. 알지 못하는 죄는 이길 수 없지만 우리가 아는 죄는 반드시 이겨야 한다. 그리고 하나님이 우리에게 말씀하신 것은 반드시 이루실 줄 믿고 신뢰해야 한다. 그럴 때 우리는 여호수아와 갈렙처럼 이 길을 잘 달릴 수 있다.

여기에서 한 가지 중요한 것을 말하겠다. 영적 전쟁에서 가장 중요한 것은 바로 십자가이다. 십자가를 모르면 영적 전쟁에서 이길 수 없다. 신약 고린도 후서 10장 3절과 4절을 보겠다. "우리가 육체에 있어 행하나 육체대로 싸우지 아니하노니 우리의 싸우는 병기는 육체에 속한 것이 아니요 오직 하나님 앞에서 견고한 진을 파하는 강력이라". 우리가 영적인 전쟁을 하는 데 있어서 가장 중요한 것은 육체대로 싸우지 않는 것이다. 우리는 절대로 육체에 속한 병기를 가지고 싸워서는 안 된다. 그러면 패한다.

에베소서 6장에서는 "종말로 너희가 주 안에서와 그 힘의 능력으로 강건하여지고 마귀의 궤계를 능히 대적하기 위하여 하나님의 전신갑주를 입으라 우리의 씨름은 혈과 육에 대한 것이 아니요 정사와 권세와 이 어두움의 세상 주관자들과 하늘에 있는 악의 영들에게 대함이라"(10-12절)고 했다. 영적 전쟁을 하려면 첫째 우리의 적이 누구인가를 알아야 한다. 우리는 싸울 때 항상 사람이 보인다. 우리의 대적이 우리를 공격하는 어떤 사람들이라고 생각한다. 그렇기 때문에 패한다. 이것은 대적을 잘 모르는 것이다. 영적 전쟁에서 첫째로 우리가 알아야 할 것은 대적이 누구냐는 것이다. 그것은 하늘에 있는 악한 영들이다. 그렇기 때문에 우리 속사람이 강건케 되어야 하고 하나님의 전신갑주를 입어야 한다. 전신갑주는 진리의 허리띠, 의의 흉배, 평안의 복음의 신, 믿음의 방패, 구원의 투구, 성령의 검 곧 하나님의 말씀 등이다. 여기에 기도가 필수이다(18절).

또 하나 가장 중요한 것이 있는데, 고린도 후서 10장에서도 말했듯이 우리의 씨름은 혈과 육에 대한 것이 아니라는 것이다. 영적 전쟁을 할 때 우리는 혈과 육을 사용할 수 없다. 마르틴 루터가 지은 찬송 중에 '자신을 의지하면 패할 수밖에 없도다' 라는 가사가 있다. 영적 전쟁에서 육체와 혈기를 사용하면 우리는 패할 수밖에 없다. 우리가 이방인일 때에는 어떤 일을 당할 때 성질을 크게 내서 이겼다. 그러나 그리스도인이 된 후로 특히 영적 전쟁에 임할 때는 그러한 혈기가 전혀 무익하다는 것을 반드시 기억해야 한다. 혈기를 사용했다 하면 그때는 패하는 줄 알면 된다. 우리는 반드시 이 전쟁에서 육체에 속한 병기를 사용하지 않는 것을 배워야 하겠다. 사탄이 하는 일이 무엇인가? 우리의 혈기를 자극하는 것이다. 혈기를 내어 싸우도록 자극하는 것이다. 그럴 때 우리에게는 반드시 십자가가 필요하다. 십자가로 우리의 천연적인 생명을 제해야 한다. 그리고 영 안에서 주님과 연합하여 성령으로 그 모든 일을 대해야 한다.

다시 민수기 14장을 보겠다. 여기에 두 사람—여호수아와 갈렙이 있다. 이들은 그야말로 이기는 자들이다. 오늘 우리의 적극적인 본이다. 이들은 하나님을 기쁘시게 했다. 그들은 하나님과 그분의 말씀을 믿었고 하나님 편에 섰다. 그들은 하나님께서 대적에 대해 승리하실 것을 알았다. 하나님께서 그분의 약속을 지키실 것을 알았다. 하나님의 말씀을 믿은 것이다. 오늘 하나님께서 우리를 구원하여 교회 안에 두셨는데 이것은 마치 이스라엘 백성들로 홍해를 건너 광야로, 가나안 땅으로 들어가게 하신 것과 같다. 우리가 이 땅에서 할 일은 영적 전쟁이다. 가나안에 들어가서도 계속 싸워야 한다. 오늘 우리는 이 땅에 살고 있지만 사실은 하늘에 있는 것이다. 우리는 그리스도와 함께 죽고 함께 부활하여 함께 하늘에 앉히신바 되었다(엡 2:5-6). 그래서 우리는 영적 전쟁에 참여하고 있는 것이다. 우리가 만일 이러한 하늘의 위치에서 벗어난다면 영적인 전쟁을 할 수 없다. 그리고 영적인 전쟁을 꾸준하고 성실하게 수행해 나가지 않으면 우리는 여호수아와 갈렙같이 가나안 땅에 들어가는 축복을 얻을 수 없다. 끝까지 싸우면서 가야 한다. 끝까지 싸우면서 승리하는 길을 걸어가는 사람이 결국 여호수아와 갈렙처럼 가나안 땅에 들어가게 된다. 이것은 매우 중요한 일이다.

39-40절, 모세가 이 말로 이스라엘 모든 자손에게 고하매 백성이 크게 슬퍼하여 40 아침에 일찍이 일어나 산꼭대기로 올라가며 가로되 보소서 우리가 여기 있나이다 우리가 여호와의 허락하신 곳으로 올라가리니 우리가 범죄하였음이니이다

이제 모세가 '하나님께서 노하셔서 그들을 광야에서 멸망하게 하실 것이며 여호수아와 갈렙 외에는 가나안에 들어가지 못할 것' 이라는 말을 전하자 이스라엘 백성은 슬퍼했다. 믿는이가 애통하는 것이 좋은 것이지만 항상 좋지는 않다. 이는 이미 때를 놓친 슬픔이다. 에서가 장자의 직분을 빼앗기고 통곡했지만 이미 때가 늦은 것과 같다. 그리고서 그들은 아침에 일찍이 일어나 산꼭대기로 올라가면서 "우리가 여기 있나이다 우리가 여호와의 허락하신 곳으로 올라가리니 우리가 범죄하였음이니이다"라고 말했다. 그들은 그제서야 그들이 죄를 지었다는 것을 깨달은 것이다. 그러나 죄를 지은 것을 알았어도 이미 때는 늦었다. 하나님께서는 그들을 징계하기로 결정하셨고 그들은 결코 가나안 땅에 들어가지 못하리라고 말씀하셨으며 그들에게 돌이켜 광야로 들어가라고 하셨는데 이제 그들은 '아니다. 우리는 이제 올라가겠다'라고 한 것이다. 때 늦은 순종이다. 이제 하나님은 결심하셨고 그들과 함께 올라가시지 않겠다고 하셨는데 자기들은 올라가겠다고 하니 이 또한 불순종이다. 가라고 할 때는 안 가고 이제 가지 말라고 하니까 가겠다고 하는 것이다.

41-42절, 모세가 가로되 너희가 어찌하여 이제 여호와의 명령을 범하느냐 이 일이 형통치 못하리라 42 여호와께서 너희 중에 계시지 아니하니 올라가지 말라 너희 대적 앞에서 패할까 하노라

여호와께서 올라가지 말고 홍해 길로 광야로 들어서라고 하셨기 때문에 그들이 가나안으로 들어가기 위해 산으로 올라간다 할지라도 여호와께서는 이제 그들과 함께하시지 않는다. 그런데 그들은 뒤늦게 후회하고 슬퍼하면서 올라가겠다고 하는 것이다. 이때 모세가 "여호와께서 너희 중에 계시지 아니하니 올라가지 말라 너희 대적 앞에서 패할까 하노라"고 경고했다.

43절, 아말렉인과 가나안인이 너희 앞에 있으니 너희가 그 칼에 망하리라 너희가 여호와를 배반하였으니 여호와께서 너희와 함께 하지 아니하시리라 하나

결국 여호수아와 갈렙은 그들의 믿음대로 되었고, 수많은 이스라엘 백성들 역시 그들의 불신대로 되었다. 믿음이 있는 사람들은 믿음대로 이루어지고, 믿지 않고 원망하며 불신하는 사람들은 불신한 그대로 보응을 받는다. 믿는 자에게 복이 있다. 하나님을 신뢰하는 자에게 복이 있다. 그들은 아말렉 인과 가나안 인, 아낙 자손들을 두려워한 그대로 되었고 여호수아와 갈렙은 "저들은 우리의 밥이다. 가서 취하자"라고 말한 대로 그 땅을 취했다. 어떤 사람들은 하나님께서 말씀하신 대로 믿어서 취했으며 어떤 사람들은 하나님께서 말씀하신 것을 불신하고 원망했기 때문에, 즉 자기들은 메뚜기 같고 저들은 거인 같으며 우리는 그들을 정복할 수 없고 그들에게 사로잡혀 이 광야에서 죽을 것이라고 했기 때문에 그들이 불신한 그대로 광야에서 죽은 것이다. 여기서 우리는 하나님을 신뢰하는 것이 얼마나 중요한가를 알 수 있다.

44절, 그들이 그래도 산꼭대기로 올라갔고 여호와의 언약궤와 모세는 진을 떠나지 아니하였더라

모세는 하나님을 안다. 그러므로 그는 백성들이 산꼭대기로 올라갈 때 올라가지 않았다. 언약궤와 함께 머물러 있었다. 역시 하나님은 그들과 함께 가시지 않는다. 그러나 이 불순종하는 이스라엘 백성들은 모세가 가지 말라고 하는데도 기어이 올라갔다. 우리가 여기서 한 가지 배워야 할 것이 있다. 그리스도인들 가운데 이스라엘 백성과 같이 실패하는 수가 있다. 이것은 참으로 안타까운 일이 아닐 수 없다. 마치 그릇이 쓰임받다가 깨어진 것에 비할 수 있다. 곧 심하게 실패한 경우이다. 그런 경우 그는 그의 일생에서 전과 같은 방식으로 하나님 손에 사용될 수 없다. 전에 쓰여지던 그릇은 이미 깨어진 것이다.

그런데 이렇게 실패했을 때 우리는 겸손하고 낮은 마음으로 하나님의 징계의 손을 받아야 한다. 우리는 그럴 때 전과 같은 방식은 아니더라도 여전히 다른 방식으로 주님께 쓰임받을 수 있기를 기도해야 한다. 그렇지 않고 주제넘게 자기가 실패하지 않고 깨어지지 않은 사람처럼 올라가려 하고 뭔가 이전처럼 행하려 하고 성취하려 하는 자체가 다 불순종이다. 그것은 결코 이루어지지 않는다. 만일 어떤 사람이 참으로 영적인 길에서 하나님을 믿지 못하여 순종치 못하고 실패했다면 하나님의 징계를 그대로 받으면서 겸손한 위치에 머물며 하나님의 긍휼을 기다려야 한다. 삼손은 이에 대한 하나의 거울이 될 수 있으며 우리는 이 말씀을 큰 경고로 받아야 한다. 이것 또한 우리가 배워야 할 공과일 것이다.

45절, 아말렉인과 산지에 거하는 가나안인이 내려와 쳐서 파하고 호르마까지 이르렀더라

결국 하나님의 말씀대로 아말렉 사람들이나 가나안 사람들이 내려와서 하나님의 말씀을 듣지 않고 올라갔던 이스라엘 백성들을 쳐서 죽였다. 여기서 우리는 두 지명, 가데스와 호르마를 보게 되는데, 가데스에서는 그들이 하나님께 불순종했고, 호르마에서는 올라가지 말라고 했는데 짐짓 올라가서 참패를 당했다. 우리는 이 14장을 통해 참으로 경계를 받을 필요가 있다. 우리 그리스도인의 인생은 한 번밖에 없다. 그래서 잘 가야 한다. 여호수아와 갈렙같이 하나님께서 약속하신 가나안 땅에 들어가는 믿는이들이 되어야 한다. 그렇게 되려면 가장 중요한 것이 믿음이다. 또한 우리는 영적 전쟁에서 끝까지 잘 싸워서 우리에게 허락하신 주님의 유업을 받는 사람들이 되어야 하겠다.

민수기 15장

가나안 땅에서의 제사 규례

1-2절, 여호와께서 모세에게 일러 가라사대 2 이스라엘 자손에게 고하여 그들에게 이르라 너희가 내가 주어 거하게 할 땅에 들어가서

우리는 민수기 14장에서 이스라엘 백성들의 철저한 실패를 보았다. 그들은 가데스 광야에서 하나님을 거역하고 약속하신 그 땅에 들어가지 못하게 되었다. 그들은 그 땅에 있는 사람들은 거인이고 자신들은 메뚜기 같아서 그들을 당할 수 없으니 들어가지 못하겠다고 했으며 그럼으로써 하나님을 극도로 노엽게 한 것이다. 물론 하나님께서는 모세의 중재하는 기도로 그들의 죄를 사해 주셨다. 그러나 그들은 결국 그 죄로 인해 가나안 땅에 들어갈 수 없게 되었다.

14장 마지막 부분을 다시 보겠다. "여호와께서 너희 중에 계시지 아니하니 올라가지 말라 너희 대적 앞에서 패할까 하노라…너희가 여호와를 배반하였으니 여호와께서 너희와 함께하지 아니하시리라"(42-43절). 그런 다음 마지막 45절에는 이스라엘 백성이 기어이 산꼭대기로 올라갔다가 가나안 인들에게 패해서 호르마까지 쫓겨난 비참한 결과가 기록되어 있다. 그런데 이제 민수기 15장에서는 14장의 비참한 결과와 아무 관계가 없는 듯이 즉 14장에서 이스라엘 백성이 전혀 실패하지 않은 것처럼 하나님께서는 '너희가 내가 주어 거하게 할 땅에 들어가서' (2절)라고 말씀하시기 시작한다. 그 땅에 들어가는 문제를 말씀하고 계시는 것이다. 14장 마지막 부분에서 '여호와께서 너희 중에 계시지 아니하니 올라가지 말라' 고 단호하게 말씀하신 그 하나님께서 15장에 와서는 마치 그러한 어두운 분위기가 없었던 것처럼 밝게 말씀하고 계신다. 폭풍우가 개인 후에 맑은 하늘이 펼쳐지는 것 같다. '너희가 내가 주어 거하게 할 땅에 들어가서' 어떻게 행할 것인지를 알려 주시는 것이다.

우리는 많은 때 성경을 읽으면서 하나님은 사람과 다르시다는 것을 본다. 우리 사람은 대개 14장의 그러한 분위기를 15장까지 끌고 와서 뭔가 말하려고 할 것이다. 사람은 일단 분노를 발하면 그 파장이 하루 이틀 뒤까지 연장된다. 그러나 우리 주님은 14장에서 이스라엘 백성들에 대해 단호한 행정적인 판결을 내리신 뒤에 15장에서는 하나님의 성공적인 계획과 역사에 대해 서술해 나가신다. 따라서 우리는 14장에서는 이스라엘 백성의 철저한 패배와 그들의 할 수 없음을 보고 15장에서는 하나님의 하실 수 있음과 그분의 굳센 의지를 본다. 사람은 이렇게 할 수 없는 존재이고 사람의 결과는 철저한 패배이며, 하나님은 성공이시고 하나님은 하실 수 있는 분이다. 즉 사람은 연약하여 할 수 없는 존재이므로 그렇게 하루 만에 극적으로 전환할 수 없다. 그러나 전능하신 하나님은 이렇게 하실 수 있다. 이것이 2절 말씀에서 우리에게 보여주는 것이다. 우리가 만일 항상 이 두 가지 사실을 믿는다면 우리는 이 땅에서 그리스도인의 생활을 하는 데 어려움이 없을 것이다.

언제나 우리는 할 수 없고 우리는 무능하며 인간의 일은 다 패배이다. 이스라엘 백성들은 다 패배했다. 그들로서는 가나안에 들어가는 것이 가능하지 않다. 이스라엘 백성의 새로운 세대가 가나안에 들어가는 것은 하나님의 역사이지 사람의 역사가 아니다. 사람의 역사는 실패하는 것이며 오직 하나님만이 그분의 역사를 이루신다. 성경에서 우리에게 보여주는 것은 아담 안에서 모든 사람은 다 패배한다는 것이다. 그러나 또 한 면으로 성경은 그리스도 안에서 모든 역사가 성취됨을 보여준다. 그러므로 우리는 그리스도 안에서 소망을 갖는다. 하나님의 약속은 언제든지 그리스도 안에서 '예'(yes)가 되며 그로 인해 우리는 '아멘'(amen)하여 하나님께 영광을 돌리는 것이다.

3절, 여호와께 화제나 번제나 서원을 갚는 제나 낙헌제나 정한 절기제에 소나 양으로 여호와께 향기롭게 드릴 때에는

이제 하나님은 이스라엘 백성들이 약속의 땅 가나안에 들어가서 어떤 생활을 하기 원하시는가? 15장에서 하나님은 그분의 갈망, 곧 하나님께서 얻고자 하시는 백성의 모습을 그리고 계신다. 그래서 15장은 전체가 우리 하나님의 꿈이라고 말할 수 있다. 하나님은 어떤 모습의 백성을 얻고자 계획하고 계시는가? 첫째로는 제물을 드리는 백성이다. 하나님께서는 그분의 백성이 가나안에 들어가서 각종 제물을 드리기를 원하신다. 오늘 우리가 신약에서 하나님의 백성이라면 우리는 반드시 하나님께 이런저런 제물을 드리는 삶을 살아야 한다. 그분은 14장의 가데스에서 불신하고 거스르는 백성들을 보시지만 15장에 올 때 제물을 드리는 자녀들을 본다.

그 제물 중의 첫째가 화제이다. 화제는 불로 태워서 드리는 제물이다. 우리 그리스도인들은 불태워지는 사람들이다. 우리는 매일 뭔가 태워진다. 그 다음 번제는 온전히 드려지는 것을 말한다. 오늘 하루도 여러분은 태워지는 것이 있었는가? 온전히 드려지는 성분이 있었는가? 없었다면 여러분은 합당한 백성이 아니다. 여러분이 만약 그분께 합당한 백성이 되려면 이와 같은 삶을 살아야 한다. 그 땅에 들어가서는 반드시 이러한 삶을 살아야 한다. 화제를 드리고 번제를 드리고 이제 서원을 갚는 제를 드린다. 주님 앞에 서원이 있지 않은가? 참으로 그분을 기쁘시게 하기 위해 서원했던 것들을 지키는 것이다. 그리고 낙헌제가 있다. 즐거운 뜻으로 자원하여 드리는 제사이다. 또 정한 절기제도 있다. 이스라엘 백성들은 일 년에 몇 차례씩 제사를 드렸다. 유월절, 맥추절, 수장절, 초막절 등이다. 이렇게 이스라엘 백성들은 좋은 땅에 들어가서 제사를 드려야 했다.

제물을 드리는 삶이 바로 정상적인 그리스도인의 삶이다. 그런데 그런 것을 드릴 때에는 소나 양으로 여호와께 향기롭게 드리라고 했다. 그 제물은 여호와 하나님이 받으시기에 아주 합당한 향기로운 제물이어야 한다. 결국 소나 양의 향기로운 제물은 예수 그리스도를 말한다. 그리스도 외의 다른 제물은 하나님께 향기로울 수가 없다. 우리는 하나님 아버지께 그리스도를 제물로 드리는 것이다.

4절, 그 예물을 드리는 자는 고운 가루 에바 십분지 일에 기름 한 힌의 사분지 일을 섞어 여호와께 소제로 드릴 것이며

화제나 번제나 낙헌제나 정한 절기제에 소나 양으로 예물을 드릴 때에는 거기에 반드시 고운 가루 에바 십분지 일에 기름 한 힌의 사분지 일을 섞어 여호와께 소제로 드려야 한다. 이것은 그 땅에서 생활하는 백성들은 그리스도의 인성을 제물로 드리는 삶을 살아야 함을 말해 준다. 즉 그들은 다 고운 가루와 같은 소제의 인생을 살아야 한다. 그러한 삶을 제물로 하나님께 드려야 한다. 이것이 하나님께서 그 땅에서 보기 원하시는 백성의 모습이다.

그리고 기름이 있어야 한다. 기름은 성령을 가리키는데, 그리스도인들은 반드시 성령으로 충만해야 한다. 기름 곧 성령이 없는 그리스도인은 하나님께서 기뻐하시지 않으신다. 나는 여러분의 삶 가운데 기름이 얼마나 있는지를 묻고 싶다. 여러분은 아침마다 하나님께 하루를 살기에 족한 기름을 구하는가? 그렇게 기도해 본 적이 있는가? '주님, 저에게 오늘 하루 하나님을 위해 살 수 있도록 성령 충만을 주십시오. 주님, 저는 성령으로 충만케 되기를 구합니다' 라고 기도하라. 우리는 고운 인성의 삶을 살아야 하고 거기에 성령이 충만해야 한다. 이러한 삶으로써 날마다 제물을 드리는 것이다. 이것이 그리스도인의 정상적인 삶이다.

5절, 번제나 다른 제사로 드리는 제물이 어린 양이면 전제로 포도주 한 힌의 사분 일을 예비할 것이요

그 제물이 어린 양이면 전제로 포도주 한 힌의 사분 일을 예비하라고 했다. 기본적인 제물 위에 포도주를 붓는 것은 그 제물이 더 잘 태워져 향기롭고 가치 있게 되도록 하려는 것이다. 신약에서 사도 바울은 자신의 순교를 성도들의 믿음의 제물과 봉사 위에 부어지는 관제(전제)로 여겼다(빌 2:17). 그는 성도들의 믿음의 제물과 봉사를 기본 제물로 보고 자신의 순교는 그 제물 위에 더하여 부어지는 관제로 여긴 것이다. 사도 바울의 순교의 피가 하나의 관제라면 그것은 무엇을 의미하는가? 그의 순교가 하나님께 드리는 성도들의 믿음의 제물을 더 향기롭게 만든다는 것이다.

6절, 수양이면 소제로 고운 가루 한 에바 십분지 이에 기름 한 힌의 삼분지 일을 섞어 예비하고

이제 제물이 수양인 경우이다. 이렇게 어린 양, 수양, 수송아지의 경우에 부가되는 제물의 양이 각각 다르다.

7-10절, 전제로 포도주 한 힌의 삼분지 일을 드려 여호와 앞에 향기롭게

할 것이요 8 번제로나 서원을 갚는 제로나 화목제로 수송아지를 예비하여 여호와께 드릴 때에는 9 소제로 고운 가루 한 에바 십분지 삼에 기름 반 힌을 섞어 그 수송아지와 함께 드리고 10 전제로 포도주 반 힌을 드려 여호와 앞에 향기로운 화제를 삼을 지니라

가나안 땅에 들어가서 화제나 번제나 서원을 갚는 제나 낙헌제나 정한 절기제에 소나 양으로 향기롭게 드릴 때에는 고운 가루 에바 십분지 일에 기름 한 힌의 사분지 일을 섞어 드리고 드리는 제물이 어린 양일 때에는 전제로 포도주 한 힌의 사분지 일을 예비해야 한다. 그리고 수양일 때, 수송아지일 때에는 부가되는 소제나 전제의 양이 각각 다르다.

간단하게 요약하면 어린 양을 드릴 때에는 고운 가루 에바 십분지 일에 기름 한 힌의 사분지 일을 섞어 드리고 거기에다 전제로 포도주 한 힌의 사분의 일을 드리며, 수양을 드릴 때에는 고운 가루 에바 십분지 이에 기름은 한 힌의 삼분지 일이고 포도주 또한 한 힌의 삼분지 일이다. 수송아지를 드릴 때에는 고운 가루 에바 십분지 삼에 기름은 한 힌의 이분지 일이고 포도주도 한 힌의 이분지 일이다. 이와 같이 제물이 크면 소제나 전제의 양도 많아진다.

우리는 이것을 이렇게 해석할 수 있다. 아버지 하나님께 드려진 제물이신 그리스도는 분량에 있어서 동일하시지만 우리가 제물이신 그리스도를 체험할 때에는 사람마다 그 분량이 다르다는 것이다. 어떤 사람은 그리스도를 어린 양으로 체험하고, 어떤 사람은 수양으로, 어떤 사람은 수송아지로 체험한다. 따라서 소제의 양이나 전제의 양도 다르다.

11-12절, 수송아지나 수양이나 어린 수양이나 어린 염소에는 그 마리 수마다 이 위와 같이 행하되 12 너희 예비하는 수효를 따라 각기 수효에 맞게 하라

수송아지를 드릴 경우, 수양을 드릴 경우, 어린 수양이나 어린 염소를 드릴 경우에 그 마리 수마다 이 위와 같이 행하되 너희 예비하는 수효를 따라 각기 수효에 맞게 하라고 했다. 드려지는 제물에 따라서 고운 가루나 기름이나 포도주를 그 수효에 맞게 드리라는 것이다.

13-14절, 무릇 본토 소생이 여호와께 향기로운 화제를 드릴 때에는 이 법대로 할 것이요 14 너희 중에 우거하는 타국인이나 너희 중에 대대로 있는 자가 누구든지 여호와께 향기로운 화제를 드릴 때에는 너희 하는 대로 그도 그리할 것이라

이제 타국인에 관한 말씀이다. 이스라엘 백성들은 그야말로 아브라함을 조상으로 한 하나님의 선택된 백성이다. 그래서 그들은 하나님의 선민으로서 그들 나름대로 대단한 자부심을 갖고 있다. 그런데 15장에서 하나님께서는 타국인을 들여오셨다. 만일 13,14장 이전에 하나님께서 타국인도 이스라엘 백성과 똑같이 제물을 드릴 수 있다고 하셨으면 이스라엘 백성들은 이렇게 말했을 것이다. '그렇다면 우리 선민의 나은 점은 무엇인가? 여기까지 하나님의 인도하심을 받아 따라왔는데 타국인과 우리가 이렇게 똑같이 대우를 받게 되다니 이게 무슨 일인가?' 그러나 13장과 14장을 거치면서 이스라엘 백성들은 코가 빠졌다. 왜냐하면 그들은 완전히 실패했기 때문이다. 이 지점에서 하나님께서 타국인을 그들과 동등하게 놓으셔도 그들은 아무 할 말이 없게 되었다.

여기서 우리는 하나님의 지혜를 볼 수 있다. 참으로 하나님은 유대인만의 하나님이 아니시고 이방인의 하나님도 되신다. 이러한 사상이 이미 민수기 15장에 있다. 사도 바울은 로마서를 쓸 때 믿음으로 의롭게 되는 문제에서 하나님께서 유대인만 믿음으로 의롭다 하시는 것이 아니고 이방인도 똑같이 믿음으로 의롭다 하신다고 했다. "하나님은 홀로 유대인의 하나님뿐이시뇨 또 이방인의 하나님은 아니시뇨 진실로 이방인의 하나님도 되시느니라"(롬 3:29).

15절, 회중 곧 너희나 우거하는 타국인이나 한 율례니 너희의 대대로 영원한 율례라 너희의 어떠한 대로 타국인도 여호와 앞에 그러하리라

여기에서 유대인이나 이방인이나 율례가 똑같이 적용된다고 하셨다. 하나님께서는 유대인과 타국인을 동등하게 다루신다. 그렇게 하셔도 유대인들은 이제 아무 할 말이 없게 되었다. 결국 유대인의 불순종과 실패로 말미암아 구원이 이방인들에게로 넘어갔다.

16절, 너희나 너희 중에 우거하는 타국인이나 한 법도, 한 규례니라

여기에서 '한 법도, 한 규례' 라고 하셨다. 참으로 민수기에 하나님의 신약적인 경륜이 이미 포함되어 있다는 사실을 볼 때 놀랍다.

17-18절, 여호와께서 모세에게 일러 가라사대 18 이스라엘 자손에게 고하여 이르라 너희가 나의 인도하는 땅에 들어가거든

14장에서는 '너희가 결단코 들어가지 못하리라' 고 말씀하시던 하나님께서 15장에서는 거듭거듭 '들어가거든' 이라고 말씀하신다. 이러한 성경은 하나님만이 쓰실 수 있다. 14장은 모든 것이 암울하다. 그것은 사람의 무능함과 실패 때문이다. 사람 편에서 볼 때에는 모든 것이 절망적이다. 그러나 이제 15장은 사람 편에서 말하고 있는 것이 아니다. 하나님은 그분 자신을 신뢰하시고 그분이 하실 수 있음을 담보로 해서 지금 말씀하고 계시는 것이다. 이스라엘 백성들로서는 불가능하다. 그러나 하나님께서는 그분 자신이 이스라엘 백성들을 능히 가나안 땅으로 인도해 들이실 수 있기 때문에 그분의 능력을 기초로 해서 이스라엘 백성들이 그 땅에 들어갈 것을 확정하고 말씀하신다.

19절, 그 땅의 양식을 먹을 때에 여호와께 거제를 드리되

그 땅에 들어갈 뿐만 아니라 그 땅의 양식을 먹을 것이라고 하신다. 우리 하나님은 그들이 반드시 이렇게 될 것을 확신하신다. 14장을 읽어 보면 모든 것이 다 끝나고 아무 소망이 없다. 그러나 15장을 읽을 때 하나님께서는 이스라엘 백성들이 그 땅에 들어가서 생활할 것을 말씀하고 계신다. 이미 다 그곳으로 인도해 들이신 것 같다. 이렇게 하나님은 15장에 와서는 14장의 일을 다 잊어버리신 것처럼 믿음으로 충만하여 그들에게 그곳에서 생활할 바를 말씀하고 계신다.

여기서 '거제'란 들어올려 드리는 제물이다. 히브리어로는 '테루마'이고 영어로는 'heave-offering'이다. 히브리어 '테루마'에서 '룸'이라는 어간은 높이 들어올린다는 뜻이다. 그래서 거제는 그리스도의 승천을 상징한다. 요제는 흔들어 드리는 것이고 거제는 들어올려 드리는 것이다. 요제는 그리스도의 부활을 상징하고 거제는 그리스도의 승천을 상징한다. 따라서 이스라엘 백성들은 그 땅에 들어가서 언제나 승천하신 그리스도를 누려야 한다. 그들은 그 땅에서 살지만 땅에 속하여 살면 안 된다. 언제나 승천하신 그리스도 안에서, 주님과 함께 보좌에 앉은 위치에서 살아야 한다.

20-21절, 너희의 처음 익은 곡식 가루 떡을 거제로 타작 마당의 거제 같이 들어 드리라 21 너희의 처음 익은 곡식 가루 떡을 대대에 여호와께 거제로 드릴지니라

그들은 그 땅에 들어가서 양식을 먹을 때에 처음 익은 곡식 가루를 하나님께 드려야 한다. 그들의 모든 삶은 음식을 먹는 것에서부터 하나님께 드리는 것으로 시작해야 한다. 그것은 그들의 정상적인 삶이 온전히 하나님께 드려지는 것임을 의미한다.

22절, 너희가 그릇 범죄하여 여호와가 모세에게 말한 이 모든 명령을 지키지 못하되

여기서 그릇 범죄한다는 말은 무의식적으로 범죄한다는 뜻이다. 무의식적으로 실수한 경우, 또는 자기도 모르게 죄를 지은 경우이다. 말하자면 앞에서 말한 여러 제물들을 드릴 때 율례대로 하지 못했다거나 양식을 먹을 때 처음 익은 곡식 가루를 여호와께 거제로 드리지 못했을 경우 등을 말한다.

23-24절, 곧 여호와가 모세로 너희에게 명한 모든 것을 여호와가 명한 날부터 이후 너희의 대대에 지키지 못하여 24 회중이 부지중에 그릇 범죄하였거든 온 회중은 수송아지 하나를 여호와께 향기로운 화제로 드리고 규례대로 그 소제와 전제를 드리고 수염소 하나를 속죄제로 드릴 것이라

이것은 회중이 부지중에 죄를 지었을 경우이다. 전에 설명한 바 있듯이(마태복음, 레위기 강해서 등에서) 죄에는 단체의 죄가 있고 개인의 죄가 있다. 오늘날 많은 그리스도인들이 회중의 죄악에 대해서 잘 알지 못하거나 또는 회중의 죄를 개인의 죄보다 작은 것으로 여기고 소홀히 한다. 왜 회중의 죄를 개인의 죄보다 작은 것으로 여기는가? 많은 사람이 그 죄를 공유하기 때문이다. 그렇기 때문에 그것을 크게 여기지 않는 것이다. '나만 잘못했나? 저 사람도 잘못했는데…', '저렇게 훌륭하고 대단해 보이는 사람도 같이 있으며 죄를 지었는데…' 하면서 죄를 간과한다. 그러나 개인의 죄보다 단체의 죄가 더 무겁다는 것이 성경의 사상이다.

이스라엘 백성들은 무리를 이루어 예수님을 십자가에 못 박으라고 소리질렀다. 그것은 개인이 지은 죄인가, 회중이 지은 죄인가? 물론 회중이 지은 죄이다. 출애굽기 12장에서도 유월절 양을 잡을 때 이스라엘 온 회중 앞에서 잡으라고 했다. 이스라엘 백성들은 주님을 십자가에 못 박게 하는 커다란 죄를 지었는데 그것은 곧 회중이 지은 죄이다.

그들은 그 피를 우리와 우리 자손에게 돌리라고 외쳤다. 여러분, 이스라엘 백성이 그 죄를 얼마나 끔찍하게 담당했는지 아는가? 나는 언젠가 여러분에게 유대인들의 고난사를 한 번 들려드리고 싶다. 세계 제2차 대전 때 죽은 유대인 수만도 육백만 명에 달한다고 들었다. 여러분은 인류 역사에서 한 민족이 한 시기에 오륙백만 명이 죽었다는 말을 들은 적이 있는가? 나는 킬링필드로 유명한 캄보디아에도 가보았다. 그들이 고문당하고 죽은 현장을 가보았는데 그들은 한 시기에 이삼백만 명 정도가 죽었다. 어쨌든 유대인들보다는 적다. 그러므로 여러분은 회중의 죄가 크다는 것을 기억해야 한다.

계시록 17장과 18장에는 바벨론이 나온다. 하나님께서는 바벨론의 죄악을 어떻게 보셨는가? 그 죄악이 하늘에 사무쳤다고 했다. '성도들의 피가 그 성중에 보였다' 고 했으며 하나님께서 그 죄를 기억하셨다고 했다. 그리고 그 잔에 갑절로 타서 갚아 주리라고 하셨다. 악한 단체가 단체적으로 범한 죄악을 하나님께서는 결코 적게 보시지 않으신다. 이 일에 있어서 여러분은 반드시 하나님의 관점으로 보아야 한다. 여러분은 악한 단체에 가입하는 것을 적은 일로 생각해서는 안 된다. '어디에 있든지 나 자신의 믿음만 잘 지키면 되지' 하지 말라. 그렇게 되지 않는다. 자신이 잘못한 것이 아니라도 그 단체가 이미 갖고 있는 악이 있다면 그 단체 안에 포함 될 때 그러한 죄악을 피하지 못하게 된다. 오늘날 우리가 어떤 사람이 천주교에 가입하는 것을 반대하는 이유가 여기에 있다. 이것은 계시록 17장과 18장에 기록되어 있는바 바벨론이 받는 재앙이 크다는 것이며 종교적인 바벨론이 천주교라고 인식하는 것은 오늘날 성경학자들의 일반적인 것이다. 그래서 주님은 말씀하신다. '내 백성아, 거기서 나와 그의 죄에 참예하지 말고 그의 받을 재앙들을 받지 말라 그 죄는 하늘에 사무쳤으며 하나님은 그의 불의한 일을 기억하신지라' (계 18:4-5). 우리는 반드시 개인의 죄악보다 단체의 죄악이 하나님 앞에서 더 무겁다는 것을 알아야 한다.

'회중이 부지중에 그릇 범죄하였거든 온 회중은 수송아지 하나를 여호와께 향기로운 화제로 드리고 규례대로 그 소제와 전제를 드리고 수염소 하나를 속죄제로 드릴 것이라' (24절). 여기서 회중이 범죄하면 수송아지를 드리고 그 다음에 수염소 하나를 속죄제로 드리라고 했다. 이것은 레위기 4장에도 나오는 말씀이다. '만일 이스라엘 온 회중이 여호와의 금령 중 하나라도 그릇 범하여 허물이 있으나 스스로 깨닫지 못하다가 그 범한 죄를 깨달으면 회중은 수송아지를 속죄제로 드릴지니 그것을 회막 앞으로 끌어다가' (13-14절). 여기서는 회중이 여호와의 금령 중 하나라도 범하면 수송아지를 속죄제로 드리라고 했는데 민수기 15장에서는 조금 바뀌었다. 수송아지 하나를 화제로 드리고 규례대로 소제와 전제를 드리고 수염소 하나를 속죄제로 드리라고 했다. 더 강화된 것이다.

25-26절, 제사장이 이스라엘 자손의 온 회중을 위하여 속죄하면 그들이 사함을 얻으리니 이는 그릇 범죄함이며 또 그 그릇 범죄함을 인하여 예물 곧 화제와 속죄제를 여호와께 드렸음이라 26 이스라엘 자손의 온 회중과 그들 중에 우거하는 타국인도 사함을 얻을 것은 온 백성이 그릇 범죄하였음이니라

회중이 범죄했으면 반드시 회개를 해야 한다. 그 속죄제의 양은 수송아지와 수염소를 드리는 것이다. 그러면 사함을 얻는다.

27절, 만일 한 사람이 그릇 범죄하거든 일 년 된 암염소로 속죄제를 드릴 것이요

여기서 암염소 제물은 앞의 회중의 것보다 작다. 왜 회중의 죄를 위해서는 더 큰 것을 드려야 하는가? 다시 말하지만 그만큼 죄의 분량이 크기 때문이다. 그러나 개인의 범죄의 경우는 일 년 된 암염소로 속죄제를 드리면 족하다.

28절, 제사장은 그 그릇 범죄한 사람이 그릇하여 여호와 앞에 얻은 죄를 위하여 속죄하여 그 죄를 속할지니 그리하면 사함을 얻으리라

우리는 이 말씀도 레위기 4장에서 이미 보았다. "만일 평민의 하나가 여호와의 금령 중 하나라도 부지중에 범하여 허물이 있었다가 그 범한 죄에 깨우침을 받거든 그는 흠 없는 암염소를 끌고 와서 그 범한 죄를 인하여 그것을 예물로 삼아"(27-28절). 레위기에서는 회중이 죄를 지었을 때는 수송아지를 잡으라고 했고 평민 중에 한 사람이 죄를 범했을 때는 흠 없는 암염소를 끌고 와서 잡으라고 했다. 그 다음 5장 7절에서는 "만일 힘이 어린 양에 미치지 못하거든 그 범과를 속하기 위하여 산비둘기 둘이나 집비둘기 새끼 둘을 여호와께로 가져가되…"라고 했다. 그리고 11절에서는 "만일 힘이 산비둘기 둘이나 집비둘기 둘에도 미치지 못하거든 그 범과를 인하여 고운 가루 에바 십분 일을 예물로 가져다가…"라고 했다. 이와 같이 어떤 평민 한 사람이 죄를 범하면 작은 예물로도 사함을 얻을 수 있다. 만일 할 수 있다면 정상적으로 암염소를 드리면 좋지만 힘이 미치지 못하면 집비둘기나 산비둘기를 드려도 된다. 그것에도 미치지 못하면 고운 가루를 드리는 것도 가하다. 물론 모든 죄는 하나님이 미워하시는 것이고 심판이 있지만 이렇게 한 형제나 자매의 죄는 그리 크게 다루지 않았다. 그러나 회중의 죄는 어떤가?

수송아지 한 마리를 드려야 했고 민수기에서는 수염소가 포함되었다. 민수기에 이르러서는 레위기에서 법령이 선포될 때보다 강화된 것이다.

29절, 이스라엘 자손 중 본토 소생이든지 그들 중에 우거하는 타국인이든지 무릇 그릇 범죄한 자에게 대한 법이 동일하거니와

여기서도 그릇 범죄한 사람에 대한 법이 이스라엘 본토 소생이나 그들 중에 우거하는 타국인이 동일하다고 했다. 15장에 와서는 하나님께서 타국인을 우대하고 계신다.

30절, 본토 소생이든지 타국인이든지 무릇 짐짓 무엇을 행하면 여호와를 훼방하는 자니 그 백성 중에서 끊쳐질 것이라

"본토 소생이든지 타국인이든지 무릇 짐짓 무엇을 행하면". 이것은 고의적인 죄를 말한다. 이것은 신약 히브리서에도 있다(6장). '짐짓 죄를 범하는 것' 은 그릇 범죄한 것과 다르다. 22절에는 그릇 범죄한 것이 있고 여기 30절에는 짐짓 범죄하는 것이 있다. 이것은 알면서도 반항적으로 손을 높이 들어 심히 거역적인 얼굴로 범하는 죄를 말한다. 히브리어로는 '베야드 라마' 이다. 고의적으로, 반항적으로 짓는 죄이다. 영어로는 'defiantly' 로서 독립적, 또는 반항적으로 라는 뜻이다. 그러한 사람은 알면서도 고의적으로 여호와를 훼방하는 것이다. 어떤 사람은 자신이 틀렸고 잘못되었으며 회개해야 할 상태인 것을 알지만 자존심 문제나 고집이나 완고함 때문에 회개하지 않고 훼방하는 것이다. "무릇 짐짓 무엇을 행하면 여호와를 훼방하는 자니". 이러한 죄를 범하는 사람은 그 백성 중에서 끊쳐진다.

31절, 그런 사람은 여호와의 말씀을 멸시하고 그 명령을 파괴하였은즉 그 죄악이 자기에게로 돌아가서 온전히 끊쳐지리라

이렇게 고의적으로 죄를 범하는 사람에 대해서는 용서가 없다. 그대로 끝난다. 신약 성경에서도 어떤 죄는 사함을 받지 못한다고 했다. 그러면 사함을 받지 못하는 죄는 어떤 것인가? 회개를 멸시하는 죄이다. 아무리 큰 죄도 회개하면 용서를 받는다. 용서받지 못할 만큼 큰 죄는 없다. 그러나 회개를 멸시하는 죄, 성령을 훼방하는 죄는 사함받을 길이 없다. 알면서도 고의적으로 하나님의 명령을 거절하고 성령의 역사를 훼방하고 하나님의 길을 반대하고 방해하는 사람은 길이 없다. 그것이 바로 알고도 죄를 범하는 것이다. 그런 사람은 멸망받기로 작정된 사람이다. 그런 사람은 그 죄가 자기에게로 돌아가게 된다.

32-36절, 이스라엘 자손이 광야에 거할 때에 안식일에 어떤 사람이 나무하는 것을 발견한지라 33 그 나무하는 자를 발견한 자들이 그를 모세와 아론과 온 회중의 앞으로 끌어왔으나 34 어떻게 처치할는지 지시하심을 받지 못한 고로 가두었더니 35 여호와께서 모세에게 이르시되 그 사람을 반드시 죽일지니 온 회중이 진 밖에서 돌로 그를 칠지니라 36 온 회중이 곧 그를 진 밖으로 끌어내어 돌로 그를 쳐 죽여서 여호와께서 모세에게 명하신 대로 하니라

안식일날 나무를 한 사건이다. 이것이 바로 짐짓 죄를 범하는 것이다. 하나님의 법도를 알고도 고의로 하나님의 명령을 어긴 것이다. 그럴 때 하나님은 그런 사람을 용서하지 않으신다. 즉 그는 이스라엘 자손이므로 안식일을 구별하여 거룩히 지켜야 함을 알고 있었다. 그러나 그는 반항적으로 안식일날 나무를 한 것이다. 이러한 죄가 짐짓 짓는 죄(베야드 라마)이며 용서받을 수 없다.

37-40절, 여호와께서 모세에게 일러 가라사대 38 이스라엘 자손에게 명하여 그들의 대대로 그 옷단 귀에 술을 만들고 청색 끈을 그 귀의 술에 더하라 39 이 술은 너희로 보고 여호와의 모든 계명을 기억하여 준행하고 너희로 방종케 하는 자기의 마음과 눈의 욕심을 좇지 않게 하기 위함이라 40 그리하면 너희가 나의 모든 계명을 기억하고 준행하여 너희의 하나님 앞에 거룩하리라

15장 마지막 부분에서 하나님은 이스라엘 백성에게 그들의 옷단 귀에 술을 만들고 청색 끈을 그 술에 더하라는 명령을 주셨다. 왜 청색 끈을 달아야 했는가? 그것은 그것을 볼 때마다 하나님의 모든 계명을 기억하고 준행하며 방종한 마음과 눈의 욕심을 좇지 않게 하려는 것이었다. 그들이 청색 끈을 볼 때마다 여호와의 계명을 기억하고 준행하며 그럼으로써 하나님의 거룩한 백성이 되기를 원하신 것이다.

41절, 나는 너희의 하나님이 되려 하여 너희를 애굽 땅에서 인도하여 낸 여호와 너희 하나님이니라 나는 여호와 너희 하나님이니라

이 말씀은 15장의 요절이 되는 말씀이라고 볼 수 있다. "나는 너희의 하나님이 되려 하여 너희를 애굽 땅에서 인도하여 낸 여호와 너희 하나님이니라 나는 여호와 너희 하나님이니라". 하나님께서는 거듭거듭 그분이 여호와 하나님이심을 선포하신다. 하나님께는 그분의 백성이 필요하다. 하나님께서는 한 무리의 사람들을 그분의 백성으로 만들어 '나는 너희의 하나님이다!' 라고 선포하기를 원하신다. 그런데 그 백성은 어떤 특징을 가져야 하는가? 바로 15장에서 지금까지 본 모든 말씀을 그대로 살아 내는 사람들이다. 여러 제물들을 드리고 혹 부지중에 하나님의 명령을 어겼을 경우에는 반드시 하나님께 회개하고 자복하여 사함을 얻는 것이다. 그것은 회중이든 개인이든 마찬가지이다. 하나님의 백성이 아닌 사람들은 제물을 드릴 길이 없다. 그러나 하나님의 백성들은 항상 하나님의 명령에 따라서 제물을 드리는 삶을 살아야 한다. 혹 부지중에 명령을 지키지 못했을 때에는 회중이든 개인이든 다 속죄 제물을 드려서 사함을 받아야 한다.

또한 거기에는 하나님의 경고가 있다. 그릇 범죄하는 것은 사함받을 수 있으나 짐짓, 고의로 죄를 범하는 것은 사함받을 수가 없다는 것이다. 사도 바울은 자신이 긍휼을 입은 까닭은 알지 못하고 행했기 때문이라고 했다. 그는 한때 하나님의 교회를 심히 핍박하고 다녔다. 그는 자신이 핍박자요 포행자라고 했다. 그럼에도 긍휼을 입은 것은 자기가 알지 못하고 행했기 때문이라는 것이다. 그런데 어떤 사람들은 하나님의 역사를 알면서, 하나님의 명령이요 하나님의 뜻이라는 것을 알면서도 고의로 대적하는 경우가 있다. 그것은 정말 위험한 것이다. 하나님께서는 그러한 행위를 용서하지 않으시고 심판하신다. 그러한 자는 백성 중에서 끊쳐진다고 하셨다.

여기에 한 가지 예시가 있다. 어떤 이스라엘 사람이 안식일을 구별하여 거룩하게 지키라는 말씀을 알고도 그날 고의로 산에 가서 나무를 한 것이다. 그것은 하나님의 명령을 고의적으로 거역하는 것이다. 이스라엘 백성치고 안식일을 지키라는 말씀을 모르는 사람이 어디 있는가? 그것이야말로 그들이 하나님의 백성이라는 가장 큰 표시였다. 안식일에는 모든 백성이 모든 일을 쉬고 하나님 안에서 안식하는 것이다. 그런데 어떤 사람이 가서 나무를 했다. 그것은 매우 엄중한 일이다. 하나님께서는 그런 사람을 돌로 쳐죽이라고 하셨다.

그러한 모든 일이 있은 뒤에 하나님께서는 이스라엘 백성들에게 대대로 옷단 귀에 술을 만들고 거기에 청색 끈을 더하라고 하셨다. 이 청색은 무엇을 의미하는가? 하늘을 의미한다. 하늘의 색이 청색이다. 이스라엘 백성들이 광야를 거쳐 이제 가나안에 들어가지만 하나님께서는 그들이 이것을 기억하기 원하셨다. '너희는 광야 사람들도 아니고 가나안 사람들도 아니다. 사실 너희는 하늘의 사람들이다. 내가 너희로 하늘의 백성들이 되도록 분별했다. 그래서 너희는 하늘의 표시를 지녀야 한다.' 그래서 그들이 입은 옷에는 다 하늘의 색을 지니도록 하신 것이다. 그들은 그것을 보면서 하늘의 법도를 지켜야만 했다.

그들이 이 땅의 백성들과 다른 것이 무엇인가? 이 땅의 백성들은 방종케 하는 자기의 마음과 눈의 욕심에 따라 산다. 그것이 세상 사람들이다. 그러나 하늘의 백성들은 하나님의 명령을 지킨다. 그러면 이 시대에 우리는 율법을 문자적으로 지키는가? 아니다. 우리는 하나님의 영을 따라 삶으로 율법을 지키게 되는 것이다. 우리가 범사에 하나님의 영을 따라 행할 때 우리는 하나님의 아들들이 된다. 그리고 우리는 실제적으로 청색 끈을 갖게 된다. 성령을 따라 사는 사람들이 아니라면 청색 끈이 없다는 것을 알아야 한다. 모든 성도들에게는 다 하늘의 색이 있어야 한다. 그럴 때 마지막 41절 "나는 너희의 하나님이 되려 하여 너희를 애굽 땅에서 인도하여 낸 여호와 너희 하나님이니라 나는 여호와 너희 하나님이니라"는 말씀을 들을 수 있다.

이렇게 15장에서는 여호와 하나님께서 한 무리의 사람들을 분별하여 그들의 하나님이 되시기 위해 그 땅에서 어떻게 생활할 것인지를 말씀하고 계신다. 그들은 이 땅 백성들이 사는 방식과는 전혀 다른 거룩한 방식의 삶을 살도록 되어 있다. 우리는 이 신약 시대에 이러한 하나님의 백성으로서의 표현을 실제로 영 안에서 소유할 수 있기 바란다.

민수기 16장

고라의 거역

우리는 민수기 16장의 거역의 사건을 통해서 이 시대에 우리가 주님의 길을 걸어가는 데 있어서 신중하게 배워야 할 것이 있음을 알아야 한다.

1절, 레위의 증손 고핫의 손자 이스할의 아들 고라와 르우벤 자손 엘리압의 아들 다단과 아비람과 벨렛의 아들 온이 당을 짓고

고라는 신약 유다서에도 기록되어 있는 사람이다. 유다는 고라의 패역을 얘기했다. 여기의 패역은 '배역' 또는 '거역'이라고 번역할 수 있다. 말하자면 구약 시대에 대표적인 배역자의 이름이 바로 고라인 것이다. 그런데 이 고라는 레위의 증손이다. 레위 지파는 하나님을 섬기는 지파인데 그 지파에서 거역이 일어난 것이다. 자세히 연구해 보면 이 고라는 모세와 촌수가 그리 멀지 않다. 아마 사촌 이내로서 가까운 집안 사람이다. 그리고 우리가 잘 알다시피 고핫과 므라리와 게르손은 레위 자손의 임무 중에서 가장 중요하고 고상한 직무를 맡았는데, 그 중에서도 고핫은 지성소의 기구들을 짊어지는 일을 맡았다. 그런 고핫의 사람들 가운데서 배역이 일어났다는 것은 매우 의미심장한 일이다. 인도 직분에 가장 가까이서 봉사하는 사람들 중에 배역이 생겨난 것이다. 그렇게 볼 때 인도 직분에 가까이 있다 해서 안심할 것이 아니다. 인도하는 사역자 가까이서 섬긴다 해서 그것이 보장이 될 수 없다. 바로 그곳에서 배역의 사건이 일어났기 때문이다.

여기 고라가 있고 고라와 합하여 거역한 사람들이 있다. 그 중 르우벤 자손 엘리압의 아들 다단이 있는데, 르우벤은 갓 지파와 더불어 남쪽에 배치되었다. 우리가 2장에서 진영을 연구할 때 보았듯이 그들은 남쪽 진 기에 속해 있다. 그리고 고핫 자손도 남쪽에 있다. 즉 르우벤 진 기에 속한 자들과 고핫 자손은 매우 가깝다. 군대 편성상 매우 가까이 있다. 우리는 이것을 통해 이 고라와 다단은 평소에 많은 접촉을 가졌을 것임을 미루어 생각할 수 있다. 많이 접촉이 있다 보니 의견이 통하고 상합되었다. 이것은 그들 간에 좋은 영적 교제가 이루어진 것이 아니라 악한 전염성이 있는 거역적인 대화가 오고간 것을 말한다.

그 외에도 아비람이 있고 또 온이 있다. 이들이 당을 지었다. 갈라디아서 5장에서는 당을 짓는 것이 육체의 일임을 말해 준다(20절). 성도들 가운데서 보편적인 그리스도인의 교제가 아닌 아주 특별한 느낌을 주고받는 교제, 몇몇 특정한 사람만 통하는 교제를 갖는 것은 건강하지 않다. 사실 그 특별한 대화의 내용, 상통하는 의견 등은 일반적으로 성도들 앞에 내놓을 수 없는 것들이다. 일반적으로 내놓으면 문제가 생기기 때문에 항상 비밀로 하고 서로 다른 사람에게는 말하지 않기로 암시적으로 약속한다. 그러면서 대화를 나누는 것이다. 물론 이런 방식은 예로부터 어둠에 속한 일이다. 그럴 때 어둠 속에서 그들 간에는 아주 특별한 애정이 생겨나게 된다. 이것이 바로 당을 짓는 것이다. 이들은 이렇게 당을 지었다.

2절, 이스라엘 자손 총회에 택함을 받은 자 곧 회중에 유명한 어떤 족장

이백오십 인과 함께 일어나서 모세를 거스리니라

그 가운데에는 족장들이 있었다. 이들은 백성 가운데서 뽑힌 사람들이다. 선출된 자들이다. 그리고 이미 백성 가운데서 유명하게 된 사람들이다. 이것을 통해 우리는 아무 이름도 없고 지위도 없는 사람들은 대개 거역하지 않는다는 것을 알 수 있다. 거역은 대부분 인도자들 가운데서 생겨난다. 만일 여러분이 어느덧 그리스도인들 가운데서 인도자가 되었다면, 한 무리를 인도하는 사람이 되었다면 첫째로 주의해야 할 것이 '내가 혹시 당을 짓고 거역하는 사람이 되지 않았는가' 하는 것이다. 거기에다 유명하게 되었다면 더욱 경계해야 한다. 대부분 유명한 사람들은 더 유명해지려는 속성을 갖고 있다. 그래서 자신의 유명함으로 인해 결국은 자기보다 앞선 인도자에 대한 의견이 생겨나며 그로 인해 거역이 생겨나게 되는 것이다. 인간의 육체 속에는 이와 같이 사탄에 의해 주입된 거역의 본성이 있다. 조심하지 않으면 사람은 거역함으로 하나님 앞에 용도를 잃어버리게 된다.

여기서 고라와 다단과 아비람과 온, 그리고 회중 가운데 유명한 족장 이백 오십 인이 일어나서 모세를 거역할 때 바깥으로 보면 모세와 아론은 끝났다. 이제 모세와 아론은 아무 힘도 없는 것처럼 보이다. 거의 대부분의 인도자들이 모세와 아론을 거역하고 있다. 밖의 상황으로 보면 전 이스라엘의 추세가 모세와 아론을 반대하는 상황으로 기울어진 것이다. 3절에는 그들이 거역하는 이유가 나온다.

3절, 그들이 모여서 모세와 아론을 거스려 그들에게 이르되 너희가 분수에 지나도다 회중이 다 각각 거룩하고 여호와께서도 그들 중에 계시거늘 너희가 어찌하여 여호와의 총회 위에 스스로 높이느뇨

나는 지금까지 거역하는 말들을 많이 들어 보았다. 거역하는 것도 참 많이 보았다. 여기서 내가 여러분에게 한 가지 알려 드리겠다. 거역하는 말을 들을 때마다, 거역의 사건을 접할 때마다 거기에 한 가지 특징이 있는데, 그것은 그들의 말에 일리가 있다는 것이다. 일리가 없는 것으로는 거역하지 않는다. 옳은 어떤 이유가 있다는 것이다. 그런데 한 가지 특이한 일은 교만해진다는 것이다. 생각이 높아진 것이다. 전과 다른 각도에서 권위자를 대하는 것이다. 과거에는 존경하고 우러러 보는 각도에서 보았다면 이제는 동등한 각도나 아래로 내려다보는 각도가 생긴 것이다. 그러다보니 자연 나름대로의 잘못된 부분이 보이는 것이다.

거역하는 사람들은 자신의 판단을 믿는다. 왜냐하면 같은 각도에서 사태를 보는 사람들이 또 많이 있기 때문이다. 아마도 더 많은 사람들이 같은 각도에서 사태를 볼 것이다. 각도가 달라지면 같은 일이 전혀 다른 시각으로 보여지는 것이다. 그렇게 다르게 보여지기 때문에 자신의 판단을 믿는 것이다. 사람들은 그럴 때 전에 보지 못한 것을 보게 되는 고로 새로운 계시를 얻은 것처럼 생각하고 과거에 잘못보기나 한 것처럼 행동하기 시작한다. 하지만 자신의 눈의 보는 높이가 높아져 있다는 생각은 하지 못한다. 그것이 바로 속임을 당하는 요인이다. 가장 낮은 곳에서 생각하는 판단이 가장 참되고 옳다. 하나님은 가장 높은 곳에 계시고 가장 낮은 곳에 거하신다. 거역하는 사람들은 하나님의 높이에도 가있지 않고 낮은 곳에도 있지 않다. 다만 인간들의 높은 곳에 위치하고 있다. 자신들이 스스로 높아져서 만든 위치이다. 그들의 말이 매우 일리가 있고 이유가 있지만 그들은 체험이 결여되어 있다. 그들은 모세의 심정에 들어가 보지 못했다.

그렇다면 그들이 모세와 아론에게 한 첫 마디가 무엇인가? "너희가 분수에 지나도다". 이 말이 바로 거역의 말이다. 그들은 하나님의 정하심으로 말하면 모세에게 순종해야 한다. 모세의 말을 들어야 한다. 그들의 위치는 모세에게 무엇을 가르치거나 항변하는 위치가 아니다. 그들의 말의 옳고 그름을 떠나서 권위 아래 있는 사람이 권위자에게 이렇게 따지고 대드는 것은 거역이다. 그들은 회중을 많이 위하는 것처럼 말했다. 그들이 모세와 아론에게 분수에 지나다고 한 것은 '회중이 다 각각 거룩하기' 때문이라는 것이다.

그들은 모세와 아론을 거역하기 위해 회중들을 자기들의 편으로 끌어들이고 있다. 그러면 회중이 거룩한가, 거룩하지 않은가? 거룩하다. 이스라엘 백성은 선택된 민족이기 때문에 그들은 거룩하다. 그러므로 그들이 하는 말—'회중이 다 각각 거룩하거늘'—은 맞다. 또 '여호와께서도 그들 중에 계시거늘' 이라는 말도 맞는다. 여호와께서는 이스라엘 백성 가운데 계신다. 우리는 이것을 레위기에서도 보았고 민수기 5장에서도 보았다. 여호와께서는 그분이 그들 가운데 거하셔야 하기 때문에 진을 거룩케 하라고 하셨다. 그러므로 그들은 거룩한 백성이고 그들의 진 가운데 여호와께서 거하신다. 그것은 틀림없이 맞는 말이다. 그런데 그 말이 옳은가 그른가의 문제가 아니라 그들의 말의 성질이 어떠한 말이냐 하는 것이다. 그들이 그렇게 말하는 것은 하나님께서 세우신 인도자를 자신들의 말로 무너뜨리기 위한 것이다. "너희가 어찌하여 여호와의 총회 위에 스스로 높이느뇨". 그들이 서 있는 위치는 모세와 아론이 자신을 높이든 낮추든 그것을 말할 위치가 아니다. 모세와 아론에게 문제가 있다면 그것은 그들을 세우신 하나님께 달려 있지 그들에게 달려 있지 않다. 그러나 감히 그들은 모세와 아론이 여호와의 총회 중에 스스로를 높인다고 말하며 그들의 말로 권위자들을 교정해야 할 것처럼 여겼다.

성경에서 권위자는 하나님의 손아래 있으며 사람은 이에 대해 어떤 이유로도 거역할 도리가 없다. 다윗이 이에 대한 좋은 예이다. 비록 사울이 기름부음이 떠나고 많은 옳지 않은 일을 했을지라도 그의 권위에 대하여 거역의 마음을 품지 않은 것이다. 노아의 세 아들의 경우도 마찬가지 경우이다. 당시 노아는 권위자였으며 함은 그 아비의 하체를 드러냄으로 저주를 받았다.

여기서 한 가지 생각해 볼 것이 있다. 이들 고라와 다단과 아비람에게 거역의 영이 일어나기 전에는 모세와 아론의 인도에 대해 어떤 다른 느낌이 없었을 것이다. 그저 편안하게 모세의 인도를 따랐을 것이다. 그런데 어느 날 거역의 균이 그들 속에 들어왔다. 그리고 그들은 거역의 병에 걸렸다. 그리고 그 거역의 눈으로 모세와 아론을 쳐다보니까 '아니 이 사람들이 회중들 위에 왜 이렇게 높아졌을까? 언제부터 이렇게 높아졌나?' 하는 생각이 든 것이다. 모세와 아론이 스스로 높아진 사람들로 보이는 것이다. 이것이 바로 거역의 느낌이다. 원래는 우리의 신체 중 어깨나 팔이 머리에 대해, 머리가 자신들 위에 붙어 있다는 느낌이 없었다. 그냥 붙여진 대로 그렇게 다녔다. 그런데 어느 날 팔이 어긋났다. (거역이란 이렇게 위치를 떠나 어긋나는 현상이다.) 그렇게 되니까 이제 '왜 머리가 위에 붙어 있지' 하는 생각이 들면서 머리가 무겁게 느껴지는 것이다. 이것이 바로 거역이다. 그러한 느낌이 생겼을 때 반드시 여러분은 무서운 질병에 걸렸다는 것을 깨달아야 한다.

그들은 모세와 아론의 인도에 대해 불만을 품었던 것이며 그런 거역의 말들이 나름대로는 솔직하게 말한다고 한 말들이다. 이와 같이 누구든지 인도자에 대해 불만을 품게 되면 하나님 앞에서의 권위를 보지 못하게 되고 이론과 나름대로 유추해 낸 생각만 남게 된다. 그들은 모세와 아론을 반대한 것이며 그들의 옳지 않음을 반대한 것이지 하나님을 반대한 것이 아니라고 생각했을 것이다. 오히려 하나님을 반대한 것이 아니라 하나님을 섬기는 것이며 하나님을 위한 것이라고 여겼을 것이다. 그러나 우리가 기억해야 할 것은 하나님과 그분을 대표하는 권위와는 나눌 수 없다는 것이며 한편으로는 하나님을 대표하는 권위를 대적하면서 다른 한편으로 하나님을 영접할 수 없는 것임을 알아야 한다는 것이다.

4절, 모세가 듣고 엎드렸다가

이러한 거역의 말을 들었을 때 인도자 모세는 즉시 이것이 거역이라는 것을 알았다. 그런 거역이 있을 때 영적인 사람의 태도는 무엇인가? 엎드리는 것이다. 왜 엎드리는가? 첫째는 두려운 것이다. 거역보다 하나님을 노하시게 하는 것이 없다. 두려운 일이 일어난 것이다. 거역하는 사람은 하나님의 두려우심을 모르는 사람이다. 그러기에 함부로 거역하는 것이다. 그러나 하나님의 종들은 그것이 얼마나 두렵고 안타까운 일인지를 알고 자신이 어떻게 할 도리가 없다는 것을 알기에 엎드리는 것이다. 엎드린다는 것은 겸손의 최대의 표시이다. 거역의 상황에 대처해보면 하나님의 종의 태도가 나온다. 거기에 저항하거나 싸우거나 다투는 일이 없다. 다만 최대로 자신을 낮추어 긍휼을 구할 따름이다.

거역자들의 거역하는 말에 대해서 영적인 사람들은 그 자리에 자신을 두고 다만 하나님께 기도한다. 그러한 거역의 일은 우리가 처리하거나 만질 수 있는 일이 아니다. 그것은 하나님께서 직접 들으시고 처리하시는 일이다. 하나님은 특별히 권위에 대한 거역의 일에 대하여 예민하게 보고 계시며 그 일을 처리하신다. 사람의 영적인 일생을 가장 파괴하는 것이 거역인 것이다. 사람이 권위를 거역하는 것은 하나님의 보좌를 찬탈하고자 하는 행위이다. 이것이 바로 옛적에 사탄이 한 일이며 그때 사탄은 거역으로 말미암아 타락한 것이다. 그는 하나님의 보좌 위에 자신의 보좌를 높이기 원했으며 그를 따라 많은 천사들이 합세한 것이다. 이것이 거역의 원조이며 하나님의 권위를 전복하려 한 일이다. 오늘날도 거역의 일은 그 본질이 사탄에 속한 것이요, 하나님의 권위를 만지는 일이다. 그렇기 때문에 그러한 일이 일어났을 때 인도자는 엎드릴 수밖에 없다. 모세는 이런 엄중한 참소를 듣고 화를 내지 않고 분노하지 않았으며 여호와 앞에 엎드렸는데 그것은 이 문제가 하나님의 권위를 만진 심각한 문제라는 것을 알았기 때문이다.

5-7절, 모세가 듣고 엎드렸다가 5 고라와 그 모든 무리에게 말하여 가로되 아침에 여호와께서 자기에게 속한 자가 누구인지 거룩한 자가 누구인지 보이시고 그 자를 자기에게 가까이 나아오게 하시되 곧 그가 택하신 자를 자기에게 가까이 나아오게 하시리니 6 이렇게 하라 너 고라와 너의 모든 무리는 향로를 취하고 7 내일 여호와 앞에서 그 향로에 불을 담고 그 위에 향을 두라 그 때에 여호와의 택하신 자는 거룩하게 되리라 레위 자손들아 너희가 너무 분수에 지나치느니라

양편이 서로 분수에 지나치다고 말했다. 이 '분수에 지나치다'라는 말의 히브리어는 원래 '너무 많이 가졌다'는 뜻이다. 말하자면 서로 '너는 너무 많이 소유하려고 한다'고 말하고 있다. 이런 일이 있을 때 모세는 먼저 각기 향로를 취하여 내일 여호와 앞에서 그 향로에 불을 담고 그 위에 향을 두라고 했다. 이는 모세와 아론도 그렇게 하겠다는 말이다. 모세는 여기서 이렇게 말하는 듯하다. '과연 누가 거룩한 자인지를 하나님으로 하여금 증명하시게 하겠다. 여러분과 내가 말하는 것은 아무 소용이 없다. 향로를 가지고 내일 나아오라.' 그런데 지금이 아니라 내일 가져오라고 했다. 하룻밤의 기간을 준 것이다. 하룻밤 지내면서 생각해 보라고 여유를 주는 의미도 있을 것이다. 그러나 우리가 체험적으로 아는 것은 거역적인 사람들은 결코 변하지 않는다는 것이다.

하룻밤이 지나고서 변했을까 하고 쳐다보면 그대로이다. 결코 변하지 않는다. 예민한 영의 느낌을 상실했기 때문이다. 이 고라 일당도 역시 변하지 않았다. 여기서 고라 일당이 하나님께서는 모든 회중을 거룩하다 하시고 또 그들 가운데에도 하나님께서 거하시므로 모세와 아론만 특별한 사람이 아니라고 말했기 때문에 모세는 '그래, 그렇다면 과연 누가 거룩한지 하나님으로 하여금 증명하시게 하자'라고 한 것이다. 사람의 거역의 말은 들을 때 일반적인 사람들이 분별하기 어렵다.

그렇기 때문에 이러한 일은 증명될 필요가 있다. 고라 일당이 말한 것은 자신들의 생각과 이론인 것이고 모세가 말하는 것은 모든 것이 여호와의 선택과 명령이니 하나님으로 하여금 증명하시게 해야 한다는 것이다.

8-9절, 모세가 또 고라에게 이르되 너희 레위 자손들아 들으라 9 이스라엘의 하나님이 이스라엘 회중에서 너희를 구별하여 자기에게 가까이 하게 하사 여호와의 성막에서 봉사하게 하시며 회중 앞에 서서 그들을 대신하여 섬기게 하심이 너희에게 작은 일이겠느냐

이렇게 레위 자손들이 하나님을 가까이서 섬길 수 있는 것이 작은 일이 아닌데 그들은 이러한 일로 섬기는 것이 모자라서 지금 뭔가를 더 얻으려고 하고 있다. 그러면 이들이 더욱 섬기고 싶어서 섬기기를 구하는 것인가? 아니다. 그들은 모세와 아론이 갖고 있는 지위, 사람들에게서 얻는 영광과 칭송과 존경을 받고 싶은 것이다. 여기서 우리가 하나 기억해야 할 것은 하나님께서 어떤 사람에게 섬기는 위치를 정해 주셨으면 그것이 낮아 보이고 작아 보일지라도 거기에 만족하고 충성을 다해 섬겨야 한다는 것이다. 그것이 하나님을 기쁘시게 한다. 하나님은 하나님을 섬기는 봉사가 작은 것이든 큰 것이든 다 귀히 보신다. 작다고 해서 소홀히 여기고 크다고 해서 귀히 여기시지 않으신다. 그러므로 작은 부분이라도 맡겨 주셨으면 감사함으로 섬겨야 한다. 그럴 때 하나님께서 기뻐하시고 축복하신다. "작은 일에 충성하였으매… 네 주인의 즐거움에 참예할지어다"(마 25:23).

작은 일이든 큰 일이든 주님이 맡기신 일에 충성을 다하면 된다. 그런데 분수에 지나쳐서 주님이 주시지 않은 것을 더 얻으려고 하는 것은 욕심이다. 그것이 또한 우상숭배이다. 성경에서 탐욕은 우상숭배라고 했다. 하나님이 주신 것 그 이상으로 가지려 하는 것이다. 그러한 마음 때문에 거역이 생겨나는 것이다.

10절, 하나님이 너와 네 모든 형제 레위 자손으로 너와 함께 가까이 오게 하신 것이 작은 일이 아니어늘 너희가 오히려 제사장의 직분을 구하느냐

앞에서 고라는 일반 백성들을 위하는 것처럼 말했지 자기가 제사장 직분을 구한다고 말한 적이 없다. 고라는 마치 이스라엘 백성들을 대변해서 이렇게 말하는 것 같다. '모든 이스라엘 백성들이 다 거룩하고 그들 가운데 하나님이 계시기 때문에 당신들이 그렇게 높아지지 않아도 이들은 얼마든지 모든 것을 다 할 수 있다. 이들에게는 자유가 있고 권리가 있다. 왜 당신들이 그렇게 높아져서 많은 특권을 독점하느냐?' 지금 이들은 백성들의 권리와 자유를 말하고 있는 듯하다. 그 말을 듣고 있노라면 고라는 그야말로 민중을 위한 자요 민중의 권익을 위한 선함이 가득한 사람 같다. 그들을 위해서 지금 헌신적으로 봉사하는 것처럼 보인다.

그러나 모세는 그가 지금 구하고 있는 것이 무엇인가를 정확하게 알았다. 고라가 구하고 있는 것은 사실 백성들을 위한 것이 아니고 '레위의 봉사만으로는 만족하지 못하겠다. 나도 진급을 좀 해야 겠다. 왜 당신만 제사장 노릇을 하느냐? 나도 제사장 노릇을 할 수 있다' 는 것이다. 이처럼 고라 일당이 배역한 것은 실상 자신들의 임무인 레위의 봉사에 만족하지 않고 모세와 아론이 수행하고 있던 제사장 직분을 탐했기 때문이다. 고라당은 그가 원하면 제사장의 직분도 얻을 수 있는 줄 알았다. 그는 모든 직분과 권세는 하나님으로부터 나오는 것을 모르고 스스로 자신의 위치를 업그레이드 시키려고 시도한 것이다.

모세는 자신이 하고 있는 일에 대하여 확신이 있는 사람이었으며 자신이 무엇을 하는지 애매모호한 사람이 아니었다. 그러므로 그는 거역하는 형제들을 위하여 염려하였으며 그들을 위해 권면한 것이다. 이러한 때에 권면한다는 것은 그가 진실로 겸손한 사람인 것을 증명하며 진정으로 형제를 사랑하는 사람임을 나타낸다. 겸손한 사람만이 형제의 잘못한 것을 교정해 주고 바로잡아 주기 원한다. 형제의 잘못된 점을 회복해 주려 하지 않는 것은 강퍅한 것이며 교만한 마음이다. 그는 자신이 다른 사람들에게서 공격을 당하는 순간에도 참된 말로 그들의 영적인 오류를 바로잡아 주고 하나님 앞에 바로 서도록 권면해 주고자 했다.

11절, 이를 위하여 너와 너의 무리가 다 모여서 여호와를 거스리는도다 아론은 어떠한 사람이관대 너희가 그를 원망하느냐

"이를 위하여 너와 너의 무리가 다 모여서 여호와를 거스르는도다". 결국 제사장 직분을 구하여 거역한 사람들은 새로운 근본을 세우고자 한 것이다. 쉽게 말해서 하나님께서는 모세와 아론을 통해 인도하고 계시는데 그들은 고라를 인도자로 세우겠다고 하는 것이다.

만일 이 쿠데타가 성공했으면 모세와 아론은 물러나고 고라의 인도 직분이 새롭게 세워졌을 것이다. 그러니까 이들 이백 오십 명은 다 마음속으로 '우리의 인도자는 모세와 아론이 아니라 고라이다' 라고 생각하고 있는 것이다. 이것이 바로 거역의 본질이다. 거역은 반드시 새로운 질서를 세우려고 하는 사람들에 의해서 일어난다. 과거의 질서는 잘못된 질서이기 때문에 깨뜨리고 이제 새로운 질서를 세워야겠다는 것이다. 여기서 모세는 그것을 간파했다. '너는 지금 다름 아닌 제사장 직분을 구하고 있다.' 그러면 당시의 제사장은 누구인가? 아론이다. 결국 고라는 아론의 지위, 나아가서는 모세의 지위를 얻고자 했다. 그리고 나머지 이백 오십 인의 유명한 족장들은 다 고라를 옹립하고 있었다.

"아론은 어떠한 사람이관대 너희가 그를 원망하느냐". 여기서 이미 모세는 아론을 언급했다. 그러니까 이 사람들이 대적하는 사람은 주로 아론이며 그 얻고자 하는 위치는 제사장 직분이다. 왜 그런가? 자신이 모세와 아론이 하는 일들을 할 만하다고 생각한 것이다. 아니 어떤 의미에서는 더 잘할 수 있다고 생각한 것이다. 고라는 레위의 증손이다. 가문으로 보거나 실력으로 보거나 모든 면에서 자기가 왜 아론만 못하냐고 생각할 수 있다. 또 그는 이백 오십 인을 규합할 수 있는 역량을 지닌 사람이다. 사람들을 선동할 수 있는 역량도 있고 민중을 움직일 수 있는 역량도 있다. 스스로 보기에 모세와 아론보다 나은 점들도 있었을 것이다. 그들이 아무 재주가 없었다면 이백 오십 명을 한 사람같이 만들 수 없다. 그들에게는 어떤 친근한 미덕이라든가 사람의 마음을 만져 주는 동정심이 있었을 것이며 설득력 있는 웅변력도 있었을 것이다. 이렇게 볼 때 역량이 없는 사람들은 절대로 거역하지 않는다. 자기가 무언가 할 수 있고 한 무리를 이끌 수 있는 사람이 거역을 하는 것이다.

12절, 모세가 엘리압의 아들 다단과 아비람을 부르러 보내었더니 그들이 가로되 우리는 올라가지 않겠노라

이쯤 되면 고라 일당은 이제 모세와 아론의 권위를 인정하지 않는 것이다. 이들 생각에 모세의 권위는 이미 끝났다. 그들이 어느 정도 모세와 대화를 나누었는지는 몰라도 이제 모세 말은 들으려고도 하지 않는다. 이들은 아마 이 정도까지 이야기했을 것이다. '모세 시대는 끝났다. 바야흐로 고라의 시대가 도래하고 있다.' 그렇기 때문에 여기서 다단과 아비람은 모세가 부를 때에 그 말을 들으려 하지도 않고 오지도 않았다. 거역의 큰 특징 하나는 더 이상 말을 듣지 않고 권위를 벗어버리는 것이다. 그러기에 거역은 배반을 동반한다. 그들은 이상 모세의 인도자 됨을 신뢰하지 않는 것이다. 그들은 모세가 잘못되었다고 판단하기 때문에 그 말을 더 이상 들을 필요가 없다고 판단한 것이다. 오히려 그들은 지금까지 들어온 것이 해를 입은 것이라고 생각했다.

13절, 네가 우리를 젖과 꿀이 흐르는 땅에서 이끌어 내어 광야에서 죽이려 함이 어찌 작은 일이기에 오히려 스스로 우리 위에 왕이 되려 하느냐

지금 이 고라와 다단과 아비람 일당은 애굽을 젖과 꿀이 흐르는 땅이라고 말하고 있다. 모세는 하나님께서 약속하신 땅 가나안이 젖과 꿀이 흐르는 땅이라고 계속 말해 왔다. 그러나 이들은 가나안 땅은 이미 잊어버렸고 생각조차 하지 않는다. 그곳은 갈만한 데가 아니고 그곳으로 인도하려는 모세는 완전히 엉뚱한 사람이라고 생각하는 것이다. 그리고서 애굽을 젖과 꿀이 흐르는 땅이라고 말하고 있다. 옛날이 좋았다는 것이다.

지금 많은 이스라엘 사람들에게는 고라의 말이 상당히 설득력이 있다. 옛날 좋았을 때를 회상하게 하고 거기서 마늘, 파, 부추, 수박 등을 먹은 것을 상기시켜 준다. 어쨌든 그때는 뭔가를 먹었다. 그런데 지금은 만나 외에는 없다. 그렇기 때문에 애굽은 젖과 꿀이 흐르는 땅처럼 생각되고 이제 모세와 아론은 그들을 광야로 데려다 놓고 죽을 고생을 시키는 것처럼 보이는 것이다. 그렇게 하고서도 모세와 아론이 백성들 위에 왕 노릇을 하려느냐고 말하는 것은 천연적으로 볼 때 굉장히 설득력이 있다. 여러분은 지금 결말을 다 알고 있기 때문에 그들의 행동이 어리석게 보이지만 당시는 그렇지 않았을 것이다. 앞으로 어떻게 전개될 것인지를 모르는 가운데 광야 이 지점에서 고라의 말은 매우 설득력 있었던 것이다. 모세는 그야말로 믿음으로 하나님과 함께 나아가는 사람이기 때문에 그의 말은 믿음 없이는 따를 수 없다. 그런데 이 고라 일당과 이스라엘 백성들에게는 당시 그러한 믿음이 없었다. 그래서 모세

를 의심하고 거역하는 말이 솔깃하게 들어오는 것이다. '돌아가자. 불안하지 않느냐.'

14절, 이뿐 아니라 네가 우리를 젖과 꿀이 흐르는 땅으로 인도하여 들이지도 아니하고 밭과 포도원도 우리에게 기업으로 주지 아니하니 네가 이 사람들의 눈을 빼려느냐 우리는 올라가지 아니하겠노라

이 고라 일당은 이 백성들을 최고로 위하는 것 같은 말을 하고 있다. '젖과 꿀이 흐르는 땅으로 인도한다더니 그곳으로 인도하지도 않고 밭과 포도원도 주지 않고 이 광야에 와서 이렇게 고생을 시키니 이 사람들의 눈을 다 빼려고 하느냐?' 우리 식으로 말하면 이렇다. '이 사람들 다 눈이 먼 줄 아느냐? 다 똑똑한 사람들이다. 이 똑똑한 사람들을 데리고 당신 지금 무슨 일을 하고 있는 거냐?' 그 말을 들으면 참 일리가 있다. 매우 설득력이 있는 말이며 사람들의 공감을 이끌어내는 말이다. 그러면서 우리는 올라가지 아니하겠노라고 했다. 이런 종류의 말이 다 거역의 말이다.

15절, 모세가 심히 노하여 여호와께 여짜오되 주는 그들의 예물을 돌아보지 마옵소서 나는 그들의 한 나귀도 취하지 아니하였고 그들의 한 사람도 해하지 아니하였나이다 하고

"모세가 심히 노하여 여호와께 여짜오되 주는 그들의 예물을 돌아보지 마옵소서". 여기에서 모세가 노한 것은 그들이 자기를 거역해서가 아니다. 이 모든 말이 하나님의 약속, 하나님의 인도하심을 정면으로 부정하고 의심하고 거역하는 말이기 때문이다. 그 말에 대해 모세는 심히 노했다.

"나는 그들의 한 나귀도 취하지 아니하였고 그들의 한 사람도 해하지 아니하였나이다 하고". 주님의 종들의 간증은 이것이다. 주님을 섬기는 사람들은 절대로 사람들의 재산이나 영혼에 해를 끼쳐서는 안 된다. 이 말은 그들이 모세를 거역할 이유가 없다는 뜻이다. 모세는 그들 중 한 사람도 물질적으로든 영적으로든 해한 적이 없다. 이것은 오늘날 인도자들이 물질적으로 성도들에게 해를 끼치는 것의 심각성을 보여 준다. 바꾸어 말하면 그것은 사람들에게 거역의 구실을 줄 수 있다는 말이 된다. 그렇다고 해서 성도들은 그것이 거역의 당위성을 뒷받침해 주지 않는다는 것을 알아야 한다.

16-17절, 이에 고라에게 이르되 너와 너의 온 무리는 아론과 함께 내일 여호와 앞으로 나아오되 17 너희는 각기 향로를 잡고 그 위에 향을 두고 각 사람이 그 향로를 여호와 앞으로 가져오라 향로는 모두 이백 오십이라 너와 아론도 각각 향로를 가지고 올지니라

16절의 '너'는 누구인가? 고라이다.

18절, 그들이 각기 향로를 취하여 불을 담고 향을 그 위에 두고 모세와 아론으로 더불어 회막문에 서니라

이 말씀을 잘 생각해 보라. 모세와 아론은 향로를 가지고 이들과 함께 회막 문 앞에 설 필요가 없다. 그들은 다만 성소와 지성소 안에 들어가 분향하여 하나님을 섬기면 된다. 그러나 이렇게 거역이 일어났을 때 모세와 아론은 자세를 낮추었다. 그들과 하나님 앞에 동렬에 서서 향로를 취했다. 고라와 함께한 배역자들, 그 무리와 더불어 회막 문 앞에 선 것이다.

19절, 고라가 온 회중을 회막문에 모아 놓고 그 두 사람을 대적하려 하

매 여호와의 영광이 온 회중에게 나타나시니라

이제 온 회중이 회막 문 앞에 모였다. 모세와 아론은 단 두 사람뿐이다. 숫자로 볼 때 모세와 아론은 끝났다. 그 거룩한 곳에서 하나님께 분향하는 제사장 아론도 이제 향로를 가지고 배역자들과 함께 회막 문 앞에 서 있다. 이렇게 되자 고라는 더 힘이 생긴 것 같다. 거기서 그는 두 사람을 대적하려고 했다. 그때 여호와의 영광이 온 회중에게 나타나셨다.

20-21절, 여호와께서 모세와 아론에게 일러 가라사대 21 너희는 이 회중에게서 떠나라 내가 순식간에 그들을 멸하려 하노라

여호와께서 나타나셔서 모세와 아론더러 이 회중에게서 떠나라고 하셨다. 함께 서 있지 말라고 하셨다. '내가 순식간에 그 회중을 멸하겠다' 고 하셨다. 그때에 이 두 사람이 엎드렸다.

22절, 그 두 사람이 엎드려 가로되 하나님이여 모든 육체의 생명의 하나님이여 한 사람이 범죄하였거늘 온 회중에게 진노하시나이까

여기서 모세와 아론은 주동자가 있다는 것을 하나님께 말씀드렸다. 한 사람이 범죄하였다고 말한 것이다. 그러므로 거역에서 가장 악한 것은 주모자이다. 여기 이 한 사람은 바로 고라이다. 여기서 모세는 처음으로 형제들 앞에서 엎드렸는데 그것은 실상 하나님 앞에 엎드린 것이다. 그는 온 회중을 위해 간구하였고 온 회중이 보존되도록 하나님께 기도했다. 하나님은 모세의 기도를 들어 주셔서 그들로 하여금 악인의 장막에서 떠나라고 하셨다.

23-24절, 여호와께서 모세에게 일러 가라사대 24 회중에게 명하여 이르기를 너희는 고라와 다단과 아비람의 장막 사면에서 떠나라 하라

하나님께서는 모세와 아론의 기도를 들으시고 그렇다면 회중을 배역자들에게서 떠나게 하라고 하신다. 악인들과 함께 있지 말아야 한다. 여러분, 내가 엄숙하게 한 마디 하겠다. 우리의 믿음 생활 가운데 거역자들과 함께하지 말아야 한다. 그들에게서 여러분을 분별해야 한다. 많은 이유를 대면서 그들과 함께하지 말아야 한다. 하나님께서는 거기서 떠나게 하라고 하셨다. 멸망당하지 않으려면 그들에게서 분별되라는 것이다. 의인들은 악인의 장막에 있으면 안 된다. 하나님께서는 바벨론에 있는 하나님의 자녀들에게 이렇게 말씀하신다. '내 백성아, 거기서 나와서 그들이 받을 재앙에 참여하지 말라!'

25절, 모세가 일어나 다단과 아비람에게로 가니 이스라엘 장로들이 좇았더라

12절에서 모세가 다단과 아비람에게 오라고 하니까 그들은 '우리는 올라가지 않겠노라' 고 했다. 이제 하나님의 종이 그 거역자들에게 가고 있다. 모세는 참으로 온유한 사람이다. 거역하는 사람은 오라고 해도 오지 않는다. 그러자 모세가 그들에게 친히 갔다. 그들에게 무언가를 말하기 위해 간 것이다. 그때에 이스라엘 장로들이 좇았다고 했다. 거역의 상황에서 더 낮아진 것은 모세인 것을 알 수 있다.

26절, 모세가 회중에게 일러 가로되 이 악인들의 장막에서 떠나고 그들의 물건은 아무것도 만지지 말라 그들의 모든 죄 중에서 너희도 멸망할까 두려워하노라 하매

모세는 이 악인들의 장막에서 떠나라고 했다. 그리고 그들의 물건은 아무것도 만지지 말라고 했다. '그들의 모든 죄 중에서 너희도 멸망할까 두려워하노라'. 그들은 멸망할 사람들이다.

27절, 무리가 고라와 다단과 아비람의 장막 사면을 떠나고 다단과 아비람은 그 처자와 유아들과 함께 나와서 자기 장막문에 선지라

이들은 지금도 거역하고 있다. 모세의 말을 전혀 듣지 않는다. 모세의 말을 전혀 가치 있는 말로 여기지 않는다. 그들은 모세가 잘못된 것이 너무나 분명하기에 그의 말에 대해서는 들어야 할 일고의 가치를 느끼지 않는다. 그리고 그들은 담대하게 그들의 처자와 유아들도 다 함께 장막 문에 서 있다. 그런데 기묘하게도 여기에 고라의 처자와 유아들은 들어 있지 않다. 아마도 고라의 자손들은 가장 주도자의 자녀들인데도 불구하고 그 일에 참여하지 않은 것 같다. 그래서 이때에 모든 거역한 자들의 가족까지도 다 멸망을 당했는데 26장을 보면 "그러나 고라의 아들들은 죽지 아니하였더라"(11절)고 말한다. 고라의 아들들은 죽지 않았다. 기묘하지 않은가? 하나님께서는 함께 당을 짓고 죄를 짓지 않은 사람들까지 함께 멸하시지 않으신다. 죄악에 참여하지 않은 사람들은 멸하시지 않으신다. 아무리 가까워도 그 죄에 참여하지 않은 사람은 함께 멸하시지 않으신다. 그래서 우리는 시편에서 고라의 아들들이 살아남아서 하나님을 찬미하고 감사하는 그 많은 아름다운 시들을 지은 것을 볼 수 있다.

28절, 모세가 가로되 여호와께서 나를 보내사 이 모든 일을 행케 하신 것이요 나의 임의로 함이 아닌 줄을 이 일로 인하여 알리라

지금 거역하는 사람들, 고라, 다단, 아비람 등은 모세가 이 일을 자기 임의로 한다고 생각하는 것이다. 거역자들 눈에는 하나님이 보이지 않는다. 거역자들 눈에는 사람만 보이다. 그것이 바로 거역이다. 그들의 인도자가 그저 하나의 사람으로 보이는 것이다. 그 자신이 고안해서 무언가를 도모하는 것으로 보이는 것이다. 여기서 모세가 뭐라고 말했는가? "나의 임의로 함이 아닌 줄을 이 일로 인하여 알리라". 모세는 지금 자기 임의로 이스라엘 백성들을 인도하는 것이 아니다. 하나님께서는 호렙 산에서 모세를 부르셨다. 그리고 거기서 '너는 가서 내 백성을 인도해 내라' 고 하셨다. 그때 오히려 모세는 자신은 할 수 없는 사람이라고 했다. 나는 혀가 뻣뻣하고 능력이 없는 사람이라고 했다. 그러나 하나님께서 그를 떠밀어 보내신 것이다. 그러한 일은 하나님께서 시켜서 하는 것이다. 모세는 온유한 사람으로서 이렇게 이 모든 일을 한 것이 자신의 원래의 뜻이 아니고 하나님이 명하신 것이라고 말했다. 그는 어떤 사람이 자신을 거역하더라도 그를 심판할 뜻이 없었다. 그는 다만 하나님의 종으로 하나님을 순종할 뿐이며 자신에게는 어떠한 느낌도 없었다는 것을 나타냈다.

그러므로 우리가 여기서 한 가지 배워야 할 것이 있는데 그것은 성도들이 하나님의 세우신 인도자에 대하여 염려하지 않아도 된다는 것이다. 그의 넘어지는 것이나 서는 것은 하나님께 달려 있다(롬 14:4). 그가 만일 넘어진다면 하나님이 이스라엘 백성들을 가나안 땅으로 인도하는 일에 있어서 실패하는 일이 일어나기 때문에 그 일은 하나님께 심각한 일이 될 수밖에 없다. 그러므로 하나님은 모세를 강하게 붙드셔야만 한다. 이 일은 하나님께서 책임지셔야 할 일이지 사람이 염려함으로 하나님이 택하신 종을 붙잡는 것이 아니다. 가장 복된 것은 성도들이 다만 하나님의 종을 통하여 인도하시는 하나님의 역사를 순종하는 것이다.

29-30절, 곧 이 사람들의 죽음이 모든 사람과 일반이요 그들의 당하는

벌이 모든 사람의 당하는 벌과 일반이면 여호와께서 나를 보내심이 아니어니와 30 만일 여호와께서 새 일을 행하사 땅으로 입을 열어 이 사람들과 그들의 모든 소속을 삼켜 산채로 음부에 빠지게 하시면 이 사람들이 과연 여호와를 멸시한 것인 줄을 너희가 알리라

여기서 모세는 자신과 여호와를 일치시켰다. 자기가 하고 있는 일이 여호와의 일이라는 것을 말하고 있다. 모세를 통한 역사를 멸시하는 그들은 곧 여호와를 멸시하는 것이다.

31-33절, **이 모든 말을 마치는 동시에 그들의 밑의 땅이 갈라지니라 32**
땅이 그 입을 열어 그들과 그 가족과 고라에게 속한 모든 사람과 그 물건
을 삼키매 33 그들과 그 모든 소속이 산채로 음부에 빠지며 땅이 그 위에
합하니 그들이 총회 중에서 망하니라

이 사람들은 땅이 갈라질 줄은 몰랐을 것이다. 지금까지 모든 징계가 다 여호와의 불이 하늘에서 임하는 것과 같은 식으로 수행되었기 때문에 위를 쳐다보고 아무 이상이 없다고 생각했지 밑이 갈라져서 땅 속에 빠질 줄은 몰랐다는 말이다. 이것은 대책이 없다. 하나님을 당할 사람이 없다. 위에서만 불이 내려오는 것이 아니다. 밑이 갈라지는 수도 있다. 땅이 갈라졌다가 다시 합해졌다. 오늘날 어떤 사람들은 시대적인 경륜을 이야기하면서 이런 일은 구약 시대에만 있는 일이지 신약 시대에는 일어나지 않는다고 한다. 신약 시대에는 이렇게 거역하고 잘못해도 하나님께서 징계하지 않으신다는 것이다. 그러나 우리는 신약 사도행전에서 아나니아와 삽비라의 이야기를 볼 수 있고(5장) 고린도 전서 11장에서도 심판이 있는 것을 볼 수 있다. 어떤 사람들은 심판을 받고 그 자리에서 죽는다. 육신적으로 죽지 않는다 해도 영적인 사망을 맛보게 된다.

여러분, 이것은 참으로 두려운 일이다. 이 땅에서 목숨이 붙어 있다고 해서 '아, 나는 그래도 살아 있지 않느냐' 라고 하지 말라. 그것은 그리 대단한 것이 아니다. 살아 있으나마나인 경우가 많다. 그 사람의 영이 죽으면 다 끝난 것이다. 그런 사람은 살아 있으나 죽은 것이다. 반드시 땅이 갈라져서 죽는 것만이 죽는 것이 아니다. 이 땅에 살아 있지만 은혜가 없고 생명의 축복이 없고 더 이상 빛 비춤이 없으면 그것은 죽은 것이나 다를 바가 없다.

그런데 그러한 위험에 처하게 하는 것이 바로 거역이다. 거역하면 그렇게 된다. 이것은 너무나 두려운 일이다. 만일 오늘날까지 우리가 거역의 길에 있지 않고 보존되었다면 주님께 감사드려야 한다. 그리고 앞으로도 여러분은 절대로 거역의 길을 가서는 안 된다. 고라의 패역을 따르면 안 된다. 그러면 혹 징계로 죽지 않는다 하더라도 어떤 종류의 심판이든지 받게 된다. 또 영적인 사망에 처하게 된다. 그러나 만일 여러분이 정말 순복의 길에 있다면 축복을 받는다. 시편 133편에서 헐몬의 이슬이 시온의 산들에 흘러내린다고 했다. 그것이 바로 순복의 위치에 있는 사람들에게 임하는 축복이다. 이것은 너무나 중요하다. 이 거역에 대하여 하나님은 급히 나서셔서 기회가 주어질 사이가 없이 심판하시고 망하게 하셨다. 모든 죄가 다 같은 것이라고 말하지 말라! 어떤 죄는 하나님의 보좌를 흔들고 찌르는 죄가 있다. 그것이 바로 권위를 업신여기고 전복하려는 거역의 죄이다. 무서운 줄 모르고 이런 거역의 죄를 짓는 자들은 고라의 전철을 따라 자신을 망치는 자들이다.

34-35절, 그 주위에 있는 온 이스라엘이 그들의 부르짖음을 듣고 도망하며 가로되 땅이 우리도 삼킬까 두렵다 하였고 35 여호와께로서 불이 나와서 분향하는 이백오십 인을 소멸하였더라

이백 오십 인의 족장들은 어떻게 되었는가? 여호와의 불이 나와서 소멸해 버렸다. 거역자들은 회개할 기회도 없이 단번에 철저히 심판을 받은 것이다. 이보다 두려운 일이 어디에 있는가!

36-38절, 여호와께서 모세에게 일러 가라사대 37 너는 제사장 아론의 아들 엘르아살을 명하여 붙는 불 가운데서 향로를 취하여다가 그 불을 타처에 쏟으라 그 향로는 거룩함이니라 38 사람들은 범죄하여 그 생명을 스스로 해하였거니와 그들이 향로를 여호와 앞에 드렸으므로 그 향기가 거룩하게 되었나니 그 향로를 쳐서 제단을 싸는 편철을 만들라 이스라엘 자손에게 표가 되리라 하신지라

가령 거역한 사람들이 복음을 전하여 영혼들을 주님께 인도했다고 하자. 자기는 거역하여 망할지라도 그가 하나님께 드린 영혼들은 하나님께서 지키고 보전하실 수 있다. 그가 분별하여 드린 모든 것들은 하나님께서 받으실 수 있다. 그러나 거역한 그 사람 자신은 망하는 것이다. 어쨌든 그 향로들은 그들이 하나님께 드린 것들이기 때문에 거룩하며, 하나님께서는 그 놋향로들을 쳐서 제단을 싸는 편철을 만들라고 하셨다. 그리고 대대로 이스라엘 자손에게 표가 되게 하라고 하셨다.

39-40절, 제사장 엘르아살이 불탄 자들의 드렸던 놋 향로를 취하여 쳐서 제단을 싸서 40 이스라엘 자손의 기념물이 되게 하였으니 이는 아론 자손이 아닌 외인은 여호와 앞에 분향하러 가까이 오지 못하게 함이며 또 고라와 그 무리 같이 되지 않게 하기 위함이라 여호와께서 모세로 그에게 명하신 대로 하였더라

모세는 모든 것을 여호와께서 명하신 대로 사역했다. 오늘날 여러분이 참으로 하나님께 열납되는 봉사를 하려면 하나님의 백성에게 다른 것을 가르치지 말고 성경에서 주님이 우리에게 말씀하신 대로 가르치면 된다. 그럴 때 하나님께서 그 말씀대로 이루실 것이다. 하나님께서는 그분의 말씀을 책임지신다. 그러나 자신의 말을 많이 하는 사람은 그가 한 말대로 이루어지지 않는 것을 발견할 것이다. 나는 다만 주님의 말씀을 그대로 믿고 사역하고자 한다. 항상 내 마음속에서 사모하고 갈망하는 것은 한 마디도 내 의사와 뜻을 말하지 않고 주님이 말씀하신 그것만을 그대로 지키고 말하고 사역하는 것이다. 교회 안에는 주님이 하신 말씀 외에는 없어야 한다. 사람의 말은 없어야 한다. "여호와께서 모세로 그에게 명하신 대로 하였더라".

41절, 이튿날 이스라엘 자손의 온 회중이 모세와 아론에게 원망하여 가로되 너희가 여호와의 백성을 죽였도다 하고

이 일은 겨우 하루가 지난 후에 일어났다. 일 년이 지났다면 그 일을 잊어버려서 그러나보다 하겠는데, 고라 일당이 산 채로 멸망하고 여호와의 불이 나와서 이백 오십 명을 살랐던 일이 불과 하루 전이었다. 그런데 그 다음날 온 회중이 모세와 아론을 원망하는 것을 보라. 그러면서 그들은 '너희가 여호와의 백성을 죽였다'고 말했다. 우리가 알듯이 고라, 아비람, 다단, 그리고 족장 이백 오십 인, 이들은 모세를 거스르다 죽었다. 반역으로 죽은 것이다. 그들은 그것은 바로 전날 다 보았다. 그런데 이제는 그 죽은 사람들 때문에 나머지 많은 사람들 사이에 또 문제가 일어났다. 그들이 느끼기에 사람들이 많이 죽은 것은 모세의 잘못이라고 보인 것이다. 그러다보니 또 한 무리가 일어나서 모세를 거역했다. 처음 무리는 모세의 어떤 약점을 잡았고 두 번째 무리는 죽어 없어진 사람들 때문에 마음이 상한 것이다. 그들은 모세보다 죽은 사람들과의 관계가 더 귀하게 느껴졌고 그들이 왜 모세 때문에 죽어야 하느냐고 생각했다. 그러다보니 모세가 하는 일이 잘못되었다고 느껴진 것이다. 그리고 또 거역함으로 일만 사천 칠백 명이 죽은 것이다.

육체는 교육이 안 된다. 육체는 십자가에 못 박혀야지 절대로 교육이 안 된다. 영적인 사람들만이 교육이 된다. 십자가를 받아들이는 사람들만이 교육이 된다. 아무리 심각한 경고를 들어도 육체에 속한 사람은 교육이 되지 않고 바뀌지 않는다. 진실로 주님의 십자가를 받아들이는 사람만이 고쳐질 수 있다. 이렇게 심각한 사건이 일어났어도 이들은 조금도 바뀌지 않았다.

진정으로 하나님의 은혜를 입어 빛을 얻지 못한 사람들은 내적인 변화를 체험하지 못한다. 그들은 땅이 갈라져서 많은 사람들이 심판받고 죽는 것을 보았지만 다만 형벌을 두려워하였을 뿐 하나님을 두려워하지 않았다. 그러므로 그러한 두려움의 상황이 지나갈 때 모든 것을 잊어버리게 되고 다시 또 배역하게 되는 것이다.

교회의 거역에 대하여

이스라엘이 애굽을 떠나 모세의 인도하에 움직이는 것은 오늘날 교회의 움직임에 비할 수 있다(고전 10:1-13). 그들이 애굽에 있으며 바로에게 종노릇 할 때는 그들 가운데 거역이란 의미가 없는 것이다. 그들이 구름과 바다에서 세례를 받고 하나님의 종 모세의 인도를 받아 길을 가기 시작했을 때부터 거역이 있는 것이다. 그들의 발걸음은 하나님의 목적을 이루기 위한 것이었고 하나님의 인도와 함께 하는 것이었다. 그런 속에서 거역은 발생하는 것이다. 사실 하나님의 인도가 없는 무리 가운데서는 거역이 있다 하더라도 별 의미가 없다. 그 가운데는 하나님의 영의 움직임이 없으므로 그런 거역은 하나님의 경륜 가운데 큰 의미가 없다.

오늘날도 하나님이 인도하시며 성령의 권위가 세워진 교회 가운데는 거역이 일어난다. 이는 사탄적인 역사로 인함이다. 사탄은 하나님의 자녀들의 전진을 원하지 않는다. 그러므로 때때로 사탄은 거역을 일으키는 것이다. 사람의 육체 속에는 거역이 도사리고 있다가 때를 만나면 그 거역의 균이 고개를 들고 일어나는 것이다. 그럴 때 멸망하는 자에게 멸망을 당하게 된다. 고린도 전서 10장 10절의 멸망하는 자란 사탄 마귀이다. 그자는 어리석고 교만한 자를 거역하게 하여 멸망하게 만든다.

여기서 고라 일당은 의도적인 거역을 하였다. 배역은 배역을 낳는다. 평소에 얌전하고 문제가 없는 것처럼 보이는 사람들 속에도 배역의 균은 존재한다. 그러다가 때를 만나면 그 균이 배양되고 드러나게 된다. 여기서 이스라엘 온 회중은 고라의 일당이 죽은 것이 모세에게 책임이 있다고 판단했다. 이것 역시 대단히 악한 거역의 일종이다. 이들 회중은 하나님의 심판에 대한 두려움을 몰랐다. 오늘날도 교회 안에 거역이 발생하여 한 무리의 사람들이 떠나갈 때 어떤 성도들은 그 책임을 사역자에게 돌리는 수가 있다. 즉 사람들은 일단의 성도들이 자신들의 거역적인 사고와 육체를 처리하지 못하여 교회와 사역자를 비판하고 대적하며 떠날 때 그 책임을 사역자가 잘못하여 그들이 떠나게 되었다고 원망하는 것이다. 그 또한 이곳의 말씀과 매우 일치한다. 잘못된 길을 가는 무리가 아니라 정당한 성령의 역사가 있는 곳에 거역의 사건이 나타난다는 것은 깊이 생각해 보아야 할 한 가지 일이다. 따라서 성령의 권위가 세워진 곳 즉, 그리스도의 머리되심이 실행되는 교회 안에 거역은 일어나는 것이다.

교회는 머리이신 그리스도께 복종하는 것이며, 머리에게 복종치 않는 무리는 교회라 할 수 없다. 머리와 몸의 관계는 복종의 관계이며 바울은 이를 남편과 아내의 관계에 비했다(엡 5:23-24). 오늘날 우리는 어디서 머리이신 그리스도에게 온전히 복종하는 몸인 교회를 보겠는가? 이것이 관건적인 문제가 아니겠는가?

나는 오늘날 거역이 완전히 처리되어 온 교회가 성령께 굴복하는 무리가 생겨난다면 그때 이 땅에는 영광스런 교회가 세워진다고 믿는다.

그리고 그리스도의 재림이 시작되리라고 믿는다.

42절, 회중이 모여 모세와 아론을 칠 때에 회막을 바라본즉 구름이 회막을 덮었고 여호와의 영광이 나타났더라

오! 거역은 죄 중에 가장 끔찍한 죄이다. 이는 하나님의 보좌를 찌르는 죄이다. 사탄이 에덴에 있으면서 일으킨 것이 이 배역의 사건이다. 그런데 기이한 일은 평소에 나타나지 않던 하나님의 영광이 사람들이 배역이 있을 때 나타난다는 사실이다. 거역이 일어날 때마다 거기에 여호와의 영광이 나타난다. 우리는 하나님의 종들로서 거역이 있을 때 하나님의 영광이 나타나는 것을 체험하였다. 기묘하게도 거역의 사건이 발생할 때마다 우리는 하나님의 빛과 강력한 임재를 체험하게 된다.

43-45절, 모세와 아론이 회막 앞에 이르매 44 여호와께서 모세에게 일러 가라사대 45 너희는 이 회중에게서 떠나라 내가 순식간에 그들을 멸하려 하노라 하시매 그 두 사람이 엎드리니라

거역이 일어날 때 하나님은 가장 싫어하신다. 내가 여기서 여러분에게 말씀드리겠다. 특히 하나님의 종을 거역하지 말라! 그러면 죽음에 이르게 된다. 육신적으로 죽지 않으면 영적으로 죽는다. 신약 시대에 하나님의 종은 외적으로 유명하지 않을 수 있다. 사도 바울이 그러한 사람이었다. 어떻게 말하면 바울은 신약에서 본이 되는 사도이다. 그는 열두 사도 중 하나가 아니다. 그저 몇몇과 함께 가다가 다메섹 도상에서 하늘로서 빛이 비취자 거꾸러져 거기서 주님을 만나고 주님을 따르기 시작했다. 그리고 그가 사도로 부르심 받을 때에도 성령께서 안디옥 교회의 몇몇 사람들을 통해 말씀하심으로 안수받고 보내심을 받았다. 그는 결코 대대적으로 예루살렘에서 파송한 사람이 아니다.

그래서 많은 사람이 알아주지 않았다. 그는 삼천 명, 오천 명을 한 번에 구원받게 하거나 성전에서 기적을 일으키고 서서 말씀을 전파하거나 큰일을 하지 않았다. 그저 이곳저곳 다니면서 몇 명씩 구원하여 교회로 세우곤 했다. 물론 때로 많은 사람들을 구원받게 하고 병을 고치기도 했다. 그러나 그것 때문에 유명해지거나 하지 않았다. 아마도 그랬기 때문에 많은 사람이 바울 사도를 거절하고 거역하고 떠났을 것이다. 얼마나 많은 사람이 그를 떠났는지 모른다.

그런데 사도 바울은 고린도 후서 2장에서 이렇게 말했다. "우리는 구원 얻는 자들에게나 망하는 자들에게나 하나님 앞에서 그리스도의 향기니 이 사람에게는 사망으로 좇아 사망에 이르는 냄새요 저 사람에게는 생명으로 좇아 생명에 이르는 냄새라"(15-16절). 사도들의 권세는 다른 데 있지 않다. 그들의 사역을 받아들인 사람들이 생명을 얻는 것이다. 그러나 그들을 받지 않고 거역한 사람들은 결국 사망이다. 이것은 매우 두려운 일이다.

46-48절, 이에 모세가 아론에게 이르되 너는 향로를 취하고 단의 불을 그것에 담고 그 위에 향을 두어 가지고 급히 회중에게로 가서 그들을 위하여 속죄하라 여호와께서 진노하셨으므로 염병이 시작되었음이니라 47 아론이 모세의 명을 좇아 향로를 가지고 회중에게로 달려간즉 백성 중에 염병이 시작되었는지라 이에 백성을 위하여 속죄하고 48 죽은 자와 산 자 사이에 섰을 때에 염병이 그치니라

여기서 주의 종들의 태도가 어떤가를 볼 수 있다. 하나님의 진노가 있을 때에 백성들 가운데 염병이 퍼져서 죽어가고 있었다. 그때 모세는 아론에게 향로를 취하여 단의 불을 그것에 담고 그 위에 향을 두어 급히 그것을 가지고 회중에게로 가서 그들을 위하여 속죄하라고 했다. 아론이 모세의 명을 좇아 향로를 가지고 회중에게로 달려가 백성을 위해 속죄하고 산 자와 죽은 자 사이에 섰을 때에 염병이 그쳤다.

하나님의 종들은 모세와 같이 긍휼과 사랑으로 충만한 마음을 가져야 한다. 그는 백성들이 전체적으로 공격하며 거스를 때 세 번째로 땅에 엎드러졌으며 그 죄가 너무 심각한 것을 알기 때문에 아론을 시켜서 즉시 향로를 가지고 그들을 위해 속죄하라고 한 것이다. 그는 사태가 하나님 앞에서 너무 심각하기에 하나님과 상의할 시간도 없다고 생각한 것이다. 그는 자신이 제사장이 아니기 때문에 제사장인 아론을 시켜서 향로를 가져다가 속죄의 제사를 드리라고 한 것이다. 그때 아론은 향로를 가지고 걸어간 것이 아니라 달려갔다. 이때보다 하나님의 종들의 행동이 빨라야 할 때는 없다.

이들이 누구인가? 이들이야 말로 하나님의 백성들을 섬기는 종들이다. 그들은 자신들을 순종하는 사람들을 위해서 섬겨야 할 뿐 아니라 거역하는 자들을 위해서도 섬겨야 하며 순종하는 자들을 짊어져야 할 뿐 아니라 거역하는 자들도 짊어져야 한다. 그러므로 하나님은 모세에 대하여 하나님의 온 집에서 충성된 사환이라고 말한 것이다(히 3:5).

49절, 고라의 일로 죽은 자 외에 염병에 죽은 자가 일만 사천칠백 명이었더라

엄청나게 많은 사람이 죽었다. 만일 모세와 아론이 조금 더 늦었다면 훨씬 더 많은 사람이 죽었을 것이다. 이와 같이 하나님의 종들은 힘을 다해서 하나님의 백성들의 손실과 해를 당함을 줄이기 위해 최선을 다하는 사람들이어야 한다.

50절, 염병이 그치매 아론이 회막문 모세에게로 돌아오니라

염병이 그칠 때까지, 하나님의 진노의 심판이 다할 때까지 아론은 그들 가운데서 속죄의 제사를 드리고 있었으며 염병이 그쳤을 때 아론은 모세에게로 돌아왔다. 우리는 여기서 아주 중요한 교훈을 배울 수 있다. 오늘 이 시대는 그리스도의 몸의 시대이다. 그리스도의 몸의 건축을 위해서, 몸의 생활을 위해서 가장 위험한 것이 거역이다. 거역보다 그리스도의 몸을 해치는 것이 없다. 사탄이 그리스도의 몸을 조각내고 파괴하는 가장 큰 무기가 거역이다. 성도들을 무너뜨리고 끝나게 하는 전염병이 바로 거역이다. 다시 말하겠다. 순복보다 안전한 길이 없다. 거역보다 위험한 길이 없다. 우리의 일생에 조심해야 할 것이 거역이다. 우리에게는 거역의 그림자조차 있어서는 안 된다. 어떤 사람은 거역을 하면서 '이 정도 거역했다고 해서 죽지는 않겠지?' 한다. 거역은 결코 시험삼아 해볼 만한 것이 아니다. 죽고 사는 문제이기 때문이다. 가장 좋은 것은 순종하는 것이다. 겸손하게 순복하는 길을 가는 것이다. 그럴 때 끊임없는 기름부음 아래 있게 된다.

맥킨토시가 한 말을 몇 마디만 인용하겠다. "누구든지 뛰어난 봉사의 위치에 있거나 특별하게 하나님께 쓰임을 받는 사람은 어느 때든 과격하고 불만에 찬 사람들의 공격을 받게 마련이다." 나는 앞으로 여러분 가운데서 하나님을 섬기는 사람들이 일어날 것이라고 생각한다. 여러분이 주님을 잘 섬길 때 하나님께서 여러분을 높이실 것이다. 사람들의 존경을 받게 하실 것이고 또 여러분의 은사와 직분이 나타날 것이다. 그렇게 될 때 한 가지 기억할 것이 있다. 그것은 과격하고 불만에 찬 사람들이 여러분을 시샘하고 여러분의 지위를 공격하게 된다는 것이다. 불만에 찬 사람들, 지위를 탐하는 사람들은 다른 사람들이 자기보다 존귀하게 되는 것을 견딜 수 없어 한다. 그런 사람들이 있기 때문에 하나님께 귀히 사용되는 종들은 그러한 공격을 받게 된다. 그럴 때 이상하게 생각지 말라는 것이다. 둘째로 "그렇게 불안한 마음을 가지고 충족되지 못해서 불만족하는 사람들이 여러분의 지위와 존귀를 빼앗으려고 할 때 그러한 사람들과 맞붙어 싸우는 것은 아무 소용없는 일이다." 그럴 때는 어떻게 해야 하는가? 여기서 맥킨토시는 아주 재미있는 말을 했다. "엎드려 자기를 낮추는 것은 저 불만의 노도를 등 위로 넘어가게 하기 위한 것이다." 자신이 거역의 화살을 직접 받을 필요가 없다는 것이다. 엎드릴 때 그 화살이 등 위로 날아가게 된다. 한 가지 참고로 덧붙이자면, 그는 "거역하는 사람들은 대부분 백성의 권리와 자유와 특권을 위해서 그런다고 호언장담한다. 그러나 실상은 자신들의 존귀와 유익을 추구하고 있다는 것을 알라"고 했다. 오늘 거역의 본체인 사탄이 많이 드러났다. 이러한 거역은 하나님의 백성 가운데서 철저히 심판되어야 한다. 다른 사람을 생각하기 전에 여러분 자신 속에 있는 거역을 철저히 심판하기 바란다.

이것이 참으로 건축의 길이다. 순복이 있는 곳에 건축이 있다. 오늘날 주님이 이 땅에서 얻고자 하시는 간증은 순복의 간증이다. 사탄은 거역하는 자이다. 천사장이었는데 자기를 높이려 하다가 사탄이 된 것이다. 하나님의 아들이신 주 예수님은 자기를 낮추어 죽기까지 복종하셨다(빌 2장). 우리는 이 시대에 이러한 순복의 간증을 지닌 무리가 되기를 원한다.

민수기 17장

아론의 싹 난 지팡이

1-5절, 여호와께서 모세에게 일러 가라사대 2 너는 이스라엘 자손에게 고하여 그들 중에서 각 종족을 따라 지팡이 하나씩 취하되 곧 그들의 종족대로 그 모든 족장에게서 지팡이 열둘을 취하고 그 사람들의 이름을 각각 그 지팡이에 쓰되 3 레위의 지팡이에는 아론의 이름을 쓰라 이는 그들의 종족의 각 두령이 지팡이 하나씩 있어야 할 것임이니라 4 그 지팡이를 회막 안에서 내가 너희와 만나는 곳인 증거궤 앞에 두라 5 내가 택한 자의 지팡이에는 싹이 나리니 이것으로 이스라엘 자손이 너희를 대하여 원망하는 말을 내 앞에서 그치게 하리라

민수기 17장에서는 16장의 고라의 반역에 대한 근본적인 처리를 보게 된다. 16장에서는 하나님께서 거역하는 고라와 다단과 아비람 일당을 산 채로 음부로 빠지게 하심으로 심판을 집행하셨다. 이제 17장에서 볼 때 하나님께서는 근본적으로 이스라엘 백성들 가운데 있는 인도 직분의 권위를 인정하지 않는 것과 그로 인한 혼란과 원망의 말들을 처리할 필요를 느끼셨다. 그러므로 16장에서 그러한 반역한 사람들을 심판하셨지만 근본적으로 이스라엘 백성들의 인도 직분에 대한 불신과 원망하는 분위기, 또는 거역적인 마음을 처리하기 위해서는 17장에서 아론의 지팡이에 싹이 나는 기적적인 역사가 필요했던 것이다. 우리가 사도행전에서도 볼 수 있지만 사탄 마귀는 항상 교회를 혼란케 하는 일을 한다. 하나님의 백성들 가운데 어지러움을 야기하고 거역을 주입하고 원망의 말을 하게 한다. 그러나 사도행전에서 그러한 역사가 결국 하나님의 백성들의 전진을 가져왔듯이 여기서도 그러한 반역과 혼란이 있을지라도 결과적으로 하나님의 역사는 진보하게 된다. 즉 하나님의 진일보적인 계시가 있고 원칙을 말씀하시는 것이 있다.

그러면 하나님께서 이러한 문제를 근본적으로 해결하시는 방법은 무엇인가? "너는 이스라엘 자손에게 고하여 그들 중에서 각 종족을 따라 지팡이 하나씩 취하되 곧 그들의 종족대로 그 모든 족장에게서 지팡이 열둘을 취하고 그 사람들의 이름을 각각 그 지팡이에 쓰되 레위의 지팡이에는 아론의 이름을 쓰라 이는 그들의 종족의 각 두령이 지팡이 하나씩 있어야 할 것임이니라"(2-3절). 한 지파에 지팡이가 하나씩 있어야 한다. 왜 지팡이를 가지고 시험하시는가? 지팡이는 권위의 상징이기 때문이다. 이것은 이스라엘 백성들 가운데 있었던 일, 즉 고라의 반역은 왜 유독 아론의 자손만 제사장으로서 하나님을 섬길 수 있느냐고 하는 데에서 야기된 것이었기 때문이다. 그것은 하나님께서 그분의 종들을 세워 일하시는 원칙에 뭔가 혼란을 가져왔다. 이것이 바로 사탄이 하는 일이다. 그럴 때 하나님의 백성 가운데 세우신 권위와 은사는 하나님으로부터 오며 하나님의 택하심에 있다는 것을 알려 주어야 했다. 16장에서 향로를 가지고 다 같이 나왔을 때에 거역한 사람들은 모두 죽었다. 그러나 그 심판만 가지고는 뭔가 부족하다고 여기므로 더욱 적극적인 증거가 필요했다. 그것이 17장에 기록된 것이다.

"그 지팡이를 회막 안에서 내가 너희와 만나는 곳인 증거궤 앞에 두라"(4절). 16장에는 하나님께서 세우신 권위와 질서에 대한 사람들의 혼란과 의견이 있다. 그런데 17장에는 하나님의 개입하심이 있고 하나님의 역사가 있다. 하나님의 방법이 나온다. 그것은 곧 각 지파의 두령이 지팡이를 하나씩 가져와 증거궤 앞에 두는 것이다. 이 지점에서 하나님은 이렇게 말씀하시는 것 같다. '이제는 내가 증명해줄 것이다. 사람들은 물러가 있으라. 너희 말은 더 이상 필요치 않다. 지팡이를 가져오라.' 그리고서 5절에서 "내가 택한 자의 지팡이에는 싹이 나리니"라고 하신다. 아론을 제사장으로 택하신 분은 하나님이시다. 하나님을 섬기도록 택하시는 분은 하나님이시다. 이것은 하나님의 백성 가운데서 반드시 알아야 할 하나의 큰 원칙이다. 오늘날 하나님의 백성 가운데 있는 큰 혼란은 누가 하나님의 종이냐는 것이다. 하나님의 종은 하나님께서 택하신다. 구약의 모세가 그러했고 아론 또한 그러했다.

여기에서 지팡이(rod)란 가지(branch)와 다르다. 즉, 지팡이는 그 자체가 마른 것이며 죽어 있는 것이다. 그러므로 아론의 지팡이나 다른 사람의 것이 전혀 차이가 없다는 것이다. 오늘날 많은 사람들이 지팡이만 보고 인도자들을 거역하는 일이 많다. 그것은 그들에게 부활을 볼 수 있는 눈이 없기 때문이고 다만 말라빠져 자기들의 것과 다름없는 지팡이만을 볼 수 있기 때문이다. 인도자의 지팡이나 자신의 것이나 겉으로 볼 때 아무 차이가 없다. 그러므로 여기에서 우리는 권위에 관한한 인간과 아무 상관도 없다는 것을 알 수 있다. 권위는 하나님께 속한 것이고 오직 부활에 속한 것이다. 부활이 있을 때 권위가 있고 부활이 없을 때 권위가 없다. 그러므로 하나님을 섬길 수 있는 것은 자신의 역량이 아니라 오직 하나님의 긍휼과 택하심으로 인한 것이다. 이곳 5절의 '내가 택한 자의 지팡이에는 싹이 나리니' 라는 말씀은 그분의 선택하심을 가리킨다.

히브리서 5장 4절에서는, "이 존귀는 아무나 스스로 취하지 못하고 오직 아론과 같이 하나님의 부르심을 입은 자라야 할 것이니라"고 말한다. 아론은 스스로 대제사장의 존귀를 취한 것이 아니고 하나님의 부르심을 입어서 대제사장의 존귀를 취했다. 여기서 스스로 취한 것이 아니라는 말은 매우 중요하다. 오늘날 교회 안에서 중요한 사람들은 인도자들, 특히 하나님의 백성을 가르치는 자들인데, 그러한 은사자들이 하나님에 의해 세워진 것이 아니라 스스로 세운 것이라면 그 피해는 심각한 것이다. 하나님의 나라와 하나님의 법도에서 하나님을 섬기는 사람들은 다 하나님께서 뽑으신다. 신약에서도 예수님께서 직접 사도로 세우는 일을 하셨다. 주님은 밤이 맞도록 기도하신 후에 열두 사도를 세우셨다. 그분은 '너희들이 원하면 사도가 될 수 있다'고 하지 않으셨다. 주님은 분명히 열두 명을 친히 세우셨다.

에베소서 4장 11절은 "그가 혹은 사도로 혹은 선지자로 혹은 복음 전하는 자로 혹은 목사와 교사로 주셨으니"라고 말한다. 스스로 사도가 되고 선지자나 목사나 교사가 되는 것이 아니라 그가 주셨다고 말한다. 고린도 전서 12장 28절은 하나님이 교회 중에 몇을 세우셨으니 첫째는 사도요, 둘째는 선지자요, 셋째는 교사요 그 다음은 능력이라고 말했다. 이 말씀에서도 은사자와 직분을 세우시는 분은 주님이심을 알 수 있다.

오늘날 어떤 사람들은 스스로 원하면 주님의 종이 될 수 있다고 생각하는 것 같다. 그래서 스스로 달려나가 보기에 좋아보이고 하고 싶은 일을 맡아 하나님을 섬기고자 한다. 그러나 하나님께서 택하여 세우지 않으신 사람들이 일어나서 하나님을 섬긴다고 하고 하나님의 백성을 가르친다고 하고 또 은사를 발휘한다고 하고 교회를 치리하며 인도한다고 할 때 하나님의 백성들은 말할 수 없는 어려움과 고통을 당하게 된다. 교회는 심히 황폐하게 되어 버린다. 나는 과거에 유감스럽게도 오랜 시간 이러한 상황을 보아왔다. 하나님께서 세우신 적이 없는 사람들이 언제부터인가 하나님의 자녀들 위에 군림하고 인도하고 가르친다고 할 때 그 교회의 고통스러운 상태는 이루 말할 수가 없다.

오늘 우리는 민수기 17장을 통해서 한 가지 분명한 원칙을 알아야 하는데, 그것은 하나님을 섬기는 자들은 반드시 하나님 자신이 세우신다는 것이다. 그리스도께서 승천하신 후에 하나님께서는 안디옥에서 두 사람을 세우셨다. 그들이 바로 바나바와 사울이다. "내가 불러 시키는 일을 위하여 바나바와 사울을 따로 세우라"(행 13:2). 주님은 어떤 역사를 수행하고자 하실 때에 반드시 어떤 사람을 부르시고 세우신다. 그렇게 해서 그 일을 맡기시는 것이다. 그래서 '맡은 자'가 있는 것이다. 고린도 전서 12장에서는 그리스도의 몸에 많은 지체들이 있으며 그 지체들이 받은 직분은 각각 다르다고 했다. 그러나 그 직분을 주시는 분은 한 성령이시다. 성령 하나님께서 그 뜻대로 각 지체에게 각각 다른 은사와 직분을 부여하시는 것이다. 그리스도의 몸 안에서 주님이 주신 대로 봉사하면 거기에는 어지러움이 없다.

그리고 그리스도의 몸을 섬길 수 있는 은사를 주시는 권한은 승천하신 그리스도께만 있다. 에베소서 4장 8-10절, "그가 위로 올라가실 때에 사로잡힌 자를 사로잡고 사람들에게 선물을 주셨다 하였도다…내리셨던 그가 곧 모든 하늘 위에 오르신 자니…그가 혹은 사도로, 혹은 선지자로, 혹은 복음 전하는 자로, 혹은 목사와 교사로 주셨으니". 이 말씀을 볼 때 사도, 선지자, 복음 전하는 자, 교사, 목사가 되는 것은 사람으로 말미암은 것이 아니고 승천하신 그리스도께서 은사로 주시는 것임을 알 수 있다. 이에 대해 분명하지 않기 때문에 오늘날 교회 가운데 심각한 문제가 생기는 것이다.

결국 민수기 16장의 문제는 하나님께서 위임하신 대로 그 위치에서 섬기지 않고 교만한 마음, 다른 사람보다 높이 되려는 마음, 다른 은사를 시기하는 마음으로 하나님의 세우신 질서와 하나님의 택하심을 무너뜨리고 멸시함으로 야기된 것이다. 그렇기 때문에 민수기 17장에서 하나님은 하나의 원칙을 세우신다. 사람들의 입을 막으시고 누가 하나님께서 세우신 자인지를 스스로 증명해 보이시려는 것이다. 그래서 각 지파의 두령들에게 지팡이를 하나씩 가져오되 거기에 그 지파의 이름을 쓰라고 하셨다. 그리고 특히 레위 지파의 지팡이에는 아론의 이름을 쓰라고 하셨다. 그 지팡이들을 회막 안 증거궤 앞에 두고 하룻밤을 지날 때 싹난 지팡이의 임자가 바로 하나님께서 세우신 자라는 것이다. 이러한 방식으로 하나님께서는 이스라엘 백성들의 원망과 거역의 말을 근본적으로 그치게 하고자 하셨다. 이것이 17장의 내용이다.

이것은 신약의 교회 안에도 동일하게 적용된다. 오늘날 많은 하나님의 백성들 가운데 하나의 큰 문제가 있는데, 그것은 하나님께서 세우신 사람들을 멸시하고 인정하지 않으며 자신을 스스로 세우는 것이다. 그리고 교회를 인간의 조직으로 만들고 조직 체계를 위해 사람을 세우는 것이다. 그럼으로써 하나님께서 세우신 사람을 무너뜨리고 하나님께서 세우신 질서를 파괴한다. 그럴 때 교회 안에는 심각한 문제가 생기고 성도들은 말할 수 없이 고통을 당하며 교회는 황폐하게 된다. 결국 여기의 이스라엘 사람들의 원망은 무엇 때문에 생겨난 것인가? 모세와 아론의 인도 직분에 대한 불신 때문이다. 그럴 때 하나님의 방법은 무엇인가? 지팡이를 가져와 회막 안 증거궤 앞에 두라는 것이다. 사실 지팡이는 생명이 없고 말라 있다. 겉으로 볼 때에는 다 똑같이 죽어 있다. 그런데 하룻밤을 지날 때에 어떤 지팡이에서는 싹이 난다. 이것이 죽음과 부활의 원칙이다.

5절에서 "내가 택한 자의 지팡이에는 싹이 나리니 이것으로 이스라엘 자손이 너희를 대하여 원망하는 말을 내 앞에서 그치게 하리라"고 하신다. 이스라엘 백성들은 모세와 아론에 대해 원망하는 말을 했을 뿐 하나님 앞에서 원망하는 말을 했다고 생각지 않았을 것이다. 그러나 하나님은 그들이 '내 앞에서 원망하는 말을 했다'고 말씀하신다. 인도자에 대한 거역의 말, 원망의 말은 하나님께서 들으신다.

그러므로 우리는 모든 권위가 사람이 쟁취해서 얻는 것이 아니라 하나님이 세우신 것으로 세워지는 것임을 알 필요가 있다. 우리는 우리가 남과 다른 것이 있어서 영적인 권위가 되는 것이 아니라 모든 것이 은혜와 선택과 부활에 달려 있음을 보아야 한다. 과거에 중국에서 주님께

귀하게 쓰임받은 한 형제는 자신이 은혜가 없다면 길가에 지나가는 죄인이나 창기와 다를 바 조금도 없는 죄인임을 고백하였다.

그러므로 우리의 사역의 근거는 싹이 난 것에 있다. 즉 모든 봉사가 부활에서 나온 것이어야 한다는 것이다. 부활을 아는 사람은 자신이 할 수 없는 사람인 것을 인정하는 사람이며 내가 약하고 아무것도 할 수 없을 때 주님께서 나를 통하여 역사하심을 의지하는 사람이다. 바로 이것이 우리의 사역의 근거요 권위의 근거이다. 언제든지 누구든지 자신이 권위자라고 주장하며 부활의 영 안에 살지 않는다면 그는 아무런 권위의 근거가 없는 사람이며 사역도 봉사도 없는 자가 되는 것이다.

6-8절, 모세가 이스라엘 자손에게 고하매 그 족장들이 각기 종족대로 지팡이 하나씩 그에게 주었으니 그 지팡이 합이 열둘이라 그 중에 아론의 지팡이가 있었더라 7 모세가 그 지팡이들을 증거의 장막 안 여호와 앞에 두었더라 8 이튿날 모세가 증거의 장막 안에 들어가 본즉 레위 집을 위하여 낸 아론의 지팡이에 움이 돋고 순이 나고 꽃이 피어서 살구 열매가 열렸더라

그 지팡이들을 하룻밤 증거궤 앞에 두었다. 이것은 죽음의 밤이다. 누가 하나님께서 택하신 제사장인가, 누가 하나님께서 세우신 종인가를 보려면 이와 같이 하룻밤을 지내야 한다. 그 밤은 흑암의 밤이다. 그 밤을 지날 때에 사망을 통해서 생명의 열매를 맺게 된다. 이러한 때에 참으로 하나님께서 택하신 자들은 잠잠해야 한다. 잠잠히 하룻밤을 증거궤 앞에, 여호와 앞에 있어야 한다. 다른 지팡이들은 다 원래대로였지만 아론의 지팡이에는 움이 돋고 순이 나고 꽃이 피고 살구 열매가 맺혔다. 죽음과 부활을 통해 열매 맺은 것을 하나님께서는 그분이 선택하신 종의 표시로 삼으셨다.

여기서 우리는 잠시 생각해 볼 것이 있다. 왜 모세의 지팡이는 거기에 함께 두지 않았는가? 그러면 모세의 지팡이는 무엇을 의미하고 아론의 지팡이는 무엇을 의미하는가? 우리는 출애굽기로부터 모세의 지팡이가 권위의 지팡이라는 것을 안다. 모세가 지팡이를 들 때 애굽 땅이 벌벌 떨었다. 또 모세의 지팡이는 능력을 행하는 지팡이이다. 반석을 칠 때 반석이 갈라지고 홍해의 물을 내리칠 때 그 물이 갈라졌다. 그러나 아론의 지팡이는 그러한 권세의 지팡이가 아니다. 모세의 지팡이는 거역자들을 심판할 수 있지만 거역자들의 거역 자체를 없앨 수는 없다. 16장에서는 하나님께서 권세와 능력과 심판을 사용하여 거역자들을 멸하셨다. 그러나 17장에서 하나님은 거역의 균, 거역의 본성을 제하기 원하셨다. 그런 거역의 본성은 권세와 능력과 심판만 가지고는 제거되지 않는다. 근본적으로 하나님의 백성 가운데 있는 거역과 원망은 죽음과 부활을 거친 하나님의 생명으로만 치료할 수 있다. 그래서 신약의 사도들은 사도 직분을 다른 말로 은혜의 직분이라고 했다. 사도 바울은 권세가 있었지만 그의 권세를 모세의 지팡이처럼 사용하지 않고 참으로 하나님의 자녀들을 섬기고 위로하고 또 눈물을 흘리면서 그가 얻은 은혜로 그들 속에 있는 거역, 죄의 병, 죄성(罪性)을 치료해 나가는 데 사용했다.

그런데 우리가 매우 기묘하게 생각하는 것이 하나 있다. 그것은 광야에서는 언약궤 안에 감추인 만나와 아론의 싹난 지팡이와 계명의 돌판, 이 세 가지를 두었는데 솔로몬의 성전이 건축되어 지성소 안에 언약궤를 집어넣을 때는 그 속에 아론의 싹난 지팡이가 없다는 것이다. 거기에는 계명의 돌판만 있다. 이것은 우리에게 왕국을 향하는 이 인생의 광야 노정에서 그리스도인들에게 필요한 것은 생명의 권위임을 보여준다. 생명의 권위가 그들을 왕국으로 인도할 수 있다. 타락한 사람은 본래 거역적이다. 그러한 거역이 근본적으로 치료되려면 이와 같이 죽음과 부활을 통과해서 얻은 생명으로 성도들을 공급하는 사역자가 있어야 한다.

이 시대에 어떤 사람이 진정으로 하나님께서 세우신 사역자인지를 보려면 그의 인내를 보아야 한다. 그의 오래 참음과 그의 십자가 아래 있는 삶을 보아야 한다. 그리고 거기서 나오는 부활 생명으로 성도들을 섬기고 살구 열매를 맺는가를 보아야 한다. 만일 그러한 것을 보았다면 이제 그를 하나님께서 세우신 자로 인정하고 더 이상 불신하거나 원망하지 말아야 할 것이다. 이것이 17장의 하나님의 교훈이다.

여기에서 우리는 부활이 무엇인지를 잠시 볼 수 있기를 원한다. 부활은 모든 것이 죽은 뒤에 여전히 남아 있는 어떤 것이다. 즉 죽음 후에도 여전히 남아 있는 새로운 생명이다. 가령 어떤 사람이 자녀를 사랑한다 할 적에 그 사랑이 원래의 인간이 갖고 있는 인간 본성에 속한 사랑이라면 그것은 부활의 사랑이 아니다. 부활이란 그 원래의 자녀에 대한 천연적인 사랑이 죽고 부활 안에서 자녀에 대한 새로운 사랑이 생겨난 그것을 말한다. 이것은 자녀에 대한 사랑만이 아니라 사람의 영리함이나 능력이나 기질이나 강한 성격이나 모든 면에 해당된다.

당신이 만일 원래의 재능이나 영리함으로 하나님을 섬긴다면 그것은 부활이 아니다. 당신의 그 원래의 재능과 영리함은 반드시 죽음에 넘겨져야 한다. 그런 뒤에 하나님은 당신을 부활 안에서 다시 일으키시고 새로운 재능과 역량으로 바꿔주신다. 그것이 바로 하룻밤새 지팡이가 회막안 증거궤 앞에 있는 것이요 바로 죽음을 거치는 것이다. 참된 생명은 이렇게 죽음을 거친 후 지팡이의 살구꽃이 피고 열매가 맺는 것처럼 새로운 은사가 산출되는 것이다. 우리는 이것을 부활이라고 말한다. 어떤 사람의 주님을 위한 열심도 마찬가지이다. 그 열심이 주님을 위한 것이라 하더라도 원래의 인간에 속한 것이라면 그것은 마른 지팡이에 불과하다. 그러한 타고난 열심은 하나님의 일에 방해만 될 뿐 가치가 없다. 그러나 어느 날 그의 타고난 열심이 죽음을 맞게 되고 부활 안에서 새롭게 되었다. 그의 안에 새로운 성령의 불이 있게 되었다. 우리는 이것을 부활이라고 말하는 것이며 모든 하나님의 자녀들은 부활 안에서 하나님을 섬겨야 한다고 말하는 것이다.

하나님은 하나님의 백성 가운데 권위에 대하여 부활로 증명하기 원하신다. 즉 부활이 있는 곳에 권위가 있다. 만일 당신의 모든 봉사와 일이 천연적인 것뿐이라면 유감스럽게도 당신은 하나님의 백성들 가운데 하나도 권위가 없는 사람이다. 하나님은 권위를 원하는 자들로 하여금 무엇이 권위인지를 알게 하시며 따라서 자신이 어떠한 위치에 있는지를 아시게 하셨다.

9절, 모세가 그 지팡이 전부를 여호와 앞에서 이스라엘 모든 자손에게로 취하여 내매 그들이 보고 각각 자기 지팡이를 취하였더라

그들의 지팡이는 전날 그대로이다. 아무 일도 일어나지 않았다. 이미 말한 대로 하나님은 어떤 사람들이 권위를 갖기 원할 때 자신의 참된 상태를 알려 주시고 자신에게 천연적인 것 외에 아무것도 없음을 보여 주신 것이다. 따라서 그들에게는 아무 권위도 없다. 그러나 아론의 지팡이에는 살구 열매가 열려 있었다. 그것은 아론의 섬김이 죽음과 부활을 거쳐 성령 안에서 섬긴 것을 나타내고 있었다는 것이다. 그들은 그것을 보면서 자신들의 메마름과 황폐함, 그리고 하나님께서 세우신 자의 풍성함을 깨닫고 더 이상 원망하지 않았을 것이다. 맥킨토시는 이렇게 말했다. "권위만 가지고는 불충분하고 비효과적이다. 그러면 오늘날 주님의 교회를 위해서, 성도들을 양육하고 세우기 위해서 필요한 것이 무엇인가? 오직 은혜의 직분, 생명을 공급하는 사역, 아론의 싹난 지팡이이며, 이러한 생명을 공급하는 제사장의 직분만이 효과적이다." 우리는 사도행전에서 교회가 시작된 지 얼마 안 되어 예루살렘 교회에서 구제의 일로 원망의 말이 생긴 것을 안다. 그래서 그들은 음식을 적절하게 분배해 주기 위해 일곱 집사를 뽑았다. 스데반이 그 중 하나이다. 그러나 스데반의 은사는 사실상 교사였다. 성경에 그가 집사 노릇을 어떻게 했다는 것은 별로 언급되지 않았다. 물론 잘했을 것이다. 그러나 실지로 스데반 집사가 행했던 것은 교사의 은사이다. 그렇기 때문에 어떤 사람도 하나님께서 주신 은사를 말살시킬 수 없고 또 주시지 않은 은사를 만들어낼 수도 없다.

빌립은 어떠했는가? 빌립도 음식을 공궤하기 위해 뽑힌 집사이다. 그러나 그는 복음 전도자로 나타났다. 그의 은사는 복음 전도자이다. 누가 그를 복음 전도자로 만들었는가? 승천하신 그리스도이다. 물론 오늘날 그리스도인들은 다 제사장들이다. 누구든지 지성소 안에 들어갈 수 있다. 누군가가 성도들을 대신해서 지성소에 들어가 기도할 필요가 없고 다 아론처럼 직접 하나님을 섬길 수 있다. 이것이 신약의 축복이다. 그러나 사역의 직분과 은사는 승천하신 그리스도께서 주신 것으로서 다양하다. 그러므로 하나님께서 주신 직분과 은사에 따라 섬겨야 한다. 오늘날 이렇게 하지 않기 때문에 교회에 혼란이 있는 것이다. 이 땅의 교회들 안에 하나님의 질서가 세워지지 않는 것은 이러한 진리가 분명하지 않기 때문이다.

10절, 여호와께서 또 모세에게 이르시되 아론의 지팡이는 증거궤 앞으로 도로 가져다가 거기 간직하여 패역한 자에 대한 표징이 되게 하여 그들로 내게 대한 원망을 그치고 죽지 않게 할지니라

이 아론의 지팡이는 증거궤 앞에 도로 가져다 거기 간직해 두어서 패역한 자에 대한 표징이 되게 하라고 하셨다. 그러한 표징은 오늘날 교회 안에도 적용되어야 된다. 오늘날 하나님의 백성 가운데 하나님께서 세우신 자에 대한 원망의 말이 있을 때 그에 대한 하나의 표징이 있는데, 그것이 바로 아론의 싹난 지팡이이다. 그 지팡이의 열매를 보고 하나님의 백성들은 거기서 원망의 말을 그쳐야 한다.

우리는 사도 바울이 사역할 때 고린도 교회나 갈라디아 교회들에 바울의 사도직에 대한 원망의 말이 있었다는 것을 알 수 있다. 그것은 물론 거짓 교사들에게서 비롯된 것이다. 거짓 교사들이 하는 일, 곧 사탄이 하는 일이 무엇인가? 하나님께서 세우신 참된 사도들, 참된 종들을 인정하지 않게 하는 것이다. 그럴 때 사도 바울은 갈라디아서 1장에서 이렇게 말했다. "사람들에게서 난 것도 아니요 사람으로 말미암은 것도 아니요 오직 예수 그리스도와 및 죽은 자 가운데서 그리스도를 살리신 하나님 아버지로 말미암아 사도 된 바울은"(1절). 그는 자신이 사람으로 말미암아 사도 된 것이 아니요 하나님 아버지로 말미암아 사도가 되었다고 말했다. 오늘날 하나님께서 세우시지 않은 종들이 일어나 교회 가운데 문제를 일으키고 하나님께서 정하시지 않은 위치에 선 사람들이 문제를 일으키는 것이다. 오늘날 모든 하나님의 백성들이 하나님이 세우신 위치에서만 섬긴다면 그것이 작은 섬김이라도 하나님의 나라에 큰 유익이 된다.

11-12절, 모세가 곧 그같이 하되 여호와께서 자기에게 명하신 대로 하였더라 12 이스라엘 자손이 모세에게 말하여 가로되 보소서 우리는 죽게 되었나이다 망하게 되었나이다 다 망하게 되었나이다

16장에서 고라는 이스라엘 회중이 각각 다 거룩하다고 외쳤다. 그러나 하나님의 심판을 거친 뒤에 이들의 말은 너무나 극단적으로 변했다. "우리는 죽게 되었나이다. 다 망하게 되었나이다".

13절, 가까이 나아가는 자 곧 여호와의 성막에 가까이 나아가는 자마다 죽사오니 우리가 다 망하여야 하리이까

누가 다 여호와의 성막에 가까이 나아가라고 했는가? 참으로 타락한 사람들, 육체에 속한 사람들은 하지 말라고 할 때에는 하고, 하라고 할 때에는 하지 않는다. 믿음이 있어야 할 때에는 주저하고 올라가지 말라고 할 때에는 또 굳이 올라간다. 이것이 육체에 속한 사람들의 특징이다. 매사에 적절하지 않다. 겸손할 때 겸손하고 낮아질 때 낮아지고 자기 위치에 서서 뭔가를 말해야 할 때 말하면 참 좋을 텐데, 모세와 아론 앞에서 대들 때에는 자신들이 조금도 부족하지 않다고 하고서 이제 하나님의 심판이 있고 징계가 있고 이러한 기적이 있어서 할 말이 없게 되니까 다 죽게 되고 망하게 되었다고 외치는 것이다.

이 17장에서 하나님이 우리에게 보여주신 것은 인간의 육체의 패괴함이다. 이스라엘 백성들은 하나님으로부터 귀한 부활의 교훈을 받고서도 그 반응은 낙심과 좌절과 원망의 말이었다. 이것은 모두 부패한 인간의 육체의 반응일 뿐이다. 그들은 주님이 가르치신 바에 따라 합당하게 배우지 못했다. 영에 속한 사람이 아니고는 영에 속한 가르침을 받을 수 없다(고전 2:13). 그들은 마땅히 싹난 지팡이의 공과를 통해서 하나님의 백성 가운데 권위가 누구이며 그 권위의 원칙이 무엇인지를 배우고 하나님을 경배하며 자신들의 거역을 회개해야 했다. 그러나 그들의 반응은 두려워하며 낙심하며 원망하는 것이었다. 언제나 겸손하게 자신을 낮추고 하나님의 가르침을 받아들이는 것이 하나님의 백성들의 특징이 되어야 한다.

민수기 18장

제사장과 레위인의 직분과 분깃

1절, 여호와께서 아론에게 이르시되 너와 네 아들들과 네 종족은 성소에 대한 죄를 함께 담당할 것이요 너와 네 아들들은 너희가 그 제사장 직분에 대한 죄를 함께 담당할 것이니라

앞장의 끝에는 이스라엘 백성들이 원망하고 불평하다가 생명의 위험을 느끼고 좌절하고 두려워하게 되었다. 이것이 육신을 가진 자들의 육적 기질의 특징이다. 육신의 생각은 하나님과 원수인데 육은 믿어야 할 곳에서는 불신하고 물러서야 할 곳에서는 올라가려 하는 것이다. 그들은 언젠가는 "회중이 다 각각 거룩하고 여호와께서도 그들 중에 계시거늘"(16:3)이라고 하였었지만 다음 순간에는 "보소서 우리는 죽게 되었나이다"(17:12)라고 좌절하는 말을 했다. 이들은 처음에는 하나님 앞에 매우 담대하여 떨지 않았으며 자만한 말로 모세를 거역했다. 그러다 아론의 싹난 지팡이 사건을 통해 그들은 엄위하신 하나님의 권위를 보게 되었고(누구든지 하나님의 권위를 본 날은 그들이 비로소 두려움이 무엇인지를 아는 날이다), 죽게 되었을 때 그들은 여호와의 성막을 두려워하는 정도가 되었다. 그들 가운데 있는 회막이 자신들에게 기쁨과 평강과 소망을 가져다 주기보다는 공포와 파멸을 가져다 준다고 느끼게 되었다. 그러므로 하나님은 제사장들이 그들을 대신하여 하나님께 가까이 나아갈 수 있으며 죽지 않을 수 있는 안전한 길이 있음을 알려 주심으로 그들을 안심시켜 주고 있다. 즉 아론과 레위 지파들이 합동하여 장막의 모든 직무를 섬기고 다른 사람들이 가까이하지 않는다면 여호와의 진노가 다시는 이스라엘 자손들에게 미치지 않는다고 말씀하신 것이다.

이스라엘 백성들이 거역함으로 많은 숫자가 죽임을 당한 후 그들은 두려움으로 가득하게 되어 성소에 가까이 나아가다가는 다 죽겠다고 한 말에 대하여 하나님은 죽지 않는 방법을 가르쳐 주신 것이다. 하나님은 자비로우셔서 합당한 규례와 질서를 가르치심으로 하나님의 백성들의 불필요하고 과도한 두려움을 없애 주고자 하신다. 1절에서 여호와께서 아론에게 "너와 네 아들들과 네 종족은 성소에 대한 죄를 함께 담당할 것이요 너와 네 아들들은 너희가 그 제사장 직분에 대한 죄를 함께 담당할 것이니라"고 하신 것은 무슨 뜻인가? 이것은 이스라엘 백성 전체가 망하지 않는 일에 있어서 가장 중요한 사람은 "너와 네 아들들"인 제사장들 곧 인도자라는 것이다. 하나님은 이들이 성소에 대한 죄를 함께 담당하라고 하신다. 즉 인도자들은 많은 사람들의 죄를 담당할 수 있는 위치에 있다는 말이다. 또한 아론과 그 아들들은 다른 모든 제사장들의 죄도 담당할 위치에 있는 것이다. 우리는 여기서 하나님 앞에 인도자 된 자의 중요성을 알 수 있다고 믿는다.

여러분은 아마 인도자는 누군가에게 순종할 필요가 없어서 좋을 것이라고 생각할지 모른다. 그러나 18장에 올 때 하나님께서 말씀하시는 것은 인도자의 죄는 더욱 중하다는 것이다. 왜냐하면 이는 대표의 원리가 감춰어 있기 때문이다. 이 부분에서 우리는 은은하게 대속의 원리가 계시되고 있음을 알 수 있다. 아론은 그리스도의 대형이다. 1절에는 '죄를 담당하는 문제' 가 나온다. 주 예수 그리스도 외에 누가 죄를 담당할 수 있으랴! 그분은 온 인류의 대표로서 모든 사람의 죄를 담당하신 구주이시다. 여기서 하나님은 아론과 그 아들들이 성소의 죄를 담당할 수 있으며 제사장 직분의 죄를 담당할 수 있다고 말씀하신다. 성소에 대한 죄는 너와 네 아들들과 네 종족이 함께 담당하며 제사장 직분을 수행하다가 죄를 지으면 너와 네 아들들이 함께 그 죄를 담당해야 한다는 말이다. 나는 오늘날도 하나님의 백성들 가운데서 인도자의 역할만큼 중요한 것이 없다고 생각한다. 이는 그들이 많은 사람들에 대한 대표 기능이 있기 때문이다. 이에 대하여는 아무리 강조하여도 지나치지 않다. 교회의 타락은 결국 인도자의 타락으로부터 시작되는 것이 대부분이다. 그러기에 모든 회중의 잘못도 인도자들이 담당할 수 있는 것이다. 이스라엘은 그들이 경멸하던 제사장들에게서 그들이 성막을 가까이 하면서도 죽지 않을 수 있는 대책을 발견해야만 했다. 그들은 반드시 겸손하게 제사장들의 사역에 순종해야 했던 것이다.

2절, 너는 네 형제 레위 지파 곧 네 조상의 지파를 데려다가 너와 합동시켜 너를 섬기게 하고 너와 네 아들들은 증거의 장막 앞에 있을 것이니라

대제사장으로서 섬기는 아론과 그 자손들은 하나님의 백성들 가운데 가장 중요한 사람들이다. 이들은 항상 하나님 앞에 있어야 하며 그것이 이스라엘 백성 모두가 멸망당하지 않는 길이다. 그 다음 레위인들은 어떻게 해야 하는가? "너는 네 형제 레위 지파 곧 네 조상의 지파를 데려다가 너와 합동시켜 너를 섬기게 하고". 즉 레위 지파는 제사장 직분을 탐하지 말고 아론의 인도 아래서 아론과 합동하여 섬겨야 한다. 여기서 우리는 하나님께서 각각의 지체에게 주신 그 위치와 직분에 따라서 섬기되 연합해서 섬겨야 함을 볼 수 있다. 한 몸의 많은 지체가 연결되어 기능을 발휘하듯이 연합해서 섬겨야 한다.

그러면 누구 앞에서 누구와 함께 섬기는가? 거기서 대표되는 사람은 아론으로서 아론은 그리스도를 예표한다. 몸의 머리는 바로 그리스도이시다. 모든 지체는 다 머리이신 그리스도를 붙들고 연합해서 섬겨야 한다. 이것이 신약의 원리이다. 그럴 때 서로 연합하여 섬길 수 있다. 그런데 어떤 사람이 '나는 머리이신 그리스도 앞에서는 섬기겠는데 지체들과는 뜻이 맞지 않아서 안 되겠다. 내 방법대로 섬기는 것이 좋겠다' 하면서 지체들과의 연합을 떠나 단독적으로 섬길 때, 그 사람의 말을 보면 그리스도를 떠난 것이 아니지만 실제적인 의미에서는 그것이 바로 그리스도를 떠난 것이다. 모든 지체들이 다 그리스도를 머리 삼고 순종해서 연합하여 섬기는데 한 지체가 다른 지체들과 맞지 않는다고 해서 자기 방식대로 섬기겠다고 주장한다면 그는 반드시 머리이신 그리스도로부터 이탈하게 된다.

1절과 2절을 두 가지 중점으로 요약할 수 있는데 하나는 그리스도를 머리로 삼아 섬겨야 한다는 것이고 모든 지체들이 동역하여 섬겨야 한다는 것이다. 그리고 모든 지체들이 자신이 맡은 바 직무를 충실하게 수행해야 한다는 것이다. 여러분은 17장이 중요한 것을 알겠지만 18장의 중요성을 소홀히 할지 모른다. 나는 17장 못지않게 18장도 중요하다고 믿는다. 18장에서는 우리가 어떻게 가야 하는가의 길을 제시받는다. 첫째는 인도자의 중요성이며 다음은 온 성도들이 그리스도를 머리로 삼아 섬기는 것이며 다음은 모든 지체들이 서로 합동하여 섬기는 것이다. 결국 하나님을 섬기는 자들은 권위를 보아야 하며 권위를 아는 사람들은 몸의 생활을 하게 된다. 하나님을 두려워하는 자들은 몸의 생활이 얼마나 중요한가를 보아야 한다. 참된 믿음의 생활은 권위를 보고 몸의 원리에 따라 생활하는 것이어야 한다. 그럴 때 참되게 하나님을 기쁘게 할 수 있다.

나는 이 말씀의 연결과 조화가 고린도 전서 11장과 12장의 것과 같다고 본다. 우리는 고린도 전서 11장에서 권위와 질서를 본다. "그러나 나는 너희가 알기를 원하노니 각 남자의 머리는 그리스도요 여자의 머리는 남자요 그리스도의 머리는 하나님이시라"고 말한다. 11장 다음의 12장은 몸의 원리에 대하여 자세히 말하고 있다. 바울 사도는 몸에는 많은 각기 다른 지체들이 서로 연합하여 섬기는 것이라고 가르쳤다. 우리가 몸의 생활에 들어오기 위해서는 먼저 알아야 할 것이 있다. 그것은 권위에 대한 참된 이해이다. 만일 어떤 사람이 권위에 대한 참된 빛이 없다면 그는 몸의 생활을 할 수 있는 가능성이 없다. 그것은 그가 순복을 배우지 못했기 때문이다. 순복을 모르면 한 지체로서 머리에게 순복할 수도, 서로 서로 지체된 자들에게 순복할 수도 없기 때문이다. 권위를 보는 문제와 몸의 생활 안으로 들어오는 문제는 매우 관련이 깊다. 나는 고라의 배역과 아론의 싹난 지팡이 사건 후에 몸의 원리를 말하는 것이 매우 알맞고 의미깊은 가르침이라고 생각한다. 우리는 하나님의 역사에 실패가 없음을 인하여 하나님께 감사한다. 고라의 패역이 없었다면 아론의 싹난 지팡이와 같은 풍성한 가르침이 나왔을까? 또한 그 거역의 일이 아니었다면 17장 마지막부터 시작하여 18장에 이르기까지 제사장과 레위의 섬김에 대한 합당한 동역과 질서의 가르침이 나오지 않았을 것이며 그 보상에 대한 말씀도 나올 수 없었을 것이다. 우리는 민수기에서 하나님의 백성들 가운데 좌절과 사탄의 공격이 있을 때마다 하나님이 더 말씀하시고 풍성하게 교훈하시는 기회를 가지시게 됨을 인하여 하나님께 감사하고 찬양한다.

3절, 레위인은 네 직무와 장막의 모든 직무를 지키려니와 성소의 기구와 단에는 가까이 못하리니 두렵건대 그들과 너희가 죽을까 하노라

여기에 제사장들과 레위인들일지라도 죽지 않을 수 있는 길을 말씀해 주고 계신다. 레위인은 레위인으로서 할 일이 있다는 것이다. 그들에게 맡겨진 일이 있다. '네 직무' 곧 아론의 직무와 장막의 모든 직무이다. 레위인들은 아론의 직무를 돌보아야 하며 장막의 모든 직무를 지켜야 한다. 그들은 더 깊은 성소의 기구는 접촉해서는 안 되었다. 이와 같이 하나님의 일에는 하나님이 안배하신 구분이 있는 것이다.

그들은 성소의 기구와 단에는 가까이하면 안 되었다. 그러면 죽게 된다. 오늘날 얼마나 많은 하나님의 자녀들이 이것을 잘 알지 못하고 하나님께서 그에게 맡기신 직임이 아닌 영역을 침범함으로 사망을 맛보는지 모른다. 우리는 그렇게 하지 말아야 한다. 17장 마지막에서 이스라엘 백성이 다 망하게 되었다고 하자 여기 18장에서 하나님은 한 가지 대책을 알려 주고 계신다. 결국 거역이란 하나님이 정해주신 위치를 떠나는 것이다. 거역이 있을 때 그리스도의 몸은 건축될 길이 없다.

4절, 레위인은 너와 합동하여 장막의 모든 일과 회막의 직무를 지킬 것이요 외인은 너희에게 가까이 못할 것이니라

레위인은 더 이상 제사장의 일을 탐내지 말고 아론을 도와 일을 해야 했다. 자신의 위치에서 섬기는 것은 얼마나 중요한지 모른다. 여기에 거듭 '합동하여' 라는 말이 있다. 영어로는 'join' 이다. 그리스도인들은 반드시 연합해서 섬길 줄 알아야 한다. 레위라는 말 자체가 연합을 뜻한다. 이는 몸의 생활을 말하는 것이다. 하나님의 백성들은 하나님을 섬길 때 연합해서 섬기는 것이지 단독적으로 섬기는 것이 아니다. 어떤 그리스도인이 좋은 그리스도인이면서도 아직 권위를 모르며 순복을 모르고 다만 스스로의 열심으로 하나님을 위해 일하는 것만을 안다면 매우 큰 부족함이 있는 것이다. 몸의 생활과 지체로서의 다른 지체들과 동역 가운데 섬김이 얼마나 하나님을 기쁘게 하는지 상상할 수 없을 정도이다. "형제들이 연합하여 동거함이 어찌 그리 선하고 아름다운고… 헐몬의 이슬이 시온에 내림 같도다 거기서 여호와께서 복을 명하셨나니 곧 영생이로다"(시 133편). 하나님은 성도들이 연합하여 동거함을 기뻐하신다. 권위에 대한 거역의 온전한 치료는 하나님의 자녀들의 온전한 동역을 얻는 것이다. 바꾸어 말하면 온전한 동역 안에서 거역의 균은 온전히 삼켜진다.

나는 지금까지 여러분 가운데 있으면서 모든 일을 나의 단독으로 개인의 뜻을 세워 밀고 나간 적이 없다. 작은 것 하나라도 교제하면서 늦더라도 모든 지체들의 느낌을 고려해 가며 행했다. 모든 일을 수행할 때마다 그 인도는 머리로부터 오는 것이며 또한 주님 앞에서 행하는 것임을 여러분으로 알게 하고 또 성도들의 느낌을 고려해서 한 발 한 발 진행해 왔다. 또 여러분도 그렇게 잘 따라주었다. 나는 이러한 섬김이 레위인의 섬김이라고 믿는다. 이것이 합동하여 섬긴다는 뜻이다. 여러분이나 우리나 그렇게 주님을 섬겨야 죽지 않는다. 그러나 이러한 원칙에서 벗어나면 그 누구라도 보장이 없다.

또 한 가지 주의해야 할 것은 하나님의 섬기는 일에 아무나 참여시켜서는 안 된다는 것이다. 하나님께서 우리에게 맡기신 어떤 거룩한 위임을 수행해 나갈 때 하나님께서 불러 세우시지 않은 사람들을 인간적으로 친하다 해서, 또는 타고난 재능이 있는 듯 싶어서 함부로 참여시켜서는 안 된다. 내가 지금까지 하나님을 섬기면서 당한 핍박 중에는 외인을 참여시키지 않음으로 인한 것도 많다. 과거에 우리와 함께했던 사람들은 대부분 하나님의 일이라면 어쨌든 하면 된다는 생각을 가지고 있었다. 무턱대고 아무 일에나 참여하려고 했다. 그때마다 나는 '안 된다' 라고 했고, 그로 인해 사람들은 나를 반대하고 좋아하지 않았다. 우리는 반드시 중요한 하나님의 일에 있어서 외인을 가까이하지 못하게 하는 것을 배워야 한다.

5절, 이와 같이 너희는 성소의 직무와 단의 직무를 지키라 그리하면 여호와의 진노가 다시는 이스라엘 자손에게 미치지 아니하리라

하나님께서 맡기신 일, 하나님께서 위탁하신 직무를 지키는 것을 배워야 한다. 우리에게 주신 위임, 우리에게 주신 사역, 우리에게 주신 직무, 우리에게 주신 은사를 지켜야 한다. 하나님께서 자기에게 맡기신 일, 자기에게 주신 은사, 직분은 발휘하지 않고 다른 사람의 하는 일이 더 좋아보인다고 해서 그것을 찬탈하려고 했을 때 하나님의 진노가 임했다. 그리고 이제 그들이 망할까봐 두려워하고 있을 때 여기서 죽지 않는 길을 말씀해 주고 있다. 하나님의 말씀대로만 하면 두려워할 것이 없다. 우리는 여기서 고라의 무리가 하나님을 진노하게 하신 것의 근원을 추적해볼 수 있다. 그들은 하나님이 그들에게 정해주신 그리스도의 몸의 위치에서 떠난 것이다. 그들이 그 위치를 떠났을 때 그 부분에서 섬길 사람들이 빠져버린 것이요 그 직무와 기능이 사라진 것이다. 따라서 이는 하나님을 진노케 하는 것이다.

여기서 한두 가지 생각해 볼 것이 있는데, 먼저 각 지체의 은사는 다 다르다는 것이다. 이것은 고린도 전서 12장에서도 사도 바울이 분명히 말했다. "모든 지체가 같은 직분을 가진 것이 아니니". 받은 은사가 다 다르다. 그리고 하나님께서 각 지체에게 주신 은사는 다 귀하다. 승천하신 그리스도께서 몸을 위해 주신 은사이기 때문이다. 한 가지 은사라도 빠지면 그리스도의 몸에 손실이 있게 된다. 다 발휘되어야 한다. 여러분의 직무를 지켜야 한다. 그리고 모든 지체들은 서로 다른 지체에게 있는 은사를 소중히 여겨야 한다. '저 사람은 몸 안에 필요 없다' 라고 말하지 말라. 몸에는 필요 없는 지체가 하나도 없다. 불필요해 보이는 작은 지체가 사실은 몸에 더 요긴하다고 했다. 여러분 스스로도 주님으로부터 받은 은사를 귀히 여기고 그것을 사용하기를 배워야 한다.

"너희는 성소의 직무와 단의 직무를 지키라 그리하면 여호와의 진노가 다시는 이스라엘 자손에게 미치지 아니하리라". 그러므로 여러분은 자신이 얻은 은사를 소중히 여기고 지키며 하나님께서 맡기신 위임을 반드시 수행해 나가야 한다. 참으로 주님의 권위를 본 사람은 성소의 직무와 단의 직무를 지킬 것이다. 나는 여러분에게 한 가지 묻고 싶다.

'여러분은 참으로 하나님께서 주신 은사를 귀히 여기면서 그 달란트를 땅에 묻지 않고 사용하기를 원하는가? 또 사용하고 있는가?' 그렇지 않다면 여러분은 주님께 기도해야 한다. '하나님, 저를 긍휼히 여기사 저에게 주신 은사를 사용하도록 도와주십시오. 나는 주님의 몸을 위해서 기능을 발휘하여 섬기고 싶습니다.' 그럴 때 여호와의 진노가 다시는 이스라엘 자손에게 미치지 않는다고 했다.

6절, 보라 내가 이스라엘 자손 중에서 너희 형제 레위인을 취하여 내게 돌리고 너희에게 선물로 주어 회막의 일을 하게 하였나니

여기에 '선물'이라는 말이 나왔다. 레위인은 하나님의 선택을 받아 하나님께 돌려진 자들이다. 그리고 하나님은 그들을 제사장들에게 선물로 주었다고 말한다. 교회의 은사는 다 하나님이 주신 선물이다. 만일 어떤 사람에게 약간이라도 하나님으로부터 받은 은사가 있다면, 그리고 그가 진정 은사를 가진 사람이라면 그는 성도들의 선물이다. 그것은 매우 귀한 것이라는 것이다. 만일 그가 진정 하나님의 교회에게 주신 선물이라면 성도들은 그를 보면서 '하나님, 감사합니다. 우리에게 귀한 선물을 주셔서 감사합니다' 하는 느낌이 있을 것이다. 오늘날 우리 가운데에도 은사 있는 사람이 많다. 아니, 사실은 모든 사람이 은사가 있다. 그러므로 우리 믿는이들은 이렇게 말해야 한다. '당신은 나의 선물이고 나는 당신의 선물입니다. 우리는 다 하나님께서 그리스도의 몸을 위해서 주신 선물들입니다.' 그런데 만일 이 선물들이 실제적으로 교회 안에서 선물 노릇을 하지 않는다면 피차가 선물로 보이지 않게 된다. 이 선물은 교회에게나 성도들 모두에게 축복이 되므로 그러한 선물의 역할을 감당해야 한다. 이는 에베소서 4장의 말씀을 생각나게 한다. 에베소서 4장에는 승천하신 주님이 교회를 위하여 사도, 선지자, 복음 전하는 자, 목사와 교사를 선물로 주셨다고 말한다. 이들은 단독으로 섬겨서는 안 되고 주님이 주신 위치에서 동역하여 섬김으로 하나님께 영광을 돌려야 한다.

오늘날 교회 안에 메마름과 죽어 있음이 있는 한 가지 이유는 선물들이 그 기능을 발휘하지 않음으로 말미암는다. 하나님은 이미 구약 시대부터 교회 안에 은사가 합당하게 발휘될 것을 가르치고 계신다. 은사의 발휘는 교회의 건축을 위해 중요할 뿐 아니라 교회 안에 사망을 제하고 몸의 각 부분이 활성화되기 위해서도 필요하다.

7절, 너와 네 아들들은 단과 장 안의 모든 일에 대하여 제사장의 직분을 지켜 섬기라 내가 제사장의 직분을 너희에게 선물로 주었은즉 거기 가까이 하는 외인은 죽이울지니라

주님을 섬기는 종들은 주님이 주신 직분을 어떻게든 잘 지키고 섬겨야 한다. 이것이 결론이다. 그리고 우리에게 주신 이러한 제사장 직분은 선물이다. 또 한 가지 여기서 우리가 주의해야 할 것은 외인들을 가까이하지 못하게 해야 한다는 것이다.

여기 7절까지는 어떻게 하면 하나님의 진노를 면하고 성소에서 섬기면서 죽임을 당하지 않을 수 있는가를 말씀하고 계신다. 하나님의 백성은 무지해서 잘못하면 망할 수가 있다. 우리는 민수기 17장과 18장 7절까지의 말씀을 통해서 하나님의 질서를 볼 수 있고 하나님의 나라의 법도를 배울 수 있다. 나는 이러한 말씀이 여러분의 믿음생활에 일생토록 지표가 되고 경고가 되고 교훈이 되기를 간절히 원한다.

민수기 18장 1절부터 7절까지는 제사장의 직분과 레위인의 직분이 구분된 것을 말해 주었다. 이제 8절부터는 제사장과 레위인의 보상에 대해서 말씀하고 있다. 하나님은 그분을 섬기는 자들에게 반드시 보상하심을 알 수 있다. 우리가 하나님이 주신 은사와 그 위치에 머무르는 것이 얼마나 중요한지! 이것이 그리스도인의 길에서 보상받을 수 있을 뿐 아니라 망하지 않게 되는 비결이다.

8절, 여호와께서 또 아론에게 이르시되 보라 내가 내 거제물 곧 이스라엘 자손의 거룩하게 한 모든 예물을 너로 주관하게 하고 네가 기름 부음을 받았음을 인하여 그것을 너와 네 아들들에게 영영한 응식으로 주노라

주님이 제사장 아론에게 하신 말씀이다. 주님의 거제물, 곧 이스라엘 자손의 거룩하게 한 모든 예물을 아론으로 주관하게 하시고 그것을 그와 그 아들들에게 영영한 응식으로 주시는 것은 그가 기름부음을 받았기 때문이다. 여기서 기름부음을 받았다는 말은 매우 중요하다. 그것은 곧 그가 하나님으로부터 어떤 특별한 위임을 받아 수행하게 된 것을 의미한다. 그것은 또한 신약에서 성령의 충만을 의미한다.

9-10절, 지성물 중에 불사르지 않은 것은 네 것이라 그들이 내게 드리는 모든 예물의 모든 소제와 속죄제와 속건 제물은 다 지극히 거룩한즉 너와 네 아들들에게 돌리리니 10 지극히 거룩하게 여김으로 먹으라 이는 네게 성물인즉 남자들이 다 먹을지니라

여기서 주님은 아론에게 지성물 중에 불사르지 않은 것은 다 네 것이라고 하셨다. 불사른 것은 다 주님께 드려지는 것으로서 주님께 돌아가고 불사르지 않은 부분들은 다 아론에게 돌아가게 되어 있다. 많은 성경 교사들은 이것을 제사장들에 대한 물질적인 보상으로 해석한다. 물론 당시에는 그들이 그렇게 해야 생활할 수 있었다. 그러나 오늘 우리가 신약의 교회생활에 이것을 적용한다면 그것은 반드시 물질적인 보상을 의미하는 것으로 해석해서는 안 된다.

여기서 하나님께 드려지는 제물 중에서 불사르지 않은 것은 아론에게 돌리라고 했다. 말하자면 하나님께서 받으실 수 있는 것은 하나님께 드리고 그렇지 않은 것은 제사장에게 돌리라는 뜻이다. 이 말씀에서 우리는 한 가지 사상을 읽을 수 있는데, 그것은 제사장은 하나님께서 받으실 만한 것을 사람으로서 받을 자격을 부여받는다는 것이다. 이와 같이 제사장은 특권을 가진 사람들이다. 그것은 곧 하나님께서 받으실 만한 제물을 사람으로서 얻는 특권이다.

제사장이란 당시에 하나님을 섬기는 데 있어서 가장 높은 직임이다. 그들은 사람들을 하나님께 나아갈 수 있게 해주고 사람들로 하여금 제물을 드릴 수 있게 해준다. 또 그들의 죄가 사함 받을 수 있게 도와준다. 그렇게 하나님과 사람 사이를 중재하는 일을 하는 사람이 제사장이다. 물론 오늘 신약 시대에는 모든 그리스도인이 다 제사장 신분을 갖고 있다. 그러나 이러한 제사장 신분을 어떻게 누릴 수 있는가? 그것은 그가 그리스도를 체험하는 분량과 그의 헌신의 정도에 달려 있다. 물론 신분상으로는 다 거듭난 하나님의 자녀이고 왕 같은 제사장이지만 구약에 기록된 이러한 제사장의 누림을 충분히 갖는가는 또 다른 문제라고 할 수 있다. 오늘 우리가 제사장이지만 이러한 제사장의 충만한 누림 가운데로 들어가려면 많은 단계가 있고 진보해야 할 부분이 있다는 것을 알게 된다. 특히 하나님을 섬기는 제사장들이 거역의 위험성을 아는 것이 첫째로 중요한 일이다.

그런데 9절에서는 "그들이 내게 드리는 모든 예물의 모든 소제와 속죄제와 속건 제물은 다 지극히 거룩한즉 너와 네 아들들에게 돌리리니"라고 했고, 10절에서는 "지극히 거룩하게 여김으로 먹으라"고 했다. 이것은 무슨 뜻인가? 이해하기가 쉽지 않은 부분이지만 매우 깊은 뜻이 들어 있다. 여기서 특히 속죄제와 속건 제물을 먹으라고 했는데, 그 제물은 물론 하나님이 받으시지만 또 아론과 아론의 아들들이 먹어야 한다. 이것은 제사장으로서 분량이 큰 사람들은 하나님의 자녀 가운데 죄를 범했거나 허물이 있을 때 그들의 그러한 죄와 허물을 깨끗하게 치료해 주고 죄에서 벗어나게 해줄 만큼 그리스도를 누린다는 말이다.

제물을 먹는다는 것은 그 제물과 제사장이 일치되는 것을 뜻한다. 그것은 그러한 죄와 허물을 범한 사람들을 대할 때에 제사장은 그들이 범한 죄와 허물에 동참하는 것은 아니지만 그들과 같은 위치에 서는 것을 말한다. 갈라디아서 6장 1절에서는 "형제들아 사람이 만일 무슨 범죄한 일이 드러나거든 신령한 너희는 온유한 심령으로 그러한 자를 바로 잡고 네 자신을 돌아보아 너도 시험을 받을까 두려워하라"고 말한다. 여기의 '신령한 너희'는 영적인 사람을 가리킨다. 이 영적인 사람은 어떤 형제의 범죄한 일이 드러났을 때 온유한 영으로 그런 자를 바로잡고 자신을 돌아보아 자기도 시험받을까 두려워하는 사람이다. 이렇게 어떤 사람이 범죄했을 때에 그런 사람들을 바로잡아 주는 것이 제사장의 봉사이다.

민수기 18장에서 그러한 제사장 봉사를 하는 사람에게 하나님이 그 속죄 제물을 먹으라고 하신 것은 자신도 그러한 범죄를 지을 수 있는 사람이라는 것을 시인하며 시험을 받을까 두려워하는 가운데 온유한 영으로 그를 회복시켜 주라는 것이다. 우리도 그러한 육신을 갖고 있는 사람이기 때문에 그러한 죄에 빠질 수 있지만 주님의 긍휼과 은혜가 있어서 그러한 죄를 범하지 않은 것뿐이다. 그러므로 우리는 그보다 높은 위치에서가 아니라 그와 동등한 위치에서 그를 바로잡아야 한다.

우리 주 예수님은 우리를 구속하러 오셨을 때 우리와 같은 혈육을 입으시고 혈육에 동참하셨다. 우리와 같은 수준으로 오셔서 육체의 연약함을 체휼하신 것이다. 그렇게 하심으로 우리를 회복시키셨다. 우리가 범죄한 사람들을 바로잡으려 할 때 우리는 그러한 죄와 전혀 상관없는 사람처럼 높은 위치에 서서 그러한 사람들을 교정하려고 하는 것은 속죄 제물과 속건 제물을 먹는 것이 아니다. 그러한 제물을 먹는다는 것은 우리가 그들 수준에 서서 그들을 짊어지고 그들을 회복시킨다는 것을 뜻한다. 이러한 수준에 이르려면 우리가 영적으로 강건해야 한다.

말하자면 제사장으로서 가장 역량이 큰 섬김이라고 할 수 있다.

오늘날 많은 그리스도인 사역자들이 이러한 수준에 이르지 않은 채 자신들이 최고도로 제사장 직분을 잘 행하고 있다고 생각한다. 그리고 다른 그릇되어 보이는 그리스도인들, 진리를 잘 알지 못해서 허물이 있는 그리스도인들에 대해서 전혀 그들 수준에서 동정하는 마음이 없이 자신들만 옳고 죄가 없다는 위치에서 그들을 정죄하고 책망하고 또 바로잡으려는 태도를 갖고 있다. 그것은 엄격히 말해서 이 구절에서 말하는 속죄 제물과 속건 제물을 먹지 않은 행위이다. 이것은 너무나 중요한 부분이다. 우리가 아무리 진보하고 또 영적으로 성장했다 하더라도 우리는 연약하고 심지어 범죄한 형제자매들에 대해서 그들과 같은 위치에서 동정하는 마음을 가지고 우리도 동일한 죄를 범할 수 있는 사람들임을 인식함으로 두려워하면서 그러한 사람들을 바로잡아 주고 도와주어야 할 것이다. 이러한 섬김은 매우 귀한 것이다.

다니엘은 이스라엘 포로 당시에 하나님께 회개하는 기도를 드렸는데, 그는 기도할 때에 자기 민족의 죄를 자기 죄로 여겼으며 조상들의 죄를 자기 죄로 여겼다. 그리고 주님께 자백하고 회개했다. 오늘날 우리가 참으로 아쉬운 것은 비교적 성장했다고 하는 그리스도인들이 진리를 안다고 하는 그리스도인들 가운데에서, 참으로 부족하고 진리를 알지 못하여 실수하고 실패하는 그러한 그리스도인들과 같은 위치에서서 그들의 범죄와 실패를 자신의 것으로 여기고 그들의 잘못이 자신의 잘못인 것처럼 느끼면서 회개하고 긍휼을 구하는 사람들을 보기 어렵다는 것이다. 오늘 진리를 안다고 하는 그리스도인들이 이러한 마음과 태도를 갖는다면 이 땅에 있는 교회의 상황은 바뀔 것이다. 그러므로 여기에서 아론과 그의 아들들이 속죄제와 속건 제물을 먹는 것은 너무나 귀한 것이다.

그런데 이것을 '지극히 거룩하게 여김으로 먹으라' 고 하셨다. 이러한 제물을 먹을 때 거룩함이 요구된다. 제사장이 속죄제와 속건제의 제물을 먹는 것은 매우 귀한 것이기 때문이다. 우리는 당시 제사장의 상황으로 돌아가 생각해 볼 필요가 있다. 하나님께서 아론과 그 아들들로 이스라엘 백성 가운데 범죄한 사람이 양이나 소를 잡아서 속죄제와 속건제로 드린 그 제물을 먹게 하실 때 무엇을 느끼게 하셨겠는가? '보라, 이것은 내 백성의 죄다. 내 백성은 그들이 지은 죄 때문에 이 제물을 드려야 한다.' 그러므로 제사장들은 그 제물을 먹으면서 백성의 범죄와 실패와 연약함에 자동적으로 참여하게 된다.

그러한 심정으로 제사장 노릇을 한다면 너무나 귀한 것이다. 여기서 이 제물을 먹는 사람들은 남자들이다. "이는 네게 성물인즉 남자들이 다 먹을지니라"(10절).

11절, 내게 돌릴 것이 이것이니 곧 이스라엘 자손의 드리는 거제물과 모든 요제물이라 내가 그것을 너와 네 자손에게 영영한 응식으로 주었은즉 네 집의 정결한 자마다 먹을 것이니라

여기서 "내게 돌릴 것이 이것이니"라는 말은 영어로 'This also is yours'이다. 말하자면 '이것 또한 너의 것이니'라는 말이다. 이것들은 제사장에게 돌아가는 것이다. 곧 이스라엘 자손의 드리는 거제물과 요제물 또한 제사장의 것이라는 말이다. "그것을 너와 네 자녀에게 영영한 응식으로 주었은즉". 영어로는 'to your sons and daughters', 즉 '너의 아들들과 딸들에게' 영영한 응식으로 주셨다는 말이다. 앞에서 말한 속죄제와 속건제의 제물은 남자가 먹는다. 성경에서 남자란 강한 것을 의미한다. 반면 여기의 딸들은 약한 것을 의미한다. 우리 집에도 남자들이 있고 여자들이 있는데 여자들 중에서도 딸이 가장 약하다. 딸은 항상 아슬아슬하다. 어느 집이나 마찬가지일 것이다. 딸이 학교에서 좀 늦게 돌아오면 마음이 조마조마하다. 이렇게 딸이란 약한 존재를 가리킨다. 그런데 거제물과 요제물은 아들도 먹을 수 있고 딸도 먹을 수 있다.

우리가 알듯이 거제물이란 들어올려 드리는 제물로서 그리스도의 승천을 예표하고 요제물은 흔들어 드리는 제물로서 지축을 흔들며 부활하신 그리스도, 곧 그리스도의 부활을 예표한다. 이 제물들은 다 아론과 그 아들딸에게 영영한 응식으로 주어진 것이다. 따라서 이것은 일반적으로 그리스도를 누리는 것이다. 그리스도의 승천을 누리고 부활을 누리는 것이다. 그리스도의 능력을 누리고 부활 생명 안에 있는 그리스도의 은사를 누리는 것이다. 이것은 어떤 제사장이나 다 누릴 수 있다. 적은 분량을 가진 제사장도 누릴 수 있다. 그러므로 제사장이라면 최소한도 이러한 거제물과 요제물은 다 보상으로 누릴 수 있는 것이다.

이러한 제물을 드리는 자들은 이스라엘 백성이다. 하나님께서는 이스라엘 백성들로 제물을 드리게 하셨고 드려진 그 제물을 제사장들로 누리게 하셨다. 그러므로 사실 이스라엘 백성들에게는 그래도 무언가가 있다. 하나님께서 그들을 경작하시기 때문에 그들 가운데에는 뭔가 드릴 것이 있다. 그것을 누리는 사람들이 바로 제사장들이다. 아무리 어린 제사장이라 할지라도 그들은 성도들의 부활의 향기, 승천의 능력을 함께 누릴 수 있는 것이다. 이로서 우리는 속죄제와 속건제의 제물을 먹는 제사장들의 수고가 거제물과 요제물을 누릴 수 있는 근거를 제공함을 볼 수 있는 것이다. 강한 제사장들이 교회의 연약하여 범죄하는 자들이 회개하도록 인도하고 새로워지도록 도와줄 때 어린 자들이라 하더라도 그들이 새롭게 부활과 승천 안에 인도됨으로 말미암은 은혜를 누릴 수 있다.

12절, 그들이 여호와께 드리는 첫 소산 곧 제일 좋은 기름과 제일 좋은 포도주와 곡식을 네게 주었은즉

제사장들에게는 가장 좋은 것을 주신다. 이스라엘 백성들이 여호와께 드리는 첫 소산을 제사장들에게 주시는 것이다. 어쨌든 소산물 중에서 처음 것은 가장 좋은 것이다. 우리가 어렸을 때 곡식을 추수하면 맨 먼저 맛있는 햅쌀밥을 지어 집안의 어른이 되시는 할아버지나 아버지께 드렸다. 몽골에서는 주식으로 밀가루와 양을 먹는다. 그들이 양을 잡으면 잘 구워서 가장 부드럽고 좋은 부분을 가장 연장자에게 가져다 준다. 연장자는 그것을 젊은이들에게 조금씩 나누어 주기도 한다.

여기서 '제일 좋은' 이라는 말은 영어로 'the best' 이다. 히브리어로는 '헬레보' 인데 이것은 가장 기름진 것을 가리킨다. 그것이 가장 좋은 부분이다. 이러한 제일 좋은 기름과 제일 좋은 포도주와 곡식을 제사장에게 주셨다. 이것이 제사장의 분깃이다. 여기서 우리는 이스라엘 백성의 영적 생명을 돌보는 제사장의 봉사에 참여하는 자들의 누림과 공급을 본다. 모든 하나님의 자녀들이 풍성한 하나님의 공급과 누림을 얻지만 전적으로 하나님을 섬기는 위치에 있는 제사장들에게는 최상의 '헬레보' 가 돌아간다는 것을 알 수 있다.

13절, 그들이 여호와께 드리는 그 땅 처음 익은 모든 열매는 네 것이니 네 집에 정결한 자마다 먹을 것이라

그 땅 처음 익은 모든 열매가 다 아론의 것이다. 그래서 아론의 집에 정결한 자마다 먹으라고 하셨다. 여러분이 제사장 직분을 자신의 분량대로 수행한다면 반드시 가장 좋은 어떤 것이 보상으로 주어질 것이다. 그런데 만일 여러분이 '나는 주님을 섬겼는데 아직 가장 좋은 것을 받아본 적이 없다. 가장 기름진 것이나 제일 좋은 열매나 곡식을 먹어본 적이 없다' 고 말한다면 그것은 여러분이 아직 제사장의 봉사를 주님이 원하시는 표준에 이르도록 수행하지 못했기 때문일 것이다. 여러분이 참으로 주님이 원하시는 표준에 이르기까지 제사장 봉사를 수행한다면 반드시 모든 귀한 것들, 특별한 것들을 누릴 수 있게 된다. 하나님이 원하시는 표준에 이르는 봉사는 무엇인가? 그것은 매우 정결한 것을 요구하는 것이다. 디모데후서 2장 20-22절은 하나님이 귀히 쓰시는 그릇들은 자기를 깨끗케 하여 천한 것에서 자신을 분별한 그릇들임을 알 수 있다. 바울은 디모데에게 많은 믿는 이들에게 말과 행실과 사랑과 믿음과 정절에 대하여 본이 되라고 했는데 마지막의 정절이라는 말이 결국 정결하고 깨끗해야 함을 말하는 것이다. 특히 사역자는 물질적인 면과 이성적인 면에서 깨끗해야 한다. 하나님의 주시는 귀한 축복의 열매 중에 거룩하지 않고 깨끗하지 않으면 먹을 수 없는 것이 있다는 것을 아는 것은 중요하다.

사도 바울은 로마서 15장에서 자신이 복음의 제사장이라고 했다. 그는 분명 제사장의 직분을 수행한 사람이다. 우리가 바울에게 민수기 18장의 말씀이 무엇을 의미하느냐고 묻는다면 그는 우리에게 제사장 직분을 더 배우고 더 잘 수행하면 이 모든 말씀이 우리에게 실제가 될 것이라고 말해 줄 것이다. 하나님의 말씀은 아무 의미 없이 기록된 것이 없다. 여러분이 이 땅에서 그리스도인이 되어 주님을 섬기는 길을 걸어가는데 이러한 누림을 한 번도 갖지 못했다면 진정 애석한 일이다. 분명히 영적인 세계에 이러한 누림이 있는데 여러분이 제사장 직분을 합당하게 수행하지 못함으로 그것을 여러분의 것으로 취하지 못했기 때문인 것이다. 여기서 주님은 우리를 자극하여 동기를 부여하신다. '나를 섬기는 제사장 직분은 너희에게 축복이 되며 영광스러운 것이다. 이렇게 놀라운 누림과 보상이 약속되어 있다.'

사도 바울을 생각해보자. 그는 많은 곳에 다니면서 사역을 했다. 그는 정말 훌륭한 제사장 직분을 수행했다. 빌립보 교회에서 사역하고 고린도 교회에서 사역하고 골로새 교회에서 사역했다. 그는 여러 교회를 사역할 때 일절 깨끗함으로 사역하였다. 이렇게 여러 교회들을 사역하면서 그는 참으로 처음 열매를 누렸을 것이다. 그리고 가장 좋은 기름을 누렸을 것이다. 물론 그 제물들은 하나님께 드려지는 것이고 또 하나님께서 받으시는 것이지만 동시에 사도 바울도 함께 그것을 누릴 수 있었을 것이다. 나는 그렇게 확신한다. 그러므로 그는 우리에게 이렇게 말할 것이다. '이 말씀은 다 나에게 실제가 되었다. 이 말씀들은 다 우리가 이 땅에서 누릴 수 있는 것들이다.'

14절, 이스라엘 중에서 특별히 드린 모든 것은 네 것이 되리라

이스라엘 백성 가운데서 특별히 드린 것도 제사장 아론의 것이라고 말씀하신다. 그러니까 제사장은 이스라엘 백성이 드린 최상의 것, 특별한 것을 분깃으로 얻는 것이다. 하나님께서는 결코 그분을 섬기는 제사장들로 괴로움만 당하고 수고만 하게 하지 않으신다. 하나님께서는 그분을 섬기는 제사장에게 기름진 것, 곧 가장 좋은 것을 주신다. 그래서 참되게 하나님을 섬기는 길을 걸어가는 사람들은 얼굴에서 빛이 나고 윤기가 흐른다. 그것이 진짜이다. 벌써 얼굴에 빛이 없고 다 죽어가는 소리로 못 살겠다고 하는 사람은 잘못 섬기는 사람이다. 제사장 직분을 잘못 수행하는 사람이다. 나는 하나님을 섬기는 형제자매들로부터 그동안 힘들었다고 하는 말을 들은 적이 있다. 그것은 제사장으로서 합당하게 섬긴 것이 아님을 증명한다. 그들이 만일 합당하게 주님을 섬기는 하나님의 제사장 일을 했다면 그는 이스라엘 백성들 중에 가장 특별한 누림을 가졌을 것이다.

여기서 '특별히 드린' 이라는 말은 레위기 27장의 '아주 드린' 이라는 말과 같다. "오직 여호와께 아주 바친 그 물건은 사람이든지 생축이든지 기업의 밭이든지 팔지도 못하고 속하지도 못하나니"(레 27:28). 그러므로 '특별히 드린' 것은 '하나님께 완전히 드린' 것이라는 뜻이다. 히브리어로는 '콜 헤렘' (כל-חרם)이다. 하나님 외에는 아무도 손대지 못하는 것, 하나님께만 전적으로 드려진 것을 우리말로 '특별히 드린 것' 이라고 표현한 것이다. 이렇게 드려진 것은 모두 제사장의 것이 된다.

제사장이 이 땅에서 살아가는 힘은 어디서 나오는가? 여기에 하나의 비밀이 있는데, 그 힘은 곧 하나님께 드려진 제물을 먹는 데에서 나온다. 우리는 성도들이 하나님께 절대적으로 헌신하면서 길을 걸어가는 모습을 볼 때 그것이 우리의 응식임을 안다. 우리는 그때 힘을 얻는다. 사도 바울은 데살로니가 성도들이 참으로 믿음에 굳게 서서 대적자들로 인해 요동치 않고 여전히 사도 바울을 생각하고 또 주님을 사랑한다는 소식을 들었을 때 '이제는 우리가 살리라' 고 했다. 사도의 힘은 성도들이 어려움 중에도 꿋꿋하게 주님을 사랑하고 주님께 헌신하는 데에서 나온다. 성도들의 그러한 향기로운 제물이 사도에게 힘이 되는 것이다.

15절, 여호와께 드리는 모든 생물의 처음 나는 것은 사람이나 짐승이나 다 네 것이로되 사람의 처음 난 것은 반드시 대속할 것이요 부정한 짐승의 처음 난 것도 대속할 것이며

여호와 하나님께 드리는 모든 생물의 처음 나는 것은 다 제사장의 것이라고 하셨다. 처음 난 것은 사실 다 하나님의 것이다. 애굽에서 하나님이 이스라엘 백성들을 이끌어내실 때 열 가지 재앙 중에 마지막 재앙이 모든 처음 난 것(사람이든 짐승이든)을 멸하는 재앙이었다. 그때 모든 처음 난 것은 다 죽었다. 그러나 이스라엘 백성들은 주님의 말씀에 따라 어린 양을 잡아 그 피를 문 좌우 설주에 바름으로 그 재앙을 면하고 구속받았다. 그러므로 사람이든 짐승이든 초태생은 다 여호와의 것이다. 그리고 여호와의 것은 이제 제사장의 것이다.

이것은 하나님께서 그분을 섬기는 자들과 그 모든 제물의 누림을 공유하기 원하신다는 뜻이다. 그분은 이렇게 말씀하시는 듯하다. '나는 내게 드려지는 모든 것을 나만 누리기를 원치 않는다. 진실로 나를 섬기는 너희에게는 내 것이 바로 너희 것이다.' 우리가 제사장 직분을 잘 수행할 때 하나님께서 얻으신 것을 함께 얻으며 하나님께서 누리시는 것을 우리도 누리게 된다. 우리 하나님은 얼마나 사람을 우대하시는지! 하나님은 홀로 스스로 계시는 하나님이시지만 그분만 이 모든 헌신과 제물을 누리기를 원치 않으시고 그분을 섬기는 자들과 함께 누리기를 원하신다.

거역을 처리한 후

나는 모세의 이 부분의 기술이 참으로 의미가 깊다고 본다. 참되게 거역이 처리되지 않았다면 진정한 제물을 먹지 못한다. 하나님은 고라의 배역의 문제가 참되게 처리된 후 결국 이스라엘 백성들에게 참된 제물을 먹을 것을 요청하고 계시다. 여러분의 거역이 진정 처리되었다면 비로소 진정한 예물을 먹는 사람으로 준비된 것이라고 보면 된다. 그러기 전에는 아직 진정한 제물을 먹는 것이 허락되지 않음을 보아야 한다. 이는 고린도 전서 11장에서 권위의 문제를 먼저 다룬 연후에 23절부터 주의 만찬을 먹는 문제를 말하는 것과 상통한다. 바울 사도는 남자와 여자의 머리 문제를 가르치고 교회의 분쟁의 문제를 해소한 다음 주의 살과 피를 대하는 문제를 말하고 있다. 나는 성도들이 거역의 문제가 합당하게 처리되지 않은 채, 분쟁과 편당을 갖고 만찬을 대하는 죄가 얼마나 큰 것인가를 보기 원한다.

16절, 그 사람을 속할 때에는 난지 일 개월 이후에 네가 정한 대로 성소의 세겔을 따라 은 다섯 세겔로 속하라 한 세겔은 이십 게라니라

모든 사람은 다 대속의 필요가 있다. 앞에서 처음 난 것을 하나님께 돌려드리는 것은 대표의 의미이다. 처음 난 것이란 오늘날로 말하면 구원받은 사람이다. 왜냐하면 구원받은 모든 사람은 다 주님의 것이기 때문이다.

이 구절에서 하나님의 백성은 다 성소의 세겔대로 은 다섯 세겔로 속하라고 하셨다. 따라서 그들이 구속받은 목적은 성소를 위해서이다. 성소의 세겔은 성소를 보전하고 수리하는 데 필요한 비용이다. 그러므로 우리가 구속받는 것은 성소, 오늘날로 말하면 교회를 위한 것이다. 따라서 이 단계에 와서야 성도들은 비로소 주님의 몸에 유용하게 된다. 이제야 하나님에게는 이스라엘 백성들이 그분에게 속한 자들이라는 것을 선포하시는 것이다.

17절, 오직 소의 처음 난 것이나 양의 처음 난 것이나 염소의 처음 난 것은 속하지 말지니 그것들은 거룩한즉 그 피는 단에 뿌리고 그 기름은 불살라 여호와께 향기로운 화제로 드릴 것이며

속해야 할 짐승은 부정한 짐승이다. 모든 사람은 다 구속을 받아야 된다. 그런데 여기 17절에서 소의 처음 난 것, 양의 처음 난 것, 염소의 처음 난 것은 거룩하기 때문에 속할 필요가 없다고 하셨다. 그러면 소의 처음 난 것, 양의 처음 난 것, 염소의 처음 난 것은 무엇을 가리키는가? 바로 그리스도이다. 그리스도는 그분 자신으로서는 구속의 필요가 없으신 분이다. 그분은 죄가 없는 분이시기 때문이다. 그러나 인간이라면 누구나 부정하므로 구속의 필요가 있다.

15절과 16절은 모든 사람이 교회를 위해서 구속받을 필요가 있음을 알려주고 17절에서는 속함받을 필요가 없는 한 분이 있음을 알려 준다. 그리스도는 그분 자체로 거룩하시기 때문에 속함받으실 필요가 없다. 그러므로 그 피는 단에 뿌리고 기름은 불살라서 여호와께 향기로운 화제로 드리라고 했다.

18절, 그 고기는 네게 돌릴지니 흔든 가슴과 우편 넓적다리 같이 네게 돌릴 것이니라

결국 이 제사장들에게는 또한 그리스도를 보상으로 주신다. 15절과 16절에서는 교회가 전체적으로 속함을 받은 사람들로서 제사장의 누림이 되고 17절에서는 소의 처음 난 것이나 양의 처음 난 것이나 염소의 처음 난 것으로 예표되시는 그리스도가 그분 자체로 거룩하신 분으로서 피 흘리시고 불살라져 여호와께 화제로 드려지며 그 고기는 흔든 가슴과 우편 넓적다리와 같이 제사장들에게 돌려지는 것이다. 이와 같이 제사장에게는 교회와 그리스도가 다 보상으로 주어진다.

19절, 이스라엘 자손이 여호와께 거제로 드리는 모든 성물은 내가 영영한 응식으로 너와 네 자녀에게 주노니 이는 여호와 앞에 너와 네 후손에게 변하지 않는 소금 언약이니라

이스라엘 자손이 여호와께 거제로 드리는 모든 성물이 제사장의 응식이다. "이는 여호와 앞에 너와 네 후손에게 변하지 않는 소금 언약이니라". 이것은 절대 변치 않는 언약이라는 말이다. 원문에서는 그냥 '소금 언약'이다. 영어역 성경에서는 'everlasting covenant of salt' 라고 했다. 그러므로 오늘날까지도 하나님께서 제사장에게 하신 언약은 변치 않고 우리에게 적용되고 있는 것이다.

20절, 여호와께서 또 아론에게 이르시되 너는 이스라엘 자손의 땅의 기업도 없겠고 그들 중에 아무 분깃도 없을 것이나 나는 이스라엘 자손 중에 네 분깃이요 네 기업이니라

아론의 분깃은 무엇인가? 그에게는 이스라엘 자손의 땅의 기업이 없다. 그들 중에는 아무 분깃도 없다. 이스라엘 중에서 아론의 분깃과 기업은 하나님 자신이시다. 그러므로 참된 제사장이라면 아무것도 없어야 한다. 이 땅에 아무 분깃도 없는 사람, 이 땅에 아무 기업도 없는 사람이 참된 제사장이다. 이 땅에 많은 재물이 있고 기업을 소유하고 있는 사람은 하나님을 제사장으로 섬길 수 없다. 이 땅에 다른 많은 누림과 다른 사업이 있기 때문이다. 사도 바울이 과연 이 땅에 많은 것을 쌓아두고 제사장 노릇을 했는가? 나는 절대로 그렇지 않았음을 증명할 수 있다. 그는 아무것도 없는 사람이었다. 어떤 사람은 자기 재산이 다 없어졌다고 슬퍼하고 마음 아파한다. 그런데 내가 볼 때에는 하나님께서 그를 제사장을 만들려고 그렇게 하신 것이다.

아무것도 없으면 하나님만 바랄 것이 아닌가? 하나님만이 그에게 기업이 되시는 것이다. 하나님만이 그의 분깃이 되시는 것이다. 제사장은 결국 하나님께서 공급하시고 먹여 살리시는 사람이다. 영적으로나 육신적으로나 제사장은 하나님께서 책임지고 공급하신다. 소위 제사장이 이 땅에서 공급이 없을까봐 두려워하고 사람이나 물질을 의지하려 한다면 그것은 정상이 아니다. 그가 정말 합당한 제사장이라면 오직 하늘만 바라보고 하나님만 의지할 것이다. 그리고 하나님께서는 마땅히 그를 공급하실 것이다. 그리스도인의 신분은 다 제사장이다. 우리는 반드시 제사장의 누림에까지 이르러야 한다.

이제 다음에 또 한 무리가 있는데 이들은 레위인으로서 사실은 고라 사건 후에 이렇게 이어서 말씀하시는 것으로 보아야 한다.

21절, 내가 이스라엘의 십일조를 레위 자손에게 기업으로 다 주어서 그들의 하는 일 곧 회막에서 하는 일을 갚나니

이렇게 하나님은 레위 자손들이 하는 봉사에 대해서도 보상을 하신다. 사실 하나님은 어떤 종류의 봉사이든지 하나님을 위한 봉사라면 다 보상하신다. 신약에서 우리는 한편으로 제사장이며 또 한편으로는 레위인이다. 그러나 이 시대에 누림에서나 섬김에서나 직분에서 다소 차이가 있을 수 있다. 보다 레위적인 봉사를 하는 사람이 있고 보다 제사장적인 봉사를 하는 사람도 있다. 가령 집사의 봉사는 보다 사무적인 봉사로서 레위의 봉사에 가깝다고 보겠다. 또 사도들의 사역은 제사장적인 봉사라고 볼 수 있다. 기도하고 말씀 전하는 것은 제사장적인 일이라고 할 수 있으며 구제하고 사무를 처리하는 것 등은 레위적인 일이라고 할 수 있다. 그러나 어떠한 봉사든지 하나님을 섬기는 일에는 다 보상이 있다.

우리는 디모데 전서 3장에서 사도 바울이 집사에 관하여 한 말을 읽을 수 있다. '집사의 직분을 잘 한 자들은 아름다운 지위와 그리스도 예수 안에 있는 믿음에 큰 담력을 얻느니라' (13절). 이와 같이 집사의 직분을 잘 한 사람들에게는 아름다운 지위와 그리스도 예수 안에 있는 믿음에 큰 담력을 얻는 보상이 있다. 하나님께서는 사람이 그분을 섬긴 것에 대해서 그냥 지나치지 않고 반드시 보상하신다.

22절, 이후로는 이스라엘 자손이 회막에 가까이 말 것이라 죄를 당하여 죽을까 하노라

이렇게 해서 제사장 직분과 레위 직분이 세워졌다. 이들은 그렇게 섬기면 된다. 그리고 이후에는 이스라엘 자손이 회막에 가까이 오면 안 된다. 가까이 오면 죽는다. 하나님의 일에 있어서는 하나님께서 정해주신 직분과 위임을 넘어서면 안 된다. 지금 신약 시대에도 하나님은 어떤 사람에게는 집사의 직분을 맡기시고 어떤 사람에게는 장로의 직분을 맡기신다. 또 어떤 사람에게는 사도의 직분을 맡기신다. 사도 바울은 고린도 전서 12장에서 이렇게 말했다. "다 사도겠느냐 다 선지자겠느냐 다 교사겠느냐" (29절).

우리가 사도행전에서 볼 수 있듯이 빌립은 전도자의 직분이 있었고 베드로와 요한은 사도적인 직분이 있었다(8장). 빌립은 왜 베드로와 요한이 안수하면 성령이 임하시고 내가 하면 안 되느냐고 말하지 않았다. 누구도 하나님께서 주시지 않은 것을 임의로 행할 수 있는 사람이 없다. 그렇기 때문에 회막을 섬기는 것은 레위 자손에게 위임되어 있는데 이스라엘 자손들이 임의로 회막을 가까이 하면 죄를 당하여 죽게 된다는 것이다. 그러므로 그리스도인들은 자신에게 할당된 일, 자신에게 맡기신 것을 잘 알고 분수 이상의 생각을 품지 말아야 하며 다만 그 위치에서 충성을 다해 섬기기를 배워야 한다. 우리는 바울이 한 일이나 베드로나 요한이 한 일이 다름을 볼 수 있다. 또한 바울은 디모데나 디도에게는 장로를 세우는 일을 하라고 명했지만 마가나 두기고나 에바브라에게 그런 일을 맡긴 것을 보지 못한다. 또한 아굴라와 브리스가 가정도 그들의 임무가 특이함을 볼 수 있다. 우리는 이와 같이 하나님이 주신 은사와 직분과 각자 맡은 부분을 충실히 이행함으로 섬겨야 한다.

23절, 오직 레위인은 회막에서 봉사하며 자기들의 죄를 담당할 것이요 이스라엘 자손 중에는 기업이 없을 것이니 이는 너희의 대대에 영원한 율례라

여기서 하나님은 레위인들의 위치를 다시 확인시켜 주신다. 레위의 증손, 고핫의 손자, 이스할의 아들 고라가 주동하여 모세와 아론을 거역했다. 그럴 때 그들이 다 멸절되고 심판을 받았다. 그 일이 있은 후 17장에서 하나님은 누가 참으로 하나님의 택하심을 받아서 섬기는 사람인가를 지팡이를 통해 알려 주셨으며, 제사장과 직분과 레위의 직분을 안배해 주셨다. 이제 이 지점에 이르러서 하나님은 레위인들의 할 일을 다시 확인시켜 주고 계신다. "오직 레위인은 회막에서 봉사하며 자기들의 죄를 담당하고 이스라엘 자손 중에는 기업이 없을 것이니 이는 너희의 대대에 영원한 율례라". 그들은 다른 사람의 죄를 담당하는 것은 없고 자신들의 죄만을 책임지면 되었다. 그러므로 레위 자손들은 이 위치에서 섬겨야 한다.

24절, 이스라엘 자손이 여호와께 거제로 드리는 십일조를 레위인에게 기업으로 준 고로 내가 그들에 대하여 말하기를 이스라엘 자손 중에 기업이 없을 것이라 하였노라

이스라엘 자손이 하나님께 거제로 드리는 십일조를 레위인에게 기업으로 주셨다. 그렇기 때문에 이스라엘 자손 중에 따로 그들의 기업이 없는 것이다.

25-26절, 여호와께서 모세에게 일러 가라사대 26 너는 레위인에게 고하여 그에게 이르라 내가 이스라엘 자손에게 취하여 너희에게 기업으로 준 십일조를 너희가 그들에게서 취할 때에 그 십일조의 십일조를 거제로 여호와께 드릴 것이라

레위인은 이스라엘 백성들에게서 십일조를 받고 그 십일조 중에서 십일조를 다시 여호와께 드려야 했다.

27절, 내가 너희의 거제물을 타작 마당에서 받드는 곡물과 포도즙 틀에서 받드는 즙 같이 여기리니

가령 한 사역자가 성도들에게서 십일조를 받았다고 하자. 이 사역자를 레위인이라고 할 때 이 사역자는 성도들이 드린 것을 받았으므로 더 이상 드릴 필요가 없는가? 아니다. 하나님께서는 그도 그 십일조 중에서 십일조를 하나님께 드려야 한다고 하신다. 그렇게 드릴 때에 하나님께서는 "내가 너희의 거제물을 타작 마당에서 받드는 곡물과 포도즙 틀에서 받드는 즙같이 여기리니"라고 하신다. 타작 마당에서 소출된 귀한 것으로 받으시겠다는 말씀이다.

28절, 너희는 이스라엘 자손에게서 받는 모든 것의 십일조 중에서 여호와께 거제로 드리고 여호와께 드린 그 거제물은 제사장 아론에게 돌리되

여호와께 드린 그 거제물, 곧 십일조는 누구에게 돌아가는가? 제사장 아론에게로 돌아온다.

29절, 너희의 받은 모든 예물 중에서 너희는 그 아름다운 것 곧 거룩하게 한 부분을 취하여 여호와께 거제로 드릴지니라

여기의 '그 아름다운 것' 이란 '가장 좋은 것' (the best)이다. 앞에서도 말했듯이 히브리어로는 '헬레보' , 곧 기름진 것이다. 이스라엘 백성이든 레위인이든 여호와께 드리는 것은 가장 귀한 것이어야 한다. 그리고 레위인이 보상으로 누리는 것도 가장 귀한 것이다. 또 제사장 아론은 그 중에서 레위인들이 드린 가장 귀한 것을 누린다.

30절, 이러므로 너는 그들에게 이르라 너희가 그 중에서 아름다운 것을 취하여 드리고 남은 것은 너희 레위인에게는 타작 마당의 소출과 포도즙 틀의 소출 같이 되리니

레위인들은 그 중에서 아름다운 것, 가장 좋은 것을 취하여 여호와께 드리고 나머지 것은 그들이 누리면 된다. 그것은 그들에게 타작 마당의 소출과 포도즙 틀의 소출 같이 되리라고 하셨다. 말하자면 나머지 십분의 구는 그들의 누림을 위한 것이다. 다시 한 번 정리해 보면 이스라엘 백성들은 가장 좋은 것으로 십분의 일을 레위인에게 드린다. 그리고 레위인들은 그 중에서 가장 귀한 십분의 일을 취해서 여호와께 드린다. 그것이 제사장 아론의 몫이다. 그러므로 우리는 여기서 하나의 순환을 볼 수 있는데, 모든 것이 다 하나님께로부터 나와서 다 하나님께로 돌아오는 것이다. 그런데 이 가운데서 하나님은 그분을 섬기는 자들에게 그 소출 중에서 가장 좋은 것들을 누리게 하신다. 결국 얼마만큼 섬기는가에 따라 그만큼 좋은 것을 누리는 것이다. 레위인 정도로 섬긴다면 그 정도의 좋은 것을 주실 것이며 더 나아가 제사장 정도로 섬긴다면 그만큼 더 귀한 누림을 허락하실 것이다.

31절, 너희와 너희 권속이 어디서든지 이것을 먹을 수 있음은 이는 회막에서 일한 너희의 보수임이니라

'어디서든지' 라는 말은 좀 의미가 있다. 제사장들은 어디서든지 누릴 수 있다. 가령 몽골 형제들이 울란바토르에 있을 때에는 아주 누림이 많았는데 한국에 오니까 누림이 없다면 그것은 제사장의 누림이 아니다. 제사장은 어디서든지, 한국에서나 몽골에서나 누릴 수 있어야 한다. 그러나 먹을 수 있는 조건은 '회막' 에서 일하는 것이다. 즉 교회와 관련되어야 한다. 교회와 관련되지 않은 사람, 교회를 섬기지 않는 사람은 누릴 것이 없다. "회막에서 일한 너희의 보수임이니라". 즉 교회 건축을 위해 섬긴 것에 대한 보수이지 자신의 일을 했다고 주는 보수가 아니라는 말이다.

우리의 섬김은 반드시 회막과 관련되어야 한다. 우리의 모든 영적 봉사들은 봉사들 그 자체에 목적이 있는 것이 아니라 그리스도의 몸의 건축을 위한 것에 그 궁극적인 목적이 있다(엡 4:11-12). 여러분은 앞으로 이것을 확인해 볼 수 있다. 심지어 시험해 볼 수 있다. 여러분이 교회와 관련이 없이 수고했을 때 보수가 있는지 없는지 보라. 그러나 만일 여러분이 어디서든 하나님의 집이요 그리스도의 몸이요 그분의 배필이요 그분의 간증인 회막을 위해 수고한다면 반드시 보수가 있다.

32절, 너희가 그 중 아름다운 것을 받들어 드린즉 이로 인하여 죄를 지지 아니할 것이라 너희는 이스라엘 자손의 성물을 더럽히지 말라 그리하면 죽지 아니하리라

이제 중요한 것은 그 중 아름다운 것을 드리면 죄를 지지 않을 것이나 그렇지 않으면 죄를 지게 된다는 것이다. 결국 하나님께서 18장에서 원하시는 것은 무엇인가? 하나님을 섬기는 백성 이스라엘은 가장 귀한 것을 하나님께 드려야 하며 그렇지 않으면 죄가 있다는 것이다.

"너희는 이스라엘 자손의 성물을 더럽히지 말라 그리하면 죽지 아니하리라". 성물을 더럽힌다는 것은 법대로 드리지 않는 것, 즉 가장 좋은 것을 보류하고 하나님께 드리지 않는 것이다. 이러한 것들은 다 죄를 범하는 것이고 성물을 더럽히는 것이며 따라서 죽게 된다. 사실 나는 오늘 여러분에 대해 약간의 염려가 있다. 그것은 가장 좋은 것을 여호와께 드리는 것이 부족하다는 것이다. 회막의 생활은 말로 하는 것이 아니다. 회막의 생활은 실제로 가장 좋은 것을 주님께 드리는 것이다. 드리되 가장 좋은 것을 드리는 것이다. 이것이 회막 생활이다. 가장 좋은 것을 주님께 드림이 없는 생활은 회막 생활이 아니다. 여기에 드리지 않는 사람이 없다. 다 드리게 되어 있다. 드림이 없는데 어떻게 모든 성도들이 누리는가? 드리되 가장 좋은 것, 최상품을 하나님께 드려야 한다. 요한복음 12장의 나사로의 집은 향유 냄새가 가득하였다. 거기서 주님도 누리셨고 성도들도 누렸다. 그것은 바로 마리아의 가장 좋은 것을 드림으로 말미암은 것이다.

고라는 거역했고 다른 사람의 직분을 탐냈다. 그래서 결국 망했다.

이제 하나님께서는 레위 자손에게 이렇게 말씀하신다. '너희는 그렇게 하지 말아라. 다만 너희 위치에서 섬기면서 가장 좋은 것을 주님께 드려라.' 참으로 우리는 구약 성경의 이러한 말씀들이 이 시대에 열리는 것을 인해 감사하고 이 말씀들이 이 시대에 하나님의 백성들 가운데서 그대로 적용되고 실행되고 체험될 수 있기를 간절히 원한다.

민수기 19장

부정을 깨끗케 하는 규례

14장의 가데스 바네아에서의 거역과 16장에서의 고라와 다단과 아비람의 거역 등 이스라엘 백성들의 커다란 죄악이 있은 뒤에 하나님께서는 많은 말씀을 하셨다. 그런데 이 19장은 그 모든 말씀의 결론과 같은 말씀으로서 민수기에서 가장 중요한 장이라고 할 수 있다.

1절, 여호와께서 모세와 아론에게 일러 가라사대

1절의 이 말씀 또한 매우 특이하다. 앞에서는 "여호와께서 아론에게 이르시되" 또는 "여호와께서 모세에게 이르시되"라고 하셨는데, 이제 19장 1절에서는 "여호와께서 모세와 아론에게 일러 가라사대"라고 했다. 여호와께서 그분의 종들인 모세와 아론에게 동시에 말씀하신 것이다.

2절, 여호와의 명하는 법의 율례를 이제 이르노니 이스라엘 자손에게 일러서 온전하여 흠이 없고 아직 멍에 메지 아니한 붉은 암송아지를 네게로 끌어 오게 하고

주님께서 이제 가장 중요한 율례를 주려고 하신다. "온전하여 흠이 없고 아직 멍에 메지 아니한 붉은 암송아지를 네게로 끌어오게 하고". 이 장은 붉은 암송아지의 제물에 대해 말씀하고 있다. 이 붉은 암송아지는 제물 중에서 매우 특이하다. 첫째는 색깔이 붉다. 둘째는 레위기에서 제물로 드려지는 송아지는 대개 수송아지인데 이것은 암송아지이다. 성경에서 수컷(남성)은 강함을 상징하고 진리면을 상징하며, 암컷(여성)은 약함을 상징하고 체험면을 상징한다. 객관적인 진리는 수컷으로 대표되고 주관적인 체험은 암컷으로 대표된다.

그런데 여기서 붉은 암송아지를 제물로 드리는 데 있어서 여러 가지 절차가 있다. 결국 붉은 암송아지를 태워서 그 재를 사용하는 것인데, 제물이 되는 이 붉은 암송아지는 온전하고 흠이 없는 것이어야 한다. 이것은 아주 순전하고 아무 결점이 없어야 한다는 것이다. 이것은 예수 그리스도를 예표한다. 왜냐하면 그리스도만이 온전하고 흠이 없는 분이시기 때문이다.

그리고 '아직 멍에 메지 않은' 것이어야 하는데, 여기의 멍에는 바로 죄의 멍에를 말한다. 주 예수님은 이 땅에 오셨을 때 구유에 나셔서 십자가에 올라가실 때까지 한 번도 죄의 멍에를 메신 적이 없다. 그분은 오로지 하나님의 뜻과 그분의 명령만을 따랐기 때문에 결코 죄의 멍에를 메신 적이 없다. 영어로는 'In which is no defect', 즉 그 안에 흠이 없었으며, 'on which a yoke has never been placed', 그 위에 아무런 멍에가 놓여진 적이 없었다. 말하자면 그리스도는 내적으로는 전혀 흠이 없고 외적으로는 전혀 죄의 멍에를 메어 보지 않으신 분이시라는 말이다.

그런데 이스라엘 자손들로 이 붉은 암송아지를 네게로 끌어오게 하라고 하셨다. 우리는 레위기 1장부터 7장까지에서 많은 제사법을 배웠다. 거기에는 번제, 속죄제, 속건제 등 많은 제사가 언급되는데 한 번도 붉은 암송아지를 말하지 않았다. 만일 이 제물이 레위기에 나오는 제물

중 하나라면 하나님은 반드시 이 붉은 암송아지의 제물도 레위기 1장부터 7장까지의 제물에 포함시키셨을 텐데 이 붉은 암송아지의 제물은 민수기 19장에 와서야 드리게 하신 것이다. 그러면 왜 레위기에는 붉은 암송아지의 제물이 없고 민수기 19장에 와서야 비로소 언급되며 여기에 어떠한 차이가 있는지를 잠시 살펴 볼 필요가 있다.

레위기에 있는 모든 제물들은 기본적인 제물들이며 또 진리의 객관적인 면들을 나타낸다. 하나님께서 그리스도 안에서 이루신 영원히 변함없는 사실들을 말해 주고 있는 것이다. 그에 반해서 민수기 19장의 붉은 암송아지는 그러한 객관적인 사실들에 대한 믿는이의 체험을 예표하기 때문에 민수기에 나오는 이스라엘 백성들의 광야에서의 많은 과정들을 거칠 때만이 이러한 붉은 암송아지의 체험을 가질 수 있는 것이다. 다시 말해서 민수기 14장부터 나오는 이스라엘 백성들의 실패, 죄악, 거역, 사망이 있은 뒤에 하나님께서는 마지막으로 붉은 암송아지의 제물을 사용하여 그들을 정결케 하는 규례를 가르치고 계시는 것이다. 그러므로 이 말씀은 16장의 거역의 사건들을 온전히 치료하고 처리하는 말씀이라고 볼 수 있다. 또 이 붉은 암송아지의 제물의 규례는 오늘날 우리 그리스도인들에게도 매우 중요하기 때문에 잘 배워야 한다.

3절, 너는 그것을 제사장 엘르아살에게 줄 것이요 그는 그것을 진 밖으로 끌어 내어서 자기 목전에서 잡게 할 것이며

사실 붉은 암송아지는 구하기가 매우 어려울 것이다. 왜냐하면 색깔이 붉은 암송아지를 찾기란 쉽지 않을 것이기 때문이다. 그런데 어쨌든 붉은 암송아지를 끌어 오게 하여 그것을 제사장 엘르아살에게 주고 그는 그것을 진 밖으로 끌어내어 자기 목전에서 잡게 하라고 했다. 여기서 우리는 붉은 암송아지가 죽는 곳이 진 밖이라는 것을 알 수 있다. 레위기에 나오는 기본적인 제물들은 회막 문 앞에서 또는 제단 앞에서 잡아 제단에 드려진다. 그런데 여기서는 진 밖으로 끌어내라고 했다. 그리고 '자기 목전에서 잡게 하라'는 것이다. 이로써 우리는 붉은 암송아지의 제물을 드리는 일이 매우 특별한 것임을 볼 수 있다. 그것은 이 제물이 진 밖으로 끌어내어졌기 때문이다.

우리는 히브리서 13장에서 주님을 따르는 사람들이 능욕을 지고 영문 밖으로 나아가는 것을 볼 수 있다. 그런데 여기 붉은 암송아지도 진 밖으로 끌어내어 거기서 죽임을 당했다. 이것은 그리스도인들이 그리스도의 죽으심의 두 방면을 주의해야 한다는 것을 보여 준다. 먼저 우리는 우리의 죄가 주님의 십자가에서 해결되었다는 것을 보아야 한다. 이것은 매우 중요하다. 주 예수님은 우리의 죄를 해결하시기 위해 제단에서 하나님께 제물로 드려진 것이다. 그것이 한 방면이다. 그것은 우리 죄를 속하기 위한 것이다. 이것은 레위기에 있다. 레위기 1장부터 7장까지에서 주로 주님은 우리의 번제와 속죄제와 화목 제물로 제단에 드려지셨다.

그리고 이제 민수기 19장에서 붉은 암송아지로 예표된 주님은 진 밖으로 끌어내어 죽임을 당하셨다. "진 밖으로 끌어내어서 자기 목전에서 잡게 할 것이며"의 말씀은 그리스도의 십자가의 구속의 중요한 면을 시사한다. 이는 주님의 십자가가 우리의 죄 문제를 해결하기 위한 것만이 아니고 우리 그리스도인으로 주님을 믿은 뒤에 주님을 따라 그분의 능욕을 지고 영문 밖으로 나아가게 하시려는 것임을 알려 준다. 그래서 주님은 진 밖으로 끌어내어져 죽임을 당하신 것이다. 즉 그분이 십자가에서 돌아가신 것은 우리의 죄만을 해결하기 위해서 죽으신 것이 아니다. 그것은 그분이 제단에서 죽음을 당하신 것으로 족하다. 그러나 그분이 죽임을 당하신 위치는 사람들의 영광과 인정과 찬사를 뒤로 한, 진 바깥인 것이다. 그분은 유대인들에 의해 예루살렘 진영 밖으로 끌어내쳐져서 죽임을 당하셨다. 이것이 그분의 길이요 우리가 그분의 능욕을 지고 따라가야 할 길이다.

이렇게 십자가의 구속은 두 면이 있다. 그것은 우리가 이 땅에 있는 동안 죄의 세력과 세상의 세력에서 벗어날 뿐 아니라(제단에서 제물로 드려지심) 고난당하시고 수치와 능욕을 당하신 주님을 따르는 것이며 (진 밖에서 돌아가심) 바로 그 십자가의 길을 우리도 걸어가는 것이다. 다시 말하면 우리가 근본적으로 우리의 생활 가운데서 세상적인 것과 우리의 육체의 본성에서 체험적으로 벗어나려면 반드시 능욕을 지고 영문 밖으로 나가 고난당하신 주 예수님을 좇아야 한다는 것이다.

이것은 십자가의 구속의 의미를 더 깊이 있게 해준다. 주님은 구속 받은 우리가 다만 죄와 세상을 벗어나기를 원하실 뿐 아니라 우리가 그분의 십자가를 지고, 능욕을 지고 그분을 따라오기 원하신다. 어떤 사람은 다만 생활 가운데 죄를 짓지 않는 것을 만족으로 삼겠지만 주님은 그분의 능욕을 지고 영문 밖으로 나아가는 삶을 살지 않으면 표준에 이르지 못한 것이라고 말씀하시는 것이다. 즉 그리스도인의 정상적인 삶은 그분의 능욕을 지고 예수 그리스도를 따르는 길이라는 말씀이다. 이는 얼마나 의미심장한 말씀인지! 오늘날 과연 얼마나 많은 성도들이 주님을 따르는 길이 예수의 능욕을 지고 따르는 길이라는 것을 알고 따르는가? 성도들은 주님이 하신 말씀 '나를 따르려면 자기를 부인하고 십자가를 지고 나를 따를 것이니라'의 말씀을 들어 보았을 것이다. 그러나 그것이 곧 능욕을 지고 따르는 것이라는 것을 아는가!

오늘날 많은 그리스도인들이 죄 사함 받았다, 거듭났다 하지만 그들의 생각과 그들의 마음은 아직도 세상에 있다. 그들은 아직 능욕을 지고 영문 밖으로 나아가 그곳에서 고난받고 죽임당하신 그리스도를 좇을 마음이 없다. 그럴 때 그들은 아직 이 붉은 암송아지로 예표된 그리스도를 체험하지 못하고 있는 것이다. 이것은 우리로 죄에 대하여 죽어야 할 뿐 아니라 적극적으로 의에 대하여 살아야 함을 의미하는 것이다. 지나친 것도 죄이지만 미치지 못하는 것 역시 결국은 죄이다. 이것이 여기서 먼저 배워야 할 점이다.

4절, 제사장 엘르아살은 손가락에 그 피를 찍고 그 피를 회막 앞을 향하여 일곱 번 뿌리고

제사장 엘르아살은 손가락에 피를 찍어 회막 앞에 일곱 번 뿌려야 했는데, 피를 일곱 번 뿌린다는 것은 하나님께 드려진 그 피가 우리의 속죄를 위해서 완전하다는 뜻이다. [성경에서 칠(7)이라는 숫자는 완전함을 나타낸다.] 우리의 죄 사함을 위해 하나님 앞에서 흘려진 주 예수님의 피는 속죄를 위해 완전하다.

우리가 붉은 암송아지의 재의 물을 적용하는 것을 배우려면 첫째로 예수 그리스도의 구속 역사가 얼마나 완전한지를 알아야 한다. 히브리서 9장을 읽어 보겠다. "염소와 송아지의 피로 아니하고 오직 자기 피로 영원한 속죄를 이루사 단번에 성소에 들어가셨느니라"(12절). 여기에 '영원한 속죄'라는 말이 있고 또 '단번에'라는 말이 있다. 그리스도의 십자가의 구속은 영 단번에 이루어진 것이다. 주 예수님은 십자가에 죽으셨을 때 한 제물로 우리를 영원히 속죄하셨다. '염소와 황소의 피와 및 암송아지의 재로 부정한 자에게 뿌려 그 육체를 정결케 하여 거룩케 하거든 하물며 영원하신 성령으로 말미암아 흠 없는 자기를 하나님께 드린 그리스도의 피가 어찌 너희 양심으로 죽은 행실에서 깨끗하게 하고 살아 계신 하나님을 섬기게 못하겠느뇨' (13-14절). 이 말씀을 볼 때 예수 그리스도의 피는 우리 양심을 깨끗케 했다. 28절을 보겠다. "이와 같이 그리스도도 많은 사람의 죄를 담당하시려고 단번에 드리신 바 되셨고 구원에 이르게 하기 위하여 죄와 상관없이 자기를 바라는 자들에게 두 번째 나타나시리라". 여기서도 단번에 드리신 것을 강조하고 있다.

이어서 10장 1절과 2절은 "해마다 늘 드리는 바 같은 제사로는 나아오는 자들을 언제든지 온전케 할 수 없느니라 그렇지 아니하면 섬기는 자들이 단번에 정결케 되어 다시 죄를 깨닫는 일이 없으리니"라고 한다. 우리는 예수 그리스도의 죄를 정결케 하는 피의 효능이 얼마나 완전한지에 대하여 놀라움을 금할 수 없다. 예수 그리스도의 피의 구속은 섬기는 자들이 단번에 정결케 된다고 말한다. 그리하여 죄를 깨닫게 되는 일도 없다. 우리가 그분의 용서를 받은 결과는 우리 안의 정죄함의 느낌조차 온전히 제거해 주신 것이다. 이는 얼마나 완전한지! "이 뜻을 좇아 예수 그리스도의 몸을 단번에 드리심으로 말미암아 우리가 거룩함을 얻었노라 오직 그리스도는 죄를 위하여 한 영원한 제사를 드리시고 하나님 우편에 앉으사"(10,12절).

구약의 이사야서나 미가서도 우리 죄의 용서의 완전함을 말해준다. "너희 죄가 주홍 같을지라도 눈과 같이 희어질 것이요 진홍같이 붉을지라도 양털같이 되리라"(사 1:18). "내가 네 허물을 빽빽한 구름의 사라짐같이, 네 죄를 안개의 사라짐같이 도말하였으니"(사 44:22). 미가서 7장의 "주께서는 죄악을 사유하시며"(18절)에서 '사유하심'(박윤선 〈소선지 하권 미가서 주석〉 p.302 נָשָׂא)은 히브리어로 치워버리신다는 뜻이다. "허물을 넘기시며"의 '넘기시며'(עָבַר) 또한 허물을 지나가게 한다는 뜻이다. 19절의 "죄악을 발로 밟으시고"는 죄의 힘을 정복한다는 뜻이며 "모든 죄를 깊은 바다에 던지시리이다"는 모든 죄를 털끝만큼도 남김없이 용서하신다는 뜻이다.

이 모든 말씀들은 예수 그리스도의 십자가의 공로가 우리 죄를 단번에 영원히 완전하게 사했다는 것을 증명해 주고 있다. 모든 성도들이 반드시 알아야 할 것은 예수 그리스도께서 십자가에서 죽으실 때 우리의 모든 죄를 단번에 완전히 다 해결하셨다는 것이다. 우리의 죄는 더 이상 남아 있지 않다. 우리는 힘차게 우리의 구속주 되신 예수의 공로를 찬양해야 한다. 이것이 '피를 찍어서 회막 앞에 일곱 번 뿌려야' 하는 이유이다. 그러므로 우리는 우리 양심에 평강을 얻을 수 있고 더 이상 정죄를 받지 않는다. 다시 말하지만 죄 사함의 유일한 근거는 그리스도의 십자가이다.

우리는 신약 성경에서 예수 그리스도의 피가 단지 우리의 죄를 씻고 우리를 거룩케 하나님 앞으로 인도하여 하나님과 화목하게 해줄 뿐 아니라 승천하시어 우리를 위해 대언자가 되어 주셔서 우리가 그리스도인의 생활을 하면서 죄를 짓고 잘못할 때 우리의 일을 도와주신다는 것을 알게 된다. "아버지 앞에서 우리에게 대언자가 있으니 곧 의로우신 예수 그리스도시라"(요일 2:1)고 한다. 또한 히브리서 7장 25절은 "그러므로 자기를 힘입어 하나님께 나아가는 자들을 온전히 구원하실 수 있으니 이는 그가 항상 살아서 저희를 위하여 간구하심이니라"고 한다. 그리스도는 우리의 죄를 위해 십자가에 돌아가셔서 우리의 죄에 대한 온전한 속죄 제물이 되셨을 뿐 아니라 우리를 위해 기도하며 중보하기 위해 하나님 존전에 항상 계신다. 그분은 거기서 우리를 위해 대변하고 계시며 그분의 속죄의 죽음의 효능이 계속해서 우리에게 적용되고 미치도록 기도하시면서 도와주시는 것이다.

하나님은 우리를 심판관으로서 대하시는 것이 아니라 사랑하는 아버지로서 대하신다. 하나님은 우리에게 아무 죄도 물으실 수 없다. 왜냐하면 우리를 대신하여 죽으신 그리스도께서 우리의 모든 죄를 다 사하시고 죽으셨기 때문이다. 그런데 그분은 우리에게 우리의 죄를 전가하지는 않지만 그것을 깊이 그리고 예리하게 느끼고 괴로워하게 만드신다. 또한 성령은 우리가 범한 부정과 죄를 기억나게 하신다. 이러한 괴로움은 3일이 될지 7일이 될지 아무도 모른다. 아마 성령이 죄를 깨닫게 하는 것은 3일째이고 그 죄를 부정의 물로 제거하여 그분의 죽음의 가치를 다시 한 번 기억나게 하면서 그 죄를 씻음 받는 것은 7일이라는 날일 것이다.

5절, 그 암소를 자기 목전에서 불사르게 하되 그 가죽과 고기와 피와 똥을 불사르게 하고

이 암소 곧 붉은 암송아지를 불사르라고 했다. 우리 주 예수님이 십자가에 못 박혀 죽으신 것은 일종의 불살라짐이다. 그것은 그분이 극도로 고통받으셨음을 의미한다. 시편 22편에서 기자는 그리스도의 고난받으심을 묘사하면서 "내 힘이 말라 질그릇 조각 같고 내 혀가 잇틀에 붙었나이다(15절)"라고 말했다. 이런 표현은 그분이 십자가에 계실 때 불태워지는 고통을 당하셨음을 말해 주고 있다. 여기서 가죽과 고기와 피와 똥을 불사르라는 것은 그 암송아지의 모든 부분이 다 태워지는 것을 의미하며 또한 극심한 고통을 당하는 것을 의미한다. 그리스도께서는 십자가에서 내장의 모든 부분이 다 태워지는 그러한 죽음을 죽으심으로 우리를 위한 구속의 역사를 완전하게 성취하신 것이다.

아버지 하나님은 그의 아들이 이 땅에서 어떠한 죽임을 당하실 것인가에 대하여 이와 같이 예표로 자세히 말씀하셨다. 우리의 구속을 위하여 아버지의 사랑하는 아들이 내장이 다 태워지는 고통을 당할 것을 미리 말씀하신 것이다. 아, 어떠한 큰 사랑인지!

6절, 동시에 제사장은 백향목과 우슬초와 홍색실을 취하여 암송아지를 사르는 불 가운데 던질 것이며

백향목은 가장 큰 나무이고 우슬초는 가장 작은 식물이다. 모든 사람들과 모든 것들을 포함한다는 의미이다. 그리고 홍색실이란 세상의 모든 영화 또는 화려함을 상징하는 것이라고 볼 수 있다. 이러한 모든 것들을 취해서 암송아지를 사르는 불 가운데로 던지라고 했다. 이것은 예수 그리스도께서 십자가에서 죽으실 때 그 안에서 이 세상의 모든 것들, 즉 큰 것부터 작은 것까지 그리고 세상의 모든 영화로움과 화려함이 불살라진 것임을 보여 준다. 또한 우리의 크고 작은 모든 죄악들이 다 사해진 것을 의미하기도 한다.

7-9절, 제사장은 그 옷을 빨고 물로 몸을 씻은 후에 진에 들어갈 것이라 그는 저녁까지 부정하리라 8 송아지를 불사른 자도 그 옷을 물로 빨고 물로 그 몸을 씻을 것이라 그도 저녁까지 부정하리라 9 이에 정한 자가 암송아지의 재를 거두어 진 밖 정한 곳에 둘지니 이것은 이스라엘 자손 회중을 위하여 간직하였다가 부정을 깨끗케 하는 물을 만드는데 쓸 것이니 곧 속죄제니라

그런 다음 제사장은 옷을 빨고 몸을 씻은 후에야 진에 들어갈 수 있으며 송아지를 불사른 자도 옷을 빨고 몸을 씻어야 한다. 그리고 이들은 저녁까지 부정하다고 했다. 왜 이들이 부정하게 되는가? 그것은 주님을 십자가에 못 박히게 한 사람들은—물론 주님이 십자가에서 죽으심으로 우리에게 구원을 베푸셨고 그 효능은 우리에게 죄 사함과 생명을 가져다주었지만—다 죄가 있음을 예표하고 있는 것이다. 그리고 여기에서 붉은 암송아지의 재의 용도를 우리에게 가르쳐 주는데 이것은 부정을 깨끗케 하는 물을 만드는 데 사용된다.

10절, 암송아지의 재를 거둔 자도 그 옷을 빨 것이며 저녁까지 부정하리라 이는 이스라엘 자손과 그 중에 우거하는 외인에게 영원한 율례니라

이 말씀은 참 이해하기 쉽지 않다. 이것을 어떻게 오늘 우리에게 적용할 수 있는가? 히브리서 10장을 보면 우리가 주님을 믿을 때 우리의 죄는 다 용서를 받았다. 주 예수님은 십자가에서 우리의 죄를 영원히 다 해결하셨다. 그런데 우리는 생활 가운데 세상을 접하면서 다시 또 죄를 범하게 된다. 그럴 때 우리는 주님과의 교제에 문제가 생기고 간격이 있게 된다. 이러한 죄의 문제는 어떻게 처리해야 하는가? 이것이 민수기 19장에서 우리에게 가르쳐 주고자 하는 말씀이다. 여러분은 결코 이것이 쉬운 것이라고 생각해서는 안 된다. 일단 우리의 죄가 다 해결되었는데 다시 죄를 지었을 때에 그 죄를 어떻게 해결하느냐는 것이다.

오늘날 어떤 사람들은 예수를 믿었으면 영원히 죄를 사함받았기 때문에 죄를 지었다 해도 다시 회개할 필요가 없다고 말한다. 만일 누가 다시 또 사함받아야 한다고 말하면 그런 사람은 구원받지 못한 사람이라고 한다. 또 어떤 사람들은 죄를 지을 때마다 계속 회개해야 사함받는다고 말한다.

그렇다면 과연 무엇이 진리인가? 우리의 죄는 한 번 믿을 때 영원 속죄를 받은 것인가? 물론 그렇다. 하나님께서는 우리 모두의 죄악을 십자가에 못 박히신 그리스도께 담당시키셨기 때문에 그리스도께서 우리의 죄악을 완전하게 해결하셨다. 그러므로 주님은 다시는 우리에게 죄를 묻지 않으신다. 이것에 대해 우리는 분명해야 한다. "우리 무리의 죄악을 그에게 담당시키셨도다"(사 53:6). 이것이 레위기 1장부터 7장까지의 문제이다. 거기서 우리는 예수 그리스도의 기본적인 제물들로 말미암아 우리의 죄악이 해결된 것을 보았다.

그런데 민수기에서는 그들이 광야 길을 걸어가다 보니까 또 죄를 짓게 되었는데 이러한 때에 어떻게 해야 할 것인지를 말해 준다. 그들 가운데에는 불신과 원망과 거역과 많은 문제들이 생겨났고 이제 이런 것들에서 깨끗케 되기 위해서는 붉은 암송아지의 재가 필요하다. 이것은 우리가 하나님의 자녀가 된 후에 세상 광야의 길을 걸어가다가 주님의 십자가의 길을 따라 걸어가지 않고 다시 더럽혀지거나 죄를 범하거나 세상을 접했을 때 어떻게 깨끗이 씻음을 받고 아버지와 막힘 없는 교제를 할 수 있는지를 가르쳐 주고 있다. 요한 일서 1장을 보겠다. "우리가 저에게서 듣고 너희에게 전하는 소식이 이것이니 곧 하나님은 빛이시라 그에게는 어두움이 조금도 없으시니라 만일 우리가 하나님과 사귐이 있다 하고 어두운 가운데 행하면 거짓말을 하고 진리를 행치 아니함이거니와 저가 빛 가운데 계신 것같이 우리도 빛 가운데 행하면 우리가 서로 사귐이 있고 그 아들 예수의 피가 우리를 모든 죄에서 깨끗하게 하실 것이요 만일 우리가 죄 없다 하면 스스로 속이고 또 진리가 우리 속에 있지 아니할 것이요 만일 우리가 우리 죄를 자백하면 저는 미쁘시고 의로우사 우리 죄를 사하시며 모든 불의에서 우리를 깨끗케 하실 것이요"(5-9절).

이 말씀은 우리가 거듭난 후의 이야기이다. 우리가 죄를 범하였을 때 죄를 자백하면 하나님은 미쁘시고 의로우사 우리 죄를 사해 주시고 모든 불의에서 우리를 깨끗케 해주신다고 했다. 그렇다면 일단 죄 사함받고 거듭났을지라도 또 자백하고 사함을 받아야 된다는 말인가? 이것은 이해하기가 쉽지 않지만 사실은 이렇다. 일단 죄 사함을 받고 거듭났으면 하나님의 심판대 앞에서는 결코 정죄를 받지 않는다. 왜냐하면 예수 그리스도께서 우리의 모든 죄를 담당하셨고 우리의 죄는 다 도말되었기 때문이다. 하나님께서는 영원히 우리에게 그 죄를 다시 묻지 않으신다. 그런데 우리가 생활 가운데서 죄를 짓는 경우, 이것은 하나님 아버지와 자녀인 우리 사이에 막힘을 가져온다. 하나님께서는 죄를 싫어하시기 때문이다. 하나님께서는 이미 그 아들에게 우리 죄를 다 담당시키셨기 때문에 다시는 우리를 정죄하시지 않으신다. 그러나 용서받고 구원받은 사람이 다시 죄를 짓게 되면 아버지와 자녀 사이의 교통에 문제가 있게 된다. 이것은 법정에서의 심판과 정죄의 문제가 아니라 가정에서의 아버지와 자녀 사이의 교제와 사귐의 문제이다.

한 가지 예화로 이것을 설명해 보겠다. 한 집안에 어머니와 아들 형제가 살고 있었는데, 형은 착실하여 어머니를 봉양하고 집안을 잘 꾸려나가는데 동생은 그렇지 않고 걸핏하면 나가서 좋지 않은 사람들과 어울려 놀다가 싸우고 들어오곤 했다. 그런데 하루는 또 동생이 나가서 사람들과 싸우다가 한 사람을 죽이게 되었다. 이 동생은 피 묻은 옷을 입고 집에 뛰어들어와 어쩔 줄 모르고 있는데 밖에서는 경찰이 오는 소리가 들린다. 그때 형이 재빨리 동생의 그 피 묻은 옷을 벗겨서 자기가 입고 동생 대신 끌려가 그 죄의 형벌을 받고 결국 죽었다. 이 동생은 형으로 인해 그 죄에서 놓임받은 것이다. 그런데 문제는 그 다음이다. 동생이 후에 다시 죄를 짓는다고 할 때 어떤 문제가 생기겠는가? 법정에서는 형에게 죄를 담당시켰기 때문에(그리스도의 구속을 설명함으로 영원성이 있음-편자 주) 동생에게는 어떤 죄도 묻지 않을 것이지만 양심의 책망의 문제가 있게 된다. '바로 그러한 죄 때문에 형이 심판을 받았는데 네가 또 다시 그러한 죄를 짓다니…'.

주 예수님은 우리의 모든 죄를 짊어지시고 우리 대신 형벌을 받으셨다. 그리고 그분은 우리를 위해 사람들에게 버린바 되었고 진 밖에서 죽임을 당하신 것이다. 그래서 우리는 사함을 얻었다. 그런데 다시금 죄를 지을 때 우리에게는 양심의 문제가 있게 된다. 우리의 이러한 죄는 하나님과의 교제에 막힘을 가져온다. 그러므로 이 죄의 문제를 해결해야 하는 것이다. 그런데 이 죄의 문제를 해결하는 것을 처음에 주님을 믿고 사함을 받는 것과 동등하게 여겨서는 안 된다. 왜냐하면 우리 주 예수님은 십자가에서 두 번 죽으실 수 없기 때문이다. 한 번 십자가에서 죽으심으로 모든 죄가 다 해결되었다. 이것은 구약 시대에 자주 드렸던 이스라엘 백성의 제사법과 같지 않다. 오늘날 어떤 신약의 믿는 이들은 구약의 방식으로 자기 죄를 해결하려고 한다. 그것은 유대교 방식이다.

신약에서는 우리 주 예수님이 한 번 십자가에 달리심으로 우리의 죄를 영원히 해결하셨기 때문에 다시 사해 달라고 하는 것이 아니다. 그러면 무엇인가? 그래서 여기에 붉은 암송아지의 재를 물에 타서 뿌림으로 깨끗케 하는 것이 있다. '재'라는 것은 어떤 사물의 최종 형태이므로 더 이상 변하지 않는다. 그리고 더 이상 다른 물질로 화하지 않기 때문에 영원히 존재한다. 그렇기 때문에 재로 보관한다면 영구적이다. 예수 그리스도의 제물 되심이 재로 보관되어 있기 때문에 우리는 예수 그리스도의 피의 효능이 영원하다고 말하는 것이다. 우리는 언제든지 그 피로 우리의 죄를 씻을 수 있다.

여기서 그 재를 물에 타서 사용하라고 했는데, 이 물은 성경에서 성령을 의미한다. 그러므로 우리가 혹 범죄했을 때 우리는 주 예수님의 십자가의 죽으심의 효능을 다시 한 번 기억하고 적용해야 하는데 그것은 오직 성령의 능력으로 이루어진다. 그럴 때 우리는 깨끗케 된다. 이것은 다소 이해하기가 어렵지만 민수기 19장에서 이러한 규례를 자세하게 말씀해 주고 있기 때문에 우리는 잘 배워 적용해야 한다.

11절, 사람의 시체를 만진 자는 칠 일을 부정하리니

사람의 시체를 만진 자는 부정하게 된다. 그러한 사람은 칠 일을 부정하다고 했다. 그러한 사람이 바로 붉은 암송아지의 재를 적용해야 할 사람이다. 이어지는 구절들에서 적용 사례를 몇 가지 제공하고 있다. 이 죄악은 기한이 있는 부정이라는 것이 특이하다. 그러므로 이는 체험적으로 하나님 앞에서 해결해야 할 믿는 이들의 죄라는 점이다. 이에 대하여 분명하지 않으면 진리에 있어서 분명치 않게 된다. 우리는 그리스도의 보혈로서 모든 죄가 다 사해졌다. 더 이상 하나님은 우리를 정죄하지 않으신다. 또한 우리의 죄에 대해서 심판하실 수 없다. 그리스도의 피의 공로 때문이다. 그러므로 여기서 부정하게 된 것은 죄라고 할 수 있는데도 그 기간이 칠일에 해당한다. 이것은 사함받기 전의 죄와 다르다. 용서받지 않은 죄는 7일이 아니라 영원히 사해지지 않는다. 그러나 이 부정함은 그래도 칠일이 지나면 피가 없이도 정결케 될 길이 있는 것이다.

12절, 그는 제 삼일과 제 칠일에 이 잿물로 스스로 정결케 할 것이라 그리하면 정하려니와 제 삼일과 제 칠일에 스스로 정결케 아니하면 그냥 부정하니

어떤 사람의 시체를 만진 자는 부정하게 된 자인데, 하나님께서는 예수를 믿은 뒤에 죄를 지은 사람에 대해 도둑질을 했다, 간음을 했다고 말씀하지 않으시고 시체를 만졌다거나 무덤을 만졌다고 하신다. 이것은 만지지 말아야 할 것을 만졌다는 뜻이다. 우리가 이런 부정의 문제도 간단하게 생각할 수 없는 것은 이것이 작은 것 같이 보일 지라도 하나님과의 교제를 단절시킨다는 것이다. 이 세상에 살면서 시체를 만지는 등 부정하게 될 수 있는 가능성은 많은 것이다. 우리는 이럴 때 어떻게 해야 하는가!

우리는 그럴 때 제 삼 일과 제 칠 일에 스스로 잿물을 가지고 정결케 해야 한다. 이것은 자기 자신이 그렇게 해야 한다는 의미이다. 여기서 이 새로운 제사는 예수의 십자가의 피를 다시 적용해야 한다고 말하는 것이 아니다. 이는 하나님의 은혜로운 대책, 분리의 물을 통해서 우리의 부정이 해결되고 하나님과의 교제가 회복되도록 한 것이다. 하나님은 우리에게 속죄의 피를 준비하셔서 우리의 죄를 사함받도록 예비하셨을 뿐 아니라 이 분별의 물을 예비하셔서 그분의 거룩한 표준에 늘 이르게 하셨다. 11절은 사람의 시체를 만진 자는 7일을 부정하다고 하였다. 이것은 절대적인 죄가 아니다. 어떻게 보면 이러한 부정함은 7일이 지나면 해결된다는 뜻도 된다. 물론 7일의 정결케 하는 예식을 하지 않으면 그 부정함이 그대로 있다고 하지만 그 부정은 7일간 부정하다는 시한부적 개념이 있는 것이다.

그 부정이 정결케 되지 않으면 부정을 접한 자는 하나님과의 교제가 막혀버린다. "누구든지 시체를 만지고 스스로 정결케 아니하는 자는 여호와의 성막을 더럽힘이라 그는 이스라엘 중에서 끊쳐질 것(13절)"

이라고 하였다. 우리는 부지중에 이런 부정에 다다르게 될 수도 있다. 그런데 막상 이렇게 되면 어떻게 할 것인가? 하나님은 이런 부정의 문제도 해결하도록 이 분별의 물을 대책으로 예비해두셨다. 아멘. 할렐루야!

그러면 제 삼 일과 제 칠 일은 무엇을 의미할까? 이것도 참 이해하기가 어렵지만 이렇게 설명해 보겠다. 믿는이가 생활 가운데 어떤 잘못을 저질렀을 때 자신이 더럽혀지고 하나님과 간격이 생겼다는 것을 느낀다. 그런데 왜 그런 느낌이 있는지를 분명히 깨닫는 데에는 아마도 삼 일이 걸릴 것이다. 그것은 꼭 삼 일이라는 의미가 아니고 자신의 죄를 분명하게 인식하는 데 걸리는 시간을 말하는 것이다. 그러므로 우리는 여기서 붉은 암송아지의 잿물을 적용하는 법을 배울 수 있다. 우리가 잘못 행하고 죄를 지었을 때 먼저 삼 일이라는 시간이 필요하다. 우리는 자신이 잘못한 것이 무엇인지를 철저하게 깨달을 필요가 있다. 우리 주 예수님은 십자가에서 죽으시고 무덤에 묻히신 지 삼 일 만에 부활하셨다. 또 아브라함은 이삭을 모리아 산에서 바치기 위해 삼 일 길을 걸어갔다. 성경에서 삼 일은 의미가 있다. 삼 일이 되었을 때 우리가 지은 죄에 대한 인식이 충분히 일어나게 되는 것이다.

그리고 칠 일이란 완성의 숫자이다. 칠 일이 되어서야 주 예수님께서 바로 나의 이 죄 때문에 십자가에서 죽으셨다는 것을 온전히 깨닫는 것이다. 이것이 바로 정당하게 이 잿물을 적용하는 방법이다. 삼 일과 칠 일을 거쳐서 우리는 용서를 받고 깨끗케 된다. 그런데 이 삼 일과 칠 일의 역사는 바로 성령으로 말미암는다. 성령께서는 그리스도의 구속의 효능을 가지고 우리로 돌이키게 하고 씻음받게 역사하신다.

우리는 이렇게 민수기 19장 말씀을 요한 일서 1장 말씀과 연관시켰다. 빛이 임하지 않으면 우리가 범죄한 것을 알 수 없고 따라서 회개할 길이 없다. 그래서 사도 요한은 먼저 우리에게 "하나님은 빛이시라 그에게는 어두움이 조금도 없으시니라" 하고서 하나님과 교제할 때 빛 가운데 있게 되며 그럴 때 우리의 어두움이 드러나고 죄가 드러남으로 자백하고 하나님 아들 예수의 피로 씻음을 받는다고 말해 주고 있다. 즉 삼 일이나 칠 일은 우리의 죄가 드러나도록 빛이 비취는 기간이라고 볼 수 있다.

13절, 누구든지 죽은 사람의 시체를 만지고 스스로 정결케 아니하는 자는 여호와의 성막을 더럽힘이라 그가 이스라엘에서 끊쳐질 것은 정결케 하는 물을 그에게 뿌리지 아니하므로 깨끗게 되지 못하고 그 부정함이 있음이니라

여기서 우리는 하나님께서 이스라엘 백성들이 하나님과 함께할 때 결코 부정한 상태에 머물러 있기를 원치 않으신다는 것을 볼 수 있다. 하나님은 이스라엘 백성 가운데 거하시면서 두루 행하기를 원하시기 때문에 그들이 시체를 만졌거나 부정해졌을 때 그것을 깨끗케 하지 않고 그대로 있으면 안 된다. 주님은 요한복음 13장에서 베드로에게 "내가 너를 씻기지 아니하면 네가 나와 상관이 없느니라"고 하셨다.

오늘 우리가 하나님을 우리 가운데 모시고 하나님과 동행하는 삶을 살며 하나님의 거처가 되기 원한다면 우리는 생활 가운데서 부지중에 조금씩 더럽혀지는 것들을 용납하면 안 된다. 우리가 주 예수님을 믿음으로 영 단번에 죄 사함을 받은 것은 분명하다. 그러나 한 가지 기억해야 할 것은 우리는 이제 주님과 동행하고 계속적인 교제와 연합 가운데 있어야 하는데 이것을 방해하는 것이 있다는 것이다. 그것은 바로 시체를 만지거나 부정한 것을 접하여 우리가 더럽혀지는 것이다. 그럴 때 우리는 하나님과 함께할 수 없다. 하지만 하나님은 우리와 시종 막힘없이 교제할 수 있기를 원하시기 때문에 혹시 우리가 부정하게 되었을 때에 그것을 근본적으로 처리할 수 있는 길을 예비하셨는데, 그것이 붉은 암송아지의 재이다.

우리가 어떤 죄를 범하거나 부정한 것을 접촉했을 때에는 반드시 이 잿물로 씻어서 정결케 하되 제 삼 일과 제 칠 일에 스스로 정결케 하라고 했다. 이것은 우리가 하나님의 빛 비추심을 통해 우리의 죄가 무엇인지를 깨닫고, 그럼으로써 우리는 칠 일, 곧 주님이 우리 죄를 위해서 십자가에서 죽으신 그 의미를 마음속에 다시 상기하면서 우리 죄를 자복하고 회개함으로 용서와 씻음을 받는다는 것이다. 그럴 때 우리는 하나님 아버지와 다시금 막힘없는 교제를 갖게 된다. 이렇게 우리 믿는이들은 부정한 상태에 머물러 있어서는 안 되며 매일매일 씻음으로 하나님의 성막인 교회를 더럽히지 말아야 하고 거룩하신 하나님과의 지속적인 교제 안에 거해야 한다.

14절, 장막에서 사람이 죽을 때의 법은 이러하니 무릇 그 장막에 들어가는 자와 무릇 그 장막에 있는 자가 칠 일 동안 부정할 것이며

장막에서 사람이 죽을 때 그 장막에 들어가는 자와 그 장막에 있는 자는 칠 일 동안 부정하다고 했다. 어쨌든 하나님께서는 믿는이들이 사망에 접하는 것을 싫어하시고 그것을 부정하게 여기신다. 우리가 16장에서부터 본 많은 거역들은 다 사망이다. 만일 어떤 집이 거역으로 가득한데 믿는이가 그 집에 교제하러 갔다면 그것은 바로 이 구절 말씀에 해당한다. 그것은 사람이 죽은 집에 들어가는 것이고 그럴 때 그도 부정하게 된다.

15절, 무릇 뚜껑을 열어 놓고 덮지 아니한 그릇도 부정하니라

뚜껑을 열어 놓고 덮지 않은 그릇이 왜 부정한지를 예를 들어 설명해 보겠다. 가령 지금 어떤 무리 가운데 거역이 충만하고 사망이 충만하다고 하자. 그럴 때 뚜껑을 열어 놓고 덮지 않은 사람은 그러한 상황에 대해 호기심으로 가득하여 들어보고 알아보려고 하는 사람이다. 사실 그러한 상황은 자세히 알아보려고 할 필요가 없다. 벌써 냄새만 맡고서도 '아, 저것은 사망이구나. 아, 저것은 부정한 것이구나' 라는 것을 알고 뚜껑을 닫아야 한다. 그런데 어떤 사람은 하나님의 말씀을 전하는 자리에서는 뚜껑을 닫고 있다가 그런 거역의 말이 떠돌면 그제서야 뚜껑을 열고 들어보려고 이집 저집 왔다 갔다 한다. 그런 사람은 말할 것도 없이 부정하게 된다. 그런 사망의 분위기에서는 뚜껑을 덮어야 보호가 된다.

16절, 누구든지 들에서 칼에 죽이운 자나 시체나 사람의 뼈나 무덤을 만졌으면 칠 일 동안 부정하리니

이 부분의 말씀은 어떤 사람들이 부정한지를 예시하고 있다. 첫째는 사망의 상황에서 뚜껑을 열어 놓고 덮지 않은 사람이 부정하고, 둘째는 들에서 칼에 죽이운 사람이 부정하다. 사실 우리 그리스도인들은 들에서 왔다 갔다 할 필요가 없다. 우리는 그저 항상 주님 안에 있어야 한다. 그러면 들이란 무엇인가? 많은 들짐승들이 다니는 곳이다. 즉 수많은 싸우는 육체들, 본능으로 행하는 사람들이 왔다 갔다 한다. 좀 쉽게 설명해 보겠다. 이 세상에서도 얌전한 사람은 얻어맞고 다니지 않는다. 조용히 학교와 집을 오가면서 착실하게 공부하는 사람은 얻어맞는 일이 별로 없다. 그런데 괜히 극장가나 술집이 들어서 있는 거리를 왔다 갔다 하는 사람들이 얻어맞아 머리가 상하고 이가 부러지는 일을 당하는 것이다.

이와 마찬가지로 그리스도인들은 잠잠히 주님 앞에서 살아야 하는데 왜 들에 나가 돌아다니는가? 그러다가 칼에 맞아 죽게 되는 것이다. 들에는 야수들이 있고 마구 칼을 휘두르는 사람들이 있다. 그래서 들에 나가 아무나 만나 이야기하다가는 영적으로 독침을 맞고 상처를 입어 죽게 되는 것이다. 그런데 그렇게 죽은 사람을 만나거나 시체나 사람의 뼈나 무덤을 만지면 칠 일 동안 부정하다고 했다. 무덤이란 원래 죽은 사람을 묻어 놓은 곳이다. 거기 가면 당연히 죽은 사람이 있고 또 누가 죽었는지 아는데 왜 굳이 그런 곳을 가는가? 죽은 사람을 그리워하기 때문이다. 어떤 사람들은 무덤을 자주 찾아가는데, 그것은 생생하게 살아 있는 사람들과 생활하다가 어느날 실망스럽고 따라가기 싫게 되자 자신의 육체를 편안하게 해주는 죽은 사람이 그리워서 가는 것이다. 그리고서 사망으로 더럽혀져서 돌아온다.

이 장의 말씀을 자세히 읽을 때 하나님은 그분의 백성들이 얼마나 거룩하고 정결하기를 원하시는지 알 수 있다. 11절에 사람의 시체를 만진 자가 부정하다고 말하였고, 13절은 시체를 만지고 정결케 하지 아니하면 여호와의 성막을 더럽게 한다고 하였다. 16절에는 시체뿐 아니라 사람의 뼈나 무덤을 만져도 부정하게 된다고 하였다. 이런 말씀들은 성도라 하더라도 쉽게 부정케 될 수 있음을 말해주는 구절이다. 아무리 영적이고 훌륭한 성도라 하더라도 오염된 세상에서 사는 한 자신이 온전해서 허물이 없다고 자랑할 수 있는 사람은 없다.

만일 어떤 사람이 죄가 없다고 한다면 그는 스스로를 속이는 자이며 진리가 그의 속에 있지 않다(요일 1:8). 매우 영적인 사람이 있을 수 있지만 그가 상대적으로 온전한 것이지 절대적으로 온전한 것은 아니다. 사도 바울도 자신이 죄인 중의 괴수라고 말했다. 우리가 하나님의 교회 안에서 잘 생활하기 위해서는 언제나 죄와 관계된 부정한 것들을 접할 때마다 계속해서 깨끗하게 씻는 생활이 필요하다.

14절에는 심지어 죽은 사람이 있는 집의 장막에만 들어가도 부정하게 된다는 말씀이 있다. 우리는 단순히 불신자들과 접하는 자체만으로도 부정하게 될 수 있다는 것을 인식해야 한다. 밭에 튀어나온 사람의 뼈를 무의식적으로 만져도 부정하게 되니 우리 그리스도인이 얼마나 쉽게 부정하게 될 수 있는가를 상상할 수 있다. 무덤을 만진 자도 부정하고 발이나 손으로 죽은 사람의 뼈를 접촉할 때에 부정하게 된다. 그러므로 이 땅에는 부정케 될 수 있는 요소가 얼마나 많겠는가!

오늘날 회칠한 무덤 같은 예배가 얼마나 많은가! 그 속에 많은 죽은 사람들의 뼈가 있는 외식하는 집회는 얼마나 많은가! 우리가 이런 것들을 접하고 난 후에 부정하게 되었다는 느낌이 없다면 진실한 신자라고 말할 수 있는가! 아! 우리의 주위에는 부정한 것 뿐임을 고백하지 않을 수 없다. 따라서 성도들은 붉은 암송아지의 재와 그 물이 얼마나 중요한 씻음을 위한 예비인지를 알아야 한다.

17-18절, 그 부정한 자를 위하여 죄를 깨끗하게 하려고 불사른 재를 취하여 흐르는 물과 함께 그릇에 담고 18 정한 자가 우슬초를 취하여 그 물을 찍어서 장막과 그 모든 기구와 거기 있는 사람들에게 뿌리고 또 뼈나 죽임을 당한 자나 시체나 무덤을 만진 자에게 뿌리되

다시 한 번 말하지만 물은 성령을 가리킨다. 우슬초는 식물 중에서 가장 작은 것으로, 이는 작은 믿음이라고도 할 수 있다. 작은 믿음을 가지고 성령으로 암송아지의 재를 모든 부정한 것들에 적용하는 것이다.

19절, 그 정한 자가 제 삼일과 제 칠일에 그 부정한 자에게 뿌려서 제 칠일에 그를 정결케 할 것이며 그는 자기 옷을 빨고 물로 몸을 씻을 것이라 저녁이면 정하리라

역시 붉은 암송아지의 재로 정결케 하는 규례를 말하고 있다.

20절, 사람이 부정하고도 스스로 정결케 아니하면 여호와의 성소를 더럽힘이니 그러므로 총회 중에서 끊쳐질 것이니라 그는 정결케 하는 물로 뿌리움을 받지 아니하였은즉 부정하니라

여기의 '정결케 하는 물'을 흠정역에서는 '분별의 물' 또는 '분리의 물'(water of seperation)이라고 번역했다. 이 물은 한 면으로는 정결케 하는 물이고 다른 한 면으로는 분리하는 물이다. 즉 하나님께서는 그분의 백성들이 이러한 사망의 부정함에서 분리되기를 원하신다. 그리스도인으로서 가장 두드러진 분리됨의 표시는 능욕을 지고 가신 그리스도를 따르는 것이다. 오늘날 정당하게 그리스도인의 길을 가는 사람은 바로 이 세상의 진영, 유대교의 진영 밖에서 십자가를 지신 그리스도를 따르는 사람이다.

그리스도께서 십자가에서 죽으신 것은 다만 우리의 죄를 사하시기 위한 것만이 아니다. 더 나아가 그분은 우리가 그 죽음의 효능으로 죄의 세력이 존재하는 영역에서 벗어나기를 원하신다. 그래서 붉은 암송아지의 잿물이 필요한 것이다. 오늘날 어떤 사람이 바르게 그리스도인의 길을 가는지를 보려면 그가 세상의 진영 밖으로 나가 예수 그리스도의 능욕을 지고 그분을 따르는 사람인가를 보면 된다. 쉽게 말해서 그가 분별의 길을 걸어가는지를 보면 된다. 여러분이 만일 지속적으로 붉은 암송아지의 잿물을 적용하면서 길을 걸어간다면 모든 종류의 세상에서 벗어나게 된다. 결과적으로 여러분의 발걸음은 영문 밖에서 능욕을 지고 고난당하신 예수 그리스도를 따르고 있을 것이다.

이것은 자신이 능욕을 지고 예수님을 따라간다고 크게 외치는 데 있는 것이 아니다. 민수기 19장에서 우리에게 말해 주는 것은 끊임없이 붉은 암송아지의 재로 부정한 것을 씻어냄으로써 세상과 분리되어 영문 밖에서 고난당하신 그리스도를 따르게 된다는 것이다. 그렇기 때문에 붉은 암송아지의 잿물은 정결케 하는 물이기도 하고 분리하는 물이기도 하다. 하나님 앞에서 조그만 것이라도 부정함을 처리해 나가지 않는 사람은 주님의 길을 바르게 가는 사람이 아니다. 다시 말하지만 이 일은 크게 외친다고 해서 되는 것이 아니고 크게 결심한다고 해서 되는 것이 아니다. 주님과의 작은 간격이라도 제하기 위해서 어떠한 대가라도 지불할 수 있는 사람, 양심에 조금도 거리낌이 남아 있지 않도록 깨끗이 처리하고자 하는 사람, 그가 바로 붉은 암송아지의 재를 적용하는 사람이며 그런 사람만이 주님의 길을 바르게 갈 수 있다.

"사람이 부정하고도 스스로 정결케 아니하면 여호와의 성소를 더럽힘이니". 자기가 부정하게 되었는데 스스로 정결케 하지 않는 사람은 오늘날로 말하면 그리스도의 몸인 교회를 더럽히는 사람이다. 모든 그리스도인들은 마땅히 자신을 위해서든 하나님의 거처인 교회를 위해서든 조그만 부정함일지라도 정결케 해야 한다. 우리는 한 사람 개인으로 끝나는 것이 아니다. 신약의 성도들은 그리스도의 몸의 지체이며 우리 한 사람 한 사람이 다른 지체들에게 영향을 미치게 되는 것이다. 몸으로 연결되었기 때문이다. 우리가 정결하지 않고 부정하게 되면 나 혼자의 일로 끝나는 것이 아니라 전체 그리스도의 몸에게 영향을 미치는 것이다. 이런 원리는 고린도 전서 5장과 6장에 자세히 나와 있다. 한 사람이 죄의 누룩이 감염되었을 때 전체의 떡 덩어리에 영향을 미치게 되는 것이다. 우리가 그리스도의 몸의 지체로서 한 몸으로 연결되어 있다는 것을 안다면 우리가 얼마나 우리의 몸을 거룩하게 보존해야 하겠는가?

"그러므로 총회 중에서 끊쳐질 것이니라". 결국 총회 중에서 끊쳐지는 것은 작은 한 가지 한 가지의 부정한 것들을 처리하지 않았기 때문이다.

"그는 정결케 하는 물로 뿌리움을 받지 아니하였은즉 부정하니라". 정결케 하는 물로 뿌리움을 받지 않은 사람, 제 삼 일과 칠 일에 이 잿물로 부정함을 처리하지 않은 사람, 그러한 사람이 결국 성소를 더럽히는 사람이요 총회 중에서 끊쳐질 사람이다. 우리는 매우 두려워해야 한다. 오늘날의 교회생활은 결코 작은 것이 아니다. 붉은 암송아지의 잿물을 적용하여 우리 자신을 늘 깨끗케 하지 않으면 먼저는 하나님과의 교제가 막히고 또 성도들 간에도 막힘이 있게 된다. 그래서 결국 총회

중에서, 즉 하나님의 교회에서 끊쳐지게 된다. 이것은 너무나 두려운 일이다.

하나님께서는 민수기에서 그 많은 죄악들(14,16장 등)을 처리하신 뒤에 마지막으로 19장 2절에서 "여호와의 명하는 법의 율례를 이제 이르노니"라고 하시면서 붉은 암송아지의 재를 말씀하신다. 이것은 하나님께서 광야 길을 걸어가는 이스라엘 백성들이 혹 더럽혀졌을 때 반드시 씻어서 정결케 되도록 예비해 주신 것이다. 그런데도 이것을 사용하지 않고 씻지 않으면 이것은 여호와의 성소를 더럽히는 것이며, 그런 사람은 결국 총회에서 끊쳐지게 된다고 경고하신다.

21-22절, 이는 그들의 영영한 율례니라 정결케 하는 물을 뿌린 자는 그 옷을 빨 것이며 정결케 하는 물을 만지는 자는 저녁까지 부정할 것이며 22 부정한 자가 만진 것은 무엇이든지 부정할 것이며 그것을 만지는 자도 저녁까지 부정하리라

이 말씀을 볼 때 우리는 너무나 쉽게 부정해질 수 있다. 죽은 사람이 있는 곳에 가도 부정해지고 시체를 만져도 부정해지고 무덤을 만져도 부정해진다. 게다가 이 말씀에 의하면 정결케 하는 물을 뿌린 자도 그 옷을 빨아야 하고 정결케 하는 물을 만지는 자도 저녁까지 부정하다. 그러나 칠 일 간 부정한 것보다는 좀 약한 것이다. 다른 사람을 정결케 하는 일을 하는 사람도 어쨌든 조금은 부정해진다.

우리는 때때로 다른 사람의 잘못과 죄악을 바로잡아 주기 위해서 권면하고 돌본다. 그런데 그럴 때일지라도 우리가 반드시 알아야 할 것은 우리에게도 그러한 부정함이 다소 옮는다는 것이다. 우리 인간은 참으로 연약하다. 이러한 부정함에 조금도 영향받지 않으시는 분은 주 예수님밖에 없다. 우리 인간은 아무리 좋고 깨끗하다 해도 어떤 믿는이의 잘못이나 죄 지은 것들을 바로잡아 주려고 할 때 우리도 모르는 사이에 그 죄악이 우리 속에 스며들어온다는 것을 반드시 기억해야 한다. 이러한 것을 모르는 사람들은 자신이 마치 주 예수님처럼 어떤 죄인이나 어떤 잘못한 형제자매를 만나도 전혀 영향을 받지 않을 거라고 자만하면서 마구 접촉한다. 그리고서 자신이 도움을 주어 그러한 사람들이 바로잡히게 되었다고 자랑하면서 자신을 의롭게 여긴다. 그것은 참으로 영적인 지식이 없는 사람의 소행이다. 우리는 무엇을 하든 결과적으로 항상 죄를 자복하는 수밖에 없다. 우리 자신으로는 문제가 없고 죄를 지은 사람이 아닐지라도 그렇다. 여기서 물을 뿌린 자나 물을 만지는 자도, 즉 어떤 부정하게 된 사람을 깨끗케 하기 위해 돕는 일을 하는 사람도 더럽혀진다고 했다. 우리는 반드시 이것을 알고 자신을 신뢰하지 말아야 하며 항상 자신을 깨끗케 해야 한다.

또 부정한 자가 만지는 것은 무엇이든지 부정하다고 했다. 이 땅에서 살아가는 동안, 이 세상 사람들은 다 부정하므로 그들을 만나고서는 반드시 한 번씩 자백하고 회개해야 한다. 어떤 그리스도인은 하루에 백 번씩 기도를 했다고 한다. 우리의 정결함을 유지하는 것이 그렇게 쉬운 일이 아니다. 매일매일 기도하고 매일매일 회개하여 참으로 정결한 그리스도인이 되기를 원한다.

이렇게 볼 때 민수기에서 19장의 위치는 너무도 중요하다. 하나님은 참으로 거룩한 백성을 원하신다. 하나님께서는 그분의 백성들 가운데 한 사람이라도 부정한 것을 접촉하고 그대로 있기를 원치 않으신다. 하나님께서는 우리가 언제나 그분과 막힘없는 교제를 가질 수 있도록 붉은 암송아지의 잿물을 예비하셨다. 우리는 끊임없이 이것을 적용함으로 정결함을 유지하여 주님과 늘 막힘없는 교제를 가질 수 있기 바란다.

민수기 20장

목마름으로 인한 원망

1절, 정월에 이스라엘 자손 곧 온 회중이 신 광야에 이르러서 백성이 가데스에 거하더니 미리암이 거기서 죽으매 거기 장사하니라

여기의 정월은 출애굽한 지 40년 정월이다. 이 지점에서 이스라엘 백성들의 사십 년 방랑 생활은 거의 마쳐지게 된다. 결국 이스라엘 백성들에게는 가데스에서 정탐군을 보낸 후 하나님을 거역하여 광야로 들어가 방황하다가 다시 가데스까지 돌아오는 데 40년이 걸린 셈이다. 어떤 사람이 40년을 걷고 또 걸어 행군했는데 결국 40년 전 떠났던 바로 그 자리에 다시 도착한 것에 비할 수 있다. 가데스라는 지점에서 얼마 안 가면 호르산이 나오는데 거기서 아론이 죽게 된다. 민수기 33장 38절에 의하면 아론이 죽은 해가 이스라엘 백성이 애굽 땅에서 나온 지 제 40년 오월 일일이라고 되어 있다. 20장 1절에서 미리암이 죽은 때는 제 40년 정월이고 제사장 아론이 죽은 때는 제 40년 오월 일일이다. 이때 아론의 나이는 일백 이십 삼 세이고 모세는 일백 이십 세이다.

여기 나오는 가데스라는 지명은 민수기 13장에서 이미 언급된 지명이다(26절). 13장에서는 바란 광야 가데스라고 했고 20장에서는 신 광야의 가데스라고 했는데, 사실 신 광야와 바란 광야는 인접해 있다. 그래서 아마도 '바란 광야 가데스' 또는 '신 광야에 이르러 가데스에' 거했다고 말했을 것이다. 이스라엘 백성들은 출애굽한 지 2년 정도 후에 하세롯에서 진행하여 바란 광야에 진을 쳤다(12:16). 그런데 바란 광야에서 무슨 일이 있었는가? 거기서 열두 정탐꾼을 보냈다. 이 열두 정탐꾼이 가나안 땅을 탐지하고 돌아와서 모세와 아론에게 그 상황을 보고한 곳이 바로 바란 광야 가데스이다. 그때 가데스에서 이스라엘 백성들은 크게 실패를 했다. 열두 정탐꾼 중에서 열 명이 소극적인 보고를 했는데 온 백성은 소극적인 보고를 믿고 울며 그 땅에 들어가지 않고 돌아가야겠다고 함으로 하나님의 약속을 불신하고 거역했다. 그 결과 하나님께서는 40년 동안 이스라엘 백성들을 광야에서 방황하게 하셨다. 그들의 불신과 배역이 결국 이스라엘 백성들을 광야에서 40년 동안 방황하게 만든 것이다.

그런데 지금 20장에서 이스라엘 백성들은 다시 가데스에 있다. 우리는 이것을 매우 슬프고 가슴 아픈 심정으로 읽을 수밖에 없다. 왜냐하면 40년이 지나서 바로 그 자리에 다시 와 있기 때문이다. 40년 전에 가데스에서 그들은 그 땅을 탐지하고 돌아온 정탐꾼들의 소극적인 보고를 믿고서 모세와 아론에게 그 땅에 들어가지 않고 애굽으로 돌아가겠다고 하며 훼방하는 말을 하고 하나님의 약속을 불신하고 거역했다. 그 결과 그들은 광야에서 40년 동안 방황했으며 결국 다시 돌아와서 서 있는 지점이 바로 가데스이다.

"미리암이 거기서 죽으매". 하나님께서는 거역한 이스라엘 백성이 40년 동안 광야에서 방황하다가 다 쓰러져 죽을 것이라고 하셨다. 그 세월 동안 많은 일이 발생했고 하나님의 심판이 있었으며 많은 사람들이 쓰러져 죽었다. 그리고 제 40년 정월에 이 지점에서 미리암이 죽었다. 미리암이 누구인가? 우리는 출애굽기에서 이스라엘 백성들이 홍해를 건넌 후에 아론의 누이 선지자 미리암이 손에 소고를 잡고 춤을 추며 찬양한 것을 본다. 거기서 그녀는 참으로 놀라운 찬양을 발했다. "너희는 여호와를 찬송하라 그는 높고 영화로우심이요 말과 그 탄 자를 바다에 던지셨음이로다"(출 15:21). 이렇게 이스라엘 백성 가운데 귀한 선지자였던 미리암은 40년이 되었을 때에 가데스에서 죽고 거기에 장사된다.

미리암은 홍해를 건널 당시에는 아주 좋았지만 또 어떤 지점에 이르러서는 인도자인 모세를 비방하고 거역하는 일에 앞장섰다가 문둥병에 걸려 백성들의 진행을 일주일 동안 지연시키기도 했다. 그러므로 우리가 이러한 자매를 통해서 한 가지 배울 수 있는 것은 출발은 참으로 좋았지만 중도에서 변하여 하나님께 죄를 지을 수도 있다는 것이다. 그럴 때 그녀는 결국 하나님께 심판을 받았으며 40년이 되었을 때에 가데스에서 죽었다. 그럼에도 불구하고 미가서 6장 4절을 보면 "내가 너를 애굽 땅에서 인도하여 내어 종 노릇 하는 집에서 속량하였고 모세와 아론과 미리암을 보내어 네 앞에 행하게 하였었느니라"고 말씀하신다. 이와 같이 하나님께서는 미리암을 백성을 인도하는 사람으로 인정하셨다. 하나님은 공의로우셔서 사람의 공은 공대로, 실패는 실패대로 인정하시는 것을 볼 수 있다.

2절, 회중이 물이 없으므로 모여서 모세와 아론을 공박하니라

40년이 지난 후 다시금 그들이 가데스에 이르렀을 때 이들의 원망하고 거역하는 정신은 아직도 사라지지 않았다. 그들은 모여서 모세와 아론을 공박하였다.

3절, 백성이 모세와 다투어 말하여 가로되 우리 형제들이 여호와 앞에서 죽을 때에 우리도 죽었더면 좋을 뻔 하였도다

이들은 물이 없자 다시 마음이 상했다. 그리고 백성의 인도자인 모세와 다투면서 자기의 형제들이 죽을 때 그들도 죽었으면 좋을 뻔했다고 불평하고 있다. 이것은 모세를 매우 실망시킨 말이었을 것이다. 그들은 고라의 배역 사건 후 염병을 체험하고 모세와 아론의 속죄와 중보로 구원을 받았다. 그러나 지금 그들은 다 잊어버리고 다시 그 일을 떠올리며 반역적인 말을 하고 있다.

4-5절, 너희가 어찌하여 여호와의 총회를 이 광야로 인도하여 올려서 우리와 우리 짐승으로 다 여기서 죽게 하느냐 5 너희가 어찌하여 우리를 애굽에서 나오게 하여 이 악한 곳으로 인도하였느냐 이곳에는 파종할 곳이 없고 무화과도 없고 포도도 없고 석류도 없고 마실 물도 없도다

이스라엘 백성들은 불평과 불만으로 가득하게 되었다. 그들은 광야를 악한 곳이라고 말했다. 실상 그들에게는 그렇게 풍족하지 않았을지라도 40년 동안 하나님의 매일매일 공급하심으로 부족한 것이 없었다. 그러나 불평하는 사람들의 눈에는 아무것도 없는 것 같이 보이는 법이고 그들의 입에는 "없다"라는 말이 많다. 그들에게는 사실 만나가 있어서 그들의 생존을 위한 충분한 양식이 되었지만 지금 그들은 아무것도 없는 것처럼 느껴지는 것이다.

6-7절, 모세와 아론이 총회 앞을 떠나 회막문에 이르러 엎드리매 여호와의 영광이 그들에게 나타나며 7 여호와께서 모세에게 일러 가라사대

이제 모세도 나이가 들어 일백 이십 세 정도 되었다. 그렇게 오랜 시간을 모세의 인도를 따라 가데스까지 이르렀는데도 이들의 거역 정신은 아직 사라지지 않았고 그 습관도 그대로 남아 있다. 그리고 어쨌든 인도자들 중 미리암이 죽어서 이제 두 사람만 남았는데 그들을 앞에 두고 여전히 거역적인 말을 하는 것이다. 그러나 한 가지 알아야 할 것이 있다. 모든 일이 다 똑같이 해결할 수 있는 성질의 것은 아니라는 것이다. 모세는 이전의 일들과 이 일을 같은 일로 보아서는 안 되었다.

8절, 지팡이를 가지고 네 형 아론과 함께 회중을 모으고 그들의 목전에서 너희는 반석에게 명하여 물을 내라 하라 네가 그 반석으로 물을 내게 하여 회중과 그들의 짐승에게 마시울지니라

이때에 여호와께서는 이스라엘 백성들에 대해 노를 발하지 않으셨다. 다만 지팡이를 가지고 회중을 모으고 반석에게 명하여 물을 내게 하라고 하셨다. 이는 다만 단순한 말씀으로 반석에게 명하여 물을 내면 되었다. 그래서 반석에서 나오는 물로 회중과 짐승들을 마시우라고 하셨다. 모세는 이렇게 하시는 여호와의 말씀을 잘 들었어야 했다. 나중에 하나님이 말씀하셨지만 하나님은 그들(모세와 아론)이 하나님을 믿지 않고 거룩함을 나타내지 않았다고 말씀하셨다. 무엇을 믿지 않았다는 말인가? 이는 그들이 하나님이 다만 그 반석으로 물을 내라고 명령만하면 낼 수 있다는 말씀을 믿지 않은 것이다. 오늘날도 원칙은 동일하다. 오늘은 이미 반석이 갈라졌으므로 명하기만 하면 물을 얻을 수 있다. 아멘.

9-11절, 모세가 그 명대로 여호와의 앞에서 지팡이를 취하니라 10 모세와 아론이 총회를 그 반석 앞에 모으고 모세가 그들에게 이르되 패역한 너희여 들으라 우리가 너희를 위하여 이 반석에서 물을 내랴 하고 11 그 손을 들어 그 지팡이로 반석을 두 번 치매 물이 많이 솟아 나오므로 회중과 그들의 짐승이 마시니라

여기서 모세는 가장 큰 실수를 하고 있다. 모세와 아론은 총회를 그 반석 앞에 모으고 모세가 그들에게 말했다. "패역한 너희여 들으라"(listen now, you rebels). 이때 하나님은 이스라엘 백성에게 그렇게 화를 내거나 진노하지 않으셨다. 다만 반석을 명해서 물을 내게 하여 그 물을 백성에게 마시우라고 하셨다. 그런데 이 지점에 이르러서 모세는 참지 못하고 이스라엘 백성들에게 "패역한 너희여 들으라"고 하면서 지팡이를 들어 화난 모습으로 반석을 두 번 쳤다. 여기서 잘못된 것이 무엇인가? 인도자의 눈에 계속적으로 잘못하는 사람들은 인도자에게 하나의 큰 시험거리이다. 왜냐하면 계속적으로 성도들이 잘못하면 그들이 더 이상 귀한 성도로 보이지 않고 문제꺼리로 보이기 때문이다. 하나님 아버지의 눈에는 성도들이 여전히 너무 귀하지만, 이들이 문제를 일으키고 또 일으키고 계속해서 일으킬 때 인도자의 눈에 비치는 성도들의 모습은 하나님께서 보시는 것과 다르게 변해 버렸다. 그래서 모세는 하나님의 마음과 눈언저리를 주의하지 않고 자신의 느낌 안에서 화를 발하며 이스라엘 백성들에게 "패역한 너희여!"라고 외친 것이다.

민수기 22장부터는 발람에 대해서 나오는데, 발람을 통해서 하신 하나님의 말씀을 들어 보면 하나님은 이렇게 허물이 많고 거역적인 백성들에 대해서 "야곱이여 네 장막이, 이스라엘이여 네 거처가 어찌 그리 아름다운고!"(24:5)라고 하셨다. 그리고 "여호와는 야곱의 허물을 보지 아니하시며 이스라엘의 패역을 보지 아니하시는도다"(23:21)라고 했다.

하나님께서는 이스라엘 백성들이 잘못 되었을지라도 그들에게 물을 공급해 주기 원하셨다. 하나님의 눈에는 여전히 이스라엘 백성들이 사랑스럽다. 목이 말라 외치는 그들에게 생수를 공급하기 원하셨다. 하나님이 결국 육신을 입고 이 땅에 오신 것은 목마른 그분의 사람들에게 생수를 공급하기 원하셨기 때문이다(요 4:10). 그분은 이 땅에 목말라 헤매는 그분의 택한 백성들에게 생수를 주시기를 간절히 원하셨다. 그러므로 요한복음 4장에는 목마른 여인이 있고 목마른 구주가 서 계셨다. 우리 주님의 목마름은 목마른 사람에게 생수를 주고자 하는 간절함으로 인한 목마름이었다.

그런데 모세는 이 지점에서 그들이 물이 없다고 공박하며 너무 괴롭게 하고 대들고 다투려 하자 화가 났다. 그래서 "패역한 너희여"라고 한 것이다. 하나님께서는 이스라엘의 패역을 보지 않는다고 하셨는데 모세는 목말라 외치는 그들에게 화가 나서 그들을 패역한 자들이라고 꾸짖은 것이다. 모세는 하나님이 생수를 주기 원하시는 복음의 하나님이심을 알지 못했는가! 그가 만일 그분이 요한복음 4장의 수가 우물가에 앉아계시면서 목마른 여인에게 물을 주기를 원하셨던 하나님이심을 알았더라면 그들에게 그렇게 반응했을까?

"우리가 너희를 위하여 이 반석에서 물을 내랴?" 여기서 '우리'란 누구인가? 모세와 아론, 그리고 아마 하나님까지 포함시켰을 것이다. 모세가 반석을 두 번 친 것은 그가 극도로 화가 났다는 것을 표명한 것이다. 어떤 사람들은 한 번만 쳐야 하는데 두 번을 친 것이 잘못되었다고 하지만 정확하게 말해서 한 번도 칠 필요가 없다. 왜냐하면 하나님은 모세에게 다만 반석을 명하라고 하셨기 때문이다. "너희는 반석에게 명하여 물을 내라 하라"고 하셨지 반석을 치라고 하지 않으셨다. 여기서 우리는 모세가 하나님을 잘못 대표한 것을 보게 된다.

반석을 치는 것은 이미 전에 한 번 했다. 그것은 출애굽 직후 르비딤에서 있었던 일이다. 그 일이 출애굽기 17장에 기록되어 있다. "여호와께서 모세에게 이르시되 백성 앞을 지나가서 이스라엘 장로들을 데리고 하수를 치던 네 지팡이를 손에 잡고 가라"(5절). 하수를 쳐서 그 물이 피가 되게 한 지팡이, 그것은 그야 말로 율법의 지팡이요 공의의 지팡이이다. 그 지팡이가 결국은 주 예수님을 쳐서 그의 피로 만민이 구속을 얻게 되었다. 그러므로 그 지팡이는 매우 의미깊은 것이다.

"내가 거기서 호렙산 반석 위에 너를 대하여 서리니 너는 반석을 치라 그것에서 물이 나리니 백성이 마시리라 모세가 이스라엘 장로들의 목전에서 그대로 행하니라 그가 그곳 이름을 맛사라 또는 므리바라 불렀으니 이는 이스라엘 자손이 다투었음이요"(6-7절). 이때에 르비딤의 므리바에서 반석은 이미 한 번 갈라졌다. 그러므로 이제 모세는 반석을 다시 칠 필요 없이 다만 명하면 물이 나오게 되어 있다. 즉 예수 그리스도는 십자가에서 한 번 침을 당하시므로 모든 것이 해결된다. 그러므로 두 번 치는 것은 하나님의 경륜과 행정에서 옳지 않은 것이다. 그런데 이 지점에서 모세는 화가 나자 하나님의 엄중한 일에 무언가 누를 끼쳤다. 어쨌든 모세가 큰 실수를 했을지라도 하나님께서는 백성들에게 물을 공급하시기 위해 물을 많이 솟아나게 하여 회중과 그 짐승을 마시게 하셨다.

모세의 이 행동에 대해서 시편 106편 32절, 33절에서는 이렇게 말한다. "저희가 또 므리바 물에서 여호와를 노하시게 하였으므로 저희로 인하여 얼이 모세에게 미쳤나니 이는 저희가 그 심령을 거역함을 인하여 모세가 그 입술로 망령되이 말하였음이로다". 말하자면 모세는 여기서 망령되이 말한 것이다. 오! 하나님의 충성된 종도 이렇게 망령된 말을 할 수가 있다니 어떠한 경계인가! 물론 여기서 모세가 반석을 한 번 쳤는가 두 번 쳤는가만 중요한 이야기꺼리가 아니다. 가장 중요한 모세의 실수는 하나님을 잘못 대표한 것이다. 하나님은 모세에게 하나님의 거룩함을 나타내지 않았다고 말씀하셨다. 이는 하나님의 마음과 모세의 마음에 불일치가 나타난 것이다. 그들이 그토록 원망해도 하나님께는 그들이 매우 사랑스러우셨다. 모세는 그런 하나님의 마음을 읽지 못하고 있었다. 그리고 그는 그들을 꾸짖고 화를 내면서 하나님이 분노하심으로 물을 주는 것으로 착각하게 만든 것이다.

12절, 여호와께서 모세와 아론에게 이르시되 너희가 나를 믿지 아니하고 이스라엘 자손의 목전에 나의 거룩함을 나타내지 아니한고로 너희는 이 총회를 내가 그들에게 준 땅으로 인도하여 들이지 못하리라 하시니라

여기서 우리는 하나님의 말씀을 믿지 않는 심각한 죄의 문제를 본다. 모세는 여기서 결정적으로 하나님의 말씀을 그대로 믿지 않는 실수를 저질렀다. 모세는 지팡이를 가지고 반석을 내리치지 않고 다만 명해도 물이 나온다고 하신 하나님의 말씀을 믿었어야 했다. 그러나 모세는 과거의 경험을 의지하였고 백성들의 거역으로 인하여 정상적인 믿음의 사고를 하지 못했던 것이다. 하나님은 바로 이 사건 때문에 모세와 아론이 이스라엘 백성들을 가나안 땅까지 인도할 수 있는 특권을 박탈하셨다. 그것은 그들이 여호와를 믿지 아니하고 이스라엘 자손의 목전에서 하나님의 거룩함을 나타내지 아니한 사건이었다. 즉 모세의 행동은 하나님의 마음과 뜻과 심지어 하나님의 행정과 다르게 행한 것이기 때문이다. 그렇기 때문에 여기서 하나님은 그분 자신을 모세와 구분하셔야 했다. 모세는 자기 혈기와 분노로 행하면서 마치 그가 하나님과 함께 행하는 것처럼 이스라엘 백성에게 나타냈다. 이스라엘 백성들은 모세의 분노에 찬 말을 들으면서 '하나님은 물을 주시면서 우리에게 저렇게 분노하시는구나' 라고 느꼈을 것이다. 그러나 사실 하나님은 당시에 모세와 다르셨다. 하나님의 마음은 모세의 마음과 달랐다.

우리는 여기서 하나님의 백성의 인도자들이 얼마나 위태로운 존재인지, 자칫하면 얼마나 큰 실수를 저지르게 되는지, 그리고 얼마나 하나님을 잘못 대표할 수 있는지를 보게 된다. 이 일에서 하나님은 모세에게 '네가 나의 거룩함을 나타내지 아니하였다' 고 말씀하시고 그로 인해 그들은 이스라엘 백성들을 약속의 땅으로 인도하여 들이지 못할 것이라고 하셨다.

예표의 일꾼들

여기서 우리는 모세가 예표의 일꾼들로서 구약 시대에 수고한 충성된 종임을 시인한다. 하나님은 그들을 통해서 실제의 시대(신약)의 그림을 잘 그리고자 하셨다. 그러나 모세는 이 지점에서 자신의 성질과 불신으로 인하여 하나님이 그리고자 하는 그림이 잘못될 위험에 처하게 했다. 하나님은 모세가 반석을 한 번 쳐서 그리스도의 십자가에 죽으심을 표현하게 했고 성령이 흘러나오게 했으며 다음에는 원하고 명하는 모든 사람에게 생수가 공급되며 성령이 충만케 될 것을 그리고자 하셨다. 그러나 모세는 여기서 반석을 두 번 더 쳤다. 이는 하나님이 원하시는 모형의 그림이 아니었다. 이는 모세의 큰 실수이다. 하나님은 이 땅에 그분과 온전히 동역하는 사람을 원하신다. 하나님은 모세가 그 위대한 그림을 그리는 문제에 있어서 큰 잘못을 했을 때 그의 가나안 입성의 축복을 거절하셨다. 이는 어떠한 경계인가! 그러나 하나님은 그렇게까지 성실하게 그분의 뜻을 밝히시면서 신약의 그리스도로 인한 구속의 그림을 그려놓으신 것이다. 하나님은 이처럼 그분의 구속의 역사의 준비를 철저히 하셨다. 이러한 그분의 사랑과 은혜에 다만 감사할 따름이다.

13절, 이스라엘 자손이 여호와와 다투었으므로 이를 므리바 물이라 하니라 여호와께서 그들 중에서 그 거룩함을 나타내셨더라

신명기 32장 51절을 보겠다. "이는 너희가 신 광야 가데스의 므리바 물 가에서 이스라엘 자손 중 내게 범죄하여 나의 거룩함을 이스라엘 자손 중에서 나타내지 아니한 연고라". 결국 모세가 들어가지 못한 것은 신 광야 가데스의 므리바 물 가에서 범죄한 것 때문이라고 말씀하신다. 그리고 하나님은 "내가 이스라엘 자손에게 주는 땅을 네가 바라보기는 하려니와 그리로 들어가지는 못하리라"(52절)고 하셨다. '므리바'란 다툼이라는 뜻이다. 우리는 출애굽기 17장에서도 '므리바'라는 지명을 본다. 출애굽기에서의 므리바는 호렙산에서 가까운 르비딤이었고, 그곳에서 주님은 모세에게 호렙산 반석 위에 마주 서리니 반석을 치라고 명하셨다. 그러나 이곳은 40년이 지난 후의 가데스의 므리바이고 이때 하나님은 다만 반석에게 명하여 생수를 내게 하라고 지시하셨다.

우리가 아는 바와 같이 율법을 대표하는 모세의 지팡이는 공의의 지팡이로서 그리스도는 우리의 죄를 대속하기 위하여 십자가에서 한 번 맞으셨다. 우리가 담당해야 할 형벌을 그분이 대신 담당하신 것이다. 그것은 십자가에서 한 번으로 온전한 것이다. 그분이 십자가에서 한 번 죽으심으로 그분의 목마른 백성들에게 생수의 강이 열린 것이다. 그분은 두 번 돌아가실 필요가 없다. 미국에서 성령에 관한 좋은 저서를 남긴 A.B. Simpson은 자신의 한 찬송시에서 이에 대해 이렇게 말하고 있다. "이스라엘 백성 저 광야에서 고갈되었을 때 주님 명했네 생수 나게 반석 명하라 반석은 이미 갈라졌으니 또 다시 칠 필요 없다네 생수 나게 반석 명하라 성령은 이미 주어졌으니 모든 풍성을 받아들이라 순복만 하면 부요 얻으리".

이것이 바로 복음이다. 복음은 쉬운 것이다. 주님이 우리를 위해 공의의 매를 맞으시고 죽으신 것은 큰 고난이었으나 하나님이 그 선물을 우리에게 주시는 길은 쉬운 길이다. 모세는 다만 명하면 되었다. 이사야 45장 22절은 "땅 끝의 모든 백성아 나를 앙망하라 그리하면 구원을 얻으리라 나는 하나님이라 다른 이가 없음이니라"고 하였다. 명설교가 스펄전은 이 구절을 통해 주님을 만나게 되었다. 주 예수 그리스도를 바라보는 것이 구원의 길이다. 바라보는 것은 매우 쉬운 일이다. 미가서 7장 7절은 "오직 나는 여호와를 우러러 보며 나를 구원하시는 하나님을 바라보나니 나의 하나님이 나를 들으시리로다"라고 한다. 미가 선지자 역시 구원을 위해 다만 하나님을 바라본다고 하였다. 누구든지 하나님을 믿고 구원받는 길을 어렵게 만들어 놓는 것이 위험한 것이고 미혹되는 것이다. 단순한 믿음만이 구원의 길임을 알라! 이는 이미 그분이 십자가에서 피를 흘리시고 우리를 위한 구원을 이루어놓으셨기 때문이다.

14-17절, 모세가 가데스에서 에돔 왕에게 사자를 보내며 이르되 당신의 형제 이스라엘의 말에 우리의 당한 모든 고난을 당신도 아시거니와 15 우리 열조가 애굽으로 내려갔으므로 우리가 애굽에 오래 거하였더니 애굽인이 우리 열조와 우리를 학대하였으므로 16 우리가 여호와께 부르짖었더니 우리 소리를 들으시고 천사를 보내사 우리를 애굽에서 인도하여 내셨나이다 이제 우리가 당신의 변방 모퉁이 한 성읍 가데스에 있사오니 17 청컨대 우리로 당신의 땅을 통과하게 하소서 우리가 밭으로나 포도원으로나 통과하지 아니하고 우물물도 공히 마시지 아니하고 우리가 왕의 대로로만 통과하고 당신의 지경에서 나가기까지 좌편으로나 우편으로 치우치지 아니하리이다 한다 하라 하였더니

이제 가데스에서 모세는 이스라엘 백성들을 이끌고 가나안 땅으로 들어가기 위해 있다. 그런데 에돔 땅을 통과해야 여리고로, 또는 예루살렘으로, 아이 성으로 들어가기가 쉽다. 그 길이 직선이다. 그런데 이 에돔은 누구인가? 에서의 다른 이름이다. 이삭의 두 아들 중 하나는 야곱, 즉 이스라엘이고 또 하나는 에서인데, 이 에서의 자손이 이룬 민족이 바로 에돔이다. 에돔은 말하자면 이스라엘의 형제로서 매우 가까운 혈육이다. 그러나 야곱은 선택된 자이고 에서는 아니었다. 어쨌든 여기서 그들이 길을 열어 주면 직행으로 갈 수 있지만 만일 길을 열어 주지 않으면 멀리 길을 돌아가야 한다. 그래서 이제 모세가 에돔 왕에게 사자를 보낸 것이다.

"당신의 형제 이스라엘의 말에"라고 하면서 모세는 사자더러 에돔 왕에게 상황을 말해 주라고 했다. "우리 열조가 애굽으로 내려갔으므로…애굽인이 우리 열조와 우리를 학대하였으므로 우리가 여호와께 부르짖었더니 우리 소리를 들으시고 천사를 보내사 우리를 애굽에서 인도하여 내셨나이다". 즉 너희의 동생이 이렇게 고생을 했고 이제 하나님께서 우리를 이렇게 애굽에서 인도해 내셨는데 우리가 당신의 변방 모퉁이 한 성읍 가데스라는 곳에 있으니 우리로 당신의 땅을 통과하게 해주면 통과하는 동안 우물물도 거저 마시지 않고 다른 농작물도 해치지 않을 것이며 오직 왕의 대로(King's highway—지금으로 말하면 고속도로)로만 행하겠노라는 것이다. 모세는 아마 이렇게 말하면 형제간에 얼굴을 봐서라도 들어주리라 생각했을 것이다. 그래서 참으로 정중하게 자기들의 어려웠던 사정도 이야기하면서 간청했는데 에돔 왕은 전혀 그 말이 귀에 들어오지 않았던 것 같다.

18-19절, 에돔 왕이 대답하되 너는 우리 가운데로 통과하지 못하리라 내가 나가서 칼로 너를 맞을까 염려하라 19 이스라엘 자손이 이르되 우리가 대로로 통과하겠고 우리나 우리 짐승이 당신의 물을 마시면 그 값을 줄 것이라 우리가 도보로 통과할 뿐인즉 아무 일도 없으리이다 하나

에돔 왕의 말은 '너희가 애굽에서 고생을 하고 학대를 받은 것은 너희 사정이고 나는 절대 길을 열어 줄 수 없다'는 것이다. 형제간의 사정을 전혀 고려하지 않겠다는 것이다. 이것은 오늘날 영적인 사람과 육신적인 사람의 대화에 그대로 적용할 수 있다. 어떤 영적인 사람이 주님을 충성스럽게 섬기는 가운데 어려움을 당하여 주 안의 형제라는 사람에게 다소 도움을 얻고자 하여 간증하며 요청하는데 그 말을 듣고 있는 사람은 얼굴이 돌 같고 전혀 어떤 느낌이 통하지 않는 경우가 있는 것이다. 이 구절의 상황이 바로 그러하다.

20절, 그는 가로되 너는 지나가지 못하리라 하고 에돔 왕이 많은 백성을 거느리고 나와서 강한 손으로 막으니

에돔 왕은 길을 열어 주는 것이 아니라 오히려 막았다. 이스라엘은 그들에게 부탁하지 않으니만도 못하게 되었다.

21절, 에돔 왕이 이같이 이스라엘의 그 경내로 통과함을 용납지 아니하므로 이스라엘이 그들에게서 돌이키니라

결국 그들은 왕의 대로를 통과하는 직선 길을 선택하지 못했다. 여기서 신명기 한 구절을 보겠다. 신명기 23장 7절, "너는 에돔 사람을 미워하지 말라 그는 너의 형제니라". 그럼에도 불구하고 하나님은 이스라엘 백성에게 에돔 사람을 미워하지 말라고 하셨다. 오늘날 우리 그리스도인들이 정말로 어려운 형편에 있을 때 도움을 요청했는데 한 마디로 거절하고 그뿐 아니라 오히려 싸우려 들고 공격하고 무너뜨리려 한다면 우리는 어떤 마음을 가져야 하는가? 그런 때에도 여전히 사랑하기란 어렵다. 다윗은 마온에서 일행들과 고생할 때 도움을 준 적이 있는 부자 나발에게 떡과 물과 고기를 청했었는데 들어 주지 않자 칼을 차고 그를 진멸하고자 했다. 다윗 같이 경건한 사람도 이런 어려운 때 도와줄 만한 사람에게 부탁했을 때 들어주지 않자 매우 진노한 것을 볼 수 있다. 이러한 경우에 상대방을 미워하지 않는다는 것은 쉽지 않다. 그러나 하나님은 이스라엘 백성에게 에돔을 미워하지 말라고 하신다.

22절, 이스라엘 자손 곧 온 회중이 가데스에서 진행하여 호르 산에 이르렀더니

이제 이스라엘 백성들은 가데스에서 호르산으로 갔다.

23-24절, 여호와께서 에돔 땅 변경 호르 산에서 모세와 아론에게 말씀하시니라 가라사대 24 아론은 그 열조에게로 돌아가고 내가 이스라엘 자손에게 준 땅에는 들어가지 못하리니 이는 너희가 므리바 물에서 내 말을 거역한 연고니라

므리바 물에서 모세와 아론이 여호와께 거역한 이 죄가 얼마나 큰지! 결국 그들은 그 일 때문에 약속하신 땅에 들어가지 못하게 되었다. 여기 호르 산에 이르렀을 때 여호와께서는 모세와 아론에게 다시 그 일을 말씀하고 계신다.

**25-28절, 너는 아론과 그 아들 엘르아살을 데리고 호르 산에 올라 26
아론의 옷을 벗겨 그 아들 엘르아살에게 입히라 아론은 거기서 죽어 그 열
조에게로 돌아가리라 27 모세가 여호와의 명을 좇아 그들과 함께 회중의
목전에서 호르 산에 오르니라 28 모세가 아론의 옷을 벗겨 그 아들 엘르
아살에게 입히매 아론이 그 산꼭대기에서 죽으니라 모세와 엘르아살이
산에서 내려오니**

호르 산에 올라간 것은 결국 아론이 운명하기 위한 것이다. 모세는 아론에게 제사장 옷을 만들어 입혔지만 이 지점에 이르러서는 그 옷을 벗겨야 했다. 그리고 이제 엘르아살에게 그 옷을 입혔다. 제사장 옷을 벗기운 그날 아론이 죽은 것이다. 여기서 우리가 한 가지 기억해야 할 것은 하나님을 섬기는 사람들은 죽을 때까지 섬겨야 한다는 것이다. 제사장 옷을 벗는 날, 섬김을 다 하는 날은 그가 이 땅에서 숨을 거두는 날이다.

29절, 온 회중 곧 이스라엘 온 족속이 아론의 죽은 것을 보고 위하여 삼십 일을 애곡하였더라

이스라엘 백성들은 때때로 모세와 아론을 거역하고 또 다투었지만 막상 아론이 죽자 그들은 아론이 그들을 인도하며 행한 모든 것을 기억하면서 슬퍼하고 애곡하였다. 사람은 이렇게 살았을 때보다 죽었을 때 그의 진가가 드러나는 법이다.

민수기 21장

장대에 달린 놋뱀

1절, 남방에 거하는 가나안 사람 곧 아랏의 왕이 이스라엘이 아다림 길로 온다 함을 듣고 이스라엘을 쳐서 그 중 몇 사람을 사로잡은지라

이스라엘 백성들은 에돔 땅을 가로질러 왕의 대로로 진행할 수 없게 되었을 때 아다림 길로 갈 수밖에 없었다. 그때 남방에 거하는 가나안 사람 곧 아랏의 왕이 이스라엘 사람들이 아다림 길로 온다 하는 것을 듣고 기습 공격을 감행하여 몇 사람을 사로잡았다. 우리가 이 장면에서 한두 가지 볼 수 있는 것은, 하나님의 백성들이 전진하는 길에는 장애가 많다는 것이다. 즉 그리스도인들의 노정에는 예상치 않는 어려움들이 발생한다는 말이다. 그렇게 어려운 상태에 있는 이스라엘을 가까운 친척인 에돔이 도와주었는가? 아니다. 그는 도와줄 만한 관계인데도 도와주지 않았다. 그래서 길을 바꾸어 다른 길로 가려니까 이제 대적이 기습 공격을 해 오는 것이다. 상당히 어려운 상황이다. 게다가 이스라엘 백성 중 몇 사람이 사로잡혔다. 그때 이스라엘이 여호와께 서원을 하면서 기도했다.

2-3절, 이스라엘이 여호와께 서원하여 가로되 주께서 만일 이 백성을 내 손에 붙이시면 내가 그들의 성읍을 다 멸하리이다 3 여호와께서 이스라엘의 소리를 들으시고 가나안 사람을 붙이시매 그들과 그 성읍을 다 멸하니라 그러므로 그곳 이름을 호르마라 하였더라

이제 다른 길로 접어들었을 때에 아랏 왕이 공격해 왔고 그때 이스라엘 백성이 여호와께 기도하자 여호와께서 그들의 기도를 들으시고 가나안 사람들을 이스라엘 백성의 손에 붙여 주시니 그들을 다 멸했다. 그래서 그곳 이름을 '호르마'(완전히 멸했다는 뜻임)라고 했다.

4절, 백성이 호르 산에서 진행하여 홍해 길로 좇아 에돔 땅을 둘러 행하려 하였다가 길로 인하여 백성의 마음이 상하니라

이제 이스라엘 백성들은 직선 통로를 버리고 홍해 길을 따라서 에돔 땅을 둘러 행해야 했다. 그래서 길이 멀어지니까 그들은 속이 상했다. '지금까지도 고생을 막심하게 했는데 아직도 갈 길이 멀다니 너무 힘들다.' 그리고서 인도자를 보니까 '아니, 그 정도 일도 하나 해결하지 못하고 힘든 우리를 이렇게 돌아가게 만든다는 말인가?' 하는 생각이 들어 마음이 상한 것이다.

5절, 백성이 하나님과 모세를 향하여 원망하되 어찌하여 우리를 애굽에서 인도하여 올려서 이 광야에서 죽게 하는고 이곳에는 식물도 없고 물도 없도다 우리 마음이 이 박한 식물을 싫어하노라 하매

이스라엘 백성들은 속상하기만 하면 왜 우리를 애굽에서 데리고 나왔느냐면서 원망한다. 그리고 아직 그렇게 죽을 정도는 아닌데 어렵게만 되면 항상 죽게 되었다고 불평한다. 이것이 육신적인 사람들의 특징이다. 이 장을 끝까지 읽으면 알겠지만 길을 돌아가는 데에도 다 뜻이 있다. 그러나 이스라엘 백성은 앞이 보이지 않고 막막하니까 인도자를 원망하는 것이다. 왜 우리를 여기에다 데려다 놓고 여기서 다 죽게 만들었냐는 것이다. 그러나 길을 돌아간다고 해서 죽지 않는다. 다만 그들이 스스로 그렇게 생각하고 십자가를 받지 못하고 판단하는 것뿐이다.

비유가 적절한지 모르지만 나의 체험을 가지고 설명해 보겠다. 내가 아프리카에 갔을 때이다. 잠비아와 자이레의 국경 도시에서 자이레를 들어가기 위해 비자를 얻으려고 서 있는데 이민국 관리 직원이 어떤 이유를 걸어 비자를 내주지 않았다. 그래서 우리는 하는 수 없이 그 저녁에 다시 잠비아 수도 루사까로 돌아가야 했다. 그런데 루사까까지는 너무 멀기 때문에 그 중간 도시 기뜨웨라는 곳에서 모텔에 들어 하룻밤을 잤다. 그리고 아침에 일찍 버스를 타고 루사까로 가야 하는데 조금 늦게 가는 바람에 차를 한 대 놓치고 말았다. 그래서 다음 차가 떠나기를 기다리면서 그 차 안에서 서너 시간을 보내야 했는데, 뜨거운 폭염이 내리쬐는 날씨에 흑인들의 분위기는 또 얼마나 살벌한 느낌을 주는지! 나는 그때 '몇 시간만 더 지나면 내가 죽겠구나' 하는 생각이 들었다. 달리 죽는 게 아니라 오랜 시간 폭염과 두려움에 견딜 수 없어서 죽을 것 같았다. 그렇다고 해서 죽는 것은 아니지만 죽을 것 같은 마음이 드는 것이다.

아마 여기서 이스라엘 백성들이 그 먼 길을 돌아가야 한다고 생각하니까 그때 나의 심정처럼 '이러다가 죽겠다' 라고 생각했던 것 같다. 그래서 그들은 이제 하나님과 모세를 향해 원망하는 말을 했다. "식물도 없고 물도 없도다". 불평하고 원망하는 사람들은 항상 '없다' 고 한다. "우리 마음이 이 박한 식물을 싫어하노라". 이 박한 식물이 무엇인가? 만나이다. 그들은 하나님이 주신 귀한 음식인 만나에 아주 나쁜 이름을 붙였다. '더 이상 이것만 먹고는 못 살겠다' 는 뜻이다. 항상 먹는 하나님의 말씀, 이것이 사실은 건강한 음식인데 사람이 거역적이 되면 하나님의 말씀이 더 이상 맛있게 느껴지지 않는다. 입맛이 변하여 다른 것을 먹고 싶어한다.

6절, 여호와께서 불뱀들을 백성 중에 보내어 백성을 물게 하시므로 이스라엘 백성 중에 죽은 자가 많은지라

이때 불뱀이 나온다. 그래서 많은 사람들이 이 불뱀에 물려 죽었다.

7절, 백성이 모세에게 이르러 가로되 우리가 여호와와 당신을 향하여 원망하므로 범죄하였사오니 여호와께 기도하여 이 뱀들을 우리에게서 떠나게 하소서 모세가 백성을 위하여 기도하매

그래도 이스라엘 백성들의 귀한 점은 회개하는 것이다. 자기들의 잘못을 금방 알고 돌이키는 것이다. 왜 불뱀이 자기들을 물어서 많은 사람들이 죽는가를 보니까 자기들이 원망하여 범죄한 것 때문이라는 것을 안 것이다. 그들은 무엇 때문에 원망했는가? 길 때문이다. '왜 돌아가느냐, 이리로 가야 하는데 왜 저리 가느냐' 하면서 원망하다가 불뱀에 물린 것이다. 오늘날 보이는 불뱀은 없지만 보이지 않는 불뱀이 있다. 그래서 원망하면 그 뱀이 문다. 그리고 그 독소가 몸에 퍼져서 죽어가는 것이다. 어쨌든 여기서 이스라엘 백성들의 귀한 점은 자신들이 범죄한 것을 알았다는 것이다.

8-9절, 여호와께서 모세에게 이르시되 불뱀을 만들어 장대 위에 달라 물린 자마다 그것을 보면 살리라 9 모세가 놋뱀을 만들어 장대 위에 다니 뱀에게 물린 자마다 놋뱀을 쳐다본즉 살더라

이 '장대'(standard)라는 말은 기호, 표준이라는 뜻이다. 이사야 11장 10절에는 예수 그리스도에 대해서 예언하는 말이 있는데, 거기에 바로 이 '기호'라는 말이 있다. "그날에 이새의 뿌리에서 한 싹이 나서 만민의 기호로 설 것이요 열방이 그에게로 돌아오리니". 이사야서의 기호와 이 구절의 장대(standard)가 같은 말이다. 그러므로 "불뱀을 만들어 그 기호 위에 달라 물린 자마다 그것을 보면 살리라"고 말할 수 있다. 우리 주 예수님이 십자가에 달리신 것은 바로 장대에 높이 달린 놋뱀과 같이 우리 모든 사람들의 죄악을 치료하시기 위한 것이다.

우리는 이렇게 원망하여 죄를 범한 사람들이고 그리하여 뱀에 물린 사람들로서 다 이러한 독성을 갖고 있다. 이러한 자들을 위한 하나님의 치료법은 기호를 높이 드시는 것이다. 십자가에서 예수 그리스도께서는 뱀에게 물려서 죽어 가는 죄인들을 살리기 위해 놋뱀처럼 높이 달리셨다. 요한복음 3장에서 주 예수님은 친히 니고데모에게 이것을 말씀하셨다. "모세가 광야에서 뱀을 든 것 같이 인자도 들려야 하리니"(14절).

그러므로 우리는 이렇게 뱀에 물려 죽을 죄인들이 사는 치료법을 배울 필요가 있다. 그것은 다만 쳐다보는 것이다. 뱀에 물린 사람들은 독소가 그 몸에 있어서 원망하고 거역한다. 그러한 상태에 있는 사람들이 치료받을 수 있는 길은 자기의 상태를 한탄하면서 그 독소를 뽑아내려고 나름대로 노력하는 것이 아니고 장대에 높이 달리신 예수를 바라보는 것이다.

"놋뱀을 쳐다본즉 살더라". 쳐다보면 산다. 이 놋뱀은 형상은 뱀이지만 그 안에는 독이 없다. 바로 우리 주 예수님을 예표하고 있다. 우리 주님은 육신의 모양을 가지셨지만 그 안에 죄의 독이 없으시다. 그러한 분이 장대(십자가)에 높이 달리신 것은 바로 뱀에 물린 우리가 그분을 쳐다보고 살게 하려는 것이다. 그래서 우리의 일은 다른 것이 아니다. 우리 같은 죄인이 치료받으려면 다만 그 기호를 쳐다보면 된다. 십자가에 높이 달리신 예수 그리스도를 바라볼 때 우리는 치료받을 수 있다.

이사야 45장 22절에서 주님은 "땅 끝의 모든 백성아 나를 앙망하라 그리하면 구원을 얻으리라 나는 하나님이라 다른 이가 없음이니라"라고 하셨다. '나를 앙망하라 그리하면 구원을 얻으리라'는 말을 흠정역에서는 '나를 바라보라 그리하면 구원을 얻으리라'(Look unto Me and be saved)"라고 했다. 우리가 구원받는 길은 주님을 바라보는 것이다.

십자가에 달리신 주 예수님을 바라볼 때 우리는 구원을 받는다. 이 말씀—'쳐다본즉 살더라'—은 조금도 의심할 필요가 없다. 그분이 십자가에 달리신 것은 죄인인 우리를 살게 하시려는 것이다. 그러므로 우리는 그분을 바라보면 된다.

사랑의 복음

요한복음 3장에서 주 예수님은 친히 이 말씀을 예로 들어서 자신이 뱀에 물린 자들을 살리기 위해 나무에 달린 놋뱀처럼 될 것을 말씀하셨다. 이는 무엇인가? 죽어가는 인류를 살리려는 하나님의 사랑이다. 그러기에 "하나님이 세상을 이처럼 사랑하사"라고 하신 것이다(요 3:16). 인간의 타락은 하나님의 사랑을 의심했던 것에 기인한다. 아담은 동산에서 하나님이 선악과만은 하나님과 같이 되는 것이라서 사람에게 먹지 못하게 명한 것이라고 오해했다. 즉 하나님의 사랑을 의심한 것이다. 인간의 회복은 하나님이 사람을 구원하려 하신다는 사랑을 믿는 것에 근거한다.

누가 바라보아야 하는가?

주님은 "모세가 광야에서 뱀을 든 것같이 인자도 들려야 하리니"라고 하시며 "이는 저를 믿는 자마다 영생을 얻게 하려 하심이라"고 하였다. 온 인류는 동산에서 나타난 뱀에 의해 쏘였고 그 독소가 유전되어 흐르고 있다. 그 죄의 독소로 말미암아 죽게 된 모든 인류의 구원의 대책이 여기에 있다. 그러나 성령의 조명에 의해 자신이 뱀에게 물렸다고 생각되는 사람만이 바라보고 치유받을 수 있다. 주님은 누구든지 영생과 구원을 얻기 위해 십자가에 높이 달리신 그분을 바라보도록 부르고 계시다.

믿는 것은 쉽다

믿음은 죄인이 구원받기 위해 할 수 있는 유일한 길이다. 즉 상처받은 사람은 쳐다보면 되는 것이다. 자신의 물린 상처나 다른 의사나 주위의 사람들을 바라보는 것이 아니라 주 예수를 바라보는 것이다. 이 구절에서 바라봄으로 치료되는 것은 신약에서 믿어 구원받는 것이다. 이는 요한복음 3장 14-15절로 증명한다. "모세가 광야에서 뱀을 든 것 같이 인자도 들려야 하리니 이는 저를 믿는 자마다 영생을 얻게 하려 하심이니라". 즉 믿는 것은 바라보는 것처럼 쉬운 일이다. 그러나 바라보는 것은 믿음의 일이다. 모세의 말, 즉 뱀에 물린 자들이 살 수 있다는 복음의 말씀을 듣고, 자기가 바라봄으로 치료받을 수 있다는 믿음인 것이다. 이런 믿음이 사람을 구원하는 것이다.

죄와 허물로 멸망할 수밖에 없는 사람을 위해 모세가 장대에 뱀을 단 것처럼 예수는 십자가에 높이 달렸다. 예수가 십자가에 높이 달린 것은 죄로 멸망할 수밖에 없는 인류에 대한 구원의 대책이다. 이를 누가 말했는가? 하나님이시다. 하나님이 그렇게 하셨으므로 그 말씀을 믿고 바라보는 자는 구원을 받게 된다. "땅 끝의 모든 백성아 나를 앙망하라 그리하면 구원을 얻으리라" 죄인들이여! 예수를 바라보라! 바라보면 산다.

의심하지 말라

하나님은 "하나님이 세상을 이처럼 사랑하사 독생자를 주셨으니 누구든지 저를 믿으면 멸망치 않고 영생을 얻으리라"고 확실하게 말씀하셨다. 예수의 십자가의 죽음과 부활이 신자의 평안과 영원한 소망의 기초가 된다. 이 믿음이 우리의 마음과 양심을 완전히 만족케 한다. 하나님이 만족하심으로 우리도 만족할 수 있다.

결국 믿음의 반대는 의심이다. 의심이란 무엇인가? 당시 이스라엘 백성 중 한 사람이 '뱀에 물린 내 병이 그 장대 위에 달린 놋뱀을 바라본다고 해서 살 수 있겠는가?' 한다면 그는 분명 치료 받지 못한다. 혹 어떤 사람이 자신의 병의 위중함과 독소가 퍼져감만 걱정하고 하나님이 말씀하신대로 해도 안 될 것이라고 생각하여 바라보지 않는다면 치료 받지 못한다. 결국 불신이란 하나님이 하신 말씀을 믿지 않는 것이다.

참되고 개인적인 믿음으로

어떤 죄인이라 하더라도 믿음으로 예수를 바라본다면 그 순간 그의 죄는 사라지고 예수의 피는 죄인의 양심을 깨끗이 씻으며 조금도 남김이 없이 정결케 하여 하나님의 존전 앞에 서게 하실 것이다. 그렇지만 쳐다보는 것은 개인적인 체험의 문제임을 잊지 말기 바란다. 각자가 믿음을 갖고 쳐다보는 것이어야 한다. 어느 누구도 다른 사람을 대신하여 쳐다보아 줄 수 없다. "뱀에 물린 자마다 놋뱀을 쳐다본즉 살리라"고 하였다. 남이 대신 바라보아 주어도 된다고 말하지 않았다.

복음 또 복음

구약 성서는 복음에 이어서 또 복음을 말한다. 우리는 20장에서 생수에 관한 복음을 들었다. 이제 21장에서 놋뱀에 관한 복음을 듣는다. 구약의 모든 말씀은 결국 신약의 복음 시대를 위한 말씀이다. 이는 얼마나 놀라운지! 생수가 나오기 위해 반석이 갈라져야 하는 이야기, 한 번 갈라진 반석은 다시 칠 필요가 없고 다만 생수가 나오도록 반석을 명하면 된다는 이야기, 이는 모두 복음의 이야기이다. 놋뱀의 사건은 주님이 친히 말씀하신 복음이다. 십자가에 달리신 주 예수를 바라보면 구원을 얻는다는 말씀이다.

치유의 효과

어떤 사람이 장대에 달린 놋뱀을 바라보고 나서 치유를 받고 일터에 나갔다가 다른 뱀에게 물릴 수도 있다. 그러할 경우 그는 어떻게 해야 하는가? 다시 가서 놋뱀을 바라보는 방법밖에 없다. 천번만번 뱀에 물린 사람이라도 놋뱀을 바라볼 때 나을 수 있다. 이 말씀에는 오직 한 사람에게는 한 번만 효과가 있다는 말이 없다. 누구든지 언제든지 바라보기만 하면 산다고 하였다. 아무리 독이 강한 뱀이 여러번을 문다해도 계속해서 놋뱀을 바라본다면 치유를 받을 수 있다.

멀리서 바라보더라도

뱀에 물린 사람들이 다 같은 거리에서 놋뱀을 바라볼 수는 없었을 것이다. 이 말씀에서 어떤 사람은 가까이에서 바라보았기 때문에 특별히 치유를 받았고 멀리서 바라본 사람은 치유를 받지 못했다는 말이 없다. 가까이서 보았든지 멀리서 보았든지 바라본 자는 다 살았다고 하였다. 여기서는 믿음으로 바라보았느냐 바라보지 않았느냐가 중요하지 가까이에서 보았느냐 먼데서 보았느냐는 중요하지 않다. 먼 곳에서 본 사람은 놋뱀의 형상에 대하여 잘 보지 못했을 수도 있다. 그러나 그는 그 놋뱀을 바라본다면 나을 수 있다는 복음을 믿었기 때문에 나음을 얻을 수 있었다. 어떤 사람들은 그리스도에 대하여 온전히 볼 수도 없고 그분의 인격의 아름다움과 풍성함에 대하여 다 알지 못할지라도 다만 우리 죄를 담당하시고 십자가에 돌아가신 예수 그리스도를 믿기만 하면 구원을 얻게 된다. 여러분은 다만 "주 예수여! 내가 당신을 믿습니다. 당신은 나의 구주십니다"라고 간단히 고백할 때 구원받을 수 있다. 당시 이스라엘 백성들이 뱀에 물린 후 먼 곳에서 장대에 높이 달린 예수를 바라보고 치유 받았듯이 말이다.

불뱀을 만들어 장대 위에 달라!

우리는 먼저 살아난 사람들로서 모세를 본받아야 한다. 모세가 당시 많은 사람이 볼 수 있도록 장대위에 놋뱀을 달아놓은 일은 오늘 우리가 예수 그리스도의 복음을 높이 증거하는 것과 같다. 당시 모세는 놋뱀을 드러내서 모든 사람들이 그것을 보고 구원을 얻게 하는 일을 하였다.

특별히 하나님을 전파하는 사람들은 장대 위에 놋뱀을 달아서 들어올려야지 자기를 드러내서는 안된다. 처음에 많은 사람들이 놋뱀을 보고 치료를 받은 후 교회에 나와서는 모세와 같은 사역자를 바라본다든지 장대만을 바라보는 일이 흔히 있다. 장대는 그리스도를 높이 들기 위한 도구에 불과하다. 모세는 사람들에게 장대 위에 놋뱀을 달도록 지시받은 사람에 불과하다. 언제나 성도들이 바라보아야 할 대상은 예수 그리스도 한 분임을 잊지 말기 바란다.

10절, 이스라엘 자손이 진행하여 오봇에 진 쳤고

이제 치료받고 진행을 시작했다. '오봇'이라는 말은 병(bottle)이라는 뜻이다.

11-13절, 오봇에서 진행하여 모압 앞 해 돋는 편 광야 이예아바림에 진 쳤고 12 거기서 진행하여 세렛 골짜기에 진 쳤고 13 거기서 진행하여 아모리인의 지경에서 흘러 나와서 광야에 이른 아르논 건너편에 진 쳤으니 아르논은 모압과 아모리 사이에서 모압의 경계가 된 것이라

계속적으로 진행하는 것을 말해 주고 있다. 여기서 한 마디 한다면, 그리스도인들은 이스라엘 백성들의 본을 통해 한 가지 배워야 할 것이 있다. 그것은 곧 한 곳에 머물지 않고 계속 진행하는 것이다. 여러분은 진행하는 사람들인가, 아니면 한 곳에 안주하는 사람들인가? 모압이나 에돔 사람들은 계속 한 곳에 머무르는 사람들이다. 그들은 움직이지 않는다. 구약 선지서에서 '모압의 포도주'는 이 그릇에서 저 그릇으로 옮긴 적이 없어서 찌꺼기가 그대로 있으므로 맛이 좋지 않다고 말한다. 그러나 이스라엘 백성의 특징은 계속 움직이는 것이다. 여러분은 지금 어떤 사람들인가? 모압인가, 이스라엘인가? 사도행전에도 교회가 진행한다는 말이 있는데, 그것은 한 지점에서 다른 지점으로 움직이는 것을 말한다.

14-15절, 이러므로 여호와의 전쟁기에 일렀으되 수바의 와헙과 아르논 골짜기와 15 모든 골짜기의 비탈은 아르 고을을 향하여 기울어지고 모압의 경계에 닿았도다 하였더라

이렇게 진행할 때에 골짜기와 비탈의 체험을 많이 갖게 된다. 진행하는 그리스도인들이 아니면 골짜기의 체험이나 비탈의 체험을 가질 수 없다. 그들은 진행하면서 그 많은 경계, 그 많은 영역을 밟아보며 체험할 수 있는 것이다. 움직이는 그리스도인들은 깊은 골짜기의 체험을 통해서 넓어지게 된다.

16-17절, 거기서 브엘에 이르니 브엘은 여호와께서 모세에게 명하시기를 백성을 모으라 내가 그들에게 물을 주리라 하시던 우물이라 17 그때에 이스라엘이 노래하여 가로되 우물물아 솟아나라 너희는 그것을 노래하라

이제 브엘이라는 곳에 이르렀다. 이 브엘이라는 곳은 매우 특이한 곳으로서 주님이 이스라엘 백성의 필요를 따라 정상적으로 물을 공급해 주신 곳이다. 사실 이스라엘 백성들은 어디든지 가서 다투고 싸워서 물을 얻은 것이 아니다. 우리가 출애굽기와 민수기의 기록을 보면 이스라엘 백성이 항상 모세와 아론에게 대들어서 물을 얻어 마신 것 같지만 항상 그런 것은 아니다. 주님께서 정상적으로 물을 주셔서 마시는 곳들이 있었다. 다만 그런 일은 평상적인 것이기 때문에 언급되지 않은 것뿐이다.

여기 브엘이라는 곳이 그런 장소 중의 하나라고 여겨진다. 브엘에서 주님은 모세에게 명하시기를 "백성을 모으라 내가 그들에게 물을 주리라"고 하셨다. 즉 여기서는 이스라엘 백성이 외쳐서 물을 주신 것이 아니라 주님이 보실 때 백성에게 물이 필요하기에 물을 주려고 하신 것이다. 비유를 하자면, 아버지가 항상 아이들이 용돈 달라고 떼를 쓸 때만 용돈을 주는 것이 아니라는 말이다. 아이들이 돈이 떨어져서 '아빠, 저 용돈 좀 주세요' 할 때만 주는 것이 아니라 때로는 아빠가 먼저 '요새 너희들 호주머니에 돈이 없겠구나. 이리들 오너라. 내가 용돈을 좀 주마' 하는 것이다. 그러면 아이들은 용돈을 받아들고서 '아빠, 감사합니다' 하고 휘파람을 불며 나온다. 브엘은 이러한 곳이다. 그래서 이스라엘 백성은 물을 마시고서 즐거워 노래를 했다. 말하자면 휘파람을 분 것이다.

민수기 33장을 보면 이스라엘 백성들이 진행한 노정이 나온다. 마흔두 군데의 노정이 기록되어 있다. 이러한 노정들 가운데 빠뜨리지 않고 기록한 것이 물에 관한 이야기이다. "마라에서 발행하여 엘림에 이르니 엘림에는 샘물 열둘과 종려 칠십 주가 있으므로 거기 진 쳤고"(9절). "알루스에서 발행하여 르비딤에 진 쳤는데 거기는 백성의 마실 물이 없었더라"(14절). 이렇게 물이 없는 곳은 물이 없다고 기록했다. 이스라엘 백성들이 계속 진행할 때 그들의 주된 관심사는 무엇이었는가? 물이다. 이 물은 오늘 신약에서 영적으로 말하면 바로 성령이다. 이와 같이 그리스도인의 노정에 가장 중요한 것이 성령이다. 즉 그리스도인의 노정에서 가장 크게 문제가 되는 것은 성령이 없는 것이다.

18절, 이 우물은 족장들이 팠고 백성의 귀인들이 홀과 지팡이로 판 것이로다 하였더라 광야에서 맛다나에 이르렀고

이 우물물이 풍족하게 나오게 하려면 먼저 인도자들이 앞장서야 한다. 어느 그리스도인 모임이든지 그들 가운데 물이 풍족하려면 먼저 인도자들이 우물을 파야 한다. 그런데 이 우물은 무엇으로 파는가? 홀과 지팡이로 판다. 이 홀이나 지팡이는 다 권위를 나타낸다. 하나님께서는 물을 내게 하실 때마다 모세로 하여금 지팡이를 사용하게 하셨다. 가서 명할 때에도 지팡이를 가지고 가서 명하라고 하셨다. 이렇게 지팡이는 권위를 뜻한다. 생명의 권위를 가진 사람들이 온 무리를 위해서 물을 나오게 할 수 있는 것이다.

내가 여기서 한 가지 말하겠다. 생수의 공급이 많으려면 하나님의 백성들 가운데 권위가 살아 있어야 한다. 지팡이와 홀이 있어야만 거기에 물이 공급될 수 있다. 권위가 무너진 무리 가운데서는 절대로 물을 구할 수 없다. 권위와 질서가 세워진 그러한 무리 가운데서 참으로 인도자들이 겸손하게 하나님 앞에 엎드려 하나님의 긍휼과 은혜를 구하며 생수를 구할 때, 나는 하나님께서 반드시 그들에게 물을 공급해 주실 것이라고 확신한다. 이것은 너무나 중요한 문제이다. 나는 많은 나라를 다니면서 참으로 성령이 충만한 곳은 하나님의 백성들 가운데 성령의 권위가 세워진 곳이었다는 것을 간증할 수 있다. 나는 불가리아에서 한 무리 성도들 가운데 참으로 엄숙한 권위가 세워진 곳에서 하나님의 임재와 간증이 그렇게 뚜렷했었다는 것을 경험하였다. 그들 가운데는 함부로 행하는 사람이 아무도 없었다. 모든 사람이 권위에 대하여 매우 주의하고 두려워하는 것이었다. 그들 가운데는 이루 말할 수 없는 엄청난 성령의 임재가 역사하고 있었다.

19-20절, 맛다나에서 나할리엘에 이르렀고 나할리엘에서 바못에 이르렀고 20 바못에서 모압 들에 있는 골짜기에 이르러 광야가 내려다 보이는 비스가 산 꼭대기에 이르렀더라

이스라엘 백성이 계속 움직이는 것을 볼 수 있다. 그들은 비스가 산에 이르렀는데 후일에 모세가 이곳에서 가나안 땅을 바라보도록 되어 있었다. 비스가 산은 또한 느보 산으로 명명되기도 한다.

21-22절, 이스라엘이 아모리 왕 시혼에게 사자를 보내어 가로되 22 우리로 당신의 땅을 통과하게 하소서 우리가 밭에든지 포도원에든지 들어가지 아니하며 우물물도 공히 마시지 아니하고 우리가 당신의 지경에서 다 나가기까지 왕의 대로로만 통행하리이다 하나

여기서도 아모리 왕 시혼에게 사자를 보내어 왕의 대로로 통과하게 해달라고 요청했다. 이것이 직선 통로이기 때문이다.

23-27절, 시혼이 자기 지경으로 이스라엘의 통과함을 용납하지 아니하고 그 백성을 다 모아 이스라엘을 치러 광야로 나와서 야하스에 이르러 이스라엘을 치므로 24 이스라엘이 칼날로 그들을 쳐서 파하고 그 땅을 아르논부터 얍복까지 점령하여 암몬 자손에게까지 미치니 암몬 자손의 경계

는 견고하더라 25 이스라엘이 이같이 그 모든 성읍을 취하고 그 아모리인의 모든 성읍 헤스본과 그 모든 촌락에 거하였으니 26 헤스본은 아모리인의 왕 시혼의 도성이라 시혼이 모압 전왕을 치고 그 모든 땅을 아르논까지 그 손에서 탈취하였더라 27 그러므로 시인이 읊어 가로되 너희는 헤스본으로 올지어다 시혼의 성을 세워 견고히 할지어다

이 이야기의 내용은 간단하다. 이스라엘 백성들이 아모리 땅을 통과하기 위해 그 왕 시혼에게 그 땅을 통과하게 해달라고 요청했을 때 시혼은 오히려 이스라엘을 쳤으며, 그러자 이스라엘이 그들을 다 쳐서 파하고 그들의 모든 성읍을 다 취했다는 것이다. 그래서 이스라엘 백성은 암몬 자손의 지경에까지 이르게 되었다.

28-29절, 헤스본의 불이 나오며 시혼의 성에서 화염이 나와서 모압의 아르를 삼키며 아르논 높은 곳의 주인을 멸하였도다 29 모압아 네가 화를 당하였도다 그모스의 백성아 네가 멸망하였도다 그가 그 아들들로 도망케 하였고 그 딸들로 아모리인의 왕 시혼의 포로가 되게 하였도다

이것은 아모리 왕 시혼이 모압을 멸망시키는 것에 관한 이야기이다. 모압의 모든 백성들이(그모스는 우상의 이름이다) 아모리 인의 왕 시혼에게 포로가 되고 멸망하게 된 것을 말해 주고 있다.

30절, 우리가 그들을 쏘아서 헤스본을 디본까지 멸하였고 메드바에 가까운 노바까지 황폐케 하였도다 하였더라

여기의 '우리'는 이스라엘이고 '그들'은 아모리 왕 시혼의 군대를 말한다.

31절, 이스라엘이 아모리 인의 땅에 거하였더니

이 시인의 시(詩)는 이스라엘이 이만큼 용맹하고 또 많은 땅을 점령했다는 것을 말하고 있다. 모압도 대단했는데 이 모압을 아모리 왕 시혼이 이겼고, 이 아모리 왕 시혼을 이스라엘이 이겼으니 이스라엘이 가장 대단하다는 것이다.

32-35절, 모세가 또 보내어 야셀을 정탐케 하고 그 촌락들을 취하고 그 곳에 있던 아모리인을 몰아 내었더라 33 돌이켜 바산 길로 올라가매 바산 왕 옥이 그 백성을 다 거느리고 나와서 그들을 맞아 에드레이에서 싸우려 하는지라 34 여호와께서 모세에게 이르시되 그를 두려워 말라 내가 그와 그 백성과 그 땅을 네 손에 붙였나니 너는 헤스본에 거하던 아모리인의 왕 시혼에게 행한 것 같이 그에게도 행할지니라 35 이에 그와 그 아들들과 그 백성을 다 쳐서 한 사람도 남기지 아니하고 그 땅을 점령하였더라

바산 왕 옥과 싸워서 그 땅을 점령했다는 말이다. 우리는 여기서 한 가지 교훈을 배울 수 있다. 그것은 길을 돌아가도 다 뜻이 있다는 것이다. 그들은 결국 길을 돌아서 감으로 이 나라 저 나라를 쳐서 다 빼앗았다. 직선 통로로 갔으면 아모리인의 땅, 헤스본도 못 얻고 바산의 땅도 못 얻었을 것인데, 돌아가다 보니까 많이 얻은 것이다. 백성들은 길이 어렵다고 원망했지만 하나님이 백성들을 인도하시는 것은 이와 같이 어디로 돌아가든 다 의미가 있다.

아모리가 공격하자 이스라엘은 그들을 쳐서 점령하고 또 바산 왕 옥을 쳐서 파했다. 이것이 결국 가나안을 정복할 때 가나안 사람들의 간담을 서늘하게 한 요인이 된 것이다. 전쟁을 하려면 일단 기선을 제압해야 한다. 하나님께서는 이스라엘 백성들이 가나안을 정복하기 원하시는데 그들을 정복하려면 먼저 가나안에 사는 거민들의 사기를 꺾어야 하는 것이다. 만일 곧장 갔다면 그렇게 하기가 어려웠을 것이다. 그런데 길을 돌고 또 돌아서 가다 보니 몇 차례 전쟁을 하게 되었고 그때마다 그들을 쳐서 그 땅을 점령했기 때문에 이제 가나안으로 들어가기가 용이하게 된 것이다.

그러므로 하나님의 백성들은 모세와 같이 하나님의 백성들을 인도하는 인도자들의 인도에 대해 판단하거나 원망할 필요가 없다. 돌아서 가든 곧장 가든 다 하나님께서 그들을 붙잡고 계신다. 그러므로 민수기 33장에는 그 마흔 두 개의 모든 지점들이 이스라엘 백성들이 결국은 반드시 거쳐야 할 곳들처럼 기록되어 있다. 하나님께서는 그 지점들을 다 귀히 여기신다. 하나님이 인도하시는 지점들은 다 귀하고 의미가 있음을 인해 하나님을 찬미한다.

민수기 22장

발락과 발람의 이야기(1)

1절, 이스라엘 자손이 또 진행하여 모압 평지에 진 쳤으니 요단 건너편 곧 여리고 맞은편이더라

이스라엘 백성들이 계속 행진을 해서 이제 사십 년의 방황이 거의 끝나가는 지점에 이르렀다. 지금 그들은 요단 건너편에 있다. 그들은 요단을 건너서 가나안의 첫 번째 성인 여리고를 정복해야 한다. 그래서 모압 평지에 진을 치고 준비하고 있다. 바로 이 모압 평지에서 하나님의 종 모세는 신명기를 이스라엘 백성에게 전해 주었다.

그런데 이 마지막 지점에서 이스라엘 백성들은 모압이라는 아주 간교하고 기묘한 대적을 마주 대하게 된다. 여기서 여러분이 잘 아는 발람이라는 이방 선지자가 등장한다. 사실 이스라엘은 모압을 공격하려고 하지 않았지만 모압 왕 발락은 이스라엘이 자기들을 공격할 줄 알고 두려워서 미리 수를 썼다. 즉 발람을 불러 이스라엘을 저주하는 방식으로 예언하게 하려고 했다. 이스라엘의 공격을 막아보려고 묘안을 낸 것이다.

우리는 이 마지막 순간에, 얼마 안 있으면 요단을 건너서 가나안으로 들어가게 되는 마지막 지점에서 이스라엘이 가장 간교한 대적에게 기습 공격을 당하는 것을 본다. 이때 대적은 물리적으로 나오지 않고 종교적인 방식을 사용했다. 발람이라는 이방 선지자를 고용해서 이스라엘 백성을 저주하게 한 것이다. 종교적인 대적은 가장 간교한 마귀의 술책이다.

2절, 십볼의 아들 발락이 이스라엘이 아모리인에게 행한 모든 일을 보았으므로

이스라엘이 아모리 인에게 행한 것이란 그들을 쳐서 다 정복한 것이다. 이 일을 모압 왕 발락이 듣고서 이스라엘을 심히 두려워하게 되었다.

3-6절, 모압이 심히 두려워하였으니 이스라엘 백성의 많음을 인함이라 모압이 이스라엘 자손의 연고로 번민하여 4 미디안 장로들에게 이르되 이제 이 무리가 소가 밭의 풀을 뜯어먹음 같이 우리 사면에 있는 것을 다 뜯어먹으리로다 하니 때에 십볼의 아들 발락이 모압 왕이었더라 5 그가 사자를 브올의 아들 발람의 본향 강변 브돌에 보내어 발람을 부르게 하여 가로되 보라 한 민족이 애굽에서 나왔는데 그들이 지면에 덮여서 우리 맞은편에 거하였고 6 우리보다 강하니 청컨대 와서 나를 위하여 이 백성을 저주하라 내가 혹 쳐서 이기어 이 땅에서 몰아내리라 그대가 복을 비는 자는 복을 받고 저주하는 자는 저주를 받을 줄을 내가 앎이니라

아마 발람은 당시에 이 나라 저 나라에서 유명한 선지자였던 것 같다. 그때에 발락은 무력으로 이스라엘을 쳐서 파하기가 어렵다고 생각한 나머지 먼저 선지자를 불러 이스라엘을 저주하게 해서 약화시킨 다음에 쳐서 이기려고 계략을 세웠다. 그래서 발람을 불러 오라고 사람들을 보낸 것이다.

7-8절, 모압 장로들과 미디안 장로들이 손에 복술의 예물을 가지고 떠나 발람에게 이르러 발락의 말로 그에게 고하매 8 발람이 그들에게 이르되 이 밤에 여기서 유숙하라 여호와께서 내게 이르시는 대로 너희에게 대답하리라 모압 귀족들이 발람에게서 유하니라

여기서 발람은 모압의 장로들과 미디안의 장로들에게서 발락의 말을 들었다. '이스라엘을 저주하라. 그렇게 해서 그들이 약화되면 내가 그들을 쳐서 몰아낼 것이다.' 어쨌든 발람은 선지자이기 때문에 적어도 하나님께서 이스라엘을 사랑하시므로 저주해서는 안 된다는 것은 알았을 것이다. 그런데 이 발락 왕이 모압과 미디안의 장로들의 손에 많은 복술의 예물을 들려 보내면서 이렇게 요청할 때 그는 마음이 움직였다. 그들이 원하는 대로 그렇게 해주면 돈을 벌고 물질적인 유익을 얻게 되기 때문이다. 물론 발람이 신실한 선지자라면 즉시 거절했을 것이다. '나는 그렇게 할 수 없소. 당장 돌아가시오' 라고 말이다.

그러나 발람은 그들의 제안이 그렇게 나쁘게 들리지 않고 기분도 나쁘지 않았다. 그들 손에 있는 예물이 따뜻하게 느껴진 것이다. 그 좋은 선물들이 그에게 어떤 느낌을 주었고 그것에 의해 마음이 움직인 것이다. 그때 즉시 발람은 속에서 그들의 제안을 단호하게 거절할 힘을 잃었다. 그러나 그는 영적인 것을 어느 정도 아는 자이므로 그런 때 거절해야 한다는 것도 어느 정도 알고 있다. 그러나 알지만 거절할 힘은 약하고 뭔가 영적인 방식으로 행동을 취하고자 할 때 취한 태도가 바로 '여기서 유숙하라' 는 것이다. 사실은 그들을 집에 재울 필요가 없다. 그러나 발람은 그들에게 자기 집에 유숙하라고 하면서 "여호와께서 내게 이르시는 대로 너희에게 대답하리라"고 했다. 그리고 그 밤에 모압의 귀족들이 발람의 집에 유했다.

9절, 하나님이 발람에게 임하여 가라사대 너와 함께 한 이 사람들이 누구냐

하나님께서 발람의 집에서 함께 잠자는 사람들, 그날 모압에게서 온 사람들을 모르실 리 없다. 그러나 하나님은 발람에게 그들이 누구냐고 물으셨다. 이러한 하나님의 질문은 이런 순수하지 않은 사람의 폐부를 찌르는 질문이다. 그러지 않아도 속에서 뭔가 이 사람들을 받아들이는 것에 찜찜한 것이 있다. 그런 때의 하나님의 질문은 '너와 함께한 이 사람들이 누구냐' 는 것이다. 그런 때 순수한 사람 같으면 모든 문제가 해결되며 크게 부끄러움을 느끼게 된다. 그러나 발람은 그렇지 않았다. 하나님께 그들의 신상에 대해 자세히 설명하고 있다.

10-11절, 발람이 하나님께 고하되 모압 왕 십볼의 아들 발락이 내게 보낸 자라 이르기를 11 보라 애굽에서 나온 민족이 있어 지면에 덮였으니 이제 와서 나를 위하여 그들을 저주하라 내가 혹 그들을 쳐서 몰아낼 수 있으리라 하나이다

발람은 모압 귀족들이 전해준 발락의 말을 제대로 들었다. 발람은 하나님의 심중의 느낌과는 멀고 오히려 발람의 귀족들의 상태와 그들의 입에서 나온 말이 더 마음에 가까웠다. 사람은 자기에게 중하고 귀하게 느껴지는 것을 물으면 자세히 대답해 주는 경향이 있다.

12절, 하나님이 발람에게 이르시되 너는 그들과 함께 가지도 말고 그 백성들을 저주하지도 말라 그들은 복을 받은 자니라

하나님께서는 이렇게 분명하게 발람에게 말씀하셨다. 여기에 하나님은 발람에게 "그들과 함께 가지도 말고 그 백성을 저주하지도 말라"고 분명히 말씀하셨다. 이렇게 말했다면 발람은 그들과의 볼일이 끝난 것이라고 생각했어야 했다. 그러나 그는 계속 볼일이 있는 것처럼 행동했다. 이유가 무엇인가? 돈에 욕심이 생긴 것이다.

13절, 발람이 아침에 일어나서 발락의 귀족들에게 이르되 너희는 너희 땅으로 돌아가라 내가 너희와 함께 가기를 여호와께서 허락지 아니하시느니라

여기까지 발람이 대답한 것으로 보면 그리 잘못된 것이 없는 것 같다. 태도가 아주 영적이다. 고상하고 종교적이고 경건해 보이다. 그들이 왔을 때에는 '아직 하나님의 뜻을 모르니 여기서 하룻밤 자면서 기다리시오. 내가 기도해 보겠소' 하고서 다음 날 아침에 일어나서는 '밤에 기도했더니 하나님께서 허락지 않으십니다. 그만 돌아가시오' 하는 것이다. 참 영적인 것 같다. 그러나 13절에서 발람은 하나님께서 하신 말씀을 그들에게 다 전달하지 않았다. 그것은 곧 "그 백성을 저주하지 말라 그들은 복을 받은 자니라"는 말이다. 그는 이 말씀은 빼놓고 다만 하나님이 너희와 함께 가기를 허락지 않으신다고만 말했다. 하나님께서 그에게 하신 말씀을 다 전달했더라면 이야기는 여기서 끝날 수도 있다. 그러나 그는 그들이 조금 더 자신에게 부탁할 수 있는 여지를 남겨놓는 방식으로 말했다.

14절, 모압 귀족들이 일어나 발락에게로 가서 고하되 발람이 우리와 함께 오기를 거절하더이다

이 사람들은 하나님을 모르니까 여호와께서 허락지 않는다는 한 마디를 더 빼놓았다. "발람이 우리와 함께 오기를 거절하더이다". 그렇게만 전달하니까 발락은 아마 '발람이 비싸게 구는구나' 라고 이해했을 것이다.

15절, 발락이 다시 그들보다 더 높은 귀족들을 더 많이 보내매

그러므로 발람이 그렇게 대답한 것은 발락에게 여지를 준 것이다. 하나님께서 말씀하신 대로 전해 주면 그들이 다시 자기한테 올 여지가 없게 되고 따라서 돈을 벌 수 있는 여지도 없어지기 때문에 모호한 대답으로 다시 올 수 있는 여지를 만들어 놓은 것이다. 모압 왕 발락은 발람의 마음을 제대로 이해했다고 보아야 한다. 그래서 그들보다 더 높은 귀족들을 더 많이 보냈다.

16절, 그들이 발람에게로 나아가서 그에게 이르되 십볼의 아들 발락의 말씀에 청컨대 아무 것에도 거리끼지 말고 내게로 오라

이들은 지금 발람이 입으로는 거절하고 있지만 속이 움직이고 있다는 것을 알았다. 그러므로 '좀 더 강력하게 밀어붙이면 움직이겠구나' 하는 것도 안 것이다. 그들은 발람이 가고는 싶지만 뭔가 꺼리는 것이 있음을 눈치챘다. 그러므로 "아무 것에도 거리끼지 말고 오라"고 한 것이다. 사탄 마귀도 사람을 잘 안다. 누가 약한지도 안다. 겉에서는 반대하고 있지만 지금 속이 움직이고 있다는 것을 알고 몇 번 더 밀어대면 완전히 넘어간다는 것도 잘 안다. 그래서 이제 귀족들을 더 많이 보내서 아주 마음이 푸근하게 말해 주고 있다.

17절, 내가 그대를 높여 크게 존귀케 하고 그대가 내게 말하는 것은 무엇이든지 시행하리니 청컨대 와서 나를 위하여 이 백성을 저주하라 하시더이다

첫 번째 보냈을 때보다 조건을 훨씬 강화시켜서 더 많은 보상을 주겠다고 하면서 발람을 오라고 했다. 오늘날 뛰어난 야구 선수, 농구 선수, 축구 선수를 구단에 유입하기 위해 협상을 할 때 처음에 제시한 것으로 움직이지 않을 때는 좀 더 좋은 조건을 제시하고, 그래도 응하지 않으면 더욱 좋은 조건을 제시한다. 그러면 계약서에 도장을 찍는다. 마찬가지로 발람은 첫 번째에는 거절했지만 두 번째로 회유하자 이때는 좀 달라졌다. 초청 조건이 넘치도록 커지니까 발람은 마음이 크게 움직였고 거리끼는 것이 확 줄어 든 것이다.

18절, 발람이 발락의 신하들에게 대답하여 가로되 발락이 그 집에 은금을 가득히 채워서 내게 줄지라도 내가 능히 여호와 내 하나님의 말씀을 어기어 덜하거나 더하지 못하겠노라

이 말은 아주 애매모호하다. 마음이 대단히 흔들리고 있다는 것을 표명하는 말이다. 이제 가지 않겠다는 말이 빠졌다. 가기는 가지만 금은 보화가 소용없다고 한 것이다. 하나님의 말씀을 '더하거나 덜하거나'가 무슨 말인가? 주님은 결코 하지 말라고 하셨는데 더하거나 덜하거나 못하겠다는 말에는 결국 '하겠다'는 의미가 들어 있다. 그냥 하나님이 하라고 하시는 말만 하겠다는 뜻이 들어 있다.

발람은 자신의 말을 섞어 하나님의 말씀을 약간 바꾸었다. 이것이 동산에서 하와가 뱀의 유혹을 받은 뒤 흔들렸을 때와 같은 반응이다. 하나님은 그 실과를 먹으면 정녕 죽으리라 하셨는데 하와는 '죽을까 하노라'고 말했다. 그것은 이미 사탄과의 접촉을 통하여 단호함을 잃어버린 말투이다. 겉으로는 거절하는 말 같지만 속에서는 움직이고 있다는 소리이다. 그는 은금을 가득 채워준다 해도 받지 않겠다고 하면서 하나님의 말씀을 있는 그대로 전하겠다고 했지만 사실은 자기에게 재물을 주기를 바라고 있다.

19절, 그런즉 이제 너희도 이 밤에 여기서 유하라 여호와께서 내게 무슨 말씀을 더하실는지 알아 보리라

지난번 기도했을 때 하나님께서는 그분의 뜻을 더 이상 물을 것도 없이 확실하게 말씀하셨는데 발람은 또 그들에게 유하라고 한다. '여호와께서 내게 무슨 말씀을 더 하실는지 알아보겠다' 는 것이다. 하나님께서 이미 지난번에 다 말씀하셨는데 또 무엇을 알아보겠다는 것인가? 사실 발람은 이제 그들과 가고 싶은 마음이 많이 생긴 것이다. 무엇이 그의 마음을 이토록 움직였는가? 돈이다. 오늘날도 많은 주의 종들이나 자녀들이 돈의 미끼에 걸려들어서 멸망의 길로 들어선다. 발람은 세상 사람처럼 드러난 방식으로 돈을 따라가지 않았다. 그는 종교적인 외형을 갖추고 행하였다. 그는 자신의 탐욕적인 행습을 종교의 외형으로 가리고 행동하였다. 세상 사람들은 돈을 추구하기 위해 이곳저곳 뛰어다니며 돈이 되는 일이면 입을 벌리며 좋아하며 행동한다. 그러나 발람은 겉으로 보기에 돈을 위하지 않는 것처럼 돈을 위했다. 그는 다만 종교적인 행습을 하면서 돈을 위한 일을 하고 있었던 것이다. 오늘날 독자들은 이곳저곳에서 수많은 발람을 대하게 될 것이다.

20절, 밤에 하나님이 발람에게 임하여 이르시되 그 사람들이 너를 부르러 왔거든 일어나 함께 가라 그러나 내가 네게 이르는 말만 준행할지니라

이것은 발람이 속에서 생각한 것과 발람이 그들에게 말한 것 그대로이다. 하나님께서 발람의 마음속에 있는 것을 그대로 하게 해주신 것이다. 우리 하나님은 어떤 분이신가? 사실 그분의 뜻은 분명하다. 가지도 말고 이스라엘을 저주하지도 말고 아무 말도 하지 않는 것이다. 그런데 발람이 돈에 움직여서 그래도 해보고 싶은 마음을 내려놓지 못하고 또다시 하나님께 물으니까 이제는 하나님께서는 그렇게 하라고 하신 것이다.

사람이 자신이 뭔가 할 수 있는가 없는가를 자꾸 물어보는 것은 그것을 하고 싶다는 뜻이다. 전에 나를 도와서 함께 일하던 형제들이 있었는데, 내가 어떤 일에 대해 '안 된다. 나는 그렇게 하지 않을 것이다' 하고 결정해도 그들은 여전히 하고 싶은 마음이 있기 때문에 또다시 그 일을 해도 되느냐고 물어본다. 그러면 나는 '지난번에 안 된다고 이야기했지 않았는가?' 라고 일깨우지만 그들은 또 묻고 또 이야기한다. 이럴 때 내가 만일 하나님을 닮았다면 '그래? 그럼 그렇게 하라' 고 할 것이다. 이것이 하나님을 닮은 것이다. 그럴 때 허락을 얻어낸 사람은 아주 기쁘게 돌아가는 것을 본다.

그리고서 그는 나의 이름을 사용하여 '이 일은 아무개의 뜻이다. 그가 나더러 하라고 했기 때문에 하는 것이다' 라고 말한다. 나는 그런 일을 많이 보았다. 그런 일들은 다 자기의 뜻과 자기의 생각을 가지고 움직이는 사람들의 일이고 그러한 사람들의 대표가 바로 여기에 있다. 그럴 때 하나님은 그 일을 그가 하게 두신다. 하나님께서는 이와 같이 인간의 자유 의지를 극도로 존중하는 분이시다. 그래서 발람에게 가라고 하신 것이다.

21절, 발람이 아침에 일어나서 자기 나귀에 안장을 지우고 모압 귀족들과 함께 행하니

이 말씀을 볼 때 여기서 앞장선 사람은 발람이다. 더 이상 그는 따라가는 사람이 아니다. 발람이 '갑시다' 하고 모압 귀족들을 데리고 나선 것이다. 기분도 매우 좋았을 것이다.

22절, 그가 행함을 인하여 하나님이 진노하심으로 여호와의 사자가 그를 막으려고 길에 서니라 발람은 자기 나귀를 타고 그 두 종은 그와 함께 있더니

대부분의 어린 성경 학도들은 이 구절을 읽으면서 머리가 혼돈된다. 언제는 가라고 하시고 또 언제는 막아서시는가? 그리고서 이 구절에 대해 합당한 이해를 갖지 못한다.

23절, 나귀가 여호와의 사자가 칼을 빼어 손에 들고 길에 선 것을 보고 길에서 떠나 밭으로 들어간지라 발람이 나귀를 길로 돌이키려고 채찍질하니

여호와의 사자가 발람의 길을 막기 위해 앞에 서 있다. 그런데 발람의 눈에는 그가 안 보이고 나귀의 눈에만 보였다. 나귀가 발람보다 영적인 눈이 더 밝았던 것이다. 그럼 왜 발람에게는 여호와의 사자가 보이지 않았을까? 돈을 취하려는 마음으로 가득하여 눈이 어두워졌기 때문이다. 만일 여러분 중에도 돈 벌려는 생각으로 가득한 사람이 있다면 하나님의 말씀이 잘 들어오지 않을 것이다. 어떤 사람의 마음속에 뭔가 취하려는 욕심, 얻으려는 욕심으로 가득하면 아무것도 들리지 않고 보이지 않는 법이다. 그것을 얻고자 하는 마음 때문에 아무것도 보이지 않는다. 그러나 여러분 마음속에 정말 주님 한 분만 있다면 말씀이 그대로 분명하게 깨달아질 것이다. 주님은 우리의 눈이 나쁘면 온 몸이 어둡다고 하셨는데 우리가 재물을 이 땅에 쌓으면 눈이 나빠진다. 그는 이때 재물을 인하여 눈이 어두워진 것이다.

"발람이 나귀를 길로 돌이키려고 채찍질하니". 나귀는 길에서 뭔가를 보고 피해서 밭으로 들어갔는데 발람은 재물을 취하려는 마음으로 가득하여 아무것도 보지 못하는 고로 목적지를 향하여 급히 가려고 나귀를 채찍질했다.

24-25절, 여호와의 사자는 포도원 사이 좁은 길에 섰고 좌우에는 담이 있더라 25 나귀가 여호와의 사자를 보고 몸을 담에 대고 발람의 발을 그

담에 비비어 상하게 하매 발람이 다시 채찍질하니

여기서 주님이 우리에게 알려 주시는 것은 하나님의 선지자가 이렇게 마음속에 다른 것이 들어 있어서 엉뚱한 일을 하려고 할 때에는 눈이 안 보일 뿐 아니라 사람이 강퍅해진다는 것이다. 그래서 일이 안 되고 뭔가 막힐 때 그것은 하나님께서 막으시는 것이므로 그 안에서 하나님의 손길을 보고 '그렇다면 주님, 이 일에서 내가 무엇이 잘못되었는지를 보여 주십시오' 하고 굴복하는 것이 아니라 도리어 성질을 내는 것이다. '지금 내 갈 길이 바쁜데 왜 일이 이렇게 잘 풀리지 않는가?' 하면서 괜히 아내를 꾸중하고 자녀들을 야단친다. 일이 안 되는 것이 속상해서 주위의 사람들에게 신경질을 부리기도 하며 어떻게든 일을 추진하려고 발버둥치는 것이다. 이런 사람들은 발람의 줄에 서 있는 사람들이다. 발람은 나귀가 여호와의 사자를 피하여 그 발을 담에 비비어 상하게 하니까 더욱 성질이 나서 나귀를 때렸다.

26절, 여호와의 사자가 더 나아가서 좌우로 피할 데 없는 좁은 곳에 선지라

이제 아주 비좁은 막다른 골목에 여호와의 사자가 서 있다.

27절, 나귀가 여호와의 사자를 보고 발람의 밑에 엎드리니 발람이 노하여 자기 지팡이로 나귀를 때리는 지라

지금 나귀는 계속 여호와의 사자를 보고 있는데 소위 선지자 발람은 보지 못한다. 비좁은 곳에 이르러 좌우로 피할 수 없게 되자 나귀는 결국 엎드렸다. 그러자 발람은 화를 내면서 자기 지팡이로 나귀를 때렸다.

28절, 여호와께서 나귀 입을 여시니 발람에게 이르되 내가 네게 무엇을 하였기에 나를 이같이 세 번을 때리느뇨

이제 여기서 기적이 일어난다. 나귀가 말을 하는 것이다. "내가 네게 무엇을 하였기에 이같이 세 번을 때리느뇨?"

29절, 발람이 나귀에게 말하되 네가 나를 거역하는 연고니 내 손에 칼이 있었더면 곧 너를 죽였으리라

아마 이 발람은 돈 벌러 가는 데 정신이 팔려서 나귀가 말하는 것이 기적인 줄도, 놀라운 일인 줄도 모르는 모양이다. 그래서 이렇게 나귀와 대화를 하고 있다.

30절, 나귀가 발람에게 이르되 나는 네가 오늘까지 네 일생에 타는 나귀가 아니냐 내가 언제든지 네게 이같이 하는 행습이 있더냐 가로되 없었느니라

지금 발람은 나귀의 말도 감당하지 못하고 있다.

31-32절, 때에 여호와께서 발람의 눈을 밝히시매 여호와의 사자가 손에 칼을 빼어들고 길에 선 것을 보고 머리를 숙이고 엎드리니 32 여호와의 사자가 그에게 이르되 너는 어찌하여 네 나귀를 이같이 세 번 때렸느냐 보라 네 길이 내 앞에 패역하므로 내가 너를 막으려고 나왔더니

여호와의 사자가 발람에게 '네 길이 내 앞에 패역하다' 고 말씀하신다.

33절, 나귀가 나를 보고 이같이 세 번을 돌이켜 내 앞에서 피하였느니

라 나귀가 만일 돌이켜 나를 피하지 아니하였더면 내가 벌써 너를 죽이고 나귀는 살렸으리라

이제 여호와의 사자가 발람에게 그 모든 과정을 설명해 주고 계신다.

34절, 발람이 여호와의 사자에게 말씀하되 내가 범죄하였나이다 당신이 나를 막으려고 길에 서신 줄 내가 알지 못하였나이다 당신이 이를 기뻐하지 아니하시면 나는 돌아가겠나이다

여기 발람의 말은 언뜻 보기에는 좋은 것 같지만 사실은 좋은 말이 아니다. "당신이 이를 기뻐하지 아니하시면 나는 돌아가겠나이다"라는 이 말은 발람이 중심에서 자기의 행동과 자기의 품은 마음을 회개하는 말이 아니다. '내 마음이 재물에 움직여 하나님께서 가지 말라고 하시는데도 듣지 않고 굳이 가려고 했습니다' 하며 회개하는 것이 아니라 다만 '막으신다면 제가 가지 않겠다'고 하는 것이다. 그의 마음은 어떤가? 지금도 가라고 허락만 하시면 가고 싶은 것이다. 그래서 어떤 성경학자는 이렇게 말했다. "사람에게는 밖의 말이 있고 속의 말이 있다." 지금 발람의 이 말은 밖으로는 가지 않겠다는 것이지만 속에서는 그래도 허락해 주시면 가겠다는 것이다. 이것은 다만 환경이 어려워지므로 생겨난 연약해진 반응이지 자신의 행함에 대한 회개나 자복하는 마음이 아니다.

35절, 여호와의 사자가 발람에게 이르되 그 사람들과 함께 가라 내가 네게 이르는 말만 말할지니라 발람이 발락의 귀족들과 함께 가니라

"발람이 발락의 귀족들과 함께 가니라". 결국 함께 갔다. 발람은 가고자 하는 마음으로 가득했기 때문에 간 것이다.

36-37절, 발락이 발람의 온다 함을 듣고 모압 변경의 끝 아르논 가에 있는 성읍까지 가서 그를 영접하고 37 발락이 발람에게 이르되 내가 특별히 보내어 그대를 부르지 아니하였느냐 그대가 어찌 내게 오지 아니하였느냐 내가 어찌 그대를 높여 존귀케 하지 못하겠느냐

발락이 발람에게 특별 대우를 해주고 있다.

38절, 발람이 발락에게 이르되 내가 오기는 하였으나 무엇을 임의로 말할 수 있으리이까 하나님이 내 입에 주시는 말씀 그것을 말할 뿐이니이다

이 사람 발람은 어쨌든 하나님의 선지자이기 때문에 경험도 있고 영적인 것도 좀 안다. 그래서 자기가 빠져나갈 문을 만들어 놓는 것이다. 지금 그들과 뭔가 함께하고 싶은데 그렇더라도 자기 마음대로 못하는 부분도 있으니까 그렇게 알고 있으라는 이야기이다.

39-40절, 발람이 발락과 동행하여 기럇후솟에 이르러서는 40 발락이 우양을 잡아 발람과 그와 함께 한 귀족을 대접하였더라

그는 아주 후한 접대를 받고 있다.

41절, 아침에 발락이 발람과 함께 하고 그를 인도하여 바알의 산당에 오르매 발람이 거기서 이스라엘 백성의 진 끝까지 보니라

민수기 23장

발락과 발람의 이야기(2)

1절, 발람이 발락에게 이르되 나를 위하여 여기 일곱 단을 쌓고 거기 수송아지 일곱과 수양 일곱을 준비하소서 하매

이제 발람은 자기가 그들의 말대로 해볼 테니까 제물을 준비하고 제단을 쌓으라고 했다. 일곱 단이나 일곱 제물은 다 이방의 풍습이다. 발람은 지금 이방 사람들의 풍습을 따라 행하려는 것이다.

2-3절, 발락이 발람의 말대로 준비한 후에 발락과 발람이 매 단에 수송아지 하나와 수양 하나를 드리니라 3 발람이 발락에게 이르되 당신의 번제물 곁에 서소서 나는 저리로 갈지라 여호와께서 혹시 오셔서 나를 만나시리니 그가 내게 지시하시는 것은 다 당신에게 고하리이다 하고 사태난 산에 이른즉

이 3절에 대해서는 조금 이해가 필요한데, 발람이 발락에게 번제물 곁에 서라고 하고서 자기는 다른 곳으로 간 것은 바로 사술을 행하려는 것이다. 당시에 소위 마술이나 점성술을 하는 사람들이 이런 식으로 혼자 서서 음성을 듣곤 하는 풍습이 있었다. 이것이 그러한 사술의 형태이다. 그리고 발락에게는 번제물 곁에 서 있으라고 했다. 발락도 함께 제사를 드리는 것처럼 그 제물을 받드는 자세로 서 있으라는 뜻이다.

"여호와께서 혹시 오셔서 나를 만나시리니 그가 내게 지시하시는 것은 다 당신에게 고하리이다". 발람은 이렇게 하면 여호와께서 혹시 그를 만나실 것이라고 생각했다. 그러나 하나님은 이러한 발람의 방식대로 발람을 만나신 것이 아니다. 하나님께서는 그분의 뜻을 따라 행하신다.

4절, 하나님이 발람에게 임하시는지라 발람이 고하되 내가 일곱 단을 베풀고 매 단에 수송아지 하나와 수양 하나를 드렸나이다

하나님께서 발람에게 임하시자 발람은 하나님께 이렇게 고했다. "내가 일곱 단을 베풀고 매 단에 수송아지 하나와 수양 하나를 드렸나이다". 사실 이 제물은 자기가 드린 것이 아니라 발락을 시켜서 드리게 한 것이다.

5-9절, 여호와께서 발람의 입에 말씀을 주어 가라사대 발락에게 돌아가서 이렇게 말할지니라 6 그가 발락에게 돌아간즉 발락과 모압 모든 귀족이 번제물 곁에 함께 섰더라 7 발람이 노래를 지어 가로되 발락이 나를 아람에서, 모압 왕이 동편 산에서 데려다가 이르기를 와서 나를 위하여 야곱을 저주하라, 와서 이스라엘을 꾸짖으라 하도다 8 하나님이 저주치 않으신 자를 내 어찌 저주하며 여호와께서 꾸짖지 않으신 자를 내 어찌 꾸짖을꼬 9 내가 바위 위에서 그들을 보며 작은 산에서 그들을 바라보니 이 백성은 홀로 처할 것이라 그를 열방 중의 하나로 여기지 않으리로다

지금 하나님께서 발람을 통해 그분의 말씀을 하고 계신다. 여기서 우리가 명심해야 할 것은 어떤 사람이 하나님의 영감으로 하나님의 말씀을 한다고 해서 그 사람의 동기와 의도와 영성이 반드시 그것과 일치되지는 않는다는 것이다. 특히 발람과 같은 사람은 일치되지 않는다. 그리고 발람보다 더 일치되지 않는 것이 있는데 그것은 나귀이다. 나귀가 말한 것과 나귀는 별개이다. 이렇게 어떤 사람이 하고 있는 말과 그 사람 존재는 전혀 다를 수가 있다는 것을 우리는 유념해야 한다. 오늘날 어떤 사람들은 놀라운 메시지를 전하고 나서 그것이 곧 하나님이 자기를 사용하고 계시다는 증거라고 생각하면서 안심하는 경우가 있다. 이것은 큰 실수일 수가 있다.

나는 정신적으로 문제가 있는 한 형제가 자신이 성경 해석과 영적인 말을 잘 말해내는 것을 사람들에게 나타내 보이면서 그것이 자기가 온전한 것을 증명하는 것이 아니냐고 항변하는 것을 본 적이 있다. 그보다 더 중한 것, 즉 자신의 영성을 검증할 방법은 자신의 하나님과의 관계와 도덕성의 변화에서 찾는 것이 안전하리라고 본다. 자신의 일상생활의 도덕성의 변화가 가장 중요한 것이다. 자신의 아내와 남편에 대한, 자녀에 대한, 이웃에 대한 사랑과 동정, 긍휼, 하나님 앞에 가난하고 의지하는 마음 등이 더욱 중요하다고 본다. 그 사람이 설사 말씀을 전하는 것이 부족하다 하더라도 이런 부분들이 진보하고 변화되는 것들이 있다면 그것을 더욱 바람직한 영적 성장으로 간주할 수 있다.

삯을 위해서 발락에게 고용된 선지자 발람의 입에 주신 말씀은 어디까지나 하나님의 말씀이다. 그러므로 그것은 하나님의 말씀으로 존중되어야 한다. 그 구절을 다시 한 번 보겠다. "내가 바위 위에서 그들을 보며 작은 산에서 그들을 바라보니 이 백성은 홀로 처할 것이라 그를 열방 중의 하나로 여기지 않으리로다"(9절). 이것이 이스라엘의 특징이다. 발람은 크게 나누어서 네 가지 예언을 했는데, 이것이 그 중 첫 번째이다. 이 예언은 이스라엘의 유일성, 분별성을 말한다. 이 땅에서 이스라엘은 홀로 처한 나라이다. 사실 오늘 우리 그리스도인들은 영적인 이스라엘이다. 이 이스라엘은 이 땅의 다른 나라들과 함께하는 민족이 아니다. 그러므로 우리 그리스도인은 참으로 유일한 존재이다. "열방 중의 하나로 여기지 않으리로다".

10절, 야곱의 티끌을 뉘 능히 계산하며 이스라엘 사분지 일을 뉘 능히 계수할꼬 나는 의인의 죽음 같이 죽기를 원하며 나의 종말이 그와 같기를 바라도다 하매

그 다음에는 이스라엘 백성들의 숫자가 많을 것을 이야기하고 있다. 당시에 모압 평지에 서 있는 이스라엘 백성들의 숫자는 계산할 수 없을 만큼 티끌같이 많은 것은 아니었다. 어린아이까지 다 합쳐서 이백만 정도가 되었을 것이다. 그러나 장래 이스라엘의 숫자는 땅의 티끌같이 많아질 것이다. 그것은 아브라함을 통해서 예언하신 것과도 같다. "야곱의 티끌을 뉘 능히 계산하며 이스라엘 사분지 일을 뉘 능히 계수할꼬". 분명 이것은 저주의 말이 아니라 이스라엘 백성의 수가 많아져 막강해질 것을 말하고 있는 것이다. 오늘날 많은 사람들이 진실한 그리스도인들을 너무 얕잡아보고 멸시한다. 그러나 한 가지 알아야 할 것은 하나님께서 진실한 그리스도인들을 티끌같이 많아지게 하신다는 것이다. 이것은 사실이다.

그리고 마지막으로 그는 자신에 대해 말했다. "나는 의인의 죽음 같이 죽기를 원하며 나의 종말이 그와 같기를 바라도다". 이러한 예언을 하면서 발람은 다소 불안했는지 마지막 부분에서 자기가 죽을 때 의인의 죽음 같이 죽고 싶다고 말했다. 자기의 종말을 생각한 것이다. 안타깝게도 발람은 나중에 그의 예언에서의 불안한 느낌처럼 비참하게 죽었다. 의인의 죽음처럼 죽지 못했다. 왜 그런가? 그가 비록 입으로는 하나님의 말씀을 했지만 그의 행동이 악하고 패역했기 때문이다. 그렇기 때문에 그는 의인의 죽음 같이 죽지 못한 것이다. 입으로는 놀라운 하나님의 말씀을 했지만, 삶에서나, 동기에서나, 의도에서 순수하지 않고 대적을 이롭게 한 선지자의 비참한 운명을 보는 것은 어떠한 경계인가!

11절, 발락이 발람에게 이르되 그대가 어찌 내게 이같이 행하느냐 나의 원수를 저주하라고 그대를 데려왔거늘 그대가 온전히 축복하였도다

발락도 발람의 말을 잘 알아들었다. 그것이 축복의 말이라는 것을 안 것이다.

12절, 대답하여 가로되 여호와께서 내 입에 주신 말씀을 내가 어찌 말하지 아니할 수 있으리이까

발람은 자기 임무를 성실하게 수행하는 것처럼 매우 영적으로 말하고 있다.

13절, 발락이 가로되 나와 함께 그들을 달리 볼 곳으로 가자 거기서는 그들을 다 보지 못하고 그 끝만 보리니 거기서 나를 위하여 그들을 저주하라 하고

이제 발락은 발람이 이스라엘 전체가 다 보이기 때문에 축복의 예언을 한다고 생각하여 그들을 다 보지 못하고 그 끝만 보이는 곳으로 데려가 그들에 대해 저주하게 하려고 했다. 이 모압 왕 발락도 보통 수완을 가진 사람이 아니다.

14-15절, 소빔 들로 인도하여 비스가 꼭대기에 이르러 일곱 단을 쌓고 매 단에 수송아지 하나와 수양 하나를 드리니 15 발람이 발락에게 이르되

내가 저기서 여호와를 만날 동안에 여기 당신의 번제물 곁에 서소서 하니라

이것도 사술을 쓰는 것이다.

16-18절, **여호와께서 발람에게 임하사 그 입에 말씀을 주어 가라사대 발락에게로 돌아가서 이렇게 말할지니라 17 발람이 와서 본즉 발락이 번제물 곁에 섰고 모압 귀족들이 함께 있더라 발락이 발람에게 이르되 여호와께서 무슨 말씀을 하시더냐 18 발람이 노래를 지어 가로되 발락이여 일어나 들을지어다 십볼의 아들이여 나를 자세히 들으라**

직선적으로 말하는 것보다 노래를 지어서 말하는 것이 듣는 사람에게 훨씬 부드러울 것이다.

19절, **하나님은 인생이 아니시니 식언치 않으시고 인자가 아니시니 후회가 없으시도다 어찌 그 말씀하신 바를 행치 않으시며 하신 말씀을 실행치 않으시랴**

하나님께서는 반드시 그 말씀을 이루신다는 뜻이다. 이는 하나님의 말씀의 확정성이다. 그 누구도 하나님이 하신 말씀과 맹세를 성취하지 못하도록 막을 수 없다는 말씀이다. 이는 이스라엘이 안전한 기초 위에 있다는 말이다. 하나님은 자신에 대하여 참되신 분이라는 말씀이다. 그 참되신 하나님의 축복의 말씀 위에 서 있는 이스라엘의 견고성은 어떠한 것인가! 그분은 그분이 말씀하신 것을 반드시 실행하신다.

20-21절, **내가 축복의 명을 받았으니 그가 하신 축복을 내가 돌이킬 수 없도다 21 여호와는 야곱의 허물을 보지 아니하시며 이스라엘의 패역을**

보지 아니하시는도다 여호와 그의 하나님이 그와 함께 계시니 왕을 부르는 소리가 그 중에 있도다

이스라엘 백성들에게 잘못과 허물이 조금도 없느냐면 그렇지 않다. 많은 잘못이 있을 것이다. 그러나 하나님은 이스라엘 백성들의 허물과 패역을 보지 않으신다. "여호와는 야곱의 허물을 보지 아니하시며 이스라엘의 패역을 보지 아니하시는도다". 그리스도 안에 있는 자들은 하나님 눈에 완전한 자다. 이는 구원받은 하나님의 자녀들의 존귀하고 영광스러운 지위이다(눅 15:22). 우리는 이미 완전히 거룩케 된 자이다(히 10:14). 이러한 사상은 아가서에도 있다. "나의 사랑 너는 순전히 어여뻐서 아무 흠이 없구나" (아 4:7). "나의 비둘기 나의 완전한 자"(아 6:9). "여자 중 극히 어여쁜 자야"(아 6:1). 하나님 눈에 우리는 완전하고 아름다워서 흠이 조금도 없다.

스가랴 3장도 당시 더러운 옷을 입고 있던 여호수아를 향해서 하나님은 "내가 네 죄과를 제하여 버렸으니 네게 아름다운 옷을 입히리라" 하셨다(4절). 그러므로 어떤 원수가 하나님의 자녀들을 고소하기 위해 일어나면 하나님은 그를 반대하기 위해 일어나신다. 우리는 우리의 하나님 앞에서의 지위에 있어서 완전하다는 것을 알아야 한다. 이는 우리의 상태와는 무관한 것이다. 하나님은 우리가 어떤 형편없는 상태에 있다 하더라도 그 존귀한 지위에 따라서 보고 계시며 그 크신 능력으로 우리를 영광스럽게 변화시키실 수 있으시므로 그 지위에 따라 선포하시는 것이다.

22-23절, **하나님이 그들을 애굽에서 인도하여 내었으니 그 힘이 들소와 같도다 23 야곱을 해할 사술이 없고 이스라엘을 해할 복술이 없도다 이때에 야곱과 이스라엘에 대하여 논할진대 하나님의 행하신 일이 어찌 그리 크뇨 하리로다**

"하나님이 그들을 애굽에서 인도하여 내셨으니 그 힘이 들소와 같도다". 이스라엘 백성들은 힘이 있는 민족이라는 것이다. 어떤가? 여러분이 볼 때 진실된 그리스도인들은 그리 힘이 있어 보이지 않을 것이다. 그러나 하나님의 눈으로 볼 때 그들은 들소와 같이 힘이 있다. 왜냐하면 하나님께서 그들과 함께하셔서 그들을 인도하시기 때문이다. 또한 그들에게는 그리스도의 부활 생명과 부활 능력이 있기 때문이다.

여기서 첫째는 하나님께서 이스라엘 백성을 의롭다 하신다고 말한다. 하나님께서 의롭다 하시면 누구도 정죄할 수 없다. 물론 하나님 앞에서는 그들에게 온전치 못한 부분이 있겠지만 사탄이나 다른 사람들이 하나님의 자녀들을 정죄하면 하나님께서는 그들에게 '나는 내 자녀들의 패역을 보지 않는다'고 말씀하실 것이다. 그분이 그들의 모든 죄악을 다 담당하시고 사하셨기 때문에 그들에게서 패역을 보지 않으시는 것이다.

23절에서는 야곱을 해할 사술이 없고 이스라엘을 해할 복술이 없다고 했다. 어떤 사람들이 자기 뜻대로 이스라엘 백성들을 저주한다 해도 그 저주가 이스라엘에게 미치지 않는다. 오늘날 어떤 사람들이 참된 그리스도인들을 저주할지라도 여러분은 어떤 사술이나 복술도 참된 그리스도인들을 해할 수 없다는 것을 알아야 한다.

24절, 이 백성이 암사자 같이 일어나고 수사자 같이 일어나서 움킨 것을 먹으며 죽인 피를 마시기 전에는 눕지 아니하리로다 하매

이스라엘이 이만큼 용감하다는 것이다. 이스라엘 백성들은 암사자 같이 일어나고 수사자 같이 일어나서 움킨 것을 먹을 것이다. 오늘 참 이스라엘인 그리스도인들은 실망할 필요가 없다. 여기서 우리는 한 가지 생각해 볼 것이 있다. 지금 이스라엘 백성들은 어디에 있는가? 모압 평지에 있다. 앞에는 무엇이 있는가? 요단 강이 있다. 그리고 그 강을 건너면 여리고가 있다. 얼마 안 있으면 전쟁을 치러야 한다. 그들은 지금 가나안을 정복하기 위해 있다. 그런데 이때에 이 모압 왕 발락이 이스라엘을 두려워하여 이들을 종교적인 방식으로 공격하기 위하여 발람을 고용했다. 그리고 발람을 통해서 이스라엘을 저주하고자 할 때에 하나님께서는 발람의 입을 사용해서 오히려 축복하셨다. 그 축복의 말씀 가운데서 이스라엘을 강화시키는 말씀을 하고 있는 것이다.

그 강화시키는 말씀은 곧 장차 요단 강을 건너 가나안을 정복하기 위한 것이다. 이 지점에서 이스라엘 백성들에게는 강화가 필요했다. 그래서 비록 이스라엘이 약해 보이고 또 허물이 있을 지라도 하나님께서는 그들의 허물을 보지 않는다고 하신 것이다. 그들이 하나님과 함께하려는 자세를 갖고 있는 한 하나님께서는 그들의 패역과 허물을 보지 않으실 것이다. 하나님은 이방 사람들의 방해와 공작을 오히려 그분의 백성의 강화를 위한 목적으로 바꾸어 사용하신다.

다시 말하지만 그들의 위치가 여호와 하나님에 대해서 합당하고 그들이 여호와 하나님을 왕으로 모시고 있는 한—"여호와 그의 하나님이 그와 함께 계시니 왕을 부르는 소리가 그 중에 있도다"(21절)—그들의 실수와 부족함은 문제가 되지 않는다. 하나님께서 그들을 의롭다 하시기 때문이다. 그리고 그들의 힘은 들소와 같다고 했다. 왜냐하면 그들은 하나님께서 함께하시는 자들이기 때문이다. 어떤 사술이나 복술로도 그들을 해할 수 없다.

"이 백성은 암사자 같이 일어나고 수사자 같이 일어나서 움킨 것을 먹으며 죽인 피를 마시기 전에는 눕지 아니하리로다"라고 했다. 이만큼 이들이 용맹스럽다는 것이다. 이런 말은 이스라엘 백성에게 얼마나 큰 격려가 되겠는가? 오늘날 하나님께서는 우리에게도 이러한 말씀을 주시기를 원하신다. 여러 모로 부족하지만 하나님은 우리를 용맹스럽다고 말씀하시며 암사자와 수사자같이 일어날 것이라고 말씀하신다.

25절, 발락이 발람에게 이르되 그들을 저주하지도 말고 축복하지도 말라

발락이 가만히 들어보니까 발람이 이스라엘을 더 강화시키는 말을 하고 있다. 그래서 차라리 아무 말도 하지 말라고 한 것이다.

26절, 발람이 발락에게 대답하여 가로되 내가 당신에게 고하여 이르기를 여호와께서 말씀하신 것은 내가 그대로 하지 않을 수 없다고 하지 아니 하더이까

사실 이런 말도 다 불필요한 말이다. 재물을 취하려 하니까 이런 말 저런 말을 하지 않으면 안 되었던 것이다. 모두가 불필요하고 구차한 말뿐이다.

27-28절, 발락이 발람에게 또 이르되 오라 내가 너를 다른 곳으로 인도하리니 네가 거기서 나를 위하여 그들을 저주하기를 하나님이 혹시 기뻐하시리라 하고 28 발락이 발람을 인도하여 광야가 내려다 보이는 브올 산 꼭대기에 이르니

발람은 발락을 좇아 이 산 저 산 따라다니는데 그 이유는 다른 것이 아니라 혹 돈이 생길까 해서이다.

29-30절, 발람이 발락에게 이르되 나를 위하여 여기 일곱 단을 쌓고 거기 수송아지 일곱과 수양 일곱을 준비하소서 30 발락이 발람의 말대로 행하여 매 단에 수송아지 하나와 수양 하나를 드리니라

민수기 24장

발락과 발람의 이야기(3)

1절, 발람이 자기와 이스라엘을 축복하는 것을 여호와께서 선히 여기심을 보고 전과 같이 사술을 쓰지 아니하고 그 낯을 광야로 향하여

이제 그는 하나님께서 자기가 이스라엘을 축복하는 것을 선히 여기시는 것을 알고 전과 같이 사술을 쓰지 않았다. 사술을 쓰지 않았다는 말은 점괘나 신탁을 구하기 위해 따로 특별한 장소에 나가지 않았음을 의미한다. 즉 그는 하나님과 만나는 특별한 방식을 생략하여도 되겠다고 본 것이다. 여기서 우리는 발람 같은 선지자도 그 은사를 사용할 때 하나님의 역사하심을 스스로 알고 있다는 것을 볼 수 있다. 그는 이스라엘을 축복하는 말씀을 성령으로 인하여 예언하면서 하나님이 그들을 축복하시는 것을 알았고 사술을 버리고 낯을 광야로 향하였다. 예언자로서 하나님의 어떤 은사나 능력을 사용할 줄 알고 그 맛을 체험한다고 해서 그가 진정 바른 위치에 서 있는 사람이라고 할 수는 없는 일이다(마 7:22-23).

2-3절, 눈을 들어 이스라엘이 그 지파대로 거하는 것을 보는 동시에 하

나님의 신이 그 위에 임하신지라 3 그가 노래를 지어 가로되 브올의 아들 발람이 말하며 눈을 감았던 자가 말하며

여기의 '눈을 감았던 자'는 흠정역에 '눈을 뜬 자'로 번역되어 있다.

4-5절, 하나님의 말씀을 듣는 자, 전능자의 이상을 보는 자, 엎드려서 눈을 뜬 자가 말하기를 5 야곱이여 네 장막이, 이스라엘이여 네 거처가 어찌 그리 아름다운고

이 세 번째 예언에서는 발람이 이스라엘의 아름다움에 대해 이야기하고 있다.

6-7절, 그 벌어짐이 골짜기 같고 강가의 동산 같으며 여호와의 심으신 침향목들 같고 물가의 백향목들 같도다 7 그 통에서는 물이 넘치겠고 그 종자는 많은 물가에 있으리로다 그 왕이 아각보다 높으니 그 나라가 진흥하리로다

이 아각이라는 왕은 당시 근방에서 가장 힘 있는 왕이었던 것 같다. 오늘날로 말하면 미국 대통령쯤 되었던 것 같다. 그런데 발람은 예언 중에서 이스라엘 왕이 아각보다 높겠고 그 나라가 가장 진흥할 것이라고 했다. 이것은 다윗 시대에 사실로 이루어졌다. 그리고 장래 왕국 시대에 완전하게 이루어질 것이다.

8-9절, 하나님이 그를 애굽에서 인도하여 내셨으니 그 힘이 들소와 같도다 그 적국을 삼키고 그들의 뼈를 꺾으며 화살을 쏘아 꿰뚫으리로다 9 꿇어 앉고 누움이 수사자와 같고 암사자와도 같으니 일으킬 자 누구이랴 너를 축복하는 자마다 복을 받을 것이요 너를 저주하는 자마다 저주를 받

을지로다

정상적인 그리스도인은 이와 같이 힘이 있다. 그 힘이 들소와 같고 그 적국을 삼키고 그들의 뼈를 꺾으며 화살을 쏘아 꿰뚫을 것이며, 꿇어앉고 누움이 수사자와 같고 암사자와도 같으니 한 번 앉으면 누가 일으키겠느냐는 것이다. 그래서 그러한 이스라엘을 축복하는 자는 복을 받고 저주하는 자는 저주를 받는다고 했다. 이렇게 이스라엘은 아름답고 이스라엘은 진흥할 것이고 이스라엘은 힘이 있고 축복을 받을 것이다.

10절, 발락이 발람에게 노하여 손뼉을 치며 발람에게 말하되 내가 그대를 부른 것은 내 원수를 저주하라 함이어늘 그대가 이같이 세 번 그들을 축복하였도다

이때 발락은 대단히 화가 났다.

11절, 그러므로 그대는 이제 그대의 곳으로 달려가라 내가 그대를 높여 심히 존귀케 하기로 뜻하였더니 여호와가 그대를 막아 존귀치 못하게 하셨도다

발락은 그가 발람을 존귀하게 하려고 했는데 여호와께서 그것을 막으셨다고 말한다.

12-14절, 발람이 발락에게 이르되 당신이 내게 보낸 사자들에게 내가 고하여 이르지 아니하였나이까 13 가령 발락이 그 집에 은금을 가득히 채워서 내게 줄지라도 나는 여호와의 말씀을 어기고 선악간 임의로 행하지 못하고 여호와께서 말씀하신 대로 말하리라 하지 아니하였나이까 14 이

제 나는 내 백성에게로 돌아가거니와 들으소서 내가 이 백성이 후일에 당신의 백성에게 어떻게 할 것을 당신에게 고하리이다 하고

여기까지 볼 때 발람이라는 선지자가 전혀 잘못한 것 같지 않다. 따라서 왜 신약에서 사도들이 이 발람에 대해 그렇게 나쁘게 말했는지 이해가 가지 않을 것이다. 나도 전에는 이 부분을 읽으면서 그렇게 생각했었다. 신약 몇 군데를 읽어 보겠다. 유다서 11절, "화 있을진저 이 사람들이여, 가인의 길에 행하였으며 삯을 위하여 발람의 어그러진 길로 몰려갔으며". 여기서 발람은 삯을 위하여 간 사람이라고 말한다. 베드로 후서 2장 15-16절, "저희가 바른 길을 떠나 미혹하여 브올의 아들 발람의 길을 좇는도다 그는 불의의 삯을 사랑하다가 자기의 불법을 인하여 책망을 받되 말 못하는 나귀가 사람의 소리로 말하여 이 선지자의 미친 것을 금지하였느니라". 사도 베드로는 발람의 이 모든 행동을 다 미친 짓이라고 보는 것이다. 오늘날 어떤 사람들은 발람의 이야기를 들을 때 그가 미친 짓을 했다고 생각하기는커녕 '굉장히 영적인데 뭐가 잘못되었지?' 라고 생각할 것이다. 나도 전에는 그랬다. 그가 아주 영적인 것처럼 말하고 있기 때문이다.

오늘날 발람의 교훈을 따르는 삯꾼 목자들이 '돈을 주지 않으면 설교하지 않겠어. 돈을 주지 않으면 하나님의 일을 하지 않을 거야' 라고 드러내어 말하겠는가? 아마 그렇게 말하는 사람은 없을 것이다. 다 발람처럼 그 동기가 속에 감춰어 있어서 쉽게 알기가 어렵다. 다음은 요한계시록 2장 14절이다. "그러나 네게 두어 가지 책망할 것이 있나니 거기 네게 발람의 교훈을 지키는 자들이 있도다 발람이 발락을 가르쳐 이스라엘 앞에 올무를 놓아 우상의 제물을 먹게 하였고 또 행음하게 하였느니라". 이 일은 나중에 자세히 보겠다. 이와 같이 신약에서는 발람에 대해 철저하게 악한 일을 한 선지자로 평가하고 있다.

15-17절, 노래를 지어 가로되 브올의 아들 발람이 말하며 눈을 감았던 자가 말하며 16 하나님의 말씀을 듣는 자가 말하며 지극히 높으신 자의 지식을 아는 자, 전능자의 이상을 보는 자, 엎드려서 눈을 뜬 자가 말하기를 17 내가 그를 보아도 이때의 일이 아니며 내가 그를 바라보아도 가까운 일이 아니로다 한 별이 야곱에게서 나오며 한 홀이 이스라엘에게서 일어나서 모압을 이편에서 저편까지 쳐서 파하고 또 소동하는 자식들을 다 멸하리로다

이것은 장래의 일이다. 이스라엘 백성들은 장래 이렇게 할 것이다. 별이 야곱에게서 나온다는 것은 예수 그리스도의 출생을 말하며 한 홀이 이스라엘에게서 일어난다는 것은 그분이 왕국을 세우실 것을 말한다.

18-19절, 그 원수 에돔은 그들의 산업이 되며 그 원수 세일도 그들의 산업이 되고 그 동시에 이스라엘은 용감히 행동하리로다 19 주권자가 야곱에게서 나서 남은 자들을 그 성읍에서 멸절하리로다 하고

이것은 다 이스라엘의 축복된 장래를 예언하는 말이다. 사실 이것은 오늘 우리 그리스도인들에 대해 예언하는 말이기도 하다. 우리는 장래에 많은 원수들을 멸절할 것이다.

20절, 또 아말렉을 바라보며 노래를 지어 가로되 아말렉은 열국 중 으뜸이나 종말은 멸망에 이르리로다

21-25절, 또 가인 족속을 바라보며 노래를 지어 가로되 너의 거처가 견고하니 네 보금자리는 바위에 있도다 22 그러나 가인이 쇠미하리니 나중에는 앗수르의 포로가 되리로다 하고 23 또 노래를 지어 가로되 슬프다

하나님이 이 일을 행하시리니 그 때에 살 자가 누구이랴 24 깃딤 해변에서 배들이 와서 앗수르를 학대하며 에벨을 괴롭게 하리라마는 그도 멸망하리로다 하고 25 발람이 일어나 자기 곳으로 돌아갔고 발락도 자기 길로 갔더라

결국 발람의 예언은 이 나라 저 나라가 다 멸망할 것이며 이스라엘에서 한 별이 나오고 한 홀이 일어나서 온 땅을 다스릴 것을 말한다. 여기서 발람과 발락이 각각 자기 곳으로 돌아갔다고 했는데, 사실 발람은 그냥 돌아간 것이 아니라 무언가를 하고 돌아갔다. 여기에는 네 편의 예언만 기록되어 있지만, 사실은 은밀하게 발락에게 술책을 제시해주고 간 것이다. 성경의 이 부분 저 부분을 조합해보면 발람이 일어나 자기 곳으로 돌아가기 전에 앉아서 뭔가를 했다. 이것은 31장 말씀을 통해서 증명이 되는데 16절에서 "보라 이들이 발람의 꾀를 좇아 이스라엘 자손으로 브올의 사건에 여호와 앞에 범죄케 하여 여호와의 회중에 염병이 일어나게 하였느니라"고 한다. 즉 그 음행 사건의 비극은 발람의 꾀로 시작된 것이다.

사람이 남에게 대접만 받고 아무 혜택도 주지 않고 그냥 돌아가기란 어렵다. 그래서 뭔가 한 마디 귀띔을 해주게 되는 것이다. 그렇기 때문에 그런 자리에 초청받아 가면 안 된다. 여기서 발람이 한 소행의 결과가 25장에 나와 있다.

민수기 25장

바알브올의 음행 사건

1절, 이스라엘이 싯딤에 머물러 있더니 그 백성이 모압 여자들과 음행하기를 시작하니라

여기서 이스라엘 백성들이 음행을 하게 된 동기가 바로 발람에게 있다. 그가 예언의 말씀은 하나님께서 하라고 하시는 대로 했다. 거기에는 문제가 없는 것 같다. 그런데 24장 25절은 "발람이 일어나 자기 곳으로 돌아갔고"라고 말한다. 즉 어딘가에 앉아 있었으니까 일어났고 돌아간 것이다. 그때 그는 앉아서 함께 먹고 마시면서 모압 왕 발락에게 한 가지 계략을 가르쳐 준 것으로 보인다.

"보라 이들이 발람의 꾀를 좇아 이스라엘 자손으로 브올의 사건에 여호와 앞에 범죄케 하여 여호와의 회중에 염병이 일어나게 하였느니라"(민 31:16). 이렇게 여호와의 회중에 염병이 일어나게 된 것은 다름 아닌 발람의 계략 때문이다.

2-3절, 그 여자들이 그 신들에게 제사할 때에 백성을 청하매 백성이 먹고 그들의 신들에게 절하므로 3 이스라엘이 바알브올에게 부속된지라 여

호와께서 이스라엘에게 진노하시니라

발람의 꾀는 바로 이것이다. 발람이 예언은 하나님께서 하라시는 대로 했지만 발락과 함께 앉아서 이야기할 때는 이런 말을 해주었을 것이다. '너희 나라 여자들이 아름답지 않느냐?' 아마 이 정도만 이야기해도 발락은 무릎을 치며 '알겠다' 고 했을 것이다. 신앙이나 교리적으로 이스라엘을 미혹하기란 어렵다. 그래서 발람은 미인계를 써서 음행을 하도록 유혹한 것이다. 음행은 자동적으로 우상숭배와 연결된다. 일단 이 여인들이 음행으로 이스라엘 사람들의 마음을 사로잡고서 바알에게 제사할 때 이들을 초청하니까 오지 않을 수 없는 것이다. 그리고서 우상에게 절한 것이다. 그러자 하나님께서는 이스라엘에게 진노하여 염병을 보내어 수많은 사람을 죽게 하셨다.

이것이 바로 발람이 생각해 낸 꾀이다. 그는 아주 악한 자이다. 발람은 발락에게 이스라엘이 우상에 연루되면 하나님으로부터 큰 심판이 있을 것을 알려 준 것이다. 24장까지는 발람이 잘못한 것이 없어 보였지만 25장에 올 때 이런 일을 행한 것이 드러났다. 발람의 꾀는 바로 이것이다. 그는 하나님께서 우상숭배를 가장 싫어하신다는 것을 알았다. 그래서 이스라엘 사람들을 모압 여자들로 더불어 음행하게 하고 그들을 이끌어 우상숭배하게 하면 하나님께서 그들에 대해 진노하셔서 많이 죽이실 것이라고 생각한 것이다.

그가 예언할 때는 자기 입으로는 다른 말을 하지 않고 하나님께서 시키신 말만 했지만 다른 방식으로 꾀를 베풀어서 자기를 초청한 그들에게 선물했다. 그가 한 일은 이와 같이 속에 감춰어 있었다. 쉽게 말해서 공석(公席)에서는 하나님을 위했지만 사석(私席)에서는 간교한 죄를 지었다. 사석에서 한 이야기는 성경에 나오지 않았지만 전체적인 정황을 볼 때 발람은 바로 이러한 꾀를 내어 이스라엘의 수많은 사람을 죽게 만든 것이다.

4절, 여호와께서 모세에게 이르시되 백성의 두령들을 잡아 태양을 향하여 여호와 앞에 목매어 달라 그리하면 여호와의 진노가 이스라엘을 떠나리라

이 음행의 일에 누가 연루되었느냐면 바로 백성의 두령들이다. 그래서 두령들을 잡아 목매어 달라고 하신 것이다. 그러면 여호와의 진노가 이스라엘을 떠날 것이라고 하셨다.

5-9절, 모세가 이스라엘 사사들에게 이르되 너희는 각기 관할하는 자 중에 바알브올에게 부속한 사람들을 죽이라 하니라 6 이스라엘 자손의 온 회중이 회막문에서 울 때에 이스라엘 자손 한 사람이 모세와 온 회중의 목전에 미디안의 한 여인을 데리고 그 형제에게로 온지라 7 제사장 아론의 손자 엘르아살의 아들 비느하스가 보고 회중의 가운데서 일어나 손에 창을 들고 8 그 이스라엘 남자를 따라 그의 막에 들어가서 이스라엘 남자와 그 여인의 배를 꿰뚫어서 두 사람을 죽이니 염병이 이스라엘 자손에게서 그쳤더라 9 그 염병으로 죽은 자가 이만 사천 명이었더라

10-13절, 여호와께서 모세에게 일러 가라사대 11 제사장 아론의 손자 엘르아살의 아들 비느하스가 나의 질투심으로 질투하여 이스라엘 자손 중에서 나의 노를 돌이켜서 나의 질투심으로 그들을 진멸하지 않게 하였도다 12 그러므로 말하라 내가 그에게 나의 평화의 언약을 주리니 13 그와 그 후손에게 영원한 제사장 직분의 언약이라 그가 그 하나님을 위하여 질투하여 이스라엘 자손을 속죄하였음이니라

이때 비느하스가 하나님을 기쁘시게 했다. 하나님은 이와 같이 하나님의 백성들의 죄를 철저하게 심판하고 미워하는 것을 기뻐하신다.

14-18절, 죽임을 당한 이스라엘 남자 곧 미디안 여인과 함께 죽임을 당한 자의 이름은 시므리니 살루의 아들이요 시므온인의 종족 중 한 족장이며 15 죽임을 당한 미디안 여인의 이름은 고스비니 수르의 딸이라 수르는 미디안 백성 한 종족의 두령이었더라 16 여호와께서 모세에게 일러 가라사대 17 미디안인들을 박해하며 그들을 치라 18 이는 그들이 궤계로 너희를 박해하되 브올의 일과 미디안 족장의 딸 곧 브올의 일로 염병이 일어난 날에 죽임을 당한 그들의 자매 고스비의 사건으로 너희를 유혹하였음이니라

이때 미디안 사람들이 궤계로 이스라엘 백성을 박해한 것이다. 그래서 하나님은 미디안 사람들을 박해하라고 하셨다.

우리는 민수기 22장부터 25장까지에서 전적으로 발람의 일을 보았다. 오늘날 하나님의 교회는 참 이스라엘이다. 하나님께서는 그분의 교회가 건축되어 참되게 전진하기를 원하신다. 그런데 그 가운데에는 또한 많은 방해하는 역사가 있다. 우리는 고라의 배역을 보았고 또 많은 백성들의 거역을 보았으며 심지어 인도자의 실수도 보았다.

그리고 오늘 이 부분의 말씀에서 우리가 본 것은 하나님의 교회 가운데 있는 삯꾼들의 일이 얼마나 교회에 큰 피해를 주는가 하는 것이다. 삯을 위하여 일하는 사람들은 결코 하나님의 역사에 도움이 되지 않는다. 그것은 매우 깊이 감추인 것이기 때문에 드러나지 않지만 그러한 사람들로 인해 하나님의 백성은 큰 해를 입는다. 그들은 하나님을 위하는 것 같고 하나님을 위해서 말하는 것 같고 하나님을 섬기는 것 같지만 실제로는 그 마음이 금전에 끌리고 있기 때문에 결국 하나님의 백성들을 크게 해롭게 하는 일을 하는 것이다. 그들의 일은 하나님의 일에 적지 않은 손상과 피해를 준다. 오늘날 한국 땅에서 그리스도의 교회와 하나님의 일이 이방인들에게까지 큰 오해를 받게 되었다. 그것은 주로 명예와 물질을 추구하는 목회자들과 사역자들의 욕심 때문이 아니라고 그 누가 말하지 않을 수 있으랴! 그런 사람들의 무리한 욕심 때문에 교회는 세상으로부터 지탄을 받는 정도가 되었다. 그러므로 발람의 사건은 오늘날 우리 모두에게 경계가 되어야 하지 않겠는가! 물질을 얻고자 사역하는 사람들을 통하여 역사가 일어나는 것이 사실이고 그로 인하여 발람과 같이 훌륭한 예언을 남길지라도 전체적인 하나님의 나라에는 큰 손실이 임한다는 것을 잊어서는 안 된다.

이것은 오늘날 순수한 그리스도의 몸의 간증을 갖고자 하는 우리에게 커다란 경계가 되어야 한다. 우리의 마음속에 추호라도 금전을 탐하여 하나님을 섬기려는 것이 없어야 한다. 주님께서 우리 모두를 불쌍히 여겨 주시기 바란다. 이것은 속에 있는 동기의 문제이므로 우리가 얼마나 순수하게 주님만 위하는가는 시험을 거쳐야 드러난다. 아무쪼록 주님께서 우리를 이러한 불순한 것들에서 구출해 주사 순수하게 주님에 의해서만 이끌리고 주님만을 위하는 백성이 되게 하시기를 원한다.

민수기 26장

제2차 이스라엘을 계수하심

1-2절, 염병 후에 여호와께서 모세와 제사장 아론의 아들 엘르아살에게 일러 가라사대 2 이스라엘 자손의 온 회중의 총수를 그 조상의 집을 따라 조사하되 이스라엘 중에 무릇 이십 세 이상으로 능히 싸움에 나갈 만한 자를 계수하라 하니

"염병 후에"라는 말은 22장부터 25장까지에 기록된 발람으로 인하여 백성에게 임한 심판이 있은 후를 말한다. 그때 이방 선지자 발람의 꾀로 인해 죽은 이스라엘 사람의 수가 이만 사천 명이다. 그런데 그 염병 후에 여호와께서는 모세와 제사장 아론의 아들 엘리아살에게 이스라엘 회중의 총수를 계수하라고 명하셨다.

우리는 여기서 한 가지를 생각해 볼 필요가 있다. 지금 이스라엘 백성들은 모압 평지에 와있다. 이때가 출애굽 제40년이다. 아론이 죽은 후니까 40년 5월 이후가 될 것이다. 출애굽 제2년 2월 1일에도 인구조사를 한 적이 있다. 그런데 지금 38년 만에 하나님께서는 이스라엘 백성들의 인구를 다시 한 번 조사하게 하신다. 그때는 광야 40년간의 여정을 위해서—광야의 여행도 하나의 전쟁이다—이스라엘의 인수를 계수하게 하셨고 이제는 요단을 건너서 가나안 땅을 점령하기 위해 인수를 점검하는 것이다. 이 지점에 이르는 동안 이스라엘 백성들은 수많은 사건을 거쳤다. 많은 사람들이 심판받고 죽었다. 그런데 그 마지막 심판이 바로 발람의 계략으로 말미암은 염병의 심판이며 그때 이만 사천 명이 죽었다. 이것은 이스라엘 백성이 가나안 땅에 입성하기 바로 직전에 있었던 끔찍한 사건이다. 나는 이것이 민수기에 나오는 최종적이고 최대의 시험이요 심판이라고 본다.

많은 사건들은 결국 심판을 야기했고 그 결과 많은 사람들이 죽었다. 이제 이십 세 이상으로 싸움에 나갈 만한 자의 인수를 계산해 보니까 육십만 일천 칠백 삼십 명이다. 38년 전의 인수보다 1,820명이 적다. 그런데 처음에 계수되었던 육십여만 명은 다 죽고 그 중에 둘만 생존했는데 그들이 곧 여호수아와 갈렙이다. 이것은 너무나 두려운 일이다.

나는 여기서 여러분에게 이렇게 말하고 싶다. 이스라엘 백성들이 한 지점에서 또 다른 지점으로 계속 나아가서 결국 요단을 건너 가나안에 들어가는 것은 오늘날 우리 그리스도인의 노정과 매우 흡사하다는 것이다. 나도 해외에서 선교하면서 많은 역사를 수행하였다. 그러나 8년 전쯤 어떤 일들이 있었고 많은 동역자들이 떠났다. 그리고 오늘 8년 후가 되었을 때 비로소 이전의 상황이 재현(再現)되는 것을 느낀다. 아마도 조금 후면 그때의 영광을 되찾을 것이다. 그러면 우리는 그 8년여의 세월을 어떻게 했는가? 어찌 보면 광야의 이스라엘 백성들처럼 많은 사건에 시달려야 했다. 주로 무엇 때문인가? 사람들의 속에 있는 거역의 근성 때문이다. 결국 우리는 돌고 돌아서 그 자리에 오게 된 것이다. 그러나 많은 사람들은 그 과정에서 쓰러져 죽고 말았다.

우리는 이 시대에 광야 생활을 하며 나아가다가(이것은 오늘날 우리의 믿음 생활이다) 결국은 왕국으로 들어간다. 과거 이스라엘 백성도 하나의 단체였지만 오늘 우리도 하나의 단체이다. 그런데 함께 가다가 쓰러지는 사람이 생기게 된다. 즉 믿음에서 이탈된 사람들이 생기는 것이다. 이것은 매우 불행한 일이지만 또 한 면에서는 필연적인 일이기도 하다. 왜냐하면 혈과 육은 하나님의 나라를 유업으로 받을 수 없기 때문이다. 발람의 사건이 있기 전에 이스라엘 백성들 가운데에는 우상숭배와 탐욕으로 인해 그 마음이 순전하지 않은 사람들이 섞여 있었다. 사실 그들은 요단을 건너 가나안 땅에 들어가서 유업을 받을 만한 자격을 갖고 있지 않다. 왜 하나님께서는 그분의 백성들 가운데 시험이 있게 하시는가? 그것은 한 면으로는 그 시험을 이기고 승리하는 사람들을 얻기 위한 것이고 다른 한 면으로는 분별해 내시기 위함이다. 심판은 하나의 타작마당과 같다. 즉 심판을 통해 알곡과 쭉정이를 분리해야 할 필요가 있는 것이다.

가나안 땅은 우리가 얻을 상급으로서 왕국을 기업으로 얻는 것을 상징한다. 오늘 이스라엘 백성들의 행보는 바로 이것을 위한 것이다. 그런데 이스라엘 백성들은 지금 모두 하나님의 선민으로서 그 목표를 향하여 가는 것 같지만 그 속에는 여전히 하나님의 유업을 얻으려는 갈망으로 가득한 사람들이 아닌, 다른 것들을 탐하는 사람들이 섞여 있었다.

그러므로 한 번 한 번의 사건을 통해 혈과 육에 속한 사람들을 드러내고 심판하신 것이다. 오늘날 믿는이들 가운데 이러한 시험이 있을 때 자기의 육체와 천연적인 것, 자기의 혼잡한 것을 심판하지 않은 채 계속 그 길로 달음질한다면 그 사람은 결국 하나님의 기업을 얻지 못한다. 그러한 사람들은 다 시험을 통해 걸러지게 된다. 그런데 광야에서의 마지막 시험은 무엇인가? 바로 물질에 관한 것이다. 물질도 그냥 물질이 아니고 종교적인 외형을 취하고 물질을 얻으려 하는 것이다. 오늘날 많은 믿는이들이 다 하나님을 위한다고 한다. 하나님의 왕국을 위한다고 한다. 주님의 나라를 사모한다고 한다. 그러나 그 중심이 어디에 있는가? 돈과 물질에 있다.

나와 함께하던 많은 사람들이 떠난 이유 중 가장 큰 것은 물질이었다. 그들은 자신들이 떠나는 이유를 다른 것에 두었지만 이는 어찌 보면 발람과 같았다. 종교적인 이유를 댄 것이지만 실상은 물질에 대한 시험과 유혹을 떨치지 못한 것이다. 많은 이들이 물질적인 공급이 부족할 때 더 이상 참되고 진실한 길을 가기를 원하지 않는다. 원하는 만큼 그것을 얻지 못할 때 그들은 이 길을 가지 않는다. 어느 날 물질로 인해 시험이 일어날 때 그들은 결국 이 믿음의 길에서 탈락하게 되는 것이다. 신약에서 사도는 많은 사람들이 발람의 길로 몰려갔다고 했다. 발람은 삯을 위하는 선지자이다. 하나님의 일을 하되 삯을 위해서 한 것이다.

우리는 민수기 22장부터 25장까지를 읽으면서 발람이 돈을 요구했다는 말을 발견하기가 어렵다. 겉으로 볼 때 그는 매우 종교적이고 전혀 물질을 위한 사람 같지 않다. 그는 심지어 은금을 집에 가득 채워주어도 하나님께서 그 입에 주시는 말씀 외에는 할 수 없다고 말했다. 그러나 그의 깊은 속을 하나님은 아신다. 입술의 말이 중요한 것이 아니다. 그 사람의 중심에 무엇이 들어 있는가가 문제이다. 물질을 향한 탐욕은 속에 들어 있는 것이다. 발람은 물질을 얻기 위해서 하나님의 일을 했다. 그리고 하나님께서는 그것을 그냥 두시지 않았다. 이러한 사람으로 인하여 이스라엘 백성 가운데 시험이 있게 되었으며 그것에 이끌리는 사람은 다 심판을 받아 결국 염병으로 이만 사천 명이 죽었다. 민수기에 기록된 이스라엘 백성들의 노정에서 이것이 마지막 시험이었다.

이것을 통해 우리는 그리스도인에게 임하는 시험에서 가장 최종적인 것이 바로 물질의 시험이라는 것을 깨닫게 된다. 이것은 아주 깊이 감춰어 있다. 우리는 고라의 반역을 보았고 미리암의 거역도 보았지만 그런 것들은 다 표면에 나타난다. 조금만 영적 분별력이 있어도 고라의 말을 듣고 그것이 반역적이라는 것을 알 수 있다. 미리암이 한 말도 마찬가지이다. 그런데 발람에 관해서는 보통 주의 깊게 보지 않으면 도대체 뭐가 잘못되었는지 식별하기가 쉽지 않다. 겉으로 보기에 그는 괜찮은 사람 같고 심지어 영적인 사람처럼 보이기도 한다. 물질에 대한 탐심은 깊이 감춰어 있어서 금방 알기가 어렵다. 그러나 하나님은 이것까지도 심판하기를 원하신다. 하나님께서는 그분의 백성이 깨끗하기를 원하시며 하나님은 결코 만홀히 여김을 받지 않으신다.

나는 여기서 하나님을 섬기고자 하는 사람들에게 참된 권면을 드리고자 한다. 첫째 간단하게 사는 것을 배워야 한다. 즉 생활 규모가 간단해야 한다. 그럴 때 물질적인 필요가 크지 않게 되고 금전의 위력에 묶이지 않을 수 있다. 사람이 자신의 생활 규모가 크고 그것을 감당하기 어렵게 되면 물질의 세력에 약해지고 전적으로 주님과 진리만을 따라가기가 어렵게 된다. 물질의 필요가 많은 규모로 살면서 절대적으로 헌신하여 하나님을 섬기려 하는 사람은 마치 말(馬)을 나무에다 밧줄로 단단히 묶어놓고 뛰려고 하는 사람과 같다. 두 번째로는 반드시 믿음으로 사는 것이 삶의 기본이 되어야 한다. 사람이나 단체를 의지하지 말고 하나님만을 의지하여 사는 것이다. 이러한 삶이 기초가 되지 않으면 물질적인 시험을 이기기 어렵고 언젠가 시험이 올 때 걸려들기 쉽다.

그러므로 여기의 '염병 후에' 라는 한 마디는 매우 중요하다. 이 염병이 무엇으로 말미암은 것인가? 바로 발람의 계략으로 말미암은 것이다. 이러한 심판이 있은 연후에야 하나님은 가나안 땅에 들어가서 싸워 그 땅을 정복할 인수를 점검하도록 명령하실 수 있다.

이렇게 요약하여 말함으로써 우리는 26장에 들어갈 수 있는 문을 얻게 된다. 주님은 이제 이스라엘 자손의 온 회중의 총수를 그 조상의 집을 따라 조사하라고 말씀하신다. 이 조상에 관한 문제는 매우 중요하다. 또한 이십 세 이상으로 능히 싸움에 나갈 만한 자를 계수하라고 하셨다. 영적인 전쟁을 하려면 어느 정도의 성장이 필요하다. 이십 세 정도는 되어야 싸우러 나갈 수 있다. 요한 일서에서 사도 요한은 세 종류의 사람을 말했는데, 첫째는 자녀들이고, 둘째는 청년들이고, 셋째는 아비들이다(2장). 이것은 생명의 분량에 따른 것이다. 사도 요한은 어린 자녀들이 악한 자를 이겼다고 말하지 않고 청년들이 하나님의 말씀으로 충만해서 악한 자를 이겼다고 했다. 이와 같이 악한 자를 대항하는 영적 전쟁에 참여하려면 어느 정도 생명의 성장이 필요하다. 그러므로 20세 이상을 계수하라고 하신 것이다.

3-4절, 모세와 제사장 엘르아살이 여리고 맞은편 요단 가 모압 평지에서 그들에게 고하여 가로되 4 여호와께서 애굽 땅에서 나온 모세와 이스라엘 자손에게 명하신 대로 너희는 이십 세 이상된 자를 계수하라 하니라

26장은 민수기에서 가장 긴 장이다. 그러나 이것은 인수를 계수하는 장이기 때문에 그렇게 많은 설명이 필요하지는 않으므로 중요한 요점만 설명하겠다.

5-7절, 이스라엘의 장자는 르우벤이라 르우벤 자손은 하녹에게서 난 하녹 가족과 발루에게서 난 발루 가족과 6 헤스론에게서 난 헤스론 가족과 갈미에게서 난 갈미 가족이니 7 이는 르우벤 가족들이라 계수함을 입은 자가 사만 삼천칠백삼십 명이요

르우벤 가족은 38년 전 계수했을 때보다 2,770명이 감소했다. 좀 많이 감소된 편이다.

8-10절, 발루의 아들은 엘리압이요 9 엘리압의 아들은 느무엘과 다단과 아비람이라 이 다단과 아비람은 회중 가운데서 부름을 받은 자러니 고라의 무리에 들어가서 모세와 아론을 거스려 여호와께 패역할 때에 10 땅이 그 입을 열어서 그 무리와 고라를 삼키매 그들이 죽었고 당시에 불이 이백오십 명을 삼켜 징계가 되게 하였으나

르우벤 지파에 불미스러운 일이 있었는데, 그것은 몇몇 족장이 고라의 반역에 가담한 것이다. 이러한 일들은 오늘날 우리 교회 생활에 경고가 된다. 광야 생활을 결산할 때 어떤 사람들은 그의 영적 노정에서 반역한 적이 있는 사람이라고 기록되는 것이다. 그러므로 여러분은 일생토록 반역하는 길은 가지 말아야 한다. 사역자를 반대하고 쫓아내는 일이라든지, 교회의 분쟁과 분열을 위한 모임에 참여하는 일은 다 위험한 일들이다. 다단과 아비람은 부르심을 받은 자들인데 고라의 무리에 참여했다. 그들은 모세와 아론을 거스려 여호와께 패역했고 그 결과 땅이 입을 벌려서 그들을 다 삼켰다. 그래서 르우벤 지파가 감소된 것이다. 38년 만에 인수를 조사했을 때 열두 지파 중에서 일곱 지파는 증가했고 다섯 지파는 감소했다. 이 르우벤은 감소한 지파에 속한다.

11절, 그러나 고라의 아들들은 죽지 아니하였더라

이 구절은 특별하다. 고라가 그 거역의 주동자임에도 불구하고 고라의 아들들은 아버지의 거역에 참여하지 않았다. 우리는 시편에서 고라의 자손들이 매우 경건하고 아름다운 시편들을 남긴 것을 본다. 이러한 패역자를 조상으로 두었다 하더라도 그들이 그러한 죄악에 참여하지 않으면 긍휼을 얻는 것을 볼 수 있다. 우리는 특별히 이 11절이 기록되어 있음을 의미있게 읽는다. 아버지가 거역의 주동이지만 아들들은 거기에 참여하지 않은 것이다. 그들은 도리어 그 아버지의 거역 사건을 통하여 깊은 교훈을 얻었다. 그것은 인간의 깊은 거역적인 타락성이다. 그러므로 그들은 자신들을 철저히 심판할 수 있었고 새 세대로서 가나안에 들어갈 수 있었던 것이다.

12-14절, 시므온 자손은 그 종족대로 이러하니 느무엘에게서 난 느무엘 가족과 야민에게서 난 야민 가족과 야긴에게서 난 야긴 가족과 13 세라에

게서 난 세라 가족과 사울에게서 난 사울 가족이라 14 이는 시므온 종족들 이니 계수함을 입은 자가 이만 이천이백 명이었더라

이들은 어떤가? 엄청나게 감소했다. 열두 지파 중에서 다섯 지파가 감소했는데 그 중에서도 가장 많이 감소한 지파가 바로 시므온 지파이다. 그들은 38년 전에 계수했을 때에는 59,300명이었는데 지금은 22,200명이다. 무려 37,100 명이 감소한 것이다. 그 이유는 시므온 지파 중에 시므리라는 사람이 있었는데, 그가 마지막 사건 때 간음을 범했고(25:14) 당시 그 죄악으로 인한 염병으로 이만 사천 명이 죽었기 때문이다. 시므온 지파의 한 족장이 이렇게 엄청난 죄를 범함으로써 결과는 아주 비참하게 되었다. 많은 성경학자들이 공통적으로 그때 죽임을 당한 사람들의 대다수가 바로 시므온 지파일 것이라고 생각한다. 그러므로 어떤 무리 가운데서 인도자 된 사람이 죄를 범하는 것은 매우 심각한 일이며 그것이 많은 사람에게 영향을 주는 것 또한 사실이다. 그러므로 우리는 매우 두려워해야 한다.

15-18절, 갓 자손은 그 종족대로 이러하니 스본에게서 난 스본 가족과 학기에게서 난 학기 가족과 수니에게서 난 수니 가족과 16 오스니에게서 난 오스니 가족과 에리에게서 난 에리 가족과 17 아롯에게서 난 아롯 가족과 아렐리에게서 난 아렐리 가족이라 18 이는 갓 자손의 종족들이니 계수함을 입은 자가 사만 오백 명이었더라

이는 갓 자손의 종족들이니 계수함을 입은 자가 사만 오백 명이었더라 갓 자손도 5,150명이 감소했다. 지금까지 감소한 지파들, 곧 르우벤, 시므온, 갓, 이 세 지파를 보았다. 그 다음에 칭찬받을 만한 좋은 지파가 나온다.

**19-22절, 유다의 아들은 에르와 오난이라 이 에르와 오난은 가나안 땅
에서 죽었고 20 유다의 자손은 그 종족대로 이러하니 셀라에게서 난 셀라
가족과 베레스에게서 난 베레스 가족과 세라에게서 난 세라 가족이며 21
또 베레스 자손은 이러하니 헤스론에게서 난 헤스론 가족과 하물에게서
난 하물 가족이라 22 이는 유다 종족들이니 계수함을 입은 자가 칠만 육
천오백 명이었더라**

이들은 인수가 가장 많다. 38년 전에도 이들은 인수가 가장 많아서 칠만 명이 넘었다. 그리고 지금에 와서는 1,900명이 증가했다. 어쨌든 이들의 인수는 단연 으뜸이다. 유다 지파는 왜 이렇게 축복이 있는 지파인가? 다른 지파는 이만 명, 삼만 명인데 왜 유다는 칠만 명이나 되는가? 우리가 민수기 전반부에서 보았지만 유다 지파는 언제나 선봉이다. 언제나 전쟁에서 앞장서는 지파이다(삿 1:2). 제 일대로 진행하는 지파이다.

하나님께서 기뻐하시는 믿는이는 이렇게 앞장서는 믿는이이다. 영적 전쟁에서나 주님을 위해 고난받는 일에서나 복음 전파에서 앞장서는 사람이다. 신약의 사도 바울이 그러한 사람이었다. 하나님께서는 이런 사람을 기뻐하시고 축복하신다. 그런데 여기 기묘한 것이 있다. 하나님께서 민수기에서 열두 지파를 편성하실 때 네 기를 따라 편성하셨는데, 유다 진기에는 유다 지파, 잇사갈 지파, 스불론 지파가 속해 있었다. 이들이 제 일대이다. 이 세 지파는 다 증가했다. 그래서 이웃을 잘 만나야 한다. 함께하는 사람들이 중요한 것이다. 그들은 다같이 선봉이었고 다같이 증가했다.

**23-25절, 잇사갈 자손은 그 종족대로 이러하니 돌라에게서 난 돌라 가
족과 부와에게서 난 부니 가족과 24 야숩에게서 난 야숩 가족과 시므론에
게서 난 시므론 가족이라 25 이는 잇사갈 종족들이니 계수함을 입은 자가**

육만 사천삼백 명이었더라

잇사갈도 인수가 매우 많다. 9,900명이 증가했다. 잇사갈 또한 유다와 함께 하는 진이므로, 또 앞장서서 싸우는 자들이므로 증가가 있으며 인수가 많다.

26-27절, 스불론 자손들은 그 종족대로 이러하니 세렛에게서 난 세렛
가족과 엘론에게서 난 엘론 가족과 얄르엘에게서 난 얄르엘 가족이라 27
이는 스불론 종족들이니 계수함을 입은 자가 육만 오백 명이었더라

제 일대의 세 지파(유다, 잇사갈, 스불론)는 다 육만이 넘는다. 스불론 또한 3,100명이 증가했다. 어떤 사람들과 함께 하더라도, 또 어디에 있더라도, 주님만 잘 믿으면 된다고 말하는 사람도 있다. 그러나 여러분과 함께하고 있는 사람들이 어떤 사람들인가는 매우 중요한 것이다. 일반적으로 좋은 고등학교에서 좋은 대학에 많이 들어가고 좋은 대학에서 사법 시험이나 고급공무원 시험에 합격하는 사람이 많다. 여기서도 제 일대에 속한 유다, 잇사갈, 스불론 지파는 인수가 늘었다. 이는 매우 인상적인 사실이다.

28-34절, 요셉의 아들들은 그 종족대로 므낫세와 에브라임이요 29 므
낫세의 자손 중 마길에게서 난 것은 마길 가족이라 마길이 길르앗을 낳았
고 길르앗에게서 난 것은 길르앗 가족이라 30 길르앗 자손은 이러하니 이
에셀에게서 난 이에셀 가족과 헬렉에게서 난 헬렉 가족과 31 아스리엘에
게서 난 아스리엘 가족과 세겜에게서 난 세겜 가족과 32 스미다에게서 난
스미다 가족과 헤벨에게서 난 헤벨 가족이며 33 헤벨의 아들 슬로브핫은
아들이 없고 딸뿐이라 그 딸의 이름은 말라와 노아와 호글라와 밀가와 디
르사니 34 이는 므낫세의 종족들이라 계수함을 입은 자가 오만 이천칠백

명이었더라

이 므낫세 지파는 좀 특징이 있다. 이들은 38년 전보다 20,500명이나 증가했다. 가장 많이 증가했다. 가장 많이 감소한 지파는 시므온 지파이고 가장 많이 증가한 지파는 므낫세 지파이다. 여기서 특별히 딸들의 이름이 기록되어 있다. 이들은 매우 유명하게 된 슬로브핫의 딸들이다. 이들 때문에 이스라엘에는 기업을 분배하는 새로운 법도가 생겨나게 되었다. 이 지파의 분위기는 광야에 있는 동안 열기가 대단하고 기업의 약속을 얻는데 열심이었던 것같다. 그러니 그 딸들도 상당한 믿음을 갖고 모세에게 나아왔던 것이다. 성도들이 누구와 함께 하느냐는 매우 중요한 것이다.

35-37절, 에브라임 자손은 그 종족대로 이러하니 수델라에게서 난 수델라 가족과 베겔에게서 난 베겔 가족과 다한에게서 난 다한 가족이며 36 수델라 자손은 이러하니 에란에게서 난 에란 가족이라 37 이는 에브라임 자손의 종족들이니 계수함을 입은 자가 삼만 이천오백 명이라 이상은 그 종족을 따른 요셉 자손이었더라

요셉은 에브라임 지파와 므낫세 지파로 나뉘어졌는데, 에브라임 지파는 총수가 32,500명으로서 38년 전보다 8,000명이 감소했다. 그런데 같은 요셉 자손으로서 므낫세 지파는 38년 전보다 20,500명이 증가했다. 이들 중 누가 장자인가? 요셉의 장자는 원래 므낫세였다. 그런데 야곱이 축복할 때 오른손을 에브라임 머리에, 왼손을 므낫세 머리에 두고서 예언하기를 에브라임이 므낫세보다 크게 될 것이라고 했다. 에브라임에게 더 큰 축복을 주고 우선권을 준 것이다. 그런데 여기서 볼 때 오히려 므낫세가 크게 축복을 받아서 증가했고 앞서기로 되어 있던 에브라임은 8,000명이나 감소하였다.

이것은 무엇을 의미하겠는가? 에브라임이 자기가 오른손으로 축복을 받았다고 교만해져서 망한 것으로 보인다. "하나님이 교만한 자를 대적하시되 겸손한 자들에게는 은혜를 주시느니라"(벧전 5:5b). 여기서 우리에게 주는 교훈은 어떠한 특권이나 우선권을 부여받은 사람들은 매우 조심해야 한다는 것이다. 에브라임은 어떠했는가? 자기가 조부의 우수(右手)로 축복을 받았기 때문에 더 크게 될 줄로 여기고 교만해졌다. 그래서 오히려 작아져버린 것이다. 그러나 므낫세는 겸손했을 것이다. 원래 에브라임보다 형이지만 '나는 작은 사람이다' 라고 생각했을 것이다.

나는 여기서 여러분에게 이렇게 말하겠다. 크게 되기를 사모하지 말기 바란다. 여러분이 만일 크게 되어서, 다른 사람들에게 큰 자로 알려지면 매우 위험하다는 것을 명심해야 한다. 나는 어떤 영적인 분이 사도 바울에 대해 이런 말을 하는 것을 보았다. "바울이 그렇게 크게 하나님께 사용될 수 있었던 것은 그가 작은 사람이었기 때문이다." 바울은 끝까지 작은 사람의 상태를 유지할 수 있었기 때문에 끝까지 하나님의 손에서 크게 사용될 수 있었다. 그러므로 자신의 작음을 한탄하는 대신 감사해야 할 일이다. 므낫세는 원래 큰 사람인데 작게 되었다. 그러나 결과적으로 그는 큰 축복을 얻었다. 물론 나중에 에브라임은 야곱의 예언대로 번영한다. 그러나 일시라도 자만하면 이렇게 된다는 것을 기억해야 한다.

38-41절, 베냐민 자손들은 그 종족대로 이러하니 벨라에게서 난 벨라 가족과 아스벨에게서 난 아스벨 가족과 아히람에게서 난 아히람 가족과 39 스부밤에게서 난 스부밤 가족과 후밤에게서 난 후밤 가족이며 40 벨라의 아들은 아룻과 나아만이라 아룻에게서 아룻 가족과 나아만에게서 나아만 가족이 났으니 41 이는 그들의 종족을 따른 베냐민 자손이라 계수함을 입은 자가 사만 오천육백 명이었더라

베냐민 지파는 10,200명이 증가했다.

42-43절, 단 자손은 그 종족대로 이러하니라 수함에게서 수함 가족이 났으니 이는 그들의 종족을 따른 단 가족들이라 43 수함 모든 가족의 계수함을 입은 자가 육만 사천사백 명이었더라

단은 1,700명이 증가했다. 단 지파의 특징적인 것은 "수함에게서 수함 가족이 났으니 이는 그들의 종족을 따른 단 가족들이라", 즉 다 한 가족이라는 것이다. "수함 모든 가족의 계수함을 입은 자가 육만 사천사백 명이었더라". 한 가족에서 이렇게 많은 인수가 생산되었다.

44-47절, 아셀 자손은 그 종족대로 이러하니 임나에게서 난 임나 가족과 이스위에게서 난 이스위 가족과 브리아에게서 난 브리아 가족이며 45 브리아의 자손 중 헤벨에게서 난 헤벨 가족과 말기엘에게서 난 말기엘 가족이며 46 아셀의 딸의 이름은 세라라 47 이는 아셀 자손의 종족들이니 계수함을 입은 자가 오만 삼천사백 명이었더라

아셀 자손은 11,900명이 증가했다. 여기에서 주목할 것은 33절에도 몇몇 딸들(슬로브핫의 딸들)의 이름이 있었는데 46절에도 '세라' 라는 딸의 이름이 있다는 것이다. 이곳에도 딸의 이름이 있다는 것을 기억하기 바란다. 이 여인 역시 뭔가 특별한 것이 있었을 것이다.

48-50절, 납달리 자손은 그 종족대로 이러하니 야셀에게서 난 야셀 가족과 구니에게서 난 구니 가족과 49 예셀에게서 난 예셀 가족과 실렘에게서 난 실렘 가족이라 50 이는 그 종족을 따른 납달리 가족들이니 계수함을 입은 자가 사만 오천사백 명이었더라

납달리 지파는 8,000명이 감소했다.

51절, 이스라엘 자손의 계수함을 입은 자가 육십만 일천칠백삼십 명이었더라

전체적으로 이스라엘 자손의 계수함을 입은 자는 38년 전보다 1,820명이 감소했다. 이 숫자는 여러분이 기억해 두시기 바란다. 이스라엘 백성이 출애굽해서 나왔을 때의 인수와 지금 약 40년이 지난 후의 새로운 세대의 인수가 별 차이 없다. 이것은 무엇을 증명하는가? 광야에서 인수의 증가가 없었다는 것이다. 애굽에 있었을 때에는 그렇게 모진 학대와 고역에도 불구하고 마구 불어났는데 광야에서는 인수의 증가가 없다. 오히려 1,800여 명이 감소되었다. 여기에는 어떤 의미가 있을 것이다.

52-53절, 여호와께서 모세에게 일러 가라사대 53 이 계수대로 땅을 나눠 주어 기업을 삼게 하라

이 말씀을 볼 때 인수가 의미 없는 것이 아니라는 것을 알 수 있다. 40년 동안 증가된 지파는 그만큼 땅을 많이 얻게 되고 감소된 지파는 그만큼 땅을 적게 얻게 된다. 그러므로 인수의 다소는 기업을 얻는 데 있어서 크게 작용하는 요소인 것이다. 따라서 인수가 많이 증가된 지파는 그만큼 축복을 얻고 감소된 지파는 그만큼 축복을 잃어버렸다. 이러한 결과는 40년간의 광야 생활에서 원망하고 거역하여 심판을 많이 받은 지파는 기업이 적다는 것을 보여 준다. 그리스도인이 후에 하나님 나라에서 기업을 얻는 문제는 이 세상에 사는 동안 광야 길을 과연 어떻게 걸어왔는가와 매우 관련이 깊다. 이것은 우리 각 개인에게도 적용할 수 있을 것이다.

54절, 수가 많은 자에게는 기업을 많이 줄 것이요 수가 적은 자에게는 기업을 적게 줄 것이니 그들의 계수함을 입은 수대로 각기 기업을 주되

이처럼 인수를 계수하는 것은 전쟁을 하기 위한 것만이 아니라 기업을 나눠주기 위한 것이다.

55절, 오직 그 땅을 제비뽑아 나누어 그들의 조상 지파의 이름을 따라 얻게 할지니라

그 땅을 제비 뽑아 나누어 조상 지파의 이름을 따라 얻게 하라고 했다. 조상이 이렇게 중요하다. 누구를 조상으로 하여 이 광야 길을 걸어왔느냐는 것이다. 여러분의 조상은 누구인가? 누구를 조상으로 삼고 싶은가? 구약 시대에는 여러 조상이 있었지만 신약의 우리에게는 오직 한 조상이 있을 뿐이다. 결코 우리를 인도한 어느 영적 인물이 조상이라는 생각을 하지 말라. 우리는 다 주 예수 그리스도를 조상으로 모시고 있다. 우리의 조상은 이렇게 좋은 분이다.

그런데 여기서 인수의 다소에 따라 땅을 나눠주되 제비를 뽑아 나눠주라고 했다. 이것은 무슨 말인가? 땅의 크기는 인수에 따른 것이지만 땅의 위치는 제비를 뽑으라는 것이다. 땅도 땅 나름인데 그것은 여호와께 달려 있다. 그러므로 그날 주님이 우리에게 약속대로 기업을 주실 때 이 두 가지 원칙이 다 작용할 것이다. 그분의 은혜와 그분의 주권이 있고 또 우리의 충성과 우리의 열매가 있다. 제비를 뽑는다는 것은 그것이 사람에게 달려 있지 않고 하나님께 달려 있음을 뜻한다. 즉 그날 기업을 분배받는 원칙은 한 면으로 인수의 크기(그것은 우리의 충성과 수고와 열매이다.)에 달려 있고 또 한 면으로는 하나님의 주권에 달려 있다.

56절, 그 다소를 물론하고 그 기업을 제비 뽑아 나눌지니라

다소를 물론하고 제비를 뽑아 기업을 나누라고 하셨다. 다시 말하지만 기업을 나누는 것은 인수의 다소에만 관계된 것이 아니며, 제비를 뽑아 하나님의 뜻에 따라 나누어주어야 한다.

57절, 레위인의 계수함을 입은 자는 그 종족대로 이러하니 게르손에게서 난 게르손 가족과 고핫에게서 난 고핫 가족과 므라리에게서 난 므라리 가족이며

이제 열두 지파에서 마지막 레위인에 대한 것이다.

58-61절, 레위 종족들은 이러하니 립니 가족과 헤브론 가족과 말리 가족과 무시 가족과 고라 가족이라 고핫은 아므람을 낳았으며 59 아므람의 처의 이름은 요게벳이니 레위의 딸이요 애굽에서 레위에게서 난 자라 그가 아므람에게서 아론과 모세와 그 누이 미리암을 낳았고 60 아론에게서는 나답과 아비후와 엘르아살과 이다말이 났더니 61 나답과 아비후는 다른 불을 여호와 앞에 드리다가 죽었더라

마지막으로 인수를 계수할 때에는 40년 동안 있었던 일 중에서 중요한 일들을 기록하고 있는데, 여기서 아론의 아들들인 나답과 아비후가 여호와께 다른 불을 드리다가 죽은 일을 다시 한 번 경고로 기록하고 있다.

62절, 레위인의 일 개월 이상으로 계수함을 입은 모든 남자가 이만 삼천 명이었더라 그들은 이스라엘 자손 중 계수에 들지 아니하였으니 이는 이스라엘 자손 중에서 그들에게 준 기업이 없음이었더라

다른 열한 지파는 20세 이상으로 싸움에 나갈 만한 자들을 계수했는데 레위 지파는 일 개월 이상부터 계수되었다. 이로써 우리는 전적으로 하나님을 섬기는 사람, 전적으로 헌신된 사람은 어려도 계수에 들어간다는 것을 알 수 있다. 어려도 그들은 가치가 있다. 그러므로 하나님의 나라에서 가장 중요한 것은 곧 전적으로 헌신하는 것이다. 하나님을 전적으로 섬기는 사람은 일 개월 된 사람도 귀하다. 신약에서 바울이 그러했다.

그는 거듭나자마자 아주 유용했다. 왜냐하면 그는 거듭난 즉시 주님께 드려졌기 때문이다. 그래서 레위인은 일 개월 이상부터 계수한 것이다. 그들 중 계수함을 입은 모든 남자가 이만 삼천 명이었지만 이스라엘 자손 중 계수에는 들지 않았다. 왜냐하면 이스라엘 자손 중에서 그들에게 준 기업이 없기 때문이다.

63-64절, 이는 모세와 제사장 엘르아살의 계수한 자라 그들이 여리고 맞은편 요단 가 모압 평지에서 이스라엘 자손을 계수한 중에는 64 모세와 제사장 아론이 시내 광야에서 계수한 이스라엘 자손은 한사람도 들지 못하였으니

이 말씀을 주목하라. 모세와 제사장 아론이 시내 광야에서 계수한 이스라엘 자손은 오늘 모압 평지에서 계수한 자 중에 한 사람도 들지 못하였다고 했다.

65절, 이는 여호와께서 그들에게 대하여 말씀하시기를 그들이 반드시 광야에서 죽으리라 하셨음이라 이러므로 여분네의 아들 갈렙과 눈의 아들 여호수아 외에는 한 사람도 남지 아니하였더라

왜 이 말씀을 기록했는가? 우리로 경계하게 하려는 것이다. 하나님께서 말씀하신 것은 그대로 이루어진다. '너희는 40년 동안 광야에서 방황하다 쓰러져 죽을 것이고 너희 중 한 사람도 약속한 땅에 들어가지 못할 것이다' 라고 하셨던 말씀이 그대로 이루어졌다. 그리고 이제 계수함을 입은 육십여만 명의 장정들은 다 새로운 세대이다. 옛 세대는 다 죽었다.

민수기 1장 2절에 이스라엘 백성의 계수가 있었다. 그때는 애굽에서 나온지 제2년 2월이었다. 이제 그들이 애굽에서 나온 지 40년, 그들이 처음 인수를 계산한지 38년 만에 다시 한 번 계수를 하라고 명령을 받는다(26:2). 그 처음 인수를 계수했던 60만 전사 중에 지금 살아 있는 사람은 여호수아와 갈렙 뿐이다. 나머지는 그 시체가 광야에 다 엎드러졌다(히 3:17). 우리가 여기서 알 수 있는 것은 믿음의 경주장에서 적극적인 믿음의 소유자들만이 안식의 땅으로 들어간다는 것이다. 우리는 이 시대에도 하나님의 인도에 있어서 소극적인 반응과 적극적인 반응을 볼 수 있다. 소극적인 반응의 소유자들을 볼 때마다 우리는 광야에서 쓰러져 죽은 사람들이 생각이 나는 것이다.

히브리서 3장 7-10절은 "그러므로 성령이 이르신 바와 같이 오늘날 너희가 그의 음성을 듣거든 노하심을 격동하여 광야에서 시험하던 때와 같이 너희 마음을 강퍅케 하지 말라 거기서 너희 열조가 나를 시험하여 증험하고 사십 년 동안에 나의 행사를 보았느니라 그러므로 내가 이 세대를 노하여 가로되 저희가 항상 마음이 미혹되어 내 길을 알지 못하는도다 하였고"라고 말한다. 그러므로 성도들은 이 시대의 교회생활 가운데서 마음을 강퍅하게 하지 말아야 한다. 그러면 결국 완고해져서 하나님의 성령의 역사를 받지 못하게 된다. 마음의 강퍅함은 그처럼 심각한 것이다. 계속해서 15-19절은 "성경에 일렀으되 오늘날 너희가 그의 음성을 듣거든 노하심을 격동할 때와 같이 너희 마음을 강퍅케 하지 말라 하였으니 듣고 격노케 하던 자가 누구뇨 모세를 좇아 애굽에서 나온 모든 이가 아니냐 또 하나님이 사십 년 동안에 누구에게 노하셨느뇨 범죄하여 그 시체가 광야에 엎드러진 자에게가 아니냐 또 하나님이 누구에게 맹세하사 그의 안식에 들어오지 못하리라 하셨느뇨 곧 순종치 아니하던 자에게가 아니냐 이로 보건대 저희가 믿지 아니하므로 능히 들어가지 못한 것이라"고 한다. 이 시대에도 믿고 순종하며 따르는 자들이 있는가 하면 자신을 의지하여 마음을 강퍅히 하여 순종치 않는 사람들이 있는 것이다.

그러면 결국 믿음이 있고 순종하는 자들은 누구란 말인가? 말씀을 믿음으로 화합하는 자들이다. 즉 하나님의 말씀을 사랑하고 그 말씀을 순종하는 자들인 것이다. 오늘 이 시대의 교회 생활 가운데도 어떤 사람들이 길을 잘 가는가를 볼 때 그들은 다름아닌 주의 말씀을 사랑하는 자들이다. "그러므로 우리는 두려워할지니 그의 안식에 들어갈 약속이 남아 있을지라도 너희 중에 혹 미치지 못할 자가 있을까 함이라 저희와 같이 우리도 복음 전함을 받은 자이나 그러나 그 들은바 말씀이 저희에게 유익되지 못한 것은 듣는 자가 믿음을 화합지 아니함이라"(히 4:1-2). 진정으로 능력이 있고 강한 자들은 하나님의 말씀을 믿음으로 화합한 자들이다. 우리가 어려움을 극복하고 세상을 이기며 유혹을 이기고 승리하는 힘은 다 말씀을 믿음과 화합한 정도에 달려 있다. 여러분이 아직도 세상 재산과 물질을 대단한 것으로 여기고 말씀을 소홀히 한다면 여러분의 영적인 능력은 크지 않다. 여러분이 세상의 부는 가지지 못했더라도 믿음에 있어서 부요하다면 여러분은 모든 것을 가진 자로서 부러울 것이 없는 사람이다. 이스라엘이 광야에서 다 쓰러져 죽은 것은 믿음의 결핍 때문이다. 이 길에서 끝까지 잘 가려면 말씀을 통해서 길을 발견해야 한다.

다시 한 번 여러분에게 강조하여 말하겠다. 혈과 육은 하나님의 나라를 기업으로 얻을 수 없다. 옛 사람은 다 죽고 끝나야 한다. 그리고 새로운 세대가 일어나야 한다. 우리 안의 새 사람이 일어나야 한다. 새 사람만이 기업을 얻을 수 있다. 거역하는 사람, 원망하는 사람은 다 옛 사람이다. 돈을 탐하는 사람, 불순한 사람 또한 옛 사람이다. 이러한 옛 사람이 심판받지 않으면 여러분은 가나안 땅에 들어가지 못한다.

이 부분의 말씀에서 우리에게 보여 주는 것은 무엇인가? 여러분이 오늘날 그렇게 옛 사람의 길을 걸어가면 가나안 땅을 얻지 못한다는 것이다. 하나님의 말씀은 일점일획이라도 변개될 수 없다. 그대로 이루어진다. "이러므로 여분네의 아들 갈렙과 눈의 아들 여호수아 외에는 한 사람도 남지 아니하였더라". 갈렙과 여호수아 외에는 한 사람도 남지 않고 다 죽었다. 여기서 우리는 하나님의 말씀은 그대로 이루어진다는 것과 하나님은 사람들의 실패에도 불구하고 새로운 세대를 일으켜서라도 반드시 자신의 뜻을 이루신다는 것을 볼 수 있다. 또 한 면으로 극소수이기는 하지만 하나님의 말씀을 그대로 지킨 자들은 보호를 받는다는 것을 알 수 있다. 여호수아와 갈렙이 바로 그러한 자들이다. 이러한 엄숙한 경고가 여기에 있다.

민수기 27장

기업을 분배하는 규례

슬로브핫의 딸들은 인수를 다시 계수하는 전장에서 거명되었는데(26:33), 슬로브핫의 가정은 아들이 없고 딸만 다섯이었다. 이스라엘의 율법에는 원래 딸의 상속권이 없었으나 슬로브핫의 다섯 딸들의 청원으로 인하여 결국 딸들도 상속권이 인정되게 되었다. 모세는 이 일을 인하여 아들이 없어 딸들에게 돌아간 기업에 대하여 그 기업을 얻은 딸들이 같은 지파의 남자와 결혼함으로 한 지파의 기업이 다른 지파로 가는 것을 막게 하였다.

일반적으로 히브리인은 사람을 소개할 때 그 아비의 이름을 거명하지만 여기 슬로브핫의 딸들의 경우는 그의 고조부까지 언급하고 있다. 사무엘상에서 사무엘의 아버지 엘가나를 소개할 때 같은 원칙을 적용하고 있다. 즉 중요한 사람의 족보를 말할 때 이삼대 이상 거슬러 올라가서 족보를 말해 주곤 했다. 즉 그녀들은 므낫세의 육대손이요 요셉의 칠대손이요 이스라엘의 팔대손인 것이다.

이스라엘의 한 남자의 이름은 그 기업이 자손들에게 계승됨을 통하여 계속 유지된다. 그러나 아들이 없고 따라서 기업이 상실되면 그의 이름은 잊어버리게 되고 종래 삭제되고 마는 것이다. 그러므로 슬로브핫의 딸들은 아들들의 경우처럼 아비의 형제들 중에서 기업을 얻음으로 아비의 이름이 딸들을 통하여 계승되게 해 달라고 청원하였던 것이다. 결과적으로 모세는 하나님께 이 사실을 아뢰고 지시를 받음으로 딸들에게도 기업을 상속할 수 있도록 상속법을 만들게 된 것이다.

그러므로 이것은 하나님의 기업을 물려주는 일에 있어서 기업을 받아야 할 사람이 죽은 후에 자녀나 형제가 없는 경우에 가까운 친족에게 그 사람의 기업을 주라고 명하는 계기가 되었다. 그렇게 함으로 열두 지파에게 가나안 땅을 분배한 것이 끝까지 보존되고 유지될 수 있게 하셨다. 결국 슬로브핫의 다섯 딸들의 청원은 자신들의 일만 해결을 본 것이 아니라 이스라엘 전체 열두 지파의 기업이 공평하게 보존되는 데 유익을 주는 사건이 된 것이다.

이 일에서 우리가 배울 수 있는 영적인 공과는 슬로브핫의 딸들이 하나님의 약속에 대한 신뢰와 얻고자 하는 단호한 믿음이다. 지난 장들에서 우리는 이스라엘 백성들의 하나님의 약속에 대한 많은 불신앙들을 보았다. 그러나 여기에 약하고 자격이 없는 다섯 처녀들이 하나님의 말씀의 거룩한 표준과 기초를 신뢰하고 간절히 그분의 약속을 얻으려 하는 본이 있다. 그들은 자격이 없음에도 불구하고 거룩하고 단호한 결의로 하나님께서 택한 백성들에게 주시고자 하는 기업을 반드시 얻고자 했다. 이것은 기업을 얻을 충분한 자격이 있음에도 그것을 허무하게 포기해 버린 많은 불신앙의 사람들과 대조를 이루고 있다. 슬로브핫의 딸들이 믿음으로 하나님의 기업을 얻고자 하는 갈망을 간구함으로 말미암아 자신들에게 기업이 유익으로 돌아오게 하였을 뿐 아니라 이스라엘 전체의 기업이 공평하게 유지, 보존되도록 하는 데 필수불가결한 규례를 제정하는 동기를 부여하게 된 것이다. 즉 작은 무리의 믿음의 행위가 자신들은 물론 많은 사람들에게 큰 유익을 미치게 된다는 커다란 교훈을 얻을 수 있다.

이 일은 민수기 마지막장에도 다시 나오게 되는데 이러한 규례는 훗날 그리스도께서 출생하시는 데에도 기여하는 것이 되었다. 즉 이 규례는 마리아와 요셉이 같은 유다 지파의 사람들로서 결혼하게 될 때, 가난한 요셉과 기업이 있는 마리아가 한 지파의 기업이 감삭되지 않도록 하는 이 규례에 따라 결혼하도록 정해지는데 사용된 것이다. 그러므로 슬로브핫의 딸들의 간절한 믿음의 청원은 훗날 그리스도가 출생하는 데까지 영향을 미치게 되었던 것이다.

이러한 사실을 통해서 우리는 모세 시대에도 멀리 그리스도의 출생을 내다보고 모든 것이 역사되고 있었음을 알 수 있다. 그러므로 오늘 우리의 하나의 믿음의 행위나 간절한 간구나 기도가 하나님의 역사에 어떻게 중대한 결과를 가져올지 그것은 아무도 모른다. 즉 우리의 용감한 믿음의 행동 하나는 그 자체로 끝나는 것이 아니라 많은 이들에게 큰 축복이 되는 결과를 가져오게 되는 것이다. 어떤 경우는 슬로브핫의 딸들처럼 하나님의 역사에서 엄청나게 큰 결과를 가져올 수 있다는 것을 배울 수 있다. 이제부터 한 절 한 절 읽으면서 자세히 상고해 보도록 하겠다.

1절, 요셉의 아들 므낫세 가족에 므낫세의 현손 마길의 증손 길르앗의 손자 헤벨의 아들 슬로브핫의 딸들이 나아왔으니 그 딸들의 이름은 말라와 노아와 호글라와 밀가와 디르사라

여기에 요셉의 아들 므낫세 가족 중에 슬로브핫의 딸들이 다섯이 있는데, 그 이름이 말라, 노아, 호글라, 밀가, 디르사이다.

2-3절, 그들이 회막문에서 모세와 제사장 엘르아살과 족장들과 온 회중 앞에 서서 가로되 3 우리 아버지가 광야에서 죽었으나 여호와를 거스려 모인 고라의 무리에 들지 아니하고 자기 죄에 죽었고 아들이 없나이다

그러니까 광야에서 죽은 사람들 중에는 특정한 죄에 연루되어 죽은 사람도 있고 특정한 죄와 관련이 없이 자기 죄로 죽은 사람도 많았다. 그러나 어쨌든 그들은 전체적으로 하나님을 불신하고 원망하고 거역한 죄로 인해(특히 가데스 광야에서의 일로) 다 광야에서 쓰러져 죽었다. 그런데 이 슬로브핫은 아들이 없이 딸만 다섯을 둔 채 광야에서 죽은 것이다. 여기서 우리가 볼 수 있는 한 가지 일은 고라의 죄악에 참여하는 것이 작은 일이 아니라는 점이다. 이는 거역의 죄요 거역보다 큰 죄악이 없는 것이다. 여기서 슬로브핫의 딸들은 '고라의 무리의 죄악' 과 '자기 죄' 를 구분하여 말하고 있다. 어떤 죄든지 다 같은 죄가 아니다. 거역의 죄악은 모든 죄악보다 더 심각하고 용서받기 어려운 큰 죄악이다. 성도들은 권위를 뒤집는 계통의 거역의 죄악을 심각한 것으로 여겨 조심하고 주의해야 한다.

4절, 어찌하여 아들이 없다고 우리 아버지의 이름이 그 가족 중에서 삭제되리이까 우리 아버지의 형제 중에서 우리에게 기업을 주소서 하매

슬로브핫의 다섯 딸들은 모세가 26장에서 이스라엘 인수를 계수할 때 왜 계수하는가를 잘 알았다. 그것은 인수대로 계산해서 기업을 할당해 주려고 하는 것이다. 그런데 이 슬로브핫의 딸들이 가만히 생각해 볼 때 아들이 없기 때문에 그들 가족은 계수에 들어가지 못한 것이다. 므낫세 지파는 52,700명인데, 이 중에 슬로브핫 딸들은 계수되지 않았기 때문에 기업을 받지 못하게 된 것이다. 그러자 이 딸들은 담대하게 모세에게 나아갔다. 이 자매들의 귀한 점은 그들이 하나님의 약속, 하나님의 축복을 그대로 믿었다는 것이다.

아직 이들은 요단을 건너지 않았고 가나안 땅은 대적에게 점령되어 있고 전쟁할 일도 남아있다. 금방 기업을 차지하는 것이 아니다. 그런데 이들은 인수를 계수하자 마음이 다급해졌다. '이대로 가면 우리는 기업을 얻지 못할 것이 뻔하다. 그렇기 때문에 지금 이것을 확정지어야 한다' 고 생각하고 모세에게 나아간 것이다. 이 슬로브핫의 다섯 딸들의 태도는 하나님을 기쁘시게 했다. 과거의 다른 사람들은 하나님의 약속, 곧 가나안의 축복을 믿지 않고 얼핏하면 애굽으로 돌아가자고 했다. 그러나 이 딸들은 그 하나님의 약속을 믿고 사모하여 어떻게든 얻고자 했다. 자격으로 말하면 이들은 부족하다. 아들이 없어서 계수에 들지 못한 상황이다. 그러나 이 딸들은 쉽게 물러서지 않았다. 하나님은 바로 이러한 사람을 좋아하신다. '자격이 없어서 우리는 얻지 못하는구나. 할 수 없지. 포기하고 말자' 하는 태도를 좋아하지 않으시고 '하나님, 우리가 아무 자격이 없을지라도 우리는 당신의 기업을 얻기 원하니 반드시 우리를 축복해 주셔야 합니다' 하는 것을 좋아하신다.

신약 복음서에 나온 수로보니게 족속의 가나안 여인을 생각해 보라. 그녀가 자기 딸에게서 귀신을 쫓아내 달라고 주님께 나아갔을 때 주님은 '나는 잃어버린 이스라엘 자녀에게 왔을 뿐이다. 자녀의 떡을 취하여 개에게 주는 것이 합당치 않다' 고 하셨다. 그러자 이 여인은 '주님, 저도 압니다. 그렇지만 개도 주인의 상에서 떨어진 부스러기는 먹을 수 있지 않습니까?' 하고 말했다. 주님은 그녀의 이러한 믿음과 갈망을 보고 기뻐하여 그 딸을 치료해 주셨다. 우리에게 어떤 제약하는 요소가 있을 때, 자격이 안 될 때, 그냥 뒤로 물러가는 것을 하나님은 기뻐하지 않으신다.

이때 이 딸들은 이렇게 말했다. "우리 아버지의 이름이 그 가족 중에서 삭제되리이까". 자기 아버지의 이름, 자기 가문의 기업을 생각한 것이다. 이것이 또한 이 딸들의 귀한 점이다. 그리스도인들은 마땅히 이 딸들에게서 배워야 하는데 그것은 하나님이 그의 자녀들에게 주시고자 하는 고귀한 특권들을 열심히 알아보려고 하고 추구해야 마땅하다는 것이다. 우리는 과연 노예인지 아들인지, 우리 안에는 성령이 내주하시는지 그렇지 않은지, 우리는 율법 아래 있는지 은혜 아래 있는지, 하늘에 속한 모든 신령한 복을 받았는지 아직 받지 않았는지 등의 모든 것들을 부지런히 알아보고 얻을 수 있다면 반드시 얻도록 추구해야 한다는 것이다.

그녀들은 아버지가 계시지 않고 가족 가운데 아들이 없어 기업을 얻을 수 있는 자격을 갖고 있지 않았지만 하나님이 주시고자 하는 은혜의 풍성을 어떻게 해서라도 얻고자 하였다. 그들은 방법까지도 생각해 내었다. '아버지의 형제 중에서라도' 라고 한 것은 그녀들이 생각해낸 기발한 방법이었다. 그 어떤 것도 하나님의 풍성한 은혜와 긍휼을 패할 수는 없다. 이러한 강력한 믿음의 간구와 요청은 모세조차도 당황하게 했다. 율법의 수여자로서의 모세는 이에 대해 합당한 규정을 갖고 있지 않았다.

5절, 모세가 그 사연을 여호와께 품하니라

모세는 이러한 일에 경험이 없었고 율법의 수여자로서 그것은 영역 밖의 일이었기 때문에 하나님께 물어야만 했다. 은혜와 긍휼이 풍성하신 하나님은 이렇게 믿음으로 간절히 간구하는 이들을 거절하지 않으신다. 이와 유사한 일이 민수기 9장에도 있다. 시체를 만져서 유월절을 지킬 수 없게 된 경우에, 그래도 유월절을 지키고 싶은 사람에 대해서 모세는 여호와께 물었다. 여기서도 그는 여호와께 묻는다. 모세는 하나님께서 법적으로 정해 주신 것은 알지만 어떤 것을 하나님께서 은혜로, 호의로 해주실 수 있는지에 대해서는 잘 알지 못하므로 하나님께 물은 것이다.

우리는 여기서 하나님의 약속과 축복에 대하여 그분의 율법과 계명에도 들어있지 않은 것을 간절히 구하는 한 무리의 사람들을 대하는데, 이를 통해 중요한 한 가지 사실을 깨달을 수 있다. 그것은 율법을 초월한 것이 은혜라는 것이다. 그녀들의 그 기업을 얻고자 하는 갈망은 율법의 규정을 초월한 것이다. 은혜란 확실히 율법의 너머에 있는 것이다. 바울은 "율법 외에 하나님의 한 의가 나타났으니"라고 말한다. 여기의 여인들의 말은 율법적으로는 불가능한 것이지만 하나님의 그들의 갈망으로 인하여 은혜의 문을 열어주셨다. 오늘날도 당신이 진정 은혜를 얻으려면 하나님을 율법 너머에 계신 분으로 이해해야 한다.

6-7절, 여호와께서 모세에게 일러 가라사대 7 슬로브핫 딸들의 말이 옳으니 너는 반드시 그들의 아비의 형제 중에서 그들에게 기업을 주어 얻게 하되 그 아비의 기업으로 그들에게 돌릴지니라

그 딸들의 주장은 하나님께 상달이 되어 그 딸들은 아버지의 기업을 상속받게 되었다. 아들이 없는 경우 딸들이 아버지의 이름으로 기업을 상속받을 수 있게 된 것이다. 딸도 없을 경우는 아버지의 형제들에게 (가까운 근친 순으로) 돌아가게 되도록 규정하였다. 이럴 때 하나님은 기뻐하시면서 그들의 말이 옳다고 하셨다. 아무 자격이 없을지라도 하나님의 말씀을 의지해서 축복을 구하였을 때 하나님께서는 '네 말이 옳다' 고 하신 것이다. 하나님은 믿음의 말을 언제든지 옳다고 하신다. 오히려 하나님은 그분의 풍성함과 공급을 제한시키는 말들을 기뻐하시지 않는다. 율법적이고 지식적이며 옳고 그름을 주의하는 사람들에게는 이런 여자들의 청원이 합당치 않게 들릴 것이다. 또한 그들은 이런 여인들의 청원과 믿음을 불필요하고 지나친 것이라고 여길 것이다. 그러나 하나님은 '옳으니라' 고 하셨다. 여기서 '옳으니라' 의 히브리어 '켄' 은 의롭다는 의미도 있다. 그러므로 본문은 단순히 옳다는 말이 아니라 의롭다고 하신 것으로 이해할 수 있다. 하나님은 그분의 약속을 타인에게 빼앗기지 않으려고 간절히 청원하는 이 여인들의 주장에 대하여 은혜롭게 대하시면서 '의롭다' 하신다. 이 부분의 말씀에서 우리는 단순하게 하나님을 신뢰하고 그분의 도움을 구하는 것을 하나님께서 거절하지 않으시며 주기를 기뻐하신다는 것을 배울 수 있다. 그리고 그러한 믿음의 간구는 자신만이 아니라 많은 사람들을 유익하게 하며 하나님의 뜻을 성취하는 놀라운 결과를 가져올 수도 있다는 것이다.

8-11절, 너는 이스라엘 자손에게 고하여 이르기를 사람이 죽고 아들이 없거든 그 기업을 그 딸에게 돌릴 것이요 9 딸도 없거든 그 기업을 그 형제에게 줄 것이요 10 형제도 없거든 그 기업을 그 아비의 형제에게 줄 것이요 11 그 아비의 형제도 없거든 그 기업을 가장 가까운 친족에게 주어 얻게 할지니라 하고 나 여호와가 너 모세에게 명한 대로 이스라엘 자손에게 판결의 율례가 되게 할지니라

이 슬로브핫 딸들의 일은 민수기 마지막 장인 36장에 다시 한 번 나온다. 그때 더 설명하겠지만 이 일이 그만큼 중요하다는 것이다. 우리는 이 말씀을 신약의 성도들에게 적용하는 것을 연구해볼 필요가 있다. 이는 오늘 날도 믿는다고 하는 많은 그리스도인들에게 큰 깨달음이 될 수 있는 교훈이 들어 있다. 이는 신자들이 마땅히 찾아 자기 것으로 주장할 수 있는 것들을 관심도 하지 않고 잃어버리는 어리석음에 빠진다는 것이다.

여기서 우리는 신자들이 이미 얻은 것과 얻을 수 있는 기업, 그 소망 같은 것을 헤아려 볼 필요가 있다. 우리가 이미 얻어 가질 수 있는 유업과 축복이 있는데도 그것에 대하여 생각지도 않고 찾아보려고도 하지 않는 성도들이 얼마나 많은가? 개개인의 성도들이 얻은 것은 무엇이며 교회가 얻은 축복은 무엇인가?

1. 영생

우리 신자들은 각자가 다 영생을 얻었다. 이 영생을 죽은 다음에 천국에 가서 영원히 살 수 있다는 개념 정도로 이해하는 신자들이 많다.

하지만 우리에게는 이 영원한 생명을 오늘 이 시대에 얻어 누릴 수 있는 특권이 있다. 이 영원한 생명은 그리스도 자신이며(요일 1:1-2, 골 3:4), 은사로 우리에게 주신 것이다. 이 영생이 있기에 우리는 이 땅에서 가장 큰 축복을 받은 자들이 된 것이다(요 3:15-16, 요일 5:13). 이 생명은 썩지 않는 생명이요 영원히 살아 있고 변함없는 하나님의 말씀으로 된 것이다(벧전 1:22-24). 영생은 우리가 믿을 때 선물로 얻은 것이지만 또한 성경에서는 이 영생을 내세적인 것으로도 표현했으니 이는 오늘 이 영생을 취하고 붙드는 식의 삶이(딤전 6:12, 갈 2:20), 내세의 영생을 보장할 수 있음을 말해주는 것이다(금세에 있어 여러 배를 받고 내세에 영생을 받지 못할 자가 없느니라 하시니라, 눅 18:30).

2. 기업

또한 성도들은 우리에게 주신 그 기업의 영광의 풍성이 무엇인지를 알아야 한다. 에베소서 1장 18-19절은 "너희 마음눈을 밝히사 그의 부르심의 소망이 무엇이며 성도 안에서 그 기업의 영광의 풍성이 무엇이며 그의 힘의 강력으로 역사하심을 따라 믿는 우리에게 베푸신 능력의 지극히 크심이 어떤 것을 너희로 알게 하시기를 구하노라"고 하였다. 우리는 참 이스라엘로서 하나님의 기업이 되었다(엡 1:11). 하나님은 우리 외에 그분의 기업이 없으시다. 이는 바로 교회 전체를 이름이다. 바울은 우리의 마음눈이 열려야 이 기업의 영광의 풍성을 알 수 있다고 말한다. 에베소서 5장 5절은 "너희도 이것을 정녕히 알거니와 음행하는 자나 더러운 자나 탐하는 자 곧 우상숭배자는 다 그리스도와 하나님 나라에서 기업을 얻지 못하리니"라고 한다. 이 구절에 의하면 성도들은 구원을 받았다고 해서 모든 이들이 다 기업을 얻는다고 말하지 않는다. 이 기업에 대하여 첫째는 그 풍성함을 알아야 하고 다음은 그 기업을 얻도록 간절히 추구하며, 경건한 삶을 살아야 한다.

3. 종이 아니라 아들

갈라디아서 4장 7절에 의하면 "그러므로 네가 이 후로는 종이 아니요 아들이니 아들이면 하나님으로 말미암아 유업을 이을 자니라"고 한다. 성경에 종들에게는 유업을 상속하게 되어 있지 않지만 아들에게는 유업을 상속해주신다. 신자들은 하나님의 아들들로서 그분의 영광의 기업을 상속받을 자들임을 알고 있어야 한다. 이는 곧 이삭이 아들이므로 아버지 아브라함의 유업을 다 이어받은 것과 같다. 갈라디아서 4장 28절은 "형제들아 너희는 이삭과 같이 약속의 자녀라"고 했으며 30절은 "그러나 성경이 무엇을 말하느뇨 계집종과 그 아들을 내어 쫓으라 계집종의 아들이 자유하는 여자의 아들로 더불어 유업을 얻지 못하리라 하였느니라"고 한다. 이 부분의 말씀들은 모두 신자들이 얻을 기업에 대하여 말하고 있다. 그렇지만 5장 21절은 "투기와 술 취함과 방탕함과 또 그와 같은 것들이라 전에 너희에게 경계한 것 같이 경계하노니 이런 일을 하는 자들은 하나님의 나라를 유업으로 받지 못할 것이요"라고 하며 오직 성령으로 살며 성령의 열매를 맺는 자들에게만 그 나라의 유업이 상속될 것이라고 말하고 있다. 그러므로 그 유업에 관한 한 모든 성도들이 다 얻을 수 있는 것이 아니요 구약의 여호수아나 갈렙, 또한 슬로브핫 딸들처럼 그렇게 믿음과 그 약속을 굳게 잡는 자들만이 얻을 수 있음을 볼 수 있다. 그 외의 수많은 이스라엘 백성들은 그들이 모세와 같이 좋은 출발을 가졌을지라도 유업을 얻지 못하고 죽었다. 이는 마땅히 오늘 우리의 경계가 되어야 한다.

4. 아버지가 없는 딸들

민수기 27장에서 요셉의 딸들은 아버지를 여읜 연고로 그 기업을 얻을 수 있는 조건에서 멀어지는 듯 했다. 육신적인 관점에서 본다면 그들은 외롭고 힘이 없고 소망이 없다. 그러나 그들은 아버지가 돌아가셨고 아들이 없는 등 기업을 얻을 조건이 안 되는 상황에서도 포기하지 않았다. 그들은 자격이 없음에도 불구하고 자기들의 몫을 달라고 청원하였다. 이는 율법을 뛰어넘는 일이기에 모세조차도 어찌할 줄을 몰랐다. 그녀들은 후세의 성도들에게 큰 귀감이 되고 있다. 많은 이들이 자격이 있는데도 성도로서의 자신들의 특권과 기업을 소홀히 하는데 반하여 이들은 적극적으로 추구하고 소원하여 자격이 없는데도 그 기업을 얻는 자들이 되었다. '그들의 말이 옳으니라' 라는 하나님의 말씀은 얼마나 격려가 되는 말인가! 결국 그들은 므낫세 가문에서 기업을 얻는 자들이 되었고 새로운 율례가 제정되는 계기를 만들었다(민 27:7-11). 36장에서 그 므낫세 가문으로 인하여 지파별로 기업이 옮겨가지 않도록 '그 기업을 이은 딸들은 자기 조상 지파 가족 되는 사람에게로 시집가라' 는 법이 만들어졌다. 하나님은 어찌하든지 그들이 얻은 기업을 잃지 않고 지킬 수 있는 규례를 만들어 주셨다. 그분은 우리에게 그분의 기업을 분배하시는 일에 얼마나 성실하시고 열심이신지!

12-13절, 여호와께서 모세에게 이르시되 너는 이 아바림 산에 올라가서 내가 이스라엘 자손에게 준 땅을 바라보라 13 본 후에는 네 형 아론의 돌아간 것 같이 너도 조상에게로 돌아가리니

이제 하나님은 모세의 최후를 말씀하신다. 하나님의 충성된 종 모세는 40년 동안 광야에서 이스라엘 백성들을 인도했다. 그는 충성스럽게 하나님 집의 사환으로 수고했다. 모든 임무를 마칠 때 하나님께서는 그분의 말씀대로 그를 돌아가게 하신다. "본 후에는 네 형 아론의 돌아간 것 같이 너도 조상에게로 돌아가리니". 여기의 '돌아간다' 는 말이 영어로는 'be gathered', 즉 추수된다는 뜻이다. 모세에게 있어서 그의 죽음은 다만 죽는 것만이 아니라 추수되는 것, 즉 수확되는 것이었다. 그에게는 죽음이 하나의 수확이다. 그의 일생은 한 면으로 하나님을 위해서 경작한 것이라고 말할 수 있고 또 한 면에서는 이제 그 자신이 익어 수확되고 있는 것이다. 우리의 일생도 이러한 일생이 되기를 바라고 잘 자라서 성숙되어 거두어들여지는 죽음을 죽을 수 있기 바란다.

이 구절에서도 우리는 하나님이 긍휼과 자비로 그의 종을 대하시는 것을 본다. 율법이라면 그분은 그냥 죽게 할 것이다. 그러나 하나님은 그렇게 하지 않았다. 하나님은 모세가 잘못했을 때 즉시 은혜를 거두어 죽게 하지 않으셨다. 아바람 산에까지 올라가서 그 기업의 땅을 보게 하셨다. 이는 하나님이 여전히 은혜로 모세를 대하셨음을 알 수 있다.

14-15절, 이는 신 광야에서 회중이 분쟁할제 너희가 내 명을 거역하고 그 물 가에서 나의 거룩함을 그들의 목전에 나타내지 아니하였음이니라 이 물은 신 광야 가데스의 므리바 물이니라 15 모세가 여호와께 여짜와 가로되

앞에서 보았듯이 가데스에서 반석을 두 번 쳐서 여호와의 거룩함을 나타내지 못한 일로 모세는 가나안에 들어갈 수 없게 된 것이다. 하나님께서 그렇게 말씀하시자 모세가 하나님께 여쭈었다.

16절, 여호와, 모든 육체의 생명의 하나님이시여 원컨대 한 사람을 이 회중 위에 세워서

즉시 이렇게 말한 것은 너무나 귀하다. 그런데 신명기 3장을 보면 모세가 뭔가 좀 더 이야기한 것이 나온다. 그는 이 문제를 하나님께 한 번 진지하게 청원한 일이 있다. 그 귀한 기업의 땅에 들어가보고자 하는 마음이 너무 간절하여 한 마디 아뢴 것이다. "그 때에 내가 여호와께 간구하기를 주 여호와여 주께서 주의 크심과 주의 권능을 주의 종에게 나타내시기를 시작하였사오니 천지간에 무슨 신이 능히 주의 행하신 일 곧 주의 큰 능력으로 행하신 일 같이 행할 수 있으리이까 구하옵나니 나로 건너가게 하사 요단 저편에 있는 아름다운 땅 아름다운 산과 레바논을 보게 하옵소서 하되"(23-25절). 사실 누구든지 주님을 사랑하는 사람이라면 이런 마음이 들지 않겠는가? 모세도 사람이다. 그래서 여호와께 '저도 보게 해주십시오' 하고 구한 것이다. "여호와께서 너희의 연고로 내게 진노하사 내 말을 듣지 아니하시고 내게 이르시기를 그만해도 족하니 이 일로 다시 내게 말하지 말라 너는 비스가 산 꼭대기에 올라가서 눈을 들어 동서 남북을 바라고 네 눈으로 그 땅을 보라 네가 이 요단을 건너지 못할 것임이니라"(26-27절). 모세가 이렇게 한 번 정도는 여호와께 말씀드려 보았다. 그러나 하나님께서 그만해도 족하다고 하시자 모세는 거기서 더 이상 말씀드리지 않았다.

17절, 그로 그들 앞에 출입하며 그들을 인도하여 출입하게 하사 여호와의 회중으로 목자 없는 양과 같이 되지 않게 하옵소서

모세는 역시 충성된 종이다. 그는 그 자신을 위해서 구하지 않았다. 그는 하나님을 '모든 육체의 생명의 하나님'이라고 부르면서 한 사람을 이 회중 위에 세워달라고 구했다. 그는 이스라엘 백성들의 영혼을 사랑한 사람이다. "그로 그들 앞에 출입하며 그들을 인도하여 출입하게 하사 여호와의 회중으로 목자 없는 양과 같이 되지 않게 하옵소서". 그는 하나님의 필요를 관심했고 이스라엘 백성의 필요를 관심했다. 누구든지 하나님의 자녀들의 영혼을 귀히 여기지 않는 사람은 하나님을 섬길 수 있는 자격이 결여된다. 모세야말로 참으로 신실한 사람이다. 충성된 종으로서 하나님의 필요를 생각했고 하나님의 백성의 필요를 돌보았다. 이 기도는 너무나 귀한 기도이다.

18절, 여호와께서 모세에게 이르시되 눈의 아들 여호수아는 신에 감동된 자니 너는 데려다가 그에게 안수하고

하나님은 즉시 말씀하신다. 그분은 이미 대비하고 계셨다. 여호수아를 마음에 두고 계신 것이다. 그래서 모세가 이렇게 중보기도할 때 즉시 여호수아에 대해 말씀하셨다.

"여호수아는 신에 감동된 자니". 백성을 인도하는 사람에게 가장 필요한 덕목은 성령 충만이다. 성령이 충만하지 않으면 백성들을 인도할 수 없다. 또 여호수아는 성령이 충만할 뿐만 아니라 준비된 사람이었다. 그는 오랫동안 모세를 시종하며 배웠고 여러모로 준비되었다. 하나님은 예비되지 않은 종을 사용하시지 않는다. 우리는 출애굽기에서 여호수아가 아말렉을 쳐부술 때 모세가 산에서 기도한 것을 본다. 또한 그는 모세가 시내 산에 올라가 40일을 있을 때 그 산에 홀로 남아 있었다. 또한 그는 아말렉을 물리치는 데 큰 공헌을 한 사람이다. 그는 이스라엘 백성 가운데서 이미 많은 수고를 한 사람이다. 그리고 열두 정탐꾼 중 한 사람으로서 갈렙과 더불어 충성되게 적극적인 보고를 했던 사람이다. 그가 바로 여호수아이다.

그리고 그는 예언의 영을 가지고 있었으며 예언을 했던 사람이다. 또 여호수아 1장에서는 그를 '모세의 시종'이라고 말한다. 즉 끊임없이 하나님의 종을 조력하고 그 옆에서 늘 배우며 동역하던 사람이었다. 그는 이렇게 자격을 갖춘 사람이었다. 하나님께서는 그에게 안수하여 모세를 이어서 백성을 인도하도록 안배하셨다. 하나님께서는 결코 아무 근거 없는 사람, 아무 일도 할 줄 모르는 사람을 갑자기 들어 세우시지 않는다. 이렇게 늘 예비되어 있는 사람, 그러면서도 주의 성령으로 충만한 사람을 하나님은 들어 사용하신다.

19-20절, 그를 제사장 엘르아살과 온 회중 앞에 세우고 그들의 목전에서 그에게 위탁하여 20 네 존귀를 그에게 돌려 이스라엘 자손의 온 회중으로 그에게 복종하게 하라

"온 회중으로 그에게 복종하게 하라". 모세는 온 회중이 이렇게 할 수 있도록 여전히 도와줄 필요가 있었다. 하나님의 종에 대한 성도들의 축복된 자세는 복종인 것이다. "네 존귀를 그에게 돌려". 앞선 사역자들은 따라서 배우는 사역자들과 새롭게 세워지는 사역자들에게 그가 가진 존귀를 나누어주기를 배워야 한다. 사도 바울은 그렇게 했다. 우리는 그가 서신을 쓰면서 자기의 동역자들을 교회에게 천거할 때마다 그에 대해 가장 아름다운 칭찬의 말을 아낌없이 해주는 것을 볼 수 있다. 사도 바울은 자기만 성도들에게서 존귀를 취하지 않았다. 그는 그의 존귀를 동역자들에게 나누어 주었다. "이스라엘 자손의 온 회중으로 그에게 복종하게 하라". 앞선 사역자는 반드시 이러한 수고를 감당해야 한다.

21절, 그는 제사장 엘르아살 앞에 설 것이요 엘르아살은 그를 위하여 우림의 판결법으로 여호와 앞에 물을 것이며 그와 온 이스라엘 자손 곧 온 회중은 엘르아살의 말을 좇아 나가며 들어올 것이니라

여호수아가 모든 이스라엘 백성을 인도하고 통치하지만 자신의 마음대로 통치하게 되어 있지 않았다. 여기에 제사장 엘르아살이 있고 우림과 둠밈이 있다. 이것이 의미하는 것은 이스라엘 백성을 통치하시는 분은 하나님이시며 여호수아는 자기 마음과 자기 뜻대로 이스라엘 백성을 인도할 수 없다는 것이다. 그는 하나님의 인도를 따라서, 하나님의 계시를 좇아서, 하나님의 명령을 따라서 이스라엘 백성을 인도할 뿐 그 자신의 의도에 따라 이스라엘 백성을 인도할 수 없다. 그럴 때 따르는 백성들의 복종이 가치있게 되고 하나님을 순종하는 것이 된다.

22-23절, 모세가 여호와께서 자기에게 명하신 대로 하여 여호수아를 데려다가 제사장 엘르아살과 온 회중 앞에 세우고 23 그에게 안수하여 위

탁하되 여호와께서 자기에게 명하신 대로 하였더라

모세는 이제 아바림 산에 올라가서 곧 주님께 돌아온다. 그럼에도 그는 그러한 말씀을 받고서 하나님께서 명령하신 것을 끝까지 충성스럽게 이행했다. 우리는 여기서 이러한 아름다운 종의 모습을 본다. 우리 모두 이러한 길을 배우면서 충성스럽게 따라갈 수 있기를 바란다.

민수기 28장

제물과 절기에 관한 규례

1-2절, 여호와께서 모세에게 일러 가라사대 2 이스라엘 자손에게 명하여 그들에게 이르라 나의 예물, 나의 식물되는 화제, 나의 향기로운 것은 너희가 그 정한 시기에 삼가 내게 드릴지니라

우리는 26장과 27장에서 염병 후에 이스라엘 백성들이 가나안을 정복하기 위해서 또는 그 땅을 기업으로 얻기 위해서 인수를 계수하는 것을 보았다. 그것은 다른 말로 하면 군대로 편성하는 것이다. 그리고 이제 모세의 후임자로 여호수아가 세워진 것도 보았다. 그러면 이제 28장에 와서는 전투를 해야 하는데 하나님은 여기서 그분께 제물 드리는 것을 말씀하고 계신다. 우리가 여기서 보아야 할 것은 하나님의 백성들의 싸움과 역사는 이 세상 사람들의 방식과 다르다는 것이다. 전투를 위해서 인수를 계수하고 전열을 가다듬었다 하더라도 그 다음에 할 일은 전쟁 나팔을 부는 것이 아니고 하나님께 제물을 드리는 것이다. 즉 전쟁을 위해서는 전투 이전에 전쟁을 검토하는 것이 아니라 예배를 드리도록 되어 있는 것이다. 그래서 28장에는 제물 드리는 것이 기록되어 있다.

그런데 2절에서 여호와 하나님께서는 이스라엘 자손들에게 "나의 예물, 나의 식물되는 화제, 나의 향기로운 것"이라고 하시면서 그분의 것을 주장하신다. 주님의 것, 주님께 속한 것을 드리라고 하시는 것이다. 우리는 민수기에서 지금까지 이스라엘 백성이 얼마나 하나님께 패역하게 행했는가를 볼 수 있었다. 한 지점에서 다른 지점으로 옮길 때마다 많은 사람들이 심판받고 멸망했다. 밖으로 볼 때는 그것이 매우 불미스럽고 이스라엘 백성들의 실패의 이야기 같지만 하나님은 결코 실패하시는 하나님이 아니다. 밖으로 볼 때는 이스라엘 백성들이 실패의 역사를 되풀이하는 것 같지만 하나님은 이스라엘 백성의 실패하는 것 같은 모습 속에서 그분의 적극적인 역사를 수행하고 계셨다는 것을 잊어서는 안 된다.

물론 거역적이고 하나님의 말씀을 불신했던 많은 사람들이 죽었다. 그러나 그 가운데서 하나님은 새로운 세대를 일으키셨다. 그렇게 일어난 새로운 세대의 사람들은 과거 자기 부모들이 거역하고 잘못 행하는 많은 일들을 보면서 경고를 받고 하나님에게서 배웠다. 그 대표적인 사람들이 고라의 아들들이다. 그 부모는 하나님의 종을 거역함으로 멸망당하고 죽었지만 그들은 그 죄에 가담치 않았고 오히려 신실하게 살아남아서 많은 귀한 시편들을 썼다. 이와 같이 겉으로 볼 때는 많은 실패의 역사가 있지만 하나님은 언제나 그분 자신의 영광과 거룩하심을 나타내셨으며, 그것은 새로운 세대가 일어났을 때 그들에게 하나의 교훈과 경계가 되었다. 밖에서는 거역과 심판들이 진행되고 있었지만 안에서는 새로운 세대가 일어나고 있었던 것이다.

므리바 물가에서 하나님께서는 모세가 반석을 두 번 쳐서 그분의 거룩하심을 나타내지 못했을 때 모세를 꾸짖으시고 스스로 그분의 거룩하심을 나타내셨다. 그럴 때 그것을 보았던 새로운 세대들은 큰 교훈을 얻었을 것이다. 결국 하나님께서 그분의 영광과 그분의 거룩하심을 나타내실 때마다 새로운 세대는 그로 말미암아 새롭게 조성되고 세워졌을 것이며 그렇게 해서 그들은 가나안 땅에 들어갈 자격을 갖춘 무리가 될 수 있었던 것이다.

그러므로 새롭게 군대로 편성된 이스라엘은 뭔가 하나님께 드릴 것이 있을 정도로 주님에게서 배웠다고 볼 수 있다. 그들은 수십 년 동안 광야에서 만나를 먹었고 하나님의 돌보심을 받았다. 그리고 그 과정에서 많은 하나님의 역사를 보았고 그분의 진노하심과 그분의 영광과 거룩하심이 나타나는 것을 보았다. 그러므로 28장의 지점에 올 때 여호와께서는 그들에게 "나의 예물과 나의 식물 되는 화제, 나의 향기로운 것을 드리라"고 하시면서 그분의 것을 주장하실 수 있게 된 것이다. 하나님께서는 그들에게 주시지 않고서 그들에게 있지 않은 것을 달라고 하실 리가 없다. 하나님께서 그들에게 주신 것이 있고 또 그들이 소유하고 있는 것이 있기 때문에 하나님은 그것을 그분께 드리라고 하시는 것이다. 또 그들은 정한 시기에 제물을 드려야 했다.

이것은 아가서 5장의 말씀을 생각나게 하는데 주님은 많은 과정을 거쳐 성장에 이른 신부에게 그분이 자기의 동산에 와서 나의 몰약, 나의 향재료, 나의 꿀송이, 나의 포도주를 마셨다고 말씀하셨다. 이것은 신부에게 새롭게 조성된 모든 것을 말하고 있는 것이며 그 모두가 당신의 것이라고 주장하시는 것이다. 그분의 경륜과 목적은 그분의 선택한 사람들 속에 그분에 속한 모든 것을 새겨 넣는 것이다. 그 목적을 이루기 위하여 그 많은 세월을 이스라엘 백성을 단련하시고 인도한 것이다. 이제 주님은 그분의 예물, 그분의 식물을 드리라고 요청하고 계신다. 이전에는 다만 제물을 드리는 것에 대해 말씀하셨지만 이제는 그분의 것을 드리라고 말씀하시는 것이다.

민수기 28장과 29장은 이렇게 정한 시기에 드리는 예물에 대해 다시 한 번 기록하고 있다. 출애굽기나 레위기에서 충분히 이것을 말했는데 왜 다시 이것을 말해야 할 필요가 있는가? 그것은 아마 많은 역사의 과정에서 절기의 규례나 예물을 드리는 법도가 소홀히 되거나 잊혀지기가 쉽기 때문일 것이다. 원망과 거역의 일들이 일어나고 많은 심판을 거치면서 아마 이스라엘 백성들은 때마다 합당하게 드려야 할 제물을 드리지 못했을 수 있다. 신약 사도행전 7장에서 스데반이 '사십 년 동안 너희가 무슨 제물을 드렸느냐' 라고 말한 것으로 보아 그들은 광야 40년 동안 많은 불신과 원망과 거역에 사로잡혀서 하나님을 합당하게 섬기거나 제물을 드리는 일 등을 잘 수행하지 못했을 가능성이 있다. 그러나 새로운 세대인 그들은 많은 실패의 과정을 거쳐서 배웠을 것이며 따라서 그들은 과거를 정리하고 새롭게 편성되어 주님이 주시는 말씀에 따라서 하나님을 경배하고 제물을 드릴 필요가 있게 된 것이다. 그러므로 하나님께서는 이 지점에서 다시 한 번 그들이 해야 할 일을 정리해서 말씀하고 계시는 것이다.

3-4절, 또 그들에게 이르라 너희가 여호와께 드릴 화제는 이러하니 일 년 되고 흠 없는 수양을 매일 둘씩 상번제로 드리되 4 한 어린 양은 아침에 드리고 한 어린 양은 해 질 때에 드릴 것이요

'상번제' (continual burnt offering)란 지속적으로 하나님께 드리는 번제이다. 번제란 온전히 하나님을 기쁘시게 하기 위해 드리는 제사인데(레 1장), 이것은 신약의 이스라엘인 우리 믿는이들에게도 적용된다. 우리 믿는이들은 이 시대에도 동일하게 상번제를 드리는 사람들이어야 한다. 그것은 매일 아침저녁으로 하나님께 기도하고 또 자신을 드리는 것을 말한다.

그런데 여기서 하나님은 일 년 되고 흠 없는 수양을 드리라고 하신다. 이것은 예수 그리스도를 예표한다. 하나님께서 나의 것이라고 주장하시는 것은 바로 그분의 아들이다. 하나님은 우리가 그분의 아들을 그분께 돌려드리는 것을 기뻐하신다. 하나님께서는 우리의 기도 가운데에도 그분의 아들이 있기를 원하신다. 우리의 감사에도 그리스도의 성분이 있기를 원하신다. 우리의 헌신에도 그리스도의 성분이 있기를 원하신다. 오늘날 어떤 사람들의 헌신하는 모습은 그리스도와 아무 관계 없는 것처럼 보이다. 그리스도를 그 내용으로 삼지 않고 그리스도와 함께하지 않은 헌신을 하나님은 기뻐하시지 않는다. 하나님은 우리가 자신을 드리되 그리스도를 내용으로 해서 드리기를 원하신다. 그럴 때 하나님은 그것을 나의 예물이라고 하시면서 받으신다. 이 부분에서의 제물로 드려야 하는 그리스도는 우리의 필요를 채우는 것이 아니라 아버지의 기쁨과 만족을 위한 제물이신 그리스도이다. 이는 매우 깊은 사상이다. 우리는 그리스도를 제물로 드리기 위해 부르심을 받았고 많은 과정들을 통과하면서 많은 것을 배우고 있다.

5절, 또 고운 가루 에바 십분지 일에 빻아낸 기름 힌 사분지 일을 섞어서 소제로 드릴 것이니

다음으로 소제가 있다. 하나님은 또한 소제를 원하신다. 번제는 그리스도께서 십자가에서 자신을 완전히 불살라 드리신 것을 의미하고, 소제는 그리스도의 죄 없고 흠 없으신 고운 인성을 의미한다. 무조건 절대적으로 자신을 드린다 해서 번제가 아니라 온전히 드리신 그리스도가 번제이다. 어떤 사람의 절대적인 번제의 헌신 속에 그리스도가 없다면 그것은 합당한 번제의 예물이 아니다. 하나님은 오직 그분 자신의 것만을 받기 원하신다. 소제란 그리스도께서 그러한 인성으로 사신 것과 그분의 수고와 고난을 다 포함한 것이라고 말할 수 있다. 소제 또한 그리스도 자신이시다. 천연적인 인간의 부드러운 것이나 온유한 것, 심지어 고운 인성의 미덕까지도 그것이 그리스도 자신이 아니라면 그것은 결코 하나님이 원하시는 소제가 아니다.

이와 같이 우리는 우리의 생명을 온전히 하나님께 드리는 번제의 삶을 살아야 하고, 그리스도의 죄 없고 흠 없으신 고운 가루 같은 인성을 살아 나타냄으로 소제의 삶을 살아야 한다. 번제도 그리스도이며 소제도 그리스도이다.

6절, 이는 시내 산에서 정한 상번제로서 여호와께 드리는 향기로운 화제며

이것은 항상 드려지는 제물로서 하나님께서 시내 산에서 이미 정하신 규례이다. 무엇이 향기로운 화제인가? 이는 여호와께 드리는 제물인 것이요, 그분의 제물(나의 예물, 나의 식물 되는 화제, 나의 향기로운 것)이다. 즉 그 제물은 그리스도 자신인 것이다. 그리스도 외에는 향기로운 것이 없다. 이는 주님의 마음을 만족케 하기 위한 것이다.

나는 요즈음 우리의 모임 가운데 있는 주님의 축복을 가지고 조금 설명해보려 한다. 이러한 말씀은 교회 생활의 실제가 없이는 이해하기 곤란한 말씀들이다. 첫째로 우리는 그리스도의 제물 되심이 죄인을 위한 것이며 성도들의 은혜와 공급을 위한 것임을 시인한다. 우리 가운데 많은 이들이 처음에는 와서 다만 그리스도의 속죄제와 속건제, 번제, 소제되심에 대하여 그분의 공급하심을 누렸다. 즉 그들은 은혜를 얻고 또 얻으며 감사하고 또 감사했다. 이것은 레위기 1-7장까지의 제물들이라고 볼 수 있다. 그러나 그 후 우리는 교회 생활 안에서 민수기와 똑같이 많은 사건들이 발생하였다. 이 많은 사건들의 발생은 우리를 소모시키는 것들이었고 지치게 하는 것들이었다. 결과로 많은 이들이 우리를 떠나갔다. 마치 한 사건이 있을 때마다 한 무리의 사람들이 떠나가는 듯했다. 우리는 민수기의 고라의 사건이나 미리암의 사건이나 열두 정탐꾼 같은 사건들을 현대적인 방식으로 맛보았다고 말할 수 있다. 심지어 우리는 발람의 사건 같은 성질도 맛보았다고 간증할 수 있다.

그러나 많은 세월이 지난 후에 하나님은 우리에게 마치 이 구절에서 말씀하시듯이 "나의 예물, 나의 식물 되는 화제, 나의 향기로운 것은 너희가 그 정한 시기에 삼가 내게 드릴지니라"고 하셨다. 요즈음 우리는 예배당을 이전하려고 준비하고 있다. 많은 성도들이 헌신의 간증을 하는 것을 들을 때 이는 4-5년 전에는 없었던 이야기들이다. 그들은 4-5년 전만 하더라도 많은 양육을 받아야 하는 주 안의 어린 아이들이었다. 그러나 지금은 다르다. 그들은 지금 교회를 책임지는 마음으로 자신들의 소유와 모든 것들을 드리려는 마음을 고백하고 있다. 지난 주 우리는 많은 성도들의 간증을 듣는 시간을 가졌다. 그들의 말 속에서 우리는 참으로 그리스도의 향기로운 희생 제물의 맛을 보았다. 그들은 저마다 아름답고 향기로운 그리스도의 아름다움을 발산해내고 있었다. 듣는 많은 성도들이 눈물을 흘리고 있었다. 나는 하늘에 계신 하나님께서 이들이 드리는 제물을 흠향하시고 기뻐하셨으리라 확신한다.

그 많은 배역의 사건과 실패의 일들이 겉으로는 우리에게 좌절과 실패를 주는 것 같지만 결코 그렇지 않다. 하나님은 그러한 일들 가운데 새로운 세대를 일으키시며, 참되고 성실한 자녀들로 하여금 더욱 배우게 하신다. 그러한 많은 사건들을 통해서 주님을 사랑하는 자들은 그들 속에 예수 그리스도를 더욱 얻으며 그 그리스도는 그들 속에서 제물들로 더욱 향기롭게 준비되어가는 것이다.

7절, 또 그 전제는 어린 양 하나에 힌 사분지 일을 드리되 거룩한 곳에서 여호와께 독주의 전제를 부어 드릴 것이며

이 전제란 포도주를 부어드리는 제사이다. 그런데 그 전제는 어린 양 하나에 힌 사분지 일을 드리되 거룩한 곳에서 드리라고 했다. 거룩한 곳이 어디인가? 신약에서 이것은 교회이다. 그러므로 우리의 일상생활은 교회 생활과 구분될 수 없다. 우리의 이 땅에서의 삶 자체가 교회 생활이요, 성도들과 함께하는 교회 생활이 곧 거룩한 생활이다. 그러한 거룩한 교회 생활 안에서 전제를 드려야 하는데 여기서 하나님은 독주의 전제를 부어드리라고 하신다. 독주(strong drink)란 알코올 도수가 높은 술을 말한다. 하나님께 전제를 드리려면 도수가 높은 강한 술을 부어드리라는 것이다.

전제는 우리 자신을 부어드리는 것이다. 물론 그 속에 그리스도의 성분이 있어야 한다. 다시 말하지만 하나님께서 열납하시는 제물은 그리스도이다. 그런데 우리 자신을 부어드리되 강한 술로 부어드려야 한다. 하나님께서는 그분의 자녀들이 매일 상번제를 드릴 뿐 아니라 이렇게 전제로 철저하게 자신을 부어드리기를 원하신다. 약한 술을 마시면 별 효과가 없지만 독한 술을 마시면 완전히 취한다. 우리는 자신을 하나님께 드릴 때 그저 맹숭맹숭하게 드려서는 안 되고 매일 강하고 철저하게 드려야 한다. 여러분은 밤에 잠자기 전에 이렇게 말한 적이 있는가? '하나님, 저는 오늘 독주로 전제를 드렸습니다.' 만일 그런 마음을 가지고 하루를 살았다면 내가 확신하건대 여러분은 잠을 잘 잘 것이다. 하나님은 그러한 절대적인 헌신의 삶을 원하신다.

사도 바울과 같은 사람은 전제의 삶을 산 사람이다. 그는 전제의 예물을 드리는 삶을 살았다. 그는 주님을 위해 자기 자신을 향기로운 포도주처럼 전제로 쏟아부었다. 어떤 사람이 자신을 부었다 하지만 그것이 그리스도 자신이 아니라면 그 역시 하나님은 자신의 예물로 간주하시지 않을 것이다. 오직 그리스도만이 하나님이 기쁘게 열납하시는 제물이요, 예물들임을 인하여 하나님을 찬미한다. 바울은 빌립보서에서 성도들이 드린 믿음의 제물과 봉사 위에 자기를 전제로 쏟아 붓기를 원했다(빌 2:17). 매일 드리는 일상생활의 제물이 필요하지만(6절, 상번제), 하나님은 온전히 온 일생을 쏟아붓는 전제도 필요한 것임을 말씀하신다(7절, 독주의 전제). 우리의 일생의 교회생활은 우리로 매일 자라고 변화되어 독주의 전제가 되게 한다.

8절, 해 질 때에는 그 한 어린 양을 드리되 그 소제와 전제를 아침 것 같

이 여호와께 향기로운 화제로 드릴 것이니라

해 질 때에는 한 어린 양을 드리되 그 소제와 전제를 아침 것 같이 드리라고 했다. 그러므로 그리스도인은 아침에도 하나님께 번제와 소제를 드리고 저녁에 해 질 때에도 동일하게 제물을 드려야 한다. 이것은 그리스도인들이 매일 항상 하나님께 기도하고 제물 드리는 삶을 사는 것이 마땅함을 가리킨다.

9-10절, 안식일에는 일 년 되고 흠 없는 수양 둘과 고운 가루 에바 십분지 이에 기름 섞은 소제와 그 전제를 드릴 것이니 10 이는 매 안식일의 번제라 상번제와 그 전제 외에니라

10절에서 매 안식일의 제사는 상번제와 그 전제 외에 드리는 것이라고 말한다. 말하자면 안식일에는 매일 드리는 상번제와 강하게 드리는 전제에다 더하여 드려야 한다는 것이다.

안식일에는 평상시에 드리는 것에 더하여 흠 없는 수양 둘을 드리고 고운 가루 에바 십분지 이를 드린다. 두 배를 더하여 드리는 것이다. 안식일을 오늘 우리에게 적용한다면 특별히 분별해서 주님을 섬기는 날을 말할 것이다. 그런 날은 주일일 수도 있고 특별히 주님을 섬기기 위해 분별한 날일 수도 있다. 그런 날은 보통 날보다 두 배를 더하여 드려야 한다. 하나님을 섬기는 사람들에게는 때때로 온전히 하나님을 섬기기 위해 분별한 날이 있는데, 그날은 보통 때보다 배를 더 드리는 삶을 살아야 한다. 그런 날이 오늘 우리에게는 안식일이 될 것이다.

11-15절, 월삭에는 수송아지 둘과 수양 하나와 일 년 되고 흠 없는 수양 일곱으로 여호와께 번제를 드리되 12 매 수송아지에는 고운 가루 에바 십분지 삼에 기름 섞은 소제와 수양 하나에는 고운 가루 에바 십분지 이에

기름 섞은 소제와 13 매 어린 양에는 고운 가루 에바 십분지 일에 기름 섞은 소제를 향기로운 번제로 여호와께 화제로 드릴 것이며 14 그 전제는 수송아지 하나에 포도주 반 힌이요 수양 하나에 삼분지 일 힌이요 어린 양 하나에 사분지 일 힌이니 이는 일 년 중 매 월삭의 번제며 15 또 상번제와 그 전제 외에 수염소 하나를 속죄제로 여호와께 드릴 것이니라

월삭은 새로운 달의 시작이다. 그러면 오늘 우리가 달이 바뀔 때마다 제물을 드리는가? 신약에서 그렇게 적용할 수는 없을 것 같다. 나는 월삭에 대해서 생각해 보았다. 오늘날 우리가 어떻게 월삭을 적용할 것인가? 우리의 환경이 바뀌었거나 어떤 특별한 일이 새로 시작될 때에 월삭을 적용할 수 있을 것이다. 과거에 우리를 지도해 주시던 나이 든 주님의 종이 이런 말을 했다. '여러분은 환경이 바뀔 때마다 매우 조심해야 한다. 한 번 환경이 바뀔 때 조심하지 않으면 우리의 영적 상태가 바뀌게 된다.' 우리는 보통 그렇게 상황이 바뀌는 것을 달이 바뀌고 해가 바뀐다고 비유적으로 말한다. 우리는 과거에 서울 역촌동에 있었는데 경기도 곤지암으로 옮겼다. 그것도 하나의 월삭이다. 그리고 곤지암에 있다가 이제 충북 청원으로 왔다. 이것 또한 월삭이라고 할 수 있다. 이렇게 환경이 바뀔 때에 크게 제물을 드릴 것을 말씀하고 있다.

11절에서 "월삭에는 수송아지 둘과 수양 하나와 일 년 되고 흠 없는 수양 일곱으로 여호와께 번제를 드리되"라고 말한다. 이때는 번제를 더 크게 드려야 한다. 이제 우리가 새로운 영역에 와서 새롭게 길을 걸어가려고 하다 보니까 자신을 전보다 더 크게 드릴 필요가 있는 것이다. 이 모든 것이 사실은 우리에게 하나의 축복이다. 달이 바뀔 때마다 하나님께서 우리에게 더 많은 것을 드릴 수 있는 기회를 부여해 주신 것으로 보아야 한다.

15절에서는 "상번제와 그 전제 외에 수염소 하나를 속죄제로 여호와께 드릴 것이니라"고 말한다. 이렇게 많은 제물을 드리는 가운데 잊어서는 안 될 것이 바로 속죄제이다. 우리는 자신이 죄인이므로 우리 모든 행함 가운데 혹 하나님께 득죄한 것이 있을 수 있기 때문에 결코 속죄제를 빼놓아서는 안 된다.

16-25절, 정월 십사일은 여호와의 유월절이며 17 또 그 달 십오일 부터는 절일이니 칠 일 동안 무교병을 먹을 것이며 18 그 첫날에는 성회로 모일 것이요 아무 노동도 하지 말 것이며 19 수송아지 둘과 수양 하나와 일 년 된 수양 일곱을 다 흠 없는 것으로 여호와께 화제를 드려 번제가 되게 할 것이며 20 그 소제로는 고운 가루에 기름을 섞어서 쓰되 수송아지 하나에는 에바 십분지 삼이요 수양 하나에는 에바 십분지 이를 드리고 21 어린 양 일곱에는 매 어린 양에 에바 십분지 일을 드릴 것이며 22 또 너희를 속하기 위하여 수염소 하나로 속죄제를 드리되 23 아침의 번제 곧 상번제 외에 그것들을 드릴 것이니라 24 너희는 이 순서대로 칠 일 동안 매일 여호와께 향기로운 화제의 식물을 드리되 상번제와 그 전제 외에 드릴 것이며 25 제칠일에는 성회로 모일 것이요 아무 노동도 하지 말 것이니라

유월절의 규례이다. 유월절의 규례에 대해서는 〈레위기 강해〉를 참고하기 바란다.

26절, 칠칠절 처음 익은 열매 드리는 날에 너희가 여호와께 새 소제를 드릴 때에도 성회로 모일 것이요 아무 노동도 하지 말 것이며

다음은 칠칠절이다. 칠칠절은 다른 말로 맥추절이라고도 하고 또 오순절이라고도 한다.

유월절의 마지막 날, 곧 안식일 다음 날은 초실절인데, 유월절 이후 첫째 안식일 다음 날이다. "이스라엘 자손에게 고하여 이르라 너희는 내가 너희에게 주는 땅에 들어가서 너희의 곡물을 거둘 때에 위선 너희의 곡물의 첫 이삭 한 단을 제사장에게로 가져갈 것이요 제사장은 너희를 위하여 그 단을 여호와 앞에 열납되도록 흔들되 안식일 이튿날에 흔들 것이며"(레 23:10-11). 안식일 이튿날에 첫 이삭 한 단을 흔들라고 했는데, 이 날 주님이 부활하셨다. 민수기 18장을 보면 처음 익은 열매를 드리는 날은 사실 유월절 마지막 안식일 다음 날이다. 그리고 칠칠절은 그때부터 칠 주를 계산해야 한다. 일주일이 칠 일인데, 거기에 칠 주를 곱하면 사십 구 일이고 그 다음 날 곧 오십일째 되는 날이 오순절이다. 그러므로 오순절, 곧 그리스도께서 승천하신 후 성령께서 강림하신 날은 초실절부터 시작되는 것이다. 따라서 초실절은 그리스도의 부활을 의미하고 부활로부터 시작해서 오십일째 되는 날이 오순절이다.

"너희가 여호와께 새 소제를 드릴 때에도 성회로 모일 것이요 아무 노동도 하지 말 것이며"(26절). 이 새 소제란 새로 곡식을 거두어 여호와께 드리는 것이다. 이것은 결국 주님의 부활과 성령의 옮겨 부으심으로써 생겨난 교회이며 사도행전 2장의 오순절 때에 이것이 다 성취된 것으로 보아야 한다.

27-31절, 수송아지 둘과 수양 하나와 일 년 된 수양 일곱으로 여호와께 향기로운 번제를 드릴 것이며 28 그 소제로는 고운 가루에 기름을 섞어서 쓰되 매 수송아지에는 에바 십분지 삼이요 수양 하나에는 에바 십분지 이요 29 어린 양 일곱에는 매 어린 양에 에바 십분지 일을 드릴 것이며 30 또 너희를 속하기 위하여 수염소 하나를 드리되 31 너희는 다 흠 없는 것으로 상번제와 그 소제와 전제 외에 그것들을 드릴 것이니라

이것은 다 맥추절, 곧 오순절 제물을 드리는 것에 대한 기록이다. 이 때 드려야 할 제물은 번제와 소제이며 거기에 더하여 속죄제를 드려야 한다(30절). 우리는 하나님께서 이스라엘 백성에게 "나의 예물을 드리라"고 말씀하시고서 결국 그들로부터 얻기 원하시는 제물이 무엇인지를 생각해 볼 필요가 있다. 하나님은 먼저 그들로부터 매일 상번제를 받기 원하신다. 거기에다 소제와 전제를 함께 드려야 한다. 그리고 매 안식일의 제물을 받기 원하시고 월삭의 제물을 받기 원하신다. 그럴 뿐 아니라 특별히 유월절의 제물을 받기 원하시고 또 칠칠절의 예물을 받기를 원하신다.

상번제와 안식일과 월삭에 드리는 제물이 개인적인 것이라면 유월절과 칠칠절에 드리는 제물은 교회적인 것이라고 생각된다. 이와 같이 하나님은 이스라엘 백성들이 개인적으로 매일 하나님께 드리는 삶을 살 뿐 아니라 교회적으로 그리스도를 유월절 제물로 드리기를 원하시며 또 오순절 제물로도 드리기를 원하신다. 유월절은 그리스도의 십자가의 죽으심을 의미하고 칠칠절 곧 오순절은 그리스도의 부활과 승천과 성령의 강림을 의미한다. 이러한 과정을 통해서 하나님께서 얻으신 것은 바로 교회이다. 교회 안에는 이 모든 제물들이 다 있어야 한다. 특별히 그리스도의 죽음, 유월절 구속의 역사가 있어야 하고 성령의 옮겨 부으심으로 말미암은 칠칠절(오순절)의 역사가 있어야 한다.

레위기 23장을 읽어 보면 그때 두 개의 떡 덩이를 드리게 되어 있다. 그것이 바로 오순절에 생겨난 교회이다. 하나는 유대인을, 하나는 이방인을 상징하는데, 주님은 오순절에 성령을 부어 주셔서 유대인과 이방인을 한 몸이 되게 하셨다. 그것이 하나님께 드려지는 제물, 곧 새 소제가 되는 것이다. 이와 같이 주님은 성도들 개개인이 헌신하기를 원하실 뿐 아니라 교회가 단체적으로 그분의 경륜을 위해 헌신하기 원하신다. 그것은 물론 부활 안에서 승천의 능력의 영으로 드려져야 한다. 이와 같이 여기의 풍성한 번제는 교회적인 헌신을 의미하며 또 풍성한 소제는 교회 성도들의 죄 없고 흠 없는 그리스도의 인성 안에서의 삶과 수고를 의미할 것이다. 주님은 그분의 교회 가운데서 이러한 풍성한 제물을 얻기 원하신다.

민수기 29장

7월의 절기들

1절, 칠월에 이르러는 그 달 초일일에 성회로 모이고 아무 노동도 하지 말라 이는 너희가 나팔을 불 날이니라

레위기에서 보았듯이 칠월에 있는 것은 나팔절이다. 이것은 칠월 초일일이다. 이제 나팔절에 드려야 할 제물을 보겠다.

2-6절, 너희는 수송아지 하나와 수양 하나와 일년 되고 흠 없는 수양 일곱을 여호와께 향기로운 번제로 드릴 것이며 3 그 소제로는 고운 가루에 기름을 섞어서 쓰되 수송아지에는 에바 십분지 삼이요 수양에는 에바 십분지 이요 4 어린 양 일곱에는 매 어린 양에 에바 십분지 일을 드릴 것이며 5 또 너희를 속하기 위하여 수염소 하나를 속죄제로 드리되 6 월삭의 번제와 그 소제와 상번제와 그 소제와 그 전제 외에 그 규례를 따라 향기로운 화제로 여호와께 드릴 것이니라

이것은 나팔절 곧 칠월 일일에 주님께 드려야 할 제물이다. 2절에 번제로 드려야 할 항목들이 나오는데, 수송아지 하나, 수양 하나, 일 년 되고 흠 없는 수양 일곱이다. 3절에는 소제가 나온다. 소제는 고운 가루에 기름을 섞어서 써야 하는데, 성경에서 기름은 언제나 성령을 의미한다. 수송아지에는 에바 십분지 삼이고 수양에는 에바 십분지 이이고 어린 양 일곱에는 매 어린 양에 에바 십분지 일을 드리면 된다.

5절에서 속죄제는 수염소 하나로 드리면 된다. 28장, 29장에서는 주로 주님께 드리는 예물이 강하고 속죄제는 매우 약한 것을 볼 수 있다. 왜냐하면 여기서는 하나님을 기쁘시게 하기 위해 드리는 성분이 많기 때문이다. 속죄제란 우리의 죄를 위한 것으로서 우리를 위한 성분이 많다. 그러나 여기서 주님이 요구하시는 것은 그분 자신을 위한 것이다. 그렇기 때문에 속죄제의 분량이 아주 약하게 나와 있는 것이다. 이는 절대 우리 편에서 우리의 속죄의 분량이 약해도 된다는 뜻이 아니라 이 장에서는 특별히 하나님께서 그분을 기쁘시게 하는 예물을 원하신다는 뜻이다.

우리는 여기서 하나님께서 그처럼 많은 과정을 거쳐 이스라엘 백성을 인도하신 다음에 얻기 원하시는 것은 그분께 예물로 드리는 그리스도가 그분의 백성들 가운데 풍성하게 되고 향기롭게 되는 것임을 기억해야 한다. 이것을 오늘 우리에게 적용할 때, 하나님께서 우리를 많은 과정을 거쳐 인도하시는 목적은 결국 우리에게서 더 많은 제물들, 곧 감사와 헌신 등을 받으시려는 것이다. 그런데 이러한 제물을 드릴 때마다 결코 속죄제를 빠뜨려서는 안 된다. 우리가 아무리 번제를 드리는 삶을 살고 소제 같은 삶을 산다 하더라도 여전히 우리에게는 하나님 앞에 잘못과 허물이 있을 수 있다. 그러므로 항상 속죄제를 드려야 하는 것이다.

7절, 칠월 십일에는 너희가 성회로 모일 것이요 마음을 괴롭게 하고 아무 노동도 하지 말 것이며

아무 노동도 하지 말라는 말씀이 이곳저곳에 있다. 절기를 지킬 때에는 아무 노동도 하지 말라는 것이다. 그리스도를 참 되게 누리는 사람들은 안식할 줄 알아야 한다. 안식한다는 것은 아무 일도 하지 않는 것을 의미하는 것이 아니다. 사람이 스스로 무언가를 하는 것이 바로 노동하는 것이다. 하나님은 그렇게 노동하는 것을 원치 않으신다.

노동하는 사람은 주님의 안식 안에 있지 않은 사람이며 스스로 힘을 내어 이것저것을 하는 사람이다. 천연적인 열심, 육체의 노력, 혈기를 가지고 뭔가 자기 뜻을 이뤄보려고 하는 것이다. 그런 사람은 절기를 합당하게 누리는 사람이 아니다.

"마음을 괴롭게 하고". 칠월 십일은 속죄일인데 이 속죄일에 해야 할 것이 바로 마음을 괴롭게 하는 것이다. 레위기 16장에 이 속죄일에 대해서 나온다(레 16:19, 〈레위기 강해〉 참고). 이 속죄일과 관련해서는 '스스로 괴롭게 하라'는 말이 많이 나온다. 레위기 23장 27절, "칠월 십일은 속죄일이니 너희에게 성회라 너희는 스스로 괴롭게 하며 여호와께 화제를 드리고", 29절, "이 날에 스스로 괴롭게 하지 아니하는 자는 그 백성 중에서 끊쳐질 것이라", 32절, "이는 너희의 쉴 안식일이라 너희는 스스로 괴롭게 하고 이 달 구일 저녁 곧 그 저녁부터 이튿날 저녁까지 안식을 지킬지니라". 속죄일에 기억해야 할 것은 두 가지인데, 하나는 안식하며 노동하지 말라는 것이고 또 하나는 스스로 괴롭게 하라는 것이다.

구약의 이러한 말씀은 그림자인데, 신약에서는 이 말씀을 어떻게 적용하는가? 그것은 정상적인 믿는이라면 애통하는 마음이 있어야 한다는 것이다. 무엇에 대해서 애통하는가? 첫째는 자기 자신에 대해서 애통해야 한다. 자신에 대한 애통함이 없는 그리스도인은 정상적인 그리스도인이 아니다. 요한 일서 1장에서 어떤 사람이 스스로 죄 없다 하면 하나님을 거짓말하는 자로 만든다고 했다. 자신이 죄악된 사람이라는 인식이 없는 사람은 바리새인과 같이 메마르고 교만하여 스스로를 의롭게 여긴다. 우리는 그러한 사람을 참으로 두려워한다. 그런 사람들은 마치 자신에게는 보혈이 필요 없는 것처럼 생각한다. 그런 사람들은 속죄제를 드릴 필요를 느끼지 않는다. 그러나 자신에게 죄가 있다는 것을 아는 사람은 애통하지 않을 수 없고 괴로워하지 않을 수 없다.

그러면 여러분은 "주님은 왜 우리를 어쩔 줄 모르게 만드십니까? 어떤 때는 항상 기뻐하라고 하시고 이제는 항상 괴로워하라고 하시니 이것이 무슨 말씀입니까?" 하고 물을지 모른다. 그러나 그리스도 안에서는 우리가 이 모든 느낌들을 동시에 가질 수 있다. 이는 육신적인 괴로움이나 정신적인 번뇌와는 다르다. 이것은 영적인 괴로움이요 영적인 애통이다. 요엘 2장 13절에 이러한 말씀이 있다. "너희는 옷을 찢지 말고 마음을 찢고". 또 야고보서 4장에서 사도 야고보는 "슬퍼하며 애통하며 울지어다"라고 했다.

우리 그리스도인들은 자신을 생각할 때 아무리 말씀대로 규례를 지키고 제물을 드리는 삶을 살지라도 여전히 자신이 하나님 앞에 온당치 않음을 느끼지 않을 수 없다. 우리의 허물과 죄악됨을 생각할 때에 슬픔이 사라지지 않는다. 아픈 마음과 괴로움이 사라지지 않는다. 여러분은 그러한 마음이 있는 것이 정상이라는 것을 아는가? 그것은 우리가 죄 짓는 것을 당연시 하는 것과 다르다. 우리는 요한 일서 3장 말씀처럼 정상적인 그리스도인의 생활은 죄를 범치 않는 생활임을 시인한다. 우리는 하나님의 의로서 하나님 앞에 빛이 되고 하나님께 기쁨이 되는 삶을 살아야 한다. 그럼에도 불구하고 우리가 주님의 더 밝은 빛을 대할 때면 우리는 자신이 그분의 표준에 이르지 못함을 늘 시인하지 않을 수 없다. 그렇게 우리의 미흡함과 완전치 못한 어떤 부분들을 느낄 때마다 괴로워한다. 나에게는 이런 괴로움이 있다. 이러한 괴로움이 속죄제사와 연결되는 것이다. 그런 괴로움이 없는 사람은 어린 양의 속죄 보혈을 필요로 하지 않는다.

또한 여기서 아무 노동도 하지 말아야 함은 속죄 역사에 관한 한 우리의 수고가 필요하지 않기 때문이다. 속죄는 오직 우리 구주의 십자가 공로에 의한 것이지 우리의 공로와는 아무 상관 없기 때문이다. 만일 여러분이 흘린 눈물이 속죄의 역사에 효력을 발생시킬 것 같이 여긴다면 그 흘리는 눈물까지도 노동하는 것에 포함된다는 것을 보아야 한다. 물론 하나님 앞에 흘리는 회개의 눈물이 아름답고 귀한 것이지만 그것은 속죄의 역사에 효력을 미치지 않는다. 오직 어린 양 예수의 보혈만이 우리의 죄를 씻을 수 있음을 인하여 하나님께 감사 찬양 드린다.

8-11절, 너희는 수송아지 하나와 수양 하나와 일 년 된 수양 일곱을 다 흠 없는 것으로 여호와께 향기로운 번제를 드릴 것이며 9 그 소제로는 고운 가루에 기름을 섞어서 쓰되 수송아지 하나에는 에바 십분지 삼이요 수양 하나에는 에바 십분지 이요 10 어린 양 일곱에는 매 어린 양에 에바 십분지 일을 드릴 것이며 11 또 수염소 하나를 속죄제로 드릴 것이니 이는 속죄제와 상번제와 그 소제와 그 전제 외에니라

이 제물은 나팔절인 칠월 일일에 드리는 제물과 그 양이 같다. 이것은 매우 기묘하다. 그것에 대해 나는 이렇게 생각해 본다. 칠월 일일 나팔절과 칠월 십일 속죄일은 연결된 것이다. 나팔을 부는 것은 결국 사람들로 하여금 회개하고 속죄를 받아들이게 하려는 것이며 그래서 그 제물의 양이 같다고 생각된다. 결국 오늘날 울려 퍼져야 할 나팔은 죄 사함의 복음의 나팔이다. 복음의 전도자들과 말씀의 사역자 된 사람들이 합당하게 나팔을 분 결과 사람들은 죄를 깨닫고 통회하게 되는 것이다.

12절, 칠월 십오일에는 너희가 너희 성회로 모일 것이요 아무 노동도 하지 말 것이며 칠 일 동안 여호와 앞에 절기를 지킬 것이라

칠월 십오 일부터 팔 일간 초막절이다.

13-16절, 너희 번제로 여호와께 향기로운 화제를 드리되 수송아지 열셋과 수양 둘과 일 년 된 수양 열넷을 다 흠 없는 것으로 드릴 것이며 14 그 소제로는 고운 가루에 기름을 섞어서 수송아지 열셋에는 각기 에바 십분지 삼이요 수양 둘에는 각기 에바 십분지 이요 15 어린 양 열넷에는 각기 에바 십분지 일을 드릴 것이며 16 또 수염소 하나를 속죄제로 드릴지니 상번제와 그 소제와 그 전제 외에니라

이것은 초막절의 첫째날에 드릴 제물의 양이다.

17-19절, 둘째 날에는 수송아지 열둘과 수양 둘과 일 년 되고 흠 없는 수양 열넷을 드릴 것이며 18 그 소제와 전제는 수송아지와 수양과 어린 양의 수효를 따라서 규례대로 할 것이며 19 또 수염소 하나를 속죄제로 드릴지니 상번제와 그 소제와 그 전제 외에니라

초막절의 첫째날과 둘째날에 드려야 할 제물들은 그 양이 지금까지의 모든 절기보다 가장 많다.

20-22절, 셋째 날에는 수송아지 열하나와 수양 둘과 일 년 되고 흠 없는 수양 열넷을 드릴 것이며 21 그 소제와 전제는 수송아지와 수양과 어린 양의 수효를 따라서 규례대로 할 것이며 22 또 수염소 하나를 속죄제로 드릴지니 상번제와 그 소제와 그 전제 외에니라

수송아지가 열 셋부터 시작해서 매일 한 마리씩 줄어들기 시작한다.

23-31절, 넷째 날에는 수송아지 열과 수양 둘과 일 년 되고 흠 없는 수

양 열넷을 드릴 것이며 24 그 소제와 전제는 수송아지와 수양과 어린 양의 수효를 따라서 규례대로 할 것이며 25 또 수염소 하나를 속죄제로 드릴지니 상번제와 그 소제와 그 전제 외에니라 26 다섯째 날에는 수송아지 아홉과 수양 둘과 일 년 되고 흠 없는 수양 열넷을 드릴 것이며 27 그 소제와 전제는 수송아지와 수양과 어린 양의 수효를 따라서 규례대로 할 것이며 28 또 수염소 하나를 속죄제로 드릴지니 상번제와 그 소제와 그 전제 외에니라 29 여섯째 날에는 수송아지 여덟과 수양 둘과 일 년 되고 흠 없는 수양 열넷을 드릴 것이며 30 그 소제와 전제는 수송아지와 수양과 어린 양의 수효를 따라서 규례대로 할 것이며 31 또 수염소 하나를 속죄제로 드릴지니 상번제와 그 소제와 그 전제 외에니라

항상 드리는 상번제는 빼놓아서는 안 된다. 28장에서 말한 상번제와 소제와 전제는 매일 드리고 거기에 더해서 초막절을 위한 제물을 드려야 한다. 교회에서 특별하게 집회를 갖고 또 사경회를 갖더라도 매일 개인적으로 말씀 읽고 기도하는 생활을 소홀히 해서는 안 된다. 집회에서 아무리 많은 말씀을 듣고 기도하고 찬송하고 또 많은 봉사를 했을지라도 집에서 여전히 상번제와 소제와 전제를 드려야 한다.

32-35절, 일곱째 날에는 수송아지 일곱과 수양 둘과 일 년 되고 흠 없는 수양 열넷을 드릴 것이며 33 그 소제와 전제는 수송아지와 수양과 어린 양의 수효를 따라서 규례대로 할 것이며 34 또 수염소 하나를 속죄제로 드릴지니 상번제와 그 소제와 그 전제 외에니라 35 여덟째 날에는 거룩한 대회로 모일 것이요 아무 노동도 하지 말 것이며

'거룩한 대회'(solemn assembly)란 히브리어로 '아체래트'(עצרת)이다. 이 말의 어원은 '에워싸다', '통치하다'라는 뜻을 갖고 있다. 그러므로 이것은 교회를 가장 잘 예표하는 말이다. 즉 하나님께서 통치하는 영역을 가리키는 것이다. 초막절 마지막 날, 곧 여덟째 날은 거룩한 대회로 모이고 아무 노동도 하지 말라고 했다. 요한복음 7장은 초막절 때 일어난 일이다. 그 마지막 날(주님은 그 날을 큰 날이라고 하셨다.) 예수께서는 "누구든지 목마른 자는 내게 와서 마시라"고 외치셨다. 결국 교회란 주님의 외침을 듣고 모인 사람들로 이루어진다. 그 결과는 하나님의 통치하는 영역이 생겨나는 것이며 거룩한 대회가 이루어진다.

36절, 번제로 여호와께 향기로운 화제를 드리되 수송아지 하나와 수양 하나와 일 년 되고 흠 없는 수양 일곱을 드릴 것이며

수송아지가 일곱에서 갑자기 하나로 줄었다. 여덟째 날에는 수송아지를 하나만 드리면 된다. 왜 갑자기 마지막 날은 한 마리만 드리라고 했겠는가? 그날은 거룩한 대회로 모이는 날로서 신약의 교회 집회를 가장 온전하게 예표하는 날이라고 할 수 있다. 그러므로 여기서 이 날 수송아지 한 마리를 드리라고 하신 것은 매우 큰 의미가 있다. 구약 시대에는 그렇게 많은 수송아지를 드려왔지만 점점 줄어 이제 신약의 교회를 가장 잘 예표하는 날 성회로 모일 때에는 그리스도를 예표하는 수송아지 한 마리만 드리면 되는 것이다.

구약의 많은 짐승들이 결국 제물이신 그리스도를 예표한다. 결국 초막절은 그리스도 한 분께 초점이 맞추어 있다. 그리고 이스라엘 백성들이 초막절을 지키는 가운데 그리스도 한 분을 생각할 수 있게 인도해 준 것이다. 초막절 마지막 날, 참된 제물이신 주님께서 나에게 와서 마시라고 외치신 것은 매우 의미 있다. 참된 초막절의 누림은 그리스도에게 있으며 그분께 와서 생수를 마시는 데 그 실제가 있다.

37-38절, 그 소제와 전제는 수송아지와 수양과 어린 양의 수효를 따라

서 규례대로 할 것이며 38 또 수염소 하나를 속죄제로 드릴지니 상번제와 그 소제와 그 전제 외에니라

여기까지 초막절의 제물이다. 칠월 십오 일부터 팔 일간 제물은 총 이백 십오 마리이다. 엄청난 양의 제물을 드린다. 이때 가장 많은 제물을 드린다. 그러면 궁극적으로 초막절은 무엇을 상징하는가? 주님이 다시 오실 때 이 땅에 있게 될 왕국을 가리킨다. 그 왕국의 예표로서 구약에서는 종려나무로 초막을 지어 일주일 동안 거기서 살며 광야 생활을 기념했다. 이스라엘 백성들이 광야에서 어떻게 살았는가를 기념하는 것이다.

이것은 장래 우리가 왕국에 들어가면 어떠하리라는 것을 미리 알려준다. 우리 생각에는 왕국에 가면 아무것도 하지 않을 것 같지만 더 많은 감사 제물을 드리게 된다. 가장 많은 제물을 드리는 곳이 바로 왕국이다. 이 땅에 있을 때와는 비교할 수 없다. 사실 이 땅에서의 일들은 다 작은 일이다. 그날 왕국에서 우리는 더 큰 일들을 할 것이며 또한 가장 큰 누림을 갖게 될 것이다. 그런데 거기서 무엇을 누리는가? 오늘 이 땅 광야에서 우리가 걸어간 모든 노정들, 우리가 겪은 모든 체험들을 기념하는 데가 바로 왕국이다. 오늘 우리가 이렇게 교회 생활하고 주님을 섬기고 사랑하며 헌신하는 이 모든 것들은 결국 그날 왕국에서 기념할 것들을 쌓아가고 있는 것이다.

그러나 이 땅에서 초막 생활을 하지 않은 사람들은 그날 왕국에서 기념할 것이 없다. 나는 주님의 긍휼로 참으로 초막과 같은 생활을 하고 있다. 이 텐트에 있다가 저 텐트로, 저 텐트에 있다가 다시 다른 텐트로 움직인다. 그것이 초막 생활이다. 그날 우리는 이 광야 세상에서 나그네와 같이 초막에 거하던 그 세월들을 주님과 함께 그곳에서 기념하게 되는데, 그것이 바로 초막절이다. 그런데 그 초막절 때 하나님께 드리는 제물이 가장 풍성하다.

39절, 너희가 이 절기를 당하거든 여호와께 이같이 드릴지니 이는 너희 서원제나 낙헌제 외에 번제, 소제, 전제, 화목제를 드릴 것이니라

'이 절기'는 원문에서 '이것들'이다. '이것들'이란 지금까지 말한 여러 절기들, 즉 상번제, 안식일에 드리는 제사, 유월절 제사, 칠칠절 제사, 나팔절 제사, 속죄일 제사, 초막절 제사 등을 가리킨다. 어쨌든 우리 그리스도인들이 반드시 기억해야 할 것은 우리는 하나님께 제물을 드리기로 부르심 받은 사람들이라는 것이다. 만일 우리가 하나님께 드리는 것이 없다면 하나님은 기뻐하시지 않고 만족하시지 않는다. 우리 매일의 삶은 하나님께 제물을 드리는 삶이 되어야 한다. 상번제를 드려야 하고 안식일의 제물을 드려야 하고 월삭의 제물을 드려야 하며, 또 유월절과 오순절 혹은 맥추절과 나팔절과 초막절에 제물을 드려야 한다. 어쨌든 우리는 각양 제물을 하나님께 드리는 제사장이 되어야 한다.

40절, 모세가 여호와께서 자기로 명하신 모든 일을 이스라엘 자손에게 고하니라

예물을 드리되 우리는 명하신 대로 순종하는 가운데서 드려야 한다. 여기에 제물을 얼마를 드리는가의 규례가 다 기록되어 있다. 그리고 특히 이 초막절은 팔 일간 드리는 제물의 양이 각각 다르다. 우리가 제물을 드리되 하나님의 명하신 대로 드리는 것은 매우 중요하다. 어떤 사람들은 어제 드린 대로 습관적으로 오늘도 드린다. 드리는 건 다 마찬가지라고 생각한다. 물론 드리는 것은 좋지만 하나님께서는 대충 아무렇게나 드리는 것을 좋아하시지 않는다. 매일 규정을 세우시고 그에 따라 드리게 하신다. 그렇기 때문에 어제 잘 드렸으니까 오늘도 똑같이 드리면 된다고 생각해서는 안 된다. 오늘은 오늘 드리는 방식에 따라 드려야 하는 것이다. 물론 오늘 우리가 따르는 규례는 성령의 규례이다. 오늘 우리에게 닥친 모든 환경 가운데 오늘 우리에게 주시는 주님의 말씀에 따라서, 성령의 인도에 따라서 순종하여 행해야 한다. 하나님께서는 그분의 자녀들이 그분의 명대로 순종하는 가운데 제물을 드리는 것을 기뻐 받으신다.

민수기 30장

여자의 서원에 관한 계율들

1절, 모세가 이스라엘 자손 지파의 두령들에게 일러 가로되 여호와의 명령이 이러하니라

민수기 30장은 서원에 관한 말씀이다. 민수기 28장과 29장은 하나님께 예물을 드리는 장으로서 모든 이스라엘 백성들은 반드시 하나님께 예물을 드려야 했다. 그런데 이 30장의 서원은 반드시 해야 할 어떤 것이 아니라 사람이 하나님을 기쁘시게 하기 위해 자원하여 뭔가를 하나님을 위해 해드리겠다는 것이다. 어떤 사람이 하나님을 기쁘시게 해드리기 위해 대가를 지불해서라도 뭔가를 바치거나 어떤 일을 하겠다고 약속하는 행위가 바로 이곳에 있는 서원(vow)이다. 사도 바울은 사도행전 18장에서 "바울이 일찍 서원이 있으므로 겐그레아에서 머리를 깎았더라"고 한다(18절). 이는 꼭 해야만 하는 것이 아니라 그의 자의에 의한 충성인 것이다. 하나님은 사람의 이러한 감동으로 인한 충성된 서원을 받으신다. 얼마나 자비로우신 하나님인가!

우리는 28-29장에서 하나님께 예물을 드리는 문제를 보아야 했고, 이는 모두 가나안 전투를 위한 예비이다. 그리스도를 그 내용으로 한 예물들을 드릴 수 없는 상태라면 아직 전투를 위해 예비되지 않은 것이다. 우리는 여기서 서원의 문제를 보는데 이러한 충성된 자들의 자원하는 서원의 상태에 이르러서야 하나님을 위한 전투를 할 수 있는 여건이 성숙되는 것이다.

2절, 사람이 여호와께 서원하였거나 마음을 제어하기로 서약하였거든 파약하지 말고 그 입에서 나온 대로 다 행할 것이니라

여기의 사람은 남자이다. 사람이 하나님께 무언가를 서약했을 때, 가령 '나는 사도 바울과 같이 장가가지 않고 내 일생을 온전히 하나님께 드리겠다' 라고 서약했을 때 그것을 파약하지 말고 일생을 그렇게 하나님께 드리라는 것이다. 이 말씀을 통해 우리는 하나님께서 예물도 받고자 하시고 서원도 받고자 하심을 알 수 있다. 실상 예물은 반드시 사람 편에서 하나님께 드리게 되어 있는 것이다. 그러나 서원은 사람의 자유의지에 맡겨져 있는 것이며 사람 편에서 하나님의 기뻐하심을 위해 드리고자 하는 것이다. 물론 서원은 억지가 아니라 자원하여 하는 것이지만 일단 사람이 입으로 서약했으면 유야무야하지 말고 지켜야 한다.

사실 아나니아와 삽비라는 일종의 서원을 한 것이다(행 5장). 그들은 다 드리려고 밭을 팔았을 것이다. 그때 그들의 밭을 하나님께서 반드시 드리라고 한 것이 아니다. 그것은 베드로의 말로 증명이 된다. "땅이 그대로 있을 때에는 네 땅이 아니며 판 후에도 네 임의로 할 수가 없더냐 어찌하여 이 일을 네 마음에 두었느냐 사람에게 거짓말한 것이 아니요 하나님께로다"(4절). 그런데 막상 드리려고 보니까 아까운 생각이 들어서 얼마를 가져다 감춘 것이다. 그리고서 마치 드린 것이 전부인 양했다. 하나님은 그런 것을 가장 싫어하신다. 누구도 억지로 드리게 하지 않았으므로 만일 다 드릴 자신이 없으면 서약을 하지 않으면 된다. 전도서 5장 5절에서 "서원하고 갚지 아니하는 것보다 서원하지 아니하는 것이 나으니"라고 했다. 하나님의 말씀은 이렇게 서원을 하고 갚지 않은 것보다 서원하지 않는 것이 더 낫다고 하신다.

3절, 또 여자가 만일 어려서 그 아비 집에 있을 때에 여호와께 서원한 일이나 스스로 제어하려 한 일이 있다 하자

이것은 여자의 경우이다. 스스로 제어한다는 것은 뭔가를 절제하고 할 수 있지만 하지 않는 것을 뜻한다. 가령 '나는 주님을 위해서 결혼하지 않겠다. 그리고 하나님 일에만 전념하겠다' 라고 서원하는 것이다. 사람이 결혼하는 것은 죄가 아닐 뿐더러 하나님께서 허락하신 것이며 각 사람은 혼인을 귀히 여기라고 가르침 받고 있다. 그러나 어떤 사람이 바울처럼 스스로 제어하여 결혼하지 않고 주님을 섬기려 한다면 그런 것이 여기에서 말하는 일종의 서원이다. 장가를 가는 것이 죄라서 장가를 가지 않는 것이 아니라 그가 주님을 위해 더욱 충성하고자 그리 하는 것이다. 이런 종류의 일을 서원이라고 하는 것이다.

4절, 그 아비가 그의 서원이나 그 마음을 제어하려는 서약을 듣고도 그에게 아무 말이 없으면 그 모든 서원을 행할 것이요 그 마음을 제어하려는 서약을 지킬 것이니라

어린 여자가 서약했을 경우에 아버지가 그것을 듣고도 아무 말이 없다면 그것은 허락한 경우라고 본다. 우리는 여기서 어떤 아버지이든지 어린 딸이 자기 자신을 제어하겠다고 서약할 때 그 일에 찬성하기가 쉽지 않다는 것을 말하고 있는 것이 아닌가 생각한다. 자기의 어린 딸이 '아버지, 저는 일생 결혼하지 않고 하나님을 섬기겠습니다' 라고 할 때 '그래, 참 좋다, 애야!' 라고 말할 수 있는 아버지는 매우 드물 것이다. 그러므로 아무 말이 없으면 그것을 찬성하는 것으로 보는 것이다. 아무 말이 없다는 것은 마음이 아프지만 주님을 위해서 그렇게 하겠다는데 어떻게 하겠느냐는 뜻이다. 아버지는 둘 중 하나이다. 하나는 반대하는 것이고 또 하나는 아무 말이 없는 것이다. 찬성하는 말을 하는 것은 없다. 이렇게 성경 말씀을 자세히 보면 다 나름대로의 의미가 있고 깊이가 있다.

5절, 그러나 그 아비가 그것을 듣는 날에 허락지 아니하면 그 서원과 마음을 제어하려던 서약이 이루지 못할 것이니 그 아비가 허락지 아니하였은즉 여호와께서 사하시리라

어린 딸의 경우에는 서원을 했어도 그것이 아버지의 권위 아래 있다는 말이다. 아버지가 허락지 않을 때에는 서원을 했어도 이루지 못한다. 그럴 경우에는 그가 서원을 지키지 못해도 사함을 받는다는 것이다. 신약 고린도 전서 7장을 보겠다. "누가 자기의 처녀 딸에 대한 일이 이치에 합당치 못한 줄로 생각할 때에 혼기도 지나고 그같이 할 필요가 있거든 마음대로 하라 이것은 죄 짓는 것이 아니니 혼인하게 하라 그러므로 처녀 딸을 시집 보내는 자도 잘 하거니와 시집 보내지 아니하는 자가 더 잘 하는 것이니라"(36, 38절). 우리는 여기서 딸을 시집보내고 시집보내지 않는 권한이 아버지에게 있다는 암시를 받을 수 있다. 그러므로 여러분이 좋은 그리스도인 자녀라면 결혼할 때 부모의 허락을 받아서 하는 것이 합당하다. 이 사회의 법은 성년이 되면 부모의 허락을 받지 않아도 결혼할 수 있게 되어 있는 것으로 알고 있다. 또 결혼을 하지 않아도 부모가 뭐라고 할 수 없다. 그러나 딸이 시집가고 안 가는 것에 대해 아버지의 권한이 크다는 것이 성경의 사상이다.

그런데 서원은 결혼 문제에 국한된 것이 아니다. 딸의 모든 서원에 대해 그 권한을 강력하게 행사할 수 있는 사람이 그 아버지라는 것이다. 그러므로 성경에서 우리는 자녀에 대한 아버지의 권위가 크다는 것을 알 수 있다. 이 시대의 풍조와 맞지 않을지라도 우리 그리스도인은 이것이 하나님의 법도임을 알아야 하고 젊은이들은 자신들의 장래의 중요한 문제를 결정할 때에 이와 같이 부모님의 권위 아래서 결정하는 것을 배워야 한다.

6절, 또 혹시 남편을 맞을 때에 서원이나 마음을 제어하려는 서약을 경솔히 그 입에서 발하였다 하자

"남편을 맞을 때"란 여자가 시집갈 때이다. 결혼할 때 가령 아내가 남편에게 '여보, 나는 주님을 위해서 아들이고 딸이고 낳지 않을 거예요' 라고 서원을 했다 하자. 물론 아내는 주님 앞에서 먼저 서원 기도를 드렸을 것이다. 그녀가 그런 서원을 하게 된 동기는 그녀가 아들 딸 있는 집을 보니까 주님을 섬기기가 참 어려운 것 같아서 였다. 그래서 그 여인은 결혼할 때 아들딸을 낳지 않겠다는 서원을 하고 남편에게 그런 서원의 뜻을 제시한 것이다.

7절, 그 남편이 그것을 듣고 그 듣는 날에 그에게 아무 말이 없으면 그 서원을 행할 것이요 그 마음을 제어하려는 서약을 지킬 것이니라

아무 말이 없으면 자녀를 낳지 않아도 된다는 말이 되겠다. 사실 남편 노릇하기가 쉬운 것이 아니다. 서원하는 날에 분명하게 의사를 밝혀야지 나중에 딴 소리 하면 나중에 문제가 된다. 남편에게 있어서 아내의 서원을 들을 때 아무 말을 하지 않는 것은 찬성하는 것이 된다. 물질을 주님께 드리는 문제도 원칙상 같다. 아내가 어떤 물질을 주님을 위해 드리기로 서원하는 말을 할 때 남편이 말이 없다면 그것은 동의한 것이다. 아내는 그것을 반드시 지켜야 한다.

8절, 그러나 그 남편이 그것을 듣는 날에 허락지 아니하면 그 서원과 마음을 제어하려고 경솔히 입술에서 발한 서약이 무효될 것이니 여호와께서 그 여자를 사하시리라

서원한 것을 듣는 날에 남편이 허락지 않으면 그 서원을 지키지 못해도 죄가 되지 않는다.

9절, 과부나 이혼 당한 여자의 서원이나 무릇 그 마음을 제어하려는 서약은 지킬 것이니라

과부나 이혼당한 여자는 그녀를 통제할 남편이 없기 때문에 그 서원이나 서약을 지켜야 한다.

10-11절, 부녀가 혹시 그 남편의 집에 있어 서원을 하였다든지 마음을 제어하려고 서약하였다 하자 11 그 남편이 그것을 듣고도 아무 말이 없고 금함이 없으면 그 서원은 무릇 행할 것이요 그 마음을 제어하려는 서약은 무릇 지킬 것이니라

이것은 결혼할 때 서원하는 것이 아니라 살다가 아내가 서원하는 것이다. 가령 '하나님, 저는 자녀 하나면 족합니다. 더 이상은 낳지 않겠습니다. 그리고 이제 저의 모든 힘과 재능은 주님을 위해 사용하겠습니다' 라고 서원했다고 하자. 그런데 그 서원을 남편이 알게 되었고 아무 말을 하지 않았다면 지켜야 한다.

12절, 그러나 그 남편이 그것을 듣는 날에 무효케 하면 그 서원과 마음을 제어하려던 일에 대하여 입술에서 낸 것을 무엇이든지 이루지 못하나니 그 남편이 그것을 무효케 하였은즉 여호와께서 그 부녀를 사하시느니라

이처럼 아내의 서원에 대하여는 남편에게 그 권위가 있다. 하나님께서는 부녀의 서원에 관하여 남편의 결정을 존중하신다.

13-14절, 무릇 서원과 무릇 마음을 괴롭게 하려는 서약은 그 남편이 그것을 지키게도 할 수 있고 무효케도 할 수 있나니 14 그 남편이 일향 말이 없으면 아내의 서원과 스스로 제어하려는 일을 지키게 하는 것이니 이는 그가 그것을 들을 때에 그 아내에게 아무 말도 아니하였으므로 지키게 됨이니라

하나님께서 남편에게 커다란 권한을 부여해 주신 것을 알 수 있다. 예를 들어서 어떤 아내가 주님께 '제 남편이 한 달에 저에게 주는 돈이 백만 원인데 앞으로 2년 동안은 그 중에서 20퍼센트를 복음을 위해서 주님께 드리겠습니다' 라고 했는데 그 남편이 서원을 듣고서도 아무 말이 없으면 그것은 동의하는 것이다. 그러므로 계속 수입의 20퍼센트씩 드리면 된다. 그런데 만일 남편이 "당신이 오늘 서약한 20퍼센트는 안 되겠어요. 10퍼센트만 해요. 나는 십일조로 족하다고 생각합니다" 라고 하면 그 아내는 서원을 했지만 남편이 그것에 동의하지 않았기 때문에 하나님께서 그 서원을 지키지 못한 것에 대해 용서하신다는 말이다.

15절, 그러나 그 남편이 들은 지 얼마 후에 그것을 무효케 하면 그가 아내의 죄를 담당할 것이니라

남편이 아내의 서원하는 것을 들었을 당시에는 가만히 있었는데 매달 20퍼센트씩 드리다 보니까 아까운 마음이 든 것이다. 그래서 일 년쯤 후에 "여보, 안 되겠어. 이번 달부터 10퍼센트로 줄여요" 라고 했다 하자. 그럴 경우에는 그 서약을 지키지 못한 죄악을 그 남편이 감당하게 되어 있다. 남편은 이렇게 권위도 있지만 책임도 무거운 것이다. 만일 합당치 않다고 느꼈으면 그 서원을 들은 그날 허락지 말았어야 한다. 그랬으면 남편도 무사하고 아내도 서원한 것을 못 지켰어도 문제가 없다. 그런데 만일 침묵하다가(남편의 침묵은 동의이다), 나중에 그것을 번복하면 그 아내가 지키지 못한 서원을 남편이 담당하게 된다는 말이다.

그러면 하나님께서는 어떤 것을 좋아하시는가? 한 마디로 진실하고 신실한 것이다. 하나님께서는 서원을 했으면 그것을 지키는 것을 좋아하신다. 그것이 바로 신실한 것이다. 하나님께서는 이 땅에서 신실한 그리스도인을 얻기 원하신다. 또 하나님께서는 사람이 어떠한 권위 아래 있을 때 자기가 주님을 위해서 드리거나 행하기를 원할지라도 권위 아래서 그렇게 하는 것을 기뻐하신다.

결론적으로 주님은 그분의 백성들로부터 예물을 받기 원하실 뿐 아니라 서원을 받기 원하신다. 사실 우리는 그분께 이렇게 반응해야 한다고 느낀다. "오, 하나님이여. 하나님이 우리에게 서원을 받으시기 원하심을 감사합니다. 우리의 진실한 서원을 받으시고 기뻐하시는 하나님을 찬미합니다!"

16절, 이는 여호와께서 모세에게 명하신 율례니 남편이 아내에게, 아비가 자기 집에 있는 유년 여자에게 대한 것이니라

민수기 31장

미디안을 이김

1-3절, 여호와께서 모세에게 일러 가라사대 2 이스라엘 자손의 원수를 미디안에게 갚으라 그 후에 네가 네 조상에게로 돌아가리라 3 모세가 백성에게 일러 가로되 너희 중에서 사람을 택하여 싸움에 나갈 준비를 시키고 미디안을 치러 보내어서 여호와의 원수를 미디안에게 갚되

여기에 여호와께서 명하신 바 모세가 죽기 전에 마지막으로 해야 할 일이 있다. 그것은 바로 이스라엘 자손의 원수를 미디안에게 갚으라는 것이다. 미디안 역시 아브라함의 자손으로서 후처 그두라의 소생이다. 그런데 이 미디안은 결국 기드온 때부터 이스라엘의 대적이 되었다(삿 6:1). 이스라엘 백성은 발람의 꾀로 인해 미디안 여인들에게 유혹되어 음행의 죄를 짓고 우상숭배에 이끌림으로 많은 사람이 죽게 되었다. 이 미디안 사람에 대해 하나님께서는 이스라엘 자손의 원수라고 하셨고 또 여호와의 원수라고 하셨다. 오늘날 사탄 마귀는 우리의 원수이기도 하고 주님의 원수이기도 하다.

모세는 31장 이전에 이미 인도 직분을 여호수아에게 넘겨주었지만 아직 모세가 해야 할 일이 아직 남아있었다. 그것은 바로 미디안을 심판하는 일이었다. 미디안은 세상에 관련된 불결한 육체를 의미한다. 이스라엘 백성들은 가나안 땅을 향해 전진하는 하나님의 백성들로서 이제 얼마 안 있으면 가나안 땅에 들어온다. 그런데 마지막에 가서 그들은 커다란 유혹을 받고 범죄하여 하나님의 심판을 받았는데 그것은 바로 미디안 사람으로 인한 것이었다. 그래서 미디안은 이스라엘 자손의 대적이 되었고 이스라엘 자손이 하나님의 나라에 들어가는데 마지막 부분에서 좌절시키는 원수가 된 것이다. 그래서 미디안은 인간의 불결한 육체, 더럽히는 육체를 나타낸다.

그런데 이스라엘 백성들은 이 미디안을 그렇게 주의하지 않았고 대적으로 여기지 않았다. 그런데 의외의 기습을 받고 바알 브올에게 귀속되어 우상숭배에 연루되었다. 무엇 때문인가? 음행 때문이다. 그래서 불결한 육체가 바로 하나님의 백성들이 그 나라로 들어가는 데 마지막으로 좌절시키는 요소라고 한 것이다. 이 미디안은 여호와의 대적이고 이스라엘 백성들의 대적이다. 하나님의 백성들을 마지막 부분에서 좌절시켜 목적지에 이르지 못하게 하는 원수이다. 특히 미디안이란 성도들의 마음속의 세상적인 요소로서 그 나라를 향하여 전진하는데 가장 방해가 되는 육체의 영향력을 말한다. 마귀는 성도에게 이와 같은 한 가지 정욕적인 죄성을 남겨두어 바알 브올에게 귀속하게 하여 하나님의 진노를 받게 하는 특징을 갖고 있다. 이것이 바로 미디안 전쟁의 의미이다. 모세는 바로 이 미디안에게 이스라엘의 원수를 철저히 갚으라는 명령을 받는다. 이것은 아직 여호수아가 가나안을 정복하는 전투를 벌이기 이전의 상태로서 모세가 이 전쟁의 책임을 지고 있다.

4-5절, 이스라엘 모든 지파에 대하여 각 지파에서 일천 인씩을 싸움에 보낼지니라 하매 5 매 지파에서 일천 인씩 이스라엘 천만 인 중에서 일만 이천 인을 택하여 무장을 시킨지라

열두 지파니까 한 지파에 천 명씩이면 일만 이천 명이 된다. 모세는 미디안에게 원수를 갚기 위해서 이스라엘 백성 전체를 무장시킨 것이 아니라 한 지파에 천 명씩만 무장시켰다.

6절, 모세가 매 지파에 일천 인씩 싸움에 보내되 제사장 엘르아살의 아들 비느하스에게 성소의 기구와 신호 나팔을 들려서 그들과 함께 싸움에 보내매

모세가 이스라엘 백성들을 무장시켜서 미디안과의 싸움에 내어보낼 때 그 방법이 매우 특이하다. 여기서 모세는 제사장 엘르아살의 아들 비느하스에게 성소의 기구와 신호 나팔을 들려서 그들과 함께 싸움에 보냈는데, 비느하스는 특히 25장에서 음행했던 남녀를 창으로 찔러 죽임으로 여호와의 진노를 그치게 한 사람이다. 이제 모세는 미디안에게 원수를 갚는 이 전쟁에서 당시 그 일로 하나님을 기쁘시게 했던 그 사람을 함께 보냈다.

그런데 일반적으로 싸우려면 칼이나 창 같은 무기를 들려 보내야 하는데 모세는 비느하스에게 성소의 기구와 신호 나팔을 들려서 그들과 함께 싸움에 보냈다. 그러므로 이 싸움은 영적인 대적과의 싸움인 가나안 전투가 아니고 인간의 정욕과 육체 속의 방해자와의 싸움이다. 주로 간음과 음란의 육체를 이름이다. 그러므로 우리는 한 지파에 천 명씩 뽑아내어 그들을 무장시키고 비느하스에게 성소의 기구와 신호 나팔을 들려 그들과 함께 보낸 것에 어떤 의미가 있는 것을 볼 수 있다.

7-8절, 그들이 여호와께서 모세에게 명하신 대로 미디안을 쳐서 그 남자를 다 죽였고 8 그 죽인 자 외에 미디안의 다섯 왕을 죽였으니 미디안의 왕들은 에위와 레겜과 수르와 후르와 레바이며 또 브올의 아들 발람을 칼로 죽였더라

이때 발람이 죽었다. 발람은 22장부터 24장까지에서 아주 놀라운 예언을 한 이방 선지자이다. 그러나 그는 삯에 이끌려서 꾀를 내어 이스라엘 백성으로 미디안의 여인들과 간음을 하게 했고 결국 바알브올에게 부속되게 했다. 그때 음행을 주도한 사람들이 바로 미디안 사람들이다. 그 일로 인해 이스라엘 백성들 가운데 염병이 일어났고 이만 사천 명이 죽었다. 하나님의 큰 심판을 받은 것이다. 여기서 이스라엘 군대 일만 이천 명은 미디안을 공격하여 그 모든 남자를 다 죽였으며 또 다섯 왕을 죽였고 그들과 함께 있던 발람도 죽였다. 이렇게 하여 하나님은 삯을 위해서 달려갔던 발람을 심판하신 것이다.

9-12절, 이스라엘 자손이 미디안의 부녀들과 그 아이들을 사로잡고 그 가축과 양떼와 재물을 다 탈취하고 10 그 거처하는 성읍들과 촌락을 다 불사르고 11 탈취한 것, 노략한 것, 사람과 짐승을 다 취하니라 12 그들이 사로잡은 자와 노략한 것과 탈취한 것을 가지고 여리고 맞은편 요단 가 모압 평지의 진에 이르러 모세와 제사장 엘르아살과 이스라엘 자손의 회중에게로 나아오니라

7절을 보면 그들이 가서 남자를 다 죽였다고 했다. 남자는 세상적인 정욕의 근원이 되는 요소이다. 그것을 다 죽여서 진멸한 것이다. 이러한 세상적인 정욕의 육체는 성도들로 하여금 하늘의 기업을 물려받기 위한 전투를 해나가는 데 가장 방해가 되도록 사탄이 활용하는 존재이다.

13-15절, 모세와 제사장 엘르아살과 회중의 족장들이 다 진 밖에 나가서 영접하다가 14 모세가 군대의 장관 곧 싸움에서 돌아온 천부장들과 백부장들에게 노하니라 15 모세가 그들에게 이르되 너희가 여자들을 다 살려두었느냐

이스라엘 군대는 가서 미디안의 남자들만 죽이고 여자들은 다 살려 두었다. 그것을 본 모세는 군대의 천부장과 백부장들에게 노했다. 여기에서 모세의 영과 비느하스를 필두로 한 천부장들과 백부장들의 영이 다름을 알 수 있다. 모세는 이런 일에 있어서 더욱 엄격하게 분리할 것을 명하고 있다. 저들은 모든 남자는 죽였지만 여자들은 남겨둔 것이다. 이것은 그들이 이러한 일에 있어서의 엄격한 분리에 실패한 것임을 말해준다.

16절, 보라 이들이 발람의 꾀를 좇아 이스라엘 자손으로 브올의 사건에 여호와 앞에 범죄케 하여 여호와의 회중에 염병이 일어나게 하였느니라

결국 이 여자들도 이스라엘 백성들을 죄 짓게 하는 데 연루된 자들인데 왜 그들을 살려 두었느냐는 것이다. 이스라엘 백성들을 유혹한 그 육체의 더러움을 심판할 때 그 요인만 심판하고 그 도구들을 그냥 두어서는 안 된다는 것이다.

17-18절, 그러므로 아이들 중에 남자는 다 죽이고 남자와 동침하여 사내를 안 여자는 다 죽이고 18 남자와 동침하지 아니하여 사내를 알지 못하는 여자들은 다 너희를 위하여 살려둘 것이니라

그 죄와 관련이 없는 사람들만 살려 두고 나머지는 다 죽이라고 했다. 이러한 미디안 원수에 대하여는 철저히 심판할수록 좋은 것이다. 결국 남자만 죽일 뿐 아니라 사내를 안 여자는 다 죽여야 했다.

19절, 너희는 칠 일 동안 진 밖에 주둔하라 무릇 살인자나 죽임을 당한 시체를 만진 자나 제 삼 일과 제 칠 일에 몸을 깨끗게 하고 너희의 포로도 깨끗게 할 것이며

전쟁에 나가서 죽은 시체를 많이 만졌기 때문에 나가서 싸운 사람들은 칠 일 동안 진 밖에 있으면서 깨끗케 하고 그 후에야 들어오라고 했다. 레위기의 정결케 하는 예법에 따라서 제 삼 일과 제 칠 일에 몸을 정결케 해야 했다.

20절, 무릇 의복과 무릇 가죽으로 만든 것과 무릇 염소털로 만든 것과 무릇 나무로 만든 것을 다 깨끗케 할지니라

전쟁에서 가지고 온 노획물이라 하더라도 다 깨끗케 해야 한다는 말이다.

21-23절, 제사장 엘르아살이 싸움에 나갔던 군인들에게 이르되 이는 여호와께서 모세에게 명하신 법률이니라 22 금, 은, 동, 철과 상납과 납의 23 무릇 불에 견딜 만한 물건은 불을 지나게 하라 그리하면 깨끗하려니와 오히려 정결케 하는 물로 그것을 깨끗케 할 것이며 무릇 불에 견디지 못할 모든 것은 물을 지나게 할 것이니라

전쟁의 노획물로 가지고 온 것들에 대해서 금, 은, 동, 철, 납과 같은 것들은 다 불과 물을 통과케 해서 정결케 하라고 했다. 백성들이 미디안으로 말미암아 유혹을 받았고 전투를 해야 했지만 결국 하나님은 그 모든 일을 통하여 오히려 전리품을 얻게 하셨다. 하나님의 백성들은 어떤 일을 만나든지 해를 당하지 않는다. 하나님은 그 전투를 통해서 얻은 전리품으로 하여금 불과 물을 통과하게 하여 하나님의 것이 되게 하신다. 이 얼마나 오묘한 하나님의 역사인가! 미디안과 발람으로 말미암아 이스라엘이 큰 피해만 본 것으로 생각하기 쉽지만 그렇지 않다. 그로 말미암아 하나님의 나라에 커다란 전리품이 도달한 것이다. 하나님의 역사에 손실은 없다!

이 일을 개인의 역사에 관하여 적용해 보자. 사탄은 얼마나 발람과 미디안의 유혹으로 사람을 미혹하는지 모른다. 그러나 하나님은 그런 부정함을 철저히 처리하실 수 있는 방법이 있으시다. 여기서 불을 지나게 한다는 것은 불 같은 시험을 말할 수도 있다. 어떤 신실한 사람이 진정으로 이기지 못하는 육신의 정욕의 문제가 있다고 할 때 하나님은 그에게 불 같은 시험을 허락하실 수 있다. 그 시험을 통하여 그는 그 이기지 못하는 죄에서 놓여질 뿐 아니라 귀한 전리품을 얻게 되는 것이다. 그 전리품은 무엇인가? 나는 그것이 성화의 축복이라고 본다. 우리가 불을 통과하든지, 물을 통과하든지 그 모든 전리품들은 거룩케 되어 하나님의 백성의 소유가 되게 하신다. 결국 하나님은 교회로 하여금 어떤 상황에서도 유익을 얻게 하신다. 밖으로 볼 때 교회는 발람과 미디안으로 말미암아 큰 손실을 입은 것 같지만 결국은 승리이다!

24절, 너희는 제 칠 일에 옷을 빨아서 깨끗케 한 후에 진에 들어올지니라

그들은 제 칠 일에 옷을 빨아서 깨끗케 한 후에 진에 들어와야 한다. 전쟁에 나가서 미디안을 심판하고 돌아온 사람들은 그들의 노획물도 깨끗케 하고 옷도 깨끗케 한 다음에야 진에 들어올 수 있다.

25-30절, 여호와께서 모세에게 일러 가라사대 26 너는 제사장 엘르아살과 회중의 족장들을 더불어 이 탈취한 사람과 짐승을 계수하고 27 그 얻은 물건을 반분하여 그 절반은 싸움에 나갔던 군인들에게 주고 절반은 회중에게 주고 28 싸움에 나갔던 군인들로는 사람이나 소나 나귀나 양떼의 오백분지 일을 여호와께 드리게 하되 29 곧 이를 그들의 절반에서 취하여 여호와의 거제로 제사장 엘르아살에게 주고 30 또 이스라엘 자손의 얻은 절반에서는 사람이나 소나 나귀나 양떼나 각종 짐승을 오십분지 일

을 취하여 여호와의 성막을 맡은 레위인에게 주라

이 말씀에서 우리는 일만 이천 명이 나가서 싸웠지만 그들이 가져온 노획물은 나가서 싸운 사람들만 얻는 것이 아니라 싸우러 나가지 않은 일반 백성들도 함께 나누는 것을 볼 수 있다. 여기서 싸우러 나간 군인들에게 절반, 일반 회중에게 절반을 나누어 주라고 하셨다. 이를 통해 우리는 직접 전장에 나가지 않은 사람들도 기도함으로 함께 그 싸움에 참여했다는 것을 알 수 있다.

그러므로 우리는 교회가 영적 전쟁을 할 때 모든 성도가 직접 나가서 싸우지 않더라도 한 마음 한 뜻으로 싸워야 함을 알 수 있다. 그럴 때 그 노획물은 직접 나가서 싸운 사람만 차지하는 것이 아니라 남아서 기도한 사람들도 함께 차지할 수 있는 것이다. 물론 싸우러 나간 사람들이 더 많이 얻게 된다. 일만 이천 명이 절반을 얻고 나머지 회중이 절반을 얻는다면 인수에 따라 돌아가는 양은 싸우러 나간 사람들이 훨씬 더 많이 차지하게 된다. 그리고 싸우러 나간 사람들은 1/500을 제사장 엘르아살에게 드리고 나머지 이스라엘 회중은 얻은 것의 1/50을 여호와의 성막을 맡은 레위인에게 주라고 했다.

31-36절, 모세와 제사장 엘르아살이 여호와께서 모세에게 명하신 대로 하니라 32 그 탈취물 곧 군인들의 다른 탈취물 외에 양이 육십칠만 오천이요 33 소가 칠만 이천이요 34 나귀가 육만 일천이요 35 사람은 남자와 동침하지 아니하여서 사내를 알지 못하는 여자가 도합 삼만 이천이니 36 그 절반 곧 싸움에 나갔던 자들의 소유가 양이 삼십삼만 칠천오백이라

많은 양떼를 얻었다. 싸움에 나갔던 자의 소유로서 양이 삼십 삼만 칠천 오백 마리이다. 그리고 정결한 여자들을 삼만 이천 명 얻었다. 미디안으로 인해 죽은 이만 사천 명보다 훨씬 많은 숫자이다.

37-38절, 여호와께 세로 드린 양이 육백 칠십오요 38 소가 삼만 육천이라 그 중에서 여호와께 세로 드린 것이 칠십이 두요

그 중에서 여호와께 세로 드린 것이 칠십 이 두였다. 이스라엘은 대단히 많은 노획물을 얻었고 따라서 여호와께 드릴 것도 많았다.

39-47절, 나귀가 삼만 오백이라 그 중에서 여호와께 세로 드린 것이 육
십일이요 40 사람이 일만 육천이라 그 중에서 여호와께 세로 드린 자가
삼십이 명이니 41 여호와께 거제의 세로 드린 것을 모세가 제사장 엘르아
살에게 주었으니 여호와께서 모세에게 명하심과 같았더라 42 모세가 싸
움에 나갔던 자에게서 나누어 취하여 이스라엘 자손에게 준 절반 43 곧
회중의 얻은 절반은 양이 삼십삼만 칠천오백이요 44 소가 삼만 육천이요
45 나귀가 삼만 오백이요 46 사람이 일만 육천이라 47 이스라엘 자손의
그 절반에서 모세가 사람이나 짐승의 오십분지 일을 취하여 여호와의 장
막을 맡은 레위인에게 주었으니 여호와께서 모세에게 명하심과 같았더라

이스라엘 백성들은 많은 노획물을 취했다. 그 중에서 여호와께 구별해 드린 것이 있고 어떤 것들은 제사장에게, 어떤 것들은 레위인에게 나누어 주었다. 여기서 우리가 배울 공과는 이것이다. 하나님의 백성들이 어떤 시험이 있어서 커다란 해를 입었을 때 하나님께서는 그 원수를 그냥 두지 않으시고 반드시 원수를 갚게 하신다는 것이다. 우리는 여기서 하나님께서 얼마나 그분의 백성들을 위하시는가를 볼 수 있고 또 그분의 온 마음이 그분의 백성에게 있다는 것을 알 수 있다. 하나님께서는 그분의 백성들을 괴롭히고 망하게 하려 했던 원수를 잊지 않으신다. 그리고 그 원수를 갚으신다.

하나님의 백성은 미디안의 일로 인해 너무나 수치를 당하고 해를 입고 하나님의 심판을 받았다. 그러나 하나님께서는 하나님의 백성들에게 임했던 화를 오히려 복이 되게 하셨다. 그분은 반드시 원수를 갚아 주시고 그들이 잃은 것 이상으로 다시 복구시켜 되돌려 주신다. 하나님의 자녀들은 참되게 하나님께 속해 있기만 하면 어떤 사건이 발생해도 유익을 얻는다. 다만 거기서 죄를 짓고 넘어지고 실패하는 사람, 중도에서 물러나는 사람은 불행하게 된다. 그러나 끝까지 믿음으로 주님을 붙잡고 전진하는 사람들은 그들이 당한 모든 공격과 시험과 손실과 어려움에 대해 하나님께서 그 대적을 기억하시고 원수를 철저히 갚아 주시며 전에 그로 인해 잃었던 것을 다 보상해 주신다. 그리고 오히려 더 많은 것을 얻게 하신 다음에 그 동안 하나님의 백성 가운데 부족한 것들까지 채워주시고 더 나아가 하나님께 드릴 것도 있게 하신다. 그러므로 하나님은 대단한 분이시다.

그분의 지혜는 측량할 수 없다. 우리는 다만 하나님을 믿고 신뢰하자. 의심하고 원망하고 죄를 짓고 넘어지는 사람은 유익을 얻지 못한다. 때로 약하고 또 정말 어렵게 느껴지더라도 우리는 여호수아와 갈렙처럼 끝까지 믿음으로 서 있어야 하며 끝까지 순종하면서 이 길을 가야 한다. 그럴 때 이제까지 닥쳤던 모든 시험과 어려움과 손해를 주님이 다 갚아 주신다. '네 원수가 곧 내 원수다. 철저하게 너의 원수를 갚아 주마' 하신다. 그리고 노획물까지 풍성하게 얻게 하신다. 이렇게 해서 이스라엘 백성의 모든 필요를 다 채울 수 있게 된 것이다. 결국 하나님의 백성들의 필요는 하나님께서 그들이 거친 많은 시험과 실패를 통해서 얻게 하시는 것으로 채워진다. 그러므로 하나님의 백성들 가운데 있는 실패도 결국은 성공이다.

겉으로 볼 때 미디안의 사건이 얼마나 컸는가? 그리고 얼마나 참담하며 또 없었더라면 얼마나 좋을 일인가? 그러나 하나님께서는 그 일을 기억해 두셨다가 31장에 와서 '모세야, 네가 죽기 전에 마지막으로 할 일이 있다' 고 하셨다. 그것은 곧 이스라엘 자손의 원수를 미디안에게 갚는 일이다. 그 당시 용감했던 비느하스를 함께 보내어 원수를 갚게 하셨다. 그리고 거기서 얻은 노획물로 모든 백성의 필요를 채우며 하나님께 드리게 했다. 그 대신에 노획물들은 반드시 불을 통과하게 하고 물을 통과하게 함으로 심판을 거치게 했다. 다 깨끗케 했다. 그런 다음에 이스라엘 백성의 소유가 되게 한 것이다.

48-50절, 군대의 장관들 곧 천부장과 백부장들이 모세에게 나아와서 49 그에게 고하되 당신의 종들의 영솔한 군인을 계수한즉 우리 중 한 사람도 축나지 아니하였기로 50 우리 각 사람의 얻은바 금 패물 곧 발목고리, 손목고리, 인장반지, 귀고리, 팔고리들을 여호와의 예물로 우리의 생명을 위하여 여호와 앞에 속죄하려고 가져왔나이다

여기서 우리는 이들의 전쟁한 내역을 볼 수 있다. 이스라엘 백성들이 전쟁할 때 싸우러 나간 일만 이천 명과 싸우러 나가지 않은 사람들은 완전히 한 마음 한 뜻으로 싸웠다. 나가지 않은 사람들은 한 마음으로 하나님께 기도했고 싸우러 나간 사람들은 생명을 걸고 싸웠다. 여기서 "우리의 생명을 위하여 여호와 앞에 속죄하려고 가져왔나이다"라고 했다. 이들은 생명을 건 것이다.

그런데 여기서 또 한 가지 알 수 있는 것은 이 싸움은 결국 하나님이 싸우셨다는 것이다. 어떻게 그것을 알 수 있는가? 그렇게 많은 사람이 죽었는데 이스라엘 백성은 한 명도 죽지 않았기 때문이다. 그러므로 이스라엘의 장군들은 이 싸움은 하나님께서 싸우신 것이니 우리가 얻은 이 귀한 노획물들은 하나님께 감사 제물로 드리는 것이 마땅하다고 여겼다. 그래서 그들이 영솔했던 군인들이 얻은 금 패물, 곧 발목고리, 손목고리, 인장반지, 귀고리, 팔고리 등을 여호와께 예물로 드려 속죄하려고 가져온 것이다.

51-53절, 모세와 제사장 엘르아살이 그들에게서 그 금으로 만든 모든

패물을 취한즉 52 천부장과 백부장들이 여호와께 드린 거제의 금의 도합이 일만 육천칠백오십 세겔이니 53 군인들이 각기 자기를 위하여 탈취한 것이라

우리는 이 구절을 통해서, 미디안이 이스라엘 백성들을 해하려고 했지만 하나님은 도리어 이스라엘 백성들을 일으켜 그 원수를 치게 하시고 그들에게서 하나님의 역사에 필요한 금을 얻게 하신 것을 본다. 이 금은 하나님의 역사에 필요한 것이다. 이렇게 군인들은 일만 육천 칠백 오십 세겔이라는 많은 금을 여호와께 드릴 수 있었다. 이러한 귀중한 재료들은 결국 대적을 심판하여 얻은 것이다. 이스라엘은 이러한 시험과 심판을 통해서 결국 커다란 노획물을 얻어 하나님께 드릴 수 있었던 것이다.

54절, 모세와 제사장 엘르아살이 천부장과 백부장들에게서 금을 취하여 회막에 드려서 여호와 앞에 이스라엘 자손의 기념을 삼았더라

결국 그들이 취한 금은 회막에 사용되었다. 회막이란 오늘날의 교회이고 하나님의 집이다. 즉 전쟁에서 취한 금이 주님의 집의 부요함이 된 것이다. 교회가 진실하고 충성스럽게 주님을 따른다면 어떤 시험이 있든지, 심지어 실패와 어려움이 있을지라도 결국 그 모든 상황을 통해서 하나님은 노획물을 얻게 하시고 그것으로 모든 성도들의 부족함을 채우시며 교회의 풍성이 되게 하신다. 우리가 이러한 하나님의 지혜를 생각할 때 너무나 높고 깊어서 다 측량할 수가 없다.

민수기 32장

요단 동편을 선택한 지파들

1절, 르우벤 자손과 갓 자손은 심히 많은 가축 떼가 있었더라 그들이 야셀 땅과 길르앗 땅을 본즉 그 곳은 가축에 적당한 곳인지라

열두 지파 중에서 르우벤 자손과 갓 자손에 관해서 말하고 있다. 그들은 심히 많은 가축의 떼를 가지고 있었다. "그들이 야셀 땅과 길르앗 땅을 본즉 그곳은 가축에 적당한 곳인지라". 이렇게 뭔가 많이 소유한 것이 문제이다. 오늘날 이 땅에서 많이 소유하고 있는 그리스도인들은 문제가 많다. 가만히 있으면 손해를 볼 것 같으니까 항상 안절부절 못하고 부동산을 구입한다, 증권을 구입한다 하면서 돌아다닌다.

여기 르우벤 자손과 갓 자손도 가축이 심히 많았는데, 야셀 땅과 길르앗 땅을 바라보니 가축 먹이기에 적당한 곳이었다. 그들은 지금까지는 내내 하나님의 말씀과 약속을 주의해 왔지만 자기들의 양떼와 소떼가 많다보니 야셀 땅과 길르앗 땅을 보았을 때 느낌이 생긴 것이다. 즉 자신들의 필요에 맞는 곳이라는 느낌이 작용한 것이다. 그때 르우벤과 갓은 서로를 바라보며 끄덕이며, '바로 여기야, 그렇지요?' 하면서 좋은 느낌을 나눈 것이다. 많은 교제를 할 것도 없었을 것이다. 그들의 필요에 너무나 적절하게 맞는 곳이었기 때문이다. 이들을 보면 꼭 창세기에 있는 롯이 생각난다. 그는 아브라함과 함께 가다가 양떼와 소떼로 인하여 목자들 간의 다툼이 생겼고 길을 벗어나게 되었다. 이와 같이 그리스도인은 주님을 따르는 이 길에서 너무 많은 것들을 소유할 필요가 없다. 그 많은 것들이 우리를 시험하는 것이 된다. 간단할수록 아무것에도 묶이지 않고 길을 잘 갈 수 있다.

2-5절, 갓 자손과 르우벤 자손이 와서 모세와 제사장 엘르아살과 회중 족장들에게 말하여 가로되 3 아다롯과 디본과 야셀과 니므라와 헤스본과 엘르알레와 스밤과 느보와 브온 4 곧 여호와께서 이스라엘 회중 앞에서 쳐서 멸하신 땅은 가축에 적당한 곳이요 당신의 종들에게는 가축이 있나이다 5 또 가로되 우리가 만일 당신에게 은혜를 입었으면 이 땅을 당신의 종들에게 산업으로 주시고 우리로 요단을 건너지 않게 하소서

이것이 르우벤 자손과 갓 자손의 청원이었다. 하나님께서는 이스라엘 백성이 요단을 건너서 가나안 땅에 들어가도록 계획하셨다. 그 땅을 그들에게 약속하신 것이다. 그런데 그들은 "우리로 요단을 건너지 않게 하소서"라고 했다. 요단을 건너지 않게 해달라니 이것이 도대체 무슨 소리인가? 모세가 들을 때 황당하게 들렸음에 틀림없다. 그들은 그 땅 이름들도 자세히 열거하고 있었다. 많이 연구해놓았다는 말이다. "아다롯과 디본과 야셀과 니므라와 헤스본과 엘르알레와 스밤과 느보와 브온 곧 여호와께서 이스라엘 회중 앞에서 쳐서 멸하신 땅은 가축에 적당한 곳이요" 이들은 부끄러운 줄도 모르고 "여호와께서 이스라엘 회중 앞에서 쳐서 멸하신 땅은 가축에 적당한 곳이요"라고 했다. 어두운 사람들은 자신들이 무슨 말을 하는지도 모른다. 그들은 하나님의 약속의 땅에 대하여는 자세히 연구하거나 그 기업에 대한 사모함이 적었고 그들의 가축을 먹일 곳이 눈에 들어오자 그에 대한 연구는 대단하게 했던 것이다.

아직 요단을 건너지 않았을 때 이스라엘 백성은 요단 동편의 아모리 왕 시혼의 땅을 점령했다. 르우벤 자손과 갓 자손이 그 점령한 땅을 볼 때, 그들의 많은 가축을 먹이기에 아주 적당하게 보였다. 그래서 이들은 모세와 제사장 엘르아살과 족장들에게 와서 말하기를 이 땅은 가축에 적당한 땅이니 우리에게 이 땅을 주셔서 우리로 요단을 건너지 않게 해달라고 했다. 그들은 그들에 대한 하나님의 계획과 뜻을 주의하기보다는 자신들의 유익을 고려하여 그 땅(야셀 땅과 길르앗)을 살폈다. 그리스도인이 자신의 유익을 위하여 길을 모색하며 살피면 결국 복잡한 일에 사로잡히게 된다. 그저 단순하게 주님의 말씀에 순종하면서 길을 걸어가며 주님의 성령의 인도를 따라감이 축복의 지름길인 것이다. 하나님과 동행하면서 전적으로 하나님의 말씀에 지배를 받는 삶이 되어야 한다.

6절, 모세가 갓 자손과 르우벤 자손에게 이르되 너희 형제들은 싸우러 가거늘 너희는 여기 앉았고자 하느냐

가나안 땅으로 들어가는 것은 가나안에 있는 족속들과 전쟁하는 것을 암시한다. 그런데 모세가 들으니까 이 사람들은 요단을 건너지 않고 요단 동편에 머물러 거기서 기업을 얻겠다는 것이다. 그래서 너희 형제들은 싸우러 가는데 너희는 어찌 싸우러 가지 않고 여기 앉았고자 하느냐고 했다.

7절, 너희가 어찌하여 이스라엘 자손으로 낙심케 하여서 여호와께서 그들에게 주신 땅으로 건너갈 수 없게 하려느냐

이스라엘 자손이 다 가나안 땅에 들어가기 위해 싸워야 하는데 여기서 두 지파와 므낫세 반 지파가 가지 않겠다고 하면 나머지 사람들이 낙심하여 힘이 빠지게 될 것이 아니냐는 말이다. 그리스도인이 다른 사람들에게 도전과 용기와 격려를 주는 식으로 살지 못할지언정 이들처럼 오히려 힘을 빼는 식으로 사는 것은 분명 좋지 않은 것이다.

8-11절, 너희 열조도 내가 가데스바네아에서 그 땅을 보라고 보내었을 때에 그리하였었나니 9 그들이 에스골 골짜기에 올라가서 그 땅을 보고 이스라엘 자손으로 낙심케 하여서 여호와께서 그들에게 주신 땅으로 갈 수 없게 하였었느니라 10 그때에 여호와께서 진노하사 맹세하여 가라사대 11 애굽에서 나온 자들의 이십 세 이상으로는 한 사람도 내가 아브라함과 이삭과 야곱에게 맹세한 땅을 정녕히 보지 못하리니 이는 그들이 나를 온전히 순종치 아니하였음이니라

결국 모세는 나중에 허락했을지라도 처음 그들의 청원하는 말을 들었을 때, 그들의 말을 들으면서 생각난 것이 가데스에서 있었던 불행한 일이었다. 과거 가데스 바네아에서 열두 정탐꾼을 보냈을 때 열 명이 소극적인 보고를 하지 않았는가? 가나안 땅에는 거인들이 살고 있고 그에 비해 우리는 메뚜기 같아서 우리는 그들을 이길 수 없다고 했다. 결국 그들은 그 땅에 들어가지 않겠다고 말한 것이다. 그러자 이스라엘 백성이 다 낙심했고 결국 가나안 땅에 들어가지 못하게 되었다. 모세는 그 사건을 상기시켜 주면서 너희가 어찌 또 이스라엘을 낙심케 하려느냐고 하는 것이다. 어떤 말을 처음 들을 때 받는 인상은 매우 중요한 때가 있다.

물론 그들의 설명을 듣고나서 모세가 허락을 해주었지만 그들은 가는 길에 있어서 분명치 못한 사람들이었고 혼합된 원칙을 가지고 길을 가는 자들이었으며 경계선에 머무는 자들이었다. 우리는 스바냐서에서 유다의 남은 자들(복음의 축복을 받는 자들)이 곤고하고 가난한 백성들임을 볼 수 있다(습 3:12). 이 땅에서 뭔가 있는 자들은 그것이 복된 것 같지만 실상은 복된 것이 아니라 분명치 못한 길을 가게 하는 올무가 많은 것임을 깨달을 필요가 있다.

12-15절, 다만 그나스 사람 여분네의 아들 갈렙과 눈의 아들 여호수아는 볼 것은 여호와를 온전히 순종하였음이니라 하시고 13 여호와께서 이스라엘에게 진노하사 그들로 사십 년 동안 광야에 유리하게 하심으로 여호와의 목전에 악을 행한 그 세대가 필경은 다 소멸하였느니라 14 보라 너희는 너희의 열조를 계대하여 일어난 죄인의 종류로서 이스라엘을 향하신 여호와의 노를 더욱 심하게 하는도다 15 너희가 만일 돌이켜 여호와를 떠나면 여호와께서 또 이 백성을 광야에 버리시리니 그리하면 너희가 이 모든 백성을 멸망시키리라

여기서 모세는 르우벤 사람들과 갓 사람들의 청원에 대하여 상당히 염려하는 말을 했다. '다시 한 번 이스라엘 백성들을 멸망시키려고 이러한 말을 하느냐? 지금 다 함께 가서 싸워야 하는 판에 너희는 가나안을 앞에 두고 여기서 기업을 얻겠으니 요단을 건너지 않게 해 달라고 하느냐? 그런 말을 해서 이스라엘 백성을 다시 한 번 실패케 하려고 하느냐?' 는 것이다. 모세의 말 "보라 너희는 너희의 열조를 계대하여 일어난 죄인의 종류로서 이스라엘을 향하신 여호와의 노를 더욱 심하게 하는도다" 는 매우 심각한 말이 아닐 수 없다. 모세는 이어서 "너희가 만일 돌이켜 여호와를 떠나면 여호와께서 또 이 백성을 광야에 버리시리니"라고 한다. 그들이 하는 말은 모세가 듣기에 '여호와를 떠나겠다' 는 말이었다.

16절, 그들이 모세에게 가까이 나아와 가로되 우리가 이곳에 우리 가축을 위하여 우리를 짓고 우리 유아들을 위하여 성읍을 건축하고

르우벤과 갓 자손의 말이다. 그들은 여기서 '우리', '우리' 했다. 전부 '우리' 곧 자신들을 위한 것이다. 이 사람들은 '우리'를 위한 사람들이다. 우리 가축을 위하여 우리를 짓고 우리 유아들을 위하여 성읍을 건축하고…. 오늘날도 많은 그리스도인들이 르우벤 지파와 갓 지파 같다. 이 사람들도 처음에는 얼마나 주님을 잘 따르겠다고 했겠는가? 이제 거의 목적지 가까이까지 왔다. 그런데 그들 마음속에는 원하는 것이 있었다. 그것은 곧 자기 자녀, 자기 짐승, 자기의 안주할 곳이다. 나는 많은 한국의 그리스도인들이 미국에 가서 사는 것을 보았다. 왜 그들이 미국에 가서 사는가? 어떤 성도는 자기가 미국에서 영적으로 온전케 됨을 얻고자 하여 훈련을 받으러 간다고 했다. 그런데 가만히 보니 가장 주된 목적은 자녀들의 영어 공부를 위한 것이었다. 이런 예는 수없이 많다. 예나 지금이나 동일하다.

17절, 이 땅 거민의 연고로 우리 유아들로 그 견고한 성읍에 거하게 한 후에 우리는 무장하고 이스라엘 자손을 그곳으로 인도하기까지 그들의 앞에 행하고

이 땅 거민의 연고로 그들의 유아들로 먼저 견고한 성읍에 거하게 한 후에 자기들은 무장하고 이스라엘 자손을 그곳에 인도하기까지 그들 앞에 행하겠다고 했다.

18-19절, 이스라엘 자손이 각기 기업을 얻기까지 우리 집으로 돌아오지 아니하겠사오며 19 우리는 요단 이편 곧 동편에서 산업을 얻었사오니 그들과 함께 요단 저편에서는 기업을 얻지 아니하겠나이다

함께 싸우러 가서 이스라엘 자손이 각기 기업을 얻기까지는 집으로 돌아오지 않을 것이고 요단 강 건너 편에서는 기업을 달라고 하지 않을 것이니 허락해 달라고 간청하는 것이다.

20-24절, 모세가 그들에게 이르되 너희가 만일 이 일을 행하여 무장하고 여호와 앞에서 가서 싸우되 21 너희가 다 무장하고 여호와 앞에서 요단을 건너가서 여호와께서 그 원수를 자기 앞에서 쫓아내시고 22 그 땅으로 여호와 앞에 복종케 하시기까지 싸우면 여호와의 앞에서나 이스라엘의 앞에서나 무죄히 돌아오겠고 이 땅은 여호와 앞에서 너희의 산업이 되리라마는 23 너희가 만일 그같이 아니하면 여호와께 범죄함이니 너희 죄가 정녕 너희를 찾아낼줄 알라 24 너희는 유아들을 위하여 성읍을 건축하고 양을 위하여 우리를 지으라 그리하고 너희 입에서 낸 대로 행하라

20절부터 24절까지는 모세가 한 말이다. 여기서 모세가 한 말에는 특히 '여호와 앞에서' (히브리어로 '리프네 예호와')라는 말이 많다. 여섯 번쯤 된다. 르우벤 자손과 갓 자손이 많이 한 말은 '우리' 이다. '우리 유아', '우리 가축', '우리 집'…. 그러나 모세의 말에는 '우리' 대신 '여호와 앞에서' 가 많다. 모세는 르우벤 자손이나 갓 자손과 시각이 너무 다르다. 한편은 '우리' 를 관심하고 다른 한편은 '여호와' 를 관심한다.

23절은 "너희가 만일 그같이 아니하면 여호와께 범죄함이니 너희 죄가 정녕 너희를 찾아낼 줄 알라" 고 한다. 그들이 불순종하였을 때 짓게 되는 죄는 나태와 자기 방종의 죄이다(스펄전). 그들은 싸움보다도 자기들의 양떼 돌보는 것을 더 원하였다. 성경은 이러한 종류의 행위를 죄라고 규정하고 있다. 오늘날 많은 성도들의 상태는 이것과 같은 것이 아닌가? 저들은 말씀 듣기를 좋아하고 성경 읽기도 좋아한다. 사람들과의 상담과 교제도 좋아한다. 그러나 그들은 무장하고 칼을 들고 나가는 것은 꺼린다. 그들은 가더라도 먼저 자신들의 육적 생활의 안정을 확고히 한 뒤에 싸우든지 말든지 하겠다고 한다. 이들의 죄는 이기주의적인 것이고 형제사랑이 없는 것이다. 그들은 자기들의 기업을 얻는 것을 더 원했다. 그들은 다른 지파가 기업을 얻는 것은 별로 생각지 않고 오직 자신들의 살 곳이 어느 곳인가를 먼저 생각하였다. 즉 사랑이 없는 행위인 것이다.

사실 그 땅은 이스라엘 전체가 싸워서 얻은 시혼과 옥의 땅이었다. 그러나 그들은 그 땅을 자기들의 것으로 만들려 한 것이다. 의로 말한다면 온 이스라엘이 동의하고 모세가 결정을 해주어야 할 일이었다. 하지만 그들은 그곳에 머물 마음이 크다보니 경우가 없는 행동을 하게 된 것이다. 이런 죄는 자신만을 약화시키는 것이 아니라 다른 사람들에게도 약화와 실망을 가져다 준다. "너희가 어찌하여 이스라엘 자손으로 낙심케 하여서 여호와께서 그들에게 주신 땅으로 건너갈 수 없게 하려느냐"(7절). 성도들이 오늘날도 이러한 행위를 하는 것은 말씀에 의할 때 죄로 간주됨을 잊어서는 안 된다. 이것은 모세의 말에 의하면 열 명의 정탐꾼의 행한 범주에 들어가는 일이라는 것이다. "너희 열조도 내가 가데스바네아에서 그 땅을 보라고 보내었을 때에 그리하였었나니 그들이 에스골 골짜기에 올라가서 그 땅을 보고 이스라엘 자손으로 낙심케 하여서 여호와께서 그들에게 주신 땅으로 갈 수 없게 하였었느니라 그때에 여호와께서 진노하사 맹세하여 가라사대 애굽에서 나온 자들의 이십 세 이상으로는 한 사람도 내가 아브라함과 이삭과 야곱에게 맹세한 땅을 정녕히 보지 못하리니 이는 그들이 나를 온전히 순종치 아니하였음이니라"(8-11절).

성도들은 마땅히 해야 할 일을 하지 않는 것이 죄라는 것을 알고 경고를 받아야 한다. 성도들이 집회를 소홀히 하는 것도 마땅히 나와야 할 모임을 나오지 않는 죄를 범하는 것이다. 적어도 주일과 수요 집회의 두 번의 집회에는 나와야 한다. 이런 기본적인 그리스도인의 생활을 소홀히 하는 것은 일종의 죄를 짓는 것임을 기억하기 바란다. 이것은 적극적인 범죄가 아니라 태만의 죄인 것이다. 죄를 짓지도 않고 선을 행하지도 않고, 그저 아무것도 하지 않는 것이 죄가 아닌 것이 아님을 알기 바란다. 그리스도인이 목표에 이르기 위해 끝까지 경주하여 상을 얻는 일은 매우 중요한 일이다. 나는 오늘날 많은 설교자들이 이 점에 대하여 가르치는 것이 약한 것에 대하여 매우 유감스럽다. 그리스도인들이 주님을 만나면 모두 다 똑같이 상을 받는 것은 아니다. 물론 영세의 천국에는 모든 이들이 승리자들이겠지만 천년왕국의 천국에서는 현저한 차별이 있을 것이다.

마태복음 5장 19-20절은 "그러므로 누구든지 이 계명 중에 지극히 작은 것 하나라도 버리고 또 그같이 사람을 가르치는 자는 천국에서 지극히 작다 일컬음을 받을 것이요 누구든지 이를 행하며 가르치는 자는 천국에서 크다 일컬음을 받으리라 내가 너희에게 이르노니 너희 의가 서기관과 바리새인보다 더 낫지 못하면 결단코 천국에 들어가지 못하리라"고 한다. 여기서 말하는 천국을 보라! 분명히 여기의 천국에는 큰 자가 있고 작은 자가 있으며 의를 행하지 않으면 들어가지 못하는 것이 있다.

이 뿐 아니라 25장의 기름을 준비하지 않은 미련한 처녀나 달란트를 가지고 장사를 하지 않은 악하고 게으른 종은 그때에 책망을 받으며 '혼인 잔치'와 '주인의 즐거움'에 참여하지 못한다. 고린도 전서 9장 24-27절은 "운동장에서 달음질하는 자들이 다 달아날지라도 오직 상 얻는 자는 하나인 줄을 너희가 알지 못하느냐 너희도 얻도록 이와 같이 달음질하라 이기기를 다투는 자마다 모든 일에 절제하나니 저희는 썩을 면류관을 얻고자 하되 우리는 썩지 아니할 것을 얻고자 하노라 그러므로 내가 달음질하기를 향방 없는 것 같이 아니하고 싸우기를 허공을 치는 것 같이 아니하여 내가 내 몸을 쳐 복종하게 함은 내가 남에게 전파한 후에 자기가 도리어 버림이 될까 두려워함이로라"라고 말하며 분명히 상을 얻지 못하는 자들도 있으며 버림이 되는 자도 있음을 말하고 있다. 그 외에도 많은 구절들이 불의하고 부정한 생활을 끊어버리지 못하는 자들은 그리스도와 하나님의 나라에서 유업을 얻지 못한다(엡 5:5)고 말한다.

여러분이 태만하다면 결코 그 나라를 기업으로 얻지 못할 것임을 경고로 삼으라! 성경은 죄인에게 주 예수를 믿어 구원을 얻으라고 복음을 전하고 있으며 믿고 구원받은 자들에게 거룩케 되고 변화되며, 충성을 다하여 주님을 섬김으로 하나님을 기쁘시게 하며 상을 얻으라고 격려한다.

**25-42절, 갓 자손과 르우벤 자손이 모세에게 대답하여 가로되 우리 주
의 명대로 종들이 행할 것이라 26 우리의 어린 자와 아내와 양떼와 모든
가축은 이곳 길르앗 성읍 들에 두고 27 우리 주의 말씀대로 종들은 무장
하고 여호와 앞에서 다 건너가서 싸우리이다 28 이에 모세가 그들에게 대
하여 제사장 엘르아살과 눈의 아들 여호수아와 이스라엘 자손 지파의 두
령들에게 명하니라 29 모세가 그들에게 이르되 갓 자손과 르우벤 자손이
만일 각기 무장하고 너희와 함께 요단을 건너가서 여호와 앞에서 싸워서
그 땅이 너희 앞에 항복하기에 이르거든 길르앗 땅을 그들에게 산업으로
줄 것이니라 30 그러나 그들이 만일 너희와 함께 무장하고 건너지 아니하
거든 가나안 땅에서 너희 중에 산업을 줄 것이니라 31 갓 자손과 르우벤
자손이 대답하여 가로되 여호와께서 당신의 종들에게 명하신 대로 우리
가 행할 것이라 32 우리가 무장하고 여호와 앞에서 가나안 땅에 건너가서
요단 이편으로 우리의 산업이 되게 하리이다 33 모세가 갓 자손과 르우벤
자손과 요셉의 아들 므낫세 반 지파에게 아모리인의 왕 시혼의 국토와 바
산 왕 옥의 국토를 주되 곧 그 나라와 그 경내 성읍들과 그 성읍들의 사면
땅을 그들에게 주매 34 갓 자손은 디본과 아다롯과 아로엘과 35 아다롯소
반과 야셀과 욕브하와 36 벧니므라와 벧하란들의 견고한 성읍을 건축하
였고 또 양을 위하여 우리를 지었으며 37 르우벤 자손은 헤스본과 엘르알
레와 기랴다임과 38 느보와 바알므온들을 건축하고 그 이름을 고쳤고 또**

십마를 건축하고 건축한 성읍들에 새 이름을 주었고 39 므낫세의 아들 마
길의 자손은 가서 길르앗을 쳐서 취하고 거기 있는 아모리인을 쫓아내매
40 모세가 길르앗을 므낫세의 아들 마길에게 주매 그가 거기 거하였고 41
므낫세의 아들 야일은 가서 그 촌락들을 취하고 하봇야일이라 칭하였으
며 42 노바는 가서 그낫과 그 향촌을 취하고 자기 이름을 따라서 노바라
칭하였더라

33절부터는 두 지파 반 곧 갓 지파, 르우벤 지파, 므낫세 반 지파가 요단 동편에서 성읍들을 취한 것을 기록하고 있다.

우리는 32장을 마치면서 몇 가지를 보겠다. 첫째는 르우벤 지파와 갓 지파와 므낫세 반 지파가 이렇게 행한 것의 문제점이 무엇이냐는 것이다. 이들은 하나님께서 약속하신 땅 가나안에 들어가기 직전에 목표를 바꾸었다. 그러므로 우리는 주님의 길에서 철저하게 이기는 자가 되는 것 외에는 다른 길이 없다는 것을 알아야 한다. 이 사람들에 대해서는 참으로 말하기가 어렵다. 분명하게 잘못했느냐 하면 그래도 싸우러 갔기 때문에 그렇다고 하기가 어렵다. 그러면 잘 했느냐 하면 썩 깨끗하다거나 절대적이라는 느낌이 없다. 모세는 허락을 해주었지만, 심지어 하나님께서 허락해주시는 것이라고 하더라도 그것이 가장 좋은 것은 아닐 수 있다는 것을 보아야 한다. 모세는 자기의 원래의 판단을 완화하는 방식을 취하여 허락을 해준 것이다.

그들은 대다수의 이스라엘과 나누어지는 것이 있다 하더라도 그들 자신의 유익을 크게 보았다. 그러므로 사랑하는 자들과 헤어지는 것도 작은 일로 생각하게 되었다. 그들에게 일차적으로 중요한 관심사는 그들의 가축들, 양떼 소떼와 생존이었다. 그러므로 하나님의 자녀들이 영적인 길을 걸어갈 때 어떤 사람들은 죄를 짓고 중도에 쓰러져 죽기도 하고 어떤 사람들은 거의 다 가서 길을 살짝 벗어난다. 말하자면 완전하지 않은 방식으로 결말을 맺는 사람들이 있다는 것이다. 그들은 하나님이 원래 약속하신 땅 매우 가까이 갔을지라도 그 온전한 목표에 이르지 못하는 아쉬운 본이 되었다. 우리가 농담으로 말하듯이 '금상'을 놓치고 '아차상'을 받는 것에 머문 것이다. 결단이 없고 무엇이든 반신반의하는 식의 그리스도인은 오히려 온전히 세상적인 그리스도인보다 모순적이고 사람들을 혼돈시키는 자들이다.

우리는 주님의 길을 가되 끝까지 강을 건너서 그 땅으로 들어가기를 바란다. 완전한 방식으로 입성해야 한다는 말이다. 그런데 아직도 뭔가 자신을 위한 여지가 조금 남아 있을 때, 자신의 필요를 돌보려는 마음이 남아 있을 때 하나님의 이기는 자들과 함께 그 땅에 들어가지 못한다. 이제까지 많은 일에 함께해 왔지만, 또 많은 중요한 일들을 함께 거쳐 왔지만 어떤 부분을 보류할 때 주된 하나님의 전사들에게서 이탈되는 상황이 벌어진다.

우리는 민수기에서 하나님의 자녀들이 하나님께서 약속하신 목적지에 도달하는 노정을 배우고 있는데, 위험 요소가 곳곳에 있음을 알 수 있다. 심지어 이러한 최후의 순간에도 위험 요소가 도사리고 있다. 이르우벤 지파와 갓 지파와 므낫세 반 지파는 어떤 부분을 보류함으로 완전하지 않은 결말을 가진 사람들을 보여 주고 있다. 그들은 끝까지 가는 듯 하면서도 뭔가 부족함이 보이는 사람들을 대표한다. 사람들에게 다소 의문점을 남기는 것이다. '과연 그렇게 하는 것이 좋은 것인가? 좋은 것 같기도 하고 또 아닌 것 같기도 하고…'. 이런 상황은 주님의 온전히 기뻐하시는 바가 아니다. 다만 여기서 하나님은 우리에게 이러한 부류의 사람들도 있다는 것을 보여 주시는 것 같다.

여호수아 22장을 보겠다. "르우벤 자손과 갓 자손과 므낫세 반 지파가 가나안 땅 실로에서 이스라엘 자손을 떠나 여호와께서 모세로 명하신 대로 얻은 땅 곧 그 소유지 길르앗으로 가니라 르우벤 자손과 므낫세 반 지파가 가나안 땅 요단 언덕 가에 이르자 거기서 요단 가에 단을 쌓았는데 볼만한 큰 단이었더라"(9-10절). 그들은 요단 가에 볼 만한 큰 단을 쌓았다.

"이스라엘 자손이 들은즉 이르기를 르우벤 자손과 갓 자손과 므낫세 반 지파가 가나안 땅의 맨 앞편 요단 언덕 가 이스라엘 자손에게 속한 편에 단을 쌓았다 하는지라 이스라엘 자손이 이를 듣자 곧 이스라엘 자손의 온 회중이 실로에 모여서 그들과 싸우러 가려하니라"(11-12절). 이스라엘 백성들이 들으니까 르우벤 지파와 갓 지파와 므낫세 반 지파가 요단 가에 큰 단을 쌓았다는 것이다. 하나님을 경배하기 위해 쌓는 단은 아무 데나 쌓으면 안 되는데 그들 마음대로 단을 쌓았다는 것이다. 그래서 나머지 이스라엘 자손 온 회중은 실로에 모여서 그 세 지파와 싸우러 가자고 했다.

"이스라엘 자손이 제사장 엘르아살의 아들 비느하스를 길르앗 땅으로 보내어 르우벤 자손과 갓 자손과 므낫세 반 지파를 보게 하되 이스라엘 각 지파에서 한 방백씩 열 방백을 그와 함께하게 하니 그들은 각기 이스라엘 천만인 중 족속의 두령이라 그들이 길르앗 땅에 이르러 르우벤 자손과 갓 자손과 므낫세 반 지파에게 나아가서 그들에게 말하여 가로되 여호와의 온 회중이 말하기를 너희가 어찌하여 이스라엘 하나님께 범죄하여 오늘날 여호와를 좇는 데서 떠나서 자기를 위하여 단을 쌓아 여호와를 거역하고자 하느냐 브올의 죄악으로 인하여 여호와의 회중에 재앙이 내렸으나 오늘날까지 우리가 그 죄에서 정결함을 얻지 못하였거늘 그 죄악이 우리에게 부족하여서 오늘날 너희가 돌이켜 여호와를 좇지 않고자 하느냐 너희가 오늘날 여호와를 배역하면 내일은 그가 이스라엘 온 회중에게 진노하시리라"(13-18절). 이스라엘 회중은 이것을 배역으로 본 것이다.

"그런데 너희 소유지가 만일 깨끗지 아니하거든 여호와의 성막이 있는 여호와의 소유지로 건너와 우리 중에서 소유를 취할 것이니라 오직 우리 하나님 여호와의 단 외에 다른 단을 쌓음으로 여호와께 패역하지 말며 우리에게도 패역하지 말라 세라의 아들 아간이 바친 물건에 대하여 범죄하므로 이스라엘 온 회중에 진노가 임하지 아니하였었느냐 그 죄악으로 망한 자가 그 사람뿐이 아니었느니라 르우벤 자손과 갓 자손과 므낫세 반 지파가 이스라엘 천만인의 두령에게 대답하여 가로되 전능하신 자 하나님 여호와, 전능하신 자 하나님 여호와께서 아시나니 이스라엘도 장차 알리라 이 일이 만일 여호와께 패역함이거나 범죄함이거든 주는 오늘날 우리를 구원치 마시옵소서 우리가 단을 쌓은 것이 돌이켜 여호와를 좇지 아니하려 함이거나 혹시 그 위에 번제나 소제를 드리려 함이거나 혹시 화목 제물을 드리려 함이어든 여호와는 친히 벌하시옵소서 우리가 목적이 있어서 주의하고 이같이 하였노라 곧 생각하기를 후일에 너희 자손이 우리 자손에게 말하여 이르기를 너희가 이스라엘 하나님 여호와와 무슨 상관이 있느냐 너희 르우벤 자손 갓 자손아 여호와께서 우리와 너희 사이에 요단으로 경계를 삼으셨나니 너희는 여호와께 분의가 없느니라 하여 너희 자손이 우리 자손으로 여호와 경외하기를 그치게 할까 하여 우리가 말하기를 우리가 이제 한 단 쌓기를 예비하자 하였노니 이는 번제를 위함도 아니요 다른 제사를 위함도 아니라 우리가 여호와 앞에서 우리 번제와 우리 다른 제사와 우리 화목제로 섬기는 것을 우리와 너희 사이와 우리의 후대 사이에 증거가 되게 할 뿐으로서 너희 자손으로 후일에 우리 자손에게 이르기를 너희는 여호와께 분의가 없다 못하게 하려 함이로라"(19-27절).

간단하게 말해서 그들은 좋은 뜻으로 그 단을 쌓았다는 것이다. 자신들도 하나님의 백성이라는 표시를 함으로 후세에 우리 자손이 너희 자손에게 버려지지 않게 하려는 것이지 또 다른 단을 쌓아서 제사를 드리려는 것이 아니라고 했다. 그러자 이스라엘 백성들은 그 말을 듣고 좋게 여기고 다시 본 곳으로 돌아갔다.

그러면 여기서 우리가 배울 것이 무엇인가? 이들에게는 결국 요단 동편 땅이 기업으로 돌아갔다. 그러나 하나님께서 이 부분의 말씀을 통해 가르쳐 주고자 하시는 것은 이렇게 자신을 위한 여지를 두고 하나님의 뜻과 온전히 일치하여 행동하지 않으면 사람들에게 아주 애매모호한 느낌을 주어 사람들로 오해하게 하며 결코 적극적인 느낌을 주지 못한다는 것이다. 이것이 아무 문제없고 좋은 것이라면 모세가 그렇게 긴 말을 할 필요가 없었을 것이다. 그러나 모세는 그들이 그렇게 할 때 이스라엘 백성들이 낙심하여 다시 실패하게 되면 어떻게 하느냐는 등 우려 섞인 말을 길게 했다. 그들의 대답을 듣고 보니 그들의 뜻이 그리 나쁘지 않았지만 거기에는 많은 부연 설명이 필요했다.

우리 그리스도인들은 그렇게 많은 말로 설명해야 이해할 수 있는 행동은 하지 않는 게 좋다. 그것은 여기 르우벤 지파와 갓 지파와 므낫세 반 지파의 행동과 같다. 이들은 마지막 부분에 가서 그리 영예롭지 못한 위치에 서게 되었다. 그러면 우리의 경주는 어떠해야 하는가? 우리 자신을 위해 보류하는 것이 없어야 한다. 우리는 절대적으로 끝까지 이 길을 가야 한다. 여기서 르우벤 지파, 갓 지파, 므낫세 반 지파가 한 행동은 뭔가 타협하는 것이고 혼잡되어 있는 것이다. 물론 거기에 좋은 것도 있다. 그들도 끝까지 형제들과 함께 싸우겠다고 했다. 그러나 자신들을 위한 여지도 남겨 두었다. 그러다 보니 다른 사람들에게 오해를 사는 면이 있었던 것이다. 잘못하면 크게 싸울 뻔하였다. 그리스도인은 많은 설명을 해야 비로소 사람들이 수긍하며 이해하는 삶을 살기보다, 자세한 말을 들어볼 것도 없이 그저 감동되며 칭찬 받을 만한 삶을 사는 것이 좋은 것이다.

우리는 갈렙과 여호수아처럼 끝까지 믿음으로 곧게 가는 사람들이 되기를 소망한다. 갈렙과 여호수아는 그들 자신의 일을 위해 남들의 오해를 불식시키기 위해 많은 설명을 필요로 하는 삶을 살지 않았다. 그들은 눈빛만 보아도 그들의 삶이 어떤가를 알 수 있는 그런 삶을 살았다. 그러므로 여기서 성도들은 그리스도를 따름에 있어서 온 마음을 다하고 뜻을 다하고 목숨을 다하는 방식으로 따라야 함을 배울 수 있다. 단호하고 명백하게 가야 이기는 자가 된다. 우리의 삶 가운데 많은 불순물들을 제거해야 한다. 하나님은 섞인 것을 싫어하신다. 단호하고 절대적일수록 좋다. 그들이 이기는 자의 특징을 가진 자들이다. 우리나라의 순교자 주기철목사님이 자주 한 말이 있다. 그것은 '일사각오'(一死覺悟)이다. 일사각오의 마음이 아니면 이 길에서 승자가 되지 못하고 결국은 패자가 된다. 그리스도의 죽음과 부활의 경계선에서 머뭇거리지 말라! 요단 강 부근에서 머뭇거리면서 대충 자신이 그리스도의 십자가와 부활을 체험하고 있다고 착각하지 말기 바란다. 이 두 지파의 사람들은 다른 지파들보다 먼저 땅을 취하였지만(자신들의 유익을 위하여 재빠르게), 다른 지파들보다 먼저 멸망하여 앗수르의 포로가 된 것을 알 수 있다(왕하 15:29).

오늘 민수기 32장을 마치면서 나는 여러분에게 세 종류 사람들을 제시하겠다. 첫째는 광야에서 원망하고 불평하고 패역하다가 엎드러져 죽은 사람들이고, 둘째는 가나안을 향한 노정을 향해 가긴 하는데 자기를 위한 여지를 두고 우물우물하다가 미심쩍게 마무리를 짓는 사람들이고, 마지막은 절대적으로 끝까지 깨끗하게 가는 사람들이다. 여러분은 이 중에서 어떤 사람들이기 원하는가? 여러분은 여러분의 일과 삶에 대하여 혼합된 원리를 갖고 사는 자들이 되지 말고, 의심스럽게 처신하지 말기 바란다. 구구하고 많은 설명이 필요한 그리스도인이 되지 말고 철저하게 전심전력을 다해 하나님의 나라를 위해 싸우는 그리스도인이 되어야 한다. 그러려면 우리를 위해 자기의 목숨을 버리신 구주 하나님의 일에 대하여는 목숨까지라도 온전히 다 드리는 자세를 가져야 하고 이 세상 재물에 대하여는 철저히 다 버릴 수 있는 그리스도인이 되어야 한다(눅 14:33). 누가 보든지 '오, 이들은 진실로 세상이 감당치 못할 사람들이로다'(히 11:38) 라고 하는 자들이 되기를 바란다.

민수기 33장

애굽에서 모압까지의 노정들

1절, 이스라엘 자손이 모세와 아론의 관할하에 그 항오대로 애굽 땅에서 나오던 때의 노정이 이러하니라

33장은 이스라엘 백성들이 애굽에서 모압 평지까지, 즉 가나안에 들어가기 직전까지 40여 년 동안의 노정을 기록한 것이다. 그들은 비록 불순종하므로 하나님의 길을 돌아서 40년이나 길게 걸어가는 불쌍한 형편이 되었지만 그 노정 가운데 하나님은 그들과 끝까지 함께 하셨다(신 2:7). 하나님은 끝까지 그들을 이끌어 목적지로 인도하고 계시다.

"이스라엘 자손이 모세와 아론의 관할 하에". '모세와 아론의 인도 직분 아래'는 히브리어로 '모세와 아론의 손에 의해'라는 뜻이다. 그리고 '항오대로'라는 말은 '군대대로' 또는 '나누어진', '배치된' 소속의 대열대로 함께 질서 있게 나왔다는 뜻이다. 우리가 여기서 반드시 알아야 할 것은 그리스도인들이 구원받고 그리스도인의 노정을 걸어갈 때 어떤 인도 직분 아래 놓여진다는 것이다. 오늘날 어떤 그리스도인들은 거듭난 후에 아무런 인도 직분이 없이 자유롭게 마음대로 생활하는 것이 옳다는 관념을 가지고 있다. 그러나 그것은 성경적이 아니다.

바산
긴네렛 호수
요단강
모압평지
에드레이
지 중 해
여리고
헤스본
예루살렘
느보산
헤브론
염해
아람
모압
아그랍빔 언덕
라암셋
믹돌
신 광야
이예아바림
고센
가데스 바네아
부논
숙곳
술 광야
호르산
에담
에담 광야
바란 광야
에 돔
에시온게벨
마라
엘림
수에즈만
돕가
하세롯
애굽
알루스
기브롯핫다아와
르비딤
시내산
아카바만
미디안
홍 해

신약 성경에 나타난 그리스도인의 모습을 볼 때 어떤 그리스도인이든지 질서 아래 있고 인도 직분 아래 있다. 각 교회에는 장로들이 세워지고 거기에 교사들이 있고 선지자들이 있다. 또 어떻게든 성령의 인도를 통행시키는 그런 권위자들이 있다. 교회는 어떤 관할 아래서 항오대로 질서 있게 움직이는 것이지 각자 마음대로 행하는 것이 아니다. 하나님은 무질서한 것을 싫어하신다. 무질서하고 아무 규율이 없는 것은 어두움에 속한 것이며 하나님과 관계가 없는 것이다. 성경에 나타난 바울과 실라, 디모데, 디도 등의 사역을 볼 때 거기에 어떤 생명적인 규율이 있음을 본다. 심지어 베드로와 요한과 전도자 빌립의 사마리아 사역에서도 어떤 질서가 느껴지는 것이다. 나는 그리스도인들이 길을 갈 때 자신이 인도 직분 아래 있는 사람인지, 항오대로 길을 가는 사람인지를 자문해 보라고 권하겠다. 만일 그리스도인인 여러분이 인도 직분 아래 있지 않고 항오대로 길을 가지 않는다면, 여러분의 그리스도인 생활은 하나님의 뜻 가운데 있지 않을 수 있다는 것을 생각해 보아야 한다.

또한 그리스도인의 노정은 목적이 없는 것이 아니다. 많은 사람들이 하나님을 믿고 이 땅에서 성공적인 삶을 살고 부유하며 건강하게 되는 것을 원한다. 그리고 최종적으로 천국으로 가기를 바라는 것이다. 그러나 성경에서 우리에게 제시하는 것은 그것이 아니다. 경주장에서 경주를 잘해서 상을 얻는 것이다. 만일 우리가 상(기업)을 얻지 못한다면 그리스도인의 인생을 헛되이 산 것이다.

2절, 모세가 여호와의 명대로 그 노정을 따라 그 진행한 것을 기록하였으니 그 진행한 대로 그 노정은 이러하니라

모세가 이스라엘 백성들이 광야에서 진행한 노정들을 하나하나 기록한 것은 여호와의 명령에 따른 것이다. 이것은 하나님 눈에 하나님의 백성의 걸어온 길이 다 귀하게 보이는 것이라 여겨진다. 아마도 이스라엘 백성들은 그들이 지나온 과정에서 어떤 지점들을 생각하면 끔찍하게 느껴질 것이다. 생각조차 하기 싫을 것이다. 왜냐하면 많은 지점들이 실패와 허물과 거역으로 점철되었고 그들의 기억에 참으로 슬픈 장소들로 남아 있을 것이기 때문이다. 그러나 하나님은 이스라엘 백성들이 거쳐온 그 모든 지점들을 귀하게 생각하시는데, 그것은 한 지점 한 지점에 참으로 하나님의 애정어린 역사, 긍휼의 역사가 담겨 있기 때문이다. 하나님은 그의 백성들이 지나온 노정을 생각하면서 하나님의 은혜를 기억하고 감사한 삶을 살기 원하신다. 또한 잘못된 역사를 통해서는 교훈을 얻기 원하신다. 그러므로 지난 과거를 한 번 돌아보는 것은 유익이 된다.

또한 이것은 우리 그리스도인 인생의 노정이다. 우리는 한 곳에 정착하는 그런 인생을 살도록 부르심을 받은 자들이 아니다. 당신이 만일 진정한 그리스도인이고자 한다면 아브라함, 이삭, 야곱의 나그네 된 인생이나, 이스라엘의 광야의 40지점의 이동처럼 계속 이주하는 인생임을 기억하기 바란다. 그들은 한 도성에서 진을 치고 한 동안 생활하다가 다시 다른 곳으로 이동했다. "이 사람들은 다 믿음을 따라 죽었으며 약속을 받지 못하였으되 그것들을 멀리서 보고 환영하며 또 땅에서는 외국인과 나그네로라 증거하였으니 이같이 말하는 자들은 본향 찾는 것을 나타냄이라"(히 11:13-14). 이 땅에는 우리가 영구히 정착할 도성이 없다(히 13:14). 이 땅에서의 광야 같은 인생길을 마칠 때에서야 우리는 나그네 같은 이동하는 생활을 마치고 터가 있는 성에 거하게 될 것이다(히 11:10,16).

3절, 그들이 정월 십오일에 라암셋에서 발행하였으니 곧 유월절 다음날이라 이스라엘 자손이 애굽 모든 사람의 목전에서 큰 권능으로 나왔으니

라암셋은 지도에서 첫 번째 출발 지점이다. 고센 땅 라암셋이다. 출발한 그날은 유월절 다음날이며 이스라엘 백성들은 애굽 모든 사람의 목전에서 큰 권능으로 나왔다. 그리스도인들이 이와 같이 세상과 죄악에서 벗어날 때, 이 말씀에 의하면 모든 사람의 목전에서 큰 권능으로 나온 것이다. 하나님은 회개하고 주님께 나오는 자들에게 권능을 주셔서 힘차게 죄를 떨치고 나오게 도와주신다.

우리는 결코 숨어서 몰래 도망나오듯이 빠져나온 것이 아니다. 여기의 '목전에서'(in the sight of)는 행동의 선명성, 명백성을 가리키는 말이다. 그들은 애굽에서 나올 때에 큰 권능으로 당당하게 나왔다. 그렇기 때문에 오늘날 거듭나서 주님의 길을 걷기 시작한 사람들은 그 발걸음이 담대해야 한다. 과거에 함께 있던 세상 친구들, 직장, 학교, 이웃 사람들 앞에서 담대하고 당당하며 선명하고 명백한 간증을 지녀야 한다.

심지어 어떤 이단적이고 종파적인 단체, 하나님께서 기뻐하시지 않은 단체에서 나올 때에도 살짝 몰래 빠져 나올 것이 아니라 명백하고 선명한 간증을 남기고 나오는 것이 필요하다. 하나님은 우리가 세상 사람들 앞에 담대하게 그리스도인인 것을 증거하면서 이 길을 걸어가는 것을 기뻐하신다. 또한 성도들은 큰 권능으로 나아가야 한다. 이스라엘 백성들은 광야 생활 가운데서도 하나님의 능력으로 생활하였다. 성도들의 생활 가운데는 고난이 있고 어려움이 있지만 하나님의 능력이 언제나 함께 하신다는 것을 믿고 생활해야 한다.

능력을 얻고자 한다면 하나님의 말씀을 풍성히 얻어야 한다. 하나님의 말씀은 능력의 말씀이다(히 1:3). 죠지 뮬러는 젊은 때 매우 방탕한 삶을 살았지만 20세부터 하나님의 말씀에 사로잡혀 가장 효력있는 기도를 많이 하는 위대한 성도가 되었다. 전적으로 하나님을 믿고 의지하며 하나님과의 교제 속에 사는 사람은 능력을 얻는다.

4절, 애굽인은 여호와께서 그들 중에 치신 그 모든 장자를 장사하는 때

라 여호와께서 그들의 신들에게도 벌을 주셨더라

이스라엘 백성이 나올 때의 애굽 사람들의 상황을 말해 주고 있다. 이스라엘 백성들은 나오고 있었고 그들을 사로잡고 있던 애굽 사람들은 여호와의 심판의 결과를 수습하고 있었다. 그 심판은 어떤 것이었는가? 그들의 장자를 멸하는 것이었다. 그러므로 그들은 이스라엘 백성들이 애굽에서 나올 때 그들의 죽은 장자들을 장사지내고 있었던 것이다. 바로의 장자로부터 애굽의 모든 가정의 장자는 다 죽임을 당했다.

어둠의 사람들은 생명의 사람들을 붙잡아 두려고 하지만 생명의 사람들이 일어나서 생명과 빛으로 나아갈 때 어둠의 사람들은 그저 원래 하던 사망의 일에 종사할 뿐이다. 그래서 어둠에서 나오는 빛의 사람들은 그들이 어두운 일을 하는 것을 바라보면서 나오는 것이다. 그것은 전혀 이상한 일이 아니다. 그리고 그때 여호와께서 애굽 사람들의 신들에게도 벌을 주셨다고 했다. 하나님의 백성들이 구원받고 원래 있던 자리에서 나올 때 하나님은 그들을 붙잡고 있던 악령을 심판하신다. 하나님의 백성들이 대적에게 사로잡혀 고생하다가 그를 떠나며 하나님을 찬미하고 높일 때 하나님은 대적을 한 번 더 수치스럽게 하시고 그를 벌하신다. 하나님의 백성들이 세상과 악한 일에서 벗어나는 것은 대적을 한 번 더 벌하는 기회를 만들어준다.

5-8절, 이스라엘 자손이 라암셋에서 발행하여 숙곳에 진 쳤고 6 숙곳에서 발행하여 광야 끝 에담에 진 쳤고 7 에담에서 발행하여 바알스본 앞 비하히롯으로 돌아가서 믹돌 앞에 진 쳤고 8 하히롯 앞에서 발행하여 바다 가운데로 지나 광야에 이르고 에담 광야로 삼 일 길쯤 들어가서 마라에 진 쳤고

마라에 왔을 때가 출애굽기에 기록되어 있다. 출애굽기를 보면 마라에 왔을 때 쓴 물이 있었고 모세가 거기에 나뭇가지를 던져 넣으니까 쓴 물이 단물이 되었다. '마라' 라는 이름 자체가 '쓰다' 는 뜻이다.

9절, 마라에서 발행하여 엘림에 이르니 엘림에는 샘물 열둘과 종려 칠십 주가 있으므로 거기 진 쳤고

엘림에는 종려 칠십 주가 있었고 열두 샘물이 있었다. 이것은 오늘날의 교회 생활의 예표이기도 하다. 애굽에서 나와서 마라를 거쳐 엘림에 이를 때 풍성한 샘물이 있고 수려한 나무들이 자라는 지점에 도달하게 되는데 그곳이 바로 교회 생활의 풍성한 누림이다. 우리 그리스도인의 생활은 항상 마라(쓴 것)도 아니고 항상 엘림(풍성한 샘물을 누림)도 아니다. 어느 때 마라가 있지만 엘림이 그 후에 온다.

10-14절, 엘림에서 발행하여 홍해 가에 진 쳤고 11 홍해 가에서 발행하여 신 광야에 진 쳤고 12 신 광야에서 발행하여 13 돕가에 진 쳤고 돕가에서 발행하여 알루스에 진 쳤고 14 알루스에서 발행하여 르비딤에 진 쳤는데 거기는 백성의 마실 물이 없었더라

이스라엘 백성들의 움직임에 있어서 물은 아주 중요한 관심사이다. 그러므로 물이 있는 곳과 없는 곳을 표시했다. 그리스도인 노정에서 물이 있는 것과 없는 것은 매우 큰 차이가 있다. 물은 성령을 가리키며, 그리스도인에게는 반드시 반석에서 나는 생수가 있어야 한다.

15절, 르비딤에서 발행하여 시내 광야에 진 쳤고

시내 광야에서 이스라엘 백성들은 11개월간 머물렀다. 거기에서 모세가 산에 올라가 성막의 식양을 받았고 또 가장 중요한 율법의 두 돌판을 받았다. 그런데 그때 모세가 오랫동안 산에서 내려오지 않자 이스라엘 백성들은 금송아지를 만들어 앞세우고 다시 애굽으로 돌아가자고 했다. 지도를 참조하라. 그들은 고센 땅 라암셋에서 여행을 시작하여 숙곳으로, 에담으로, 믹돌로 해서 시내 산으로 왔는데, 시내 산에 와서는 다시 애굽으로 돌아가자고 하는 것이다. 이때까지 11개월 정도 시간이 지났다.

16절, 시내 광야에서 발행하여 기브롯핫다아와에 진 쳤고

'기브롯핫다아와' 란 '탐욕의 무덤' 혹은 '정욕의 무덤' 이라는 뜻이다. 여기서 이스라엘 백성은 메추라기를 원 없이 먹었고 또 많은 사람이 죽었다. 하나님께서는 먹을 것이 없다고 불평하며 거역하는 그들을 심판하신 것이다. 그래서 그 지명을 기브롯핫다아와, 곧 탐욕의 무덤이라고 했다.

17-18절, 기브롯핫다아와에서 발행하여 하세롯에 진 쳤고 18 하세롯에서 발행하여 릿마에 진 쳤고

이 하세롯이라는 곳은 지도를 보면 바란 광야와 연결되어 있는데, 여기서 미리암과 아론이 모세를 공격하는 사건이 일어난다. 그리고 바란 광야와 가데스 바네아는 인접한 곳이다. 이 18절의 지점에서 열두 정탐꾼을 가나안에 보내어 40일간 가나안을 정탐하고 돌아오게 하는 일이 있었다. 민수기 12장 마지막 절에 보면 "그 후에 백성이 하세롯에서 진행하여 바란 광야에 진을 치니라"고 말한다. 하세롯에서 발행하여 바란 광야에 진을 쳤다. 하세롯에 있을 때 아론과 미리암이 모세가 구스 여인을 취했다고 비방했다. 그리고 그들이 바란 광야에 왔을 때(그곳이 가데스 바네아임) 열두 정탐꾼을 보내서 가나안 땅을 탐지하게 했다. 그것이 민수기 13장의 내용이다.

19-20절, 릿마에서 발행하여 림몬베레스에 진 쳤고 20 림몬베레스에서 발행하여 립나에 진 쳤고

이러한 세세한 지명은 지도에서 찾기 어렵다.

21-35절, 립나에서 발행하여 릿사에 진 쳤고 22 릿사에서 발행하여 그헬라다에 진 쳤고 23 그헬라다에서 발행하여 세벨 산에 진 쳤고 24 세벨 산에서 발행하여 하라다에 진 쳤고 25 하라다에서 발행하여 막헬롯에 진 쳤고 26 막헬롯에서 발행하여 다핫에 진 쳤고 27 다핫에서 발행하여 데라에 진 쳤고 28 데라에서 발행하여 밋가에 진 쳤고 29 밋가에서 발행하여 하스모나에 진 쳤고 30 하스모나에서 발행하여 모세롯에 진 쳤고 31 모세롯에서 발행하여 브네야아간에 진 쳤고 32 브네야아간에서 발행하여 홀하깃갓에 진 쳤고 33 홀하깃갓에서 발행하여 욧바다에 진 쳤고 34 욧바다에서 발행하여 아브로나에 진 쳤고 35 아브로나에서 발행하여 에시온게벨에 진 쳤고

에시온게벨은 호르 산 아래 에돔 땅에 있다.

36절, 에시온게벨에서 발행하여 신 광야 곧 가데스에 진 쳤고

신 광야는 가데스 바네아와 연결된 곳이다. 이때 이스라엘 백성들은 다시 가데스에 왔다. 이스라엘 백성들이 하세롯에서 바란 광야로 간 것이 18절의 내용인데, 거기서 열두 정탐꾼을 가나안에 보내었고 돌아온 열두 정탐꾼 중 열 명이 소극적인 보고를 함으로써 온 백성이 낙담하여 밤새도록 통곡을 하면서 우리는 가나안으로 올라가지 않겠다고 했다.

가나안 땅까지 일주일이면 갈 수 있는 거리였음에도 그들은 그곳에서 불신과 거역으로 가나안에 들어가지 못하고 다시 광야로 들어가게 되었다. 그렇게 이스라엘 백성들은 광야에서 40년을 헤매었다. 가데스 바네아에서 한 바퀴를 돌아 다시 가데스 바네아에 오는 데 40년이 걸렸던 것이다. 민수기 기록을 보면 가데스 바네아가 20장에 다시 나온다. "정월에 이스라엘 자손 곧 온 회중이 신 광야에 이르러 백성이 가데스에 거하더니 미리암이 거기서 죽으매 거기 장사하니라"(1절). 다시 말하지만 20장에 나오는 이 가데스는 이스라엘 백성이 원래 정탐꾼을 보냈던 그 가데스이다. 그 자리에 다시 돌아오는 데 40년이 걸린 것이다.

37절, 가데스에서 발행하여 에돔 국경 호르 산에 진 쳤더라

호르 산에서 아론이 죽었다.

38-42절, 이스라엘 자손이 애굽 땅에서 나온 지 사십년 오월 일일에 제사장 아론이 여호와의 명으로 호르 산에 올라가 거기서 죽었으니 39 아론이 호르 산에서 죽던 때에 나이 일백이십삼 세이었더라 40 가나안 땅 남방에 거한 가나안 사람 아랏 왕이 이스라엘의 옴을 들었더라 41 그들이 호르 산에서 발행하여 살모나에 진 쳤고 42 살모나에서 발행하여 부논에 진 쳤고

이것은 20장 후반부의 이야기이다. 가데스 바네아에 두 번째 왔을 때 또 어떤 사건이 발생했는가? 백성이 물이 없다고 원망을 하자 모세가 노하여 반석을 두 번 쳤다. 그때 하나님께서는 네가 백성 앞에서 나의 거룩함을 나타내지 못했다고 하시면서 모세와 아론은 하나님께서 약속하신 그 땅에 들어가지 못할 것이라고 하셨다. 그곳이 바로 가데스

바네아이다. 그리고 아론이 호르 산에 올라가서 죽는다.

43-49절, 부논에서 발행하여 오봇에 진 쳤고 44 오봇에서 발행하여 모압 변경 이예아바림에 진 쳤고 45 이임에서 발행하여 디본갓에 진 쳤고 46 디본갓에서 발행하여 알몬디블라다임에 진 쳤고 47 알몬디블라다임에서 발행하여 느보 앞 아바림 산에 진 쳤고 48 아바림 산에서 발행하여 여리고 맞은편 요단 가 모압 평지에 진쳤으니 49 요단 가 모압 평지의 진이 벧여시못에서부터 아벨싯딤에 미쳤었더라

그래서 이제 모압 평지에 이른 것이다. 앞의 지도 오른쪽 위에 요단강과 모압 평지가 있다.

이스라엘 백성이 진행하면서부터 있었던 일을 다시 한 번 요약해 보겠다.

- 백성이 진행하자마자 악한 말로 여호와를 원망하자 여호와께서 불로 진 끝을 사르게 하심(다베라)
- 먹을 것이 없다고 원망하자 메추라기를 보내시고 탐욕을 낸 백성을 큰 재앙으로 치심(기브롯핫다아와)
- 모세가 구스 여인을 취한 것에 대해 미리암과 아론이 비방함, 이로 인해 미리암이 문둥병에 걸림(하세롯)
- 가나안 땅을 탐지하도록 열두 정탐꾼을 보냄, 이들 중 열 명의 불신의 보고(가데스 바네아)
- 열 정탐꾼의 불신의 보고로 인해 백성이 울며 원망하고 약속하신 땅에 올라가지 않겠다고 함, 여호와의 진노와 모세의 백성을 위한 기도, 그 땅을 악평한 정탐꾼들을 멸하심
- 고라와 다단과 아비람의 반역, 그들을 심판하심, 백성이 모세와 아론을 원망함으로 염병으로 치심
- 다시 신 광야 가데스로 돌아옴, 미리암이 거기서 죽음, 물로 인해

백성이 원망하자 모세가 노하여 지팡이로 반석을 두 번 내리침, 여호와께서 모세와 아론이 백성 앞에서 그분의 거룩함을 나타내지 아니함을 인해 약속하신 땅에 들어가지 못할 것이라고 하심, 아론이 호르 산에서 죽음
- 백성이 길로 인해 하나님과 모세를 향하여 원망하자 불뱀을 보내어 물게 하심, 놋뱀을 장대에 매달아 쳐다본 사람은 낫게 하심
- 발람의 계략으로 인해 이스라엘 백성이 미디안 여인들과 음행함으로 우상숭배에 연루되어 하루에 이만 사천 명이 염병으로 죽음

이 모든 노정을 살펴 볼 때 이스라엘 백성들에게는 허물과 실수와 실패뿐이다. 그런데도 하나님께서는 이스라엘 백성들이 거친 그 40개의 지점을 하나하나 기록하라고 하셨다. 그 모든 지점을 통과하면서 한 면으로는 그들의 육체가 드러나고 심판되었지만 또 그러면서 점차적으로 그들은 진보했다. 겉으로 볼 때에는 그 기록이 허물이요 죄요 하나님께 대한 거역이지만 그 모든 것이 나타날 때마다 하나님께서는 철저하게 심판하셨고 계속 그들을 인도하셨다. 이것이 그들의 광야 노정이다.

오늘날 우리 그리스도인의 노정도 원칙상 똑같다. 우리가 한 지점에서 다른 지점으로 옮길 때마다 다름 아닌 우리의 숨겨져 있는 육체가 드러난다. 그럴 때 우리도 놀라고 함께 있는 사람들도 놀란다. '내 속에 이런 것이 있었다는 말인가?' 그러나 하나님은 그 드러난 육체를 십자가의 불로 심판하시고 태우신다. 그리고서 또 다른 지점으로 인도하신다. 우리에게는 이러한 광야의 노정이 필요하다.

성경에서 40이라는 숫자는 시험의 숫자이다. 예수님도 40일간 시험을 받으셨고 이스라엘 백성들도 40정거장을 거쳤다. 그러면서 그들은 시험받고 연단되었다. 그들은 온갖 육체를 심판받지 않으면 안 되었다. 애굽에서 나와서 가나안까지 직행으로 들어가는데는 일주일이면 된다. 그런데 그들은 불신과 거역으로 말미암아 40년을 지연시키면서 방황

했다. 오늘도 믿는이들은 그들의 순종하는 믿음과 주님의 십자가를 받아들이는 태도에 따라 시험을 거치는 기간이 일주일이 될 수도 있고 십 년이 될 수도 있다.

혹 하루면 될 것을 한 달, 일 년으로 연장시킬 수도 있다. 이것은 우리에게 커다란 교훈이 된다. 이 사십여 장소에서 그들은 다양한 육체를 표현했다. 이와 같이 우리 육체 속에는 별별 못생긴 속성이 다 들어 있다. 그것이 어떤 지점에서는 나타나지 않는데 어떤 지점에 가면 나타난다. 그럴 때 하나님께서는 그것을 심판하신다. 이것이 우리의 교회 생활이며 오늘 광야의 믿음 생활이다.

하나님께서는 이렇게 거쳐온 우리의 지점들을 다 기억하고 계시며 또 우리에게도 기억하라고 하신다. 그러한 지점들은 우리에게 매우 가치가 있다. 왜냐하면 한 지점에서 다른 지점으로 갈 때마다 어떤 사건이 발생해서 우리의 육체를 드러내며 하나님께서는 그것을 심판하시고 그럼으로써 우리는 육체를 벗어버리고 전보다 더욱 새롭게 되기 때문이다. 이를 인해서 하나님께 감사드린다. 이렇게 우리의 육체가 심판을 거칠 때만이 우리는 가나안에서 다스릴 수 있고 가나안의 풍성을 누릴 수 있다.

50-53절, 여리고 맞은편 요단 가 모압 평지에서 여호와께서 모세에게 일러 가라사대 51 이스라엘 자손에게 말하여 그들에게 이르라 너희가 요단을 건너 가나안 땅에 들어가거든 52 그 땅 거민을 너희 앞에서 다 몰아내고 그 새긴 석상과 부어 만든 우상을 다 파멸하며 산당을 다 훼파하고 53 그 땅을 취하여 거기 거하라 내가 그 땅을 너희 산업으로 너희에게 주었음이라

이제 모압 평지에서 하나님께서는 모세를 통해 이스라엘 백성에게 말씀하신다. 이스라엘 자손들이 가나안 땅에 들어가거든 그 땅 거민을 몰아내고 모든 우상을 다 파멸하라는 것이다. 이스라엘 백성들은 40지점을 통과하는 동안 모든 육체를 심판함으로써 비로소 영적 전쟁을 할 수 있게 되었으며 대적을 쫓아낼 수 있게 되었다. 성령의 사람, 영적인 사람만이 이러한 영적 전쟁을 할 수 있으며 대적을 쫓아낼 수 있다. 그럴 때 그들 가운데에는 어떤 우상도 없게 된다. 하나님 외에 사모하는 모든 것들이 다 철저히 심판받았기 때문이다.

54-56절, 너희의 가족을 따라서 그 땅을 제비뽑아 나눌 것이니 수가 많으면 많은 기업을 주고 적으면 적은 기업을 주되 각기 제비뽑힌 대로 그 소유가 될 것인즉 너희 열조의 지파를 따라 기업을 얻을 것이니라 55 너희가 만일 그 땅 거민을 너희 앞에서 몰아내지 아니하면 너희의 남겨둔 자가 너희의 눈에 가시와 너희의 옆구리에 찌르는 것이 되어 너희 거하는 땅에서 너희를 괴롭게 할 것이요 56 나는 그들에게 행하기로 생각한 것을 너희에게 행하리라

만일 우리가 처리해야 할 육체를 처리하지 않고 심판해야 할 것을 심판하지 않으면 언젠가 그것이 우리에게 커다란 문제로 다가오게 된다. 그것은 우리 모두에게 괴로움이 되고 옆구리를 찌르는 것이 된다.

33장의 내용은 이스라엘 백성들의 실패와 허물을 보여 주며 또 거기에 하나님의 은혜가 있음을 보여 준다. 그들은 실패하고 또 실패하지만 여전히 하나님은 그들을 한 지점에서 또 다른 지점으로 인도하시면서 돌보아 주셨다. 이와 마찬가지로 우리의 인생에서 걸어온 과정들을 하나님은 귀히 여기신다. 우리가 거친 모든 지점들을 귀히 여기신다. 우리 인생의 모든 노정의 가치는 우리의 육체가 심판되는 데 있다. 그런 모든 과정을 인해서 주님께 감사드린다.

시편 40편 2절에서 기자는, "나를 기가 막힐 웅덩이와 수렁에서 끌어올리시고 내 발을 반석 위에 두사 내 걸음을 견고케 하셨도다"라고 노래했다. 우리의 인생길에 기가 막힌 일이 많이 있다. 한 지점에서 다른 지점으로 갈 때 거기서 발생하는 사건들은 우리가 전혀 상상할 수 없었던 것들이다. 기가 막힐 웅덩이가 있고 수렁이 있다. 그래서 꼼짝없이 죽는 것이다. 그런데 여기서 시편 기자는 하나님께서 은혜로 그런 곳에서 끌어올려 "내 발을 반석 위에 두사 내 걸음을 견고케 하셨도다"라고 말한다. 이것이 우리의 추억이다. 우리는 주님이 우리를 기가 막힐 웅덩이와 수렁에서 끌어올려 우리 발을 반석 위에 두시는 것을 체험할 수 있고 우리의 걸음을 견고케 하시는 것을 볼 수 있다.

그래서 시편 기자는 또 말한다. "여호와 나의 하나님이여 주의 행하신 기적이 많고 우리를 향하신 주의 생각도 많도소이다 내가 들어 말하고자 하나 주의 앞에 베풀 수도 없고 그 수를 셀 수도 없나이다"(시 40:5). 하나님께서 우리를 향하여 기적을 베푸셔서 우리를 그 모든 수렁과 웅덩이에서 이끌어 내셨다. 이러한 체험을 할 때 하나님의 우리를 생각하시는 그 생각이 너무 깊다는 것을 알았다는 것이다.

이와 같이 이스라엘 백성들이 거쳤던 광야 노정은 겉으로 볼 때는 실패이지만 그 실패의 과정, 웅덩이와 수렁 같은 많은 위험한 상황을 지나면서(거기서 멸망하는 사람도 있지만) 이스라엘 백성은 하나님께서 항상 그들을 향해 깊은 생각을 갖고 계시며 또 기적을 베풀어 건져내고 이끄심으로 지금 이 지점에 이르게 하셨다는 것을 아는 것이다.

민수기 34장

가나안 땅의 사방 경계

1-2절, 여호와께서 모세에게 일러 가라사대 2 너는 이스라엘 자손에게 명하여 그들에게 이르라 너희가 가나안 땅에 들어가는 때에 그 땅은 너희의 기업이 되리니 곧 가나안 사방 지경이라

이제 이스라엘 백성들은 광야 생활을 다 통과했다. 40년 동안 어렵게 마흔 지점을 통과하면서 육체와 혼 생명을 처리한 것이다. 그럴 때 비로소 하나님께서는 그들에게 가나안 땅에 들어갈 자격을 부여하셨다. 이렇게 볼 때 하나님께서 이스라엘로 광야의 힘든 마흔 지점을 통과케 하신 것은 가나안 땅 곧 하나님 나라를 유업으로 누릴 수 있도록 자격을 갖추게 하시려는 것이다. 모세는 이러한 하나님의 길을 알았고 이스라엘 백성들은 하나님께서 행하신 행사만 보았다. 오늘 여기서 나는 여러분 모두에게 하나님의 길을 알려 드리고자 한다.

우리가 어떤 지점에 있을 때 사건이 일어나고 다른 지점으로 옮겼을 때 또 문제가 생기고 하면 어떤 사람들은 원망하면서 돌아가고 그러다가 죽기도 한다. 그들은 하나님의 행사만 보기 때문에 그렇다. 그러나 한 지점 한 지점에서 일어나는 모든 사건들은 결국 그로 말미암아 한 가지 한 가지 육체를 심판하고 처리해서 결국 하나님의 유업을 얻을 자격을 갖추도록 훈련시키는 과정이다. 그러므로 어떤 사람들은 그 과정을 하나하나 통과해서 최종적으로 하나님께서 주시고자 하는 유업을 물려받게 된다. 갈렙과 여호수아 같은 사람들이 그러하다. 그러나 나머지 사람들은 길이 어렵다고 원망하며 모세와 아론을 공격하다가 죽고 음행에 연루되어 죽고 또 이렇게 저렇게 하여 다 죽었다.

그 많은 과정을 거치면서 하나님께서는 그분의 백성의 모든 육체를 심판하시고 이제 가나안 땅으로 이끌어 들여 가나안 땅을 그들의 기업이 되게 하려 하신다. 기업이란 영어로 'inheritance'(유업)인데, 하나님께서는 사실 우리에게 가나안 땅으로 예표된 하늘에 속한 유업을 주기 원하시며 그것은 또한 그리스도의 풍성을 가리킨다.

3절, 너희 남방은 에돔 곁에 접근한 신 광야니 너희 남편 경계는 동편으로 염해 끝에서 시작하여

다시 지도를 참고하며 살펴보자. "너희 남방은 에돔 곁에 접근한 신 광야니". 가데스 바네아 바로 위가 신 광야이다. 가데스 바네아는 가나안의 접경 지대이다. 가데스 바네아 바로 위의 신 광야부터 가나안의 지경이다. 남편 경계는 동편으로 염해 끝에서 시작한다. 신 광야 아그랍빔 언덕 위에 염해가 있다. 염해는 오늘날 사해를 말한다.

4-5절, 돌아서 아그람빔 언덕 남편에 이르고 신을 지나 가데스바네아 남방에 이르고 또 하살아달을 지나 아스몬에 이르고 5 아스몬에서 돌아서 애굽 시내를 지나 바다까지 이르느니라

이 바다는 지중해를 말하는 것이다.

6절, 서편 경계는 대해가 경계가 되나니 이는 너희의 서편 경계니라

서편 경계는 대해 곧 지중해이다.

7-9절, 북편 경계는 이러하니 대해에서부터 호르 산까지 긋고 8 호르 산에서 그어 하맛 어귀에 이르러 스닷에 미치고 9 그 경계가 또 시브론을 지나 하살에난에 미치나니 이는 너희 북편 경계니라

10-12절, 너희의 동편 경계는 하살에난에서 그어 스밤에 이르고 11 그 경계가 또 스밤에서 리블라로 내려가서 아인 동편에 이르고 또 내려가서 긴네렛 동편 해변에 미치고 12 그 경계가 또 요단으로 내려가서 염해에 미치나니 너희 땅의 사방 경계가 이러하니라

여기서 말한 가나안 땅의 경계는 창세기 15장 18절에서 아브라함에게 약속하신 가나안 땅의 지경과 다르다. 창세기 15장 18절을 보겠다. "그 날에 여호와께서 아브람으로 더불어 언약을 세워 가라사대 내가 이 땅을 애굽 강에서부터 그 큰 강 유브라데까지 네 자손에게 주노니". 애굽 강에서부터 큰 강 유브라데까지는 여기서 말씀하신 땅의 지경보다 훨씬 넓다. 말하자면 지금 이스라엘 백성이 출애굽 해서 광야를 통과하여 가나안으로 들어갈 때 하나님께서 기업으로 주시는 땅은 창세기 15장에서 아브라함에게 약속하신 땅보다 훨씬 작다. 그러나 다윗과 솔로몬 때 하나님은 창세기 15장에서 아브라함에게 약속하신 그 약속의 땅을 다 찾게 하신다. 지금 이스라엘 백성의 역량으로는 그 모든 땅을 취할 수 없기에 하나님은 그들에게 알맞은 영역을 할당해 주신 것이다.

하나님은 이렇게 우리에게 알맞게 주시는 분이다. 너무 많은 것을 요구하는 그리스도인들은 시험에 빠지게 된다. 영적인 욕심이 큰 사람도 시험에 빠지게 된다. 하나님께서 자기에게 알맞은 것을 주실 때 그것을 받고 기뻐하는 사람이 겸손하고 순종적인 사람이다. 하나님께서는 그런 사람을 기뻐하신다. 일본에 우찌무라 간조라는 영적인 인물이 있는데, 그는 이렇게 말했다. "하나님, 당신이 저의 요구를 물리치시고 저의 소원을 다 파하시며 당신의 뜻만 이루어 주신 것을 감사드립니다." 우리는 영적인 일에서도 성취하려는 바가 너무 클 때가 많다. 그러나 하나님은 우리 역량에 알맞은 것을 주신다. 우리 또한 그것으로 만족할 줄 알아야 한다.

34장에서 하나님이 이스라엘 백성에게 할당해 주신 기업은 원래 아브라함에게 약속하신 것보다 작지만 당시 이스라엘 백성의 역량에는 적합한 것이었다. 그러나 다윗 때 와서 그 역량이 커졌을 때 원래 약속하신 지경을 다 찾게 하셨다.

여기서 한 가지 주목할 것은, 광야에서 마흔 지점을 통과하고 요단을 건넘으로 육체와 타고난 혼 생명을 처리받고 들어간 가나안 땅에는 경계가 있다는 것이다. 하나님께서는 그분의 백성이 어떤 경계 안에 있기를 원하시며 그 땅의 사방 경계를 한정해 주셨다. 그러시면서 그 영역을 너희의 기업으로 삼고 그 안에서 그 땅의 풍성을 누리라고 하셨다. 오늘날 우리 믿는이들은 그리스도 안에 있어야 하며 그 안에서 그리스도의 풍성을 온전히 누려야 하는데, 그러기 위해서는 광야의 노정, 곧 육체를 심판해 나가는 과정이 필요하다. 우리에게 왜 그리스도에 대한 풍성한 누림이 적은가? 그것은 우리가 육체를 충분히 심판하지 않았기 때문이다. 우리는 이렇게 33장과 34장에서 하나님이 원하시는 것이 무엇인지를 볼 수 있어야 한다. 하나님께서는 우리가 그리스도만을 영역으로 삼고 그 한계 안에서 그리스도를 누리기 원하신다. 이것이 우리의 기업이요 축복이며, 그리스도인들이 함께 단체적으로 그리스도 안에서 그 풍성을 누리는 것이 오늘날 합당한 교회 생활이다. 가나안 땅은 기름지고 아름다운 땅이지만 그 사방 경계는 바다나 사막 또는 애굽이다. 이것은 합당한 교회 생활 밖은 다 삭막하다는 것을 말해 준다. 그러나 교회 생활 안에는 영광과 축복과 부요함이 가득하다.

13-17절, 모세가 이스라엘 자손에게 명하여 가로되 이는 너희가 제비뽑아 얻을 땅이라 여호와께서 이것을 아홉 지파와 반 지파에게 주라고 명하셨나니 14 이는 르우벤 자손의 지파와 갓 자손의 지파가 함께 그들의 종족대로 그 기업을 받았고 므낫세의 반 지파도 기업을 받았음이라 15 이 두 지파와 반 지파가 여리고 맞은편 요단 건너편 곧 해 돋는 편에서 그 기업을 받았느니라 16 여호와께서 또 모세에게 일러 가라사대 17 너희에게 땅을 기업으로 나눌 자의 이름이 이러하니 제사장 엘르아살과 눈의 아들 여호수아니라

땅을 기업으로 나눌 자의 이름은 제사장 엘르아살과 눈의 아들 여호수아이다.

18절, 너희는 또 기업의 땅을 나누기 위하여 매 지파에 한 족장씩 택하라

또 기업의 땅을 나누기 위해서는 족장들이 필요하다.

19-29절, 그 사람들의 이름은 이러하니 유다 지파에서는 여분네의 아들 갈렙이요 20 시므온 지파에서는 암미훗의 아들 스므엘이요 21 베냐민 지파에서는 기슬론의 아들 엘리닷이요 22 단 자손의 지파의 족장 요글리의 아들 북기요 23 요셉 자손 중 므낫세 자손 지파의 족장 에봇의 아들 한니엘이요 24 에브라임 자손 지파의 족장 십단의 아들 그므엘이요 25 스불론 자손 지파의 족장 바르삭의 아들 엘리사반이요 26 잇사갈 자손 지파의 족장 앗산의 아들 발디엘이요 27 아셀 자손 지파의 족장 슬로미의 아들 아

히훗이요 28 납달리 자손 지파의 족장 암미훗의 아들 브다헬이니라 하셨으니 29 여호와께서 명하사 가나안 땅에서 이스라엘 자손에게 기업을 나누게 하신 자들이 이러하였더라

이제 마지막으로 하나님께서는 그 기업의 땅을 나눌 책임자들을 선택하셨다. 하나님의 백성의 인도자들은 언제나 하나님께서 선택하신다. 오늘날 교회 안에서 스스로 일어나 책임자가 되지 말아야 한다. 하나님으로 선택하시게 해야 한다. 하나님께서 세우시게 해야 한다. 사도행전 1장에서 유다의 배신으로 12사도에 궐이 났을 때 제자들은 사도를 택하는 일에 있어서 전적으로 하나님께 의뢰했다. 그들은 기도할 때 "뭇 사람의 마음을 아시는 주여 이 두 사람 중에 누가 주의 택하신 바 되어 봉사와 및 사도의 직무를 대신할 자를 보이시옵소서"(24-25절)라고 했다. 이것은 하나님을 섬기는 종을 택하는 일이 하나님께 달려 있음을 보여 준다. 당신이 만일 그리스도인의 길에서 아무런 질서가 없는 가운데서 행하는 그리스도인이라면 당신은 기업을 얻기에 합당치 않은 사람임을 주의해야 한다. 민수기는 전투를 하여 기업을 얻기 위한 책이다. 전투는 혼란한 상태로는 하지 못한다. 각인이 자신이 좋아하는 대로, 개별적으로 할 수도 없다. 반드시 군대로 편성되어야 하고 족장들의 인도 아래서 전진해야 한다.

고린도 전서 12장 28절에서는 "하나님이 교회 중에 몇을 세우셨으니 첫째는 사도요 둘째는 선지자요 셋째는 교사요 그 다음은 능력이요"라고 했다. 교회 가운데 사도는 하나님이 세우시며 선지자와 교사도 하나님이 세우신다. 또 능력을 행해서 교회를 유익하게 하는 것, 서로 돕는 것, 다스리는 것도 다 하나님이 세우신다. 하나님의 교회 안에서 직분을 감당하는 사람들은 다 하나님께서 세우신 사람들이어야 한다. 이것이 첫째이다. 하나님의 교회는 성령에 의해 세우심 받은 자들에 의해 합당하게 인도가 이루어지는 것이다. 성도들은 마땅히 그 인도를 따라서 전진해야 한다(히 13:7,17).

또한 여기서 우리가 한 가지 깊이 인상 받아야 할 것은, 가데스 바네아에서 정탐꾼으로 보내어진 열두 명의 인도자들과 이제 40년이 지난 뒤에 다시 세워진 인도자들은 그 양상이 다르다는 것이다. 그것은 그들의 이름에서 증명된다. 13장에 나온 열두 정탐꾼은 당시 이스라엘 백성의 두령 된 사람들이다. 그들이 애굽에서 나온 지 얼마 안 되었던 당시만 해도 그들의 이름은 삼무아, 사밧, 갈렙, 이갈, 호세아, 발디 등이었다. '삼무아' 라는 이름은 '유명한 자', '사밧' 은 '심판자', '갓디엘' 은 '행운', '스둘' 은 '숨겨진 자' 라는 뜻을 갖고 있다. 이렇게 당시 정탐꾼들로 세워진 이스라엘 백성의 인도자들은 유명하고 다소 공격적이고 심판하기를 좋아하는 사람들이었다. 초기에는 육체가 강해서 완력이 있고 나서기를 좋아하는 사람들이 주로 인도자가 되었던 것 같다. 그런데 이들을 정탐하러 보냈더니 둘만 빼고 다 소극적인 보고를 했던 것이다. 이것을 볼 때 하나님의 일에는 유명한 것도 소용없고 완력이 센 것도 소용없고 목소리 큰 것도 소용이 없다.

그런데 여기 34장에서 그 땅을 기업으로 분배받기 위해 세워진 족장들의 이름에는 '엘' (el)자가 많이 들어간다. 히브리어 '엘' (el)은 하나님을 뜻한다. 13장의 인도자들은 육체가 강하고 두드러진 특성을 지녔다면 여기 인도자들은 하나님의 성분이 많다. '스므엘' 은 '하나님이 들으심', '엘리닷' 은 '하나님이 사랑하심', '북기' 는 '하나님이 인정하심', '한니엘' 은 '하나님의 은혜', '그므엘' 은 '하나님이 기르시는 자', '엘리사반' 은 '하나님이 보호하심', '발디엘' 은 '하나님은 나의 구원', '아히훗' 은 '하나님과 연합하는 친구', '브다헬' 은 '하나님이 건지심' 이라는 뜻이다. 이렇게 하나님과 관련을 맺은 자들이 다 새 시대의 인도자들이 되었다. 심판을 거쳐서 새로운 무리가 형성되었고 인도자들 또한 새로운 사람들이다. 교회가 이렇게 심판과 시험을 거쳐 하나님으로 많이 적셔진 사람들이 인도 직분으로 세워져야만 영적 전쟁에서 대적을 묶고 패배시키며 강한 간증을 가질 수 있다. 나는 앞으로 우리 가운데서 이러한 사람들이 인도자로 세워지기 바란다.

34장을 마치면서 한 마디를 덧붙이겠다. 우리는 하나님께서 어떤 일을 하실 때 매우 사려가 깊으시다는 것을 알 수 있다. 지금까지 이스라엘로 광야의 노정을 거치게 하시고 이제 인도자들을 새롭게 뽑아서 약속의 땅을 기업으로 얻게 하시는 것을 볼 때 하나님은 어떤 일을 매우 깊이 고려하시면서 행하신다는 것을 알 수 있다. 먼저 어떤 뜻을 세우시고 그것을 향하여 한 가지 한 가지 행하신다는 것을 알 수 있다. 하나님께서 하시는 일은 다 질서가 있고 체계적이다. 애굽에서 나올 때부터 항오대로 어떤 관할 하에서 나오게 하시고 그런 다음 정복하러 보내실 때에도 질서를 세우시고 제비 뽑게 하여 하나하나 상세히 안배하셨다. 하나님께서 이렇게 조금도 어지러움이 없이 역사하시므로 하나님의 역사 안에 있는 사람들 또한 어지러움이 없는 것이 마땅하다. 결국 가나안을 향한 무리의 특징은 하나님의 질서 있는 인도 하에 있다는 것도 알 수 있기 바란다.

여러분의 걷고 있는 그리스도인의 길에 어떤 조화나 질서도 없으며 지나온 길을 아무리 돌아보아도 어떤 깊은 뜻과 목표와 의미를 찾을 수 없다면 여러분이 과연 하나님의 원하시는 길 위에 있는지를 확인해 볼 필요가 있다. 우리는 이러한 말씀을 통해서 하나님께서 그분의 백성들을 인도하시고 일하시는 원칙을 다소나마 알 수 있기 바란다.

민수기 35장

레위인 성읍과 도피성

1-3절, 여호와께서 여리고 맞은편 요단 가 모압 평지에서 모세에게 일러 가라사대 2 이스라엘 자손에게 명하여 그들의 얻은 기업에서 레위인에게 거할 성읍들을 주게 하고 너희는 또 그 성읍 사면의 들을 레위인에게 주어서 3 성읍으로는 그들의 거처가 되게 하고 들로는 그들의 가축과 물산과 짐승들을 둘 곳이 되게 할 것이라

이 말씀은 하나님께서 이스라엘 백성들이 아직 가나안에 들어가기 전 여리고 맞은편 요단 가 모압 평지에 있을 때 하신 말씀이다. 35장의 내용은 이스라엘 백성들이 가나안에 들어가서 기업을 얻게 되면 각 지파에서 얼마씩 레위인들에게 살 거처가 될 땅과 들을 주라고 명하신 것이다. 그것은 전심으로 하나님만 섬기는 레위 지파에 대한 배려이다.

신명기 10장 9절을 읽어 보면 하나님께서는 레위 지파에게 그 땅의 어떠한 분깃도 주지 않으셨다. "그러므로 레위는 그 형제 중에 분깃이 없으며 기업이 없고 네 하나님 여호와께서 그에게 말씀하심 같이 여호와가 그의 기업이시니라". 그러면 레위인은 어떻게 사는가? 그 땅에 들어가서 기업을 얻은 다른 지파들이 그들을 위해서 성읍과 들을 나누어 주어야 했다. 레위기 7장 34절을 보겠다. "내가 이스라엘 자손의 화목제 중에서 그 흔든 가슴과 든 뒷다리를 취하여 제사장 아론과 그 자손에게 주었나니 이는 이스라엘 자손에게 받을 영원한 소득이니라". 이 말씀에서도 제사장들, 하나님을 섬기는 자들에게는 제물이 그들의 소득이 된 것을 볼 수 있다. 이렇게 이스라엘 열두 지파 중에서 레위 지파만은 가나안 땅에서 그들의 고유 지분이 없고 다른 지파들이 레위 지파를 위해 얼마만큼씩 땅을 구분해 주어서 그들로 하여금 쓰게 해야 했다. 이것이 하나님께서 레위 지파를 돌보시는 방법이다.

4-5절, 너희가 레위인에게 줄 성읍들의 들은 성벽에서부터 밖으로 사면 이천 규빗이라 5 성을 중앙에 두고 성 밖 동편으로 이천 규빗, 남편으로 이천 규빗, 서편으로 이천 규빗, 북편으로 이천 규빗을 측량할지니 이는 그들의 성읍의 들이며

여기서 2,000 규빗이라고 했는데, 다른 몇몇 번역본에는 1,000 규빗으로 되어 있다(KJV, RSV 참조). 레위인에게 주는 성읍들은 성을 중앙에 두고 성벽에서부터 밖으로 사면 1,000 규빗씩을 측량해서 주되, 동쪽으로 1,000 규빗, 서쪽으로 1,000 규빗, 남쪽으로 1,000 규빗, 북쪽으로 1,000 규빗을 측량해 주도록 되어 있다.

6절, 너희가 레위인에게 줄 성읍은 살인자로 피케 할 도피성으로 여섯 성읍이요 그 외에 사십 이 성읍이라

레위인에게 주어야 할 성읍은 도합 48성읍인데 그 중에 여섯 성읍은 살인자가 도망가서 피할 도피성이다.

7절, 너희가 레위인에게 모두 사십 팔 성읍을 주고 그 들도 함께 주되

35장 8절을 읽어 보면 각 지파가 그 받은 대로 많은 땅을 기업으로 받은 지파는 많이 주고 적게 받은 지파는 적게 주고 해서 48성읍이 되었다. 48이라는 숫자는 12지파의 네 배이다. 원래 성경에서 12라는 수는 하나님의 백성을 의미한다. 구약에는 이스라엘 12지파가 있고 신약에는 12사도가 있다. 영원에 가면 새 예루살렘에 12라는 숫자가 아주 많다. 144,000이나 12,000 등 12의 배수로 구성된 많은 것들이 하나님의 백성을 나타낸다. 여기의 숫자 48은 12의 4배인데, 4는 원래 피조물의 숫자이다. 그러므로 레위인들은 이 땅에서 피조물이지만 하나님의 백성으로서 하나님의 통치를 받으며 사는 사람들임을 가리킨다. 하나님의 정상적인 백성들이라면 레위인 같이 살아야 한다. 만일 오늘날 우리가 정상적인 교회라면 우리는 마치 48성읍에 사는 사람들처럼 살아야 한다. 우리는 인간이기 때문에 피조물이다. ('네 생물', '사방의 바람', '네 천사' 등 계시록에서 4라는 숫자는 피조물의 숫자이다.) 그러나 또한 하나님의 통치를 받는 하나님의 백성이다.

결국 레위인들은 어디에 살게 되는가? 열한 지파 중에 골고루 흩어져서 살게 된다. 다른 지파들은 다 자기의 구역이 있어서 거기서 살 것이지만 레위 지파만큼은 열한 지파 중에 흩어져 그들이 나누어 주는 땅에서 살게 되어 있다. 창세기 49장을 보겠다. "시므온과 레위는 형제요 그들의 칼은 잔해하는 기계로다(5절)". 시므온과 레위에 대한 야곱의 예언이다. "그 노염이 혹독하니 저주를 받을 것이요 분기가 맹렬하니 저주를 받을 것이라 내가 그들을 야곱 중에서 나누며 이스라엘 중에서 흩으리로다"(7절). 이것은 특히 레위에 대한 예언인데 야곱은 그를 야곱 중에서 나누며 이스라엘 중에서 흩을 것이라고 했다. 이것은 사실 축복으로 보이지 않는다. 한 족속인데도 여기저기 흩어져 살게 되기 때문이다. 한 가족이 뉴질랜드에, 영국에, 미국에, 아프리카에 나누어져서 살면 그리 복되게 보이지 않는다. 오히려 저주처럼 느껴진다. 그런데 그 말씀 그대로 레위 지파는 흩어지게 되었다.

출애굽기 32장 26절부터 29절까지를 보겠다. "이에 모세가 진 문에 서서 가로되 누구든지 여호와의 편에 있는 자는 내게로 나아오라 하매 레위 자손이 다 모여 그에게로 오는지라 모세가 그들에게 이르되 이스라엘의 하나님 여호와께서 이같이 말씀하시기를 너희는 각각 허리에 칼을 차고 진 이 문에서 저 문까지 왕래하며 각 사람이 그 형제를, 각 사람이 그 친구를, 각 사람이 그 이웃을 도륙하라 하셨느니라 레위 자손이 모세의 말대로 행하매 이 날에 백성 중에 삼천 명 가량이 죽인바 된지라 모세가 이르되 각 사람이 그 아들과 그 형제를 쳤으니 오늘날 여호와께 헌신하게 되었느니라 그가 오늘날 너희에게 복을 내리시리라".

창세기에서 레위는 세겜 땅에서 자기 누이 디나를 더럽힌 일로 세겜과 그 족속을 다 죽였다. 그 일을 놓고 야곱은 "그의 칼은 잔해하는 기계로다…이스라엘 중에서 흩으리로다"라고 예언했다. 그런데 출애굽기에 와서 레위 지파는 홍해를 건넜고 하나님의 인도 아래서 광야 생활을 했으며 만나를 먹고 반석에서 나오는 생수를 마시는 등 많은 체험을 했다. 그런 후에 그들의 강한 성품은 하나님을 위한 것으로 바뀌었다. 이제 그들은 하나님께 헌신된 지파가 되었다. 하나님을 전적으로 섬기는 지파가 되었다. 그러므로 우리가 여기서 볼 수 있는 것은 원래 레위 지파가 흩어질 것이라는 예언은 저주였지만 그들이 얼마간 영적인 노정을 거쳐서 그들의 강한 성품이 하나님을 위한 것으로 바뀌었을 때 그들의 일생은 하나님의 권익을 위해 온전히 드려진 것이 될 수 있었다는 것이다. 원래 그들의 혈기로 인한 흩어짐은 저주였지만 이제 그들의 헌신으로 인한 흩어짐은 축복이 되었다. 결국 그들의 흩어짐은 모든 이스라엘 백성의 유익과 축복이 된 것이다.

이러한 일은 지금 이 시대에도 얼마든지 있을 수 있다. 한 형제가 젊은 혈기로 잘못을 저지르고 외국에 나가 사업해서 돈을 벌었다. 떠날 때에는 믿음도 저버리고 '돈이나 벌어야 겠다. 내가 할 수 있는 것이 무엇이냐?' 하고서 외국에 나가 그저 사업만 해서 돈을 많이 벌었는데, 그 외국에 나간 것이 오히려 주님께 헌신하는 계기가 되었다. 그의 원래 발걸음은 축복의 발걸음이 아니었지만 그가 온전히 헌신했을 때 이제 하나님은 그를 그 나라에서 하나님의 나라를 확장하는 도구로 삼으신 것이다.

원래 레위의 칼은 잔해하는 기계이고 그의 분기는 맹렬하다. 그런데 그가 많은 역사를 거쳐서 변화되었을 때 그는 참으로 하나님 편에 설 수 있었다. 그는 여호와의 편에 서서 옆구리에 칼을 차고 동족을 살해했다. 그럴 때 하나님은 과거의 저주받은 흩어짐까지도 오히려 하나님의 목적을 위해서 아주 유용한 것이 되게 하셨다.

8절, 이스라엘 자손의 산업에서 레위인에게 너희가 성읍을 줄 때에 많이 얻은 자에게서는 많이 취하여 주고 적게 얻은 자에게서는 적게 취하여 줄 것이라 각기 얻은 산업을 따라서 그 성읍들을 레위인에게 줄지니라

이스라엘 백성들은 자신들이 얻은 기업에 비례해서 레위인들에게 주어야 했다. 이것은 여호수아 21장에 잘 기록되어 있다. 이 말씀을 읽어보면 많이 할당받은 유다 지파의 경우는 많이 주었다. 이 말씀과 연관해서 생각할 때 오늘날 전적으로 하나님을 섬기는 사람들, 복음을 위해서 사는 사람들에 대해서 사실상 이 땅에서 정상적인 직업을 가지고 돈을 버는 성도들은 그들을 공급할 필요가 있다는 것을 배워야 한다. 레위인들은 다른 일을 하지 않고 이스라엘 백성들을 위해서 하나님께 제사 드리는 일만 한다. 이스라엘 백성들의 모든 예배, 즉 속죄제, 속건제, 화목제 등 성전에서 온갖 제물 드리는 일을 담당하고 있다. 그렇기 때문에 그들은 다른 일을 할 시간이 없다. 또 그들에게는 기업으로 할당된 땅도 없다. 그렇기 때문에 다른 지파 사람들은 마땅히 레위 지파 사람들을 돌봐야 했다. 하나님께서는 그것을 분명히 말씀하셨다.

물론 신약 시대에는 모든 믿는이가 다 레위 지파이며 모든 믿는이가 다 왕 같은 제사장이다. 그럼에도 여전히 하나님을 섬기기 위해서 직장을 갖지 않은 사람들이 있다. 그들은 사도 바울처럼 일을 하면서 복음을 전할 수도 있지만 그렇지 못할 수도 있다. 그럴 경우에 성도들은 마땅히 그러한 사람들을 공급해주고 돌봐주어야 한다.

고린도 전서 9장을 보자. "누가 자비량하고 병정을 다니겠느냐 누가 포도를 심고 그 실과를 먹지 않겠느냐 누가 양떼를 기르고 그 양떼의 젖을 먹지 않겠느냐 내가 사람의 예대로 이것을 말하느냐 율법도 이것을 말하지 아니하느냐 모세 율법에 곡식을 밟아 떠는 소에게 망을 씌우지 말라 기록하였으니 하나님께서 어찌 소들을 위하여 염려하심이냐 전혀 우리를 위하여 말씀하심이 아니냐 과연 우리를 위하여 기록된 것이니 밭 가는 자는 소망을 가지고 갈며 곡식 떠는 자는 함께 얻을 소망을 가지고 떠는 것이라 우리가 너희에게 신령한 것을 뿌렸은즉 너희 육신의 것을 거두기로 과하다 하겠느냐"(7-11절). 이렇게 전적으로 영적인 일을 하는 사람들이 성도들로부터 육신의 것을 구한다고 해서 과한 것이 아니라는 말씀이다. "다른 이들도 너희에게 이런 권을 가졌거든 하물며 우리일까보냐 그러나 우리가 이 권을 쓰지 아니하고 범사에 참는 것은 그리스도의 복음에 아무 장애가 없게 하려 함이로다"(12절). 사도들이 이러한 권을 쓰지 않는 것은 복음을 위해서 장애가 되지 않게 하려는 것이다. 그러나 성도들은 사도들에게 그렇게 하라고 강요해서는 안 된다. 사도들이 그렇게 하는 것은 주님을 위해서 복음에 장애가 없도록 참는 것이다.

"성전의 일을 하는 이들은 성전에서 나는 것을 먹으며 제단을 모시는 이들은 제단과 함께 나누는 것을 너희가 알지 못하느냐 이와 같이 주께서도 복음 전하는 자들이 복음으로 말미암아 살리라 명하셨느니라"(13-14절). 복음 전하는 자들이 복음으로 말미암아 사는 것은 마땅하다고 했다. 그렇다면 전적으로 주님과 복음을 위해 수고하는 사람들에 대해서 성도들은 그들을 물질적으로 돌보는 것이 마땅하다. 여러분은 이 말씀을 이렇게 알아야 한다. 여러분 성도들은 바울이 스스로 자기 권리를 포기하고 자비량하면서 남에게 폐를 끼치지 않으려 했다는 것을 예로 들어 사역자들에게 그것을 요구할 수는 없는 것이다. 성도들이 그렇게 하는 것은 그리 아름다운 것이 아니다. 그것은 사도들이 복음에 장애가 되지 않도록 스스로 그렇게 하는 것이다.

갈라디아서 6장 6절이다. "가르침을 받는 자는 말씀을 가르치는 자와 모든 좋은 것을 함께하라". 여기서 '모든 좋은 것을 함께하라' 는 말씀은 물질적인 것을 나누는 것을 포함한다. 다음은 디모데 전서 5장 17절이다. "잘 다스리는 장로들을 배나 존경할 자로 알되 말씀과 가르침에 수고하는 이들을 더할 것이니라". 여기의 '배나 존경할 자로 알되' 라는 말씀은 잘 다스리는 장로들, 특히 말씀과 가르침에 수고하는 사람들에 대해서 물질적인 공급을 주는 것을 포함한다. 그래서 18절에 "곡식을 밟아 떠는 소의 입에 망을 씌우지 말라 하였고 또 일꾼이 그 삯을 받는 것이 마땅하다 하였느니라"는 말씀을 추가한 것이다. 그러므로 주님의 말씀에 수고하는 사람들을 위해서 성도들이 물질적인 공급을 하는 것은 결코 틀린 것이 아니다.

오늘날 많은 그리스도인들이 이러한 문제에서 치우친다. 성경에서 발람과 같은 삯꾼에 대해 경고한다고 해서 이제 '하나님의 일을 하는 사람들은 그들이 먹든지 굶든지 다 자기가 해결해야 하며 일체 공급하지 말아야 한다' 고 말할 수는 없는 것이다. 사람은 정말 치우치기가 쉽다. 삯을 위해서 일하는 사람들은 잘못된 것이다. 어떤 주님의 종도 발람의 길을 가지 말아야 한다. 그러나 성도들이 주를 위해서 전심전력으로 수고하는 사람들을 공급하지 않는 것도 옳은 것이 아니다.

빌립보서 4장을 보겠다. "내가 주 안에서 크게 기뻐함은 너희가 나를 생각하던 것이 이제 다시 싹이 남이니 너희가 또한 이를 위하여 생각은 하였으나 기회가 없었느니라"(10절). 여기의 '다시 싹이 남' 은 빌립보 교회가 사도에게 다시 연보하기 시작한 것을 말한다. "내가 궁핍하므로 말하는 것이 아니라 어떠한 형편에든지 내가 자족하기를 배웠노니 내가 비천에 처할 줄도 알고 풍부에 처할 줄도 알아 모든 일에 배부르며 배고픔과 풍부와 궁핍에도 일체의 비결을 배웠노라 내게 능력 주시는 자 안에서 내가 모든 것을 할 수 있느니라 그러나 너희가 내 괴로움에 함께 참예하였으니 잘하였도다 빌립보 사람들아 너희도 알거니와 복음의 시초에 내가 마게도냐를 떠날 때에 주고받는 내 일에 참예한 교회가 너희 외에 아무도 없었느니라"(11-15절). '주고받는 내 일'이란 빌립보 교회가 사도 바울에게 하나의 계좌를 만들어놓고 계속적으로 그에게 물질을 공급했다는 것을 암시하고 있다. "데살로니가에 있을 때에도 너희가 한 번 두 번 나의 쓸 것을 보내었도다"(16절). 데살로니가에 있을 때에도 빌립보 성도들은 사도 바울에게 한두 번 쓸 것을 보내었다. "내가 선물을 구함이 아니요 오직 너희에게 유익하도록 과실이 번성하기를 구함이라"(17절). 사도는 성도들에게 어떤 선물을 구하는 사람이 아니고 오히려 성도들에게 유익하도록 과실이 풍성하기를 구하는 사람이다. "내게는 모든 것이 있고 또 풍부한지라 에바브로디도 편에 너희의 준 것을 받으므로 내가 풍족하니"(18절). 사도 바울은 지금 에바브로디도 편에 보내준 빌립보 교회의 물질을 받으므로 풍족하다고 했다. 또 그것에 대해서 바울은 '이는 받으실 만한 향기로운 제물이요 하나님을 기쁘시게 한 것이라"고 했다. 이와 같이 성경에는 하나님의 종 된 사람들이 성도들로부터 물질을 공급받는 것이 있다.

오늘날 우리 모임 가운데에는 물질을 드리도록 광고하거나 촉구하는 일이 별로 없다보니 성도들이 이런 면에서 균형 잡히지 못하고 드리는 일에 느슨해질 수도 있다. 성도들이 만일 전적으로 주님을 섬기는 사람들에게 필요한 물질을 공급한다면 그것은 그들의 유익이다. 사역자들이 궁핍하기 때문에 뭔가 필요를 채워 주어야겠다는 생각보다 드릴 때 성도들의 유익을 위해 열매가 있게 된다는 것을 기억해야 한다. 사역자들이 생계를 위해 많은 시간을 드리다 보면 말씀과 기도에 전무하기가 어렵다. 이는 성도들이 대단히 유의해야 할 한 가지 문제이다.

다시 민수기를 보자. 이스라엘 백성 가운데에는 이렇게 특별한 한 지파가 있었는데 바로 레위 지파이다. 그들은 전적으로 하나님을 섬기는 지파였다. 하나님께서는 그들에게 어떤 땅도 기업으로 주지 않으셨으며 다만 성물이 그들의 분깃이 되게 하셨다. 그래서 이스라엘 백성들은 레위 지파에 대하여 그들의 살 곳과 들을 그들의 기업 중에서 따로 떼어 그들에게 주어야 했던 것이다.

9-11절, 여호와께서 또 모세에게 일러 가라사대 10 이스라엘 자손에게 말하여 그들에게 이르라 너희가 요단을 건너 가나안 땅에 들어 가거든 11 너희를 위하여 성읍을 도피성으로 정하여 그릇 살인한 자로 그리로 피하게 하라

여기에 '도피성' 이라는 말이 나온다. 이 도피성은 히브리어로 '미클랏트' (מקלט)로서 도피하는 성(城), 피난처라는 뜻이다. 이 도피성은 살인한 자가 도피하기 위한 곳이다. 하나님께서는 이스라엘 백성이 가나안 땅에 들어가서 해야 할 일을 몇 가지 정해 주고 계시는데, 그 중 한 가지는 레위인들이 살 수 있도록 성읍들을 구별해 주고 그들의 가축이나 물산이나 짐승을 둘 수 있도록 들을 나눠 주라는 것이다. 많이 얻은 지파는 많이 주고 적게 얻은 지파는 적게 주되 도합 48성읍을 만들어 주어야 하며, 그 중에 6성읍은 도피성이 되게 하여 그릇 살인한 사람으로 그리로 피하게 하라고 하셨다. 이것 또한 하나님께서 이스라엘 백성에게 정해주신 것이다.

하나님께서는 이스라엘 백성이 가나안 땅에 들어갔을 때 사람을 죽이는 일이 발생할 수 있다는 것을 아셨다. 그런데 살인에는 두 가지 경우가 있다. 하나는 의도적인 것이고 하나는 의도하지 않았는데 잘못해서 죽이게 된 경우이다. 하나님께서는 의도하지 않고 잘못해서 사람을 죽인 경우에 그가 보복을 당해서 또 죽임당하기를 원치 않으셨기 때문에 그러한 사람들을 보호하는 체제를 만드셨다.

12절, 이는 너희가 보수할 자에게서 도피하는 성을 삼아 살인자가 회중 앞에 서서 판결을 받기까지 죽지 않게 하기 위함이니라

어쨌든 모세의 법에 의하면 '이는 이로, 눈은 눈으로' 갚으라고 했기 때문에 사람을 죽인 그 사람은 죽어야 한다. 그런데 어떤 경우 정말 죽이려는 의도가 없었는데 잘못해서 실수로 죽였을 때, 그러한 사람은 용서하고 살려주고 싶으신 것이다. 그래서 그런 사람을 위해 도피성을 만들라고 하셨다. 나는 하나님이 우리가 그들에게 죽임을 당할 것을 바라보시고 용서할 길을 마련한 것도 이 구절에 포함되어 있으리라고 본다. 그분은 우리 같은 죄인을 용서하시려고 미리 대비하셨다. 이 어떠한 사람에 대한 사랑이란 말인가! 얼마나 큰 용서와 사랑의 하나님이신가!

13-14절, 너희가 줄 성읍 중에 여섯으로 도피성이 되게 하되 14 세 성읍은 요단 이 편에서 주고 세 성읍은 가나안 땅에서 주어 도피성이 되게 하라

요단 동편, 즉 므낫세 반 지파, 갓 지파, 르우벤 지파를 위해 세 성읍을 도피성으로 주고, 또 가나안 땅의 아홉 지파 반을 위해 세 성읍을 도피성으로 주라고 하셨다. 비록 르우벤 지파가 요단 동편을 택했을지라도 하나님은 그들을 위해서도 도피성을 예비하셨다.

15절, 이 여섯 성읍은 이스라엘 자손과 타국인과 이스라엘 중에 우거하는 자의 도피성이 되리니 무릇 그릇 살인한 자가 그리로 도피할 수 있으리라

다시 말하지만 도피성에서 보호받을 수 있는 사람은 그릇 살인한 사람이다. 고의로 살인한 사람은 마땅히 죽어야 하지만 그릇 살인한 사람은 도피성으로 가서 보호받게 하는 것이 하나님의 뜻이다. 16절부터는 의도적으로 살인한 자와 의도 없이 그릇 살인한 자를 구분하고 있다.

16절, 만일 철 연장으로 사람을 쳐죽이면 이는 고살한 자니 그 고살자를 반드시 죽일 것이요

'고살'(故殺)이란 고의로 죽인 것이다.

17-21절, 만일 사람을 죽일 만한 돌을 손에 들고 사람을 쳐죽이면 이는
고살한 자니 그 고살자를 반드시 죽일 것이요 18 만일 사람을 죽일 만한
나무 연장을 손에 들고 사람을 쳐죽이면 이는 고살한 자니 그 고살자를 반
드시 죽일 것이니라 19 피를 보수하는 자가 그 고살자를 친히 죽일 것이니
그를 만나거든 죽일 것이요 20 만일 미워하는 까닭에 밀쳐 죽이거나 기회
를 엿보아 무엇을 던져 죽이거나 21 원한으로 인하여 손으로 쳐죽이면 그
친 자를 반드시 죽일 것이니 이는 고살하였음이라 피를 보수하는 자가 그
고살자를 만나거든 죽일 것이니라

이런 사람들은 의도적으로 살인했기 때문에 다 죽이라고 했다.

22-25절, 원한 없이 우연히 사람을 밀치거나 기회를 엿봄이 없이 무엇
을 던지거나 23 보지 못하고 사람을 죽일 만한 돌을 던져서 죽였다 하자
이는 원한도 없고 해하려 한 것도 아닌즉 24 회중이 친 자와 피를 보수하
는 자 간에 이 규례대로 판결하여 25 피를 보수하는 자의 손에서 살인자
를 건져내어 그가 피하였던 도피성으로 돌려 보낼 것이요 그는 거룩한 기
름 부음을 받은 대제사장의 죽기까지 거기 거할 것이니라

이 말씀은 시사하는 바가 매우 깊다. 두 종류의 살인자를 말하는데, 하나는 의도적인 살인자이고 하나는 의도가 없는 살인자이다. 하나님은 의도적인 살인자에 대해서는 반드시 죽이라고 하셨다. 그러나 의도하지 않았는데 어떻게 하다가 우연히 사람을 죽였을 경우, 하나님께서는 이러한 사람들을 도피성에 보호하여 살려 주고자 하신다. 그래서 도피성 여섯 개를 두라고 하셨는데, 이 도피성들이 이스라엘 각 지파에게서 그리 멀지 않은 거리에 골고루 있게 하셨다. 요단 동편에 세 개, 그리고 가나안 땅에 세 개를 두게 하신 것이다.

누군가가 정말 사람을 죽일 의도가 없었는데 잘못해서 죽이게 되었다 하자. 그럴 때 보수자가(아버지를 죽였을 때 그 아들이나 가족이 보수자가 된다) 그 죽인 사람을 좇아가서 죽일 수 있다. 그러나 하나님은 그러한 경우에 그를 살려 주고 싶어하신다. 그러면 이것을 신약에서 어떻게 적용해야 하는가? 나는 이것을 이렇게 해석해 보겠다.

이 도피성 제도는 신약의 복음이다. 하나님께서는 이스라엘 백성을 가나안 땅으로 인도해 들여서 그 땅을 유업으로 얻게 하시는데, 이것은 사실 하나님께서 이스라엘 백성에게 약속하신 것으로서 하나의 복음이다. 그런데 여기의 도피성은 또 다른 의미에서의 복음이다. 죄를 지은 사람들이 어떻게 거기에 가서 사면받고 하나님의 기업을 얻을 수 있는가 하는 것이다. 하나님께서 이스라엘 백성을 가나안 땅, 약속의 땅으로 이끄시는 목적은 결국 그들로 하여금 하나님의 아들을 기업으로 얻게 하는 것인데 이들이 죄를 지었다. 그리고 죄 지은 사람은 마땅히 보수자에 의해 죽임을 당해야 한다. 그런데 하나님은 이 죄 지은 사람을 용서하고 살려 주고 싶으신 것이다.

이제 신약 시대에 하나님께서는 모든 구원받은 죄인들을 의도 없이 살인한 자로 보신다. 여러분은 여러분이 과거에 범한 모든 죄들이 의도적인 것이라고 생각하지만, 성경을 잘 읽어 보면 우리가 죄를 짓게 된 것은 우리 자신 때문이 아니다. 로마서 5장을 보자. "이러므로 한 사람으로 말미암아 죄가 세상에 들어오고 죄로 말미암아 사망이 왔나니 이와 같이 모든 사람이 죄를 지었으므로 사망이 모든 사람에게 이르렀느니라"(12절). 여기 한 사람으로 말미암아 죄가 세상에 들어왔다고 했다. 19절에서는 "한 사람의 순종치 아니함으로 많은 사람이 죄인 된 것 같이"라고 했다. 우리가 죄인 된 것은 우리 스스로, 우리 의도에 따라 된 것이 아니라 한 사람의 순종치 않음으로 된 것이다. 그러니까 의도하지 않았는데 죄를 범할 수밖에 없는 운명에 처한 것이다.

시편 51편은 다윗이 밧세바와 동침하여 간음죄를 짓고 거기에 더하여 그 남편 우리아를 죽임으로 살인죄까지 지은 후, 선지자 나단이 와서 책망할 때 통회함으로 쓴 시편이다. "대저 나는 내 죄과를 아오니 내 죄가 항상 내 앞에 있나이다 내가 주께만 범죄하여 주의 목전에 악을 행하였사오니…내가 죄악 중에 출생하였음이여 모친이 죄 중에 나를 잉태하였나이다"(3-5절). 다윗이 이렇게 끔찍한 죄를 지은 것은 자기가 고의로 지은 것이 아니고 '모친이 나를 죄인으로 출생하게 하여 이렇게 죄를 짓게 되었다'는 것이다. 이렇게 볼 때 우리는 다 고의로 살인한 사람이 아니라 원한 없이 사람을 밀치거나 무엇을 던지거나 하여 살인한 사람이 된 것이다.

그렇다면 의도적으로 살인한 사람은 어떤 사람을 가리키는가? 나는 이들이 믿지 않는 사람이라고 생각한다. 주님을 믿은 사람은 그 죄가 다 마귀에게 돌아가는데 믿지 않는 사람은 그 죄가 다 자기에게 돌아온다. 로마서 1장을 보겠다. "창세로부터 그의 보이지 아니하는 것들 곧 그의 영원하신 능력과 신성이 그 만드신 만물에 분명히 보여 알게 되나니 그러므로 저희가 핑계치 못할지니라 하나님을 알되 하나님으로 영화롭게도 아니하며 감사치도 아니하고 오히려 그 생각이 허망하여지며 미련한 마음이 어두워졌나니"(20-21절). 이 말씀을 보면 하나님을 믿지 않는 사람들은 다 고의성이 있다. 하나님을 알 만한 것이 그 속에 있고 또 하나님의 영원하신 능력과 신성이 그 만드신 만물에 분명히 보여 알게 되었는데, 즉 하나님을 믿지 않을 핑계를 댈 수 없는데 하나님을 알려고 하지 않고 하나님을 영화롭게 하지도 않으며 감사치도 않는다. 이러한 것은 다 고의적인 것이다. 성경에서는 이렇게 믿지 않는 것을 고의적인 것으로 여긴다. 28절에서도 "또한 저희가 마음에 하나님 두기를 싫어하매"라고 했다. 마음에 하나님 두기를 싫어하는 것은 고의적인 것이다.

무릇 그리스도를 믿는 사람들, 그분께로 피한 사람들은 어떤 죄를 지었든지 그것이 고의적인 것으로 여겨지지 않는다. 그러나 그리스도를 믿지 않는 사람들의 경우는 그들의 범한 죄들이 다 고의적인 것으로 간주된다. 그래서 그 지은 죄들을 자기가 책임지는 것이다. 그렇기 때문에 오늘 이 자리에서라도 '저는 고의적으로 죄를 지은 것이 아닙니다. 뜻하지 않게 잘못해서 죄를 지었습니다' 라고 말하고자 한다면 도피성으로 가야 살 수 있다. 그러나 고의로 살인한 사람으로 자처하여 보수자의 보복을 받고 싶으면 믿지 않으면 된다. 그런 사람은 그가 범한 죄가 다 고의로 지은 것이 되며 따라서 원수 갚음을 당하게 된다. 결국은 믿지 않는 것이 가장 근본적인 죄인데 그러한 죄인은 고의적인 죄인인 것이다.

이렇게 도피성의 문제는 복음으로 해석하는 수밖에 없다. 어떤 죄인이든지 도피성으로 가면 다 용서받을 수 있다. 그리고 그는 "거룩한 기름 부음을 받은 대제사장의 죽기까지 거기 거하라"고 했다. 기름 부음을 받은 대제사장은 그리스도를 예표한다. 그릇 살인한 사람은 도피성에 언제까지 있어야 하는가? 그리스도께서 죽임당하실 때까지이다. 그가 그 죄를 용서받는 것은 그리스도께서 그의 죄를 대신하여 십자가에 죽으심으로 인한 것이다.

이스라엘은 주 예수를 죽인 자들이 되었지만 하나님의 놀라운 은혜로 말미암아 고의적인 살인이 아니라 그릇 살인한 자들로 취급을 받았다. "아버지여 저희를 사하여 주옵소서 자기의 하는 것을 알지 못하나이다"(눅 23:34). 그러기에 이스라엘 백성들은 지금도 주님의 이 기도에 의해 누구든지 예수 그리스도를 도피성으로 취하여 믿고 그리로 피하면 죽음을 면할 수 있다. 베드로는 이에 대하여 "형제들아 너희가 알지 못하여서 그리하였으며 너희 관원들도 그리한 줄 아노라"(행 3:17)고 하였다. 이는 그들이 주 예수를 십자가에 못 박아 죽인 죄에대하여 고의적인 살인으로 취급하지 않고 있다는 말이다. 바울 사도도 이 비밀을 알고 고백하기를 "내가 전에는 훼방자요 핍박자요 포행자이었으나 도리어 긍휼을 입은 것은 내가 믿지 아니할 때에 알지 못하고 행하였음이라"(딤전 1:13)고 하였다.

26-28절, 그러나 살인자가 어느 때든지 그 피하였던 도피성 지경 밖에 나갔다 하자 27 피를 보수하는 자가 도피성 지경 밖에서 그 살인자를 만나 죽일지라도 위하여 피흘린 죄가 없나니 28 이는 살인자가 대제사장의 죽기까지 그 도피성에 유하였을 것임이라 대제사장의 죽은 후에는 그 살인자가 자기의 산업의 땅으로 돌아갈 수 있느니라

어찌되었든 죄인이 구원을 받으려면 도피성이신 그리스도 안으로 들어가는 길밖에 없다. 거기서 나오면 보장이 없다. 그런데 이 도피성에 대해 한 마디를 추가하자면, 이것은 그리스도 안에 있는 것을 말하고 복음을 말하며 동시에 교회를 말하는 것이다. 왜냐하면 이것은 실제로 장소의 문제도 있기 때문이다. 도피성은 이스라엘 백성 가운데 골고루 분산되어 있었다. 사람들이 도피하기에 너무 멀지 않도록 한 것이다. 그리고 그리스도 안에 있는 자들은 사실상 교회 안에 있는 자들이다.

오늘날 주님을 믿으려면 교회 성도들을 만나야 한다. 그럴 때 복음을 들을 수 있고 도피성 안으로 들어갈 수 있다. 나는 이러한 의미에서 이 땅 위에 도피성이 너무 부족하다고 생각한다. 어떤 사람이 진실로 도피성 안에 있고 싶은데 너무 멀어서 가기가 어렵다면 어떻게 하겠는가?

그리스도 안에 있으라는 말만 가지고는 너무 부족하다. 가까운 곳에 참되게 그리스도 안에 있는 성도들이 있을 때 그곳이 바로 도피성이 된다.

29-34절, 이는 너희 대대로 거하는 곳에서 판단하는 율례라 30 무릇 사람을 죽인 자 곧 고살자를 증인들의 말을 따라서 죽일 것이나 한 증인의 증거만 따라서 죽이지 말 것이요 31 살인죄를 범한 고살자의 생명의 속전을 받지 말고 반드시 죽일 것이며 32 또 도피성에 피한 자를 대제사장의 죽기 전에는 속전을 받고 그의 땅으로 돌아가 거하게 하지 말 것이니라 33 너희는 거하는 땅을 더럽히지 말라 피는 땅을 더럽히나니 피 흘림을 받은 땅은 이를 흘리게 한 자의 피가 아니면 속할 수 없느니라 34 너희는 너희 거하는 땅 곧 나의 거하는 땅을 더럽히지 말라 나 여호와가 이스라엘 자손 중에 거함이니라

하나님께서는 이러한 도피성의 법도를 정해 놓으시고 함부로 사람을 죽이지 못하게 하셨다. 무고한 사람의 피가 흘려질 때 그 땅이 더럽혀진다고 하셨다. 그러면서 하나님은 그 땅을 '너희 거하는 땅 곧 나의 거하는 땅' 이라고 하셨다. 그러면 오늘날 하나님이 거하시고 또 우리가 거하는 땅이 어디인가? 그것은 곧 그리스도 안이요 교회이다. 교회야말로 우리가 거하고 또 하나님이 거하시는 땅이다. 하나님께서는 그분이 거하시는 땅이 더럽혀지지 않기를 원하신다. 그분이 거하시는 땅은 거룩해야 하기 때문이다.

도피성으로 가는 사람들은 어떤 의도 없이 사람을 죽이게 된 경우이다. "원한 없이 우연히 사람을 밀치거나 기회를 엿봄이 없이 무엇을 던지거나 보지 못하고 사람을 죽일 만한 돌을 던져서 죽였다 하자 이는 원한도 없고 해하려 한 것도 아닌즉"(22-23절). 우리가 만일 죄를 짓고서 이렇게 생각한다면 책임 회피라고 하겠지만 사실은 이것이 진리를 아는 사람의 태도이다. 여러분에게 늘 이기지 못하는 죄가 한 가지 있다 하자. 사실 그 죄를 짓는 것은 여러분 때문이 아니고 마귀 때문이다. 사탄 마귀가 계속 여러분을 붙잡고 죄를 짓게 하는 것이다. 그래서 죄의 종이라는 것이다. 로마서 7장에서 바울은 "이를 행하는 자가 내가 아니요 내 속에 거하는 죄니라"(20절)고 했다. 여기서 분명히 '내가 아니라' 고 했지 않은가? 나는 죄를 짓고 싶지 않은데 내 속에 거하는 죄가 나로 하여금 죄를 짓게 하는 것이다. '나' 는 그저 끌려다니면서 죄를 짓는 죄의 종일뿐이다. 이것이 로마서 7장에 있는 바울의 탄식이다.

로마서 7장에 있는 그 사람은 원치 않는 그 죄를 반복해서 짓는다. "내가 원하는바 선은 하지 아니하고 도리어 원치 아니하는바 악은 행하는도다 만일 원치 아니하는 그것을 하면 이를 행하는 자가 내가 아니요 내 속에 거하는 죄니라"(19-20절). 여기 죄를 짓는 사람은 자기가 원하지 않는데도 죄를 짓는다. 죄라는 세력이 나를 굴복시켜서 죄를 짓게 하고 죄의 세력 아래로 나를 사로잡아 오는 것이다.

그러므로 우리는 사람이 왜 죄를 짓게 되는지를 알아야 한다. 그것은 아담의 타락으로 말미암아 죄가 우리 속에 들어왔기 때문이다. 원래 하나님께서 창조하신 사람에게는 죄를 지으려는 의도가 없다. 그런데 마귀에게 속임당함으로 죄가 들어와 죄를 짓게 하는 것이다. 이것을 알 때 우리는 '아, 원래 나에게는 죄를 지으려는 의도가 없는데 이렇게 죄를 짓게 되었구나' 하는 것을 깨닫는다. 그렇게 자신이 죽을 수밖에 없는 죄인인 것을 아는 사람만이 도피성으로 온다. 이것이 복음이다. 어떤 사람이 도피성으로 가지 않는가? 자기 죄를 스스로 책임지겠다고 하는 사람이다. 그런 사람은 자기가 고의적으로 죄를 지었다고 여기는 것이다. 그래서 자기 죄를 스스로 감당하여 그 대가를 자기가 받는 것이다. 이것은 결국 복음 이야기이다.

그런데 우리는 그리스도인이 된 후에도 잘못을 범할 수 있다. 그럴 때 여러분이 하나님 앞에 나가지 못하는 것은 자기가 고의로 잘못을 범했기 때문에 하나님께서 절대 용서하지 않으실 것이라고 미리 판단해 버리기 때문이다. 그런 체험이 있지 않은가? 때로 나는 '주님, 제가 잘못했지만 무지하여 사탄에게 속아서 그랬습니다' 하면서 도피성이신 주님께 잘 나아간다. 그런데 어떤 때에는 자신이 의도적으로 잘못했다고 여겨 두려워서 감히 나아가지 못한다. 마치 내가 하나님의 원수가 된 것 같다. 그러나 나는 사실 하나님의 원수가 아니다. 결국 내가 깨닫게 되는 것은 내가 잘못했지만 속아서 그렇게 한 것이지 사실은 고의가 아니라는 것이다. 육신이 약해서 잠시 속아 조종을 당한 것이지 원래는 내가 그렇게 하려는 것이 아니라는 말이다. 그러므로 나는 하나님께 나아가 '하나님, 제가 또 속았습니다. 저는 사실 싫은데 잠시 죄의 종 노릇을 했습니다. 용서해 주십시오' 하고 내 죄를 사탄에게 전가한다. 이렇게 자신이 의도 없이 죄를 범한 것을 아는 순간 우리는 도피성으로 피하기가 쉽다. 이것은 우리의 체험이다.

이러한 말씀을 깨달을 때 우리는 자유케 될 수 있다. 한 사람으로 말미암아 죄가 들어왔고 그로 인해 죄를 짓게 되었다. 그러므로 나는 도피성이신 예수님께 가서 사함을 받을 수 있다. 이것은 얼마나 귀한 사실인가? "그는 거룩한 기름부음을 받은 대제사장의 죽기까지 거기 거할 것이니라". 이러한 말씀은 하나의 약속이다. 결국 복음은 하나님의 약속이다. 그분은 이미 대제사장으로서 죽으셨다. 우리는 살인자요 죄인이지만 그분의 죽으심으로 이미 해방된 것이다. 그 말씀을 받고 그대로 순종하면 산다. 결국 가나안을 앞에 놓고 하나님께서는 이스라엘 백성에게 복음을 들려주신 것이다.

민수기 36장

여성 상속법

1-2절, 요셉 자손의 자손 중 므낫세의 손자 마길의 아들 길르앗 자손 가족의 두령들이 나아와 모세와 이스라엘 자손의 두령 된 족장들 앞에 말하여 2 가로되 여호와께서 우리 주에게 명하사 이스라엘 자손에게 그 기업의 땅을 제비 뽑아 주게 하셨고 여호와께서 또 우리 주에게 명하사 우리 형제 슬로브핫의 기업으로 그 딸들에게 주게 하였은즉

므낫세 지파 슬로브핫의 딸들의 이야기는 이미 27장에서 언급된 바다. 그 아버지 슬로브핫이 광야에서 죽었고 또 그에게는 아들이 없고 딸들만 있기 때문에 그 기업을 딸들에게 주라고 하셨다.

3-4절, 그들이 만일 이스라엘 자손의 다른 지파 남자들에게 시집가면 그들의 기업은 우리 조상의 기업에서 감삭되고 그들의 속할 그 지파의 기업에 첨가되리니 그러면 우리 제비 뽑은 기업에서 감삭될 것이요 4 이스라엘 자손의 희년을 당하여 그 기업이 그가 속한 지파에 첨가될 것이라 그런즉 그들의 기업은 우리 조상 지파의 기업에서 아주 감삭되리이다

이 슬로브핫 딸들의 기업은 크게 보면 요셉 자손 므낫세 지파의 기업이다. 그런데 이 딸들이 다른 지파의 남자들에게 시집을 가면 그들에게 할당된 땅이 저절로 다른 지파에게 더해지기 때문에 전체적으로 보면 요셉 자손 지파의 땅이 감소된다. 그리고 희년 때에는 아예 다른 지파의 것이 되어버린다. 그러한 경우에는 어떻게 할 것인가를 지금 묻고 있는 것이다.

5-7절, 모세가 여호와의 말씀으로 이스라엘에게 명하여 가로되 요셉 자손 지파의 말이 옳도다 6 슬로브핫의 딸들에게 대한 여호와의 명이 이러하니라 이르시되 슬로브핫의 딸들은 마음대로 시집가려니와 오직 그 조상 지파의 가족에게로만 시집갈지니 7 그리하면 이스라엘 자손의 기업이 이 지파에서 저 지파로 옮기지 않고 이스라엘 자손이 다 각기 조상 지파의 기업을 지킬 것이니라 하셨나니

이 요셉 자손 지파 딸들은 그 기업을 잃고 싶지 않으면 다른 지파의 남자에게 시집가지 말라는 것이다. 그 지파 내에서 결혼하면 그 기업이 감삭되지 않을 수 있다.

8-9절, 이스라엘 자손의 지파 중 무릇 그 기업을 이은 딸들은 자기 조상 지파 가족되는 사람에게로 시집갈 것이라 그리하면 이스라엘 자손이 각기 조상의 기업을 보존하게 되어서 9 그 기업으로 이 지파에서 저 지파로 옮기게 하지 아니하고 이스라엘 자손 지파가 각각 자기 기업을 지키리라

그러면 이 므낫세 지파의 딸들 중에서 다른 지파의 남자와 결혼하고 싶은 사람이 생기지 않겠는가? 물론 생길 수 있다. 그런 경우에 결혼을 하면 어떻게 되는가? 그 지파의 기업이 감소된다. 사실상 므낫세 지파의 딸들 가운데는 다른 지파의 남자가 더 좋아 보이는 경우가 생길 것이다. 하지만 자기의 원하는 대로 결혼을 하면 기업을 얻지 못한다는 것이다. 그러므로 우리는 여기서 한 가지 원칙을 발견하게 되는데, 하나님께서 약속하신 기업을 이어받으려면 자기의 선호를 버리고 순종해야 한다는 것이다.

민수기 마지막 장에서 우리는 이러한 귀한 사실을 보게 된다. 35장에서는 하나님께서 우리가 잘못해서 죄를 범한 경우에 여전히 축복받을 수 있는 길을 열어 주신다. 죄를 지었어도 여전히 복을 받을 길이 있는데, 그것은 도피성으로 가는 것이다. 결국 약속의 땅을 물려받는 문제에 있어서 복음을 제시하고 있다. 이것은 신약의 복음에 대한 어렴풋한 그림이다. 살인자로서 보수자인 마귀에게 빠져 나올 수 없고 죽게 될 운명에 처한 사람들이 도피성인 그리스도 안에 숨어 구원을 얻는 이야기이다. 이것은 '대제사장이 죽을 때까지' 라는 말로 증명할 수 있다. 그리고 마지막 36장에서는 우리가 우리에게 주신 기업을 끝까지 지키기 원한다면 자신의 선호와 선택을 버리고 순종함 가운데 머물러 있어야 함을 말씀하신다. 주님은 주님을 따라오려거든 자기를 부인하고 자기 십자가를 지고 따라야 함을 말씀하셨다.

사실 나는 지금까지의 체험으로 젊은 사람들의 결혼 문제를 다루기를 두려워한다. 결혼 문제를 만지는 것은 그 사람 존재를 만지는 것이기 때문이다. 어떤 형제나 자매는 결혼을 놓고 사생결단을 하려고 한다. 정말 심각하다. 조금 모자란다 싶은 사람을 소개시켜 주면 매우 속상해 한다. 결혼 문제란 도와주기가 참 어렵다. 그리고 그 과정에서 불꽃이 튀곤 하는데 그것을 만지면 화상을 입는다. 그만큼 힘든 것이 결혼 문제이다. 젊은이들은 이 문제 앞에서는 아무것도 안 보이는 것 같다. '장래의 기업이 줄어들든 말든 희년은 50년 후의 일인데 지금 그것까지 생각할 필요가 있는가? 당장 결혼이 중요하지' 하면서 순종하지 않고 자기 원하는 대로 시집가고 장가간다.

그러므로 이 마지막 장에서 가장 중요한 교훈은 하나님의 약속하신 기업을 받으려면 끝까지 순종해야 한다는 것이다. 순종하지 않으면 기업이 감삭될 수 있다. 여러분이 원래 받기로 한 기업이 100이라면 여러분의 불순종으로 그것을 감삭시킬 수 있다는 것이다. 한 가지 일에서 불순종할 때 10이 감삭되고 또 다른 일에서 불순종하여 20이 감삭된다. 만일 이렇게 감삭되지 않으려면 순종해야 한다. 끊임없이 순종 안에 머무르면 약속하신 기업을 다 받게 될 것이다.

히브리서 6장을 보자. "우리가 간절히 원하는 것은 너희 각 사람이 동일한 부지런을 나타내어 끝까지 소망의 풍성함에 이르러 게으르지 아니하고 믿음과 오래 참음으로 말미암아 약속들을 기업으로 받는 자들을 본받는 자 되게 하려는 것이니라"(11-12절). 우리는 '약속들을 기업으로 받는 자' 들을 본받아야 한다. 그런 사람들에게는 믿음과 오래 참음이 있다. 아브라함은 약속을 기업으로 받는 자들의 본이다. 또 17절에는 '하나님은 약속을 기업으로 받는 자들에게 그 뜻이 변치 아니하신다' 는 말씀이 있다. 그러면 아브라함이 기업을 받기 위해서 한 일은 무엇인가? 하나님의 말씀을 믿고 순종한 것이다. 하나님의 말씀을 그대로 따른 것이다. 심지어 그 아들 독자를 드리라고 하실 때에도 그는 순종했다. 그는 믿고 순종함으로 결국 약속을 기업으로 받는 축복을 얻은 것이다.

여기서 여러분은 약속하신 기업을 중요시하는 것에 인상을 받아야 한다. 이들은 눈앞에 닥친 결혼이나 자신의 장래나 사업을 우선으로 하지 않았다. 약속하신 기업을 우선으로 했다. 결국 민수기는 자기의 사사로운 문제를 앞세워 불순종하면 하늘의 기업이 감삭된다는 이 두려운 사실을 경고하면서 끝맺는다.

10-12절, 슬로브핫의 딸들이 여호와께서 모세에게 명하신 대로 행하니라 11 슬로브핫의 딸 말라와 디르사와 호글라와 밀가와 노아가 다 그 아비 형제의 아들들에게로 시집가되 12 그들이 요셉의 아들 므낫세 자손의 가

족에게로 시집 간 고로 그 기업이 그 아비 가족의 지파에 여전히 있었더라

그들은 이렇게 순종함으로 기업을 지켰다. 35장은 우리가 믿음으로 그 축복을 얻는 것을 말하고, 36장은 순종함으로 우리의 축복을 지키는 것을 말한다. 이들에게서 배울 수 있는 본은 비록 하나님의 백성들 가운데 딸들일지라도 결혼을 하는 일에 있어서 자신들의 기업을 얻는 것을 중심으로 행하였다는 것이다. 결혼보다 자신의 선호와 원함에 이끌리는 문제가 없는 것인데 이들은 이 문제에 있어서까지 기업을 얻는 일(자신들의 지파의 기업이 감삭되지 않도록)과 연결시켰다는 점이다.

결국 이 규례는 후에 그리스도께서 출생하시는 일에서 마리아와 요셉(이들 또한 같은 다윗 자손의 사람들이었으며, 마리아는 기업이 있는 경우며 요셉은 가난하였다)의 결혼에 적용되었다. 하나님은 이와 같이 오래 전부터 한 가지 한 가지 독생자의 출생을 준비하시고 계셨다. 구약의 모든 일과 모든 규례는 결국 한 분 그리스도께 중심이 맞추어져 있음을 보는 것은 매우 중요한 일이다.

13절, 이는 여리고 맞은편 요단 가 모압 평지에서 여호와께서 모세로 이스라엘 자손에게 명하신 명령과 규례니라

모세는 이 모든 말씀의 기록을 마치며 이 모든 말씀이 하나님께서 주신 신탁의 말씀(God' s oracle)임을 분명히 하고 있다. 하나님께서 자기에게 어디에서 말씀하셨는가도 분명히 함으로써 자신이 하나님께로부터 받은 것임을 밝힌 것이다. 즉 이는 하나님의 말씀의 권위를 더욱 강화해 주는 것이며 하나님께서 주신 명령과 규례이기 때문에 마땅히 지켜야 한다는 것이다.

민수기 강해를 마치면서

모세 오경에 민수기라는 책이 있음을 진정으로 감사드린다. 민수기는 약속의 땅 가나안에 들어가 하나님과 그리스도의 왕국을 기업으로 얻기 위해 필요한 믿음과 순종을 가르치는 한 권의 책이다. 민수기는 그리스도인들이 목표를 중시해야 함을 일깨우는 책인 것이다. 이 책을 읽고 많은 스토리만 이해할 뿐 목표의식을 새롭게 하는데 도움을 얻지 못했다면 책을 잘못 읽은 것이다.

민수기는 하나님의 백성들의 삶에 목적과 푯대가 있음을 알려주고 있다. 그들의 삶의 목표는 광야에서 방황하다가 끝나는 것이 아니라 궁극적으로 가나안 땅에 들어가는 것임을 알려준다. 이는 신약에서 천국에 들어가는 일과 상통한다. 마태복음에는 중점적으로 오는 세상인 내세의 천국을 계시한다. 이 천국은 침노하는 자들만 들어가며 그들의 의가 서기관과 바리새인들보다 낫지 않으면 들어가지 못한다고 밝히 말해준다. 또한 어린 아이같이 자기를 낮추는 자들이 아니면 그곳에 들어가지 못한다고 하였다.

충성된 자들에게만 상급을 주신다는 사상은 복음서에만 있는 것은 아니다. 성경 전체에 반복적으로 강조되며, 많은 곳에서 불의한 성도들과 부정한 자들, 미련한 자들, 느슨하고 깨어있지 않은 자들에게 임하는 심판과 징계에 대하여 말하고 있다. 모든 부정하고 불의한 자들은 하나님과 그리스도의 나라에서 기업을 얻지 못한다. 이러한 자들에 대한 경고는 불신자가 아니라 신자들에 대한 것임을 주의하기 바란다. 하나님은 그분이 계신 것만이 아니라 상주시는 분임을 믿는 자들을 기뻐하신다. 히브리서 11장의 증인들은 상주시는 분임을 알고 이생의 생활을 초개같이 버리며 심지어 악행을 받더라도 기꺼이 죽을 수 있었던 것이다.

민수기의 모든 말씀은 가나안으로 예표된 성도들의 기업을 상급으로 얻도록 격려하고 가르치며 경고하고 있다. 그들이 계수되어 군대로 편성되어야 함은 무슨 연고인가? 다 약속을 기업으로 얻게 하기 위함이다. 그러므로 성도들은 오늘날의 교회생활이 중요한 것임을 이해하기 바란다. 결국 어떤 자들이 가나안 땅에 들어가지 못했는가? 불신과 원망, 세상과 물질을 사랑함, 간음, 거역 등이 그 원인이었다. 그뿐 아니라 마지막으로 올 때 반신반의하는 신앙, 섞여진 것들이 있는 마음도 목표에 이르지 못함을 경고한다. 그러므로 성도들은 항상 제물을 드리는 자들이 되어야 할 뿐 아니라 서원의 마음이 있는 자들이어야 하고, 슬로브핫의 딸들처럼 그 기업의 땅을 감삭시키지 않기 위하여 개인의 선호도 버릴 수 있는 자들이어야 한다. 물론 도피성을 통하여 복음을 영접한 자들이어야 한다.

복음을 영접하여 출발을 잘했다면 그 다음에는 길을 잘 가야 한다. 좁은 문을 들어서 좁은 길을 걸어야 한다(마 7:13-14). 출발의 문이 있고 목적지에 이르는 길이 있는 것이다. 이는 고린도 전서 9장 하반부와 10장 전반부에서 잘 말하고 있다(고전 9:24-10:11). 많은 사람들이 출발이 좋았다 해서 다 약속을 기업으로 받는 자가 되는 것이 아니다. 히브리서는 이에 대한 많은 경고를 발하고 있다(히 3:7-4:2, 6:1-12, 10:26-39, 12:1-2, 15-17, 25-29, 13:7-9). 나는 일일이 이를 말하지 못함을 유감스럽게 여긴다. 이 문제의 심각성과 중요성을 어떻게 다 말해야 할지 모르겠다.

오늘날의 수많은 그리스도인들이 목표없는 신앙생활을 하고 있는 것을 본다. 그들은 예수 믿고 구원받았으니 천국은 갈 수 있게 되었고, 이제 할 일을 다하였으니 세상에서 잘 먹고 잘 사는 것에 초점을 맞추어야 한다는 것이다. 그들은 목표의식이 매우 결여되어 있으며 성경에서 강조하고 말씀하는 바에 관심이 없다. 구약에서 팥죽 한 그릇에 장자의 명분을 팔아 버린 에서와 같다. 그는 장자의 명분을 소홀히 하였으며 그 기업을 얻는 것에 관심을 갖지 않았다가 큰 후회를 하였다.

세월은 자꾸만 흘러간다. 하나님을 섬길 수 있는 기회는 항상 있는 것이 아님을 잊지 말라. 나는 이 글을 읽는 많은 분들이 이 책을 읽은 후 그리스도인 인생에 있어서 큰 변화가 있기를 기대한다. 그 약속된 기업을 얻으려고 피하여 가는 여러분이 되기를 바란다(히 6:17-20). 사실은 심각한 하루하루가 지나가고 있는 것이다. 오늘이 지나면 오늘이라는 날은 다시 오지 않는다. 세월을 낭비하는 자들은 인생의 말미에 크게 후회하게 될 것이다. 하나님을 섬길 날이 항상 주어진다고 생각하면 안 된다. 오늘 이 때가 곧 최선을 다해서 하나님을 섬겨야 할 바로 그 날이다. 하나님이 독자 여러분을 많이 축복하시기 바란다.

IMC

국제선교신학원(IMC-International Mission College)은 성경진리에 따라 범사를 행하며 진리를 참되게 가르치는 사람들을 양성하고, 복음 전파와 선교를 위하여 주님의 사명을 감당할 수 있는 예수 그리스도의 제자들을 훈련하며 양성하는 기관이다.

민수기 강해

초판 발행 | 2004년 4월 10일
2 판 1 쇄 | 2008년 6월 20일

저자 | 유동근

발행처 | IMC(국제선교신학원 출판부)
등록번호 | 제 15-335 호

420-031| 경기도 부천시 원미구 상동 617-5 2F
벧엘서원 영업부 : TEL. 032) 326-3096 FAX. 032) 324-3097
IMC, 벧엘서원 편집부 : TEL. 032) 322-3095
http : www.bethelbook.com
E-mail: bethelbook@bethelbook.com

값 25,000원

ISBN 89-92014-29-8 03230
ISBN 89-92014-01-5 03230 (세트)